박윤선 성경주석

개역개정판

신약주석
바울 서신

A Commentary on the EPISTLES OF PAUL

신약주석 바울 서신

발 행 일 2022년 6월 17일

지 은 이 박윤선

펴 낸 곳 도서출판 영음사
주 소 서울특별시 강남구 광평로 56길 8-13, 1406호
전 화 02-3412-0901
팩 스 02-3412-1409
이 메 일 biblecomen@daum.net
등 록 2008년 4월 21일 제2021-000311호

디 자 인 디자인집(02-521-1474)

ISBN 978-89-7304-173-2 (03230)

박윤선 성경주석

개역개정판

신약주석
바울 서신

A Commentary on the EPISTLES OF PAUL

박윤선 지음

도서출판 **영음사**

다른 복음은 없나니 다만 어떤 사람들이 너희를 교란하여
그리스도의 복음을 변하게 하려 함이라
그러나 우리나 혹은 하늘로부터 온 천사라도
우리가 너희에게 전한 복음 외에
다른 복음을 전하면 저주를 받을지어다
(갈 1:7-8)

ὃ οὐκ ἔστιν ἄλλο, εἰ μή τινές εἰσιν οἱ ταράσσοντες ὑμᾶς καὶ θέλοντες μεταστρέψαι τὸ εὐαγγέλιον τοῦ Χριστοῦ. ἀλλὰ καὶ ἐὰν ἡμεῖς ἢ ἄγγελος ἐξ οὐρανοῦ εὐαγγελίζηται ὑμῖν παρ' ὃ εὐηγγελισάμεθα ὑμῖν, ἀνάθεμα ἔστω.

머리말

"바울 서신"이라는 이름으로 출간하는 이 주석은 사도 바울의 서신 전부를 포함하지 않고, 그의 서신 중 로마서와 고린도전후서를 제외한 모든 서신을 다룬다.

이 주석의 체제는 대체로 개요, 해석, 설교로 구성되어 있다. 본문 해석에는 칼빈주의 성경 해석 원리를 일률적으로 채택하였다. 학자들의 학설을 인용할 때 어떤 문구에 대해서는 간혹 우리와 신학적 입장이 다른 주석가들의 저작을 인용하기도 하였으나, 이는 그들의 신학 사상체계를 받아들인다는 의미는 아니고, 다만 정통적인 신학 사상을 받아들이지 않는 그들마저도 특정 문구를 해석할 때는 우리와 일치한 견해를 보인다는 점을 지적하기 위한 것일 뿐이다.

이 주석 사업을 위하여 기도해 주시고 각 방면으로 후원해 주신 성도들에게 감사의 말씀을 드린다. 저자의 간절한 기대는 이 주석서를 읽는 이마다 신령한 은혜로 충만케 되기를 바라는 것이다.

박윤선

신약주석
바울 서신

A Commentary on the EPISTLES OF PAUL

바울 서신 주석

목차

신약주석
갈라디아서

갈라디아서 주석

목차

본문주석

설교

서론

Ⅰ. 갈라디아서 저자

바울이 본서를 저술했다는 점은 문체를 통해 확증되고, 고대 교부들이 본서를 바울의 글로 받아들이고 인용했다는 사실을 통해서도 분명해진다. 이레나이우스(Irenaeus)는 본서 4:8-9을 인용하였고(Haer., 3.6.5), 알렉산드리아의 클레멘스(Clement of Alexandria)도 본서 4:19을 인용하였다(Strom., 3:16). 테르툴리아누스(Tertullian)에 의하면, 마르키온(Marcion)도 본서를 바울의 편지로 인정하였다고 한다(Adv. Marc., V).

이레나이우스, 알렉산드리아의 클레멘스, 테르툴리아누스 이 세 사람의 교부는 주후 2세기 말에 세계 교회의 대표자들이었으므로 그들의 의견은 당시 전체 교회의 공적 견해와 동일한 권위를 가진다(J. G. Machen).

II. 갈라디아서 저작 시기와 장소

바울이 고린도에 머무는 동안에 본서를 기록하였다는 학설이 있는데, 그렇다면 그 연대는 주후 57년 경일 것이다. 그러나 어떤 학자들은 바울이 에베소에서 본서를 기록하였다고 주장한다.

III. 갈라디아서 내용분해

1. 서론: 축도와 저술 동기(1:1-10)
2. 바울의 사도직의 독립적 권위에 대한 변증(1:11-2:21)
3. 신앙과 율법(3:1-5:12)
4. 생활을 성화해야 함(5:13-6:10)
5. 결론(6:11-18)
   1) 유대주의를 공격함(6:11-17)
   2) 축도(6:18)

참고문헌

Burton, E. D. W., International Critical Commentary, Galatians.

Calvin's Commentary, Galatians.

Greijdanus, S., Kommentaar op Het Nieuwe Testament, Brief Aan De Galater.

Lightfoot's Commentary, Galatians.

Luther's Works, Lectures on Galatians.

Meyer, H. A. W., Commentary on the New Testament, Galatians.

Ridderbos, H., The New International Commentary, Galatians.

제 1 장

⚘ 개요

1. 바울의 사도권 선언과 축도(1-10절)

1) 서신 첫머리에서 바울이 자신의 사도권을 선언하는 일이 그 당시에 대단히 중요한 일이었다(1-5절). 왜냐하면 이 서신이 의사소통을 위한 일반적인 문서가 아니라 하나님의 대언자로 세움을 받은 사도의 서신이기 때문이다. 따라서 사도의 문서는 하나님의 말씀으로서의 권위를 가진다(요 14:26; 벧후 3:2, 15-16). 본질적인 의미에서 교회의 터는 예수님이시며(고전 3:11) 교회 설립의 기초를 놓은 사역자들은 사도들이다(엡 2:20). 오늘날 목사들은 다만 교회의 봉사자로서 사도적 복음을 그대로 전할 책임을 맡고 있다.

표준 진리의 대언자는 선지자들과 사도들이다. 바울은 자신이 인간에게서 사도직을 받은 것이 아니며 하나님께서 그에게 직접 사도의 직분을 주신 것이라고 선포한다. 이와 같은 그의 선언은 자신의 지위를 옹호하기 위한 것이 아니며 자기가 전하는 복음 진리를 옹호하기 위한 것이었다.

2) 그 당시 유대주의적 그리스도인들은 잘못 주장하기를, 예수 그리스

도의 복음을 믿는 것만으로는 충분하지 않고 구약의 의식법이나 계명을 겸하여 지켜야만 구원을 얻는다고 하였다(6-10절). 바울은 그들의 견해를 반박했다.

2. 바울의 사도직은 하나님께서 직접 주신 것이 분명함(11-24절)

1) 그가 그리스도의 계시로 말미암아 복음을 깨달았다는 사실이 그것을 보여준다(11-12절).

2) 그는 유대교에 지극히 열심을 냈던 자로서 하나님의 교회를 핍박했었는데 갑자기 돌변하여 하나님의 복음을 전하는 자가 되었다는 사실이 그것을 보여준다(13-14절).

3) 그가 개종한 후에 어느 누구와도 의논하지 않았다는 사실이 그것을 보여준다(15-17절).

4) 그가 베드로를 만나서 15일이라는 짧은 기간 동안 함께 있었을 뿐 그에게서 배운 일이 없다는 사실이 이를 보여준다(18절).

5) 예루살렘과 유대에 있는 지도자들이나 신자들이 바울에게 아무런 영향을 끼치지 못하고, 다만 바울이 전도하는 일로 인하여 하나님께 영광을 돌릴 뿐이었다는 사실이 그것을 보여준다(19-24절).

해석

1 사람들에게서 난 것도 아니요 사람으로 말미암은 것도 아니요. 이것은 바울이 사도가 된 것은 어떤 단체나 개인의 주선으로 말미암은 것이 아니라는 뜻이다. 엘리사가 하나님의 부름을 받은 것은 엘리야의 인도를 통해서였고(왕상 19:19-21), 사울과 다윗은 사무엘의 인도를 받았으며(삼상 10:1, 16:13), 여호수

아는 모세의 인도를 받았다(민 27:18-23). 그러나 바울은 다메섹 도상에서 주님으로부터 직접 부름을 받은 것이다. 그가 부름을 받은 후에 아나니아가 그에게 안수한 일이 있지만(행 9:17), 그것이 바울의 소명에 직접 관련된 사건은 아니었다.

오직 예수 그리스도와…하나님 아버지로 말미암아 사도 된 바울은. 여기서 "사도"(ἀπόστολος)는 예수님께서 직접 불러 세우신 그의 제자다. 사도들의 사역은 신약 시대에 그리스도의 교회가 세워지는 일에 기초적인 중요성을 지녔다. 그들의 사역에는 창조적 성격을 지닌 이적과 기사가 동반되었으며, 그러한 이적들은 사도의 자격을 입증하는 표지 가운데 하나였다. 이런 의미에서 고린도후서 12:12에 말하기를 "사도의 표가 된 것은 내가 너희 가운데서 모든 참음과 표적과 기사와 능력을 행한 것이라"라고 하였다. 정통신학자들은 엄격한 의미에서 이런 기이한 일들은 사도 시대 이후에는 계속되지 않는다는 견해를 지지한다. 이 같은 주장이 교회 시대에 나타나는 특수 섭리(providentia specialissima)를 부인하는 것은 아니다. "특수 섭리"라는 것은 신자들의 기도에 대한 응답이나 어떤 환란에서 건져 주시는 것과 같은 하나님의 특별한 능력의 간섭을 의미한다. 트렌치(A. Trench)는 이것을 가리켜 "교회 이적"(church miracle)이라고 하였다.

바빙크(H. Bavinck)에 따르면 "사도들"은 하나님 아버지께서 예수님께 주신 사람들이며(요 17:6) 예수님이 친히 택하여 세우신 제자들이고(마 10:1-4; 눅 6:13-16; 요 6:70; 15:16). 그가 훗날의 일을 위하여 친히 그들의 자격을 준비시키셨다(눅 24:48; 요 15:27). 이런 점에서는 사도 바울도 마찬가지였다. 그도 예수님을 보았고(고전 9:1; 15:8). 예수님으로부터 직접 부르심을 받았으며(갈 1:1) 예수님으로부터 직접 복음을 받았다(갈 1:12; 딤전 1:12)고 할 수 있다.[1)]

---

1) Gereformeerde Dogmatiek, I, 1926. 367, 369.

그들이 전한 복음의 특성으로 말하면, 그들은 예수님으로부터 직접 듣고 본 것을 증언하는 증인들이었고(요일 1:1-2), 그들에게는 성령의 역사가 특수하게 나타날 것이라고 약속되었으며(요 14:26), 그들은 신약성경의 저술자들이었고(고전 14:37; 벧후 3:15-16), 그들의 증언이 보편 교회의 기초가 되었다(고전 3:10-11; 엡 2:20).

전도자는 그들의 소명이 하나님으로 말미암았음을 확신할 때 사명감을 가지고 두려움 없이 하나님의 말씀을 담대히 전하게 된다. 오늘날의 목회자들은 하나님께서 직접 세우신 종이 아니고 교회가 세운 교역자들이며(고후 8:23), 사도들이 전한 복음을 그대로 전달해야 하는 자들이다.

2 함께 있는 모든 형제와 더불어. 이 "형제"들은 바울과 함께 동역하는 일꾼들을 의미할 것이다(Ridderbos). 그가 갈라디아 교회에 보내는 이 편지는 주로 이단 학설에 대한 공격을 목적으로 하기 때문에 진리를 한마음으로 믿는 다른 형제들과 연합하여 공동 행보를 취하는 것이 더욱 유익하였을 것이다. 이 형제들이 누구를 가리키는지 우리는 확실히 알기 어렵다.

3 하나님 아버지. 개개인의 성도가 "하나님"을 "아버지"라고 부르는 것은 신약 시대에 이르러서 보편화된 일이다. 이것은 그리스도 안에서 성령으로 거듭나 믿음으로 하나님의 자녀가 된 자들만 하나님과 누릴 수 있는 관계다(롬 8:15).

주 예수 그리스도. "하나님 아버지"는 구원 은총의 근원이시고, "그리스도"는 그 은총을 성립시키신 중보자시다.

은혜와 평강이 있기를 원하노라. 죄인을 구원하시는 하나님의 호의를 의미하는 "은혜"와 죄인이 그리스도 신앙을 통해 하나님과 화목함으로써 누리게 되는 "평강"은 하나님과 예수 그리스도로 말미암아 우리에게 임한다. 여기 나타나는 바울의 축도는 갈라디아 신자들을 위한 기원인데, 이 축도 역시 사도적 권위를 지니고 있다(참조. 마 10:12-13).

4 그리스도께서 하나님 곧 우리 아버지의 뜻을 따라. 여기서 "아버지의 뜻"이라는 표현은 하나님께서 기뻐하시는 목적을 가리킨다. 우리가 구원받은 것은 우리 자신에게 공로나 의가 있어서가 아니라, 온전히 하나님의 주권적인 목적에 따른 것이다.

이 악한 세대에서 우리를 건지시려고. "이 악한 세대"(τοῦ αἰῶνος τοῦ ἐνεστῶτος πονηροῦ)라는 표현은 "현재의 악한 세대"를 의미하는데, 이것은 "장래의 의로운 세대"와 대조되는 표현이다. 이것을 통해 우리는 그리스도로 말미암은 구원의 최종적인 목표가 영광스러운 내세라는 것을 확실히 알 수 있다.

우리 죄를 대속하기 위하여 자기 몸을 주셨으니. 여기서 "자기 몸"이라고 번역된 헬라어 "헤아우톤"(ἑαυτόν)은 "자신"(Himself)을 의미하며, 몸만 아니고 전인격을 가리킨다. "주셨으니"(δόντος)라는 말은 "내어 주셨으니"라고 번역하는 것이 나은데, 이 말은 사람을 구원하기 위해 보이신 그리스도의 사랑이 얼마나 큰지를 가리킨다.

5 영광이 그에게 세세토록 있을지어다 아멘. 여기서 "영광이···있을지어다"라는 표현은 하나님이 이루신 구속 운동의 놀라움을 찬미하는 송영이다. 바울은 이 송영에 "아멘"을 붙임으로써 그가 가진 확신을 힘있게 드러낸다. 구속의 진리를 그대로 받아들이지 않는 유대주의자들의 침투로 말미암아 어려움 가운데 있는 갈라디아 교회에 보내는 편지 첫머리에 구속의 교리를 말하고 송영으로써 그러한 확신을 드러낸 것은 매우 적합한 일이다.

6-10절. 거짓 스승을 따르지 말라고 부탁함.

6 이같이 속히 떠나. 인간의 심성은 부패하여 일순간에 진리를 버릴 위험이 있다.

7 다른 복음은 없나니. 말하자면 그리스도의 십자가를 통한 속죄만이 구원을 위한 유일한 공로라는 사실을 전파하는 복음 이외에 "다른 복음은 없"다

는 말이다.

다만 어떤 사람들이…그리스도의 복음을 변하게 하려 함이라. 유대주의자들은 "복음"이라는 용어를 사용하면서도 인간의 의로움도 구원을 위한 공로가 될 수 있다는 그릇된 내용을 섞어서 가르치기 때문에, 그들이 전하는 것은 진정한 복음이 아니다(5:2).

8 우리나 혹은 하늘로부터 온 천사라도. 이 말은 복음에 대한 사도 바울의 확신과 진리를 파수하기 위한 그의 견고한 태도를 보여 준다. 사도 자신이나 혹은 "천사"와 같은 이들이라도 복음에서 벗어나면 용서받을 수 없다는 이 가르침은 엄격하면서도 공정한 선언이다.

우리가 너희에게 전한 복음. 이것은 바울이 사도의 권위를 가지고 전한 복음을 가리킨다. 그는 여기서 사도적 복음이야말로 권위 있는 유일무이한 복음임을 밝힌다.

다른 복음을 전하면 저주를 받을지어다. 이 말씀은 하나님과 그리스도께서 직접 불러 세우신 사도가 전한 복음 진리가 중요성에 있어서 다른 모든 메시지를 능가한다는 의미다. 그러므로 이 복음을 잘못 전하는 자는 저주받을 정도로 그것은 거룩하다. "저주"(ἀνάθεμα)라는 말은 하나님의 진노에 던져지는 것을 의미한다(롬 9:3; 참조. 고전 16:22).

이 복음을 전하는 사도의 권위가 참으로 특수하고 위대하다는 사실이 여기서도 드러난다. 일반 교역자나 목사는 이 복음을 그대로 받들어 전달하는 심부름꾼이나 종에 불과하다. 따라서 그들은 봉사자의 자세로 사역해야 한다. 만일 이들이 교회에서 지배자의 자세를 취한다면 그것은 사도의 권위를 도용하는 죄가 된다.

9 우리가 전에 말하였거니와 내가 지금 다시 말하노니. "전에 말하였"다는 것은 전날 말한 적이 있다는 뜻이다. 여기서 "지금"이라고 번역된 "아르티"(ἄρτι)는 조금 전과 대조되는 어떤 과거를 의미한다(H. N. Ridderbos).

다른 복음을 전하면 저주를 받을지어다. 8절에서 "다른 복음을 전하면"이라는 표현은 단순한 가정일 뿐이다. 왜냐하면 이 어구에서 "~하면"(ἐάν)이라는 용어는 미래에 대한 가정을 나타내는 표현이기 때문이다. 이것은 갈라디아 교회의 현실을 염두에 둔 것이 아니고 일반적인 경우를 가리킨다. 그러나 본 절에 사용된 "~하면"(εἰ)이라는 용어는 현재의 실제적인 조건을 나타내는 표현이다. 이것은 갈라디아 교회가 그때 당면한 현실을 가리킨다.

10 이제 내가 사람들에게 좋게 하랴 하나님께 좋게 하랴 사람들에게 기쁨을 구하랴.
바울의 원수들은 그에 대해 오해하기를, 그가 진리를 희생하고서 사람들에게 아첨한다고 하였다. 물론 바울이 사람들의 마음을 얻음으로써 그들이 믿음을 가지게 만들기 위하여 어느 정도 환경에 따라 자신을 적응시키는 일은 있었다(고전 9:19-23; 행 16:1-3). 그러나 바울이 복음 진리를 희생하면서까지 그렇게 행한 것은 아니었다.

설교 복음을 파수하는 자(6-10절)

1. 복음은 무엇인가?

"복음"이란 갈라디아서 1:4 말씀대로 그리스도께서 우리 죄를 대속하시기 위하여 자기 몸을 드리신 사건, 다시 말해 그가 죽으시고 다시 살아나신 사건이다. 이것은 신구약 성경이 가르쳐주는 위대한 사건이며 하나님께서 행하신 가장 놀라운 일이다. 많은 사람이 이처럼 큰 사건을 제대로 알지 못한다. 우리 신자들은 이처럼 위대한 선물을 받은 자로서 어떤 마음가짐을 가지고 있는가? 우리의 마음이 뜨거운가, 아니면 냉랭한가? 각 사람이 자기 마음의 상태를 알 것이다. 무디(Moody) 선생은 예수 그리스도께서 속죄를 위하여 치르신 희생의 유일한 중대성을 표현하기를 "예수께서 이 세상에 남기신 것은 그의 피 밖에 없다"라고 하였다.

예수 그리스도의 속죄의 피는 ① 믿는 자에게는 죄의 값이 된다(딤전 2:6). ② 하나님과 신자를 화목하게 한다(롬 5:10; 요일 2:2, 4:10). ③ 신자들이 하나님의 양자가 되게 해준다(갈 3:26). ④ 신자들이 하나님께 담대히 나아가게 해준다(엡 2:18). ⑤ 하나님의 진노를 없애준다(롬 6:23). ⑥ 죄를 지속적으로 씻어준다(엡 5:26; 요일 1:7). ⑦ 사탄을 이긴다(눅 10:18; 골 1:13; 2:15; 요일 3:8). ⑧ 신자들이 세상을 이기게 해준다(요 16:33; 요일 4:4; 5:4). ⑨ 죽음에서 해방시킨다(히 2:14-15). ⑩ 심판을 면하게 해준다(히 9:27-28). 그러므로 예수님의 죽음을 전하는 것이 복음의 전부다. 누구든지 이것 외에 다른 말을 하는 것은 복음을 변경시키는 죄를 범하는 것이다. 복음을 변경하는 것은 저주받을 죄악이다(갈 1:9).

2. 복음을 파수하는 바울의 행동 원리

바울은 ① 다른 복음을 따르는 것을 이상하게 여겼다(6절). 그는 복음이 너무도 참되고 정당한 것임을 알았기 때문에 복음을 있는 그대로 믿지 않는 자들을 비정상으로 여긴다. ② 다른 복음을 전파하는 자는 저주를 받아 마땅하다고 하였다(8절). 그는 이처럼 엄중한 선포를 하면서, 비록 권위 있는 사도나 하나님 앞에 죄 없는 천사라도 다른 복음을 전할 때는 치별 없이 벌을 받아 마땅하다고 하였다. 그만큼 복음의 본질 문제에 있어서는 타협할 수 없다는 것이다. 바울에게는 남이 망하는 것을 기뻐하는 악한 심리가 전혀 없었다. 그렇기 때문에 그는 여기서 저주를 선언하면서 가상의 대상에 자기 자신과 천사까지도 포함시킨 것이다(참조. 8절). 하나님의 말씀에 다른 요소를 섞는 것은 금물이다(고후 2:17). 우리도 "다른 복음을 전하면 저주를 받을지어다"라고 외칠 수 있을 만큼 강력하게 복음의 순결을 파수해야 한다(참조. 계 22:18-19).

바울은 복음을 파수하기 위하여 사람을 기쁘게 하는 자가 되지 않고, 오직 하나님만을 기쁘시게 하려고 힘쓴다고 하였다. 이런 삶은 참으로 행복한 것이다. 사람을 기쁘게 하는 것은 참으로 어려운 일이니, ① 무수한 사람을 모두 기쁘게 해주어야 하는 것이기 때문에 어렵고 ② 사람의 마음은 까다로워서 만족시키기가 어렵다. 그뿐 아니라 ③ 사람을 기쁘게 하고자 한다면 복음을 있는 그대로 전하지 않아야 하는 때도 있는데, 그렇게 하면 사람도 망하게 되고 복음도 가려지고 만다.

반면에 하나님을 기쁘시게 하는 일은 사실상 어렵지 않다. ① 하나님은 한 분뿐이시니 그를 기쁘시게 하기가 쉬우며, ② 하나님은 그를 기쁘시게 하려는 자의 믿음을 기쁘게 여기시고 도와주시며, ③ 사람이 혹시 실수하였을지라도 회개하면 너그럽게 용서하신다. ④ 하나님은 우리가 복음을 있는 그대로 파수하는 일을 기뻐하실 뿐 아니라 능력으로 함께해주신다.

11-24절. 바울은 이 부분에서 그가 사도가 된 것이 오직 하나님으로 말미암아 초자연적으로 이루어진 사건이며 사람들에게 의존하지 않고 독립적으로 이루어진 일임을 변론한다. 그가 행한 변론의 내용은 다음과 같다. 그는 ① 하나님을 기쁘시게 하는 일에만 주력하는 그리스도의 종이며(10절), ② 그리스도의 계시로 말미암아 복음을 깨달았고(11-12절), ③ 독실한 유대교 신자요 하나님의 교회를 핍박하던 자였다가 갑자기 돌변하여 복음을 전하는 자가 되었으며(13-14절), ④ 하나님의 아들에 대한 계시를 받은 후에 다른 사도들과 의논한 일도 없이 복음의 지식을 바로 가졌으며(15-17절), ⑤ 그 후에 예루살렘에 가서 사도 베드로와 예수님의 형제 야고보를 만났지만 그들로부터 큰 영향을 받지는 않았다고 한다(18-20절).

이 같은 바울의 논증은 그의 개종과 그가 받은 사도의 직분이 순수하게 초자연적인 것임을 나타낸다. 그는 온전히 독립적인 참 사도였다.

11 헬라어 원문에는 본 절 첫머리에 "가르"(γάρ)라는 이유 접속사가 나오

는데 이것은 "왜냐하면"이라는 뜻을 지니고 있다. 그것은 바울이 오직 하나님만을 기쁘시게 해야 하는(10절) 이유를 보여 준다.

내가 너희에게 알게 하노니. "알게" 한다는 말은 새 일을 깨닫게 한다는 뜻이 아니고 전부터 알려져 내려오는 사실을 기억시킨다는 뜻이다.

내가 전한 복음은 사람의 뜻을 따라 된 것이 아니니라. "사람의 뜻을 따라"(κατὰ ἄνθρωπον)라는 말은 문자적으로 "사람을 따라서"라는 의미인데, 그가 전한 복음이 인간적인 방법으로 이루어진 것이 아니라는 말이다. 다시 말해 그가 전하는 복음은 사람의 허가를 받거나 사람의 입맛에 맞추거나 사람의 선택에 따라 된 것이 아니라는 의미다(Ridderbos).

12 이는 내가 사람에게서 받은 것도 아니요 배운 것도 아니요. 여기서 "이는"이라고 번역된 "가르"(γάρ)는 앞 절의 이유를 보여 주는 접속사다. "내가 사람에게서 받은 것도 아니요 배운 것도 아니요"라는 말은 예수님에 관한 역사적 행적에 대해 바울이 아무에게도 물어보거나 전해 들은 적이 없다는 뜻이 아니다. 예수님의 행적이 복음과 관계된 것은 사실이지만, 예수의 행적에 대한 지식이 복음에 대한 지식이라고 하기는 어렵다. 예수님이 유대 땅에 계실 때에 그의 행적을 듣고 본 사람들이 많았으나 그들이 다 복음 진리를 아는 데까지 이른 것이 아니었다. 복음을 안다는 것은 예수의 행직 자체기 갖는 의미를 깨닫는 것이다. 바울이 이런 지식을 갖게 된 것은 그가 인간에게서 "배운 것도 아니요" 오직 초자연적 계시로 말미암은 것이다.

오직 예수 그리스도의 계시로 말미암은 것이라. "계시"라고 번역된 헬라어 원어(ἀποκάλυψις)는 "가림막을 걷어냄"을 의미한다.[2] 바울이 받은 복음은 성령께서 그의 심령을 열어서 예수 그리스도의 행적의 의의를 깨닫게 하심으로써 얻어진 것이다.

---

2) Greijdanus, hetwegnemen van een κάλυμμα, omhulling, bedeksel, sluier.

13-14 헬라어 원문에는 13절 첫머리에 "가르"(γάρ)라는 이유 접속사가 있어서 본 절이 앞 절의 이유임을 밝혀 준다. 유대교는 하나님을 공경하는 일에 관계된 율법, 도덕, 생활방식 등을 가지고 있었는데, 그것들은 구약의 말씀보다 유대민족을 더욱 중요시하는 사상체계다. 물론 이러한 사상체계는 구약성경 말씀에 대한 잘못된 이해에서 발달한 것이기 때문에 결국 하나님의 진정한 교회인 기독교와는 충돌하는 것이다.

하나님의 교회를 심히 박해하여 멸하고…유대교를 지나치게 믿어 내 조상의 전통에 대하여 더욱 열심이 있었으나. 바울이 교회를 가리켜 "하나님의 교회"라고 부른 것은 의미심장하다. 이것은 그가 개종한 뒤에 깨닫고 보니 유대교는 하나님과 관계없고 기독교가 진정한 하나님의 교회라는 뜻이다. 크레다너스(Greijdanus)는 말하기를 "여기 '하나님의 교회'라는 문구에서 '하나님'이라는 말은 그리스도 교회의 숭고함을 가리키는 동시에 그런 교회를 핍박하는 일이 무서운 죄라는 사실을 지적한다"라고 하였다.[3)]

연갑자. 이것은 바울과 동시대 사람들을 가리킨다. 어떤 학설에 이것은 바울이 속해 있던 가말리엘 문하의 동급생들을 의미한다고 하나 확실치 않은 해석이다.

15 **내 어머니의 태로부터 나를 택정하시고.** 바울은 그의 사도직이 독립적인 성격을 가진 것이어서 사람의 주선으로 이루어진 것이 아님을 강조한다. ① 그것은 오래전에 그가 모태로부터 하나님의 선택을 받아 이루어진 것이며, ② 아무도 막을 수 없는 하나님의 주권으로 말미암아 이루어진 것이다. 하나님의 선택을 받는 일은 하나님의 주권적인 행사다.

부르신 이. 바울을 "부르신 이"는 하나님이신데, 그 부르심은 바울이 그리스

---

3) Door τοῦ θεοῦ wijst hij uit-drukkelijk op de hoogheid der gemeente, en aldus te meer op de shrikkelijkheid zijner vervolging.

도인을 핍박하려고 다메섹으로 가던 도중에 발생한 일이다(참조. 행 9:1-19).

16 그의 아들을 이방에 전하기 위하여. 하나님께서 바울에게 주신 사명은 "그 아들(예수 그리스도)을 이방에 전"하는 것이다(행 26:17-18; 갈 2:8).

그를 내 속에 나타내시기를 기뻐하셨을 때에. "그를 내 속에 나타내시기를"이라는 표현은 바울이 다메섹 도상에서 다시 사신 예수님을 만났을 때 그가 과연 하나님의 아들이시라는 것을 마음속 깊이 깨닫게 되었음을 가리킨다(Greijdanus).

혈육과 의논하지 아니하고. 바울은 그가 받은 계시에 대해 아무와도 의논하지 않았다. 그만큼 그는 그가 받은 계시가 하나님이 직접 주신 것이라고 확신하였으며, 계시의 내용도 확실하여 아무에게도 보충 설명을 요구할 필요가 없었다. 복음의 원수였던 바울이 돌변하여 이방의 사도가 된 것은 기독교의 위대한 이적 중 하나다.

17 나보다 먼저 사도 된 자들을 만나려고 예루살렘으로 가지 아니하고. 바울은 그가 받은 계시에 관하여 사람들과 의논한 일이 없었을 뿐만 아니라(16절), 예루살렘의 원 사도들과 만나지도 않았다. 그만큼 그가 복음을 받은 일은 독립적인 권위를 가졌다.

아라비아로 갔다가 다시 다메섹으로 돌아갔노라. 바울이 "아라비아로 갔"던 목적이 무엇이었을까? 초기 교부 중 어떤 이는 바울이 전도하기 위해 그곳에 갔었다고 하나 문맥상으로 보아 이 해석은 적합하지 않다. 아마도 그가 계시를 받은 후 사람들과 접촉을 피하려고(16하-17상) 그곳에 간 것으로 추정된다. 그는 새롭게 받은 계시(16상)로 말미암아 자기 사상을 재정비할 필요가 있었을 것이며, 또한 특별 기도도 필요하였을 것이다. 이런 정황에서 그는 한적한 아라비아로 갔을 것이다.

18-24절. 바울이 이 단락에서 밝히는 것은 그가 복음에 대한 계시를 받은

후에 예루살렘의 원 사도들과 접촉이 많지 않았을 뿐 아니라, 유대에 있는 교회와도 별로 대면한 적이 없었다는 것이다. 이러한 사실은 그가 받은 사도직이나 복음이 순전히 초자연적인 성격을 지녔음을 증명한다.

18 게바를 방문하려고 예루살렘에 올라가서. 바울이 "게바"(베드로)를 방문한 목적은 자신의 사도직에 대해 인증을 받기 위함이 아니었다. 베드로는 예루살렘 교회의 중진이었기 때문에 동등한 사도로 부르심을 받은 바울로서 한 번 방문하는 것은 자연스러운 일이다. 그들은 서로 사랑의 교제를 나눈 것뿐이었다.

십오 일을 머무는 동안. "십오 일"이라는 표현이 헬라어 원문에서는 이 구절 끝자락에 나오는데, 이는 그 기간이 길지 않음을 강조하기 위한 수사법이다(Greijdanus). 그가 베드로와 함께 머문 기간이 짧았다는 사실은, 그 기간에는 복음을 배울 기회조차 없었다는 것을 입증한다. 이것은 그의 사도직이 독립성을 띤 것임을 보여 주는 또 다른 증거다.

19 주의 형제 야고보 외에 다른 사도들을 보지 못하였노라. 예수님의 동생 "야고보"도 그 당시 예루살렘 교회의 중진이었다(행 12:17; 15:13; 21:18; 갈 2:9). 그가 사도는 아니었는데 여기서 그를 사도와 동등한 위치에 두는 이유는 그가 엄밀한 의미에서 사도는 아닐지라도 일반적인 의미에서는 사도로 인정될 수 있기 때문일 것이다. 열두 사도와 바울 이외에 바나바도 일반적 의미에서는 사도라는 칭호를 얻었다(행 14:4, 14; 고전 15:5, 7-9). 고린도후서 8:23에 나오는 "사자들"이라는 말도 이런 뜻이다. 크레다너스(Greijdanus)는 본문에서 "다른 사도들"이라는 표현을 "베드로 외에 다른 사도들"이라는 의미로 해석하였다. 그렇다면 이 문구는 다음과 같은 의미로 이해될 수 있을 것이다. 요컨대 바울이 "주의 형제 야고보"를 만난 것 이외에 베드로를 제외한 다른 사도는 만나 본 일이 없다는 것이다. 그러나 리델보스(Ridderbos)는 이러한 해석을 반대하였다.

20 보라 내가 너희에게 쓰는 것은 하나님 앞에서 거짓말이 아니로다. 이 말은 일종의 맹세와 같아서 바울의 증거가 절대적으로 사실임을 확언한다. 이런 필법은 독자들의 주의를 환기하려는 목적을 가지고 있다. 거짓 스승들로 인해 침해를 당하고 있던 갈라디아 교회는 바울의 사도직이 하나님으로부터 직접 말미암은 것임을 알 필요가 있었다. 정통 진리를 보수하는 일은 그것을 가르치는 교역자의 권위를 인정하는 데서 시작된다.

21 수리아와 길리기아 지방에 이르렀으나. 바울은 "길리기아"에 있는 다소로 가는 도중에 "수리아"를 통과했을 것이다. 이것이 언제 일어난 일인지는 확실히 알기 어렵다(참조. 행 9:30).

22-24 바울은 유대에 있는 교회들의 도움으로 복음을 깨닫게 된 것도 아니고, 그 교회들의 주선으로 사도직을 받은 것도 아니다. 그는 유대 지역을 자주 방문하지도 않았다. 유대에 있는 교회들도 바울이 전도한다는 소문을 듣고 놀라서 하나님께 영광을 돌릴 뿐이었다.

제 2 장

⚜ 개요

본 장은 1장에 이어서 바울의 사도직이 예루살렘의 원 사도들과 동등한 것임을 밝혀 준다.

1. 복음을 위해 예루살렘 회의에 참석했던 일은 하나님의 계시에 따른 것이었음(1-2절)

그는 하나님의 계시를 통해 복음이란 율법에 대해 자유자가 되는 것임을 깨달았고, 그가 이러한 사실을 예루살렘의 원 사도들 앞에서 제시한 것은 그들의 인가를 받으려 함이 아니었고, 그들의 이해를 구하여 일치하게 행동하기 위한 것이었을 뿐이다.

2. 할례를 받지 않은 헬라 사람 디도를 예루살렘 회의에 데리고 올라감(3-5절)

그것은 그가 깨달은 복음이 유대주의자들 앞에서도 흔들릴 수 없는 진리라고 확신하였기 때문이다. 그는 예루살렘 원 사도들에게 지배당하지 않았고 어디까지나 독자적으로 복음의 진리를 수호하였다.

3. 예루살렘 원 사도들은 바울이 제시한 복음에 대하여 아무것도 더하지 못했음(6-10절)

그들은 바울이 전하는 복음을 옳게 여겨 바울과 교제의 악수를 나누었으며 바울에게 이방 전도의 사명이 있다고 여겼다.

4. 바울이 베드로를 책망할 만큼 그의 사도직은 원 사도들에게서 독립해 있었으며 그들과 동등한 지위를 누리고 있었음(11-14절)

베드로가 안디옥에서 복음의 내용과 합당하지 않게 행동했을 때 바울은 그것을 보고 책망하였다. 그들 사이에 복음에 대한 견해차가 존재했던 것은 아니며, 다만 베드로가 복음의 자유대로 끝까지 관철하지 못하고 실수를 범했기 때문에 그런 일이 발생했던 것이다. 두 사도는 동일한 복음을 믿고 있었기 때문에 후에 베드로는 바울을 가리켜 "사랑하는 형제"라고 하였다(벧후 3:15).

5. 안디옥에서 바울이 베드로에게 말한 복음의 내용 (15-21절)

바울과 베드로는 유대인임에도 불구하고 사람이 오직 예수 그리스도를 믿음으로만 의롭게 된다는 복음 진리를 공유해 왔었는데(15-16절), 이제 또 다시 율법으로 돌아가는 것은 모순된 행동이니 그럴 수 없다는 것이 바울의 논지였다(17-18절). 신자는 예수 그리스도를 믿는 순간부터 율법에 대하여는 죽은 자와 같이 되어 서로 관계가 단절되었으며, 이제는 오직 그리스도 안에서 살아간다는 것이다(19-21절).

해석

1-2 십사 년 후에 내가 바나바와 함께 디도를 데리고 다시 예루살렘에…계시를 따라 올라가. 이 구절은 바울이 복음을 위하여 예루살렘에 갔던 사건을 가리킨다(행 15:2, 4). 그가 예루살렘에 올라간 이유는 "계시"를 받았기 때문이었다. 그는 예루살렘에서 그가 전하는 복음의 내용을 원 사도들과 장로들에게 제시하여 그것이 그들의 복음과 일치한다는 사실을 이해시켰을 뿐이고 그들의 허락을 받으려 했던 것은 아니었다. 바울은 다만 그의 사역이 효과적으로 드러나기 위해서는 그의 사역에 대해 다른 사람들이 이해할 필요가 있다고 여긴 것이다.

유력한 자들. 이들은 예루살렘 원 사도들을 가리키는데, 여기서 바울은 유대주의자들이 사용하는 용어를 풍자적으로 인용한 것이다. 그가 풍자한 대상은 원 사도들이 아니라 유대주의자들이었다.

제시하되…사사로이 한 것은 내가 달음질하는 것이나 달음질한 것이 헛되지 않게 하려 함이라. 바울은 자신이 깨달은 복음에 대해 원 사도들이 비평해주기를 원한 것이 아니고 그들에게 자신이 깨달은 복음을 알렸을 뿐이었다. 이것은 그들이 자신의 복음에 동의할 것이라고 확신했기 때문에 취했던 처사였다. 그들이 바울의 복음을 지지한다면 유대주의자들의 주장은 실패하고 말 것이다. 그때는 바울이 과거와 현재에 전도를 위해 달음질한 일이 헛되지 않고 열매를 맺게 된다는 것이다.

2-5 억지로 할례를 받게 하지 아니하였으니(3하). 바울이 예루살렘 회의에 데려갔던 헬라인 디도는 할례받지 않은 이방인이었다. 그가 예루살렘에 도착해서도 디도에게 할례를 행하지 않았는데, 이는 그가 깨달은 복음이 유대주의자들 앞에서도 흔들릴 수 없는 진리라는 것을 확신하였기 때문이다.

가만히 들어온 거짓 형제들 때문이라 그들이 가만히 들어온 것은 그리스도 예수 안에서

우리가 가진 자유를 엿보고 우리를 종으로 삼고자 함이로되(4절). "가만히 들어온 거짓 형제들"은 그리스도인도 할례를 받아야 구원을 얻는다고 가르친 유대주의자들을 가리킨다(행 15:1, 24). 그들의 교훈은 그리스도 신앙으로 정죄에서 해방된 신자의 자유를 빼앗는 잘못된 가르침이다.

우리가 한시도 복종하지 아니하였으니(5상). 바울은 자기와 동행한 헬라인 디도에게도 할례를 시행하지 않음으로써 복음 진리의 자유를 파수하였다. 유대주의자들은 이처럼 예루살렘 원 사도들(베드로, 요한)의 권위를 이용하면서까지 바울의 전도를 막으려 했었다.

6 예루살렘 원 사도들은 바울이 제출한 복음에 대하여 아무것도 더하지 못하였고, 도리어 그들이 바울의 복음을 옳게 여겨 교제의 악수를 청하고 이방 전도의 사명이 바울에게 있음을 시인하였다.

유력하다는 이들. 이 문구의 헬라어(οἱ δοκοῦντες)를 알기 쉽게 번역하면 "유명하게 여김을 받는 자들"이다. 말하자면 유대주의 기독교 신자들로 말미암아 유명하게 여김을 받는 자들(베드로, 요한, 야고보 등 예루살렘 원 사도들)을 가리킨다. 이 명칭은 유대주의 그리스도인들이 사용하던 것인데 바울은 그것을 인용한 것뿐이다. 바울 사도가 이런 호칭을 인용한 목적이 예루살렘 원 사도들을 직접적으로 풍자하기 위해서는 아니었다(Lightfoot). 만일 바울이 누군가를 풍자하고자 했다면 그 대상은 아마도 원 사도들의 이름을 빙자하여 바울의 권위를 깎아내리려 했던 유대주의 그리스도인들이었을 것이다.

본래 어떤 이들이든지 내게 상관이 없으며. 이 말은 앞에 언급된 "유력하다는 이들"이라는 표현에 대한 설명이다. 이들이 예수님의 원 제자들이기 때문에 유대주의자들은 그들을 유력하게 여겼다. 그러나 바울의 사도직은 그들에게 종속하지 않는다. 하나님이 바울에게 직접 부여하신 사도직의 독립적인 의의는 상실될 수 없다.

하나님은 사람을 외모로 취하지 아니하시나니. 다시 말해 하나님은 사람들에게 유력하게 여김을 받는 베드로나 요한과 같은 인물에게도 그들의 명성이 나 외형적 조건에 따라 가치를 더해 주시지는 않는다는 뜻이다. 여기서 "외모"(πρόσωπον)라는 말은 본질적인 것과 대조되는 외면적인 형태를 가리킨다(참조. 롬 2:11).[4)]

7-10 내가 무할례자에게 복음 전함을 맡은 것이 베드로가 할례자에게 맡음과 같은 것을 보았고(7절). 원 사도들은 도리어 바울이 지닌 사도직의 독립성을 승인하고 상호 간에 이해와 조화와 존중하는 자세가 있어야 할 것으로 여겼다. 그들은 바울이 "무할례자(이방인)에게 복음 전함을 맡은 것"이 베드로가 "할례자"(유대인)에게 복음 전함을 맡은 것과 같음을 깨달았고, 바울의 독립적 사도직을 존중하는 의미에서 동역을 맹세하는 악수례를 행하였다(9절). 또한 그들은 바울에게 부탁하기를, 흉년으로 인하여 궁핍해진 예루살렘 성도들을 위하여 이방 교회에 연보를 요청해달라고 하였다(10절).

11-12 이 부분에서 바울은 베드로의 어떤 처신에 대하여 비판한 일이 있음을 언급함으로써 그의 사도직이 예루살렘 원 사도들에게 의존하지 않고 독립성을 지니고 있음을 다시 한 번 강조한다.

게바가 안디옥에 이르렀을 때에 책망 받을 일이 있기로 내가 그를 대면하여 책망하였노라…게바가 이방인과 함께 먹다가…그가 할례자들을 두려워하여 떠나 물러가매. "책망 받을 일이 있기로"라는 문구의 헬라어 원문(ὅτι κατεγνωσμένος ἦν)은 "그가 스스로 판단 받았기 때문에"라고 번역할 수 있다. 다시 말해 다른 사람이 게바(베드로)를 정죄한 것이 아니라 그 자신이 스스로 정죄 받았다는 뜻이다. 베드로가 이방인과 함께 식사하다가 유대주의 그리스도인들이 등장하자 그들을 두려워하여 자리를 피했던 것은 그의 가르침과 모순된 행동이었으니 그가 자기 자신을 정죄한 셈이다. 그는 일찍이 복음이 혈통이나 율법 조항에 매

---

4) Greijdanus, Galaten, 1936, 147.

이지 않는 사실을 깨달았다(행 10:28-29, 11:1-18). 그런데 그가 이러한 사실을 알고서도 지조 있게 행동하지 못한 것이 잘못이었다.

"책망하였노라." 이 말의 헬라어 원문(κατὰ πρόσωπον αὐτῷ ἀντέστην)은 "바로 대면하여 그를 반대하였다"라고 번역되어야 한다. "반대"라는 표현이 반드시 책망을 뜻하는 것은 아니다. 여기서 "바로 대면하여"라는 어구는 강조체다. 바울은 진리에 따라 행동하지 못한 베드로의 처신을 반대한 것이다.

튀빙겐 학파의 바우어(F. C. Bauer)는 바울이 베드로를 반대하였다고 말하는 이 구절들에 근거하여 그릇된 학설을 주장하였다. 그는 "초기 기독교에 바울파와 베드로파가 있어서 서로 간에 충돌이 지속되다가 2세기 말에 이르러 두 파가 화합하여 기독교가 통합을 이루었다"라고 하였으며, 더욱이 "신약성경 문헌들 가운데 파벌싸움의 색채를 띤 것은 초기 문서이며, 통합의 기미를 보이는 것은 2세기 후반의 문서다"라고 하였다. 그러나 이러한 주장은 헤겔(Hegel)의 변증법이라는 색안경을 끼고 성경을 대하는 잘못된 접근법이다. 바울이 베드로를 반대했다고 해서 그와 베드로 사이에 복음에 대한 근본적인 견해차가 있었다고 말할 수는 없다. 갈라디아서 2:15-21은 명백하게 베드로가 전하는 복음과 바울이 전하는 복음이 서로 일치함을 증언한다.

13 남은 유대인들도 그와 같이 외식하므로. "외식한다" 함은 자기가 믿는 복음 진리대로 행하지 않고, 사람들의 눈을 두려워하여 다른 행동을 취하는 것을 의미한다. 그 당시 유대인들이 이방인과 함께 식사하는 것은 복음 진리에 어긋나는 행동이 아니었다. 그런데도 그들은 "할례자들"(할례주의 유대인들)이 들어왔을 때 베드로를 따라서 그 자리를 떠났다. 그것은 외식이다.

바나바도 그들의 외식에 유혹되었느니라. 루터는 사도들이나 선지자들도 이처럼 실수하는 일이 있다는 사실을 지적하면서, 그와 같은 일이 우리에게는 위로가 된다고 주장하였다. 그는 말하기를, "욥과 예레미야는 자기 생일을 저주

하였고(욥 3:1-12; 렘 20:14), 엘리야와 요나는 죽기를 청할 정도로 낙심한 일이 있었으며(왕상 19:4; 욘 4:3, 8), 바울과 바나바는 심히 다투고 서로 갈라섰다(행 15:39)"라고 하였다.[5] 이 같은 루터의 견해는 신자들이 혹시 실수로 말미암아 낙심했을 때 참고할 만한 자료라고 할 수 있다. 신앙의 위인들은 하나님의 뜻에 순종하는 존귀한 삶을 살아가던 중에 일시적으로 실수한 것이기 때문에, 신자들은 그들의 의로운 삶을 더욱 본받는 것이 합당하다.

14 네가 유대인으로서 이방인을 따르고 유대인답게 살지 아니하면서 어찌하여 억지로 이방인을 유대인답게 살게 하려느냐. 베드로는 이미 그가 믿는 복음에 따라 이방인과 허물없이 교제해왔었다. 그런데도 그가 이때 할례자들의 눈을 두려워하여 다시 율법을 형식적으로 지키려는 듯이 행동함으로써 함께 있던 유대인 신자들과 이방인 신자들을 유혹에 빠뜨리고 말았다. 바울은 베드로의 이런 모순된 행위를 지적한 것이다.

15 우리는 본래 유대인이요 이방 죄인이 아니로되. 이것은 바울과 베드로가 모두 "유대인"이라는 사실에 대해 자만한다는 뜻이 아니다. 이것은 그들의 과거 신분을 회고하면서 자신들이 예수 그리스도를 믿기 전에는 그처럼 교만하였음을 지적하는 것이다. 그들이 유대인으로서 가졌던 교만한 태도를 하루아침에 버리고 이방인과 한자리에서 신앙으로 교제하게 된 데는 그만한 이유가 있다는 것이 본 절의 의미다. 그들이 다 함께 예수 그리스도를 믿게 된 이유는 다음 구절이 설명한다.

16 의롭게 되는 것. 이 말(δικαιοῦται)은 "의롭게 여김이 되는 것"이라고 번역하는 것이 적절하다. 독일 신학자 키텔(Kittel)은 말하기를, "이것은 신자에게 의로운 성품을 주입하여 의롭게 만들어 주는 것을 의미하지 않으며, 그가 불의한 사람임에도 불구하고 의로운 자라고 선언하는 것을 가리킨다"라고

---

5) Commentary on St. Paul's Epistle to the Galatians, 1930, 93-94.

하였다.[6] 이 말은 법정 용어로서 "정죄"(κατάκριμα)와 정반대의 의미를 지닌다. 이 말이 법정 용어라는 사실과 관련하여 우리가 생각할 점이 있다. 말하자면 칭의의 선언은 공법적인 성격을 지니기 때문에, 그것은 인간의 정에 이끌린 사적인 것이 아니라 불가항력적인 확고부동한 것이라는 사실이다. 하나님 앞에서 이처럼 칭의의 선언을 얻은 자들에게 어찌 감사와 기쁨이 없겠는가? 이 점에 관하여 또 한 가지 생각할 것은 이처럼 의를 소유하지 못한 자가 의롭다고 인정받는 일이 우주의 법칙과 조화될 수 있는가 하는 문제다. 우주의 법칙들은 보상 원리에 따라 움직이고 있지 않은가? 우주를 지배하는 인과율도 보상의 법칙이라고 할 수 있다. 신상필벌의 원칙과 인간 양심의 도덕률도 보상의 법칙이다. 그런데 우주 안에는 그와 다른 또 하나의 법칙이 있는데, 그것은 마치 흐르는 강 한가운데 묻혀 있는 바위가 물 위로 가물거리는 것처럼 엄연히 존재하는 사랑의 법칙이다. 우주를 성립시키시고 공의 또한 성립시키신 분은 바로 사랑의 하나님이시다(요일 4:8). 인간은 죄를 범하였기 때문에 하나님의 공의에 따라 벌을 받았다. 그러나 사랑이신 하나님 자신이 우리의 칭의를 위하여 나타나셨고 희생당하셨다. 그것은 알파(*A*)와 오메가(*Ω*)다. 그것은 그리스도 십자가를 통한 대속의 죽음으로 표현되었다. 그것은 우주의 오메가(*Ω*) 자리를 취하고야 만 것이다. "그런즉 믿음, 소망, 사랑, 이 세 가지는 항상 있을 것인데 그 중의 제일은 사랑이라"(고전 13:13).

예수 그리스도를 믿음으로 말미암는 줄 알므로. 여기 "말미암는"이라고 번역된 "디아"(διά)라는 전치사는 "~을 통하여" 혹은 "~을 경유하여"라는 뜻을 지닌 전치사로서 다만 방편을 표시할 뿐이다. 그렇다면 믿음 자체는 구원의 근원이 아니며 공로는 더더욱 아니다. 믿음은 다만 구원을 이루는 근원 및 공로와 우리를 연결해주는 방편에 불과한 것이다. 그러므로 신자는 자신이 가진

---

6) nicht···das Einflössen sitllicher Qualität···sondern die Gerechtsprechung des Gottlosen.

것은 무엇이든지, 심지어 믿음까지도 구원을 위한 공로가 되지 못한다는 점을 명심해야 한다. 또한 우리가 알아야 할 것은 믿음도 하나님의 선물이라는 사실이다(엡 2:8).

우리도 그리스도 예수를 믿나니. 여기서 "우리도"(καὶ ἡμεῖς)란 말은 강조의 어법이다. 그것은 이방인뿐 아니라 유대인인 "우리"도 예수를 믿어야만 구원에 참여할 수 있음을 강력하게 지적하는 역할을 한다. 유대인도 이방인과 마찬가지로 예수 그리스도를 믿어야만 구원을 얻는다. "그리스도 예수를 믿나니"(εἰς χριστὸν Ἰησοῦν ἐπιστεύσαμεν)라는 표현은 예수 그리스도를 하나님이 주신 구원자로 받고 그분께 나 자신을 맡긴 채 그 안에서 안식을 누리는 행위를 가리킨다(Greijdanus).

율법의 행위로써는 의롭다 함을 얻을 육체가 없느니라. "육체"는 헬라어로 "파사 사르크스"(πᾶσα σάρξ)라고 하는데, 문자적으로는 "모든 육체"라는 의미다. 그러므로 "육체"를 가진 자는 누구나 이 무리에 포함된다. "육체"는 부패하고 연약해진 인간성을 가리킨다. 로마서 8:7에 말하기를, "육신의 생각은 하나님과 원수가 되나니 이는 하나님의 법에 굴복하지 아니할 뿐 아니라 할 수도 없음이라"라고 하였다. 그러므로 인간성을 가진 자는 누구나 율법을 완벽하게 지킬 수 없고(롬 8:3), 결과적으로 의인이 되지 못한다(참조. 시 143:2). 오직 밖에서 찾아오는 의, 다시 말해 하나님의 의가 되시는 그리스도만이 우리를 구원하실 수 있다(고후 5:21).

17 만일 우리가 그리스도 안에서 의롭게 되려 하다가 죄인으로 드러나면 그리스도께서 죄를 짓게 하는 자냐 결코 그럴 수 없느니라. 이 구절에 대하여 두 가지 해석이 있다. ① 유대인들은 자기들이 의인인 줄 알았는데 그리스도를 믿고 죄인인 줄 깨닫는다면, 그리스도께서 죄를 짓게 하는 분이신가? 결코 그렇지 않다는 것이다. ② 바울과 베드로가 그리스도를 믿음으로 의를 얻으려다가 중도에 변심하여 베드로가 안디옥에서 한 것처럼 다시 율법으로 말미암아 의를 얻으

려고 한다면, 그것은 시작했던 일이 실패한 셈이며, 한때 의식적 율법을 버렸던 자로서 율법 앞에 더욱 죄인이 되는 셈이다. 그렇다면 그리스도는 우리가 실패하게 만드시고 죄를 짓게 하시는 불완전한 구주이신가? 그렇지 않다는 것이다. 예수 그리스도는 그런 불완전하신 구주가 아니시며 한번 시작하신 것은 반드시 이루시는 분이시다. 그러니 인간이 실패한다고 해서 그리스도께서 그 실패에 대해 책임지실 이유는 없다. 이 해석이 문맥에 적합하다.

18 만일 내가 헐었던 것을 다시 세우면 내가 나를 범법한 자로 만드는 것이라. 이 본문을 두 가지 방식으로 해석할 수 있다. ① 바울은 복음을 전할 때 모든 의식적 율법이 신자를 속박할 수 없는 것임을 확신하고 있었다(헐었다). 그런데 이제 그것을 다시 세운다면 바울은 그때까지 헐었던 사실에 대하여 죄책을 지게 된다는 것이다. ② 칼빈은 다음과 같이 해석하였다. 바울이 복음을 전한 것은 죄악을 파괴하는 일이었는데(요일 3:8) 이제 유대주의자들과 같이 복음을 버리고 율법주의를 전한다면 그가 헐었던 죄악을 다시 세워주는 것이 되므로 바울은 범법한 죄인이 된다는 것이다. 위의 첫째 해석이 문맥에 적합하다.

19 내가 율법으로 말미암아 율법에 대하여 죽었나니 이는 하나님에 대하여 살려 함이라. 이 구절은 앞 절의 "헐었던 것을 다시 세우"는 일이 있을 수 없는 이유를 설명한다.

"율법으로 말미암아 율법에 대하여 죽었나니." 이 말은 그리스도인이 율법의 요구 앞에서 단 한 가지도 이루지 못한다는 것과 자신이 가망 없음을 알고 돌아서서 그리스도만 의지함으로 율법과의 관계가 끊긴 것을 의미한다.

"하나님에 대하여 살려 함이니라." 이것은 율법 아래 있지 않고 은혜 아래 있는 자가 이제부터 하나님과 자기 사이에 아무런 장벽이 없이 자유롭게 교제할 수 있게 된 것을 의미한다. 이것이 곧 영생이다.

20 내가 그리스도와 함께 십자가에 못 박혔나니. 말하자면 그리스도께서 나를

대신하여 십자가에 못 박히신 그 사건에 나의 죽음도 포함되었다는 것을 의미한다. 내가 받을 심판을 그리스도께서 이미 십자가 위에서 대신 받으셨다.

믿음 안에서 사는 것이라. 이것은 신앙이 하나님을 향한 나의 영적 생활의 유일한 방편임을 가리킨다. 신자가 믿음으로 말미암아 그리스도를 살아 계신 구주로 모시고 있는 만큼 성령을 받은 그의 영은 그리스도의 의로 인하여 영생하게 된다(롬 8:10).

21 내가 하나님의 은혜를 폐하지 아니하노니. 그리스도를 믿음으로만 의를 얻는 복음을 믿다가 중도에 의식적 율법으로 기울어진다면 그것은 하나님의 은혜를 폐하려는 어리석은 행동이다. 바울은 이런 어리석은 일을 잠시라도 할 수 없다고 한다.

설교 죽고 또 산다(19-21절).

본문 19절에 "율법에 대하여 죽었다"라고 하였는데 이는 다음과 같은 사실들을 수반한다.

1. 정죄에서 완전히 해방됨

신자가 율법에 대하여 죽었다는 것은 정죄 받는 일이 전혀 없어졌다는 뜻인데 이것은 가장 강력한 표현이다. 이 놀라운 혜택은 그리스도께서 죽으심으로 말미암은 결과다(20상). 이것은 "그리스도 예수 안에 있는 자에게는 결코 정죄함이 없나니"라는 말씀과 같은 의미다(롬 8:1). 이 은혜는 말로 표현할 수 없을 만큼 감사한 것이다. 영원토록 정죄 아래 있을 수밖에 없는 불행한 죄인들이 그리스도를 참으로 믿으면 율법의 정죄를 받지 않는다. 그들은 2천 년 전에 죽으신 그리스도와 함께 죽은 자가 되어서 율법의 정죄와는 관계없는 자들이다.

2. 세 가지 형태로 나타나는 생명을 누림

율법에서 해방된 자유는 방종을 위한 것이 아니다. ① 이 자유의 목적은 "하나님을 향하여 살려 함"이다(19하). 사람은 본래 하나님을 섬기기 위하여 지어졌으며, 범죄 하였다가 구원받은 뒤에는 본래의 상태로 환원된다. ② 정죄에서 해방된 신자의 마음속에 그리스도께서 사신다(20상). 그리스도께서 신자들 마음속에 살아 계신다는 말은 그가 성령으로 우리 안에 거하심을 뜻한다. 이러한 사실은 우리가 주님을 위하여 성결하게 살수록 더욱 분명해진다. ③ 정죄에서 해방된 신자는 믿음으로 산다(20하). 신자가 소유한 믿음 자체가 이적이다. 그것은 새 생명의 움직임이다. 믿음은 금보다 귀하다(벧전 1:7).

제 3 장

⚜ 개요

갈라디아 교회는 복음에서 떠나 율법주의로 나아가는 경향이 있었다. 그러므로 바울은 그것이 잘못임을 지적하고, 믿음으로 구원받는다는 진리가 옳은 것임을 길게 논증하였다. 그 논증의 내용은 다음과 같다.

1. 성령을 받은 그들의 경험을 근거로 논증함(1-5절)

바울은 믿음으로 시작하였던 갈라디아 교회가 율법주의로 나아가는 것은 매우 어리석은 행위라고 말한다. 왜냐하면 그들이 성령으로 말미암아 그리스도께서 죽으신 사실을 밝히 깨닫고 믿었으며, 그 믿음을 위하여 많은 수고를 하였기 때문이다. 그들은 그렇게 성령의 은혜를 받았음에도 불구하고 그릇된 교리에 이끌렸다.

2. 믿음으로만 구원 얻음을 논증함(6-14절)

바울은 믿음으로 구원을 받은 아브라함의 경험을 표준으로 제시한 후에, 누구든지 율법을 온전히 실행하기는 불가능하므로 율법으로는 구원을 얻을 수 없다고 논증한다.

1) 아브라함이 믿음으로 의를 얻은 것은 아브라함 한 사람만을 위한 일이 아니었다. 그것은 그와 동일한 믿음을 가진 자들도 동일한 원칙으로 구원 받을 사실을 보여주는 표본이며 조상이다. 그런 의미에서 그리스도인들은 모두 아브라함의 자손이다. 다시 말해 그들은 아브라함이 받은 축복에 함께 참여하는 자들이다. 이 점에 있어서는 이방인들도 유대인과 마찬가지다(6-7절).

2) 옛날부터 율법을 통해 구원을 얻는 것은 절대로 불가능한 일이다. 왜냐하면 사람이 율법으로 말미암아 구원을 얻으려면 율법 책에 기록된 모든 것을 항상 행해야만 하는데, 그렇게 할 수 있는 사람은 하나도 없기 때문이다. 그리스도께서 오셔서 율법의 저주로부터 우리를 속량하시려고 우리를 대신하여 저주를 받으셨다. 그러므로 우리는 다만 그를 믿을 뿐이다. 아브라함에게 그로 말미암아 모든 민족을 구원하시겠다고 하셨던 축복의 언약(창 12:3)은 예수 그리스도로 말미암아 이루어졌다(8-14절).

3. 약속으로 말미암은 구원은 예로부터 유일하고 영원불변한 구원의 원칙이었음(15-29절)

1) 하나님께서 아브라함과 맺으셨던 "믿음으로 말미암은 구원의 언약"을 후에 만들어진 율법이 폐하지 못한다. 사람들 사이에 맺은 약속도 변치 않아야 하는데, 하물며 하나님께서 주신 약속이 변할 수 있겠는가? 참으로 그 약속을 이루시기 위하여 그리스도 예수께서 아브라함의 자손으로 오신 것이다(15-18절).

2) 율법의 특성상 그것은 이신칭의의 원리를 폐할 여지가 없다. 곧, 율법은 약속으로 말미암은 구원의 체제에 가입되어 그것을 보조하는 역할을 할 뿐이다. 율법은 하나님으로부터 온 것이지만 하나님께서 율법과 함께 오신

것은 아니다. 그러므로 율법은 사람의 노력과 실행을 요구하는 것이다. 곧, 율법은 모든 사람을 죄 아래 가두어 그들이 자신의 힘으로는 구원받을 수 없다는 것을 깨닫게 함으로써 약속의 내용인 그리스도에게 돌아가도록 도와준다(19-29절).

⚘ 해석

1 **어리석도다.** 복음을 깨닫고서도 그것을 의식적 율법과 바꾸는 것은 대단히 어리석은 일이다. 바울은 사랑하는 성도들을 위하여 채찍을 아끼지 않았다. 오늘날 우리는 사랑하는 형제에게 사랑의 충고를 할 줄 모른다.

예수 그리스도께서 십자가에 못 박히신 것이 너희 눈 앞에 밝히 보이거늘. "눈 앞에 밝히 보인다"라는 말은 "눈 앞에 계시되었다"라는 뜻이다. 곧, 그리스도께서 십자가에 죽으심으로써 우리를 구원하신다는 믿음의 도가 누구나 알 수 있게 그림과 같이 밝히 나타났다는 것이다(Zahn). 칼빈은 말하기를, "목회자는 복음을 설교할 뿐 아니라 그 설교를 듣는 자가 십자가에 못 박히신 그리스도를 보는 듯이 명백히 깨닫도록 만들어 주어야 한다"라고 하였다.

2 **내가 너희에게서 다만 이것을 알려 하노니 너희가 성령을 받은 것이 율법의 행위로냐 혹은 듣고 믿음으로냐.** "내가 너희에게서 다만 이것을 알려 하노니"라는 문구는 다음과 같이 번역해야 한다. "내가 너희에게서 다만 이것을 배우기를 원한다." 여기서 "배운다"(μαθεῖν)라는 말은 갈라디아 교회 교인들의 체험을 존중하는 동시에 확고한 것으로 여긴다는 의미다. 그들이 성령을 받게 된 것은 무언가를 행함으로써 이루어진 일이 아니고 다만 복음을 들음으로써 이루어진 것이다. 사람은 복음을 들음으로써 성령을 받아 믿음에 이른다. 이런 사실을 가리켜 "듣고 믿음"(ἀκοὴ πίστεως)이라고 표현한다(참조. 롬 10:17).

3 성령으로 시작하였다가 이제는 육체로 마치겠느냐. 그들이 복음을 듣고 성령을 받아서 중생하여 믿게 되었는데, 이제 퇴보하여 거듭나지 못한 육의 사람처럼 율법주의로 돌아가고 말겠는가 하는 책망이다. 물론 그들은 그렇게 될 수 없다. 한번 성령을 받아서 거듭난 자는 영원히 구원을 얻고야 만다는 것이 성경의 교훈이다(요 6:39, 44). 그러나 표면상으로는 그들이 다시 육신으로 돌아가는 것처럼 어두워졌기 때문에 바울은 이렇게 말한 것이다.

4 너희가 이같이 많은 괴로움을 헛되이 받았느냐. 갈라디아 신자들이 복음을 믿고 나아가는 과정에 많은 핍박을 받았었는데, 이제 그처럼 어렵게 얻은 귀한 복음에서 떠난다면 이전에 고생한 것이 허사가 된다는 말이다.

5 너희에게 성령을 주시고 너희 가운데서 능력을 행하시는 이. 이 말은 신자들에게 은혜를 베푸시는 이는 하나님이시라는 뜻이다. 이처럼 오직 은혜로 구원하시는 하나님께서 구원의 조건으로 그들의 율법적 행위를 요구하실 리는 만무하다. 그는 우리가 복음을 듣고 믿을 때 우리를 값없이 구원하여 주신다.

6-7 이 구절들은 믿음으로 말미암아 의를 얻은 아브라함을 예로 들어 오직 은혜로 말미암는 구원의 도리를 논증한 것이다.

하나님을 믿으매 그것을 그에게 의로 정하셨다 함과 같으니라. 이것은 창세기 15:6을 인용한 것이다. 이 문구의 히브리어 원문(וְהֶאֱמִן בַּיהוָה וַיַּחְשְׁבֶהָ לּוֹ צְדָקָה)을 직역하면, "그가 여호와 안에서 믿으니 이것을 그에게 의로 여기셨느니라"이다. "여호와 안에서 믿었다"라는 말은 아브라함이 "네 자손"(그리스도인들)의 수효가 하늘의 별과 같이 많으리라고 하신(창 15:5) 하나님의 약속(메시아 약속)을 믿고, 하나님 안에 자신을 맡기고 안식했다는 뜻이다. 여기서 신앙의 대상과 내용은 그리스도시다. 하나님께서는 이 신앙의 대상이신 그리스도의 의를 아브라함의 의로 여겨주신 것이다. 그리스도의 의를 사람의 것으로 간주하는 칭의 제도는 아브라함에게서 확고하게 수립되고 계시되었다. 또한 그때 하나님께서는 그것을 단지 아브라함만을 위하여 나타내신 것이 아니고,

그 하나의 사건을 시초로 하여 이후에도 그와 같은 칭의의 사건들이 계속하여 일어나리라는 것을 보여주신 것이다. 다시 말해 그와 같은 방식으로 의롭다 함을 얻을 자들의 수가 하늘의 별처럼 많을 것임을 예언하는 것이다.

8 성경이 미리 알고. ① "성경"을 의인화한 이유는 성경이 모든 부분에서 마치 의식 있는 인격체처럼 서로 연결되며 조화를 이루고 있음을 표현하기 위함이다. ② "미리 알고"(προϊδοῦσα)라는 표현은 이스라엘이 율법을 받기 전에 이미 아브라함에게 주신 약속에 이방의 구원이 포함되었음을 가리킨다. 바울은 이렇게 말함으로써 율법을 자랑하는 유대주의자들의 교만한 입을 막아버린다(Luther).

10-14절. 이 구절들은 율법 아래 있는 자들은 누구든지 율법을 다 지킬 수 없는 것만큼 저주 아래 있다고 한다. 그러면 누가 이 저주를 면하게 해주는가 함이 문제이다. 그것은 예수 그리스도께서 우리를 대신하여 저주를 받으심으로 우리의 저주를 면하게 해주셨고, 또 구원을 우리에게 주신다.

10 율법 행위에 속한 자들. 이 말(ὅσοι ἐξ ἔργων νόμου εἰσίν)은 율법을 행해야만 구원 얻는다는 사고에 매여 있는 자들을 가리킨다.

저주 아래에 있나니. 이는 저주를 피할 수 없는 제재 아래 매였다는 뜻이다. 여기서 "저주"(κατάρα)라는 말은 하나님의 진노를 받아 영원한 멸망에 이르는 것을 의미한다(마 25:41; 롬 4:15).

기록된 대로. 이것은 신명기 27:26의 말씀을 가리킨다.

모든 일을 항상 행하지 아니하는 자는 저주 아래에 있는 자라 하였음이라. "항상 행한"다(ἐμμένει πᾶσιν)라는 말은 모든 율법의 조례들로 자기 자신을 제재하기 위해 자기 전 존재와 행위를 율법 안에 두는 것을 가리킨다(Greijdanus). 이것은 그야말로 율법을 통해 완전히 규제되는 삶인데, 어느 누가 이렇게 될 수 있겠는가? 그런즉 사람으로서는 율법을 완벽하게 지키는 것이 불가능하다. 그렇다면 과연 저주 아래 처하지 않을 사람이 한 명이라도 있겠는가! 그러므로 사람에게는 다만 외부로부터 주어지는 구원이 절대적으로 필요한 것이다.

11 이는 의인은 믿음으로 살리라 하였음이라. 바울은 이 말씀을 하박국 2:4에서 인용하였다. 로마서 1:17과 히브리서 10:38에도 같은 말씀이 인용되었다. 바울은 중요한 교리를 밝힐 때마다 구약성경 말씀을 인용했다. 우리는 그러한 사실을 통해서도 성경에 대한 바울의 태도를 알 수 있다. 바울은 성경이 문자 그대로 하나님의 말씀이며 변치 않는 진리라고 믿었다. "의인"은 어떠한 사람인가? 그는 자기가 죄인임을 아는 자다(눅 18:13-14). 그는 하나님이 주시는 의를 믿음으로 받아들이는 자다. 죄인이 생명을 얻는 길은 오직 믿음뿐이다.

12 본 절은 사람이 율법을 행하여 의를 이루는 것이 믿음으로 구원 얻는 도리와는 다른 길임을 보여준다.

율법은 믿음에서 난 것이 아니니. 율법의 길은 믿음의 길에서 난 것이 아니며, 믿음의 길은 율법의 길에서 난 것이 아니다. 이 두 길은 서로 다른 체계에 속한 것이다.

13 그리스도께서 우리를 위하여. "우리를 위하여"라고 번역된 헬라어 단어(ὑπέρ)는 "우리를 대신하여"라는 뜻을 지니고 있다(Greijdanus).

율법의 저주에서 우리를 속량하셨으니. 우리가 율법을 지키지 못했기 때문에 율법은 우리를 정죄하고 저주하게 된 것이다(10절). 그러나 그리스도께서 우리를 대신하여 저주를 받으셨기 때문에 그 저주는 우리에게서 떠나게 되었다.

"속량하셨으니." 이것은 값을 치르고 사서 풀어주었다는 뜻이다. 곧 그리스도께서 그 보혈로 우리의 죗값을 치르시고 우리를 정죄와 저주에서 풀어내시어 구원하셨다는 것이다(롬 8:1-3).

기록된 바. 이것은 신명기 21:23을 가리킨다.

나무에 달린 자마다 저주 아래에 있는 자라. 나무에 달려 죽는 것은 저주의 죽음이었다. 그리스도께서는 나무로 만들어진 십자가 형틀 위에서 죽으셨기 때문에 저주의 죽음을 당하신 것이라는 말이다. 하나님의 독생자께서 우리 때문에 저주를 받으신 것은 그의 지극한 사랑을 보여준다.

14 아브라함의 복이 이방인에게 미치게 하고 또 우리로 하여금 믿음으로 말미암아 성령의 약속을 받게 하려 함이라. "아브라함의 복"은 하나님께서 아브라함에게 약속하신 천국의 기업을 의미한다(롬 4:13; 8:17). "우리"라는 말은 이방인과 유대인 가운데 속한 모든 그리스도인들을 가리킨다. "성령의 약속"은 하나님께서 성령을 주시겠다고 하신 약속을 가리킨다(Greijdanus). 유대인이나 이방인이나 구별 없이 모두 믿음으로 이 약속에 참여하여 같은 성령을 받은 것이다(욜 2:28; 행 10:47; 11:15; 15:8).

15-18절. 이 구절들은 믿음으로 구원 얻게 하는 하나님의 언약이 율법 때문에 폐지될 수는 없다고 말한다. 하나님께서 아브라함과 맺으신 이 언약은 영원한 효력을 지닌다.

15 사람의 예대로 말하노니. 이것은 인간사회의 풍속대로 말한다는 뜻이다(참조. 롬 3:5, 6:19; 고전 9:8).

사람의 언약이라도 정한 후에는 아무도 폐하거나 더하거나 하지 못하느니라. 여기서부터 17절까지는 "강이유 논법"(a fortiori)을 통해 논지를 전개한다. 거짓된 인간들 사이에서 맺은 언약도 한번 정해진 뒤에는 폐할 수 없고 변경할 수도 없는데, 하물며 신실하시고 전지전능하신 하나님께서 인간과 맺으신 언약이야 말할 것이 무엇이겠는가?(참조. 17절)

16 본 절에서는 하나님이 아브라함에게 주신 약속의 내용을 밝히고, 다음절에서는 그것이 폐지될 수 없음을 논한다.

이 약속들은 아브라함과 그 자손에게 말씀하신 것인데. 이 문구의 헬라어 원문을 직역하면 다음과 같다. "그 약속들이 아브라함에게 말해졌는데 또한 그 자손에게도니라." 여기서 "그 약속들"이라고 복수를 사용한 이유는 하나님께서 아브라함에게 약속의 말씀을 주신 일이 여러 번이었기 때문이다(창 12:1-3; 15:1-7, 18; 17:1-14; 18:18-19; 22:15-18). 그런데 이 약속들은 한결같이 신약교회가 믿음으로 받을 구원의 축복을 내포하고 있었다. 말하자면 이 약속들은 모두 그리스도로 말미암아 성취될 것이었다. "또한 그 자손에게도니라"라고 덧붙인 이유는, 아브라함이 죽은 후에도 그 약속들은 계속해서 그의 자손인 그리스도인들에게서 완전히 실현될 것이기 때문이다. 하나님께서 아브라함과 맺으신 이 언약은 아브라함이 죽은 후에도 영구히 존속하며, 그것을 폐할 다른 어떤 제도도 있을 수 없다. 아브라함 이후에 모세의 율법이 찾아왔지만, 그것은 사람에게 구원을 약속해주지 않는다. 그것은 과거의 제도인 아브라함과 맺으신 구원 언약에 대하여 "측면적으로 임했을"(παρεισῆλθεν) 뿐이다(롬 5:20). 말하자면 그것은 옆으로 다가와서 인간에게 죄를 깨닫게 해줄 뿐이다. 그러므로 그것은 또 하나의 구원 제도가 아니며, 믿음으로 구원 얻게 하는 본래의 제도를 폐한 것도 아니다.

17 미리 정하신 언약을 사백삼십 년 후에 생긴 율법이 폐기하지 못하고. 본 절의 논리는 본래 주어져 있던 언약을 나중에 생긴 율법이 폐할 수 없다는 것이다. 본래의 구원 제도는 언약의 도리, 다시 말해 은혜와 믿음으로 구원 얻는 제도인데, 그것을 율법이 폐지하지 못하였고 그리스도께서 율법을 완성하신 것이다.

"사백삼십 년." 이것은 이스라엘 백성이 애굽 왕 바로의 압제하에서 지낸 햇수다. 아브라함이 약속을 받았던 시점부터 모세가 율법을 받았던 시점까지의 기간은 이보다 더 긴 세월일 것이다. 그러므로 이 "사백삼십 년"은 아브라함이 약속을 받았던 시점부터 계수된 것이 아니고, 그가 받았던 언약에 포함되어 있던 이스라엘 백성이 애굽에서 수난당한 햇수다(출 12:40).

18 만일 그 유업이 율법에서 난 것이면 약속에서 난 것이 아니리라. 여기서 "유업"은 신자들이 받을 천국 기업을 말한다. 만일 그것이 율법을 행함으로써 얻어지는 것이라면, 언약으로 말미암아 거저 받아지는 것은 아닐 것이다. 요컨대 구원이 행함으로 말미암는다는 것과 언약으로 말미암아 믿음으로 거저 얻어진다는 것은 전혀 다른 내용이라는 말이다. 우리의 구원은 언약 제도에 의지하여 믿음으로만 얻어지는 것이니, 행실에 대한 보응으로서의 구원이라는 사상은 우리의 사고에서 완전히 지워버려야 한다.

19-25절. 이 구절들은 율법의 역할을 설명하면서 그것이 믿음으로 구원 얻는 제도를 폐할 수 없다는 점을 논증한다.

19 범법하므로 더하여진 것이라. "범법하므로"라는 말은 "인간에게 죄악이 많다는 사실을 깨닫게 하려고"라는 의미이다(Greijdanus). 이것은 로마서 7:7-8의 사상과 부합하는 해석이다. 인간은 죄를 깨닫게 해주는 율법의 작용을 통해서만 비로소 자신이 멸망할 수밖에 없는 처지임을 알고서 자신을 그리스도에게 맡기게 된다.

"더하여진 것이라." 여기 사용된 헬라어(προσετέθη)는 종래의 구원 제도에 부속물처럼 일시적으로 붙어 있음을 뜻하는 것이며, 구원 제도에 하나의 근본적인 요소로서 편입되었다는 의미는 아니다. 그것은 본원적인 구원 제도 곁에서 자기 임무를 다한 후에는 지나가고 마는 것이다(참조. 롬 5:20).

천사들을 통하여 한 중보자의 손으로 베푸신 것. 이것은 율법이 전수되는 방식에 대해 구약과 신약이 가르치는 바를 설명한다. 다시 말해 율법은 하나님이 직접 오셔서 주신 것이 아니라 "천사들"을 경유하고 모세를 "중보자"로 삼아 선포된 것이다(행 7:53; 히 2:2). 출애굽기 24:12, 32:15-16, 34:28-29을 보면, 하나님께서 두 돌판에 십계명을 친히 기록하셨고, 모세는 그것을 받아서 백성에게로 돌아왔다고 증언한다. 모세가 율법을 받은 경위를 설명하는 갈라디아서 본문에서는 그가 "천사들을 통하여" 받았다고 말씀한다. 이처럼 율법은 하나님이 직접 주신 것이 아니라 간접으로 주신 것이기 때문에, 그것은 하나님께서 친히 이 세상에 오셔서 임마누엘로서 주시는 믿음의 구원 제도와는 다른 것이다.

약속하신 자손이 오시기까지 있을 것이라. 여기서 "자손"이라고 번역된 헬라어 단어(τὸ σπέρμα)는 "그 자손"을 의미하는데, 여기서는 특별한 자손이신 예수 그리스도를 가리킨다. 크레다너스는 말하기를, 아브라함의 다른 자손인 그리스도인들은 모두 이 특별한 자손으로 말미암아 생겨난 것이라고 하였다. 율법이 "약속하신 자손이 오시기까지" 있을 것이라는 말은 ① 율법의 예언이 예수 그리스도 안에서 모두 성취되었으며, ② 율법이 제시하는 방식으로 하나님을 섬기는 일은 그리스도께서 이 세상에 오시기 전에만 가능하였고, ③ 율법이 가진 정죄의 기능은 우리가 그리스도를 믿기 전까지만 유효한 것이었음을 가리킨다.

20 그 중보자는 한 편만 위한 자가 아니나 하나님은 한 분이시니라. 이 구절은 해석하기가 어려워서 무려 440가지의 견해가 존재한다고 하는데, 그중에 라이트푸트의 해석은 취할 만하다. 그의 해석에 따르면, 율법은 중보자를 통하여 우리에게 왔는데, 그것은 인간과 하나님 쌍방의 책임을 동시에 고려하는 계약으로 성립한다는 것을 의미한다. 계약은 한편에서 책임을 이행하지 않을 때 무효로 돌아간다. 그러나 하나님이 솔선하여 주체가 되셔서 사람에게 복 주시기로 하신 것은 계약이 아니라 "약속"이며, 그것은 하나님께서 홀로 성취해 나가시기 때문에 변하지도 않고 폐하지도 않는 은혜 언약이다. "하나님은 하나이시니라"라는 말씀은 그런 뜻이다. 이러한 은혜 언약은 말하자면, 하나님께서 친히 단독으로 그것을 세우시고 약속의 대상인 인간은 아무것도 한 일이 없다. 인간은 다만 하나님께서 약속하신 것을 받을 뿐이다. 그러므로 이 약속 체제의 축복은 영구불변한 것이다. 인간의 조건을 보시지 않고 하나

님 홀로 축복하시기로 정하신 것이기 때문에 그것은 언제든지 그대로 이루어지고야 만다. 그것은 신실하지도 않고 무력한 인간의 영향을 받지 않기 때문에 변동되는 일이 결코 없다.

21 그러면 율법이 하나님의 약속들과 반대되는 것이냐 결코 그럴 수 없느니라. 위에 말한 것과 같이 율법은 "하나님의 약속"에 대하여 부속적 역할을 할 뿐이고 방해하는 것은 아니다.

만일 능히 살게 하는 율법을 주셨더라면 의가 반드시 율법으로 말미암았으리라. 헬라어 원문에는 이 문구 첫머리에 "왜냐하면"(γάρ)이라는 이유 접속사가 있어서 율법이 약속 체제를 거스르지 않는 이유를 밝힌다. 만일 율법을 통해 살리는 길이 있다면, 그것은 약속의 체제와 충돌하고 그 체제를 거슬렀을 것이다. 사람을 살리는 데 서로 성격이 다른 두 가지 길이 있다면, 그것들은 서로를 거부하며 모순을 가져올 것이다. 요컨대 한편으로는 은혜로 구원받는 길이 있고 다른 한편으로는 행위로 구원받는 길이 있다면, 그 둘은 서로 충돌하고 말 것이다. 그러나 하나님께서는 율법을 주실 때 그것을 사람을 살리는 구원의 길로 주시지는 않았다. 따라서 그것은 약속의 체제에 부수적인 역할로 협력할 뿐이다. 이러한 협력의 내막이 다음 구절에 제시된다.

22 성경이. 이것이 성경의 특정 부분을 가리키기보다는 성경 전체를 염두에 둔 것이라는 견해가 있다(Zahn). 그러나 리츠만(Lietzmann)은 이것이 성경에 계시된 하나님의 뜻을 가리킨다고 주장한다. 첫 번째 해석이 옳다.

모든 것을 죄 아래에 가두었으니. 다시 말해 성경에 따르면 율법이 모든 것을 죄 아래 가두었다는 것이다. 크레다너스의 해석에 의하면 "모든 것"이라는 말은 인류 전체를 구성하는 사고방식 및 언행을 포함하여 그들의 주관 아래 있고 그들 때문에 저주받은 온 세상을 의미한다고 하였다.

이는 예수 그리스도를 믿음으로 말미암는 약속을 믿는 자들에게 주려 함이라. 하나님께서 율법을 통하여 모든 것을 정죄 아래, 말하자면 어찌할 수 없는 처지에 떨어진 죄의 종으로 드러나게 하신 목적이 있다. 그것은 인간이 자기 힘으로는 구원받을 수 없음을 깨닫게 하여 예수 그리스도께로 완전히 돌이키도록 하시려는 것이다.

23-24절. 이 두 구절은 앞 절에 대한 보충적 설명을 제공한다. 우리가 그리스도를 믿기 전에는 율법의 제재를 받을 뿐이었다. 이 점에서 율법은 우리에게 초등교사와 같은 존재로서 우리를 다스렸다. 우리가 그러한 다스림을 받는 동안은 종과 같아서 영적 자유가 없었다. 그처럼 영적 자유가 없는 삶은 우리가 스스로 어찌할 수 없는 자리에 처한 것을 깨닫게 해주었으며, 결과적으로 우리가 해방자, 곧 구원자를 사모하게 만들어 주었다. 이 단계에서 우리는 우리를 찾아오신 그리스도께로 서슴지 않고 나아가게 된다. 결과적으로 율법은 우리를 그리스도께로 인도하는 역할을 한 것이다.

23 믿음이 오기 전. 이것은 구약 시대를 가리키는데, 그 시대에도 믿음은 있었으나(갈 3:6-9, 14; 요 8:56; 롬 4:11-12), 그리스도의 현존을 경험했던 신약 시대처럼 믿음의 내용이 명백히 드러나지는 못하였다. 그 시대는 신약 시대와 비교하면 의식적이고 그림자와 같은 것이었다. 이처럼 그 두 시대는 형식상으로 서로 차이가 있기 때문에, 신약 시대를 가리켜 "믿음의 시대"라고 말할 수 있다(Greijdanus).

율법 아래에 매인 바 되고. 22절 해석을 참조하라.

24 이같이. 이 말(ὥστε)은 앞 구절의 결과를 소개해 주는 표현이다.

율법이 우리를 그리스도께로 인도하는 초등교사가 되어 우리로 하여금 믿음으로 말미암아 의롭다 함을 얻게 하려 함이라. "초등교사"(παιδαγωγός)라는 용어는 주인의 아이를 맡아서 감시하는 종이라는 학설이 있다. 테오도르 찬(Theodor Zahn)은 이 단어가 어린아이를 맡아서 학교나 운동장으로 가는 길을 인도해 주는 자를 의미한다고 해석하였다. 크레다너스는 테오도르 찬의 해석이 이 본문의 내용에 부합한다고 하였다. 초등교사가 아이들의 인도자 역할을 한 것처럼 율법은 우리를 "그리스도께로 인도"하여 준다.

25-29절. 이 단락은 믿음을 가진 그리스도인들은 이제 ① 초등교사 아래 있지 않고(25절) ② 그리스도 안에서 하나님의 아들이 되었으며(26절) ③ 그리스도를 옷 입듯 하였고(27절), ④ 계급이나 신분과는 무관하게 믿음으로 말미암아 차별 없이 하나가 되었으며(28절) ⑤ 약속대로 유업을 이을 자가 되었음을(29절) 가르친다.

25 믿음이 온 후. 이것은 그리스도께서 찾아오신 신약 시대, 다시 말해 믿음으로 구원 얻는 제도가 완성된 시대를 가리킨다.

26 너희가 다 믿음으로 말미암아 그리스도 예수 안에서. 이것은 그리스도인이 그리스도를 믿음으로 그와 연합하였음을 의미한다(롬 6:3-11).

하나님의 아들이 되었으니. "하나님의 아들"은 헬라어로 "휘오이 테우"(υἱοὶ θεοῦ)인데, 혈통적인 관계를 의미하지 않고 하나님의 자녀가 된 자의 신분, 다시 말해 ① 율법의 노예였던 자리에서 해방되어 ② 하나님의 양자가 되고 ③ 영적 자유를 가지고서 ④ 천국의 영원한 기업을 누릴 특권을 지녔다는 사실과 관련된 명칭이다(참조. 갈 4:6-7; 롬 8:15-17).

27 그리스도와 합하기 위하여 세례를 받은 자는 그리스도로 옷 입었느니라. "그리스도와 합하기 위하여"라는 어구의 헬라어 원문(εἰς Χριστόν)은 "그리스도 안으로"라고 번역될 수 있다. 이처럼 그리스도인이 받는 "세례"는 그리스도 안으로 들어가는 것을 뜻한다. 그런 세례를 받은 자는 이제부터 그리스도만으로 살고 그리스도만으로 자랑하며 그리스도께서 그에게 전부가 되신다. 이것은 세례를 참되이 받은 신자를 가리키는 말이다. 세례를 참되이 받은 자는 마치 옷으로 몸의 부끄러움을 가리는 것처럼 그리스도 안에 싸여 있어서 하나님 앞에서 정죄와 수치를 면한다. 그뿐 아니라 그는 빛나는 옷을 자랑하듯

이 그리스도를 자랑한다. 물론 그 자랑은 교만한 자랑이 아니다(롬 8:1).

28 유대인이나 헬라인이나 종이나 자유인이나 남자나 여자나 다 그리스도 예수 안에서 하나이니라. 이것은 신자들이 다 함께 하나님의 자녀이며 천국의 기업을 누릴 특권이 동일하다는 점에서 하나라는 뜻이다.

29 이 구절에 대해서는 로마서 4:23-24을 참조하라.

설교 하나님 언약의 통일성(6-29절)

사도 바울은 이 단락에서 하나님 언약의 통일성과 불변성을 보여준다. 다시 말해 구약이나 신약이 함께 가르치는 진리는 신자가 오직 믿음으로만 의를 얻는다는 사실이다. 바울은 이 부분에서 하나님이 아브라함에게 의를 주신 방식이나 신약 시대에 그리스도인들을 의롭다고 하시는 방식이 결국 하나라는 것을 논증한다. 신약은 결국 구약의 발전적 성취로 간주해야 한다는 것이다. 구원과 관련하여 아브라함에게 일어난 일들과 그에게 나타난 약속과 예언은 신약 시대에 그리스도로 말미암아 완전히 성취되었다. 이러므로 기독교는 믿기 어려운 우연한 이치를 가르치는 것이 아니라 하나님께서 수천 년 동안 구약 시대를 통하여 계약하시고 예언하신 그의 진리를 성취하셨다는 사실을 가르치는 것이다.

1. 은혜 언약 해설

본문 6-7절에 말하기를, "아브라함이 하나님을 믿으매 그것을 그에게 의로 정하셨다 함과 같으니라 그런즉 믿음으로 말미암은 자들은 아브라함의 자손인 줄 알지어다"라고 하였다. 아브라함이 하나님을 믿은 사실을 그에게 "의로 정하셨다"라는 것은 루터의 해석과 같이 믿는 마음 자체가 하나님 보시기에 아름다워서 의로 정함이 되었다는 것이 아니다. 루터는 말하기를 "믿음은 이성을 죽인다. '이성'은 사실상 하나님을 영화롭게 하지 못하고 도리어 욕되게만 하는데, 믿음은 그것을 죽이고 하나님을 믿도록 한다. 이는 한마디로 하나님이 참되시고 지혜로우시며, 의로우시고 성결하시며, 자비로우시고 전능하시며, 모든 좋은 것을 성취하여 주시는 분이라고 여기는 행동이다. 따라서 이것은 하나님을 기쁘시게 하는 예배와 같은데, 하나님은 그것을 의로 여기신 것이다"라고 하였다.[7]

"아브라함이 하나님을 믿"었다는 말은 하나님이 주신 메시아 중심의 약속(창 15:5-6; 갈 3:16)을 믿었다는 뜻이다. 그것은 메시아를 믿었다는 말과 같다. 하나님은 인간의 어떤 선함과 아름다움도 그 자체로 하나님의 기업을 누릴 의의 자격이 된다고 인정하지 않으신다. 왜냐하면 인간의 의는 완전치 못하고 영구하지 못할 뿐 아니라, 인간은 언제나 죄 아래 있기 때문이다. 하나님이 주시는 기업을 누리게 만들어 주는 의는 오직 예수 그리스도뿐이시다. 헤르만 리델보스(H. Ridderbos)는 "그것을 그에게 의로 정하셨다"(6하)라는 말에 대하여 말하기를 "이것은 소극적으로는 아브라함이 죄인의 경계 밖에 있는 자로 여겨진다는 것이며, 적극적으로는 하나님의 심판의 표준에 합당한 자로 여겨진다는 뜻이다. 이러한 칭의는 조금도 억지가 아니다. 하나님께서 그리스도인들을 이같이 의롭다고 하시는 이유는, 그들이 십자가에 못 박히신 그리스도 안에서 하나님의 공의의 요청을 만족시킴으로써 그리스도 안에 포함되어 형벌을 면하기 때문이다"라고 하였다.[8] 루터도 이와 같은 해석을 추가하기는 했으나, 앞에서 이미 소개한 바와 같이 그가 믿음의 내용 외에도 믿음의 경건한 태도를 칭의의 요소 중 하나로 인정한 것은 잘못이다.

바울은 6절의 내용에 대한 결론으로 선언하기를 "믿음으로 말미암은 자

---

7) Luther's Works, Vol. 26, Lectures on Galatians, 1963. 227-228.

8) The Epistle of Paul to the Churches of Galatia 1978. 119.

들은 아브라함의 자손인 줄 알지어다"라고 하였다(7절). 이것은 갈라디아 교회에 유대주의자들이 율법주의라는 그릇된 교훈을 퍼뜨렸기 때문에 그 교회에 주는 경고다. 그리스도를 믿는 자도 할례를 받아야만 의롭다고 인정받을 수 있다는 주장은 이러한 선언 앞에서 설 자리를 잃고 만다. 구원 문제와 관련하여 그리스도 신앙 이외에 다른 것을 더하는 일은 하나님의 언약 체제를 위반하는 것이다. 하나님께서는 아브라함을 의로운 자로 여기실 때 메시아에 대한 그의 믿음만을 보신 것이다. 그것은 만대에 변할 수 없는 진리인데, 누구든지 믿음으로 말미암는 자는 아브라함의 자손이다. "믿음으로 말미암은" 자라는 표현은 크레다너스의 주장과 같이 근원을 염두에 둔 것인데, 인격의 본질, 성격, 존재, 행위 등 전부가 믿음을 통해 결정되었음을 의미한다. 그들의 영적 존재가 전적으로 새롭게 중생시키시는 하나님의 사역에서 유래하였다.[9)]

8-9절에서 바울은 위의 이론을 한층 더 강화하기 위하여 성경의 권위에 의존한다. 8절에서 "성경이 미리 알고"(προϊδοῦσα δὲ ἡ γραφή)라는 말은 성경이 우연한 것이 아니라 의식을 지닌 인격체처럼 고금을 통틀어 일관적인 진리를 증언하는 권위 있는 말씀임을 지적한다. 물론 성경은 인격체가 아니며 성경을 통하여 말씀하시는 하나님이 인격체이시다. 성경은 하나님의 말씀이라는 점에서 하나님의 권위를 지닌다. 다시 말해 성경은 전지전능하신 인격체이신 하나님의 지혜를 표현하기 때문에 문학적으로 인격체처럼 다루어질 만하다. 그렇다면 이방인이 그리스도 신앙으로 말미암아 의롭다고 함을 얻는 것은 우연한 사태가 아니라 인류를 대상으로 하는 하나님의 언약에서 먼저 아브라함에게 전해진 복음으로 말미암은 것이다. 바울은 여기서 "복음"이라는 말을 사용하면서 신약 시대의 복음이 결국 아브라함에게 주신 계약 내

---

9) Aan De Gemeenten In Galatia. 202.

용과 동일한 것임을 지적한다. 그 계약의 내용은 "모든 이방이 너를 인하여 복을 받으리라"는 것이다. 이것은 이방인들이 아브라함의 자손으로 나신 예수 그리스도를 믿음으로 말미암아 구원을 받으리라는 뜻이다. 그러므로 바울은 결론적으로 말하기를 "믿음으로 말미암은 자는 믿음이 있는 아브라함과 함께 복을 받느니라"라고 하였다(9절). 여기 "함께"(σύν)라는 전치사는 그리스도를 믿는 자가 구원의 축복을 받는 일에서 아브라함과 다름이 없다는 것을 가리킨다. 여기에는 할례와 무할례, 유대인과 이방인의 차별이 없다.

2. 율법은 본래 인간에게 의를 주기 위하여 제정된 것이 아니다.

이러한 사실은 10-12절이 잘 밝혀 준다. 구약 자체가 인간이 율법으로는 의를 얻을 소망이 없다는 점을 강조하면서 오직 믿음으로만 영생을 얻을 수 있다고 가르친다. 바울은 여기서 또다시 하박국 2:4을 인용하였는데, "의인은 믿음으로 살리라"(11절)라는 말씀이다. 여기서 "믿음"이라고 번역된 히브리어 단어 "에무나"(אֱמוּנָה)는 본래 "견실함"을 의미하는데, 인간이 하나님께 굳게 붙어서 은혜로운 언약을 동요 없이 받아들이는 것을 의미한다.[10] 이처럼 바울은 구약성경에서도 구원이 오직 말미암는다는 사실을 가르치고 주장하였다.

3. 아브라함에게 약속하신 구원의 축복이 이방인에게까지 미치도록 하시는 하나님의 방편

13-14절에서 바울은 그리스도의 죽으심이 우리를 속량하시기 위한 저주의 죽음이었음을 지적한다. 13절에서 "그리스도께서 우리를 위하여 저주를 받은 바 되사"(γενόμενος ὑπὲρ ἡμῶν κατάρα)라고 번역된 구절을 직역하면 "그

---

10) Keil & Delitzsch, The Twelve Minor Prophets, Vol.2. 73.

리스도께서 우리를 위하여 저주가 되셨다"라는 뜻이다. 이것은 저주를 받는다는 말보다 더욱 강력하다. 여기서 바울은 그리스도가 십자가에 못 박혀 죽으신 것을 저주의 죽음으로 해석한다. 그의 이러한 해석은 성경에 근거한 것이다(신 21:23). 그리스도의 죽음은 그의 백성이 당할 저주의 죽음을 대신하신 대속의 죽음이었다(사 53:5-6).

4. 은혜 언약의 불변성

15-29절에서 바울은 아브라함에게 주신 은혜 언약이 후대에 임한 율법으로 말미암아 변동될 수 없음을 지적한다. 바울은 이 불변성을 지적하면서 몇 가지 논증을 제시한다.

1) 언약 자체가 성격상 폐지될 수 없는 것이다(15, 18절).

2) 은혜 언약보다 후대에 들어온 율법은 본성상 은혜 언약을 대체하기 위한 것이 아니며, 다만 "범법하므로 더하여진"이다(19절). 여기서 "범법하므로 더하여진 것"이라는 말은 하나님께서 사람들에게 율법을 주신 목적은 그들이 범한 죄악이 많다는 점을 깨우치기 위함이라는 의미다(롬 4:15, 5:20). 그렇다면 율법이 주어진 목적은 새로운 구원의 방편을 제공하기 위함이 아니라 인간이 죄를 깨닫도록 하기 위함일 뿐이다. 그러니 율법이 왔다고 해서 본래의 은혜 언약이 변동될 이유는 없다.

3) 약속으로 말미암는 은혜 언약은 율법 제도와 달리 하나님께서 홀로 이루어 나가시는 것이기 때문에 인간의 부족함이 장애가 되지 않는다. 이런 의미에서 20절에 말하기를, "그 중보자는 한 편만 위한 자가 아니나 하나님은 한 분이시니라"라고 하였다. 다시 말해 율법은 양편 모두 자기 역할을 충실히 감당해야만 목적을 이룰 수 있는 반면, 은혜 언약은 하나님께서 일방적으로 전담하시고 이루신다는 것이다.

4) 율법은 은혜 언약을 거스르는 것이 아니라 오히려 돕는다(21-26절). 율

법은 은혜 언약에 속한 자들에 대하여 초등교사의 역할을 하고 있다(24절). 그것은 율법이 인간으로 하여금 구원과 자유에 점차 진보해 가도록 도와준다는 의미가 아니고, 다만 율법이 인간을 결박하고 가두듯 하여 인간으로 하여금 구원과 자유를 사모하도록 만들어 준다는 것을 의미한다(23절). 율법의 이 같은 역할은 사람으로 하여금 구원의 길이 되시는 그리스도에게로 나아가도록 만드는 것이다.[11)]

---

11) Ridderbos, The Epistle of Paul to the Church of Galatia, 146.

제 4 장

개요

1. 노예 상태와 자유 상태(1-7절)

인간은 죄로 말미암아 어두워졌다. 그는 자기의 어두움을 모르는 맹인이기 때문에 율법이 관리자가 되어 그들을 감독하게 된 것이다. 그러나 그리스도께서 이 세상에 오심으로써 그를 믿는 자들은 율법의 속박에서 온전히 해방되고 하나님의 자녀로 드러난다.

2. 바울이 갈라디아 교인들의 탈선적 행동에 대하여 통탄함(8-20절)

갈라디아 사람들이 처음에는 복음을 바로 알고 믿었다. 그러나 후에 그들은 율법주의로 기울어지고 복음 지식에는 어두워졌는데, 그 결과 바울은 또다시 해산하는 수고를 감당해야만 했다.

3. 율법주의를 따르는 삶과 은혜를 따르는 삶을 대조함(21-31절)

바울은 구약에 기록된 아브라함의 두 아들이 걸어간 행적을 통해 이 두 가지 삶을 대조한다. 바울은 이스마엘을 낳은 하갈을 율법주의에 비유하고,

이삭을 낳은 사라를 은혜의 제도에 비유하였다.

해석

1 본 절부터 7절까지는 앞 장에 이어지는 말씀이다. 요컨대 하나님의 기업을 받을 자들의 과거와 현재를 대조하고 있다.

유업을 이을 자가 모든 것의 주인이나 어렸을 동안에는 종과 다름이 없어서. 말하자면, ① 원리적으로 하나님의 자녀들이 구약 시대에는 하나님의 계시에 대한 지식이 유치한 수준에 머물렀기 때문에 종처럼 율법의 외형적 속박 아래 있었다는 뜻이며, ② 신약 시대에도 신앙이 유치한 자들은 복음으로 말미암은 영적 자유를 못 누리고 율법이나 도덕의 지배 아래 종과 같은 존재가 되었다는 뜻이다.

2 **그 아버지가 정한 때까지 후견인과 청지기 아래에 있나니.** 이것은 로마의 법률대로 부친이 사망한 뒤에 남아 있는 미성년자를 위해 관리인을 세우는 제도를 비유로 든 것이다. 그 제도에 따르면 미성년자는 법적으로 성인이 되기까지 보호자의 감시를 받도록 정해져 있었다. 이와 마찬가지로 그리스도인도 진정한 신앙에 이르기 전에는 율법의 다스림을 받는 유치한 수준에 머물러 있으며 영적 자유를 누리지 못한다는 것이다. "후견인"(ἐπίτροπος)은 부친이 없는 미성년자에 대한 일반적인 감시를 담당한 자를 가리키며, "청지기"(οἰκονόμος)는 특별히 그 가정의 재정을 관리하는 자를 가리킨다(Greijdanus, Ridderbos).

3 **우리도.** 이것은 유대인 신자들만 아니라 이방인 신자들까지도 포함하는 말인데, 이는 모든 신자가 다 함께 한 몸을 이루며, 한 교회이며, 한 백성이라는 사실을 반영한다.

이 세상의 초등학문. 이 말(στοιχεῖα τοῦ κόσμου)에 대하여 다양한 해석이 있는데, 그중 중요한 것으로는 ① 자연 종교 신앙을 가진 이방인들의 일월성신 숭배를 가리킨다는 해석도 있고, ② 유대인들이 날과 절기를 중요시하여 지키는 것을 가리킨다는 해석도 있으며(Lietzmann), ③ 율법의 의식(儀式)들을 가리킨다고도 하고, ④ 율법 전체를 가리킨다고도 한다. 위의 네 가지 해석 중 마지막 견해가 가장 적합하다.

4 때가 차매 하나님이 그 아들을 보내사. 여기서 "때가 차매"라는 표현의 헬라어 원문(τὸ πλήρωμα τοῦ χρόνου)을 직역하면 "그때의 그 충만함이 이르매"이다. "그 충만"은 관사(τό)를 동반하기 때문에 특수한 "충만함"을 의미한다. 그러므로 "그때의 그 충만함"이라는 것은 모든 시대의 구심점으로서 의미심장한 그리스도 강림의 시기가 도래하였다는 의미다. 이 말씀에 비추어 우리는 다음과 같은 사실을 미루어 짐작할 수 있다. ① 모든 시대는 각각 뜻이 있는 부분들이며, 그것들은 또한 의미심장하게 연결되어 있다는 것이다. ② 또한 그 모든 시대는 결국 그리스도와 그의 구속 사업을 목표로 삼아 흐르고 있다는 것이다.

여자에게서 나게 하시고. 이것은 그리스도의 동정녀 탄생을 가리키는 것이 아니라, 미천하고 연약해진 주님의 출생을 가리킨다. 그의 낮아지심은 우리의 구원을 위한 것이다(Lightfoot).

율법 아래에 나게 하신 것. 하나님의 아들 그리스도는 본래 인간을 대상으로 하는 율법 아래 매이시지 않았다. 그런데도 그는 인류를 위하여 그들과 같은 위치에 처하셨고, 그들을 대신하여 율법이 요구하는 죄의 대가를 치르시기 위하여 십자가에 못 박혀 죽으셨다.

5-7절. 이 구절들은 그리스도께서 속죄의 결과로 신자들에게 성취하여 주신 세 가지 요소를 보여준다. 그것은 ① 아들의 명분 ② 하나님의 자녀 의

식 ③ 유업을 얻음이다.

5 **율법 아래에 있는 자들.** 앞 절의 같은 말 해석을 참조하라. "율법 아래에 있는 자들"은 인생들을 의미한다. 율법은 하나님 자신이나 혹은 그의 아들을 제재하기 위한 표준이 아니다. 하나님을 제재할 수 있는 것은 천상천하에 아무것도 없다. 하나님 자신이 모든 선의 표준이시며, 모든 진리의 기준이시다. "율법"이라는 것은 하나님께서 인생을 제재하시기 위하여 주신 것이다.

속량하시고. 이것은 헬라어로 "엑사고라세"(ἐξαγοράση)인데, "돈을 주고 사서 자유롭게 만들었다"라는 뜻이다. "속량"(贖良)이라는 우리말 번역에서도 "속"(贖)은 "돈을 주고 산다"라는 뜻이고, "량"(良)은 "자유"라는 뜻이다. 말하자면 율법의 정죄와 속박 아래 있는 자들을 그리스도께서 자기의 피로 대가를 치르고 사셔서 자유인이 되게 하셨다는 뜻이다. 그러나 이 자유는 신자들이 그리스도 안에서 율법을 지켜야 할 책임까지 해소하는 것은 아니다. 그들에게는 여전히 율법을 지킬 책임이 있는데, 이제는 율법을 지키는 그들의 마음가짐이 노예들의 공포심이 아니라 감사와 사랑을 포함하는 경외심이다.

아들의 명분을 얻게 하려 하심. 이것은 앞에서 말한 "속량"의 결과 중 첫 번째 항목이다. 여기서 "아들의 명분"(υἱοθεσία)이라는 말은 "아들로 삼음", 다시 말해 양자 삼음을 의미하는데, 이것은 장차 천국 기업을 받을 법적 자격을 가리킨다. 이 말은 로마서 8:15에서 "양자"라고 번역된 단어와 같은 것이다.

6 **그 아들의 영을 우리 마음 가운데 보내사 아빠 아버지라 부르게 하셨느니라.** 이것은 앞 절에서 말한 "속량"의 두 번째 결과다. 신자는 하나님의 법적 자녀라는 명분을 얻을 뿐만 아니라, 어떤 의미에서는 성품상으로도 하나님의 자녀가 된다(벧후 1:4하). 그러나 이것은 결코 우리의 본성이 하나님처럼 된다는 것은 아니다. 그런 일은 영원히 일어날 수 없다. 창조주는 언제나 창조주이시고, 피조물인 인간은 어디까지나 인간이다. 베드로후서 1:4에서 "신성한 성품에

참여하는 자가 되게" 하신다는 말은 하나님께서 우리에게 성령을 주셔서 인간의 수준에서 하나님의 거룩한 성품을 닮아 가도록 하여 하나님 아버지의 사랑을 느끼고 그를 "아빠 아버지"라고 부르게 하심을 의미한다. 부자 관계는 무엇보다도 사랑으로 성립된다. 비록 친아버지라 할지라도 그에게 아버지다운 사랑이 없다면 아들은 그를 타인과 같이 느낄 것이다. 하나님께서 우리의 아버지가 되어주신 사랑은 그가 보내신 성령으로 말미암아 우리에게 알려졌으며(롬 5:5), 따라서 우리는 이제 거리낌 없이 하나님을 "아빠 아버지"라고 부르게 된다(롬 8:15). 우리가 단지 법적으로만 하나님 자녀의 자격을 가진 것이라면 우리는 하나님 나라에서 영원히 황송함과 미안함을 느끼게 될 것이다. 그러나 우리는 질적으로도 자녀의 자격을 얻었기 때문에 영원토록 주저함 없이 하늘 영광을 누릴 수 있게 되었다. 그런데 "아빠 아버지"라는 말은 헬라어로 "아바 호 파테르"(αββα ὁ πατήρ)라고 하는데, "아바"는 어린아이가 솔직하게 거리낌 없이 그의 아버지를 부르는 호칭이다(Kittel). 그러므로 이것은 그리스도인들이 하나님 아버지의 크신 사랑을 느끼고 주저함 없이 그를 찾는 것을 보여주는 이름이다(참조. 히 4:16). "부르게"(κράζω)라는 동사는 큰 소리로 기쁘게 부르짖음을 말한다(Greijdanus)(참조. 마 9:27; 요 7:28, 37; 행 14:14; 롬 9:27).

루터(Luther)는 로마서 8:15의 "부르짖느니라"(κράζω)라는 말을 해석하면서, "큰 소리로" 부른다는 사실에 의미를 부여하였다. 그는 "율법 앞에서는 우리가 두려움을 가지고 싫어하여 도피하면서 폭군을 대함같이 그것에 대해 침묵하였다. 그러나 이제는 그리스도의 속죄로 말미암아 심령 속에서 하나님을 신뢰하면서 소리를 높여 '아버지'라고 부르게 된다"라고 하였다.[12)]

7 네가. 앞 절 첫머리에서는 저자가 2인칭 복수("너희")를 사용하였는데

---

12) Vorlesung Über den Römerbrief 1515-1516, 1965. 272-274.

여기서는 2인칭 단수("너")를 사용한다. 이것은 하나님의 아들이 되는 축복이 단체를 대상으로 주어지는 것이 아니라 참된 신자 개개인을 대상으로 분배되는 것임을 시사한다.[13]

하나님으로 말미암아 유업을 받을 자니라. 이것은 5절에서 말한"속량"의 세 번째 결과를 가리킨다. "유업을 받을 자"(κληρονόμος)는 누구를 의미하는가? 하나님께서는 자기 형상대로 인간을 지으시고 그들에게 명하시기를, 만물을 정복하고 다스리라고 하셨다(창 1:28). 이것은 하나님께서 인간이 죄를 범하기 이전에 그들을 세상의 상속자로 삼으신 법이었다. 하지만 인간은 죄로 말미암아 그와 같은 자격을 잃어버렸는데(창 3:18), 예수 그리스도께서 오셔서 대속의 죽음을 통하여 신자들이 새로이 상속자의 자격을 얻게 하셨다. 이 같은 사실은 하나님이 구약 시대에 아브라함의 믿음을 보시고 그와 그의 자손에게 가나안 땅을 유업으로 주신 사건을 통해서도 예시되었다. 이처럼 신자들도 오직 그리스도를 믿음으로만 세상의 상속자가 되는 것이다(롬 4:11-17). "유업"을 받는 일이 "하나님으로 말미암"는다는 말씀에 대하여 크레다너스는 다음과 같이 해석하였다. "바울은 이 말씀을 기록함으로써 갈라디아 교회 신자들이 하나님께서 친히 그들에게 유업의 권리를 주시고 그것을 완전히 취득하도록 해주신다는 사실을 깨닫게 해준다. 다시 말해 갈라디아 신자들이 유업을 얻도록 일하시는 이는 오직 하나님뿐이시고 그들 자신이 일하는 것은 아니라는 뜻이다." 그 당시 율법주의로 기울어져 가던 갈라디아 교인들은 이 같은 바울의 말씀을 들을 필요가 있었다. 하나님께서 이루시는 일은 언제나 그의 은혜로 말미암아 이루어지며, 또한 확실히 이루어진다.

8-11절. 바울은 갈라디아 교인들의 과거와 현재를 대조함으로써 그들이

---

13) Greijdanus, Kommentaar op Het NieuweTestament, IX, Galaten, 1936. 264.

현재 누리는 복이 얼마나 큰지를 지적하는 한편 율법주의로 돌아가려 하는 그들의 잘못된 태도에 대하여 통탄한다.

8 그 때에는. 이것은 그들이 복음을 믿기 이전의 시점을 가리킨다.

하나님을 알지 못하여 본질상 하나님이 아닌 자들에게 종 노릇 하였더니. "하나님을 알지 못하여"(οὐκ εἰδότες θεόν)라는 표현을 직역하면 "하나님을 알지 못하였기 때문에"라는 뜻이다. 그들이 "하나님이 아닌 자들", 곧 거짓된 우상을 섬기게 된 이유는 그들이 참 하나님을 알지 못했기 때문이었다. 참 하나님을 아는 것이 진리에 대한 지식의 근본이기 때문에 그를 모르는 자는 비록 세상 학문을 통달했다 해도 진리 지식을 소유하지 못했으니 우상을 섬기는 자리에 나아가는 것이다(참조. 롬 1:21-23). "본질상 하나님이 아닌 자들"은 인간이 위조해낸 신들을 가리키는데, 그들은 실질적으로 하나님이 아니다.

"종 노릇 하였더니." 이 말은 그들이 우상을 섬겨서 유익을 얻지는 못하였고, 다만 공포심으로 떨며 수고하는 노예가 되었을 뿐이라는 의미다. 이것은 참 하나님을 섬기는 자들이 기쁨과 사랑을 포함한 경외심으로 하나님을 섬기면서 복을 받는 것과 대조되는 모습이다.

9 이제는. 이 시간 부사는 앞 절의 "그 때에는"이라는 말에 대응하는 것이다.

너희가 하나님을 알 뿐 아니라 더욱이 하나님이 아신 바 되었거늘(γνόντες θεόν, μᾶλλον δὲ γνωσθέντες ὑπὸ θεοῦ). 이 구절은 문자적으로 "너희가 하나님을 알았다. 아니 그보다도 너희가 하나님의 아신 바 되었는데"라고 번역되어야 한다. 이 말씀은 갈라디아 신자들이 하나님이 아신 바 된 사실이 근원적인 중요성을 지니고 있음을 천명한 것이다. 인간으로서 하나님을 아는 것은 귀하고 복된 일이다. 그러나 그들이 안다고 하는 것이 참되지 못하거나 피상적인 수준에 그칠 수 있다. 그러므로 먼저 "하나님이 아신 바" 된 자로서 하나님을 알게 된 것이 진정한 신지식(神知識)인 것이다. 갈라디아 교인들이 "하나님이 아신 바 되었"다는 것은 하나님께서 그들을 은혜로 자기에게 관계지으시고 그들을 자기 백성으로 받으셨다는 의미다(Greijdanus).

약하고 천박한 초등학문. "초등학문"에 대해서는 4:3의 해석을 참조하라. 그것이 "약하"다(ἀσθενῆ)고 표현한 이유는 그것이 인간에게 구원을 줄 능력이 없기 때문이다(롬 8:3). "천박"하다(πτωχά)고 표현된 헬라어를 직역하면 "극히 가난한 것"을 가리킨다. "초등학문"을 극히 가난한 것이라고 말하는 이유도 그것이 구원을 줄 수 없기 때문이다.

10 날과 달과 절기와 해를 삼가 지키니. 여기서 이른바 "날"(ἡμέρας)은 "안식일"을 의미하고, "달"(μῆνας)은 유대인이 지켜 내려온 "월삭"(매달 초하루)을 의미하고, "절기"(καιρούς)는 "유월절", "오순절", "장막절" 같은 명절들을 의미하고, "해"(ἐνιαυτούς)는 "희년"을 가리킨다. 이런 제도들은 예수 그리스도 안에서 얻는 안식을 예표하는 역할을 하였다. 그런데 바울은 이제 예수 그리스도께서 오심으로 말미암아 이와 같은 제도들이 발전적으로 해소되었다고 말한다(참조. 롬 14:5-6; 골 2:16-17; 히 9:9-10). 그 당시 갈라디아 교인들은 유대주의자들의 그릇된 교훈을 따라 모세의 율법 중에서도 의식법을 중시하여 그것을 글자 그대로 힘써 지키지 않으면 구원을 받지 못할 줄 알고서 기계적으로 지킨 듯하다. 그들은 안식일 문제에 있어서도 구약에 기록된 내로 제7일(토요일)을 지켜야 한다고 주장한 듯하며, 그 밖에 모든 절기(예컨대 유월절, 칠칠절, 장막절)와 희년도 정해진 날짜에 문자적으로 지켜야 하는 것으로 여겼던 것 같다. 사도 바울은 신약 시대에도 그런 의식법이 계속해서 효력을 갖는다는 교훈을 배척한 것이다.

11 내가 너희를 위하여 수고한 것이 헛될까 두려워하노라. 바울은 갈라디아 지방에 속한 이고니온(행 14:1-2), 더베와 루스드라(행 14:6), 그리고 비시디아 안디옥(행 14:19)에 교회들을 세우는 과정에서 많은 박해를 받았다. 더욱이 그는 그가 세운 교회들에 찾아온 시험 거리와 기타 문제로 인하여 염려하였다(고

후 11:28). 갈라디아 지방의 교회들(갈 1:2)에 침투한 이단은 사람이 오직 믿음으로만 하나님 앞에서 의로운 자로 인정된다는 근본 진리를 부인하는 그릇된 교훈이었다(갈 3:1-6). 갈라디아 교인들이 그런 그릇된 교훈을 따르게 된다면 바울이 해산의 수고를 했던 것이(19절) 모두 허사로 돌아가고 말 것이다.

12-20절. 바울은 이 부분에서 갈라디아 신자들에게 자기를 끝까지 본받아서 오직 믿음으로만 구원 얻는다는 진리 안에 머물라고 권면한다.

12 내가 너희와 같이 되었은즉. 다시 말해 바울이 이방인들에게 복음을 전하기 위하여 유대주의의 의식적 율법을 버리고 이방인들과 같이 되었다는 말이다(고전 9:19-23).

너희도 나와 같이 되기를 구하노라. 이것은 갈라디아 교인들도 바울처럼 율법에 대해 자유를 누리는 자가 되라는 의미이다. 그렇다고 해서 그들이 도덕적 율법을 지키는 일에 대하여 책임이 없어졌다는 말은 아니다. 다만 구원 문제를 율법과 결부시키지 말라는 것이다.

너희가 내게 해롭게 하지 아니하였느니라. 여기서부터 16절까지는 바울이 갈라디아 교인들의 변심에 대해 통탄하는 내용이다. 바울에 대한 그들의 처음 사랑은 뜨거웠었다. 그런데 본서를 써 보내던 당시 그들은 바울에게서 멀어져 있었다. 그 원인은 그들이 처음 받았던 복음에서 이탈했기 때문이었다. 바울은 그들이 과거에 서로 간에 사랑을 주고받던 관계를 추억하게 함으로써 그들을 되돌리고자 노력한다.

13 육체의 약함으로 말미암아. 여기서 이른바 "육체의 약함"(ἀσθένειαν τῆς σαρκός)이라는 표현에 대해서는 오늘까지도 확정적인 해석이 나타나지 않았다. 우리가 받을 만한 해석은 바울이 여기서 그가 받았던 박해들을 염두에 두었다는 것이다. 고린도후서 12:10에서도 "약한 것"(ἀσθενείαις)이라는 표현이 박해를 가리킨다. 바울은 갈라디아 지방(이고니온, 루스드라)에서 많은 박

해를 받았다(행 14:5, 19). 이때 갈라디아 지방의 초신자들은 바울이 그처럼 박해를 받아 비참한 고난을 당하고 있는 모습을 목격하고서 바울을 따르기를 위험하게 여기는 시험에 빠질 우려도 있었을 것이다. 그런데 그들은 도리어 바울을 천사같이, 그리스도같이 대접하였다는 것이다.

다른 학자들은 여기서 "육체의 약함"이란 바울이 앓고 있던 질병을 가리킨다고 해석하는데, 그들은 바울이 선교 여행 도중에 몸에 발생한 질병으로 인하여 갈라디아에 체류하게 되었고, 그리하여 그곳 사람들에게 전도하게 된 것이라고 주장한다. 그런데 그것이 어떤 질병이었는지 우리로서는 알 길이 없다. 어떤 이는 그것이 안질이라고 주장하지만(참조. 15절) 확실치 않다.

14 너희를 시험하는 것. 요컨대 바울의 "약함"은 갈라디아 교인들에게 반가운 소식이 아니었으며 그것으로 인하여 바울의 인격과 권위까지 부정하게 될 우려가 있는 시험 거리였다는 말이다.

오직 나를 하나님의 천사와 같이 또는 그리스도 예수와 같이 영접하였도다. 복음을 바로 전하는 자는 하나님의 사자이기 때문에 "하나님의 천사"와 같은 대우를 받아 마땅하다. 그들이 바울을 천사와 같이 영접한 이유는 그에게서 하나님의 복음을 보배롭게 받았기 때문이었다. 그들이 귀한 복음 때문에 바울을 그처럼 존귀하게 영접하였는데, 이는 그들이 복음을 그만큼 존중한다는 뜻이었다. 그리하였던 그들이 이제는 복음에서 떠나 율법으로 떨어지려 하는 것은 통탄할 만한 일이다.

"그리스도 예수와 같이 영접하였도다." 복음을 바로 전하는 사도를 그리스도처럼 대우한 것은 그리스도의 말씀에 순종한 일이라고 말할 수 있다(참조. 눅 10:16). 이런 대우는 사도를 그리스도 자신과 동일시한 것이라기보다는 사도를 그리스도의 사자로 여겨서 존중한 것이다. 그러므로 그런 의미에서 사도를 영접한 것은 사실상 사도의 배후에 계신 그리스도 자신을 영접한 것이다. 이것은 결코 그들이 바울을 그리스도처럼 숭배하였다는 뜻이 아니다.

15 너희의 복이 지금 어디 있느냐. 갈라디아 교인들은 바울이 그곳에서 처음 전도했을 때 그것을 큰 행복으로 알고 기뻐했었다. 그러나 지금은 그들에게서 그때의 행복감이 사라져버렸다. 바울은 여기서 그것을 지적한다.

너희의 눈이라도 빼어 나에게 주었으리라. 아마도 바울이 그 당시에 안질로 고생하고 있었기 때문에 그를 사랑하는 갈라디아 신자들이 자기들의 눈이라도 빼서 그에게 줄 마음이 있었다는 뜻인 듯하다. 사도행전 23:5을 보면 바울이 눈에 질병이 있었던 듯한 암시를 발견할 수 있다. 어쨌거나 눈을 빼서 줄 정도의 사랑은 지극한 것이다.

16 내가 너희에게 참된 말을 하므로 원수가 되었느냐. 사도 바울은 "참된 말", 곧 복음을 전하였는데 그들이 그것을 배척하는 것은 어찌 된 영문인가 하고 반문한다. 미움이 진리에서 나오는 법은 없으며, 다만 진리를 받아들이지 않는 자들의 패역과 악독에서 나올 뿐이다(Calvin). 진리를 가지고 책망하는 자의 말은 "충직"에서 나오는 것이기 때문에(잠 27:6) 성도는 그것을 "머리의 기름 같이"(큰 대접으로) 여겨야 한다(시 141:5). 갈라디아 신자들이 이제는 바울을 버리고 유대주의를 전파하는 거짓 스승들을 영접하였기 때문에 바울은 그것을 책망한다.

17 그들. 이는 거짓 스승들을 가리킨다.

오직 너희를 이간시켜 너희로 그들에게 대하여 열심을 내게 하려 함이라. "이간시켜"(ἐκκλεῖσαι)라는 말은 "제외시켜"(shut out)라고 번역되어야 한다. 거짓 스승들은 갈라디아 교인들이 바울의 교훈에서 제외되어 자기들만을 열심히 따르기를 원하였다. 그들의 열심과 바울의 열심은 전혀 다른 것이었다. 그들은 자기중심적이었으나, 바울은 오직 그리스도 중심이었다. 바울은 말하기를, "내가 하나님의 열심으로 너희를 위하여 열심을 내노니 내가 너희를 정결한 처녀로 한 남편인 그리스도께 드리려고 중매함이로다"라고 하였다(고후 11:2).

18 좋은 일에 대하여 열심으로 사모함을 받음은 내가 너희를 대하였을 때뿐 아니라 언제든지 좋으니라. 이 구절에 대한 몇 가지 해석을 소개한다. ① 지페르트(Siefert)의 해석. 유대주의자 원수들은 너희 갈라디아 교인들을 좋지 않은 방향으로 이끌기 위해 열심을 낸다. 그러나 바울은 그들을 좋은 일로 인도하기 위하여 열심을 내는데, 그것은 언제든지 좋다는 뜻이다(고후 11:2). ② 렌달(Rendall)의 해석. 원수들이 갈라디아 교인들을 열심으로 사모한다. 좋은 일로 인하여 사모함을 받는다면 사도 바울 자신이 아니라 다른 사람들로부터 사모함을 받는 것도 좋은 일이라는 뜻이다. ③ 크레다너스(Greijdanus)의 해석. 사람이 좋은 일로 말미암아 사모함을 받는 것은 좋은 일인데, 바울이 갈라디아 교인들로부터 사모의 대상이 되는 것은 좋은 일이라는 뜻이다. 마지막 해석이 적합하다.

19 나의 자녀들. 이것은 "형제들"이라는 표현보다 더욱 깊은 애정을 담은 말이다. 바울은 그의 마음을 상하게 한 갈라디아 교인들을 냉대하지 않고 여전히 뜨거운 사랑으로 권면한다.

너희 속에 그리스도의 형상을 이루기까지. 그리스도인의 마음속에 "그리스도의 형상을 이룬"다는 말은 무엇을 의미하는가? 크레다너스는 말하기를 "그리스도인은 오직 그리스도께만 구원을 기대하며, 주님 안에서만 안식하며, 주님으로 인해서만 살아가며, 주님의 의로우심만을 신뢰하며, 주님으로만 자랑한다. 그의 마음과 사상과 소원은 오로지 주님으로 말미암아 이루어지며, 그의 언행이 주님으로 말미암아 결정되며, 그의 모든 기대와 소망이 주님을 근거로 삼으며 주님을 향한다"라고 하였다.

다시 너희를 위하여 해산하는 수고를 하노니. "해산하는 수고"는 지극히 큰 고통을 수반하며 그로 인해 목숨을 잃기도 한다. 바울은 일찍이 갈라디아 교회를 세우느라 그와 같은 고생을 감내했던 것이다(참조. 행 14장). 그런데 이제 그 교회가 복음에 대한 믿음에서 떠나는 위험을 자초하였기 때문에 바울은 이를 수습하기 위해 또다시 그런 수고를 감당하고 있다는 것이다. 목회자는 교회를 세우는 책임만 지고 있는 것이 아니라 교회가 이단으로 말미암아 해를 당하지 않도록 해산의 고통과 같은 수고로 기도하며(사 26:17), 가르치며, 양육해야 할 책임도 떠맡고 있다. 그는 해산하는 수고를 한 번만 아니라 거듭 당해야 한다. 그러므로 목회자에게 주어진 기업은 고난이다. 교회가 혼란해지고 교인들의 신앙이 이단으로 말미암아 흔들릴 때 목회자가 정치적인 방법으로만 그들을 단속하려 하는 것은 잘못이다.

20 내가 이제라도 너희와 함께 있어 내 언성을 높이려 함은 너희에 대하여 의혹이 있음이라. 다시 말해 이때까지는 바울이 그들에 대해 의심이 있었기 때문에 목소리를 높여 엄하게 말하였는데, 장차 그들을 심방하고 그들의 사정을 좀 더 자세히 파악한 뒤에는 어미의 마음으로 이해하고 유순하게 대할 것이라는 뜻이다. 리츠만(Lietzmann)은 여기서 말하는 "언성"이 문자 그대로 목소리를 가리키는 것이며, 교훈의 내용을 의미하는 것은 아니라고 주장한다.

21-31절. 바울은 이 단락에서 언약을 통해 구원받는 제도(다시 말해 믿음으로 구원받는 제도)에 속해 있다는 것이 얼마나 큰 행복인지를 비유적으로 말한다. 그 비유의 내용은 다음과 같다. 아브라함에게 두 아내가 있었는데, 첫째는 "자유 있는 여자"이고 둘째는 "여종"이다. 여기서 자유 있는 여자는 언약으로 말미암은 구원의 제도를 비유한 것이고, 여종은 율법을 비유한 것이다. 여종의 아들 이스마엘은 율법에 속한 자들을 비유하고, 자유 있는 여자의 아들 이삭은 언약으로 말미암는 구원 제도에 속한 신자들을 비유한다. 위의 첫째와 둘째를 발생지에 따라 다시 비유하자면, 율법은 "시내산"(율법을 받은 곳)과 "지금 있는 예루살렘"에 비유될 수 있고, 언약은 "위에 있는 예루살렘"(천국)과 "우리 어머니" 교회에 비유될 수 있다.

21 율법 아래에 있고자 하는 자들아. 바울은 갈라디아 교인들이 복음을 떠나

율법주의의 나락으로 떨어지려 하는 것을 보고서 이렇게 책망한다. 물론 그들이 완전히 율법주의로 되돌아가지는 않았지만 그런 경향을 보이고 있었다(갈 1:6; 4:11, 17).

율법을 듣지 못하였느냐. 이것은 갈라디아 교인들에게 묻는 말인데, "율법에 기록된 대로 율법의 성격이 어떠한지 들은 적이 한 번도 없는가?"라는 탄식 어린 질문이다. 율법과 복음을 비교해 볼 때 율법은 인간을 속박할 뿐이고 구원을 주지 못한다. 비유컨대 율법에 속한 자들은 종의 자식들이라고 할 수 있다. 모세 오경이라 불리는 율법서 가운데 창세기 16장과 21장이 이 같은 사실을 스스로 증언한다. 이것이 엄연한 사실인데 갈라디아 교인들은 어찌하여 율법 아래 들어가고자 하는 것인가?

22 기록된 바. 이것은 창세기 16장과 21장에 나오는 사건을 가리킨다.

아브라함에게 두 아들이 있으니 하나는 여종에게서, 하나는 자유 있는 여자에게서. 아브라함의 "두 아들"은 하갈에게서 난 아들 이스마엘과 사라에게서 난 아들 이삭을 가리킨다. 아브라함에게는 이 둘 외에도 다른 아들들이 있었지만(창 25:1-2), 여기서는 단지 "두 아들"만을 들어 율법과 복음을 비유한다.

23 여종에게서는 육체를 따라 났고 자유 있는 여자에게서는 약속으로 말미암았느니라. "육체를 따라 났고"라고 말하는 이유는 아브라함이 이스마엘을 ① 인간의 육체적인 책략에 따라 여종 하갈에게서 낳았기 때문이며(창 16:2) ② 그가 이스마엘을 자연적 체력으로 낳았기 때문이다(창 16:1-4).

"약속으로 말미암았느니라"라고 말하는 이유는 아브라함이 이삭을 ① 하나님의 약속에 의지하여 낳았기 때문이며(창 17:16; 18:10, 14). ② 그가 이삭을 노쇠한 몸에서 초자연적 능력으로 낳았기 때문이다(창 18:13-14; 21:1-2; 히 11:11).

24 이것은 비유니. 여기서 "비유"(ἀλληγορούμενα)라고 번역한 단어는 사실 "풍유로 말해지는 것들"이라고 번역해야 한다. "풍유"는 무엇인가? 그것은

"비유"와는 다르다. "비유"는 내용 가운데 주요한 부분들만 신령한 의미를 내포한 것이고, "풍유"는 내용 전체가 각각 신령한 의미를 나타내는 것이다. 아브라함 가정의 두 여자에게서 이루어진 역사적 사건은 본래 예언적인 풍유로서 신령한 의미를 지닌다. 하지만 성경의 모든 역사적 기록들이 풍유적으로 해석되어야 한다는 오리게네스(Origen)의 주장은 성립될 수 없다. 칼빈은 말하기를, "아브라함의 가정은 그 시대의 참된 교회였기 때문에 거기서 이루어진 주요한 역사적 사건들은 오늘날 우리에게도 신령한 모형이 된다"라고 하였다.

이 여자들은 두 언약이라. 여기서 이른바 "언약"(διαθῆκαι)은 하나님께서 사람을 찾아오셔서 세우신 것인데, 그중 하나는 "행위 언약"이고, 다른 하나는 "은혜 언약"이다. 행위 언약은 아담에게 주셨던 것인데, 사람이 언약을 지키면 생명을 유지하는 것이다. 아담은 그 언약을 이행하지 못하였지만 그렇다고 해서 그것이 폐지되지는 않았다. 그 언약은 계속해서 우리를 정죄하는 역할을 한다. 그러나 그리스도께서 우리 대신 율법을 성취하시고 우리에게 의를 전가해 주시는 은혜 언약의 제도는 그리스도를 믿는 우리를 율법의 정죄에서 풀어주며 우리의 구원 문제를 해결해 준다.

하나는 시내 산으로부터 종을 낳은 자니 곧 하갈이라. 이것은 앞에 제시된 두 여자의 풍유를 설명한 것인데, 아브라함의 첩 하갈은 율법의 상징인 시내산에 비유될 수 있다는 말이다.

"종을 낳은 자." 율법을 "종"이라고 부르는 이유는 그것이 사람들을 종처럼 속박할 뿐이고 영적 자유를 주지 못하기 때문이다.

25 지금 있는 예루살렘. 이것은 바울 당시의 예루살렘, 다시 말해 율법주의자들의 중심지를 가리킨다.

그가 그 자녀들과 더불어 종 노릇 하고. 하갈 자신이 그의 자식과 함께 종이었던 것처럼 율법주의의 중심지인 예루살렘(유대교)도 대속의 영적 자유를 누리지 못하며, 결과적으로 그 교훈을 받은 자들도 그러하다.

26 위에 있는 예루살렘은 자유자니 곧 우리 어머니라. "위에 있는 예루살렘"은 "하늘에 있는 참된 교회"라는 뜻이다. "하늘에 있다"라는 말은 그것이 땅에 있으면서도 영적으로는 하나님께 속해 있다는 뜻이다(참조. 빌 3:20). "예루살렘"을 교회와 관련시킨 표현은 요한계시록 21:2, 10에도 있다. 이 교회를 "자유자"라고 부르는 것은 참된 성도들이 율법의 정죄에서 해방되었음을 가리킨다.

"어머니"(μήτηρ) 역시 "참된 교회"를 가리키는데, 그 단체에는 ① 복음을 참되이 전하여 사람들을 거듭나게 하시는 주님의 역사가 있고, ② 신자들을 하나님의 말씀으로 잘 양육하는 역사도 있다(벧 2:2).

27 본 절은 이사야 54:1의 인용이다.

잉태하지 못한 자…산고를 모르는 자…홀로 사는 자. 이 세 가지 어구는 동일한 내용을 가리킨다. "홀로 사는 자"라는 표현의 의미를 깨닫게 되면 앞의 두 어구도 이해할 수 있다. "홀로 사는 자"(ἐρήμου)는 문자적으로 "광야"를 뜻하는데, 이것은 자식이 없음을 비유한 것이다. 이 구절의 인용문은 선지자 이사야가 포로 된 이스라엘의 회복을 두고 예언한 말씀인데, 그 내용은 다음과 같다. 포로 된 이스라엘이 이방 땅에 살면서 이방인과 같이 취급되었고, 하나님을 모시지 못한 백성으로 여김이 되었다. 그러나 그들도 그 포로 된 자리에서 해방되어 돌아올 회복의 시기가 있을 것이었다. 이사야는 그것을 내다보고 예언하면서, 거기에 더하여 장차 이방인 중에 다수가 그리스도께로 돌아오게 되리라는 사실도 포함하여 예언한 것이다. 그렇다면 우리는 그 사건을 다음과 같이 해석할 수 있다. 하나님의 자녀가 나올 수 없는 이방 땅에서 장차 하나님의 자녀가 수다히 나오게 되어 그 수효가 남편 있는 자(하나님을 주님으로 모신 이스라엘)의 자녀보다 더 많겠다는 것이다. 이사야의 이러한 예언은 결국 신약 교회를 가리킨 것이다. 바울은 앞 절에서 "우리 어머니"라고 말할 때 이 예언의 성취를 염두에 두었을 것이다.

29 그 때에 육체를 따라 난 자가 성령을 따라 난 자를 박해한 것 같이. "육체를 따라 난 자"와 "성령을 따라 난 자"에 대해서는 위의 23절 해석을 참조하라. 이스마엘이 이삭을 핍박한 일은 창세기 21:9에 기록되었다.

이제도 그러하도다. 말하자면 바울이 활동하던 당시에도 율법주의자들이 복음을 믿는 신자들을 박해하고 있었다는 말이다. 율법도 하나님이 주신 것으로서 선한 것이지만, 율법의 목적을 잘못 알고 주장하는 율법주의자들은 복음을 이해하지 못할 뿐 아니라 신자들을 박해하였다.

30 여종과 그 아들을 내쫓으라 여종의 아들이 자유 있는 여자의 아들과 더불어 유업을 얻지 못하리라 하였느니라. 여기서 "여종과 그 아들을 내쫓으라"란 말씀은 창세기 21:10, 12을 인용한 것인데, 여기에 몇 가지 사실이 포함되어 있다. ① 율법은 그리스도 안에 있는 자를 속박하지 못한다. ② 특히 율법 가운데 의식법 조항들은 신약 시대에 적용되지 않는다. ③ 율법을 잘못 알고 주장하는 율법주의자들은 천국의 기업을 누리지 못한다.

본 절 말씀은 갈라디아 교인들에게 율법주의자들을 경계하라고 권면한다.

31 우리는 여종의 자녀가 아니요. 그리스도인들은 그리스도를 믿음으로 율법의 정죄를 면하고 영적 자유를 얻었으며 장차 영원한 천국 기업을 누릴 자들이다(요 8:35). 그러므로 그들은 "여종"으로 비유된(24절) 율법의 자녀(율법에 속한 자)가 아니다.

제 5 장

⚜ 개요

본 장은 앞 장에서 이미 언급했던 내용을 결론적으로 설명한다.

1. 갈라디아 교회 신자들은 믿음으로 의롭다 함을 얻는 복음을 이미 받았으니, 다시는 율법 아래 매이지 말아야 한다(1-12절).

1) 구원을 위한 조건으로 할례를 주장한다면 그것은 결국 그리스도가 무익하다는 의미가 된다(2절).

2) 할례를 주장하는 자는 율법 전체를 완전히 행할 의무를 지게 된다(3절).

3) 율법 안에서 의롭다 함을 얻고자 하면 그리스도로부터 끊어지고 만다(4절). 그러므로 그런 주장은 성립될 수 없다.

4) 구원 문제에 있어서 율법은 아무런 상관이 없으며, 구원을 위해 요구되는 것은 오로지 그리스도를 믿는 믿음뿐이다(5-6절).

5) 바울은 갈라디아 교인들이 본래 받았던 복음대로 변치 않고 나아갈 것을 확신한다고 말하면서 그들을 위로하고 격려한다(7-10절).

6) 바울은 유대주의자들과 타협하지 않는 한편 그들의 불행한 장래를 내다본다(11-12절).

2. 신자는 복음으로 말미암아 율법으로부터 자유를 누리게 되었다(13-26절).

1) 복음을 통해 자유하게 된다는 말이 율법을 행할 신자의 책임을 무시하는 것은 아니다. 복음으로 자유를 얻은 자들은 사랑으로 서로 봉사하는 종이 된다(13-15절).

2) 사랑의 종이 되는 일은 신자가 성령의 인도에 순종할 때 성령님의 능력으로 이루어지는 것이다. 신자에게도 육체적 욕심이 있지만, 성령께 순종함으로써 욕심을 이기고 성령의 열매를 맺게 된다(16-26절).

⚘ 해석

1-6절. 바울은 갈라디아 교인들에게 그리스도로 말미암아 얻은 영적 자유를 굳게 지키라고 권면한다.

1 **그리스도께서 우리를 자유롭게 하려고 자유를 주셨으니.** 여기서 "자유"라는 것은 사회생활에 관한 것이 아니라 신자가 그리스도로 말미암아 율법의 정죄에서 해방된(롬 8:1-2) 영적 자유를 가리킨다(요 8:36). 영적 자유에 대해서는 다음과 같이 설명할 수 있다. ① 사람이 율법 아래에서 행복을 얻고자 시도하면 그는 우선 자신의 노예가 된다. 사람의 욕구는 무한한데 자신의 힘으로는 그 모든 욕구를 만족시킬 수 없기 때문이다. 따라서 그는 평생 기쁨을 얻지 못한 채 욕망의 종이 된다. 그러나 그가 예수 그리스도를 믿고 영접한 후에는 모든 문제를 그리스도께 맡기고 그리스도 안에서 만족을 얻는다. 이런

의미에서 그는 우선 자기 자신에게서 해방된다. ② 또한 예수 그리스도를 믿는 자는 이생과 내세에서 율법의 정죄로부터 해방된다(참조. 롬 8:1). 예수 그리스도께서 죽으신 목적이 우리의 죄악을 담당하기 위한 것이었기 때문에 하나님은 진실한 믿음을 가진 우리를 용서하시되 일흔 번씩 일곱 번이라도 용서하신다. 다시 말해 그는 우리를 얼마든지 용서하신다. 그렇지만 용서를 빌미로 범죄를 두려워하지 않고 고의로 죄를 범하는 자는 하나님이 용서하시지 않는다(참조. 히 10:26-31). 신자의 자유는 자유 그 자체를 위한 것이 아니라 그것을 통해 즐거운 마음으로 하나님을 섬기기 위한 것이다.

다시는 종의 멍에를 메지 말라. 그리스도인이 율법에서 해방되었다는 사실을 모르고 아직도 율법을 지켜야만 구원을 얻을 줄로 안다면, 그것은 또다시 율법의 종이 되는 일이다. 이방인들은 모세의 율법을 받은 적이 없는데 여기서 "다시는(πάλιν)···메지 말라"라고 경계한 것이 그들에게는 어울리지 않는 듯하다. 그러나 인류의 첫 조상이 에덴동산에서 선악과를 "먹지 말라"는 율법 아래 있었다는 점에서 이방인들도 (그들이 복음을 믿기 전에는) 율법의 멍에 아래 있었다고 할 수 있다. 모세의 율법은 본래 하나님께서 에덴동산에서 인류에게 주셨던 행위 언약(율법)을 확장한 것일 뿐이다. 하나님께서 아담에게 명령하여 선악과를 "먹지 말라"고 하신 것은 행위 언약 혹은 율법의 기원이다.

2 나 바울은 너희에게 말하노니. 사도 바울은 여기서 "나"라는 대명사와 "바울"이라는 고유명사를 병기함으로써 그가 말하고자 하는 내용이 중대한 것임을 나타낸다(Greijdanus).

너희가 만일 할례를 받으면 그리스도께서 너희에게 아무 유익이 없으리라. 다시 말해 갈라디아 교인들이 구원의 공로로(의를 얻기 위해) 할례를 받는다면, 그들은 그리스도를 완전한 구주로 믿지 않음과 같다는 것이다. 따라서 완전한 구주이신 그리스도께서 그들과 상관없게 될 것이다.

3 율법 전체를 행할 의무를 가진 자라. 누구든지 할례를 받아야만 구원에 이르는 의를 얻는다고 주장한다면, 그것은 그리스도 밖에도 구원이 있다는 말이 된다. 그렇다면 율법 가운데 일부에 불과한 할례만 지킨다고 해서 되겠는가? 인간이 율법을 완전하게 지키는 일은 절대로 불가능하다. 그러므로 그리스도를 완전한 구주로 받아들이는 믿음 외에는 구원의 길이 없다.

4 율법 안에서 의롭다 함을 얻으려 하는 너희는 그리스도에게서 끊어지고 은혜에서 떨어진 자로다. 율법 가운데 의식법이든 도덕법이든 그것을 행하는 자에게 구원을 얻게 하는 의를 주지 못한다. 율법을 지키는 일을 통해서는 구원에 이르게 하는 의 가운데 지극히 적은 분량도 성취할 수 없다. 만일 율법을 지킴으로써 구원에 이르게 하는 의를 성취할 수 있다고 생각하는 자가 있다면, 그는 그리스도와 은혜를 포기하는 자다(Calvin)(참조. 2:21).

5 성령으로 믿음을 따라 의의 소망을 기다리노니. 헬라어 원문에는 이 구절 첫머리에 "왜냐하면"(γάρ)이라는 이유 접속사가 있다. 진정한 의를 얻게 하는 소망은 율법을 통해 성취되는 것이 아니라 성령께서 이루어주시는 것이다. 또한 그것은 인간의 공로로 얻는 것이 아니고 오직 그리스도를 믿음으로써 값없이 받는 것이다.

6 사랑으로써 역사하는 믿음뿐이니라. 이것은 신앙의 특징을 보여주는 말씀이다. 진정한 신앙의 소유자는 행동으로 사랑을 보여준다. 그렇다면 사랑을 행해야 구원을 받는다는 것인가? 그런 것이 아니다. 이것은 신자가 신앙의 증표로 사랑을 지니고 있어야 한다는 것이다. 행위는 믿음으로 맺는 열매이니 선한 행위가 없으면 죽은 믿음이라고 할 수밖에 없다(약 2:21-26). 물론 사랑의 행위가 구원의 공로는 아니지만 참된 신앙은 사랑의 행위를 수반한다. 신앙 자체도 구원의 공로는 아니다. 구원의 공로는 오직 그리스도의 보혈뿐이다. 이 보혈의 공로를 받는 데 있어서 믿음은 절대 필요한 것이며 이것 역시 하나님의 선물이다(엡 2:8).

7-12절. 바울은 여기서 갈라디아 교인들이 은혜의 복음을 떠나려 한다고 경고한다. 이 경고는 몇 가지 방식으로 그들을 각성시킨다. ① 그들이 과거에 소유했던 바른 신앙 경험을 추억하게 한다(7상). 사람은 과거에 잘했던 일을 회고함으로써 현재의 잘못을 고치기도 한다(참조. 시 42:4; 계 2:5). ② 그들을 비진리로 유인한 자들이 행동으로 드러내는 성품이 어떠한지 돌아보게 한다(7하-8절). 그것은 그들이 처음 복음을 받아 신앙으로 입문할 때 하나님이 보여주신 역사와 다르다. ③ 적은 누룩이 온 덩이에 퍼지는 위험을 상기시킨다(9절). 다시 말해 구원에 이르게 하는 의를 얻기 위해서는 그리스도 신앙에 더하여 할례도 받아야 한다는 가르침은 적은 누룩과 같다는 것이다. 그것이 복음과 혼합되면 복음을 무효하게 만드는 것이다. ④ 그들을 격려한다(10상). 다시 말해 바울은 그들이 완전히 타락하게 되지는 않을 것이라는 믿음을 표현한다. ⑤ 그들을 동요케 한 거짓 선생들이 받을 하나님의 심판을 예고한다(10하). ⑥ 그는 자신의 전도 내용이 할례와 전혀 무관함을 밝힌다(11절). 그는 유대주의자들에게 핍박을 받으면서까지 복음에 대한 교훈에 있어서는 그들과 타협하지 않았다. 그만큼 이 문제는 중요하다는 것이다. ⑦ 갈라디아 교인들을 혼란케 하는 자들이 교회에서 단절되기를 소망한다(12절). 이것은 그들이 그리스도 교회에서 떨어져 멸망하기를 원하는 바울의 저주다. 얼핏 보면 이것은 자비로운 사도의 심정과 부합하지 않는 듯하다. 그러나 이것은 인간의 구원 문제를 넘어서서 하나님의 영광을 더욱 중요하게 여겼던 선지자와 사도의 심정이다. 칼빈은 말하기를 "하나님의 영광을 전심으로 추구하는 신자들은 사람들과 세상을 잊으며, 하나님의 영광 가운데 일부가 손실되기보다는 차라리 온 세상이 멸망하기를 원한다"라고 하였다. 거짓 스승 한두 사람을 아끼려다 교회 공동체의 파멸을 초래하는 일을 가리켜 칼빈은 "잔인

한 긍휼"(cruel mercy)이라고 하였다.[14)]

9 적은 누룩이 온 덩이에 퍼지느니라. 여기서 "적은 누룩"은 거짓 교훈을 가리킨다(참조. 고전 5:6). ① 사소한 죄악을 용납하면 중대한 죄악으로 확대되는 법이다. ② 적은 누룩이 소리 없이 떡 반죽 전체에 퍼지는 것처럼, 사소한 죄악도 은밀하게 사람의 마음을 점령하여 결국 그의 삶 전체를 지배하게 된다. 마귀의 장난은 이렇게 암암리에 죄악을 퍼뜨린다(참조. 마 13:24-25; 딤후 2:16-17).

10 다른 마음을 품지 아니할 줄을 주 안에서 확신하노라. "다른 마음"은 바울이 이때까지 가르쳤던 이신칭의의 교리가 아닌 다른 사상을 의미한다. 그가 이제까지는 그들을 엄하게 훈계하였으나 여기서는 그들에게 소망이 있음을 표현한다.

11 십자가의 걸림돌. 여기서 "걸림돌"(σκάνδαλον)은 넘어지게 하는 "장애물"을 의미한다. 예수님의 십자가가 유대인들에게는 "거리끼는 것"(고전 1:23)이 된다고 하였다. 그들은 메시아가 이 세상에서 큰 권세와 능력을 행할 것이라고 굳게 믿어왔다. 그러니 그들은 미천한 삶을 사시고 십자가 위에서 비참하게 죽으신 예수님이 메시아시라는 말을 믿을 수 없었다는 것이다. 여기서 그들은 넘어진다.

12 너희를 어지럽게 하는 자들은 스스로 베어 버리기를 원하노라. "스스로 베어 버림"(ἀποκόψονται)이라는 표현의 의미에 대해 몇 가지 해석이 있다. ① 스스로 교회에서 떨어져 나가는 것을 의미한다는 해석이 있는가 하면, ② 유대주의자들이 할례를 주장할 때 이방의 풍속대로 생식기를 완전히 수술하는 데까지 철저히 하기를 원했다는 해석도 있다. 그렇다면 이것은 바울이 풍자적으로 유대주의자들을 공격한 말씀이다. 그리스도께서 완전한 구주의 자격을

---

14) Calvin's New Testament Commentaries, Galatians, Ephesians, Philippians, and Colosians, 1974, 99.

갖추셨음을 무시하고 할례를 구원의 조건으로 추가하는 것은 복음을 "어지럽게 하는" 크나큰 죄악이다. 그러므로 바울은 풍자적으로 그들을 공격한다.

13-26절. 바울은 여기서 갈라디아 교인들에게 믿음으로 얻은 영적 자유를 오용하지 말라고 경계한다. 그리스도인이 그리스도를 믿음으로 말미암아 율법에서 해방된 것은 결코 방종한 생활을 위함이 아니다. 이 자유를 얻은 자는 ① 남들을 즐거운 마음으로 사랑할 것이며(13-15절), ② 육체의 죄악된 행실을 버리고 성령님의 인도하심에 따라 행해야 한다(16-26절).

13 너희가 자유를 위하여 부르심을 입었으나. 헬라어 구문에서 "너희가"(ὑμεῖς)라는 대명사는 어순상 강세형의 위치에 있다. 그것은 갈라디아 교인들을 유대주의자들과 비교하여 그들의 특수한 상황을 지적하기 위함이다. "자유"(ἐλευθερία)라는 단어는 종들을 놓아주는 것을 가리키는 표현이다(Greijdanus). 인간은 죄악의 종이었기 때문에 결과적으로 죄악의 심판자로 임한 율법에도 종이 된 것이다(요 8:34; 갈 4:1-3; 5:1). 그러나 그리스도께서 오셔서 그의 백성을 대신하여 죽으심으로 그들은 죄에서 해방되었고 율법에서도 풀려났다(요 8:32, 36; 롬 8:1).

육체의 기회를 삼지 말고. "육체"라고 번역된 단어는 헬라어로 "사르크스"(σάρξ)인데, 여기서는 인간의 부패성과 죄악성을 의미한다. 하나님께서 독생자 예수 그리스도를 희생시키심으로 우리를 대속하신 목적은 우리가 정죄에서 구원받아 다시는 죄를 짓지 않게 하시려는 것이었다. 그리스도를 진심으로 믿는 자는 죄에서 멀어진다는 것이 실제적인 경험이다(참조. 롬 3:31). 그러므로 복음을 믿어 영적 자유를 얻은 자가 죄악을 범한다면 그는 하나님의 속죄 사역의 본래 의도를 무시하는 죄까지 범하는 자이다.

사랑으로 서로 종 노릇 하라. 복음을 믿어 영적 자유를 얻은 자가 율법의 멍에로부터 해방되기는 했으나 그와 율법의 관계는 여전히 그대로 남아 있다. 그는 성령을 따라 기쁜 마음으로 율법을 행한다. 이렇게 행하는 것이 곧 사랑이다. "종 노릇 하라"(δουλεύετε)라는 말은 "섬기라"(serve)라고 번역되어야 한다. "섬긴다"라는 개념과 "종이 된다"라는 개념은 다르다. 섬긴다는 것은 상대방의 유익을 위하여 돕는 행위이고, 그의 의지(올바른 욕망이나 옳지 않은 욕망)에 맹목적으로 복종하는 것은 아니다. 우리가 상대방의 불의한 욕망에는 응하지 않는 것이 그를 사랑하는 길이다. 그는 사랑의 동기로 율법을 행하는 것이지 노예의 심리로 행하는 것이 아니다. 따라서 그가 율법을 행함은 사랑의 실천이라고도 할 수 있다. 이러한 사실에 대하여 다음 구절이 밝힌다.

14 온 율법은 네 이웃 사랑하기를 네 자신 같이 하라 하신 한 말씀에서 이루어졌나니. 신구약 성경에서 인간 행위의 법칙에 관하여 "하라" 혹은 "하지 말라"라고 명령하신 말씀들은 모두 다 율법에 속한 것이다. 이러한 명령들이 적지 않은데 그 모든 명령은 결국 사랑하라는 말씀으로 요약된다. 온 율법은 이웃 사랑으로 완성된다. 만일 누군가가 사랑의 동기 없이 율법을 행하였다면 그것은 율법을 참되이 행한 것이 아니다. 더 나아가 만일 누군가가 사랑을 행하면서 율법을 범한다면 그것은 사랑을 참되이 행한 것이 아니다. 율법을 준행하는 일은 사랑 없이 기계적으로 움직이는 일이 아니며, 또한 사랑은 무법과 무질서가 아니다. 사랑은 법을 초월하나 법을 무시하지는 않는다.

15 만일 서로 물고 먹으면 피차 멸망할까 조심하라. 율법주의자들은 실상 사랑을 배제한 채로 율법을 대한다. 그들은 육체적 방법이나 사람의 힘만으로 율법을 기계적으로 순종하려 한다. 그들은 그리스도로 말미암은 자유에서 얻어지는 사랑의 동기에서 진실하게 행할 줄은 모른다. 따라서 그들은 율법을 내세우면서도 율법을 잃어버린 자들이며, 이웃을 해롭게 하는 불의한 싸움을 교회에 가져온다. 그들은 사랑의 정신으로 살지 못하기 때문에 "서로 물고 먹는" 악행을 연출한다.

16 **성령을 따라 행하라 그리하면 육체의 욕심을 이루지 아니하리라.** 율법주의자들은 사람의 힘으로 율법의 조문을 하나하나 실행하고자 하지만 그것은 결국 실패하고 만다. 그러나 복음으로 말미암아 성령을 받은 그리스도인은 ① 사랑이 동기가 되어 율법을 괴로운 짐으로 여기지 않고 순종하며, ② 성령의 도우시는 힘으로 말미암아 강력한 실행력을 발휘하고, ③ 그의 행실에 약점이 있으나 하나님은 그를 버리시지 않는다. 왜냐하면 그가 율법 아래 있지 않고 은혜 아래 있기 때문이다. 이런 의미에서 신자는 육체의 욕심을 따르는 자가 아니다.

17 **육체의 소욕은 성령을 거스르고 성령은 육체를 거스르나니.** 헬라어 원문에는 이 구절 첫머리에 "왜냐하면"(γάρ)이라는 이유 접속사가 사용되어 이 구절이 앞 절의 원인이라는 점을 보여준다. 성령을 따라 행하는 것이 육체의 욕심을 이루지 않게 하는 이유는, 성령을 따라 행하는 자는 육체를 거슬러 싸우기 때문이다.

이 둘이 서로 대적함으로 너희가 원하는 것을 하지 못하게 하려 함이니라. 위에서 말한 바와 같이 성령의 소욕과 육체의 소욕이 서로 싸움으로써 인간의 부패한 본성의 소원이 이루어지지 못하게 만든다는 말씀이다. 영적 전투는 참된 그리스도인에게만 있다. 신자는 이러한 전쟁을 통해서 죄악을 물리치고 승리를 얻는다. 세상의 전쟁에서 매번 승리를 기대할 수는 없다. 그러나 영적 전투에 가담하는 자는 반드시 승리하는 법이다(참조. 요 16:33).

18 **너희가 만일 성령의 인도하시는 바가 되면 율법 아래에 있지 아니하리라.** "성령의 인도하시는 바가 되"는 것을 무엇으로 식별할 수 있는가? 루터는 다음과 같이 말한다. "성령의 인도하시는 바가 된다는 것은 즐거운 마음으로 옛사람의 육체를 죽이는 것인데, 말하자면 하나님 이외에 모든 것을 버리되 심지어 자기 자신까지도 버리는 것이다. 그것은 죽음과 죽음의 친구들을 두려워하지 않는 것이며, 세상의 쾌락과 또한 그로 말미암아 발생한 부패하고 더러운 열

매를 내어버리는 것이며, 세상에서 좋다는 모든 것을 버리고 그 대신 환난을 취하는 것이다. 이것은 우리 본성의 특징이 아니라, 우리 속에 거하시는 성령님의 역사다."[15] 물론 루터의 이 같은 발언은 성령의 인도하심을 받는 자들에게 이상적인 표준을 보여주기 위한 것이며, 그들에게 위의 표준에 어긋나는 행동이나 결점이 전혀 없다는 말이 아니다. 그들에게도 결점이 있지만, 그들은 회개에 대하여 열려 있다.

칼빈은 "성령의 인도하시는 바가 된" 자에 대하여 다음과 같이 말하였다. "그는 이미 성령으로 말미암아 중생한 자로서 하나님의 뜻을 순종할 마음이 간절하다. 그는 자기 사욕을 따르지 않는다(벧후 1:21). 양이 목자를 따르는 것과 같이 하나님의 자녀는 하나님의 말씀을 듣기 좋아한다. 이런 사람은 벌써 그리스도 안에 거함으로써 정죄를 면한 자이며(롬 8:1) 율법 아래 매여 있는 자가 아니다. 비록 그의 행실에 허물과 결점이 있을지라도 하나님께서는 그를 허물 없는 자로 대해주신다."

19 육체의 일은 분명하니. "육체"라는 것은 하나님과 원수 된 부패성을 의미한다(롬 8:7). 만일 이런 괴악한 실체의 움직임이 우리의 눈에 감춰져서 보이지 않는다면, 우리는 그것을 정복하기 어려울 것이다. 그러나 그것이 밝히 드러나 있기 때문에 우리는 그것을 지적하고 멸질할 방안을 세울 수 있다.

음행과 더러운 것과 호색. 이 세 가지는 성적 죄악이다. 하나님과 원수 된 육체(인간의 부패성)는 무엇보다 먼저 성적 죄악으로 나타나서 하나님의 성전인 몸을 더럽힌다(참조. 고전 3:16-17, 6:13-20). 성경은 사람의 성적 죄악이 자기 몸에 대한 범죄라는 사실을 지적하여 말하기를, "음행을 피하라 사람이 범하는 죄마다 몸 밖에 있거니와 음행하는 자는 자기 몸에 죄를 범하느니라"(고전 6:18)라고 하였다. 다시 말해 성적 죄악은 사람의 몸이 주님의 거룩

---

15) Vorlesung über dcn Römerbrief, 1965. 270.

한 성전이라는 사실에 위배된다는 것이다. 다른 죄악은 외부적으로 타인에게 손해를 끼치는 것이지만, 성적 죄악은 무엇보다도 자기 자신에게 손해를 끼치는 것이다. 또한 그 손해는 특히 종교적인 측면에서 더욱 심각하다. 고린도전서 6:15-17에 말하기를, "너희 몸이 그리스도의 지체인 줄을 알지 못하느냐 내가 그리스도의 지체를 가지고 창녀의 지체를 만들겠느냐 결코 그럴 수 없느니라 창녀와 합하는 자는 그와 한 몸인 줄을 알지 못하느냐 일렀으되 둘이 한 육체가 된다 하셨나니 주와 합하는 자는 한 영이니라"라고 하였다. 그러므로 사람이 자기 몸으로 성적 죄악을 범하는 것은 첫째로 주님의 성전을 더럽히는 일이며, 둘째로 주님 앞에 정절을 지키지 않는 범죄다. 안셀무스(Anselm)는 말하기를, "다른 죄들은 대항하여 싸움으로 이길 수 있으나, 성적 죄악은 피함으로써만 이길 수 있다"라고 하였다. 요셉이 이 죄악을 이긴 방법도 그러하였다(창 39:1-18). 안셀무스의 말은 물론 "음행을 피하라"(고전 6:18)라는 성경의 교훈에 따른 것이다. 수많은 죄악 가운데는 매력을 무기로 삼아 유인하는 것들이 있는데, 성적 죄악이 거기에 속한다. 성적 죄악은 외형적인 아름다움으로 사람을 꾀어 넘어뜨리는 독한 것이다. 그것은 마치 독사의 이빨에서 나오는 맹독과 같다. 독사의 맹독을 현미경으로 들여다보면 이루 말할 수 없이 아름답다고 한다. 또한 성적 죄악은 마치 알프스산맥의 아름다운 잔디 언덕과 같다. 수많은 방문객이 아름다운 잔디밭 위를 걷다가 미끄러져 절벽 아래로 떨어져 죽는다고 한다.

음행은 멸망으로 향하는 길이다. 그러므로 성경은 음행하는 자를 가리켜 "소가 도수장으로 가는 것 같고 미련한 자가 벌을 받으려고 쇠사슬에 매이러 가는 것과 같도다 필경은 화살이 그 간을 뚫게 되리라 새가 빨리 그물로 들어가되 그의 생명을 잃어버릴 줄을 알지 못함과 같으니라"(잠 7:22-23)라고 하였고, 그런 죄를 범하게 하는 집에 대하여 말하기를 "그의 집은 스올의 길이라 사망의 방으로 내려가느니라"(잠 7:27)라고 하였다.

"음행"(πορνεία)은 구체적인 범행으로서의 성적 죄악이고, "더러운 것"(ἀκαθαρσία)은 일반적인 성적 불결을 의미하는데, 남들에게 알려지지 않는 행동과 습관일 수 있다고 한다. "호색"(ἀσέλγεια)은 방종함이 노골화된 불결한 행동을 의미한다고 한다.[16)]

20 우상 숭배와 주술. 이것들은 종교적 죄악이다. "우상숭배"라는 것은 눈에 보이지 않는 하나님을 보이는 형태로 만들어 섬기려는 동기에서 비롯된 행동인데, 하나님 아닌 것을 하나님으로 알거나, 혹은 하나님께 드려야 할 영광을 잘못된 대상에게 돌리는 것이다. 그러므로 하나님을 두 눈으로 보고서야 믿겠다는 태도 역시 우상숭배 사상이다. 그것은 하나님의 영광과 존엄을 무시하는 교만이요 어리석음인 것이다. 눈에 보이지 않는 것이 하나님의 본질적인 속성인데, 사람이 자기 마음대로 하나님을 눈에 보이는 분으로 여긴다면 이 얼마나 교만한 태도인가? 죄로부터 자유로운 스랍들도 하나님을 감히 바라보지 못하고 두 날개로 얼굴을 가렸다고 성경은 말한다(사 6:2). 출애굽기 33:20에 말하기를 "네가 내 얼굴을 보지 못하리니 나를 보고 살 자가 없음이니라"라고 하였다. 욥기 9:11에는 "그가 내 앞으로 지나시나 내가 보지 못하며 그가 내 앞에서 움직이시나 내가 깨닫지 못하느니라" 하였고, 디모데전서 6:16에는 "오직 그에게만 죽지 아니함이 있고 가까이 가지 못할 빛에 거하시고 어떤 사람도 보지 못하였고 또 볼 수 없는 이시니 그에게 존귀와 영원한 권능을 돌릴지어다"라고 하였고, 요한1서 4:12에는 말하기를 "어느 때나 하나님을 본 사람이 없으되"라고 하였다(참조. 시 18:11; 골 1:15). 히브리서 11:3에 "보이는 것은 나타난 것으로 말미암아 된 것이 아니니라"라고 하였으니, 보이지 않으시는 그가 모든 보이는 것을 지으셨다. 그러므로 그가 눈에 보이지 않는 본질을 가지셨다는 사실은 우리의 신앙을 더욱 고취시킨다. 예

---

16) Trench, Syn. New Testament.

수님께서 말씀하시기를 "너는 나를 본 고로 믿느냐 보지 못하고 믿는 자들은 복되도다 하시니라"(요 20:29)라고 하셨다. 보지 못하고 믿는 신앙은 더욱 고귀하다. 왜냐하면 ① 보이는 감각 세계에 의존하지 않는 참 하나님을 믿는 것이기 때문이며, ② 신앙을 방해하는 감각주의를 극복하고서 믿는 것이기 때문이다.

"주술." "우상 숭배"가 제의적 측면의 범죄라면, "주술"(φαρμακεία)는 예언적 측면의 범죄다. 1) 하나님의 뜻대로 주어지는 바른 예언은 천국을 중심으로 하는 하나님의 말씀이지만, "주술"은 개인의 사욕을 채우기 위한 행위다. 2) 예언은 우리가 하나님을 중심으로 하는 미래의 전망을 알도록 하는 데 있어서 세부적인 지침보다는 원칙을 보여주지만, "주술"은 하나님을 중심으로 삼지 않을 뿐 아니라 번잡한 술수로 사람을 속인다. 3) 예언은 사람을 회개시키는 것을 목표로 삼는다. 그러나 주술은 사람이 낙심케 만들든지 혹은 요행수를 바라보게 하여 도덕적 성찰을 잊어버리게 만든다. 4) 예언은 그것을 받는 자가 대개 예상치 못한 방식으로 자주적인 의식에 따라 하나님의 객관적 계시를 받아 말한 것이다. 그러나 주술을 행하는 자는 본인의 의도에 따라 공교하게 만든 가짜 예언으로 사람들을 속인다. 그리스도인 중에 무의식적으로 그리스도를 빙자하여 "주술"의 죄를 범하는 자들이 적지 않다. 예를 들면 ① 신자가 하나님의 영광을 위하지 않고 자기의 육신적 야욕을 위해 성령을 구하고 이용하려 하는 일이 있고, ② 신자가 지식에 절제할 줄 모르고 하나님만이 아실 수 있는 고차원적인 영적 세계의 깊은 지식까지 알고자 하여 분수에 넘치는 사색을 일삼는 일이 있으며, ③ 하나님을 믿고 따르며 일상생활에서 평범한 일에 책임을 다하는 것에 만족하지 못하고 기이한 것만을 찾아 구하며 그런 일에 주력하는 일도 있다.

그러나 우리는 이미 알려진 하나님의 말씀(성경)에 순종하는 것이 이적을 보는 것보다 더 뛰어나다고 생각한다. 우리는 이적을 믿는다. 특별히 성경에 기록된 표준적인 이적들을 믿는다. 성경 시대에는 하나님 말씀의 사역에 따라 그런 이적들이 나타났었다. 또한 오늘날 교회 시대에도 우리가 믿음으로 바로 살기만 하면 주님이 뜻하실 때 특별 은총에 따른 현상들이 나타나기도 한다. 하지만 그런 현상이 나타나지 않는다고 해서 우리에게 무언가가 부족한 것은 결코 아니다. 우리의 신앙생활에 주술의 잔재가 남아 있다면 우리는 그런 것들을 완전히 버려야 한다. 왜냐하면 "주술"은 우리의 신앙을 해롭게 하며 또한 하나님께 욕을 돌리기 때문이다.

원수 맺는 것과 분쟁과 시기와 분냄과 당 짓는 것과 분열함과 이단과 투기. 이 여덟 가지 죄악은 사람이 육체로 범하는 불화의 죄악이다.

"원수 맺는 것"(ἔχθραι)은 성경이 여러 가지로 금한다. 사람이 원수를 맺는 것은 자기와 충돌하는 상대방의 죄를 용서하지 않는 데서 기인한다. 신자는 원수를 용서하고 그를 도와주어야 한다. 출애굽기 23:4-5에 "네가 만일 네 원수의 길 잃은 소나 나귀를 보거든 반드시 그 사람에게로 돌릴지며 네가 만일 너를 미워하는 자의 나귀가 짐을 싣고 엎드러짐을 보거든 그것을 버려두지 말고 그것을 도와 그 짐을 부릴지니라" 하였고, 욥기 31:29에는 "내가 언제 나를 미워하는 자의 멸망을 기뻐하고 그가 재난을 당함으로 즐거워하였던가"라고 하였고, 잠언 24:17에는 "네 원수가 넘어질 때에 즐거워하지 말며 그가 엎드러질 때에 마음에 기뻐하지 말라"라고 하였다. 로마서 12:21에는 "악에게 지지 말고 선으로 악을 이기라"라고 하였다. 우리가 원수에게 선을 행함으로써 몇 가지 아름다운 열매를 맺게 된다. ① 하나님의 완전하심이 드러난다(마 5:48). ② 하나님 앞에서 나 자신이 심판장이 되는 불경스런 죄를 면한다(롬 12:19). ③ 용서하는 사람 자신에게 영광이 돌아온다(잠 19:11). 원수를 갚는 자는 상대편의 악을 이기지 못하고 도리어 나를 대적하는 악을 더 많이 만들어 놓는다. 존 번연은 진리를 파수하는 일에는 강경하였으나, 진리의 대적들이 그를 욕할 때는 온유하게 참았다고 한다.

"분쟁"(ἔρις)은 "원수 맺는" 일에서 나오는 법이다. 분쟁은 언제나 확대될 위험성이 있고 일단 확대되면 수습하기 어렵다. 그러므로 성경은 "분쟁"에 대하여 다음과 같이 경계한다. 잠언 25:8에 "너는 서둘러 나가서 다투지 말라" 하였고, 잠언 17:14에는 "다투는 시작은 둑에서 물이 새는 것 같은즉 싸움이 일어나기 전에 시비를 그칠 것이니라" 하였고, 잠언 18:19에는 "노엽게 한 형제와 화목하기가 견고한 성을 취하기보다 어려운즉 이러한 다툼은 산성 문빗장 같으니라"라고 하였다.

"시기"(ζῆλος)는 타인이 나보다 뛰어난 것을 보고 불쾌하게 여기는 마음이다. 사람은 마땅히 다른 사람이 자기보다 뛰어남을 볼 때 기뻐해야 한다. 그 이유는 다음과 같다. ① 나보다 우수한 자를 나의 선생으로 모시는 것은 기쁜 일이다. 선생이 없는 사람은 인도자 없는 소경과 같다. ② 이 세상에는 할 일이 너무 많다. 그것을 다하기 위해서는 나 자신보다 뛰어난 자들이 많이 있어야 한다.

교회 역사를 보면, "시기"의 죄가 교회에 큰 손해를 끼쳤다. 크리소스토모스(Chrysostom)는 교도권을 가졌던 테오필로스 감독의 시기로 말미암아 억울하게 성직을 박탈당하고 마침내 사막으로 망명하여 종신하였고, 이름 있는 청교도였던 사무엘 러더포드(Samuel Rutherford)도 교권을 잡은 토머스 시드서프(Thomas Sydserf)의 시기로 인하여 투옥되어 수난당하였다. 예수님은 대제사장들의 시기로 말미암아 붙잡히셔서 십자가에 못 박히셨다.

"분냄"(θυμοί)에 대하여 성경에 여러 가지 훈계가 있다. 잠언 12:16에 "미련한 자는 당장 분노를 나타내거니와 슬기로운 자는 수욕을 참느니라"라고 하였고, 잠언 16:32에는 "노하기를 더디하는 자는 용사보다 낫고 자기의 마음을 다스리는 자는 성을 빼앗는 자보다 나으니라" 하였고, 잠언 27:3에는 "돌은 무겁고 모래도 가볍지 아니하거니와 미련한 자의 분노는 이 둘보다 무거우니라" 하였고, 전도서 7:9에는 "급한 마음으로 노를 발하지 말라 노는 우매한 자들의 품에 머무름이니라" 하였고, 잠언 27:4에는 "분은 잔인하고 노는 창수 같거니와"라고 하였다.

사람이 선한 일을 많이 한다고 하더라도 "분노"를 참지 못하는 성질이 있으면 그것으로 말미암아 손해를 많이 입는다. 고대의 유명한 성경학자 히에로니무스(Jerome)는 신구약 성경을 라틴어로 번역한 공로가 있으나 분노를 다스리지 못하는 정도가 심하여서 아우구스티누스(Augustine)에게 보낸 편지에도 분노를 드러냈다고 한다. 그것은 그의 업적에 커다란 오점이 아닐 수 없다.

"당 짓는 것"(ἐριθεῖαι)이라는 말은 어원적으로 "임금 노동자"를 의미한다(Greijanus). 여기서는 이 단어가 육체의 유익을 따라 매수되어 단결해서 진리에 저항하는 행위를 가리킨다. 진리를 위하여 성령으로 하나가 되는 연합은 그것이 작은 규모든지 거대한 규모든지, 혹은 집에서 모이든지 밖에서 모이든지 상관없이 당 짓는 일이 아니다. 다만 비진리를 위하여 육체적 수단으로 서로 단결하는 것은 작당 행위다. 고대의 제2차 에베소 공의회는 파당을 만드는 악한 사람 디오스코로스(Dioscorus)가 주재한 회의인데, 그때 공의회는 뛰어나게 경건한 플라비아누스(Flavian)를 축출하였고, 이단자 유티케스(Eutyches)를 포용하였다. 칼빈은 말하기를 "이 공의회는 성령이 주장하시지 않았다. 나는 그것이 교회 회의가 아니라고 생각한다"라고 하였다.[17] 교회사에 따르면 교황 그레고리오 11세(Pope Gregory XI, d. 1378)가 선종한 후에 교황권 쟁탈전으로 인하여 우르바노(Urban) 6세는 로마에서, 클레멘스 7세는 프랑스의 아비뇽에서 각각 교도권을 주장하며 거의 30년을 분립하였는데, 이것은 순전히 권리를 위한 당쟁이었다.

"분열함"(διχοστασίαι)이라는 용어는 개인주의에 몰두하여 화합하지 못

---

17) Institute of Christian Religion, Bk. IV. chap. 10.

하는 것을 의미한다. 교회의 참됨과 거짓됨은 그 교회의 공동고백과 권징의 실시 여부로 판별되며, 교회를 구성하는 개별 신자들의 사생활이 완전한가 하는 점은 별개의 문제다. 만일 어떤 신자가 교회에 속한 개개 신자들의 결점 때문에 교회 생활을 포기하고 뒤로 물러선다면, 그것은 "분리"의 행위로 전락할 위험이 있다. 그러나 만일 누군가가 교회의 부패를 경고하며 진리와 의를 선포하다가 교도권의 억압으로 축출을 당한다면 그는 "분리"의 죄를 범하는 것이 아니라 의를 위하여 핍박을 받는 영광을 누릴 뿐이다. 사무엘 러더포드(Samuel Rutherford)는 16세기의 영국인으로서 건전한 개혁교회의 정신으로 신앙생활을 했던 위대한 신앙의 인물이었다. 그는 웨스트민스터 신앙고백서 작성위원 중의 한 사람이었다. 그는 일찍이 어느 교권자의 시기로 말미암아 수감되었던 일이 있었는데, 그가 옥중에서 교인들에게 보낸 편지에 말하기를 "이 땅의 목사들을 따르지 말라"라고 하였다(1637년 7월 14일 애버딘 감옥에서). 그러나 그것은 결코 그가 "분리"의 죄를 범한 것이 아니고, 하나님의 양떼가 이리와 같은 거짓 스승들에게 가지 않도록 막으려는 것이었으며 양 떼를 사랑하는 마음에서 우러나온 행동이었을 뿐이다(참조. 마 7:15).

"이단"(αἱρέσεις)이라는 단어는 "채택함"을 의미한다. 다시 말해 이것은 신자들이 공통으로 받아들이는 진리와 표준에 위배되는 의견을 채택하는 것을 뜻한다. 그러나 교회 역사를 보면 "이단"이라는 칭호가 특정 파당에 의해 다른 파당에 대한 편견을 드러내는 용어로 사용된 실례들이 적지 않다. 이것은 옳은 편에서 그릇된 편을 향해서도 사용했지만, 그와 동시에 그릇된 편에서 옳은 편을 향해서도 (부당하게) 사용하였다. 공정한 의미에서 "이단"은 역사적으로 고백해온 성경적 교리를 위반하고 다른 의견을 채택하는 것이다. 누구든지 그처럼 잘못된 다른 견해를 채택하였다가도 잘못을 깨닫고 조만간 그것을 버렸으면 그는 이단자가 아니다.

21 투기. 이것은 "시기"가 좀 더 심화한 것이다. 이것은 남이 소유한 것에

대해 심술을 부리고 그것을 빼앗으려고 생각하는 악한 마음이다.

술 취함. 신구약 성경은 술 취하는 것을 금한다(참조. 잠 23:29-35; 엡 5:18). 술을 약으로 사용하는 일은 허락되었는데(딤전 5:23), 그것을 빌미로 술을 탐한다면 그것은 속이는 죄까지 범하는 일이다.

신자는 다음과 같은 몇 가지 이유로 술에 취해서는 안 된다. ① 신자는 하나님의 제사장인데(벧전 2:9), 술에 취하면 하나님을 경배하는 일과 진리를 분별하는 일에 실수하게 된다(레 10:9; 겔 44:21). ② 술에 취하면 일반적 행동에도 실수하게 된다(잠 23:29-35). 신자가 올바른 정신을 가지고도 하나님의 진리를 다 준행하지 못하는데, 술에 취하여서 어떻게 경건한 생활을 할 수 있겠는가? ③ 술에 취하는 것은 건강을 해치는 일이다.

방탕함. 이것은 음란 이외의 모든 무절제한 향락주의를 말한다. 누구든지 그리스도의 공로로 구원받는 진리를 악용하여 이 세상 향락을 방종하게 취할 수 있다고 생각하면 안 된다. 신자는 율법에서 해방되었으나 이제는 즐거운 마음으로 율법을 지켜야 할 책임을 안고 있다. 그는 오직 하나님께만 순종하는 자유인이 된 것이 사실이지만, 그와 동시에 모든 사람을 자발적으로 섬겨야 하는 종이기도 한 것이다. 그러므로 그는 향락을 자기 마음껏 취할 처지에 있지 않으며, 모든 사람을 위하여 극기하고 사랑의 수고를 해야만 한다.

22-26절. 성경을 보면 예수님께서는 열매를 맺지 않는 포도나무 가지를 베어 버리겠다고 하셨다. 요한복음 15:2에 "무릇 내게 붙어 있어 열매를 맺지 아니하는 가지는 아버지께서 그것을 제거해 버리시고 무릇 열매를 맺는 가지는 더 열매를 맺게 하려 하여 그것을 깨끗하게 하시느니라"라고 하셨다. 성도는 성령으로 말미암아 결실해야 한다. 그렇다면 성령의 열매는 어떠한 것들인가?

22 성령의 열매. 여기서 "열매"(καρπός)라는 단어는 단수 명사로 표현되었

다. 그것은 신자의 여러 가지 덕행이 성령의 단일하신 역사로 말미암아 여러 방면으로 나타난 것임을 알려준다. 또한 그 모든 덕행을 "열매"라고 표현한 이유는 그것들이 사람의 노력으로 성립되는 것이 아니기 때문이다. 이 모든 것은 성령에게서 나오는 것이다.

사랑. 이것은 믿음과 함께하는 "사랑"이라는 사실을 우리는 기억해야 한다. 고린도전서 13:13에 말하기를 "그런즉 믿음, 소망, 사랑, 이 세 가지는 항상 있을 것인데 그 중의 제일은 사랑이라"라고 하였다. 신자의 사랑은 하나님이 베푸신 속죄의 사랑에 대한 믿음을 반영하는 것이라는 점에서 하나님의 사랑이 원천이라고 할 수 있다(참조. 요일 4:10-11).

희락. "희락"은 언제나 성령으로 말미암은 사랑의 열매다. 사랑이 있는 곳에는 기쁨이 수반되는데, 사랑하는 자도 기쁘고 사랑을 받는 자도 기쁨을 느끼게 된다. 남을 미워하는 자의 얼굴에는 언제나 수심과 번민과 고통의 그늘이 있지만, 남을 사랑하는 자의 얼굴에는 마음속에서부터 우러나오는 즐거움이 드러난다. 희락은 육체의 건강을 위해서도 필요한 것이지만, 그보다도 신앙을 건전하게 만들고 하나님을 향한 감사가 풍성하게 만드는 데 필요한 것이다. 희락이 있어야 신앙이 자라나고 감사가 넘친다.

화평. 이것도 성령으로 말미암은 사람의 열매인데, ① 서로에게 사과함으로써 이루어지며(마 5:24-26), ② 서로 용서함으로써 성립된다(엡 4:2-3). 화평은 이 두 가지 방법으로 이루어지지만, 근원적으로는 그것도 하나님께서 그를 사모하는 자(히 12:14)에게 주시는 선물이다(약 3:17-18)(참조. 마 5:9; 막 9:50).

오래 참음(μακροθυμία). 이것은 어원적으로 "따가움을 멀리함"이라는 뜻이다. 사람은 대인관계에서나 혹은 어떤 사안에서 마음먹은 대로 일이 이루어지지 않을 때 그 심령이 따갑게(안타깝게) 되기 쉽다. 그런 상황을 이겨내는 방법은 신앙으로 하나님의 도우심을 기다리는 것이다. 우리가 사람의 힘으로 할 수 없는 때는 침착하게 하나님의 손길을 기다리는 것이 좋다. 구원하여 주시는 하나님을 기다리는 것이야말로 안식의 복이 아닌가! 애굽 사람들이 이스라엘 백성을 잡으려고 홍해까지 추격해 왔을 때 모세는 말하기를, "너희는 두려워하지 말고 가만히 서서 여호와께서 오늘 너희를 위하여 행하시는 구원을 보라"(출 14:13) 하였고, 모압과 암몬 족속이 큰 무리를 이루어 유다를 침공해 왔을 때 여호사밧 왕이 말하기를 "이 전쟁에는 너희가 싸울 것이 없나니 대열을 이루고 서서 너희와 함께 한 여호와가 구원하는 것을 보라"(대하 20:17)라고 하였다. 히브리서 10:36에 말하기를 "너희에게 인내가 필요함은 너희가 하나님의 뜻을 행한 후에 약속하신 것을 받기 위함이라" 하였고, 갈라디아서 6:9에는 말하기를 "우리가 선을 행하되 낙심하지 말지니 포기하지 아니하면 때가 이르매 거두리라"라고 하였다.

자비. "자비"(χρηστότης)라는 말은 남에게 베푸는 "친절"을 의미한다. 그러므로 "친절"이라고 번역하는 것이 옳다. 친절은 행실로만 아니라 말로도 나타난다. 우리의 말은 중요하다. 잠언 12:18에 "칼로 찌름 같이 함부로 말하는 자가 있거니와 지혜로운 자의 혀는 양약과 같으니라" 하였고, 잠언 15:1에는 "유순한 대답은 분노를 쉬게 하여도 과격한 말은 노를 격동하느니라" 하였고, 잠언 15:4에는 "온순한 혀는 곧 생명나무이지만 패역한 혀는 마음을 상하게 하느니라"라고 하였다. 영어 문장 가운데 다음과 같은 구절이 있다. "노여운 말 한마디가 한 친절한 마음을 상하게 만들고, 부지중에 나온 실언이 앞날을 캄캄하게 만들고 찌르는 가시를 일평생 남겼도다. 그러나 친절한 말 한마디가 슬펐던 마음에 광명을 주고, 동정의 말 한마디가 한 영혼을 살려 놓고, 기쁨의 말 한마디가 캄캄하던 앞길을 광명하게 만든다.···남의 마음을 섭섭하게 만드는 것은 네가 내뱉은 말만이 아니다. 네가 말하지 아니하는 그때도 많은 마음이 아픈 상처를 받는다. 네가 말했더라면 많은 아픈 마음이 풀어졌으리라. 사람들이 입으로는 공평을 부르짖으면서 사람에게는 사납게 행한다. 그러나 격앙된 말로 의를 말하기보다는 차라리 말하지 않는 것이 낫다."

양선. "양선"(ἀγαθωσύνη)은 자선 행위를 말하는데, 성령께서 주신 것이기 때문에 질적으로 선하다. 이 세상에는 자선 사업이나 선행을 말하는 자들도 많고 실행하는 자들도 있다. 그러나 그런 일들이 질적으로 선량한 마음에서 우러나기보다는 외형적 행동에 그치는 경우가 많기 때문에 하나님이 보시기에는 자선이 아니라 생명 없는 사업이나 겉치레에 불과하다. 진정한 자선은 마지막 심판 때에 마음 중심이 그대로 드러나더라도 진정한 가치를 잃지 않는 것이어야 한다.

충성. 이것은 주님이 부탁하신 일을 진실하게 지키는 것을 뜻한다. 우리는 구원의 소식을 전할 때 우리 자신이 어떤 새로운 공의를 더하려 할 필요가 없다. 만일 그럴 필요가 있다면 그것은 그리스도께서 이루신 구원이 불완전하다는 뜻이 된다. 성경은 그리스도께서 구원을 이미 완성하셨다고 가르친다. 그렇다면 우리의 "충성"이란 것은 그리스도께서 전하신 구원의 복음을 그대로 전하는 일을 뜻한다.

충성하는 자는 구체적으로 다음과 같은 자세를 보이는 자들이다.

1) 주님을 두려워하는 약한 자. 주님께 충성하는 자가 반드시 영웅적 기질을 가진 사람일 필요는 없다. 겁이 많고 연약한 자라도 오직 주님만을 두려워하게 되면 주님께 충성하는 자가 될 수 있다. 이 세상에는 생래적으로 영웅적인 기질을 지니고서 국가에 충성하는 자들이 있다. 예를 들어 헤르쿨라네움(Herculaneum)이 함락될 때 로마 파수병 가운데 죽기까지 자리를 떠나지 않고 임무를 완수한 자들이 있었다. 또한 고대 중국에서는 당나라의 충신 장홍이 역적 안록산의 부하에게 잡혀서도 항복하지 않고 톱에 켜 죽임을 당하면서도 끝까지 원수를 꾸짖은 일이 있었다. 하지만 그런 예들은 사람의 힘으로 장차 소멸하고 말 것들에게 충성한 것에 불과하다. 하나님께 충성하는

일은 영웅호걸들만 할 수 있는 일이 아니다. 오히려 영웅호걸은 스스로 잘난 줄 알기 때문에 하나님을 전적으로 의지하지 않는다.

2) 주님 앞에 진실한 자. "충성"이라고 번역된 헬라어 "피스티스"(πίστις)는 진실을 의미하기도 한다. "중심이 진실함"을 주님께서 원하신다(시 51:6). 주님께 사로잡히지 않은 지식인이나 모사는 하나님의 교회에 해를 끼치지만, 무식하여도 주님의 복음을 그대로 진실하게 전하는 자는 주님의 일에 유익하다. 사람이 거짓되게 행하기는 어려워도 진실하게 행하기는 쉽다. 거짓되게 행하는 자는 계속적으로 거짓을 꾸미며 또 그렇게 처신하게 된다. 그것은 양심에 괴로움을 주는 어려운 길이다. 그러나 사람이 진실하게 행하면 양심이 평안하고 그 길도 단순해진다.

3) 주님을 위한 의로운 삶이나 사업에 변절하지 않는 자. 그는 언제나 한결같으며 유종의 미가 있다. 누구든지 선하고 아름다운 길을 가다가 변심하면 그는 부패하기 시작하는 것이다. 부패하기 시작하면 회복하기 어렵다. 부패한 신자의 존재는 교회에 해가 된다. 그러나 부패하기 시작했을 때 서둘러 치료하면 회복할 수 있다. 치료하는 방법은 시급히 회개하는 것이다. 회개는 신자의 부패를 막는 유일한 치료제다. 인류의 역사는 부패로 얼룩져서 쳐다보기도 싫은 역사다. 그러나 니느웨 성이 회개한 사건은 모든 부패를 막고 역사를 아름답게 변화시켰다. 그 역사는 오히려 부패한 적이 없었던 역사보다 하나님 앞에서 기쁨이 되는 역사다. 우리는 변절하여 허물이 많은 인격이 되지 않아야 한다. 교역자들이 처음에는 바르게 목회하다가 점점 잘못된 길로 나아가 예가 얼마나 많은가? 때로는 명예심이나 물질에 대한 탐심으로, 때로는 시기심이나 정욕, 또는 혈기로 말미암아 변질되어 타락하고 만다.

23 온유와 절제니 이같은 것을 금지할 법이 없느니라. "온유"(πραΰτης)라는 말은 특히 대적에게 복수하지 않고 부드러운 인격으로 이기는 덕을 가리킨다. 위대한 지도자들은 이 덕을 소유하였다. 모세는 그 시대에 가장 온유한 사람이

었고(민 12:3), 다윗은 자기를 죽이려는 사울에게 끝까지 복수하지 않는 덕을 갖추었고, 예수님은 모든 온유의 근본이시다(마 11:28-30, 12:17-21). 토머스 크랜머(Thomas Cranmer)에 관하여 후세 사람들이 속담으로 전하기를, "캔터베리의 감독 크랜머와 충돌하여라. 그리하면 네가 영원히 그의 친구가 되리라"라고 하였다. 중세 시대의 성자 클레르보의 베르나르두스(Bernard)는 눈빛이 비둘기 같은 온유한 인물이었고, 보나벤투라(Bonaventure)는 너무나 온유하였기 때문에 그의 선생은 말하기를 "보나벤투라를 보면 아담이 죄를 범하지 않은 것 같다"라고 하였다. 오리게네스(Origen)는 말하기를, "우리는 남을 위해서 창조된 것이지, 남을 저주하기 위해서 창조된 것은 아니다"라고 하면서 논쟁할 때도 온유함을 유지해야 한다고 주장하였다. 키프리아누스(Cyprian)는 교회 정치가로서 권위를 존중하면서도 온유함을 실천하였다.

"절제"(ἐγκράτεια)라는 말은 "자기 자신을 붙잡음"을 의미한다. 이것은 죄를 범하지 못하게 자기를 제재하는 것이다. 바울은 자기를 "쳐 복종하게" 한다고 하였는데(고전 9:27), 그것이 바울의 자기 절제를 가리키는 말이라고 생각된다.

"이같은 것을 금지할 법이 없느니라." 이 말씀은 성령의 아홉 가지 열매와 율법이 서로 충돌하지 않는다는 것이다. 성령을 따라 그리스도 신앙으로 행하는 자가 사랑으로 행하는 모든 행실은 다만 율법을 이룰 뿐이다(참조. 롬 3:31; 13:8-10). 이 점에 대해서는 다음 구절이 더욱 분명하게 밝혀준다.

24 그리스도 예수의 사람들은 육체와 함께 그 정욕과 탐심을 십자가에 못 박았느니라.
본 절부터 26절까지는 13-23절에서 "육체"를 따라 범죄하지 말고 사랑을 행하라고 한 모든 말씀에 대한 결론이다.

"그리스도 예수의 사람들"은 그리스도 예수께서 속죄하여 그의 소유로 삼으신 백성을 가리킨다. "육체"는 인간의 부패성을 가리키는데, 그것은 모든 죄악의 근원이다. "정욕"(παθήμα)은 의지적으로 하려고 하지 않아도 자동적으로 일어나는 죄악의 심리를 가리키고, "탐심"(ἐπιθυμία)은 따갑게 일어나는 모든 죄악의 욕구를 말한다.

"십자가에 못 박았"다 함은 ① 그리스도께서 그들을 대신하여 십자가에서 죽으셨을 때 그들과 정욕 간의 관계가 원천적으로 차단되었다는 것이고(고후 5:14-17), ② 예수께서 죽었다가 다시 사심으로 말미암아 그들이 받은 영적 새 생명은 부단히 정욕과 싸워서 정욕이 그를 주장할 수 없게 만든다는 것이다. 정욕을 "십자가에 못 박았"다는 말은 그것을 현세에서 완전히 제거해버렸다는 뜻이 아니다. 현세에서 그리스도인에게 정욕이 완전히 제거된다는 교리는 성경 어디에도 없다(갈 5:17; 요일 1:8).

25 만일 우리가 성령으로 살면 또한 성령으로 행할지니. "성령으로 사는 것"은 그리스도로 말미암아 성령의 역사가 신자들을 중생케 하여 그들이 거룩하게 살도록 만드는 것을 가리킨다(고후 3:17).

"성령으로 행할지니." 여기서 "우리가 · · · 행할지니"(στοιχῶμεν)라는 말은 행렬을 지어 서거나 이동하는 것을 의미한다(Greijdanus). 이것은 신자들이 하나의 단체처럼 행렬을 지어 성령의 인도대로 규율 있게 순종하는 것을 가리키는 듯하다(참조. 빌 2:12-13).

26 헛된 영광을 구하여 서로 노엽게 하거나 서로 투기하지 말지니라. 교회 생활에서 분쟁은 허영을 구하는 데서 일어난다. 교회의 단체 생활에서 누구든지 높아지기를 원한다면 그것은 허영심으로 말미암은 것이다. 왜냐하면 세상에서 높아지는 일은 결국 허망한 것이기 때문이다(벧전 1:24). 천국에서는 낮아지는 것이 실상 높아지는 일인데 그와 반대로 높아지기를 원하는 것은 마귀적인 어리석은 생각이다(눅 18:14). "서로 노엽게 함"은 서로 화를 부추기는 것이고, "서로 투기함"은 다른 사람이 잘되는 것을 기뻐하지 않고 도리어 방해하는 악독한 행동이다.

설교 그리스도인다운 생활(22-26절)

본문 가운데서 특히 25-26절 말씀을 근거로 설교하려 한다.

1. 성령으로 살면 또한 성령으로 행해야 한다.

"성령으로" 산다는 것은 무엇인가? 그것은 예수를 잘 믿는 사람들에게서 흔히 볼 수 있는 모습이다. 그들이 기뻐하고 서로 사랑하는 일이나 죄악을 미워하는 일도 이에 속한다. 순교자 김윤섭 전도사가 일제 말에 신사참배를 반대하다가 만주 안동 감옥에 투옥되었을 때 하루는 그가 짚신을 삼으면서 함께 갇힌 한부선 선교사(Rev. Bruce Hunt)에게 말하기를, "나는 이미 죽었습니다"라고 하였다 한다. 그 말의 뜻은 자기가 이미 죽었고 예수님이 자기 안에 사신다는 것이다. 고난 중에 이런 평안을 소유할 수 있었던 것은 그가 성령으로 살았기 때문이다. 김윤섭 전도사가 만주 봉천(현재의 선양) 감옥에서 순교하면서 동료 죄수들에게 마지막으로 남긴 말은, "나는 하늘로 올라갑니다"라는 한마디였다고 한다. 그는 마지막 순간까지 성령께서 주시는 확신으로 살았다.

그러면 연약한 신자는 성령으로 살지 못하는가? 본문의 말씀은 연약한 신자들도 포함한다. 연약한 신자들도 성령으로 살아간다는 말이다. 그것은 부인할 수 없는 명백한 한 가지 사실로 증명된다. 말하자면 고린도전서 12:3에 말하기를 "하나님의 영으로 말하는 자는 누구든지 예수를 저주할 자라 하지 아니하고 또 성령으로 아니하고는 누구든지 예수를 주시라 할 수 없느니라"라고 하였다. 아무리 연약한 신자라도 예수 믿는 일을 그만두고는 살 수 없을 것이다. 간혹 세상의 영광 때문에 예수 믿는 일을 중단하는 사람도 있을 것이다. 그러나 그도 성령을 받은 사람이라면 심령의 고통을 견디지 못하여 마침내 돌아오고야 말 것이다.

우리는 본문 말씀처럼 "또한 성령으로" 행해야 한다. 그렇다면 성령으로 행한다는 것은 무슨 뜻인가?

1) 성령의 뜻을 잘 순종하는 것이다. 우리가 성령의 뜻을 어떻게 알고 그대로 순종할 수 있는가? 무엇보다도 우리는 성령의 감동으로 기록된 성경 말씀을 바로 깨달아 그 말씀에 순종해야 한다. 그리고 믿음이 독실한 신자들의 마음속에는 성령께서 깨닫게 하시는 역사가 일어난다. 그는 그것이 성령의 뜻인 줄 알고 행한다. 그가 깨달았다는 것도 실상은 성경으로 깨달은 것을 가리킨다.

2) 그뿐 아니라 성령으로 행한다는 말은 성령의 능력으로 행한다는 뜻이다. 성령의 능력은 성경이 가르치는 말씀대로 순종할 때 생기는 것이다. 성경 말씀에 순종하는 일이 처음에는 무미건조한 듯이 느껴진다. 그러나 순종의 삶이 진실해지면 거기에 기쁨과 능력이 함께한다.

2. 헛된 영광을 구하여 서로 격동하고 서로 투기하지 않아야 한다.

"헛된 영광"이라는 것은 이 세상 명예를 가리킨다. 어떤 그리스도인들은 교회마저도 세상의 명예를 만족시키기 위한 수단으로 여긴다. 한 가지 예를 들면, 어떤 교회는 서리 집사를 세울 때 많은 고민을 하곤 한다. 그것은 교회가 교인들에게 명예를 하나씩 나눠줌으로써 교회를 유지하려 하기 때문이다. 이런 명예주의가 자리 잡은 곳에는 "격동"이 일어난다.

1) 명예를 얻은 자들은 그것을 행사하느라고 "주님과 나" 사이의 관계를 바로 세우지 못한다. 사람이 다른 사람들로부터 높임을 받게 되면 성품을 망치는 경우가 많다. 그는 자기 아닌 자기가 되어 무턱대고 덤비기 때문에 은혜를 받지 못한다.

2) 직분을 받은 자는 적나라한 자기 자신, 다시 말해 있는 모습 그대로 고요히 하나님을 대면할 기회를 가지기 힘들다. 반면에 직분이 없는 자는 심신

이 고요하여 남이 모르는 수고를 조용히 할 수 있으며, 주님께 진실한 마음으로 바치는 기회를 자주 누리게 된다. 이런 신자는 하나님과 접촉함으로써 진실한 신앙생활을 할 수 있다. 사람이 아무도 보지 않는 곳에서 진실하게 실행한 봉사는 하나님께 상달된다. 감사 헌금을 드릴 때 무명으로 하는 것이 더욱 자신에게 은혜 되는 것과 마찬가지로, 직분이 없는 처지에서 교회를 위해 힘껏 봉사하는 것이 더욱 은혜롭다.

성 에프라임(Ephraim)은 교회 직분을 받지 않기 위해 미친 척하였다고 하며, 크리소스토모스(Chrysostom)는 직분을 받지 않으려고 도망하였으나 사람들이 붙잡아 와서 직분을 맡겼다고 한다.

설교 성령으로 살고 성령으로 행하자(25-26절)

1. 성령으로 산다는 것은 무슨 의미인가?

"성령으로 산다"라는 말은 거듭났다는 것인데, 영혼이 살아났다는 의미다. 영혼이 살아 있다는 증거는 무엇인가?

1) 그것은 예수께서 가르치신 것처럼 "자아의 분열, 곧 육의 성품과 영의 성품의 싸움"이다. 예수께서 말씀하시기를 "육으로 난 것은 육이요 영으로 난 것은 영이니"라고 하셨다(요 3:6). 사람이 거듭나면 육의 성품과 영의 성품이 서로 대립하여 싸운다. 이 대립의 상황이 두드러지게 나타나는 현상이 있는데, 영의 성품이 육에서 나는 죄악을 미워하는 것이다. 그래서 거듭난 자는 바울과 같이 자기 자신을 쳐서 복종시키고자 한다(참조. 고전 9:27). 그러므로 성 베르나르두스(St. Bernard)는 말하기를 "주여, 나에게 진노하소서"라고 하였다. 나는 예전에 목이 뜨끔거리며 아픈 적이 있었다. 그때 나에게는 여러 가지 염려가 생겨났다. 나는 집중적으로 기도하던 중에 내 죄를 생각하게 되었고, 그때부터는 몸의 병보다도 영혼의 병이 더 큰 근심거리가 되었

다. 이때 나는 육과 영의 싸움을 현저히 인식하면서 "몸은 죄로 말미암아 죽은 것이나 영은 의로 말미암아 살아 있는 것이니라"라고 한 말씀(롬 8:10)을 체험하였다. 이것은 지금부터 2500년 전에 선지자 에스겔이 예언한 대로 성취되는 축복을 누린 것이라고 할 수 있다. 하나님께서 에스겔을 통하여 말씀하시기를 "또 새 영을 너희 속에 두고 새 마음을 너희에게 주되 너희 육신에서 굳은 마음을 제거하고 부드러운 마음을 줄 것이며 또 내 영을 너희 속에 두어 너희로 내 율례를 행하게 하리니 너희가 내 규례를 지켜 행할지라"라고 하셨다(겔 36:26-27). 육과 영의 싸움은 그리스도인에게만 있다. 불신자들은 이 같은 사실을 체험하지 못하기 때문에 영혼의 존재를 부인한다. 그리스도를 믿지 않으면 영혼이 죽은 상태인데 어떻게 영혼의 존재를 느끼겠는가?

2) 육과 영의 싸움을 느끼는 자는 예수를 구주로 믿는다. 그것이 거듭난 증거다. 거듭난 생명은 영적 생명의 출발점과 같아서 하나님의 씨라고 불리는데(요일 3:9), 그것을 받은 자는 위대한 진리 되시는 예수 그리스도를 알게 된다. 그것은 태평양을 횡단하는 배가 작은 나침반에 의존하여 갈 곳을 찾아가는 것과 마찬가지다.

2. 성령으로 행한다는 것은 무엇인가?

여기서 "행한다"(στοιχῶμεν)라는 말은 "행렬을 따라서 행함"을 가리키며, 본문에서는 성령의 인도하심을 따라서 행하는 것을 의미한다. 이것은 무엇보다도 성경 말씀을 따라서 행함을 가리킨다. 우리가 성경 말씀대로 순종하여 행할수록 성령의 은혜를 받는다. 성경이 곧 성령의 말씀이기 때문이다.

1) 우리가 계명을 실행함으로써 하나님을 믿는다는 사실이 확고해진다. 우리가 그의 말씀을 지키지 않는 것은 그의 말씀을 신임하지 않는 것이니 그것이 큰 불신앙이다. 하나님의 말씀을 실행하지 않고 하나님에 대하여 관념적으로만 아는 것은 하나님에 관한 마귀의 지식과 같다. 야고보서 2:19에 말

하기를, "네가 하나님은 한 분이신 줄을 믿느냐 잘하는도다 귀신들도 믿고 떠느니라"라고 하였다. 귀신들은 하나님 나라에서 쫓겨나고 하나님으로부터 공의의 진노를 맛보았는데 그들이 어떻게 하나님을 믿지 않을 수 있겠는가? 그러나 귀신들에게는 하나님을 사랑하는 마음이 없다.

2) 우리가 계명을 지키는 것은 하나님을 사랑하기 때문이다. 우리가 하나님의 말씀을 사모하며 행하는 이유는 무엇인가? 그것은 우리가 하나님을 사랑하며 그를 즐거워하기 때문이다. 클레르보의 베르나르두스(Bernard)는 말하기를, "하나님을 기쁘시게 하는 것이 나의 하늘이다"(To please God is my heaven)라고 하였다. 신자들이 말씀대로 실천하지 않는 이유는 ① 죄의 힘이 강하여 말씀을 실천하기가 생각처럼 쉽지 않기 때문이며, 그리하여 낙심하는 자들이 많다. 그러나 우리는 일흔 번씩 일곱 번이라도 용서하시는 주님이시라는 사실을 믿어야 한다. 하나님의 말씀을 실행하지 않고 낙심하는 순간 벌써 죽음의 그늘이 우리에게 다가온다. ② 하나님의 말씀대로 살려 하다가 고난과 역경을 만났을 때 우리는 왜 낙심하는가? 사람이 낙심하면 고통을 더욱 크게 느끼게 되 원망과 불평도 많아지며 바닥이 보이지 않는 나락으로 빠져들게 된다. 토마스 아 켐피스(Thomas á Kempis)는 말하기를 "네가 십자가를 져라! 그리하면 십자가가 너를 진다. 네가 십자가를 피하면 더 무거운 십자가가 네게 온다"라고 하였다.

제 6 장

⚜ 개요

본 장은 계속하여 신자들이 따라야 할 도덕률과 권면을 보여준다.

1. 형제의 범죄에 대한 교회의 징계(1-5절)

교회는 잘못을 범한 형제를 징계할 때 자신을 돌아보면서 온유함으로 서로 돕는 마음으로 시행할 것이고, 자기와 남을 비교하면서 교만해져서는 안 된다.

2. 참된 목회자를 후히 대접할 것(6절)

참된 목회자는 하나님의 말씀을 효과적으로 가르치는 자니 그를 물질로 대접함이 마땅하다(참조. 롬 15:27하).

3. 심은 대로 거두는 원리(7-10절)

생활방식에 대한 인간의 선택은 그에게 분수령과 같이 중요하다. 이것은 구원이냐 아니면 멸망이냐 하는 선택이다. 그리고 올바로 선택된 생활의 노선에 따라 그는 낙심하지 않고 끝까지 행해야만 참된 열매를 거둔다(9절).

4. 사도 자신이 큰 글자로 기록한 권면(11-15절)

이 단락은 본서의 사도적 기원과 교훈의 중요성을 확증한다. 본서의 중요한 내용을 결론적으로 요약하자면 다음과 같다.

1) 유대주의자들은 갈라디아 교인들에게 할례를 받아야 한다고 교훈하는데, 그것은 ① 유대인들 앞에서 핍박을 면하려는 비겁한 행동이고, ② 자기들도 율법을 지키지 않으면서 그런 권면을 하는 것이니 모순된 행동이다(12-13절).

2) 바울 자신은 예수 그리스도께서 속죄의 죽음을 맛보신 사건 외에 다른 아무것도 구원의 근거로 생각하지 않는다(14-15절).

5. 축도(16, 18절)

해석

1-5절. 여기서는 범죄한 자에 대한 교회의 징계 방침에 대하여 설명한다.

1 사람이 만일 무슨 범죄한 일이 드러나거든. 여기서 이른바 "범죄"(παράπτωμα)라는 말은 계획적으로 범한 죄가 아니라 부지불식간에 범한 실수를 가리킨다(Ridderbos).

신령한 너희. 이것은 성령을 받아 중생한 자들을 의미한다.

온유한 심령으로. 이것은 조급함, 격동, 흥분, 참을성 없음, 경솔함과 반대되는 미덕이다. 교회가 범죄자에 대해 온유한 자세를 보일 때 감화를 줄 수 있다. 온유함은 나약함이 아니라 융통성 있고 포용력 있는 덕이다. 하나님께서는 범죄자를 돌이키시는 일에 이런 사람을 사용하신다.

너 자신을 살펴보아 너도 시험을 받을까 두려워하라. 이 문구에서는 앞 구절과 달리 갑작스럽게 "너"(σύ)라는 단수 대명사가 나온다. 그 이유는 이 문구의 말씀이 특정 개인을 대상으로 주의를 환기하는 것이기 때문이다. 누구든지 남의 범죄에 대해 너무 가혹한 태도를 보이다가는 교만의 대가로 그 자신이 시험을 받아 죄에 빠지게 될 위험성이 있다. 그러므로 남의 범죄를 교정시키는 일에 겸손히 협력하는 것은 좋지만, 범죄자를 업신여기거나 무분별하게 비판하면 그것 역시 죄악이다.

2 **짐을 서로 지라.** 다시 말해 다른 형제가 죄를 범하면 그에 대해 냉소하지 말고, 그것을 내 지체가 행한 일로 여기고서 그가 행한 범죄의 결과인 수치와 손해까지도 감수해야 한다.

그리스도의 법. 이것은 사랑을 가리킨다(갈 5:14). 예수께서 말씀하시기를 "새 계명을 너희에게 주노니 서로 사랑하라 내가 너희를 사랑한 것 같이 너희도 서로 사랑하라 너희가 서로 사랑하면 이로써 모든 사람이 너희가 내 제자인 줄 알리라"라고 하셨다(요 13:34-35).

3 **되지 못하고 된 줄로 생각하면 스스로 속임이라.** 다시 말해 누구든지 다른 사람이 죄를 범했을 때 자기 자신은 허물이 없는 줄로 여겨서 그 사람에 대해 냉소적인 태도를 보이면, 그것은 자기 자신을 속이는 것이다. 그는 자신을 바로 보지 못하는 어두움에 갇힌 자다. 사람은 모두 연약한 면을 가지고 있으며, 따라서 자기도 잘못하는 일이 있는 줄 알아야 자기를 바로 보는 것이고 스스로를 속이지 않는 일이다.

4 **각각 자기의 일을 살피라.** 그리스도인은 남의 허물을 볼 때 자기에게는 그런 것이 없다고 해서 만족할 일이 아니다. 남이 범하는 것과 동일한 허물이 그에게 없다 할지라도 그런 허물에 가까운 것이나 아니면 다른 종류의 허물이 그에게 있을 수도 있다. 그러므로 그는 자기 역시 죄인인 줄 알고 겸손해야

한다. 그리스도인은 인격의 표준을 하나님의 말씀에 두어야 한다. 그는 남의 허물을 쳐다보려 하지 말고, 자기 자신을 하나님의 말씀에 비추어 살펴야 한다. "살피라"(δοκιμαζέτω)라는 말은 "시험하라"라는 뜻이다. 신자는 하나님의 말씀을 표준으로 삼아 자기 마음과 행위를 시험하여 보아야 한다.

그리하면 자랑할 것이 자기에게는 있어도 남에게는 있지 아니하리니. 자기반성을 잘하는 자는 자신에게서 장점을 발견할 때도 자만하지 않는다. 그는 그 장점으로 인하여 홀로 기뻐할 뿐이다. 왜냐하면 그는 자기 자신을 남과 비교하지 않는 사람이기 때문이다. 이것이 바로 "자랑할 것이 자기에게는 있다"라는 말씀의 의미다. 다시 말해 자랑할 만한 것이라도 자기에게만 머물러 있게 된다는 뜻이다.

5 각각 자기의 짐을 질 것이라. 헬라어 원문에는 본 절 첫머리에 "왜냐하면"(γάρ)이라는 이유 접속사가 있다. 이것은 본 절이 앞 절 말씀의 이유임을 밝혀준다. 앞 절에 말하기를, 신자의 자랑은 자기에게만 있어야 한다고 하였다. 그 이유는 그가 자기의 짐을 짊어져야 할 사람이기 때문이다. 그는 그러한 장점을 동원하여 자기의 할 일을 할 따름이다. 우리에게 장점이 있다면, 그것은 우리가 하나님 앞에서 받은 사명과 책임을 감당하기 위한 것이다.

우리말에서 "짐"이라고 번역된 "포르티온"(φορτίον)이라는 헬라어 단어는 2절에서 "짐"이라고 번역된 "바레"(βάρη)라는 단어와는 다르다. 2절에서 "짐"이라는 말은 밖에서 오는 무거운 짐을 가리키지만 본 절에서의 "짐"은 신자가 떠안아야 할 책임을 의미한다(Lightfoot).

설교 신령한 사람의 처신(1-5절)

1. 자신을 돌아보라(1-3절)

1절에서 "살펴봄"(σκοπέω)은 "경계함"(watch out)을 의미한다. 여기서 이 말은 신자가 남의 범죄를 보고 자기의 죄도 살펴야 할 것을 가리킨다. 영국의 순교자 브래드포드(Brathford)는 자기 집 앞을 지나쳐 호송되어 가는 사형수를 볼 때마다 "저기 브래드포드가 지나간다"라고 탄식했다고 한다. 우리는 언제나 "나는 되지 못한 자"라고 판정하는 것이 진리다. 신령한 자는 죄를 범한 자에 대하여 연대책임을 지고 그를 바로잡기 위해 노력해야 한다. 그리하려면 파수꾼의 책임감이 필요하다. 그와 동시에 그는 혈기나 교만으로 행하지 않도록 자신을 경계해야 한다.

2. 자기의 일을 살피라(4-5절)

4절에서의 "살피라"(δοκιμαζέτω)라는 말은 "시험해 보라"라는 뜻이다. 세상에는 우리를 시험해 보는 일들이 어디서나 발생한다. 그럴 때 우리는 영적 차원에서 실패하는 경우가 많다. 예를 들어 우리는 난관에 봉착했을 때 신앙으로 대처하는가? 그렇게 하지 못하는 경우가 너무도 많다. 그렇다면 우리는 남들과 비교해서 나을 것이 없으니 실상 우리에게는 자랑거리가 없는 것이다. 혹시 우리에게 장점이 있다면, 그것에 대해서는 나 자신에게만 자랑하고 기뻐할 뿐이다. 이러한 장점에 대해 나는 하나님 앞에서 짊어져야 할 짐(φορτίοὖ 책임)이 있을 뿐이다(5절).

우리는 각기 자신을 시험하기 위해서 다음과 같은 질문을 던지고 대답해 볼 수 있다.

1) 나는 하나님을 영화롭게 해야 한다는 책임 앞에서 무관심한 자는 아닌가(벧후 2:21)?

2) 나는 안일주의자가 아닌가(딤전 5:6)?

3) 나는 기도하기 싫어하는 자가 아닌가(마 26:41)?

4) 나는 신앙으로 결단하는 일이 있는가(마 5:29-30)?

5) 나는 교회에 무슨 유익을 주는가(롬 12:5-8)?

6) 나는 멀리 내다보지 못하는 자가 아닌가(벧후 1:9)? 다시 말해 보이지 않는 신령한 것보다 눈에 보이는 세상의 것에만 마음을 두는 자는 아닌가(고후 4:18)?

6-10절. 6절은 5절과 어떻게 연관되는지도 짐작하기 어렵고, 7절과의 관련성도 애매하다. 그러나 대체로 이 단락은 신자가 물질로 하나님의 일꾼들과 믿는 가정을 도우라고 가르친다.

6 가르침을 받는 자는 말씀을 가르치는 자와 모든 좋은 것을 함께 하라. 이 말씀은 하나님의 말씀으로 교훈을 받는 교인들이 참된 자격을 갖춘 교역자들을 물질적으로 도와주어야 할 것을 가르친다. 바울은 그의 시대에도 교회가 이런 교역자에 대하여 물질로 사례할 책임이 있음을 강조하였다. "모든 좋은 것"은 하나님이 주신 물질적 축복을 가리킨다. "함께 하라"(κοινωνείτω)라는 말은 서로 융통함을 의미한다.

7 스스로 속이지 말라 하나님은 업신여김을 받지 아니하시나니 사람이 무엇으로 심든지 그대로 거두리라. 리델보스(H. Ridderbos)는 이것이 전적으로 6절과 관련되었다고 생각하지 않고, 인류의 생활방식에 대한 일반적인 원리를 가르친다고 하였다.[18)]

그러면 무엇이 "스스로 속이는 것"인가? 무엇이 "하나님을 업신여기는 것"인가? 그것은 하반절에서 밝히는 것처럼 사람이 심은 대로 거둔다는 진리를 무시하는 일을 가리킨다. 이렇게 해석할 수 있는 근거는 헬라어 원문에서 하반절 첫머리에 "왜냐하면"(γάρ)이라는 이유 접속사가 있기 때문이다.

8 자기의 육체를 위하여 심는 자는 육체로부터 썩어질 것을 거두고. "육체를 위하여"라는 표현은 이 세상만 알고 이 세상을 대하여서만 일하는 것을 의미한

---

18) The Epistle of Paul to The Churches of Galatia, 1978. 218.

다. 이런 일들은 장차 썩게 될 것을 거둘 수밖에 없다. 그 이유는 ① 세상이 헛되고 부패한 것이니만큼 그것을 목표로 삼고 수고한 결과는 헛되고 부패한 것일 수밖에 없기 때문이고, ② 이 세상을 목표로 삼고 수고하는 일은 성령의 뜻으로 되는 것이 아니라는 점에서 그 일 자체가 부패한 것이기 때문이다.

성령을 위하여 심는 자는 성령으로부터 영생을 거두리라. "성령을 위하여 심"는다는 것은 신자가 성령으로부터 받은 모든 은혜와 능력을 하나님 섬기는 일과 복음 전하는 일에 사용한다는 뜻이다(Greijdanus). "성령으로부터 영생을 거둔다" 함은 성령의 권능으로 말미암아 이루어지는 전인격, 곧 몸과 영혼이 영생을 받는다는 의미이다.

이 구절은 사람이 그의 선한 행실의 공로로 영생을 얻게 된다고 가르치는 것처럼 보인다. 그러나 사실은 그런 것이 아니다. 우리가 믿음과 행위를 각각 별개의 대상으로 여길 때 이와 같은 오해를 범할 수 있다. 우리가 이론적으로는 믿음과 행위를 구분할 수 있다. 그러나 실제에서는 믿음과 행위가 함께 가야 한다. 참된 믿음은 의로운 행실을 열매로 나타낸다. 따라서 우리는 믿음으로써 진정한 선을 행하는 자가 영생을 얻는다고 말할 수 있다. (그렇다고 해서 선행이 영생을 얻기 위한 공로라는 의미는 아니다.)

10 우리가 선을 행하되 낙심하지 말지니 포기하지 아니하면 때가 이르매 거두리라. 선행은 사람이 마땅히 행해야 할 자기 책임만 다하는 데서 그치는 것이 아니라 남들을 도와주는 것이다. 남들을 도와주는 일은 쉬운 것이 아니다. 도움을 받고도 감사한 줄 모르는 사람도 많고, 도와줄 만한 가치가 없는 사람도 많고, 또한 돕는 일을 직접 방해하는 장애물도 많다. 그러므로 남들을 도와주는 자는 낙심하지 않도록 늘 주의해야 한다.

기회 있는 대로. 여기서 "기회"는 남들을 도와주기에 적합한 시기를 말한다. 농부는 밭 가는 때가 있고 추수하는 때가 있다. 그와 같이 그리스도인도 남들을 도와주어야 할 때가 있다. 만일 그와 같은 때에 남을 돕지 않는다면 그는 영원히 가슴 아픈 후회를 남기게 될 것이다. 그뿐 아니라 그는 주님 앞에서 "악하고 게으른 종"이라는 책망을 받을 수밖에 없을 것이다.

믿음의 가정들. 이것은 믿는 가족들, 다시 말해 신자들을 가리킨다.

설교 심은 대로 거둔다(6-10절)

1. 이 법칙은 절대적이다.

"사람이 무엇으로 심든지 그대로 거두리라"(7하)라는 말씀은 하나님의 법칙이기 때문에 인간이 폐지할 수 없다. 그 법칙을 무시하는 것은 하나님을 농락하는 일이다. 하나님은 이 세상에서 인간이 하는 행위에 대하여 보응하신다. 사람이 자신의 과거를 한번 돌이켜본다면 그가 죄를 저지름으로 말미암아 당한 일은 손해뿐일 것이다. 사람이 죄를 지었으면 그것을 찾아내어 깨끗이 회개해야만 한다. 만일 그렇게 하지 않으면 언제든지 죄가 그를 따라잡아서 그 대가를 치르게 만든다. 죄는 결국 언젠가는 대가를 요구한다(딤전 5:24-25). 시편 9:15-16에 "이방 나라들은 자기가 판 웅덩이에 빠짐이여 자기가 숨긴 그물에 자기 발이 걸렸도다 여호와께서 자기를 알게 하사 심판을 행하셨음이여 악인은 자기가 손으로 행한 일에 스스로 얽혔도다"라고 하였다. 신사 참배를 반대했다는 죄 아닌 죄목으로 이기선 목사에게 유죄를 판결한 일본인 판사가 8·15 해방 후에는 이 목사가 갇혔던 감방에 그 자신이 갇히게 되었다.

2. 심은 종자대로 거둔다(7하).

사람이 무엇을 심든지 정확히 그가 심은 것에 상응하는 수확을 거둔다. "자기의 육체를 위하여 심는 자는 육체로부터 썩어질 것을 거두고 성령을 위하여 심는 자는 성령으로부터 영생을 거두리라"(8절). 이 말씀에서 우리가 유의할 것은 두 가지 심는 일과 두 가지 거두는 일이 있는 사실이다.

1) 먼저 심는 일에 대하여 생각해 보기로 하자. "육체"를 위하여 심기도 하고 "성령"을 위하여 심기도 한다고 하였다. 여기서 "심는다"라는 표현은 수고를 내포하는 말이다(시 126:5). 농부들은 농사할 때 많은 수고를 아끼지 않는다. 사업하는 사람은 사업 때문에 병들어 죽기도 한다. 얼마나 많은 사람이 육체를 위하여 분주히 일하다가 사고를 당하는가? 육지에서는 여러 가지 교통사고, 바다에서는 조난사고, 그리고 하늘에서는 비행기 사고, 그 밖에도 기계 사고, 총기 사고, 약물 사고 등으로 수많은 사람이 사망한다는 소식을 우리는 매일 접하고 있다. 그런데 사람들이 성령의 일, 다시 말해 예수 믿는 일을 위해서는 얼마나 수고하며 고난과 희생을 치르는가? 사람의 진실성은 그가 당하는 수고와 희생으로 증명된다. 현대의 신자 중 대다수는 수고하지 않는 신자들이기 때문에 "심는 자"라고 불릴 수 없다.

2) 거두는 것에 대하여 생각해 보자. 우리는 두 가지 것을 거두는데, 이 두 가지는 하늘과 땅 차이로 서로 다르다. 하나는 부패하는 것이고 다른 하나는 영생이다. 사람은 썩는 것을 좋아하지 않는데, 썩는 것은 곧 사망이기 때문이다. 모든 사람에게는 영원을 사모하는 마음이 있는데(전 3:11), 이 같은 소원을 이루도록 영원히 사는 것이 가장 유익한 일이 아니겠는가! 세상일에서도 뜻을 정하고 노력하는 자는 마침내 그 뜻을 이룬다. 에이브러햄 링컨(Abraham Lincoln)은 소년 시절에 조지 워싱턴(George Washington) 전기를 읽고 대통령이 되고자 하는 꿈을 품게 되었다. 그는 한평생에 아홉 번이나 큰 실패를 하였다. 그중 한 번은 사업의 실패로 인해 17년 동안 빚을 갚는 고생을 하였다. 특별히 그는 정치계에서 선거에 나섰다가 다섯 차례나 낙선하였다. 그러나 그는 낙심하지 않았고, 그 모든 실패를 통해 새로운 교훈을 얻고 다시 일어섰다. 그는 성경을 사랑하여 항상 성경을 읽었고, 기도하는 사람으

로서 전적으로 주님의 도우심만을 바라고 의지했던 신앙의 인물이었다. 그는 마침내 미국의 16대 대통령이 되어 노예 해방의 위대한 과업을 수행하고야 말았다. 더욱이 우리는 내세에 뜻을 정하였으니 성경을 사모하여 애독하고 그 말씀대로 살면서 영생 길을 가야 한다. 우리는 오직 그 한 가지 방향에 모든 초점을 맞추고 전진해 나가야 한다.

3. 선한 것을 심는 일에 낙심하지 않아야 거둔다(9절).

"선"이란 성령의 인도하심에 따라 행하는 것을 가리킨다(참조. 8하). 사람이 낙심하는 원인은 여러 가지다. ① 신체가 연약하여 낙심하기도 한다. 그러나 영생은 육체로 심어서 거두는 열매가 아니다. ② 낙심하는 성향 때문에 낙심하기도 한다. 그러나 우리는 우리 자신의 마음을 믿지 않는 것이 성령으로 심는 일임을 알아야 한다. 성경은 자기 마음을 믿는 자가 어리석은 자라고 말한다(잠 28:26). 자기 자신을 믿는 것은 성령을 대적하는 행동이다. ③ 좋지 않은 환경 때문에 낙심하기도 한다. 그러나 사람이 좋은 환경에 처해 있으면 그는 그만큼 환경을 의지하게 되고 결과적으로는 성령을 의지하지 않게 된다. 좋은 환경은 성령으로 심는 일에 방해되는 경우가 많다. 수영하는 사람은 땅을 짚지 않아야 한다. ④ 곧바로 나타나는 열매가 없어서 낙심하기도 한다. 그러나 본문에 말하기를 "때가 이르매 거두리라"라고 하였으니 때가 이르기까지 참아 기다려야 한다.

11 내 손으로 너희에게 이렇게 큰 글자로 쓴 것을 보라. 이 구절의 뜻은 얼른 이해하기 어렵다. 바울이 이때까지는 대필자의 손으로 갈라디아 교회에 보내는 편지를 기록하게 하다가 여기서부터는 직접 펜을 잡아서 글을 쓰기 시작하였다는 해석이 있다. 그렇다면 그가 "큰 글자로" 기록한 목적은 이 편지가 자기의 글이라는 점을 인증하기 위함이라는 것이다. 일설에는 그가 이 편

지 전체를 친히 기록했는데 여기서부터는 대문자로 쓴다는 뜻이라고 한다(Duncan).

바울이 이렇게 갈라디아 서신에 대해 자신의 저작권을 주장한 이유는 그의 서신이 일반적인 소통 수단이 아니라 특별한 영적 권위를 지닌 것이기 때문이다. 여기서 영적 권위는 사도의 권위를 뜻한다.

12-16절. 이 단락에서는 본서의 내용을 결론적으로 요약하면서 율법주의자들의 그릇됨을 지적한다.

12 육체의 모양을 내려 하는 자들. 이것은 그리스도를 믿는다고 하면서 할례를 주장하는 유대주의자들 혹은 율법주의자들을 가리킨다. 그들은 대중의 인기를 구하려고 아첨하면서 복음에 할례를 더하고자 하였다. 이것은 성령의 뜻이 아니고 육체의 욕심을 따라 모양을 내어 유대인들의 환심을 얻으려 했던 비루한 행동이다.

그리스도의 십자가로 말미암아 박해를 면하려 함뿐이라. 저 유대주의자들은 그리스도를 믿는다고 하면서 그리스도를 완전한 구주로 받아들이지 않고 할례를 겸하여 주장하였다. 그들이 그렇게 했던 이유는 유대인들의 핍박을 두려워했기 때문이었다(행 13:45, 50; 14:2, 5, 19).

13 할례를 받은 그들이라도 스스로 율법은 지키지 아니하고. 다시 말해 할례받은 유대주의자들 자신도 율법을 지키지 못한다는 말씀이다(마 23장; 눅 11:46). 옛글에도 말하기를, "사람이 비록 몹시 미련하여도 남을 밝히 꾸짖는다"(人雖至愚責人則明)라고 풍자하였다.

너희에게 할례를 받게 하려 하는 것은 그들이 너희의 육체로 자랑하려 함이라. 유대주의자들이 갈라디아 교인들에게 할례를 강요했던 이유는, 이방인 그리스도인들이 할례받는 일이 바울을 반대하는 그들에게는 승리와 자랑거리가 되기 때문이다. "너희의 육체로 자랑하려" 한다는 말이 그런 뜻이다.

14 내게는 우리 주 예수 그리스도의 십자가 외에 결코 자랑할 것이 없으니. 이와 같은 진리는 빌립보서 3:7-9에도 밝히 드러나 있다(참조. 고전 2:2).

그리스도로 말미암아 세상이 나를 대하여 십자가에 못 박히고. 이 말씀은 앞 구절에서 바울이 그리스도의 십자가만을 자랑했던 이유를 보여준다. 말하자면 바울과 세상 간의 관계가 예수의 십자가로 말미암아 끊어졌기 때문에 그 십자가는 바울에게 자랑거리가 된다는 것이다. 만일 그와 세상 간의 관계가 지속되었다면 그는 세상과 함께 멸망하고 말았을 것이다. 그러므로 그리스도의 십자가는 바울의 자랑거리이며 모든 신자의 자랑거리이기도 하다.

내가 또한 세상을 대하여 그러하니라. 세상이 비록 신자에 대하여 긴밀하게 결탁되어 있지 않다고 해도 신자 자신이 아직 세상에 대하여 사모하는 마음을 가지고 있다면, 그는 아직 온전한 하나님의 소유가 아니다. 그러므로 그 자신 또한 세상에 대하여 십자가에 못 박혀 죽은 자가 되어야 한다. 그 자신이 십자가에 죽는 일은 그리스도께서 우리 대신 십자가에서 죽으신 사실을 믿음으로써 이루어진다.

15 할례나 무할례가 아무 것도 아니로되. 다시 말해 구약 시대에 시행되었던 "할례"가 이제 신약 시대에 이르러서는 유명무실한 것이 되었다는 말이다. 신약 시대의 그리스도인들에게는 그리스도의 성령으로 말미암아 거듭나서 새사람이 되었다는 사실이 구원 문제에 있어서 모든 것을 의미한다(참조. 고후 5:17).

새로 지으심을 받는 것만이. "새로 지으심을 받는 것"은 성령으로 말미암아 중생하는 것을 의미한다. 이것은 신자가 내세에 완전히 변화되는 일을 가리킨다고도 할 수 있으나(막 14:25; 계 3:12, 21:1-5), 보다 직접적으로는 그가 현세에 이미 받은 새 생명을 의미한다. 이 새로운 생명을 받은 자에게는 할례받지 않은 사실이 아무런 문제도 되지 않는다(롬 2:29).

16 무릇 이 규례를 행하는 자. "이 규례"라는 것은 위에서 말한 "새로 지으심

을 받는" 원칙, 다시 말해 그리스도의 십자가와 복음(14절)을 골자로 한 교훈을 가리킨다. 그러므로 "행하는 자"라는 말은 그리스도인들을 의미한다.

하나님의 이스라엘. 이것은 육체에 의존하여 스스로 이스라엘이라고 자만하는 유대주의자들과 대비되는 참된 이스라엘을 가리킨다. 요컨대 이것은 하나님이 알아주시는 새로운 이스라엘인 그리스도인들을 가리키는 명칭이다.

평강과 긍휼이 있을지어다. "평강"은 인간이 그리스도를 믿음으로써 하나님과 화목을 이룬 뒤에 성령으로 말미암아 누리는 평안이다. 또한 하나님의 "긍휼"은 우리가 얻은 구원의 근거이자 원천이다. 그가 우리를 긍휼히 여기신다면 우리에게 주시지 못할 것이 없을 것이다.

17 나를 괴롭게 하지 말라. 이것은 바울의 전도를 방해하는 유대주의자들을 염두에 두고 말한 것이다. 그들의 방해 운동은 바울에게 괴로운 일이었다.

내 몸에 예수의 흔적을 지니고 있노라. 바울은 유대주의의 거짓 스승과 달리 주님을 위하여 많은 고난을 받았는데, 그것은 그가 예수님의 참된 사도라는 흔적, 다시 말해 증표다(참조. 롬 8:17; 고후 1:5; 4:10; 골 1:24).

18 형제들아. 바울이 갈라디아 교인들을 "형제들"이라고 부르는 것을 볼 때 그들이 아직 유대주의자들의 그릇된 교훈에 완전히 빠지지는 않았다는 사실을 알 수 있다. 그는 이렇게 애정을 담은 호칭으로 그들을 부름으로써 그들의 마음을 이끌어 자신이 전파하는 복음의 진리를 듣게 함으로써 거짓 스승들의 교훈을 물리치게 만들고자 한다(Greijdanus).

우리 주 예수 그리스도의 은혜가 너희 심령에 있을지어다. 이 축도의 목적은 갈라디아 교인들이 심령 깊은 곳에서 그리스도와 함께하며 그의 은혜에 참여하여 거기서 떠나지 않게 하기 위한 것이다(Greijdanus). 위대한 은혜가 하늘에 무한히 쌓여 있다 해도 인간이 심령으로 그것을 깨닫지 못하고 그것을 믿지 않는다면 그는 그것을 받아 누리지 못한다. 그러므로 인간은 무엇보다도 그의 심령에 그리스도의 은혜를 받아야 한다.

신약주석
에베소서

에베소서 주석

목차

본문주석

설교

서론

Ⅰ. 에베소서 저자

사도 바울이 본서를 기록하였다는 것은 고대의 증거를 통해 입증된다.

1. 이레나이우스(Irenaeus)는 그의 이단 반박문에서 본서 5:30과 5:13을 인용하면서 "복된 바울이 에베소에 써 보낸 편지에 있는 말"이라고 하였고,

2. 알렉산드리아의 클레멘스(Clement of Alexandria)는 본서 5:21-25을 인용하면서 그것을 바울이 기록한 말씀으로 알았으며,

3. 테르툴리아누스(Tertullian) 역시 본서를 바울의 저작으로 알고 5:17을 인용하였다.

이렇게 고대부터 본서는 사도 바울의 저작으로 인정되어왔는데 근대에 이르러 바우어(Baur)와 데 베테(De Wette) 두 사람 이후로 본서가 바울의 저작임을 부인하기 시작했다. 데 베테의 학설은 다음과 같다. 본서에는 골로새서의 내용과 비슷한 자료가 풍부한데, 그것을 보면 본서가 바울의 저작이 아니고 후대에 바울을 모방하는 어떤 자가 골로새서를 참조하여 에베소서를

쓴 것이라고 주장한다. 그러나 그것은 합당하지 않은 추측이다. (1) 바울이 골로새서를 기록하고 얼마 지나지 않아 아직 그 서신의 내용이 마음속에 기억되어 있을 때 이 편지를 쓰게 되었으니 골로새서의 내용이 에베소서에 반복되는 것은 자연스러운 일이 아닌가? (2) 그뿐 아니라 골로새 교회나 에베소 교회는 모두 소아시아에 자리 잡은 교회들이니 그 형편이 서로 유사하다. 그러므로 그 교회들을 대상으로 기록된 두 서신의 내용이 유사한 것은 자연스러운 일이 아닌가?

II. 에베소서 저작 시기와 장소

알포드(Alford)는 본서가 사도행전 28:30이 가리키는 기간, 다시 말해 바울이 로마 감옥에 수금된 시기(주후 61-63년)에 기록되었다고 한다. 그가 이렇게 주장하는 결정적인 근거는 본서의 내용을 살펴볼 때 바울이 감옥에 갇힌 처지에서 이 편지를 집필한 것이 명백하기 때문이라고 한다(3:1). 마이어(Meyer)는 말하기를, 본서는 바울이 가이사랴 감옥에 수금된 시기(주후 58-60년)에 기록되었다고 한다. 그의 주장은 다음과 같다. 빌레몬서가 본서와 비슷한 시기에 기록되었을 것이라는 점을 근거로 추정해볼 때, 바울이 옥에 갇혀 있을 때 만났던 오네시모(골로새에서 도망쳐온 노예)가 해륙 양로를 거쳐야 하는 장기간의 여행을 통해 로마에 왔을 것이라고 가정하기보다는 차라리 그가 여행하기에 가까운 가이사랴에 왔을 것이라고 가정하는 것이 합리적이라는 것이다. 그러나 이 같은 논증은 근거가 매우 빈약하다.

III. 에베소서 내용분해

1. 구원의 영화(1:1-23)
   1) 문안(1:1-2)
   2) 구원 찬미(1:3-23)
2. 교회론(2:1-4:16)
   1) 교회 성립에 대한 교훈(2:1-22)
   2) 교회와 사도의 관계(3:1-21)
   3) 교회 생활의 원칙(4:1-16)
3. 신자가 마땅히 행할 도덕(4:17-6:9)
   1) 불신자의 생활과 신자의 생활을 대조하여 권면함(4:17-24)
   2) 남에게 해를 끼치지 말고 사랑으로 행하라고 함(4:25-5:2)
   3) 음행, 탐욕과 같은 불신자의 죄악에 참여하지 말라고 함(5:3-14)
   4) 방탕하지 말고 성령 충만을 받으라고 함(5:15-21)
   5) 부부간의 도덕(5:22-33)
   6) 부자간의 도덕(6:1-4)
   7) 노예와 주인 간의 도덕(6:5-9)
4. 결론(6:10-24)
   1) 마귀를 대적하기 위하여 하나님의 전신갑주를 입으라고 함(6:10-20)
   2) 두기고를 보내는 이유에 대하여 말함(6:21-22)
   3) 축도(6:23-24)

참고문헌

Abbott, T, K., The International Critical Commentary, Ephesians.

Bengel, J. A., Gnomon of the New Testament, Ephesians.

Calvin's Commentaries, Ephesians.

Ellicott's Commentaries, Ephesians.

Hendriksen, W., New Testament Commentary, Ephesians.

Lenski, R. C. H., The Interpretation of St. Paul's Epistles to the Ephesians.

Meyer, H. A. W., Commentary on the New Testament, Ephesians.

Van Leeuwen, J. A. C., Kommentaar op Het Nieuwe Testament, Brief Aan De Ephezier s.

제 1 장

개요

1. 문안(1-2절)
2. 구원 찬미(3-14절)
   1) 이 구원은 하나님의 예정에 근거함(3-6절)
   2) 이 구원은 그리스도의 죽으심으로 실현됨(7-10절)
   3) 유대인과 이방인이 함께 참여함(11-14절)
3. 기도(15-23절)

해석

1 **하나님의 뜻으로 말미암아.** 이 문구의 의미는 갈라디아서 1:1 말씀을 통해 더욱 밝히 드러나는데, 요점은 바울이 사도가 된 것은 자신의 욕구나 타인들의 천거로 이루어진 것이 아니며, 오직 "하나님의 뜻"을 따라서 되었다는 것이다. 바울이 이 말을 하는 이유는 이 편지가 사도직의 권위로 기록된 하나님의 말씀이라는 점을 밝히기 위해서다.

사도. 이 말(ἀπόστολος)은 보내심을 받은 자라는 뜻이다. 이 직분은 그리스도의 복음 전파를 위하여 맨 처음 하나님이 세우시고 내어 보내신 자들을 가리킨다. 이들은 일반 교역자들보다 특별한 권위를 가진 자들이다(고전 9:1). 사도는 그리스도 교회의 기초를 세운 직원들로서 성경을 기록하였고 사도 시대의 표준적인 기적들을 수행하였다(참조. 갈 1:1 해석).

에베소. 테르툴리아누스(Tertullian)라는 교부의 증언에 따르면 마르키온(Marcion)의 사본에서는 이 어구를 생략하고 책 머리에 "라오디게아서"라고 기록하였다고 한다. 테르툴리아누스는 마르키온의 그 같은 잘못을 책망하였다.[19]

성도들과 그리스도 예수 안에 있는 신실한 자들. "성도"(ἅγιοι)는 하나님의 택하심을 받아 정결한 생활을 하는 자를 의미하고, "그리스도 예수 안에 있는 신실한 자들"은 그리스도 예수를 믿는 자들이라는 뜻이다. 성도가 하나님의 택하심을 받았다는 것은 그가 예수 그리스도를 믿는다는 사실을 통해 증명된다.

2 하나님 우리 아버지. 신약에서 "하나님"을 "아버지"라고 부르는 것은 구약에서와는 다른 의미를 지닌다. 구약에서 하나님을 아버지라고 부르는 것은 그가 이스라엘의 수호자이며 국부라는 의미를 전달하는 반면, 신약에서 하나님을 아버지라고 부르는 것은 예수 그리스도의 보혈을 믿는 개인마다 하나님의 양자가 되었으며(롬 8:15), 또한 성령을 받아 영적으로 새로운 피조물이 됨으로써 내적으로도 하나님의 자녀라는 의식을 가지게 되었다는 의미다. 자녀 의식은 신앙이 진실한 자에게서 더욱 분명하게 나타난다.

은혜와 평강. 참된 "은혜"와 참된 "평강"은 오직 우리의 아버지 되시는 하나님과 우리의 중보자와 구주 되시는 그리스도께 근원을 두고 있다. 이 평강은

---

19) Adversus Marcionem, V. 17.

육체와 관련되기보다는 영적인 것과 관련된다.

3 찬송하리로다. 여기 사용된 헬라어(Εὐλογητός)는 성경에서 오직 하나님께 대해서만 사용된다. 어순으로 보아 이 단어는 문장 첫머리에 위치해 있으면서 강조형 구문을 이룬다. 사도 바울은 여기서 구원의 영화로움을 말하기에 앞서 감정이 북받쳐 올라 먼저 송영으로 시작하게 된 것이다. 그것은 그 구원이 하나님의 예정에 근거한 것이기 때문이다.

우리 주 예수 그리스도의 아버지. 하나님은 존재론적으로 그리스도의 아버지시다(고전 1:30). 또한 신자들도 그리스도로 말미암아 하나님을 아버지로 모신다(롬 8:15). 따라서 그들은 모든 구원의 은혜를 오직 그리스도로 말미암아서만 받게 되는 것이다.

하늘에 속한 모든 신령한 복. "하늘에 속한"(ἐπουρανίοις)이라는 표현이 여기서는 하늘이라는 장소적 의미로 사용된 것인데(1:20; 2:6; 3:10; 6:12), "모든 신령한 복"은 하나님 아버지께서 하늘에 계셔서 내려 주시는 은혜를 가리킨다. 이 은혜는 양자 됨, 성령의 열매, 천국에 대한 약속, 부활 소망, 영생이다(Theodoret).

4-6 택하사…예정하사. 이 두 말은 문맥 내에서 서로 유사한 내용을 전달한다고 간주해도 크게 틀리지 않는다. 구원의 근거는 하나님의 "예정"(혹은 선택)이다. 바울은 여기서 구원론을 가르치면서 먼저 첫머리에 구원의 근거를 밝힌다. 그런데 이 예정 혹은 선택은 어떤 방식으로 성립되었는가? ① **창세 전에.** 이와 같은 선택에 대하여는 예수님께서도 말씀하셨다(요 17:24). "창세 전에" 우리의 구원이 예정되었으니 우리가 아무 선이나 악을 행하기 전에 이미 우리는 선택되었다(롬 9:11). 그러므로 이 선택은 하나님의 임의적 행위이고, 인간의 조건은 아무것도 참고하지 않으신 것이다. ② **그리스도 안에서.** 이것은 그리스도의 공로를 보시고서 우리를 구원하시기로 선택하시고 결정하셨다는 의미다(벧전 1:19-20). ③ **사랑 안에서.** 우리에게 주신 구원이 우리의 무슨

공로에 대한 보수라면 그것은 공의의 보상 원칙에 속하는 것이고 사랑의 행위는 아닐 것이다. 그러나 우리에게 아무런 공로가 없는데도 우리에게 구원을 베푸셨으니 그것은 순전한 사랑의 원칙에 속한 것이다. ④ **그 기쁘신 뜻대로.** 하나님께서 우리를 구원하시기로 예정하신 그것이 우리 인간 편에서 행할 일들에 대한 평가로 말미암아 행해진 것이라면, 그것은 하나님의 임의적 행위라고 할 수 없다. ⑤ **그 앞에 거룩하고 흠이 없게 하시려고.** 하나님께서 우리를 택하신 것은 우리의 죄와 허물을 용서하시고 우리를 깨끗하게 하시기 위함이다. ⑥ **찬송하게 하려는 것이라.** 다시 말해 우리는 생각과 말과 행동을 통해 하나님을 인정하고 감사하며 섬기는 찬미의 삶을 살도록 선택되었다. 물론 하나님께서는 우리가 "그 앞에 거룩하고 흠이 없게 하시려고" 우리를 구원하시기로 선택하시고 결정하신 것이지만, 그보다 더 궁극적인 목적은 우리가 하나님을 "찬미하게" 하려는 것이다. 세상 만물은 하나님께서 창조하신 피조물이며, 그로 말미암은 것이고, 그에게로 돌아갈 것이다(롬 11:36). 만물의 존재 이유는 하나님을 "찬미하게 하려"는 것이다. 이 점에 대해 어떤 사람이 질문하기를, "그렇다면 하나님은 순전히 이기주의자가 아닌가?"라고 따질 수도 있을 것이다. 이 질문에 대해서는 성경에 근거하여 다음과 같이 대답할 수 있다. "하나님은 창조자시며, 사람은 그의 피조물이다. 창조자가 아무것도 없는 중에서 인간을 지으실 때 자기의 영광을 위하여 지으신 것이 어찌하여 불의한 행위인가?"(참조. 롬 9:15-23).

우리가 위의 해석과 같이 구원받기로 예정되었다는 점을 생각할 때, 1) 우리는 조금도 자만할 수 없다. 우리가 무언가를 잘해서 이러한 선택이 이루어진 것인가? 그렇지 않다. 2) 구원받지 못한 자들은 하나님을 향하여 불평할 만한 아무런 조건도 없다. 만일 버림받은 자에게 어떤 공로가 있다면 그는 불평을 품을 만하다. 그러나 인간은 다 죄인이다(롬 3:10). 3) 우리의 구원이 하나님의 선택에 근거한 것이기 때문에 우리는 이 구원에 대하여 ① 안전함을 느낀다. 우리의 구원은 우연히 이루어진 것이 아니고 하나님의 영원한 작정에 속한 일이기 때문에 그것은 위태로운 것이 아니고 유실될 염려가 전혀 없는 것이다. ② 감사를 품게 된다. 우리에게는 구원받을 공로가 전혀 없고 도리어 우리는 부단히 하나님을 거스르는 추악한 자들인데도 은혜로 구원받았으니 그 얼마나 감사한 일인가! ③ 황송한 마음과 겸손한 태도를 가진다. 나도 남과 같이, 혹은 그보다 더 죄인인데 주님께서 나를 특별히 돌아보셨으니 나는 이 세상에서 누구보다 많은 수고와 봉사를 하려 한다.

7 그의 피로 말미암아. 이것은 그리스도께서 십자가 위에서 당하신 죽음을 가리키는 말인데 왜 그것을 "피"라고 묘사하는가? "피"는 생명을 대표하는 것이다(창 9:4). 구약 시대에 피는 속죄제물의 희생을 대표하는 것이었다. 이 희생의 피는 구약 시대에 오랜 세월 동안 제물로 드려지면서 장차 오실 그리스도의 피(이것은 참 형상이다; 참조. 히 10:1)를 예표하였다. 그러므로 여기서 "피"라는 말은 구약의 예언을 연상시키면서 그리스도께서 당하신 죽음의 성취적 의미를 지적하는 중요한 표현이다.

속량. 여기 사용된 헬라어(ἀπολύτρωσιν)는 주인에게 값을 치르고서 종을 풀어주는 것처럼, 죄의 대가를 대신 지불함으로써 죄인을 그가 받을 벌로부터 해방하는 것을 의미한다. 그런데 죄의 대가를 무엇으로 치른 것인가? 은이나 금처럼 소멸하는 재화로 치른 것이 아니라 오직 흠 없고 점 없는 어린양 같은 그리스도의 보배로운 피로 한 것이다(벧전 1:18-19).

8 이는 그가 모든 지혜와 총명을 우리에게 넘치게 하사. 하나님께서는 복음을 전파하심으로써 속죄의 풍성한 은혜를 우리에게 베푸셨는데, 그것은 신자들에게 "모든 지혜와 총명을···넘치게"하신 것이다. 사도 바울이 복음을 가리켜 "지혜"라고 말한 것은 그 당시 철학적 지식의 미혹을 받고 있던 성도들을 교정시키기 위함이었다(4:14; 참조. 골 2:8). 십자가에서 죽으신 그리스도로 말미암은 구속의 도리가 세상 사람들에게는 어리석게 보이지만 그것이 바로

하나님께서 나타내신 지혜라고 성경은 말한다(고전 1:18-30).

9 그 뜻의 비밀. 여기서 이른바 "비밀"(μυστήριον)은 그리스도의 복음을 가리킨다. 복음이 비밀처럼 숨겨져 있었으나 마침내 예수 그리스도로 온 세상에 알려졌다. 하지만 이처럼 복음이 알려졌음에도 성령을 받은 자 외에는 이렇게 드러난 복음을 깨닫지 못한다(롬 16:25-26; 참조. 엡 3:3-4, 9; 6:19; 골 1:26-27).

그의 기쁘하심을 따라 그리스도 안에서 때가 찬 경륜을 위하여 예정하신 것이니. 이것은 우리에게 알려진 "그 뜻의 비밀"이 무엇인지 밝혀준다. 이 문구의 의미가 좀 더 명백히 드러나도록 번역하자면, "시대들의 성취에 대한 경륜을 자기의 기쁘신 뜻대로 자기 안에(누군가가 강요한 것도 아니고 누구와 더불어 의논한 것도 아님) 예정하신 것이니"라고 할 수 있다. 이 문구의 의미는 다음과 같다. 인류 역사 이래로 하나의 시대만 존속한 것은 아니었다. 예언자들이 활동한 구약 시대가 있는가 하면 사도들이 활동한 신약 시대도 있다. 이렇게 한 시대가 지나가고 다른 시대가 오는 것은 우연한 일이 아니고 하나님께서 임의대로 우주의 구속과 통일을 이루시기 위하여(엡 1:10) 변화시키시는 "예정"의 실현이다. 하나님께서 시대를 예정하신 목적은 만물을 "그리스도 안에서 통일되게 하려 하심"인데, 이 시대들의 변화에 대한 "그(주님의) 뜻의 비밀"은 그리스도의 십자가로 말미암아 이루어졌고, 모든 신자는 그것을 알게 된다.

10 하늘에 있는 것이나 땅에 있는 것이 다 그리스도 안에서 통일되게 하려 하심이라. 이 구절은 7절 이하에서 말한 구원 성취의 결과를 가리키는데, 그것은 만물을 그리스도 안에서 통일시키는 것이다. 여기서 "통일되게 하려 하심"(ἀνακεφαλαιώσασθαι)이라는 말은 죄와 저주로 인하여 상처 입고 이상적인 조화를 잃었던 만물을 그리스도 안에서(그리스도의 구속과 중보 사역을 통하여) 하나가 되게 하심을 가리킨다. 하나 되게 하시는 이 운동이 완전히 실현되는 그 날에는 "이리가 어린 양과 함께 살며 표범이 어린 염소와 함께 누우

며 송아지와 어린 사자와 살진 짐승이 함께 있어 어린 아이에게 끌리며 암소와 곰이 함께 먹으며 그것들의 새끼가 함께 엎드리며 사자가 소처럼 풀을 먹을 것이며 젖 먹는 아이가 독사의 구멍에서 장난하며 젖 뗀 어린 아이가 독사의 굴에 손을 넣을 것이라 내 거룩한 산 모든 곳에서 해 됨도 없고 상함도 없을 것이니 이는 물이 바다를 덮음 같이 여호와를 아는 지식이 세상에 충만할 것임이니라"라고 하신 말씀(사 11:6-9)과 같이 될 것이다.

11 모든 일을 그의 뜻의 결정대로 일하시는 이의 계획을 따라 우리가 예정을 입어. 이 문구의 의미를 이해하기 위해서는 4-6절의 해석을 참조하라.

우리. 이 말은 유대인 신자들을 가리킨다(Van Leeuwen).

기업이 되었으니. "우리가 기업이 되었다"(ἐκληρώθημεν)라는 동사는 하나님께서 그의 자녀가 된 자들에게 주시는 영생과 영광이라는 천국의 기업을 염두에 둔 것인데, 신자들이 천국의 기업을 누릴 자들이 되었다는 뜻이다(참조. 행 26:18; 골 1:12). 벵겔(Bengel)에 따르면 이 문구는 신자들 자신이 하나님의 기업, 다시 말해 하나님이 소유하신 백성이 되었다는 뜻이라고 한다.

12 전부터 바라던. 이스라엘 사람들은 그리스도께서 오시기 오래전부터 그리스도를 대망하여 오다가(행 3:25; 26:6, 22; 28:20), 그가 오셔서 그들을 구속해 주심으로 말미암아 그의 영광과 찬송을 위한 존재가 되었다는 말이다.

그의 영광의 찬송이 되게 하려 하심이라. 이 문구의 헬라어 원문(εἰς το εἶναι ἡμᾶς εἰς ἔπαινον δόξης αὐτοῦ)은 차라리 "그의 영광의 찬송을 위하여 존재하게"라고 직역하는 것이 더 바람직하다. 우리가 구속받은 궁극적 목적은 하나님의 영광을 찬송하기 위한 것이다.

13 그 안에서. 이것은 "그리스도 안에서"라는 뜻인데, 본 장에 자주 나타난다(3, 4, 6, 7, 9, 10, 11, 12, 13, 15, 20절). 이 문구는 하나님께서 우리를 위한 구속 사역을 실행하실 때 절대적으로 필요한 조건들, 요컨대 우리를 위한 그

리스도의 중보자 자격, 그의 공로, 그리스도와의 연합(그가 우리를 대신하시고 우리의 대표가 되심)을 포함한다. 그러므로 물고기에게 물이 소중한 것과 마찬가지로 그리스도는 우리에게 절대적으로 소중하시다. 우리와 하나님 사이에 존재하는 구원의 관계는 오직 그리스도께서 성립시키시는 것이다.

너희도. 이것은 "너희 이방인들도"라는 뜻이다.

진리의 말씀. 이것은 아래 구절이 설명해 주는 것처럼 우리를 구원하는 복음을 가리킨다. 그런데 왜 복음을 가리켜 "진리"라고 하는가? 그 이유는 복음만이 ① 참 하나님을 알려주기 때문이며, ② 인생의 참된 가치를 알게 해주기 때문이며, ③ 바른 우주관을 가르쳐주기 때문이며, ④ 결과적으로는 세부적인 이치에서도 우리에게 바른 관찰과 바른 행동 원리를 보여주기 때문이다.

약속의 성령. 이것은 ① 구약에 예언되고 약속된 대로 오신(행 2:1-4) 성령이라는 뜻이며(욜 2:28; 슥 12:10; 사 32:15; 44:3; 겔 36:26; 39:29; 눅 24:49; 행 2:17-18; 갈 3:14), ② 구약 예언의 성취로 오신 신실한 성령은 장래의 영광스러운 구원의 성취까지도 보증하시고 약속하시는 성령이라는 뜻이다(갈 3:14).

인치심을 받았으니. 이것은 성령으로 중생한 자들에게 부여된 하나님 자녀의 자격(롬 8:15-16)과 그들이 천국의 유업에 참여할 것을 확인해주는 표식을 가리킨다(행 19:1-6; 고후 1:22; 요일 3:24). 이 표식이 확인의 의미를 지닌다는 점은 다음 구절에서 "보증"이 되시는 성령이라는 말을 보아서도 알 수 있다.

14 보증이 되사. "보증"이라고 번역된 헬라어 "아라본"(ἀρραβών)은 히브리어 "에라본"(עֵרָבוֹן)의 음역이다. 그것은 매매 계약에서 지불해야 하는 계약금을 가리킨다. 우리 주 예수 그리스도께서 그의 보혈로 우리를 사셔서 천국 기업을 주셨는데, 하나님께서는 그것을 확실히 주시겠다는 계약의 의미로 우리에게 성령을 주신 것이다.

그 얻으신 것을 속량하시고 그의 영광을 찬송하게 하려 하심이라. 이것은 위에서 말한 보증의 이중 목적인데, ① 신자들이 내세의 완전한 구속을 얻게 하는 것이고, ② 구속받은 자들이 하나님을 생각과 말과 행동으로 영화롭게 찬미하는 것이다. 여기서 "그 얻으신 것"이라는 말(περιποίησις)은 그리스도의 보혈로 값 주고 사셔서 그의 소유로 삼으신 백성을 가리킨다.

설교 우리 구원의 견고성(3-14절)

그리스도인의 구원은 사람의 노력으로 이루어지는 것이 아니다. 그것은 전적으로 하나님께서 경영하시고 그의 방법으로 이루시는 것이다. 그러므로 그 구원은 하나님과 같이 견고하다.

1. 그 구원은 하나님께서 우리를 사랑하셔서 이루신 것이다(4하).

이 같은 하나님의 사랑은 무조건적이다. 따라서 이 구원은 우리의 부족함과 연약함으로 인하여 동요되지 않는다(참조. 롬 5:5-11).

2. 그 구원은 하나님께서 예정하심으로 성립되었다(5상).

이 예정은 하나님께서 창세 전에 하신 것이기 때문에 신자들의 주관적 자격으로 말미암은 것일 수가 없다. "그 기쁘신 뜻대로 우리를 예정하셨다"라는 말씀(5절)도 그 예정이 우리의 주관적 자격과 상관없는 것임을 밝혀준다. "그 기쁘신 뜻"이라는 말은 그가 우리의 주관적 자격을 미리 아시고 기뻐하셨다는 의미가 아니다. 그것은 하나님의 무조건적 자유의지를 의미한다.

3. 그 구원은 아들의 보혈로 사신 것이다(7하).

피는 생명이니 피와 같이 귀한 것은 없다. 특별히 하나님 아들의 피는 말할 것도 없다. 우리의 구원은 이 피의 대가로 얻어진 것이다. 이 얼마나 든든한가!

4. 그 구원은 하나님께서 성령으로 우리에게 인치신 것이다(13-14절).

하나님은 우리가 그 같은 구원을 확실히 받아 누릴 수 있도록 보증해주셨다. "성령으로 우리에게 인치신 것"이라는 표현은 우리에게 성령을 주신 사실을 가리킨다. 왜 그것을 "우리 기업(영생)의 보증"이라고 하였는가? "보증"이라는 단어는 계약금을 의미하는데, 그것은 후에 계약을 파기하는 일이 없도록 하시려는 것이다. 이처럼 우리에게 오신 성령은 우리가 장래에 얻을 구원을 현세에서부터 확고하게 만들어 주시는 것이다. 구원은 미래에 완성되지만 하나님께서는 현세에도 우리의 구원을 보장해 주신다.

15 **이로 말미암아.** 이것은 13-14절에서 말한 것처럼 에베소 교회 교인들이 "복음을 듣고 믿는 것으로 말미암아"라는 의미다. 바울은 에베소 교회 교인들이 전도를 받아 구원받게 되었다는 사실로 말미암아 하나님께 감사한다. 또한 그는 아래에서 더욱 자세하게 감사의 이유를 밝혔다.

너희 믿음과…사랑을 나도 듣고. "믿음과 사랑"은 성도의 생활 전부를 가리킨다. "믿음"은 구원자이신 하나님의 아들을 받아들이는 것이고, "사랑"은 구원받은 자가 나타내는 모든 행실을 총괄적으로 가리킨다. 신자의 모든 행실은 사랑을 목적으로 삼아야 한다. 사랑이 빠진 선행은 진정한 선이 아니며, 사랑이 빠진 덕행도 진정한 덕이 아니다.

16 **너희로 말미암아 감사하기를 그치지 아니하고.** 이 구절은 바울이 감사 생활에서 보여준 두 가지 모범을 우리에게 제시한다. ① 그는 다른 사람의 일로 말미암아 감사하였다. 사람은 자기에게 일어난 좋은 일에 대해서도 하나님께 감사해야 하지만, 다른 사람에게 일어난 좋은 일에 대해서도 감사할 수 있

어야 한다. 남이 형통하게 된 일로 말미암아 감사하지 않는 것은 큰 잘못이다. 누구든지 남이 좋은 일을 만났을 때 감사하게 되면, 그로 말미암아 감사하는 그 자신도 복을 받는다. ② 바울은 "감사하기를 그치지 아니한다"라고 하였는데 그것은 참으로 간절한 감사의 자세다. 참되고 뜨거운 감사는 쉬지 않고 감사하는 것이다.

17 지혜와 계시의 영을 너희에게 주사 하나님을 알게 하시고(δώῃ ὑμῖν πνεῦμα σοφίας καὶ ἀποκαλύψεως ἐν ἐπιγνώσει αὐτοῦ). 이 문구는 "하나님을 아는 너희의 지식에 지혜와 계시의 영을 주사"라고 번역하는 것이 더욱 바람직하다. 사람이 하나님을 알게 되는 것은 증명을 통한 지식으로 성립되는 것이 아니고 성령의 은혜로만 되는 것이다. 이레나이우스(Irenaeus)는 말하기를, 우리에게 신앙을 주는 성령의 은혜는 마치 이슬과 비가 내려 곡식을 적셔서 결실하게 하는 것처럼 고요히 임한다고 하였고, 아우구스티누스(Augustinus)도 말하기를, 우리가 주님을 믿을 수 있도록 우리 심령에 영적 은혜가 임해야 한다고 하였다.

헤르만 바빙크(Herman Bavinck)는 다음과 같이 말하였다. "어떤 사람이 그리스도인에게 묻기를 '너는 어째서 믿느냐?'라고 하면 그리스도인은 대답하기를 '하나님이 말씀하셨기 때문이다'라고 할 것이다. 또다시 묻기를 '어떻게 성경이 하나님의 말씀이라고 믿게 되었는가?' 하면 그는 다시 대답하기를 '하나님께서 마음속에 그렇게 믿도록 역사하여 주시기 때문이다'라고 할 것이다."[20]

에베소 교회 교인들은 하나님을 아는 지식을 이미 소유하고 있었다. 그렇지만 그것만으로 충분하지 않기 때문에 그들은 "지혜와 계시의 영(성령)"을 더 받아야만 했다. 그래야만 그들의 마음 눈이 밝아져서 장래의 소망과 하나

---

20) H. Bavinck, Gereformeerde Dogmatiek, 1, 1967. 550.

님의 능력에 대하여 확신을 가질 수 있게 된다는 것이다(18-19절). 신자들은 하나님을 아는 일반적인 영적 지식에 만족하지 말고 더욱 밝은 영적 지식을 구해야 한다.

18-19 부르심의 소망…기업의 영광…능력의 지극히 크심. 여기서 "소망"(ἐλπίς)은 우리가 바라는 "대상"이 아니라 현재 우리 안에 있는 "소망하는 마음"을 의미한다는 해석도 있는데, 그 소망은 확실한 것이어서 실패가 없다고 말한다(롬 5:5-11). 하지만 여기서 "소망"이라는 것은 객관적인 소망의 "대상"을 가리킨다는 해석이 정당하다(참조. 골 1:5; 딛 2:13; 히 6:18). 그 아래 이어지는 "기업의 영광"은 소망의 대상에 대한 해설이다.

"능력"은 이 소망이 성취되는 방편이다. 그러면 "소망"은 어떠한가? 그것은 인간이 마음속에서 하는 명상이 아니고 성령의 감화로 말미암아 하늘의 보증을 받는 확실한 것이다(엡 1:13-14). 그 소망은 현재의 수많은 고통도 그것과 비교할 때는 아무것도 아닌 것으로 드러나게 될 지극히 큰 소망이며(롬 8:18), 썩지도 않고 더럽혀지지도 않고 쇠하지도 않는(벧전 1:4) 것이다. 이 소망을 이루는 능력은 무엇인가? 그것은 예수 그리스도를 죽은 자 가운데서 다시 살리신 성령의 능력이다(20-21).

20 그의 능력이 그리스도 안에서 역사하사 죽은 자들 가운데서 다시 살리시고. 그리스도를 "죽은 자들 가운데서 다시 살리신" 능력은 하나님이 만물을 창조하신 능력과 같은 것으로서 그 능력을 믿는 자마다 구원의 확신을 가질 수 있게 된다. 왜냐하면 그리스도의 부활이라는 역사적 사실이 그에게 신앙을 줄 뿐 아니라, 그것을 증언하시는 성령께서 그를 거듭나게 하여 부활의 능력을 맛보게 하시며, 그가 장차 받을 몸의 부활을 보증하시기 때문이다.

21 통치와 권세와 능력과 주권과. 이것들은 하늘의 천사들을 구분하는 여러 직분을 가리킨다.

22 만물을 그의 발 아래에 복종하게 하시고. 다시 말해 하나님께서 만물을 그

리스도의 주관 아래 있게 하심을 가리킨다(참조. 시 8:6).

그를 만물 위에 교회의 머리로 삼으셨느니라. 그는 "만물 위에" 계시기 때문에 만물을 동원하여 교회에 유익하게 만드실 수 있다. 또한 그는 "교회의 머리"(주관자)로서 교회를 보호하신다.

23 교회는 그의 몸이니. 여기서 "교회"(ἐκκλησία)라는 단어의 어근은 불러냄을 의미한다. 이것은 세상에서 불러냄을 받아 천국에 모인 자들의 단체를 가리킨다. "몸"이라는 말은 그리스도와 교회의 관계가 갖는 밀접성을 비유한다. 판 루벤(Van Leeuwen)은 말하기를, "그리스도와 교회의 관계는 하나님의 계획안에서 머리와 몸의 관계로 정해져 있으므로 그 관계는 영원히 파괴될 수 없다"라고 하였다. 몸은 ① 머리의 지배를 받게 되어 있고, ② 머리가 받는 영광에 동참하며, ③ 머리와 연합하여 일체를 이룬다.

슐리어(Schlier)와 케제만(Käsemann)을 비롯한 일군의 학자들은 머리와 몸의 비유가 영지주의(Gnosticism)에서 유래한 것이라고 주장한다. 그들에 따르면 영지주의 신화에 원인(原人, Oermens)이라는 존재가 있는데, 모든 인간의 영혼이 그에게 속한다고 한다. 이런 의미에서 원인(Oermens)을 머리라고 하면 모든 영혼은 그의 몸이라고 할 수 있는데, "머리"와 "몸"으로 표현된 교회론이 여기서 유래했다는 것이다. 그러나 이와 같은 해석은 아주 잘못된 것이다. 왜냐하면 ① 바울의 신학은 유일신론(monotheism)인 반면 영지주의의 신화는 범신론(pantheism)이기 때문이고, ② 바울의 신학은 역사적 실재를 가진 그리스도 사건을 중심으로 하는 반면 영지주의의 신화는 역사성이 없는 인간의 상상에 근거하였기 때문이다.

"머리"와 "몸"으로 비유된 바울의 교회론은 구약에 근거한 것이다. 바울은 구약을 따라 아담을 머리에 비유하고 그의 안에 포함된 온 인류를 그와 한 몸으로 생각하였다. 그뿐 아니라 바울은 그리스도를 둘째 아담으로 생각하였고(고전 15:47), 그로 말미암아 구원 얻는 백성을 그와 한 몸 된 자로 간주하였다(롬 5:15-19).

만물 안에서 만물을 충만하게 하시는 이의 충만함이니라. 이 문구의 의미는 교회야말로 만물 안에 내재하셔서 만물을 모든 은혜로 채워주시는 그리스도의 충만이라는 의미다. 여기 "충만"(πλήρωμα)은 가득히 채워진 것을 의미하는데, 교회는 그리스도의 충만케 하시는 은혜를 전달하는 기관이 되기 위하여 그리스도의 은혜들을 충만히 보유한 그릇이라는 의미다. 물론 교회가 현실에서 그런 완전한 기관이 되지는 못하지만, 마침내 그와 같은 완성을 보게 될 것이다.

이와 관련하여 우리가 한 가지 명심할 것이 있다. 그것은 교회의 사역과 구약 시대 성전 사역의 차이점이다. 성전에서 이루어진 사역은 하나님께로 나아가 바치는 행위였으나, 신약 시대 교회의 사역은 신자들이 하나님과 함께 세상으로 나아가서 은혜와 구원을 나누어주는 운동이다. 물론 교회의 사역도 결국은 하나님께로 돌아가는 것이다(롬 11:36).

오늘날 한국 교계는 교회의 사역을 구약 시대 성전의 사역과 혼동하는 경향이 있다. 예컨대 예배 행위를 가리켜 제단을 쌓는다고 표현한다든지, 교역자를 구약 시대의 제사장과 동일시하는 일 등이다. 구약 시대의 제사장이나 제단은 그것이 예표하였던 그리스도께서 오심으로 말미암아 성취되었다(참조. 히 7:23-25, 13:15).

제 2 장

⚜ 개요

1. 위대한 생명 운동(1-10절)
   1) 사람들의 죽은 상태(1-3절)
   2) 죽은 자를 살리시는 하나님의 위대하신 은혜(4-10절)
2. 위대한 화목운동(11-19절)
3. 위대한 성전(20-22절)

⚜ 해석

1 **허물과 죄로 죽었던 너희.** 우리말로 "허물"이라고 번역된 헬라어(παραπτώμασιν)는 본래 "침범"이라는 뜻을 가지고 있다. 이 말은 하나님의 법을 침범한 것을 가리킨다. 그리고 "죄"라고 번역된 헬라어(ἁμαρτία)는 "과녁을 빗맞힘"이라는 뜻이다. "죽었다"라는 말은 영적 사망을 의미한다. 영적 사망이란 영혼이 하나님을 이미 떠났고 현재에도 떠나 있는 상태를 가리킨다(Calvin). 그것은 영혼이 없어졌다는 의미는 아니다. 영적 죽음은 허물과 죄

의 결과다.

2 그 가운데서 행하여. 이것은 위에서 말한 "허물과 죄" 가운데서 상습적으로 행하고 있음을 말한다. "행하여"(περιπατέω)라는 단어는 일시적으로만 아니라 습관적으로 행하는 것을 가리킨다. 웨스트(Wuest)는 그들의 모든 행위가 죄라는 의미로 이 단어를 해석했다.[21]

이 세상 풍조를 따르고. 여기서 "이 세상 풍조"는 세상의 죄악을 가리키는 것이며, 사회적 풍습을 의미하지 않는다.

공중의 권세 잡은 자. 이것은 공중의 집권자인 사탄을 의미한다. "공중"이라는 용어는 천국에 포함되지 않는 하늘 아래를 가리킨다. 사탄은 본래 선한 천사였으나 범죄 후에 하늘로부터 아래로 쫓겨났다(계 12:7-10). 크리소스토모스(Chrysostom)도 여기 나오는 공중을 가리켜 "하늘 아래의 처소"라고 하였다. 웨스트는 "공중"이라는 말이 낮은 곳에 펼쳐진 공간, 다시 말해 인간이 살아가는 영역을 가리킨다고 하였고, 판 루벤(Van Leeuwen)도 그렇게 생각하였다(욥 1:7).

불순종의 아들들. 하나님께서 주신 신앙의 도에 순종하지 않는 자들을 가리킨다.

3 우리도. 여기에는 유대인 신자들뿐 아니라 모든 이방인 신자들도 포함된다. 사도 바울은 신자들이 그들의 현재의 생활과 과거의 죄악 생활을 대조해봄으로써 감사하게 만들어 준다.

육체의 욕심을 따라 지내며. "육체"(σάρξ)는 부패한 인간성을 가리키는 것으로서 생리적 신체(σῶμα)와는 다르다.

마음의 원하는 것. 이것은 충동적인 악한 생각들을 가리킨다.

본질상 진노의 자녀. 다시 말해 그들은 본성적으로 악한 자들이어서 하나님

---

21) Ephesians and Colossians in the Greek Testament, 60-61.

의 진노 아래 있음을 의미한다. 하나님께서 인간을 선하게 창조하셨으나 인간이 타락한 이후에는 조상들의 부패성을 타고나기 때문에 성품이 악하다. 이것을 보면 인간은 전적으로 부패하여 자기 힘으로는 구원 얻기 위한 선을 행할 수 없고 하나님 보시기에 악을 행할 뿐이다(사 64:6). 인간이 구원받을 길은 하나님의 은혜밖에는 없다.

4 **긍휼이 풍성하신 하나님이 우리를 사랑하신 그 큰 사랑을 인하여.** 이것은 하나님이 우리를 구원하신 동기가 무엇이었는지를 말해준다. 말하자면 하나님의 구원 행위는 우리를 향한 그의 사랑 때문이라는 것이다. 우리는 본질상으로 진노의 자녀였음에도 불구하고(3하) 하나님은 우리를 구원해 주실 만큼 사랑하셨다. 예수님이 우리를 위하여 십자가를 지시기 전에도 하나님은 우리를 사랑하셨으니 우리는 하나님을 지엄하신 분으로만 여기지 말아야 한다(참조. 롬 5:8). 그는 진노 중에도 긍휼을 기억하신다(합 3:2; 참조. 시 136:1-26). 하나님이 우리를 향해 진노하시는 중에도 그분의 사랑은 그저 마음속에 숨겨진 사랑에 불과한 것이 아니고 구체적으로 표현되는 사랑이었다. "우리를 사랑하신"이라는 말씀이 그런 뜻이다.

5-6 **그리스도와 함께 살리셨고…함께 일으키사…함께 하늘에 앉히시니.** 이 구절들에는 구원 운동과 관련하여 세 가지 중요한 사실들이 기록되어있다. 렌스키(Lenski)는 이 세 가지에 대하여 다음과 같이 해석한다. "그리스도와 함께 살리셨다"라는 말은 그리스도의 죽으신 몸이 무덤 속에서 성령으로 말미암은 생명을 받은 결과 그의 몸 된 우리 신자들이 중생의 생명을 받게 되었다는 뜻이다.

그리고 "함께 일으키셨다"라는 말은 그리스도께서 부활하여 일어나신 결과 우리 신자들이 죄를 떠나 새 생명으로 행하게 된 것을 가리킨다. "함께 하늘에 앉히셨다"라는 말은 그리스도께서 승천하셔서 하나님 우편에 앉으신 결과 신자들은 우리 가운데 임한 천국인 참된 교회에서 은혜 생활을 하

게 된 것을 가리킨다.[22]

칼빈(Calvin)은 위의 세 가지 사실이 교회의 머리 되신 그리스도께 실현되었으며 그 결과 그의 몸 된 교회는 그리스도 안에서 영생과 내세의 영광에 이미 참여한 것으로 여겨진다는 뜻이라고 말하였다.[23]

"그리스도와 함께 살리셨고." 여기서 "함께 살리셨고"(συνεζωοποίησεν)라는 동사는 영적 중생을 의미하는 동시에 장래에 일어날 몸의 부활도 의미한다. 베드로 사도도 예수 그리스도께서 무덤에서 부활하심으로써 우리가 중생하게 되었다는 진리를 가르쳤다(벧전 1:3). 예수님께서 만일 죽은 자 가운데서 부활하시고 승천하시지 않으셨다면 중생케 하시는 보혜사 성령께서 오시지 않았을 것이니(요 16:7), 우리가 어떻게 중생할 수 있었겠는가?

(너희는 은혜로 구원을 받은 것이라). 이 문구는 위에서 언급한 중생의 성격을 말한다. 우리가 중생한 것은 ① 오직 하나님의 은혜로 된 것이고 우리의 공로로 된 것이 아니다. ② 그리고 그것은 "벌써 구원을 얻은 것"과 마찬가지의 가치를 지닌다. "구원을 받은 것이라"(σεσωσμένοι)라는 동사는 현재 완료형이다. 다시 말해 현재에 이미 구원 얻은 상태에 있음을 보여준다(참조. 요 3:36; 5:24).

"함께 일으키사." 이 동사는 과거 시제로서 역사적 사실을 가리키는데, 그리스도와 신자 간의 일체성을 암시한다(엡 1:23). 그리스도께서 무덤에서 부활하신 것은 개인만의 행동이 아니었고 우리의 머리로서 그리하신 것이다. 일단 머리가 부활했으면, 시간상의 차이는 있겠지만 확실이 몸도 이미 부활한 것이나 마찬가지다.

"함께 하늘에 앉히시니." 이것은 물론 그리스도의 승천과 "함께" 우리도

---

22) The Interpretation of St. Paula's Epistles to the Galatians, to the Ephesians and to the Philippians, 1961, 415-420.

23) Calvin's Commentaries, Galatians, Ephesians, 1948, 225.

승천하였다는 말이기 때문에 이상하게 여겨질 수 있다. 우리는 아직 땅에 있는데 어째서 하늘 위에 앉았다고 말하는가? 그것은 앞에서 설명한 것처럼 머리와 몸의 일체성에 근거한 주장이다. 우리의 머리 되신 그리스도께서 승천하셨으니, 우리는 우리 자신도 그처럼 승천한 것으로 여길 수 있다.

위의 세 가지 사실은 신자의 법적 위치와 그의 생활 상태에 변화를 가져왔다. 법적 위치로 말하면 신자는 그리스도의 부활을 통해 의롭다 함을 얻었으니(이는 살았다는 말과 동일하다; 롬 8:10하). 그리스도의 의를 내 것이라고 주장할 수 있는 권리를 받은 것이다. 그리고 그의 생활 상태로 말하면 그는 현세에서부터 새롭게 하시는 하나님의 능력을 받고 또 사모하는 마음과 기도로 주님을 바라보게 된다.

7 **그 은혜의 지극히 풍성함을 오는 여러 세대에 나타내려 하심이라.** 다시 말해 하나님께서 그리스도와 함께 우리를 살리시고 하늘에 앉히시는 이유는 그가 주님의 재림 이후 내세에도 영원무궁토록("오는 여러 세대에") 우리에게 지극히 큰 은혜를 주시기 위함이다. 볼프(Wolf)는 "오는 여러 세대"라는 말이 바울 시대부터 주님의 재림까지를 뜻한다고 주장한다.

"나타내려 하심이라." 이 말(ἐνδείξηται)을 가정법 과거 시제로 표현하는 이유는 단회적 행동을 가리키기 위해서다. 주님께서 강림하셔서 나타내실 천국의 영광은 점점 완성되는 것이 아니고 단번에 드러날 것이다.

8 이 구절은 위에 말한 은혜가 얼마나 큰지에 대하여 논증한다. 우선 그들이 받은 구원도 자신들의 행실로 말미암아 얻은 것이 아니고 하나님이 주신 은혜와 하나님의 선물인 신앙으로 말미암아 얻어진 것이다.

은혜에 의하여 믿음으로 말미암아. 이 말씀은 인간이 구원받는 방법에 담긴 두 가지 요소를 가리킨다. "은혜"는 하나님 편에서 주신 것이고, "믿음"은 인간 편에서 반응하는 태도다. 그러나 이 믿음도 하나님이 주신 선물이라는 사실을 아래 말씀이 밝힌다. 이런 점에서 한 가지 명심해야 할 점이 있다. "믿음으로 말미암아"라는 표현은 믿음 자체가 무슨 공로라는 의미가 아니라는 것이다. 믿음은 우리가 무언가를 받아들이는 태도를 의미할 뿐이며, 공로나 의가 아니다. 인간이 구원받는 데 있어서 믿음은 받는 태도를 의미할 뿐이고 공로나 의가 아니다. 인간이 구원 받는데 있어서 공로나 의가 되시는 분은 오직 예수 그리스도뿐이시다(마 5:10-11).

이것은 너희에게서 난 것이 아니요. "이것"이라는 말이 믿음을 가리키지 않고 신자가 받는 구원을 가리킨다는 해석이 있다(Wuest). 이렇게 해석하는 이들은 다음과 같이 말한다. "이것"(τοῦτο)이라는 말은 중성 대명사인데 어떻게 여성 명사인 "믿음"을 수식할 수 있느냐는 것이다. 그러나 판 루벤(Van Leeuwen)은 "이것"이라는 중성 대명사가 여성 명사나 남성 명사를 수반하는 예가 고전 헬라어에 많다는 사실을 지적하면서 이 말(τοῦτο)이 여기서는 "믿음"을 가리킨다고 하였다[24].

하나님의 선물. 이 문구의 헬라어(θεοῦ τὸ δῶρον)에 "하나님의"(θεοῦ)라는 명사 소유격이 첫머리에 자리하고 있어서 강세 역할을 한다. 이는 믿음이 인간의 산물이 아니고 하나님의 선물이라는 사실을 강조하는 어법이다.

9 본 절은 앞 절과 연결된다. 신자가 받은 구원은 오직 하나님의 은혜로 얻어진 것이고, 인간의 행실에 따른 상급이 아니다. 그것이 그렇게 이루어진 이유는 구원받은 자들이 교만해지지 않게 하려 함이다. 인간은 구원받은 결과로 하나님께 찬송하며 감사할 뿐이다(롬 3:27).

10 그가 만드신 바라…이 일은 하나님이 전에 예비하사. 헬라어 원문에는 이 구절 첫머리에 이유 접속사 "가르"(γάρ)가 있어서 이 구절이 앞 절의 "자랑하지 못하게 함"에 대한 이유임을 나타낸다. 신자들은 왜 자랑할 수 없는가? 그 이유는 ① 하나님께서 우리가 선한 일을 행할 수 있도록 우리를 새로 지

---

24) Kommentaaraan Efeze, Colosse, Filemon, en Thessalonika, 56.

으셨기 때문이고, ② 선한 일거리나 환경이나 동기나 능력은 내가 만들어 내는 것이 아니고 하나님께서 예비해주시는 것이다. 여기서 "전에 예비하사"(προητοίμασεν)라는 말은 정하셨다는 말(προώρισεν)과 다르다. 그러므로 이것은 신자가 행동하기 전에 하나님께서 선한 일거리나 환경을 준비해 주셨음을 가리키기도 하지만 때를 따라 선을 행하도록 은혜와 능력을 먼저 주심을 가리킨다. 이것을 보면 우리가 행하는 선이란 것은 무엇이든지 하나님의 선물이다. 그러므로 참된 신자는 겸손으로 일관해야 한다. 칼빈(Calvin)은 이런 이유에서 인간이 자기 힘으로 구원받을 만한 선을 행할 수 있다고 주장하는 펠라기우스(Pelagian) 학파의 그릇된 학설을 공격하였다. 인간은 자기 힘으로는 결코 어떤 선한 일도 행할 수 없으며, 다만 성령으로 거듭난 사람만이 성령의 도우심으로 선을 행할 수 있다.

설교 구원은 은혜의 선물(2:1-10절)

1. 불가능한 데서 이루어진 구원

허물과 죄로 죽었던 자들이었고 본질상 진노의 자녀들이었던 우리가 구원을 받은 것은(2-5절) 오직 은혜다. "허물과 죄로 죽었"다는 것은 범죄한 영혼이 죽었다는 말과 같다. 이렇게 죽은 영혼은 그리스도의 성령을 받아야 살아난다(롬 8:2, 10). 불신자들이 말하기를, "영혼이 없다"라고 하는데 그 이유는 그들의 영혼이 이미 죽어서 생명의 움직임이 없기 때문이다.

2. 영광스러운 큰 구원

이 구원은 우리 죄인들을 그리스도와 함께 하늘에 앉히는 것이고, 또한 영원토록("오는 여러 세대에") 은혜를 누리게 함이다(6-7절). 이 같이 큰 구원은 은혜다.

3. 믿음으로만 받는 구원

이 구원은 믿음으로 받는 것이기 때문에(믿음이란 받는 행위일 뿐이다) 은혜다. 믿음도 하나님의 선물이고(8절) 사람의 자연 심리가 아니다. 그러므로 구원은 유래로 보나 그것을 받는 내막을 보나 오직 은혜로 되는 것이다.

4. 이방인도 받는 구원

구원받은 자가 마땅히 행하는 선행도 하나님의 은혜로 말미암은 것이다(10절). 이렇게 구원은 순전히 은혜로 받아지는 것이기 때문에, 그것을 받을 자들의 주관적인 자격을 따지지 않는다. 따라서 누구든지 그리스도를 믿기만 하면 구원을 받는다. 유대인들로부터 극도로 차별 대우를 받던 이방인들도 이제 믿음으로 구원을 받아 그들과 똑같이 하나님의 백성이 된다(11-22절). 노아의 방주로 말미암아 홍수에서 구원받은 동물들을 생각해 보자! 그 방주 속에는 몸이 큰 짐승들도 있었던 반면에 작은 새들도 있었다. 작은 새들도 방주의 혜택을 입는 일에는 큰 짐승들과 마찬가지였다. 그 방주 안에 들어 있는 모든 생명체는 한결같이 홍수의 위험에서 구원을 받았으니, 그들이 무엇으로도 자랑할 수 없었을 것이다. 이처럼 천국의 구원을 받는 세계에서는 누구든지 자기를 자랑할 근거는 없다.

11-22절. 이 단락에서는 이방인도 천국에 참여하게 된 것을 생각할 때 감사하라고 말한다.

11 그러므로 생각하라. 1-10절에서 말한 바와 같이 하나님께서 은혜로 구원 얻는 길을 이방인에게도 주셨다. 그러므로 에베소 사람들도 그 구원에 참여하였으니 이제 현재의 행복과 과거의 불행을 대조하면서 감사하라는 의미다.

손으로 육체에 행한 할례를 받은 무리. 이것은 영적 할례, 다시 말해 중생을 받은 사람과 반대되는 유대인들을 말한다. 바울은 신약 시대에도 육체적 할례를 주장하는 유대인의 교만을 지적한다. 손으로 행한 할례에 대하여는 창세기 17:11, 14을 참조하라.

12 **그리스도 밖에 있었고.** 이 말씀의 뜻은 에베소 교인들이 그 불신 시대에는 메시아를 바라보는 소망 없이 살았다는 것이다.

이스라엘 나라 밖의 사람. 여기 "이스라엘 나라"는 혈통적 의미가 아니고 신정국가, 곧 구약 시대 하나님 백성의 나라를 가리킨다.

약속의 언약들. 요컨대 메시아 약속을 중심으로 한 언약들이란 뜻이다. "언약들"은 하나님께서 족장들(아브라함, 이삭, 야곱)에게 주신 언약과 또한 모세에게 주신 언약이다(참조. 창 22:18; 행 13:23; 갈 3:18).

세상에서 소망이 없고 하나님도 없는 자이더니. 여기서 "소망"은 영생의 소망을 가리키는데, 에베소 교회 신자들이 불신 시대에는 그 소망이 없었다. 이제 그들은 그 소망의 영광을 인식하고 감사해야 한다(참조. 1:17-19). 그들을 가리켜 "하나님도 없는 자이더니"라고 한 것은 그들이 과거에 하나님의 보호를 받지 못하는 처지에 있었음을 지적한다. 헬라어 원문에서는 "세상에서"라는 단어가 뒤에 위치함으로써 그들의 비참했던 처지를 나타낸다. 이 세상은 악한데 그곳에서 사는 자가 소망도 없이 하나님의 보호를 받지 못한다면 그 비참하고 위태함은 말로 형용할 수 없다.

13 **멀리 있던 너희가.** 에베소 교인들이 불신 시대에는 하나님을 "멀리" 떠나 있었다.

그리스도 예수 안에서 그리스도의 피로 가까워졌느니라. "그리스도 예수 안에서" 가까워졌다는 것은 그리스도를 믿어 그와 더불어 연합한 상태를 가리킨다. 이렇게 그리스도와 연합한 자는 그의 보혈의 공로로 말미암아 하나님과 화목하게 되어 가까워진다.

14 **둘로 하나를 만드사.** 이것은 유대인과 이방인을 화합시켰다는 말이다.

원수 된 것. 여기 "원수"라고 번역된 "에크트라"(ἔχθρα)는 "적대감", "싫어하는 감정" 등을 의미하기도 한다.

15 법조문으로 된 계명의 율법을 폐하셨으니. 그리스도께서 유대인과 이방인이 서로 "원수 된 것"을 화합하신 방법은 "법조문에 속한 계명의 율법"을 그의 보혈로써 폐하시는 것이었다. 그런데 "법조문으로 된 계명의 율법"은 무엇이며 또 그것이 어찌하여 이스라엘과 이방인들을 서로 원수 되게 하였던가? "법조문으로 된 계명의 율법"(τὸν νόμον τῶν ἐντολῶν ἐν δόγμασιν)은 "규정을 동반한 계명의 율법"(the law of the Commandments in decrees)이라고 번역함이 좋다. "규정"(δόγμασιν)이라는 말은 주로 모세 율법의 의식 관련 조항(절기, 할례, 특정 음식물 등에 대한 제도)을 가리킨다. 유대인은 이것을 소유하고 주장하나 이방인은 그것이 없다. 따라서 유대인과 이방인은 서로 원수 되었었다. 그런데 이제 그리스도의 보혈과 성령으로 말미암아 그런 외부적 규정의 요구는 성취되어 해제되었으므로 모든 사람은 다 같이 죄인인 처지가 드러났다. 그들이 서로 같은 처지라는 사실이 드러나고 보니 그들은 서로 차별감을 느끼지 않고 형제시하게 된 것이다. 이런 의미에서 이 둘(유대인과 이방인)의 차이는 없어지고 하나의 새 사람이 만들어진 것이다.

이 둘로 자기 안에서 한 새 사람을 지어. 다시 말해 그리스도께서 자기의 피로 유대인과 이방인을 구속하시어 하나의 새로운 인류(new humanity)를 지으셨다는 뜻이다.

16 한 몸으로 하나님과 화목하게. 이것은 위에 말한 계명의 율법을 십자가로써 폐하신 둘째 목적을 말한다. 예수님께서 십자가에 죽으신 것은 유대인뿐 아니라 이방인도 한결같이 한 몸처럼 구속하여 "하나님과 화목하게" 하려 하심이다.

17 오셔서…평안을 전하시고. 여기 "오셔서"라는 말은 그리스도께서 승천하신 후에 성령을 보내신 것을 가리킨다(요 14:18). "평안"은 심령에 화평을 주

는(하나님과 화목을 이루게 하심으로) 복음을 의미한다(고후 5:18-21). 오순절에 성령이 강림하셔서 이 평화의 복음은 전파되기 시작한 것이다.

먼 데 있는 너희는 이방인들을 가리키고, **가까운 데 있는 자**들은 유대인들을 가리킨다.

18 신자들은 유대인이나 이방인이나 다 함께 그리스도의 공로로 말미암아 한 성령을 받아 하나님과 교통하는 은혜를 얻는다.

우리 둘이. 유대인과 이방인을 가리킨다.

나아감. 접근함을 가리킨다. 그리스도께서 죽으신 것과 다시 사신 것은 우리와 하나님 사이에 원수 되었던 장벽을 헐었고(롬 5:10; 골 2:13-15), 하나님은 우리의 심령에 하나님을 "아바 아버지"라고 부를 수 있게 하는 자녀의 권세와 의식까지 주셨다(요 1:12; 롬 8:15). 그러므로 우리는 하나님 아버지께 접근하여 사귈 수 있다.

19 너희는 외인도 아니요 나그네도 아니요 오직 성도들과 동일한 시민이요. 이방인들이 구약 시대에는 신정 국가의 혜택에서 제외되었으나 신약 시대에 와서는 믿음으로 천국 시민이 되었다. 이런 의미에서 그들은 복된 천국에 대하여 "외인도 아니요 나그네도 아니요···시민"이다. "성도"라는 말은 여기서 하나님의 백성을 의미하는데, 유대인 신자들만 가리키는 것이 아니고 모든 시대의 그리스도인들을 총칭한다.

20 너희는 사도들과 선지자들의 터 위에 세우심을 입은 자라. "선지자들"은 신약 시대의 예언자들을 가리킨다고도 하며(Van Leeuwen), 혹은 구약의 예언자들까지 포함한다고도 하는데, 첫째 의견이 옳다(참조. 엡 3:5; 4:11; 고전 14장). 신약 시대의 예언자들 중 주요한 인물들은 사도들 자신이었다. 그들로 말미암아 신약성경이 기록되었다(고전 12:28; 14:1).

"사도"(ἀπόστολος)는 "보냄을 받은 자"라는 뜻인데 예수님이 친히 불러 세우시고 복음 전파를 위하여 내보내신 자들이다. 그들은 교회를 세우는 데 기초적 사역을 하였기 때문에 우리 본문에서도 "사도들과 선지자들의 터"라고 표현했다. 사도들이 전한 그리스도(그리스도는 교회의 터) 위에 "너희", 다시 말해 교회(성도들의 단체)가 설립되었다는 의미다. 이것은 예수님께서 말씀하신 그대로 된 것이다. "또 내가 네게 이르노니 너는 베드로라 내가 이 반석 위에 내 교회를 세우리니"(마 16:18)라고 하신 말씀이다. 여기서 "이 반석"은 베드로 개인을 의미하지 않고 사도들이 고백하고 전파하는 복음 진리를 가리킨다.

모퉁잇돌. 이 말의 헬라어(ἀκρογωνιαῖος)는 히브리어 "피나"(פִּנָּה)에 해당하는데(사 28:16), 이 돌은 두 벽을 결합하는 힘받이 역할을 하는 것이다. 그러므로 이것은 유대인과 이방인, 교회와 교회를 결속하는 그리스도를 비유하기에 적합하다.

21 건물마다. 이것은 지교회를 비유한다.

서로 연결하여 주 안에서 성전이 되어 가고(συναρμολογουμένη αὔξει εἰς ναὸν ἅγιον ἐν κυρίῳ). 이 말은 다음과 같이 번역할 수 있다. "서로 연결하여 주 안에서 지성소로 자라나고." 이것은 세 가지 사실을 보여준다. ① 교회들은 서로 화합해야 한다. ② 교회(성도들의 단체)는 구약 시대의 지성소처럼 신자들이 하나님을 만나는 단체다(출 25:22). 구약 시대의 지성소는 장소였으나 신약 시대의 지성소는 신자들의 인격이다. ③ 교회는 자라나야 한다. 무엇보다도 신앙과 성결에 있어서 자라나야 한다(참조. 4:13-14).

22 너희도. 이 말은 에베소 교회의 교인들을 가리킨다.

성령 안에서 하나님이 거하실 처소. 성령님이 계시는 곳은 하나님이 계시는 곳이므로 여기서 이렇게 표현한다.

그리스도 예수 안에서 함께 지어져 가느니라. 이것은 에베소 교회가 예수 그리스도의 공로와 능력으로 말미암아 건설되어 간다는 뜻이다. 여기서 이른바 "함께 지어져 가느니라"라는 말의 헬라어(συνοικοδομέω)는 가옥의 건축 과정을 연상시킨다. 그러나 이것은 영적 건축, 다시 말해 교회라는 공동체의 성립을 가리킨다. 여기 "함께"라는 단어가 중요하다. 왜냐하면 그 영적 건축에서 합심을 중요시하기 때문이다(참조. 마 18:19-20).

제 3 장

개요

1. 바울의 위대한 사도적 사역(1-13절)

    1) 복음은 신약 시대에 처음으로 완전히 계시되었음(1-6절)

    2) 바울은 하나님의 은혜로 이 복음의 일꾼이 되었음(7-9절)

    3) 이와 같은 복음의 지혜는 천사들도 교회로 말미암아 처음 깨닫게 되었음(10-11절)

    4) 신자들은 하나님께 담대히 나아감(12-13절)

2. 바울의 기도(14-21절)

    1) 신자들이 성령으로 말미암아 강건하여지기를 구함(14-16절)

    2) 그리스도께서 그들의 마음 가운데 계시기를 구함(17절)

    3) 그리스도의 사랑을 깨닫기를 구함(18-19절)

    4) 송영(20-21절)

⚘ 해석

1 **이러므로.** 이 말은 앞 장에서 가르친 교회론에 대한 결론을 제시하기 위한 도입이다. 이방인도 유대인과 함께 교회를 이루어간다는 점에서(2:13-19) 바울은 자기가 이방인의 사도로 사역하는 것을 영광으로 생각한다.

그리스도 예수의 일로…너희 이방인을 위하여 갇힌 자. 이 구절(ὁ δέσμιος τοῦ Χριστοῦ' Ἰησοῦ)을 직역하면 "그리스도 예수의 수인(囚人)"이다. 다른 구절에서는 "주 안에서 갇힌 내가"라는 표현을 사용하였다(4:1; 참조. 6:20; 빌 1:11-13). 이 말의 뜻은 우리 한글 번역 성경과 같이 바울이 그리스도의 일 때문에 갇혔다는 것이다. 그는 자신의 옥고가 그리스도께 필요한 것임을 알았기 때문에 위안을 얻었을 것이다.

본 절은 3장의 제목과 같은 역할을 하는데, 그것은 이방 전도를 위한 하나님의 경륜이라고 할 수 있다.

2 **너희를 위하여 내게 주신…그 은혜의 경륜을 너희가 들었을 터이라.** 여기서 "은혜"라는 말은 사도직의 은총을 가리키고, "경륜"이라는 것은 이방인들이 그리스도로 말미암아 구원 얻게 될 하나님의 계획을 말하는데, 그 일에 사도 바울이 역사하게 될 경륜까지 포괄적으로 지시하는 것이다. 바울은 여기서 이방인들을 위한 사도로서의 자신의 사역이 하나님으로 말미암아 주어진 사실에 대하여 영광스럽게 생각한다(참조. 행 9:15; 22:21). 그는 이러한 사실에 대하여 신자들이 이미 들어서 알 것이라고 추측한다. 우리말 성경에 "터이라"라고 번역된 헬라어 문구(εἴ γε)는 "~을 전제하고"(on the assumption that)라는 뜻이다.[25)]

3-4 바울이 깨달은 "비밀"(μυστήριον)은 ① 거짓 선지자들의 교훈처럼

---

25) Thayer's Greek-English Lexicon, 1962, 111.

헛된 꿈이나 혹은 자기의 생각으로 알려진 것이 아니고 오직 하나님의 계시로 알려진 것이며, ② 신비 철학자들의 이른바 오묘한 지혜처럼 일반인은 모르는 것이 아니라 명백히 기록하여 전해진 것으로서 읽으면 알 수 있는 것이다.

계시로 내게 비밀을 알게 하신 것. "계시"(ἀποκάλυψις)는 하나님이 알게 해 주심을 가리키고, "비밀"은 2절의 "은혜의 경륜"을 말한다. 이 "경륜"은 6절에 밝혀진 대로 이방인들이 그리스도를 믿어 구원받게 되는 것을 말한다.

내가 먼저 간단히 기록함과 같으니. 이 말은 바울이 계시로 알게 된 비밀을 이미 기록했다는 것인데, 그것은 아마 1:9, 2:13이나 2:10-22의 기록을 가리키는 듯하다. 일부 학자는 이것이 분실된 서신 가운데 하나를 가리킨다고 하나 우리가 받아들일 수 없는 해석이다.

5-6 앞에서 말한 대로 복음의 비밀은 신약의 사도들에게 밝히 계시되었으나 이전에는 그렇게 밝히 알려지지 않았다. 이 비밀은 다른 것이 아니고 이방인들이 그리스도를 믿어 구원받게 되는 복음이다.

이제 그의 거룩한 사도들과 선지자들. 여기서 "거룩한"이라는 형용사는 사도직의 특수성을 가리킨다. 사도직은 계승되는 것이 아니고 "단번에 주신 믿음의 도"를 전하기 위해(유 1:3) 그리스도께서 친히 세우신 성직이었다. 여기에 언급된 "선지자"는 구약 시대의 선지자를 가리키는 것이 아니고 신약 시대의 선지자를 가리킨다. 이 직분은 실상 사도들이 겸했던 직분이다.

성령으로 나타내신 것 같이 다른 세대에서는…알리지 아니하셨으니. 이 문구에서 우리가 주목할 단어는 "같이"(ὡς)다. 구약 시대에도 이방인이 구원받을 일에 대하여 하나님의 계시가 전혀 없었던 것은 아니다(창 12:3; 시 72:8, 11; 사 19:18; 미 4:1). 그러나 신약의 사도들에게서처럼 명백하게 계시되지는 않았던 것이다.

함께 상속자가 되고 함께 지체가 되고 함께 약속에 참여하는 자가 됨이라. 이 문구에는 "함께"(σύν)라는 접두어가 세 번이나 나오는데 누가 누구와 함께한다는 것인가? 그것은 "이방인이 유대인과 함께"라는 의미다. "함께 상속자"(συγκληρονόμα)라는 말은 "함께 천국에 들어가는 기업을 누릴 자"를 가리키고, "함께 지체"(σύσσωμα)라는 말도 "함께 몸이 됨"을 의미한다. 이것은 이방인도 유대인과 함께 그리스도 신앙으로 말미암아 하나님의 교회에 지체가 됨을 가리킨다. 그리고 "함께 약속에 참여하는 자"(συμμέτοχα τῆς ἐπαγγελίας)라는 말은 이방인들도 믿음으로 아브라함에게 주신 하나님의 구원 언약(메시아 약속)에 참여하게 됨을 의미한다.

7 바울이 복음의 사역자가 된 것은 ① 자기의 인격적 소양으로 된 것이 아니고 하나님의 능력으로 된 것이었다. 요컨대 그리스도를 박해하던 그가 하나님의 은혜로 사도가 되었다. 그 은혜는 하나님의 능력이 역사하심으로 나타나서 그의 인격을 변화시키신 것이다.

8 **모든 성도 중에 지극히 작은 자보다 더 작은 나에게.** 여기서 "나에게"(ἐμοί)라는 말이 첫머리에 나와서 강조되고 있다. 그것이 이렇게 강조체로 표현된 목적은 바울이 자기 자신의 부족과 무가치함을 강조하려는 것이다. 그의 이와 같은 겸손은 일시적인 것이 아니고 영구한 자의식이 되어 있었다. 하나님께서는 그가 평생 겸손하도록 그에게 "가시 곧 사탄의 사자"를 주셨다(고후 12:7). 바울이 여기서도 자기를 가리켜 "지극히 작은 자보다 더 작은 나"라고 한 것은 그가 일찍이 그리스도인들을 박해했던 쓰라린 경험을 회상했기 때문일 것이다(참조. 고전 15:9; 딤전 1:15). 가장 큰 성도는 이렇게 자기를 가장 작은 자로 생각하는 마음의 소유자다. 물이 가장 낮은 곳을 향하여 흐르는 것처럼 하늘의 은사는 겸손한 자에게 임한다.

이 은혜를 주신 것은 측량할 수 없는 그리스도의 풍성함을 이방인에게 전하게 하시고. 이 말씀의 뜻은 다음과 같다. 그가 사도직의 은혜를 받은 목적은 그리스도께서 주시는 풍성한 구원의 은혜(2:7)를 이방인에게 전해주기 위한 것이라는 말이다.

9 이 구절은 앞 절 마지막 말씀에 대한 해설이다. "그리스도의 풍성함을 전함"(8하)은 다름 아니라 하나님의 비밀의 경륜(이방인들이 복음으로 구원받는 구원 운동)을 드러내어 알게 하는 것이다.

영원부터. 이 말(ἀπὸ τῶν αἰώνων)은 "영원 전부터"라는 뜻이다(참조. 롬 16:25). 사도 바울이 모든 사람에게 전하는 복음, 곧 "비밀의 경륜"은 영원 전부터 있었던 것이니 뿌리가 깊고 오래도록 참된 것이다.

만물을 창조하신 하나님 속에 감추어졌던 비밀의 경륜. "만물을 창조하신 하나님"이 감추신 진리를 사람은 알 수 없다. 왜냐하면 그가 지극히 큰 창조의 권세와 능력으로 그것을 감추셨기 때문이다. 그러나 이제 그와 똑같은 창조의 권세와 능력으로 사도를 세우시고 그것을 드러내실 때는 반대로 그것을 가릴 자가 없다(마 10:26). 사도의 직분은 이만큼 위대한 것이다..

10 이 구절은 8-9절에서 말한 사도직으로 말미암은 복음 사역의 목적을 가리킨다. 그것은 사도가 세운 교회 운동에 나타난 하나님의 지혜를 천사들에게도 비로소 알게 하는 일이었다.

통치자들과 권세들(αἱ ἀρχαὶ καὶ αἱ ἐξουσίαι). 이것은 천사들을 그 다스리는 지위에 따라 부르는 명칭들이다. 그들은 천사들의 우두머리로 세워진 자들이다. 그들은 선한 천사들이다(Calvin, Bavinck, Grosheide, Hodge). 그들은 그리스도로 말미암은 구속의 사랑에는 참여하지 못하기 때문에 그 사랑이 그들에게는 알려지지 않았다. 구속의 사랑은 용서받은 죄인들만 맛보는 것이다.

하나님의 각종 지혜. 이것은 은혜로 죄인들을 구원하는 복음 운동의 다양한 사역을 가리킨다. 요컨대 죽음을 생명으로, 욕된 것을 영광으로, 죄인을 의

인으로, 저주를 축복으로, 연약을 능력으로 바꾸는 지혜다.[26)]

11 이 구절은 앞 절에서 설명한 것처럼 교회를 통한 구원 운동이 하나님의 예정으로 이루어진 일이고 근거가 박약한 운동이 아니라는 점을 밝히 지적한다.

영원부터. 이것은 "영원 전부터"라는 의미다.

우리 주 그리스도 예수 안에서 예정하신 뜻대로. 구원은 예수 밖에서는 언제나 불가능하다. 그러므로 하나님께서 그것을 예정하실 때도 예수 그리스도 안에서 계획하셨다.

12 **담대함과 확신을 가지고 하나님께 나아감을 얻느니라**. 이것은 이방인들이 구원 얻는 믿음이 어떠한가를 보여주는 말이다. "담대함"(παρρησία)은 속죄를 받은 신자의 양심이 죄벌에 대한 공포의 위협을 받지 않고 하나님의 엄위로우신 보좌 앞에 주저함 없이 나아갈 수 있게 된 경건한 담력을 가리킨다. 그리고 "확신"이란 말은 주님께서 그 이름으로 구하는 바를 물리치지 않으실 것을 아는 신념이다. "나아감"(προσαγωγήν)은 신자가 마음으로 하나님 앞에 가까이 나아감을 의미한다. 악인들은 하나님을 멀리함으로써, 또는 잊어버림으로써 평안을 얻고자 한다. 그러나 진실한 신자는 하나님께 가까이 나아감으로써 안식을 얻는다.

본문이 말하는 "담대함", "확신을 가지고···나아감"은 신자가 소유한 주관적인 어떤 의로움 때문에 생겨나는 것이 아니고 어디까지나 객관적인 그리스도의 완전한 속죄 때문에 신자에게 주어지는 것이다. "그 안에서"(ἐν ᾧ)라는 말이 이 같은 해석을 정당화시킨다. 다시 말해 "그 안에서"는 "그리스도 안에서"라는 뜻이며 그리스도께서 완성하신 속죄로 말미암아 신자가 당당히 하나님 앞에 나아간다는 것이다.

---

26) T. K. Abbott, International Critical Commentary, Ephesians, 1905, 89.

13 그러므로 너희에게 구하노니 너희를 위한 나의 여러 환난에 대하여 낙심하지 말라 이는 너희의 영광이니라. 이 구절은 위의 모든 말씀의 결론이다. 바울은 복음을 위하여 옥에 갇힌 자가 되었다. 그러나 에베소 교인들은 그것을 부끄러워할 필요가 없다. 바울이 복음을 전하다가 옥에 갇히기까지 하였다면 그 복음은 말할 수 없이 위대한 것임을 알 수 있다. 그것은 ① 바울이 하나님의 계시를 따라 깨달은 것이며(3절), ② 이전 시대의 사람들이 충분히 알지 못하였던 것이며(5절), ③ 이방인들도 영화로운 참된 유업에 참여할 수 있게 해주는 것이다(6절). 더욱이 ④ 바울이 그 복음의 사자가 된 것은 하나님의 능력과 은혜로 말미암은 것인데(7절), ⑤ 복음은 측량할 수 없는 그리스도의 은총을 전하는 것이며(8절), ⑥ 영원부터 하나님 속에 감추어졌던 것이며(9절), ⑦ 천사들도 신약 교회의 운동에 따라 처음 깨닫게 된 것이며(10절), ⑧ 영원부터 그리스도 안에서 예정된 것이다(11절).

위의 모든 사실로 보아서 이 복음을 위한 바울의 고난은 영광스러운 것이다. 그러므로 그는 에베소 교인들에게 그의 수난 때문에 낙심하지 말라고 부탁한다.

설교 바울이 받은 은혜의 경이로움(7-13절)

바울은 자기가 받은 은혜에 대하여 우선 경이로움을 표현한다. 그것은 너무도 명백한 기적이기 때문이다.

1. 바울 자신에 대한 평가

그는 자기 자신이 "지극히 작은 자보다 더 작은 나"라고 인정하였다(8절). 그런데 그가 처음부터 그렇게 생각하지는 않았을 것이다(참조. 빌 3:4-6). 주님의 계시로 말미암아 그가 받은 복음의 은혜가 너무나 컸기 때문에 그는 그 은혜를 "측량할 수 없는" 은혜라고 하였고(8절), "영원부터···하나님 속에 감추어졌던" 것이라고 하였고(9절), 천사들도 처음 보는 큰 은혜라고 하였다(10절). "측량할 수 없다"라는 말과 "영원부터"라는 말은 인간의 지식으로는 다룰 수도 없는 것이다. 이런 큰 은혜 앞에서 바울은 자신이 지극히 낮은 자임을 깨닫게 되었다. 사람은 누구든지 하나님의 은혜를 받아야 자기를 바로 본다.

2. 신자들이 담대하여짐(12절)

신자들은 복음의 은혜가 얼마나 놀라운가를 깨달을 때 그리스도 안에서 담대해진다. 우리는 원하기만 하면 얼마든지 하나님께로 나아갈 수 있다. 히브리서 4:16에 말하기를, "그러므로 우리는 긍휼하심을 받고 때를 따라 돕는 은혜를 얻기 위하여 은혜의 보좌 앞에 담대히 나아갈 것이니라"라고 하였다. 십자가에 못 박혀 죽으신 예수님의 희생은 신자들이 지성소(하늘 보좌)에 담대히 들어갈 수 있게 만들어 주었다. 지성소의 휘장이 위로부터 아래로 찢어진 것이 이것을 상징한다(참조. 마 27:51; 막 15:38; 히 10:20).

이렇게 구원의 길이 열렸음에도 사람들이 구원을 받지 못하는 불행한 일이 벌어지기도 한다. 이는 마치 솟아오르는 샘물 곁에서 목말라 죽는 것과 같다.

14-21절. 이 부분에 기록된 바울의 기도는 삼위일체 하나님의 도우심을 구한 것이다. 말하자면 아버지(15상), 성령(16상), 그리스도(17상)의 도우심이다.

14-15 하늘과 땅에 있는 각 족속에게 이름을 주신 아버지. 이것은 하늘 위와 땅 위의 모든 족속이 한 분 하나님으로 말미암아 이름을 받았다는 말이다. 이름을 받는다는 것은 그 특질들을 받았다는 말과 같다. 왜냐하면 이름은 특질을 표현하는 호칭이기 때문이다. 사도 바울이 에베소 신자들을 위하여 기도

할 때 하나님을 가리켜 모든 족속에게 특질을 나누어주신 "아버지"라고 한 이유는 무엇인가? 그것은 ① 모든 만물을 각종 은사로 채우시는 자, 곧 갖가지 은혜를 무궁무진하게 베푸시는 하나님이심을 기억하게 하기 위해서이며(엡 1:23; 3:19; 4:10), ② 족속이나 교회가 하나님 아버지 안에서 통일되기를 원하기 때문이다(참조. 엡 4:3-6).

16-19 그의 영광의 풍성함을 따라. 이것은 하나님의 긍휼과 능력으로 나타난 구원 역사만을 가리키는 것이 아니라 하나님의 완전성에 대한 표현을 가리킨다. "속사람"이란 말은 영혼의 거듭난 생명을 가리키는데 겉사람, 곧 육체의 생명과 대조된다(고후 4:16).

강건하게 하시오며. 에베소서 6:10과 디모데후서 2:1 해석을 참조하라.

믿음으로 말미암아 그리스도께서 너희 마음에 계시게 하시옵고. 믿는 자의 마음속에는 그리스도가 거하신다. 이것을 가능케 하는 믿음은 멀리서 그리스도를 관망하는 정도의 믿음이 아니라 뜨거운 마음으로 그를 영접하는 믿음이다(Calvin).

너희가 사랑 가운데서 뿌리가 박히고 터가 굳어져서. 이것은 그리스도께서 신자에게 내재하여 주신 결과다. 다시 말해 하나님과 사람에 대한 그들의 사랑이 견고하여 동요하지 않게 된다는 것이다. 그 견고함은 깊이 뿌리박힌 나무와 같고, 또 굳은 터 위에 세운 집과 같다는 것이다. 이렇게 건전한 사랑을 소유한 신자는 그리스도의 사랑을 깨닫는 지식에서도 성숙해진다. 이러한 지식은 그리스도의 사랑이 갖는 너비, 길이, 높이, 깊이의 네 가지 방면으로 깨달아진다. 아우구스티누스(Augustine)는 여기서 "너비"는 사랑을, "길이"는 인내를, "높이"는 소망을, "깊이"는 겸손을 가리킨다고 하였다. 그러나 벵겔(Albrecht Bengel)은 말하기를, "너비"는 그리스도의 사랑이 모든 민족에게 미치는 충만을 가리키고, "길이"는 그 사랑이 모든 시대에 미치는 것을 가리키고, "깊이"는 피조물이 감히 측량하지 못할 사랑을 의미하고, "높이"는 원

수가 해할 수 없는 사랑을 가리킨다고 하였다.[27)]

위의 해석과 같이 사랑이 굳게 확립된 상태는 또다시 그리스도의 큰 사랑(18-19절)을 더욱 깊이 이해하는 단계에까지 이른다. 사랑이 없는 자는 사랑을 깨닫지 못한다. 그리스도의 지극히 큰 사랑을 알고자 하는 자는 친히 사랑을 실천함으로써 그의 사랑을 깨달을 수 있다(참조. 요일 4:7-8). 어떤 학설에 따르면 17절의 "사랑"도 그리스도의 사랑을 의미한다고 한다. 그렇다면 그리스도가 보여주신 속죄의 사랑에 깊이 뿌리내린 성도가 그(그리스도)의 사랑을 깨닫는다는 뜻일 것이다.

20-21 이 구절은 사도가 하나님께 드리는 감사와 송영이다.

우리가 구하거나 생각하는 모든 것에 더 넘치도록 능히 하실 이. 이 말씀은 사도가 감사와 송영을 드리는 이유를 밝혀준다. 하나님께서 성령의 역사를 통하여 성도들에게 은혜를 주시되 그들이 기대하는 것 이상으로 넘치게 주신다. 그것을 생각할 때 우리는 그에게 감사할 수밖에 없다.

교회 안에서와 그리스도 예수 안에서. 이런 어법은 에베소서의 신학과 일맥상통한다. 교회와 그리스도는 머리와 몸의 관계에 있는 만큼(엡 1:23; 4:15) 이 둘은 함께 송영의 근거가 될 수 있다. 다만 우리가 명심할 것은 교회는 오직 그리스도 안에서만 송영의 자격과 능력을 지닌다는 점이다.

---

27) Gnomon, IV, trans. Bryce, 86.

제 4 장

개요

1. 에베소 교회를 향하여 하나가 되라고 함(1-16절)

1) 겸손, 온유, 인내, 포용의 덕을 가짐으로 하나가 됨(2-3절)

2) 교회도 성령도 소망도 주님도 믿음도 세례도 하나님도 하나이므로 하나가 되어야 마땅함(4-6절)

3) 하나님께서 신자들에게 여러 가지 은사를 각각 주신 목적은 서로 협력하여 교회의 통일을 이루도록 하기 위함임(7-16절)

2. 옛 생활과 새 생활(17-32절)

1) 신자들은 불신 시대의 허망한 생활을 버릴 것(17-22절)

2) 근본적으로 심령에서부터 새로워질 것(23-24절)

3) 남에게 해를 끼치지 말고 도리어 선을 행하며 은혜를 끼칠 것(25-32절)

⚜ 해석

1-16절. 이 단락은 교회론의 연속으로서 신자들이 합심할 것을 권면한다.

1 주 안에서 갇힌 내가 너희를 권하노니. 바울은 주님을 위하여 옥에 갇혀 있는 자로서 신자들을 권면한다. 그러니 이 권면은 신자들의 마음을 감동시킬 수밖에 없다.

부르심을 받은 일에 합당하게 행하여. 여기서 "부르심"이라는 말은 하나님께서 그의 백성을 구원받도록 부르신 것(히 3:1)을 의미한다. 이것은 그들이 복음을 믿도록 인도해준 전도 행위였다. "합당하게"(ἀξίως)라는 표현은 자격이 있음을 의미한다.

2 겸손. 1) "겸손"은 인간이 자신을 죄인으로 여기는 정직한 태도다. 겸손은 결코 사람이 자신을 실제 상태보다 낮게 평가하는 것이라고 할 수 없다. 2) "겸손"은 남을 나보다 낫게 여기는 생각과 행위를 가리킨다(빌 2:3). 그러나 이것은 기술이나 재능에 있어서 언제나 남을 나보다 낫게 여긴다는 뜻이 아니라 영적 생활에 있어서 그리한다는 것이다. ① 높고 낮은 것을 판결하시는 이는 내가 아니라 하나님이시며, 또한 그것을 밝히 공표하는 시기는 현세가 아니고 내세라는 점을 인정할 때 우리는 남을 나보다 낫게 여길 수 있으며, ② 의에 주리고 목마른 심정으로 내가 소유한 선에 만족하지 못하기 때문에 다른 사람을 나보다 낫게 여긴다.

온유. 크레다너스(Greijdanus)는 말하기를 "온유"는 칼로 베거나 침으로 쏘거나 칼로 찌르는 것과 같은 감정과 반대되는 것인데, 다른 사람에게서 손해를 입거나 방해를 받아도 분내거나 원한을 품거나 반동하거나 복수하지 않는 것이고, 다른 사람을 대할 때 조급, 경솔, 열광, 잔인, 속단, 흥분하는 것과 반대로, 인내, 신중, 화순, 조절, 포용, 완화, 침착의 미덕을 보이는 것을 의미한다고 하였다.

오래 참음. 여기 사용된 헬라어 단어(μακροθυμία)는 괴로움을 동반한 고난에도 변절하거나 낙심하지 않는 것을 뜻할 수도 있지만, 특히 남이 나에게 잘못을 저질렀을 때 그에게 해를 가하지 않으며 은혜를 배반하는 사람에 대하여 노하지 않고 변함없이 덕행을 계속함을 말한다. 구약 잠언에는 오래 참음의 덕을 칭찬하는 구절들이 많다(참조. 잠 14:29; 15:18; 16:32; 17:27). 하나님께서 인간을 향하여 오래 참으신다는 것을 로마서 2:4, 9:22, 베드로후서 3:9에서 볼 수 있고, 사람이 사람을 대하여 오래 참으라는 권면은 특별히 디모데후서 4:2과 디모데전서 1:16에 있다. 루터(Luther)는 그의 갈라디아서(5:22) 주석에서 오래 참는 덕에 관하여 다음과 같이 말했다. "사탄은 인간을 단번에 정복할 수 없으므로 똑같은 시험을 가지고 여러 번 유혹한다. 왜냐하면 그는 인간이 질그릇과 같아서 계속 시험을 당하게 되면 넘어진다는 것을 알기 때문이다. 그는 실제로 이 방법으로 많은 사람을 넘어뜨렸다. 이와 같은 장기적인 시험을 이기려면 우리는 오래 참는 덕을 소유해야 한다."

사랑 가운데서 서로 용납하고. 여기서 "용납한다"라는 말은 남의 허물을 덮어주고 남의 단점을 포용하는 온화한 덕을 의미한다. 교회 안에서 원망과 다툼의 책임은 한편에만 있는 것이 아니고 엄밀한 의미에서는 양편에 다 있는 것이다. 원망을 듣는 자에게만 잘못이 있는 것이 아니라, 원망 거리를 묵인하지 못하고 불평을 일으키는 자도 사랑의 표준에는 부족한 것이다. 그러므로 양편 모두 서로 용납하는 정신을 배양해야 한다. 그리스도인은 비록 자기에게는 잘못이 없다 하더라도 잘못한 형제의 짐을 나누어 짊어지는 의미에서, 혹은 자신 역시 상대방에 대해 똑같은 정도의 허물은 아닐지라도 허물이 전혀 없지는 않음을 인정하는 의미에서 그에게 용서를 구하는 마음을 품어야 한다(갈 6:1-2).

3 **평안의 매는 줄.** 이 말의 헬라어 문구(τῷ συνδέσμῳ τῆς εἰρήνης)를 의역하면 "매는 줄과 같은 평화"라고 할 수 있다. 평화가 먼저 사람의 마음속에 있

어야만 다른 사람과의 관계에서 서로를 묶는 띠의 역할을 할 수 있다. 다시 말해 나의 마음이 그리스도의 평강에 붙잡혀야 한다. 내 마음이 괴로우면 어떻게 남들과 평안을 나눌 수 있으며 또 남들과 평화롭게 지낼 수 있겠는가? 그렇다면, 자신이 먼저 그리스도께서 주시는 평화를 누려야 할 터인데, 그것은 믿고 순종하는 삶과 부지런히 기도하는 삶에 뒤따르는 은혜다.

성령이 하나 되게 하신 것. 이것은 성령님께서 신자들의 심령을 동일한 구원 설계로 이끄시는 역사로 인하여 피차간에 일체된 감정을 가지게 하시는 것을 말한다. 성령님께서 신자들이 서로 일체됨을 알게 하실 때 우리는 그것을 깨닫고 순종하여 힘써 지켜야 할 것이다.

4 몸이 하나요. 이 구절부터 6절까지는 화평을 힘쓸 이유를 보여주는데, 한마디로 구원에 관계된 모든 것이 단일 체계로 되었다는 것이다. "몸"은 교회를 가리킨다. 동일한 몸에 속한 각 지체들은 서로 충돌하지 않을 것이다. 왜냐하면 자기들끼리 서로 충돌하면 스스로 자신을 해치는 일이 되기 때문이다.

성령도 한 분이시니. 성령님은 교회 가운데서 각 개인을 찾아 역사하시는 분이신데(3:20), 그가 한 분이시고 두 분이 아니시기 때문에 그로 말미암아 중생한 신자들은 자연히 서로 일체감을 느끼게 된다(빌 2:1-2). 신자들은 그 일체감을 힘써 지켜야 한다(4:3).

한 소망. 여기서 "소망"은 "영생의 기업"을 가리킨다(벧전 1:3-4). 신자들은 다 함께 하나님의 자녀로서 같은 기업을 누리게 되어 있다. 천국의 기업은 우리의 모든 거룩한 소원을 만족시킨다.

5 주도 한 분이시요. 여기 "주"라는 말은 그리스도를 가리킨다. 그는 자신의 피로 우리를 대속하셔서 자기 것으로 만드셨다(롬 14:8-9; 고전 6:19-20). 그러므로 그는 우리를 사랑하시고 보호하신다. 우리는 그를 구주로만 알 뿐 아니라 주재자(임금)로 알고 순종해야 한다(참조. 빌 2:10-11). 우리의 주재자

가 동일한 한 분인 사실을 알 때 우리는 다 함께 순종의 태도를 취하는 것이다. 만일 우리의 주재자가 각각 다르다면 그 명령들도 다를 터이니 거기에 따라 우리의 순종의 길에는 서로 충돌을 면할 수 없을 것이다. 그러나 우리의 주재자가 한 분이시니 우리의 순종의 걸음도 자연히 일치하게 될 것이며 또한 또 일치하기를 힘써야 한다.

믿음도 하나요. "믿음"이라는 말은 여기서 신앙의 객관적 대상과 그 주관적 내용을 통합하여 가리킨다. 신앙의 객관적 대상이신 그리스도는 유일하시며, 신앙의 주관적 내용, 다시 말해 동일한 성령님으로 말미암아 그를 신뢰하는 마음가짐도 모든 참된 성도들에게 있어서 동일하다.

세례도 하나요. "세례"는 그리스도의 죽음과 부활에 동참함을 의미하는 예식적 행사다(롬 6:1-11). 참된 신자마다 이와 같은 의미를 지닌 세례를 받아서 동일한 그리스도의 소유가 되었으니 그들의 신앙생활 노정에 서로 충돌이 있을 리가 없다.

6 하나님도 한 분이시니. 신자들이 섬기는 "하나님"이 각각 다르다면 그들의 행동 원리가 각각 다를 것이다. 그러나 그들의 하나님이 동일하시기 때문에 그들의 행동 원리도 당연히 동일해야 한다.

곧 만유의 아버지시라 만유 위에 계시고 만유를 통일하시고 만유 가운데 계시도다(καὶ πατὴρ πάντων, ὁ ἐπὶ πάντων καὶ διὰ πάντων καὶ ἐν πᾶσιν). 이 구절은 다음과 같이 고쳐 번역할 수 있다. "곧 모든 자의 아버지이신데 만물 위에 계시고 만물을 통하여 계시고 각 사람의 안에 계신다." 여기서 "만물"이라는 표현이나 "각 사람"이라는 표현은 다른 피조물들을 제외하지 않으나 특별히 신자들을 가리킨다. 하나님은 그들의 아버지로서 사랑으로 그들을 거느리시며, 그들 위에서 그들을 다스리시며, 그들 각자 안에 내재하셔서 역사하신다. 그러므로 신자들이 하나님께 순종할 때 그들은 하나가 될 수 있다.

설교 교회의 연합을 힘써 지키라(1-6절)

우리는 겸손, 온유, 오래 참음, 사랑으로 서로 하나 되도록 힘써야 한다. 왜냐하면 우리는 하나 되게 하는 객관적 환경에 살기 때문이다. 우리는 대개 주관주의자들이다. 나에게서 시작하고 나를 위하여 걸어간다. 그러나 나만이 중요하다는 의식은 죄를 범하게 만든다. 우리는 천지가 변하여도 변치 않는 든든한 객관적 환경에 살자! 그것이 무엇을 의미하는가?

1. 몸이 하나임. 우리는 객관적인 관점에서 몸이 하나라는 점을 기억해야 한다. 이것은 보이지 않는 교회를 뜻한다. 우리는 이 교회에서 살아야 한다. 보이는 교회는 무수해도 그것을 문제시하지 말고 보이지 않는 교회에 마음을 두어야 한다. 갈릴레이가 지동설을 취소하고 종교재판정에서 나오면서 여전히 "지구는 돌고 있다"라고 한 것과 같이, 우리는 보이는 교회에 살면서도 "교회(영적 교회)는 하나다"라고 확신해야 한다.

2. 성령이 한 분이심. 귀신들은 무수히 많으나 객관적으로 엄연히 계시는 성령은 한 분이시다. 성령의 열매로 나타나는 아홉 가지 덕행, 다시 말해 사랑, 희락, 화평, 오래 참음, 자비, 양선, 충성, 온유, 절제 등은 모두 하나 되게 하는 것이다.

3. 내세에 대한 소망도 하나임. 우리는 과거를 뒤돌아보지 말고 현재에 애착을 갖지 말자! 과거는 지나갔고, 현재는 잠깐이며, 그리스도 안에서 맞이하는 미래는 기쁘다. 내세 소망은 객관적으로 안전하여 아무도 이것을 흔들지 못한다. 그러니 우리는 무엇 때문에 누구와 다툴 것인가?

4. 주님도 한 분이심. 주님과 같이 좋은 이가 다시없다. 우리가 객관적으로 언제나 계셔서 변치 않으시는(히 13:8) 그분(예수 그리스도)만을 의지한다면 무슨 다툼이 있겠는가? 그분은 한 분이시기 때문에 우리는 그분만 믿되 단단히 믿게 된다. 바울은 "내게 사는 것이 그리스도"라고 하였고(빌 1:21), 진젠도르프는 "내 욕망은 하나뿐, 그것은 오직 예수시다. 그것은 오직 그분이시다"라고 하였다.

5. 믿음도 하나임. 이것은 주관적 신앙을 말하는 것이 아니며 신앙고백을 가리키는 것도 아니다. 이것은 모든 참된 그리스도인들이 동의하는 것인데, 객관적으로 엄연히 역사하는 칭의를 믿는 그 신앙을 가리킨다.

6. 세례도 하나임. 세례를 베푸는 데 있어서 누구에게든지 삼위일체의 이름으로 시행한다는 점에서 하나이고 죄를 씻는 의미로 물을 사용한다는 점에서도 하나다.

7. 하나님도 한 분이심. 모든 우상은 헛되며 객관적으로 엄연히 계시는 하나님은 한 분이시다(고전 8:4-6). 우리는 다 하나님께로 간다.

우리가 위의 일곱 가지 객관적 존재의 환경 속에서 살 때 우리는 하나 될 가능성이 크다.

7 우리 각 사람에게 그리스도의 선물의 분량대로. 이 말씀은 아래 있는 11절에 비추어 볼 때 하나님이 주신 은사가 사람에 따라 각각 다르다는 의미를 전달한다. 그러면 신자들이 받은 은사가 각각 다르다는 사실이 교회가 하나가 되어야 한다는 권면과 무슨 연관성을 가지는가? 이것은 신자들이 받은 은사가

각각 다르므로 서로 자기에게 있는 것으로써 남의 부족함을 도와서 하나가 되어야 한다는 의미에서 그 같은 권면을 뒷받침한다.

8 위로 올라가실 때에 사로잡혔던 자들을 사로잡으시고 사람들에게 선물을 주셨다. 이 말씀은 시편 68:18의 인용이다. 그리스도께서 승천하신 것은 사탄과 죄악과 사망을 이기신 일이며, 승천하신 후 성령을 보내심으로 모든 사람에게 은사를 주신다.

이 구절을 해석하는 데는 난관이 없지 않으나 깊이 생각하면 어렵지 않게 이해할 수 있다. ① "사로잡혔던 자들을 사로잡으시고"라는 말의 유래를 살펴보면, 다윗을 통하여 승전하신 여호와께서 많은 포로를 이끌어 오셨다는 뜻이지만, 궁극적으로는 그리스도께서 그 원수의 우두머리인 사탄 및 죄악과 사망을 정복하실 것을 예언한 말씀이다. ② "사람들에게 선물을 주셨다." 이 말은 시편 68:18의 내용과 다르다. 거기에는 "선물들을 사람들에게서 받으시며"라고 되어 있다. 그러나 이 두 가지 문구가 결과적으로 같은 것이다. 하나님이 쓰시는 사람 다윗은 승전하고 얻은 전리품을 후에 많은 사람에게 나눠주었다(시 68:12). 성령의 감동으로 이 말씀의 예언적 의미를 깨달은 바울은 그 말씀을 인용하여 그리스도의 승천으로 말미암아 궁극적으로 성취된 것이 무엇인지를 가르친다.

9-10 올라가셨다 하였은즉 땅 아래 낮은 곳으로 내리셨던 것이 아니면 무엇이냐 내리셨던 그가 곧 모든 하늘 위에 오르신 자니 이는 만물을 충만하게 하려 하심이라. 바울은 앞에 말한 예언(시 68:18)이 그리스도에게 대한 것임을 지적하며 해명한다. 그 예언에 "주께서 높은 곳으로 오르셨으며"라고 말씀한 것은 그가 땅으로 내려오셔서 머무신 일이 있었음을 암시한 것이니, 그렇게 하신 이는 예수 그리스도뿐이시다. 그런데 그리스도께서 "모든 하늘 위에 오르신" 목적은 모든 것들 위에서(하늘에 계셔서) 모든 사람에게 축복하시기 위함이었다. 그리스도께서 만민에게 영적 축복을 주시기 시작하셨을 때는 그가 승천하셔서 만물 위에

서 주권을 가지시게 된 그때다. 만물 위에서 주권을 가지신 후에 만물에 모든 은혜를 내리시는 것은 자연스러운 일이다.

11-16절. 이 단락은 교회의 신자들에게 각각 다른 은사가 주어진 목적을 밝힌다. 이렇게 각각 다른 은혜를 주신 목적은 ① 교회의 영적 생명이 장성하여(13-14절) 세상의 유혹에 동요하지 않게 하기 위해서고, ② 사랑을 실천하는 삶을 확립하기 위해서다(15-16절). 이 구절들을 읽으면서 우리가 주목하는 것은 여기서 사도가 교회를 하나의 사람, 혹은 하나의 몸으로 여기고 진술한다는 점이다. 하나님의 교회는 오묘하여 영적 생활을 영위하기 위해서는 단합이 절대적으로 요구된다. 단합함으로써 한 몸을 이루지 않으면 영적으로 온전하지 못한 상태가 된다.

11 그가 어떤 사람은 사도로, 어떤 사람은 선지자로, 어떤 사람은 복음 전하는 자로, 어떤 사람은 목사와 교사로 삼으셨으니. 이것은 앞 절의 내용과 마찬가지로 "만물을 충만하게" 하는 방법을 보여준다. "사도"는 그리스도께서 친히 세우신 자들로서 그리스도를 친히 목격하였고 교회의 기초를 세운 일꾼들이다(참조. 고전 9:1). 여기 "선지자"는 장래 일에 대하여 예언하기도 하였지만(행 11:28; 21:10-11), 그보다는 영적 교훈으로 교회를 권면하여 덕을 세우는 사역을 했다(고전 14:3). 이 직분 역시 사도처럼 교회를 세우는 데 기초를 놓는 사역이었다(2:20).

"복음 전하는 자." 이들은 각처에 다니며 복음을 전하는 자들인데, 빌립과 디모데 같은 사람들이 이에 해당한다(행 21:8; 8:26-40).

"목사와 교사." 이 직분의 명칭들(τοὺς ποιμένος καὶ διδασκάλους)은 하나의 관사로 묶여 있어서 하나의 직분이 갖는 양면을 보여준다. "목사"는 하나님의 양 무리를 하나님의 말씀으로 먹이는 자인데, 그는 또한 "교사"이기도 하다. 그러므로 잘 가르치는 은사를 소유한 자가 이 직분을 받아야 한다.

12 성도를 온전하게 하여. 이것은 위의 여러 가지 직분들의 목적을 보여준다. "온전하게 하여"(καταρτισμόν)라는 말은 "강하게 만듦"(strengthening)을 의미한다.

봉사의 일을 하게 하며. 성도를 온전하게(강하게) 만드는 목적은 "봉사의 일"을 하게 하기 위함이다. "봉사의 일"(ἔργον διακονίας)은 "사역"(work of ministry)이라고 번역되어야 한다. 우리는 여기서 보편화된 제사장 직분을 볼 수 있다. 신약 교회는 교역자들만이 교회 사역에 임하는 것이 아니라 모든 신자가 총동원되어 사역에 이바지해야 하는 조직이다. 이런 의미에서 그리스도를 믿는 자는 교역자들이나 일반 신자들이나 모두 함께 제사장이다(참조. 벧전 2:9). 그런데도 기독교 역사에서는 오랜 세월 동안 소수의 교역자가 자신들만 하나님과 더 가까운 위치에 있다는 잘못된 관념을 가지고서 그같이 처신해왔다. 그것은 신약 교회의 목사를 구약 시대의 제사장과 혼동한 폐단이다. 이제 기독교회는 각성하여 일반 교인들도 제사장 의식을 가지고서(벧전 2:5) 그리스도로 말미암아 직접 하나님 앞에서 봉사하도록 만들어 주어야 한다.

그리스도의 몸을 세우려 하심이라. 이 말은 그리스도의 몸 된 교회를 건설한다는 것이다. 이것은 에베소 신자들이 성도의 연합체로 세워져 가는 것을 가리킨다. 또한 이것은 신자의 숫자를 증가시키는 것과 관계있다고 할 수도 있지만, 그보다는 교회의 질적 향상을 염두에 둔 것이다.

13 우리가 다 하나님의 아들을 믿는 것과 아는 일에 하나가 되어 온전한 사람을 이루어 그리스도의 장성한 분량이 충만한 데까지 이르리니. 이 말씀은 그리스도의 몸 된 교회를 세우는(12하) 일의 목표를 보여준다. 그것은 ① 하나님의 아들에 대한 신앙과 지식에 신자들이 통일을 이루어 한 사람처럼 되게 하는 것이고 ② 그리스도가 그들에게 충만하도록 하는 것이다.

위의 두 가지는 참된 교회의 목표다. 여기서는 교회의 하나 됨을 강조하였는데, 기독교 역사에서 이것이 외부적으로는 만족하게 실현되지 못하였다. 그러나 교회가 영적으로 마침내 그 목표에 도달하게 될 것이다.

14-15 이는 우리가 이제부터 어린 아이가 되지 아니하여 사람의 속임수와 간사한 유혹에 빠져 온갖 교훈의 풍조에 밀려 요동하지 않게 하려 함이라 오직 사랑 안에서 참된 것을 하여 범사에 그에게까지 자랄지라 그는 머리니 곧 그리스도라. 이 말씀은 교회가 든든하게 세워진 결과를 보여준다. 그것은 ① 교회가 그릇된 사조에 끌려가지 않고(14절), ② 사랑으로 진리를 행하여 그리스도를 목표로 장성해 가는 것이다(15절). 진리를 주장하거나 행하는 자들이 사랑으로 하지 않는 것은 그리스도를 증언하는 진리 운동을 무효로 만든다(고전 13:1-3).

16 그에게서 온 몸이 각 마디를 통하여 도움을 받음으로 연결되고 결합되어 각 지체의 분량대로 역사하여 그 몸을 자라게 하며 사랑 안에서 스스로 세우느니라. 이 구절은 앞 절에서 사랑으로 진리를 행한 결과를 말해 준다. 그것은 교회의 지체가 된 신자들이 서로 소통하고 연락하게 됨으로써 교회가 화목한 가운데서 잘 발전해감을 보여준다.

설교 하나되자(1-16절)

1. 하나 되게 하는 덕(1-3절)

1) 모든 겸손과 온유와 오래 참음(2상). 이 세 가지는 남들과 원만한 관계를 유지하게 해주는 귀한 덕이다. 모든 사람이 높아지기를 좋아하는 세상에서 낮아질 줄 아는 사람은 사실 지혜 있는 자이며 스스로 화 구덩이에 빠지지 않도록 자신을 보호할 줄 아는 자다. 야고보서 4:6에 말하기를 "하나님이 교만한 자를 물리치시고 겸손한 자에게 은혜를 주신다"라고 하였다. "겸손"은 낮아지는 것이며 자아를 부정하는 것이다. 모든 축복은 인간이 만들어 내는 것이 아니고 오직 하나님으로부터 오는 것인데, 누구든지 자아를 부정

하는 것이 지혜로운 일이다. "온유와 오래 참음"은 겸손의 결과다. 사람이 자기의 부족함을 느끼고 존대 받기를 두려워하게 되면, 그는 온유한 자요 또 오래 참는 덕을 지닌 자다. 사람은 자기를 높이는 마음 때문에 천대와 억울함을 견디지 못한다. 불평과 다툼은 교만의 산물이다. "겸손"(ταπεινοφροσύνη)은 노예적 굴종을 의미한다.

2) 사랑 가운데서 서로 용납함(2하). "사랑 가운데서"라는 말은 위의 모든 덕이 사랑을 바탕으로 만들어지는 것임을 암시한다. 사랑이 없으면 겸손도 온유도 오래 참음도 생기지 않는다. 그렇다면 우리는 어떻게 해야 사랑을 소유하게 되는가? 사랑은 그리스도께서 나를 사랑하여주신 사실을 깨닫는 데서 일어나며, 그것을 깨닫게 하시는 이는 성령님이시다(롬 5:5).

3) 평안의 매는 줄로 힘써 지킴(3절). "평안"은 "화목"을 의미하는데 우리는 힘을 기울여야만 그것을 얻을 수 있다. 그래서 "힘써 지키라"라는 말이 뒤따라 나온다. 히브리서 12:14에는 "화평함과 거룩함을 따르라"라고 하였다.

2. 하나 되게 하는 터전(4-6절)

본문에서는 일곱 가지 "하나"에 대해 설명하는데, "몸, 성령, 소망, 주, 믿음, 세례, 하나님"이다. 이처럼 구원의 객관적 배경이 하나인데, 다른 신자들과 하나 되고자 하는 원칙에 따라 살지 않는 자는 구원의 객관적 원칙을 알지 못하는 자다.

3. 신자들이 각각 서로 다른 은사를 받은 이유는 서로 충돌하기 위한 것이 아님(7-16절)

1) 그 목적은 다른 성도를 도와줌으로써 온전하게 하기 위함이며(12상), 그리스도의 몸 된 교회를 세우기 위함이며(12하), 교회가 그리스도의 장성한 분량이 충만한 데까지 이르게 하기 위함이다.

2) 각자 받은 은혜의 사역은 서로 봉사하게 하고(12중) 하나님의 아들을 믿음과 아는 일에 하나 되게 하고(13절) 신자들이 피차 교제와 협력과 소통을 힘쓰게 하며 다툼을 멀리하고 사랑하게 하는 것이다(16절).

설교 자라나자(13-16절)

베드로후서 3:18에도 말하기를 "오직 우리 주 곧 구주 예수 그리스도의 은혜와 그를 아는 지식에서 자라 가라"라고 하였다. 신자가 신앙으로 자라난다는 것은 무엇을 의미하는가? 그것은 실상 자기 자신이 점점 작아지는 것이다. 다시 말해 그가 주님만을 더욱 높이고 자기 자신을 더욱 낮출 때 그의 영적 생명이 장성하는 것이다. 자라나는 비결은 무엇인가?

1. 신령한 양식을 잘 먹어야 한다.

특별히 단단한 식물을 먹어야 한다. "단단한 식물"은 장성한 자의 것이라고 하였다(히 5:14). 그리고 단단한 식물을 먹을 수 있는 사람은 히브리서 5:13의 말씀과 같이, "의의 말씀을 경험"한 자다. 하나님의 말씀을 어느 정도 알고도 순종으로 체험하지 않는 자는 더 깊은 말씀을 들어도 깨닫지 못한다. 순종하기 위하여 풀무불의 고생을 기꺼이 당하는 자라야 단단한 식물, 다시 말해 하나님 말씀의 더 깊은 맛을 알게 된다. 요한복음 7:17에 말하기를, "사람이 하나님의 뜻을 행하려 하면 이 교훈이 하나님께로부터 왔는지 내가 스스로 말함인지 알리라"라고 하였다.

2. 영적 질병에 걸리지 않도록 잘 보호해야 장성한다.

현대인은 지식이 발달할수록 그 몸이 질병에 걸리지 않도록 잘 보호한다. 그러나 옛날 사람들은 전염병이 유행할 때 그것에 대비할 줄 몰랐다. 콜레라

(cholera)가 유행할 때도 그들은 다만 병을 피한다는 명목으로 외진 산골로 흩어져 살았다. 그때 어떤 사람들은 산골에서 돌아와 자기 집을 향하여 총을 쏘고 들어갔다고 하니 얼마나 어리석은 행동인가? 그와 마찬가지로 신자들도 영적 생활을 영위하는 중에 신령한 생명을 해치는 전염병 같은 죄악들을 제대로 방비할 줄 모른다. 불평할 기회가 생기면 불평하고, 미워할 기회가 생기면 미워하고, 단체생활에서 생길 수 있는 모든 범죄의 충동을 그대로 받아들임으로써 신앙생활을 망친다. 남을 미워하는 생각, 남을 시기하는 생각, 남의 것을 탐하는 생각, 남을 세워주지 않는 생각 등 모든 범죄할 수 있는 기회가 단체생활에서 얼마든지 발생한다. 신자는 그 모든 기회에서 회개하며 자기를 쳐서 복종시키고 그 가운데서 승리해야 한다.

17-24절. 이 단락에서는 바울이 에베소 교회 신자들의 형편에 대하여 말한다. 당시 그들의 형편은 불신자의 상태를 버리고 중생하게 된 것이다. 그들의 신분은 진리로 말미암아 변화되었다.

여기서 바울은 에베소의 이방인 불신자들의 본성이 어떠함을 밝힌다. 그들이 가진 본성의 특징은 마음이 굳어졌다는 것이다(참조. 18하). 굳어진 마음에는 죄책감이 없다. 그렇다면 죄책을 느끼는 불안감은 영생의 소망을 지닌 자의 심리라는 점이 분명하다. 동시에 바울은 새 사람의 윤리가 어떠한지도 밝힌다(20-21절). 새 사람의 윤리는 예수 그리스도를 원천으로 삼는다. 이 단락에 그리스도를 가리키는 지칭이 네 번 나오는데, 20절에서는 "그리스도", 21절에서는 "예수", "그에게서", "그 안에서"라는 명칭을 사용한다.

우리는 참사람이신 예수님을 통해 보이지 않는 하나님의 성결을 배운다(마 11:28-30; 요 14:9-10). 그는 우리와 같이 되셔서 우리가 접촉할 수 있는 상대가 되어주셨다.

17 내가 이것을 말하며 주 안에서 증언하노니. "이것"이라는 말은 이제부터 권

면할 일들을 염두에 둔 것이다. "주 안에서 증언하노니"라는 말은 "주님이 친히 증언함과 같으니"라는 뜻을 가지는데, 이는 그 증거의 중대성을 지적한다. 이 증거를 가볍게 여기면 주님 앞에서 심판을 받는다.

허망한 것. 여기 사용된 헬라어(ματαιότης)는 거짓되고 따라서 열매 없는 것을 의미하는데, 그들이 우상을 섬기는 일을 형용하기 위해 특별히 이 단어를 사용한다.

18 **총명이 어두워지고.** 이것은 그들의 우상숭배의 결과다. 로마서 1:21에도 우상을 섬긴 결과 심령이 어두워지는 것에 대해 말하였다.

그들 가운데 있는 무지함과 그들의 마음이 굳어짐으로 말미암아 하나님의 생명에서 떠나 있도다. "무지함"은 하나님을 모르는 우둔함을 가리키고(롬 1:22), "굳어짐"은 하나님에 대해 심령이 부드럽지 않고 완고해짐을 말한다. "하나님의 생명"은 육신의 생명을 가리키지 않고 초자연적 생명, 다시 말해 사람이 거듭남으로써 얻는 하나님의 영적 생명을 가리킨다(Calvin). 위의 두 가지 병통(무지와 굳어짐)으로 인하여 그들은 하나님으로부터 영적 생명을 공급받지 못한다. 하나님으로부터 오는 영적 생명은 오직 하나님을 아는 참된 지식을 가지고서 하나님께 순종하는 부드러운 심령을 소유한 자만 얻는 것인데, 그것은 오직 거듭난 자들에게만 임하는 축복이다.

19 **감각 없는 자가 되어.** 이것은 하나님 앞에 두려움이나 부끄러움을 느낄 줄 모르는 자를 가리킨다. 여기서 "방탕"이라고 번역된 헬라어(ἀσέλγεια)는 본래 교만을 의미하였으나 후에는 방종(자기 멋대로 행함)을 가리키는 용어가 되었다. 이것은 양심의 가책이 없는 자가 어떤 행위든지 거리낌 없이 행함을 가리킨다.

더러운 것(ἐργασίαν ἀκαθαρσίας). 이 어구는 "더러운 사업"이라고 번역되어야 한다. 그러니만큼 이것은 광범위한 부정과 관련된 말이다. 이 말이 여기서는 "더러운 영리"라는 의미로 사용되었다. 사람들이 종교적으로 부패해지면

(우상숭배로 타락함과 같이) 도덕적으로도 부패해진다(참조. 롬 1:18-32).

20 오직 너희는 그리스도를 그같이 배우지 아니하였느니라. 이 말씀은 그리스도인들의 삶이 위에서 말한 이방인의 불경건하고 부도덕한 삶과 정반대가 되어야 할 것을 가르친다. 에베소 교회의 신자들은 그리스도를 영접한 이후에 마땅히 부도덕한 삶을 전면적으로 갱신했어야 할 것이었다(롬 6:16-23).

21 진리가 예수 안에 있는 것 같이. 불신자들 가운데는 허망함이 있으나(4:17) 예수님에게는 진리가 있다. 그러므로 신자들은 허망한 데 빠지지 말고 진리대로 행하는 것이 마땅하다.

너희가 참으로 그에게서 듣고 또한 그 안에서 가르침을 받았을진대. "그에게서 듣고"(αὐτὸν ἠκούσατε)라는 말은 "그를 들었고"라고 번역하는 것이 옳다. 에베소 교인들은 사도의 전도를 통하여 예수 그리스도를 들어 알게 되었다. "그 안에서 가르침을 받았을진대"(ἐν αὐτῷ ἐδιδάχθητε)라는 말은 그리스도에 대한 틀림없는 복음을 이론으로만 아니라 생명 있게 영적으로 배웠다는 의미다. 그들은 복음에 대한 바울의 교훈을 두 해 동안 성실하게 배웠다(행 19:10).

22 너희는 유혹의 욕심을 따라 썩어져 가는 구습을 따르는 옛 사람을 벗어 버리고. "옛 사람"이라는 표현은 범죄의 근성을 의인화한 것인데 이것은 인류의 조상 아담만큼이나 오래된 것이다. 왜냐하면 죄악이라는 것이 타락한 아담으로부터 유전되어 내려오기 때문이다(참조. 롬 6:6; 골 3:9). 찰스 하지(C. Hodge)는 말하기를, 이것은 ① 중생하기 이전의 사람이기 때문에 옛 사람이고, ② 타락하여 상처 입었고 부패한 인간성이기 때문에 옛 사람이라고 하였다.

"벗어 버리고." 이 말은 낡은 의복을 벗어버리듯이 모든 죄악을 깨끗이 내어버리라는 뜻이다. 옛 사람을 벗어버리는 것은 쉬운 일이 아니다. "옛 사람"이라고 말할 때는 다만 몇 가지 단점들을 지적하는 것이 아니라 부패한 전인격을 가리키는 것이기 때문에 그것을 벗어버린다는 것은 자기를 십자가에 못 박는 것과 같이 어려운 일이다(롬 6:6). 그러므로 이 일은 사람이 자기의 힘만으로는 할 수 없고 오직 하나님의 은혜의 능력으로 할 수 있는 것이다(2:5). 그렇다고 해서 사람의 노력이 필요하지 않다는 말은 아니다. 노력은 그것을 투자하는 사람의 소원이 진실함을 증명하는 것이다. 하나님은 그것을 원하신다(시 51:6). 하나님의 은혜는 신자의 노력을 유발하는 것이지 신자를 게으르게 만드는 것이 아니다(참조. 히 12:4).

24 하나님을 따라 의와 진리의 거룩함으로 지으심을 받은(τὸν κατὰ θεὸν κτισθέντα ἐν δικαιοσύνῃ καὶ ὁσιότητι τῆς ἀληθείας). 이것을 다르게 번역하면 "하나님을 따라 참된 의와 참된 거룩함으로 지으심을 받은"이라고 할 수 있다. 중생한 속사람은 하나님의 형상으로서 참된 의와 참된 성결을 소유하도록 성령으로 새롭게 지음을 받은 자다.

설교 벗을 것과 입을 것(20-24절)

1. 옛 사람을 벗으라(22절).

옛 행실이라고 하지 않고 "옛 사람"이라고 하였는데, 이는 죄악을 인격과 관련된 것으로 보는 근원적인 관찰이다. 죄악을 거부한다는 것은 그것의 원천인 인격을 거부하는 것이다. 존 번연(John Bunyan)은 말하기를 "죄가 물거품이라면 인격은 물 자체다"라고 하였다.

그리고 "썩어져 가는···사람"이라고 하였는데, 이 말은 곧 망할 사람이라는 뜻이다. 이것은 사람이 "자아"라는 것을 아껴둘 필요가 없이 거부해야 한다는 것을 암시한다. 썩은 것을 누가 아끼겠는가? 무엇이든 썩은 것이라면 사람들이 그것을 만지기조차 싫어하여 던져버린다.

2. 새 사람을 입으라.

이 말씀은 의와 경건(거룩함)을 옷 입듯 하라는 뜻이다. 의는 우리의 영을 살리는 것이고(롬 8:10), 경건은 범사에 유익한 것이다(딤전 4:8). 그러므로 우리는 의와 경건을 옷 입듯 하여 우리의 영혼을 보호해야 한다. 옷은 몸을 보호하는 것이다. 그러면 옷 입듯 한다는 말은 의와 경건을 파수함으로써 ① 죄와 타협하지 않는 것이고(고후 6:14) ② 죄에 기회를 주지 않는 것이고(롬 13:13) ③ 그리스도 안에 거하는 것이다(고후 5:17). 우리는 그 안에서 살고 그 안에서 일하고 그 안에서 쉬고 그 안에서 죽고 그 안에서 부활해야 한다. 이러한 새 생활은 고린도후서 5:14-17에 따르면 단계적으로 완성되어 간다. ④ 새 생명을 받은 줄로 "여기는"(14절의 "생각하건대"[κρίναντας]) 단계(14절)는 신앙 사상의 정립 단계를 말한다. 여기서는 지각(知覺)의 과정을 희생하고 성경적 사실주의에 정착하는 심리적 결단(판정)이 요구된다. 신앙은 이성을 희생하는 것을 의미한다. 루터는 이성을 "무지한 짐승"에 비유하였다. ⑤ 하나님과 진리에 대해 적극적으로 헌신하고 순종하는 단계(15절)는 확증의 단계인데, 행함으로 믿음을 확고하게 만드는 인간 편에서의 작업을 말한다. 이런 측면에서는 행동주의가 필요하다. 따라서 신자는 이 같은 여정에서 고난도 받게 된다. 그가 당하는 고난 때문에 그는 한층 더 새로워진다. "우리의 겉사람은 낡아지나 우리의 속사람은 날로 새로워지도다"라는 말씀(고후 4:16)이 그런 뜻이다. 이 단계에서는 신자가 자신이 "새로운 피조물"(17절)임을 깨닫고 자기 속사람을 객체로 느끼게 된다. 그의 속사람은 육신을 현저히 가치가 적은 존재로 알기 때문에 몸(겉 사람)을 아까워하지 않는다. 사람의 몸을 씨앗에 비유하면 껍질과도 같고 나비에 비유하면 번데기와도 같다고 할 수 있다. 씨앗은 그 속에서 새싹이 자라나고 번데기는 그 속에서 나비가 나온다. 그 껍질들은 소용이 없다.

설교 새로워지자(22-24절)

1. 썩어져 가는 구습을 버리자.

사람은 시간을 인식한다는 점에서 영적 존재이다. 그는 옛것, 다시 말해 과거의 자아를 돌아볼 줄 알며, 현재의 새 출발을 도모하기도 한다. 창세기 1:14이 말한 대로 하나님께서 인간을 위하여 연한을 정하신 것이 사람이 시간을 인식하게 하려는 것이다. 시간 인식은 중요하기 때문에 다윗은 "여호와여 나의 종말과 연한이 언제까지인지 알게 하사 내가 나의 연약함을 알게 하소서"(시 39:4)라고 하였다(참조. 시 90:12). 우리는 특별히 "썩어져 가는 구습", 다시 말해 모든 죄악을 버려야 한다. 죄 중에도 고질적이고 상습적인 악을 끊어야 한다. 특별히 불신앙이 큰 죄이며, 주님을 사랑하지 않는 것 또한 큰 죄악이다. 예수님께서 말씀하시기를 "죄에 대하여라 함은 그들이 나를 믿지 아니함이요"(요 16:9)라고 하셨고, 또 바울은 말하기를 "만일 누구든지 주를 사랑하지 아니하면 저주를 받을지어다"(고전 16:22)라고 하였다. 그뿐 아니라, 우리는 작은 죄까지도 문제시하고 끊어버려야 한다. 병균이 눈에 보이지 않을 정도로 작다고 해서 우리가 그것을 우리 몸에 보관할 수 있을까? 이때까지 우리가 옳게 살지 못하였으면 더 이상 그 자리에 머물지 말고 이제부터 바로 살면 된다.

2. 심령이 새롭게 되자.

심령은 인격의 본질이며, 사람에게 나타나야 할 참된 변화는 심령에서 이루어져야 한다. 이처럼 새로워지는 운동은 다음과 같은 요소들로 이루어진다.

1) 고난으로 이루어진다. 우리는 새해를 맞이할 때 올해에는 고통이 없기를 바란다. 그러나 그런 소원은 허망한 욕심이니 옳지 않다. 이 세상에는 고

통이 없을 수도 없지만 만일 없다 해도 그것이 우리에게 유익이 되지 못한다. 하나님은 우리에게 고난을 허락하셔서 우리의 인격이 변화되도록 섭리하신다. 고린도후서 4:16-17에 말하기를 "그러므로 우리가 낙심하지 아니하노니 우리의 겉사람은 낡아지나 우리의 속사람은 날로 새로워지도다 우리가 잠시 받는 환난의 경한 것이 지극히 크고 영원한 영광의 중한 것을 우리에게 이루게 함이니"라고 하였다. 사도 바울은 이 말씀을 하기 전에 다음과 같이 증언하였다. "우리가 항상 예수의 죽음을 몸에 짊어짐은 예수의 생명이 또한 우리 몸에 나타나게 하려 함이라 우리 살아 있는 자가 항상 예수를 위하여 죽음에 넘겨짐은 예수의 생명이 또한 우리 죽을 육체에 나타나게 하려 함이라"다(고후 4:10-11).

2) 하나님의 말씀으로 이루어진다. 사람의 심령은 진리를 통해서 변화된다. 심령은 의식(意識)으로 이루어져 있으며 사상을 통해 고쳐지는 것이다. 칼빈은 말하기를 "환상은 사라지고 말씀은 영혼이다"라고 하였다. 말하자면 하나님의 말씀이 우리의 영혼을 개조한다는 뜻이다. 에베소서 5:26에도 말하기를, "물로 씻어 말씀으로 깨끗하게 하사 거룩하게 하시고"라고 하였다.

3) 그리스도 안에 거함으로 새로워진다. 그리스도 안에 거하고자 하는 마음가짐이란 그리스도를 떠나면 죽는 줄로 아는 자세다. 방주 안에 들어간 자들은 방주 밖으로 나가면 죽는 것으로 알았을 것이다. 고린도후서 5:17에 말하기를 "그런즉 누구든지 그리스도 안에 있으면 새로운 피조물이라"라고 하였다. 예수님을 태양이라고 한다면 우리는 달과 같다. 달은 태양으로부터 빛을 받아 반사한다(참조. 고전 1:30-31). 우리가 새로워지면 의와 성결을 소유하게 된다. ① 우리는 의를 소유해야 산다. 잠언 11:4에 말하기를 "공의는 죽음에서 건지느니라"라고 하였고, 잠언 14:32에는 말하기를 "의인은 그의 죽음에도 소망이 있느니라"라고 하였다. ② 성결은 우리에게 얼마나 중요한 것인가? 그것은 하나님을 보게 하는 것이다(참조. 마 5:8; 히 12:14). 우리는 의

와 성결을 소유해야 한다.

25-32절. 이 단락에서는 신자들에게 권면하기를, 이웃을 해롭게 하지 말고 도리어 유익하게 하라고 말씀한다. 이런 점에서 바울의 언사는 부정적인 것이 아니라 적극적인 윤리를 권장하는 것이다. 말하자면 그는 거짓 대신 참된 것(25절), 도적질 대신에 근로(28절), 더러운 말 대신에 덕스러운 말(29절), 악독 대신에 인자(31-32절)를 권장한다. 기독교 윤리는 소극적인 가르침에 머무는 것이 아니고 적극적으로 권면함으로써 죄를 이기게도 하고 의를 건설하게도 하는 것이다.

25 **그런즉**. 이것은 17-24절 말씀과 같이 복음을 듣고 거듭난(참조. 특별히 23절) 자들이 행할 윤리를 말해 준다.

거짓을 버리고. 여기서 말하는 "거짓"은 다름 아니라 사도 요한이 그의 서신들에서 말한 바와 같은데, 요컨대 주님을 안다고 하면서도 그의 계명(서로 사랑하라는 계명; 요 13:34)을 실행하지 않는 것이다(요일 2:4). 이런 거짓된 행위는 이웃 사람을 해롭게 하는 것인데, 곧 한 몸에 속한 지체를 해치는 일이다. 여기서 "참된 것"이라는 말은 22절의 "유혹의 욕심"이라는 어구에 포함된 "유혹"이라는 말과 대조된다. "욕심"을 품은 자는 자신을 속이지만, 하나님의 형상을 따르는 의와 성결은 참되어서 사람들이 바른 목표에 도달하게 해 준다.

26 **분을 내어도 죄를 짓지 말며**. 신자가 분을 내려면 그리스도의 거룩하신 의분처럼(막 3:5) 무죄하게 분을 낼 것이고, 혈기나 악독의 폭발로 하지 말아야 하며 또한 그의 분노를 연장하지 말아야 한다. 바울이 여기서 가르치는 내용은 어떤 형편에서도 분노는 용납되지 않는다는 스토아 철학의 교훈과는 다르다(Lenski). 바울은 사람이 의로운 분노를 낼 수도 있다는 의미에서 "분을 내어도"(ὀργίζεσθε)라고 하였다.

해가 지도록 분을 품지 말고. 어두운 밤은 사람의 분노를 조장하는 때이므로 바울이 이렇게 말하였다는 벵겔(Bengel)의 해석(affectus noctu retentus alte insidet)은 적합해 보이지 않는다. 이 문구를 문자적으로 해석하지 말아야 하는 이유 가운데 하나는, 1년 중 대부분의 시기에 해를 보지 못하는 그린란드(Greenland) 사람들에게는 이 같은 권면이 무의미할 것이기 때문이다. 그러므로 우리가 이 말씀을 읽으면서 깨달을 점은, 분노한 사람이 그 분노를 다음 날까지 연장하지 말고 당일에 노를 풀고 화평을 되찾아야 한다는 것이다. 분노는 시간이 오래 지날수록 악독을 발생시킬 우려가 크기 때문에 그것을 속히 멈추어야 한다. 인간은 연약하여 그 심신이 악독에 감염되면 선악을 분별하지 못하게 되어 구타와 살인의 악행까지 감행하게 된다.

27 마귀에게 틈을 주지 말라. 이것은 해가 지도록 분노를 품지 말라는 말씀의 이유를 제시한다. 분노를 오랫동안 품고 있으면 그 틈을 타서 마귀가 활동을 개시한다. 마귀는 항상 우리가 약해지는 기회를 엿보고 있다가 달려들어 우리를 넘어뜨리려 하는 간교한 자다. 그러므로 우리는 저 간교한 자가 늘 우리 곁을 서성이고 있음을 영적인 안목으로 바라보고 깨어 있어야 한다.

28 도둑질하지 말고. "도둑질"에는 여러 가지가 있는데, ① 강탈하는 도둑질, ② 훔치는 도둑질, ③ 속여서 빼앗는 도둑질 등이다. 그리고 우리가 도둑맞는 것도 여러 가지인데, 물질, 명예, 권리 등이다. 도둑은 첫째로 자기 자신을 부양할 책임을 이행하지 않으며, 둘째로 가난한 자를 구제할 상부상조의 책임을 다하지 못하고 도리어 사회에 해악을 끼치는 자다.

가난한 자에게 구제할 수 있도록 자기 손으로 수고하여 선한 일을 하라. 이 말씀은 신자가 수고롭게 일해야 할 이유를 보여준다. 일반적으로 사람들은 자기들의 생계를 위하여 노동한다. 그러나 다른 사람을 나처럼 사랑하라고 하신 그리스도의 교훈(마 22:39)을 따르는 신자들이 노동하는 목적은 위대하다. 그것은 바로 다른 사람을 구제하는 일을 우선시하는 것이다. 이 같은 노동의 목적이 진리이고 위대한 것이기 때문에 그들은 수고하면서도 기뻐할 수 있다.

29 무릇 더러운 말은 너희 입 밖에도 내지 말고. 이 말씀은 모든 악담이나 음담을 엄하게 금하는 것인데, 말하자면 교회의 건덕상 해로운 말을 금지하는 것이다. 야고보는 사람의 혀가 악용될 때 우리의 지체 가운데 다른 어떤 것보다 사람들에게 커다란 해독을 끼친다고 말하였다(약 3:1-12).

덕을 세우는 데 소용되는 대로 선한 말을 하여 듣는 자들에게 은혜를 끼치게 하라. 여기서 이른바 "덕을 세운다"라는 말은 단체, 특별히 교회를 유익하게 하는 일을 가리킨다. 그리고 "소용되는 대로"(χρείας)라는 말은 "요구되는"이라는 뜻인데, 덕을 세울 기회에 요구되는 선한 말을 하라는 것이다. 잠언 25:11에 말하기를 "경우에 합당한 말은 아로새긴 은 쟁반에 금 사과니라"라고 하였다.

"은혜를 끼치게 하라." 이 말은 신자 자신이 남들에게 은혜를 준다는 의미는 아니다. 다만 그가 선한 것을 말할 때 하나님이 역사하셔서 은혜를 끼치게 된다는 뜻이다.

30 헬라어 원문에는 이 구절 첫머리에 "또" 혹은 "그리하여"를 의미하는 접속사(καί)가 사용되어 말조심의 목적을 가르친다.

하나님의 성령을 근심하게 하지 말라. 이 말씀을 보면 성령께서 신자의 마음속에 계셔서 그를 사랑하시고 역사하신다는 사실을 알 수 있다. 신자가 잘못을 범하면 성령은 근심하신다. 야고보서 4:5에 성령께서 신자의 속에 계셔서 시기하시기까지 사랑하신다고 하였다. 성령께서는 이스라엘이 배은망덕할 때도 근심하셨다(사 63:10).

구원의 날까지. "구원의 날"은 주님의 재림 때에 신자들이 부활함으로 구원이 완성될 날을 가리킨다. 그때가 이르기까지 마치 인장이 보증의 역할을 하는 것처럼 우리에게 구원의 확신을 주시는 이가 성령이신데, 우리가 그를 근심시키면 우리의 확신이 약해지고 영적인 능력도 위축될 우려가 있다.

인치심을 받았느니라. 말하자면 하나님께서 신자에게 성령을 주신 것은 마지막까지 그의 구원을 보증하기 위하여 인친 것과 같다는 뜻이다. 이러한 비유가 성립하는 이유는, ① 그가 받은 성령이 그에게 믿음을 주셨을 뿐 아니라 확신도 주실 것이기 때문이며(3:16), ② 그가 받은 성령이 마침내 그를 죽은 자 가운데서 다시 살리시기 때문이다(롬 8:11).

31 악독(πικρία). 이것은 일종의 불친절을 가리키는데, 기분이나 말이나 행동에 있어서 독을 발산하는 것이다. 이것은 아래 기록된 "노함과 분냄"으로 나타나기도 한다.

노함과 분냄. 헬라어 원문의 순서는 "분냄과 노함"(θυμὸς καὶ ὀργή)으로 되어 있다. 어떤 학설에 이르기를 "분냄"(θυμός)은 속에서 불타듯이 일어나는 것이고 "노함"(ὀργή)은 표면에 나타낸 것이니, 분은 노를 발생시키는 원인이 된다고 하였다.

떠드는 것과 비방하는 것. "떠드는 것"(κραυγή)은 분냄과 노함이 노골화하여 분쟁 상태에 들어간 것이고, "비방"(βλασφημία)은 남의 명예를 손상하는 모욕적인 언사를 가리킨다. 비방은 "떠드는 것"의 결과다. 사람을 비방하는 자는 동시에 하나님께 대해서도 호의 없는 마음가짐을 가지기 쉬우므로 위험하다.

그런데 위에서 거론한 모든 죄악은 서로 인과관계를 가지고 점증적으로 확대되어 나타난다. "악독"에서 "분냄"으로, "분냄"에서 "노함"으로, "노함"에서 "떠드는 것"으로, "떠드는 것"에서 "비방"으로 확대되는 것이다. 이처럼 죄는 작은 것에서 시작하여 큰 것으로 발전하는 경향을 보이기 때문에, 작을 때는 극복하기가 쉽지만 일단 커지고 나면 누를 수 없게 된다.

악의와 함께 버리고. 여기에 "악의"라는 항목이 특별히 추가된 이유는 이것이 위에 기록된 모든 죄악의 뿌리가 되기 때문이다. "악의"(κακία)는 남을 해치고자 하는 독한 마음이다.

32 서로 친절하게 하며 불쌍히 여기며 서로 용서하기를 하나님이 그리스도 안에서

너희를 용서하심과 같이 하라. "친절하게 함"은 다른 사람에게 호의를 보이는 것을 의미하는데, 이는 각박함에 반대되는 것이다. 이것은 다음 항목인 "불쌍히 여김"(내부에서 솟아오르는 긍휼)에서 비롯되는 것인데, 이 두 가지는 서로 인과관계를 가진다. "용서"하라는 것은 서로 간에 죄를 용서하라는 말인데, 이 일은 신자들이 그리스도를 본받아 그가 받은 은혜로 행할 수 있다. 벵겔(Bengel)은 말하기를, "우리를 정죄할 수 있는 최고의 이유를 가지신 이는 그리스도시다"라고 하였다. 그런데도 그리스도께서는 우리를 용서하셨다. 누구든지 용서를 실천하지 않으면 그 자신이 손해를 당한다. 아무리 "내"가 옳다고 해도 남을 용서하지 않으면 하나님께서 "나"를 용서하지 않으신다 (마 6:14-15).

제 5 장

개요

1. 사랑으로 행하라는 말씀(4:25-32)의 결론(1-2절)
2. 불신자의 죄악을 떠나 빛 가운데 행하라고 경계함(3-14절)
3. 신자의 지혜(15-21절)
4. 부부간의 도덕(22-33절)

해석

1　사랑을 받는 자녀 같이. "사랑을 받는"(ἀγαπητά)이라는 말은 "사랑함이 된" 것을 의미한다. 하나님께서는 죄인 된 우리를 아무런 조건 없이 택하시고 영원토록 자녀로 삼으시는 무궁한 사랑을 나타내셨다. 이는 무조건적이고 변치 않는 사랑이다. 그리고 하나님은 독생자를 십자가에 버리시기까지 하신 희생으로 신자들을 사랑하셨다. 이렇게 그들은 하나님의 사랑을 받은 자들이다.

하나님을 본받는 자가 되고. "하나님을 본받는 자가 되라"는 말씀은 신약성경 가운데 여기에만 있다. 인간은 하나님의 형상으로 창조되었기 때문에 하나님을 본받아야 할 책임을 지니고 있다. 비록 범죄한 인간이라 해도 신자는 하나님의 형상을 회복한 자들이기 때문에 이러한 권면을 받아들이는 것이 합당하다(마 5:48). 요컨대 하나님이 그들을 사랑하신 것같이 그들도 하나님을 사랑하라는 권면의 말씀이다. 이 말씀은 4장 마지막 부분의 사상을 계승하는 것임이 분명하다.

2 그리스도께서 너희를 사랑하신 것 같이 너희도 사랑 가운데서 행하라 그는 우리를 위하여 자신을 버리사 향기로운 제물과 희생제물로 하나님께 드리셨느니라. 앞 절에서는 하나님을 본받으라 하였고 여기서는 "그리스도"를 본받으라고 말씀한다. 그리스도는 우리를 위하여 친히 속죄 제물이 되시는 희생의 사랑을 나타내셨다.

"제물"(προσφορά)이라는 말은 하나님께 드리는 예물을 뜻하고, "희생제물"이라고 번역된 히브리어(זֶבַח)는 죽임을 당한 제물(θυσία)을 뜻한다. 예수 그리스도께서 십자가에서 죽임을 당하신 것은 하나의 순교가 아니라 우리의 죄로 말미암아 대신 드려지신 속죄제물로서의 죽음이었다.

3 음행과 온갖 더러운 것. "더러운 것"(ἀκαθαρσία)은 광범위한 뜻을 가진 표현으로서 음행과 기타 부당한 영리 행위까지 포함하는 말이다.

탐욕. 이것은 세상의 것을 취하면 취할수록 더욱 취하고 싶어 하는 마음을 가리킨다. 이런 마음의 소유자는 언제나 하나님보다 물욕을 앞세우고 거기에 열중하기 때문에 탐심은 우상숭배와 같다(골 3:5).

4 누추함…어리석은 말…희롱의 말. 이 세 가지 말은 남에게 손해를 끼치는 언사다. "누추함"(αἰσχρότης)은 부끄러움을 의미하는데, 이는 남에게 수치를 주는 언행이고, "어리석은 말"(μωρολογία)은 남의 마음을 헤아리지 못하는 미련한 말이니 남에게 무례한 언사요, "희롱의 말"(εὐτραπελία)은 덕을 세우기

위한 유익한 농담(상대편을 존대하거나 함께 즐기기 위해서 하는 농담)이 아니라 상대편을 무시하고 농락하는 말을 의미한다.

감사하는 말을 하라. 이것은 사람에게보다는 하나님께 감사하라는 말씀이다. 다시 말해 언제나 하나님께 감사하는 마음으로 사람들을 대하고 또 그들과 대화해야 할 것을 가리킨다.

5 너희도 정녕 이것을 알거니와. 다시 말해 에베소 신자들이 아래 언급한 사실을 확실히 안다는 뜻이다. 그것은 음행하는 자나 탐하는 자가 하나님 나라의 기업을 누리지 못한다는 사실이다.

음행하는 자나 더러운 자나 탐하는 자 곧 우상 숭배자는 다 그리스도와 하나님의 나라에서 기업을 얻지 못하리니. 이것은 불신자가 회개하기 이전의 상태를 말한다. 칼빈(Calvin)은 말하기를, 이것은 그 같은 죄를 범한 자가 그리스도를 믿지 않을 때는 정죄를 받는다는 의미라고 하였다(참조. 고전 6:11).

"우상 숭배자." 이 말은 오직 "탐하는 자"라는 표현과만 관련된 것이다(참조. 골 3:5). 이 구절에 있는 죄목들의 의미에 대해서는 3절 해석을 참조하라. "하나님의 나라에서 기업을 얻지 못"한다는 것은 천국에 들어가지 못한다는 말과 같은 뜻이다.

6 누구든지 헛된 말로 너희를 속이지 못하게 하라. 이 같은 권면을 하는 이유는 그 당시에 어떤 거짓 스승들이 음행과 같은 행동은 죄가 아니라고 가르쳤기 때문일 것이다.

이로 말미암아 하나님의 진노가 불순종의 아들들에게 임하나니. "이로 말미암아." 이 말은 "음행, 탐욕 등의 죄로 말미암아"라는 뜻이다. "불순종의 아들들"은 그리스도를 믿지 않는 무리를 가리킨다.

7 그러므로 그들과 함께 하는 자가 되지 말라. 이 말씀은 6절에 제시된 하나님의 진노를 당하지 않기 위하여 5절에 기록된 죄악을 범하지 말라는 것이다. 같은 죄에 참여하면 같은 벌을 받는다.

8 너희가 전에는 어둠이더니 이제는 주 안에서 빛이라. "어두움"(σκότος)은 ① 하나님을 모르는 무지, ② 도덕적으로 부패해진 우매함, ③ 그리고 육적으로나 영적으로 당하는 영원한 불행을 의미한다.

"주 안에서 빛이라." 인간은 아담 때부터 전적으로 타락하고 부패하였으나 그리스도를 믿는 자는 성령으로 말미암아 새로워지고 하나님을 앎으로써 천국에 들어가게 된다. 그것을 여기서는 "빛"에 비유하였는데, "빛"은 하나님을 아는 지식, 거룩하고 깨끗한 생활, 또는 참되고 영원한 행복을 상징한다.

9 빛의 열매는 모든 착함과 의로움과 진실함에 있느니라. "빛의 열매"라는 것은 빛에 합당한 행실을 의미한다. 복음 진리를 아는 자들은 모두 빛의 자녀들이다. 이 자녀들은 아버지 하나님의 뜻, 다시 말해 빛을 따라 행해야 축복을 받는다. 아버지의 뜻을 따르지 않는 자들은 어두운 가운데 행하니 넘어질 수밖에 없다. "착함"의 주된 속성은 사랑이며, "의로움"은 불의에 반대되는 것이고, "진실함"은 위선과 외식에 반대되는 것이다. 아무리 선이 있고 의가 있어도 진실이 없으면 그것은 생명 없는 꽃과 같다. 그것은 오래 가지도 못하고 자체로 생명력이 없다. 선(사랑)만 있고 의(올바름)를 소유하지 못한 사람은 치우쳐서 유약해질 수밖에 없고, 의만 있고 선이 없는 사람은 사나운 태도를 보일 수밖에 없다. 그러므로 이 둘을 겸하여 소유해야만 각각의 특색을 보전할 수 있고 결과적으로 신앙 인격을 세울 수 있다. 이 같은 신앙 인격의 소유자는 그 언행 심사에 있어서 진실로 일관성을 보인다.

10 기쁘시게. 빛의 아들들은 하나님 아버지를 기쁘시게 하는 것을 목표로 삼아야 한다. 아버지 하나님을 "기쁘시게" 하는 것은 신자가 전심전력해야 할 삶의 유일한 목표다. 아버지를 "기쁘시게" 하는 일은 자기 자신에게도 복이 되는 유일한 길이다.

시험하여 보라(δοκιμάζοντες). 이것은 신자가 하나님을 기쁘시게 하려고 애쓰는 의도가 무엇인지를 알려준다. 마치 과학자가 실험실에서 실험하면서 결과를 기다리듯이 신자는 그가 하는 모든 행위에 대해 잠시도 주의를 게을리하지 않는다. 그는 모든 행위마다 과연 하나님을 기쁘시게 해드리는 일인지 여부를 살펴본다.

11 너희는 열매 없는 어둠의 일에 참여하지 말고 도리어 책망하라. 이것은 앞에서 말한 주님의 뜻(빛의 열매)을 행하는 걸음의 소극적 단계를 말한 것인데, 그것은 ① "어둠의 일"(죄악)에 참여하지 않는 것이고, ② 도리어 어두움의 일을 "책망"하는 것이다. 불의를 책망하는 것은 의를 행하기 위해서는 마땅한 일이다. 왜냐하면 그렇게 함으로써 "나" 자신도 더욱 책임감 있게 의를 힘쓰게 되기 때문이다. 그런데 우리가 이처럼 불의를 책망할 때 조심할 것이 있다. 책망하는 일을 혈기로 하지 말아야 하며, 상대방을 미워하는 마음으로 하지 말아야 하며, 비방으로 하지 말아야 하며, 능욕하지도 말아야 한다는 것이다.

12-13 그들이 은밀히 행하는 것들은 말하기도 부끄러운 것들이라 그러나 책망을 받는 모든 것은 빛으로 말미암아 드러나나니 드러나는 것마다 빛이니라. 12-13절은 "어둠의 일"을 책망해야 할 이유를 밝혀준다. ① 어두움의 일은 "말하기도 부끄러운" 것이기 때문에 그것을 "책망"하는 일이 불의를 방지하는 길이 된다는 것이고(12절), ② 불의로 말미암아 책망을 받는 자에게 "빛"이 나타난다는 것이다(13절). 말하자면 그 사람이 회개하여 새사람이 됨으로써 빛이 나타난다는 뜻이다. 책망을 받는 그 사람이 설사 회개하지 않는다고 해도 그의 양심에는 어느 정도 빛이 전달되었을 것이다. 불의를 대항하여 밝히 책망하는 일조차 하지 않는다면 그처럼 불의한 세계에는 사람의 도의에 대한 인식도 없을 터이니, 그렇게 무지한 세계는 지옥과 유사한 것이 아니겠는가?

14 그러므로 이르시기를 잠자는 자여 깨어서 죽은 자들 가운데서 일어나라 그리스도께서 너에게 비추이시리라 하셨느니라. 이것은 이사야 60:1을 해석적으로 인용한

것이다. 이사야 60:1은 다음과 같다. "일어나라 빛을 발하라 이는 네 빛이 이르렀고 여호와의 영광이 네 위에 임하였음이니라." 여기서 이른바 "네 빛이 이르렀고"라는 말씀은 여호와, 곧 그리스도께서 이르렀다는 말을 비유적으로 표현한 것이다(참조. 사 60:2). 이것은 불신자들의 회개를 독촉하는 말씀이다.

15-21절. 이 단락에서는 빛의 자녀들이 적극적으로 힘써야 할 삶에 대하여 진술한다. 11절 해석을 참조하라.

15 어떻게 행할지를 자세히 주의하여. 중대한 일에는 실수가 따르기 쉬우니 매사에 "자세히 주의하여" 행동해야 한다. 하나님을 기쁘시게 하는 일은 무엇보다 중대한 일이다.

지혜 있는 자 같이 하여. 여기 "지혜"라는 말은 이론적인 지식이 아니라 실제 생활에 적용하는 슬기를 말한다. 이에 대해 칼빈은 구체적으로 말하기를 "하나님을 인도자로 모시는 것이 참 지혜다"라고 하였다. 주님의 뜻은 언제나 지혜다(참조. 10, 17절).

16 세월을 아끼라 때가 악하니라. "세월을 아끼라"라는 문구의 헬라어(ἐξαγοραζόμενοι τὸν καιρόν)는 "기회를 속히 구해오라", 다시 말해 "기회를 사서 가져오라"라는 의미이다. 기회는 처신이나 결단의 기초가 되는데, 이것을 앞에 두고서는 마음에 긴장이 생긴다. 우리는 바울이 여기서 모든 시간(세월)을 기회로 여기고 있음을 볼 수 있다. 기회는 머물지 않고 계속 흘러가기 때문에 우리가 그것을 사서 내 것으로 삼지 않으면 그것은 영원히 떠나가고 만다. 그렇다면 이처럼 귀한 기회를 무엇으로 값 주고 살 수 있는가? 그것은 신자가 믿음, 회개, 기도의 결단을 통해 주님의 뜻대로 살고자 하는(17절) 노력과 희생을 치름으로써 살 수 있다. 요컨대 우리가 노력과 희생으로써 주님을 기쁘시게 해드리면 기회는 영원한 가치를 지닌 채 우리의 소유가 된다. 우리가 이처럼 시급하게 기회를 구해야 하는 이유는 이 세대가 악하기 때문이

다. 우리가 그것을 사서 가지지 않는다면 그 기회는 악한 일에 사용되고 말 것이다(딤전 6:17-19).

17 그러므로 어리석은 자가 되지 말고 오직 주의 뜻이 무엇인가 이해하라. 이 구절은 15절에서 이어지는 말씀이다. 사람에게는 주님의 뜻을 아는 것이 지혜다. 왜냐하면 주님의 뜻에 순종하는 삶은 영원히 가치 있는 것이기 때문이다.

18 술 취하지 말라…성령으로 충만함을 받으라. 이것은 술에 취하는 대신에 성령님께 취하라는 말씀과 같다. 성령을 충만히 받는다는 말은 ① 술에 취한 자의 전신이 술에 감염된 것처럼 성령님의 감화력이 신자의 심신에 가득하다는 뜻이며, ② 술이 그 취한 자의 생각과 행위를 주관하는 것처럼 성령님께서 그 신자의 생각과 행위를 주관하신다는 뜻이다.

사람은 누구나 다 허약한 인생이다. 그러므로 성경은 인생을 가리켜 "겨와 같다"라고 하였고(시 1:4), "안개"라고 하였고(약 4:14), 또한 "삼오라기 같다"라고 하였고(사 1:31), "연기 같다"라고 하였다(시 102:3). 그래서 인생은 어떤 강력한 힘에 붙잡히려고 애쓴다. 왜냐하면 힘에 붙잡히지 않고서는 이 세상의 모든 난관을 이겨낼 수 없기 때문이다. 그래서 사람들은 자기 약함을 극복하고자 하는 마음으로 술에 의지한다. 그러나 사람이 술에 취하는 것은 자신을 망가뜨리는 길이니 대단히 잘못된 행위다. 사람은 성령으로 충만해야 한다.

하나님께서 "성령으로 충만함을 받으라"라고 명령하셨으니, 인간은 그러한 은혜를 반드시 받아야 한다. 하나님은 성령 주시기를 원하시는데(눅 11:13) 사람들은 이 선물 받기를 원하지 않는다. 그러나 원하는 자는 이 선물을 받는다(계 22:17). 오직 성령으로 충만함을 받은 성도들이라야 이 괴로운 세상에서 기쁘게 살 수 있다. 세상 사람들은 이런 사람을 가리켜 미쳤다고 말한다(행 26:24; 고후 5:13). 그러나 실상은 성령으로 충만해야만 정상적인 인생을 영위할 수 있다. 성령으로 충만하지 못한 자는 모두 다 허약한 자다. 그들은 엄밀히 말해 미친 자들이다. 그들은"악을 선하다 하며 선을 악하다 하며 흑암으로 광명을 삼으며 광명으로 흑암을 삼으며 쓴 것으로 단 것을 삼으며 단 것으로 쓴 것을 삼는 자들"(사 5:20)이다. 죄를 떡 먹듯 하는 자들을 어찌 정상이라고 말할 수 있겠는가!

19 시와 찬송과 신령한 노래들로 서로 화답하며 너희의 마음으로 주께 노래하며 찬송하며. "시"는 구약의 시편을 가리키고, "찬송"은 성도들이 성령님의 감화를 받아서 지은 노래를 가리키며, "신령한 노래들"은 이 두 가지를 총칭하는 듯하다.

"서로 화답하며." 이 말은 서로 주고받으며 노래하는 것을 가리키는데, 이는 마음과 마음을 화합하는 일에 능력 있게 작용하는 노래의 방법이다.

"너희의 마음으로 주께 노래하며." 만일 노래가 입술로만 행하는 봉사(lip service)로 그친다면 그것은 외식하는 일이 되기 때문에, 신자의 노래는 심령에서 우러나오는 것이어야 한다. 그렇다면 찬송은 심령에서 힘있게 솟아나는 일종의 기도가 되어야 하며 또한 신앙고백이어야 한다. 따라서 찬송가의 가사나 곡조는 심령을 감화할 수 있도록 잘 구성되어야 하며, 또한 성도들은 그 노래를 올바른 발성법에 따라 부를 수 있도록 훈련받아야 한다.

20 그리스도의 이름으로 항상 아버지 하나님께 감사하며. "그리스도의 이름으로" 감사한다는 것은 무엇을 의미하는가? ① 신자들이 받은 은혜는 그리스도의 공로로 말미암은 것이니(롬 8:32) 그 공로를 인정하는 의미에서 감사할 것이 요구된다. 이것이 바로 "그리스도의 이름으로" 감사한다는 말의 의미다. 그뿐 아니라 ② 우리는 감사의 말조차도 하나님께 직접 올릴 수 없는 무가치한 죄인이기 때문에 그리스도의 중보를 의뢰하는 의미에서도 그리스도의 이름으로 감사한다.

신자들은 무엇 때문에 감사하는가? 그들은 과거에 받은 은혜와 현재 받는 은혜와 미래에 받을 은혜(이것은 약속의 형태로 되어 있음)로 말미암아 감사해야 한다. 바울은 과거나 현재나 미래의 환난까지도 은혜로 여겼을 것이다

(참조. 롬 8:28).

21 그리스도를 경외함으로 피차 복종하라. 이것은 교회 안에서 신자들 간에 서로를 존중해야 할 것을 가르친다. 비록 미약한 신자일지라도 그가 그리스도의 보혈로 구속받은 자녀이며 그리스도의 지체이기 때문에 그의 신분도 다른 신자들과 마찬가지로 존귀하다(참조. 시 16:3).

설교 세월을 아끼라(15-21절)

"세월을 아끼라"(ἐξαγοραζόμενοι τὸν καιρόν)라는 말은 "기회를 사라"는 뜻이다. 이것은 값을 치르고서 시간을 내 소유로 만드는 것을 뜻한다. 우리가 세월을 아껴야 하는 이유는 시간이 귀하기 때문이다. 특별히 "현재"라는 시간이 우리에게는 귀하다.

1. 현재라는 시간은 영원한 장래를 내다보고서 결단할 기회다.

현재를 가볍게 여기는 자는 영원히 홀대를 당한다. 예수님께서 말씀하시기를 "지금 주린 자는 복이 있나니 너희가 배부름을 얻을 것임이요 지금 우는 자는 복이 있나니 너희가 웃을 것임이요"(눅 6:21)라고 하셨다. 사람은 오늘 심은 대로 후일에 거둔다. 갈라디아서 6:8에 "자기의 육체를 위하여 심는 자는 육체로부터 썩어질 것을 거두고 성령을 위하여 심는 자는 성령으로부터 영생을 거두리라"라고 하였다.

우리는 장차 심판받을 준비를 "지금" 해야 한다. 하나님께서는 우리가 순간순간 주님 만날 그때를 준비하기를 원하신다. 데살로니가전서 5:4에 말하기를, "형제들아 너희는 어둠에 있지 아니하매 그 날이 도둑 같이 너희에게 임하지 못하리니"라고 하였다. 아우구스티누스는 말하기를, "우리가 매일 맞이하는 날을 우리 인생에서 최후의 날과 같이 알고 살라"라고 하였고, 무디는 "우리의 최후의 날이 우리에게 알려지지 않은 이유는 우리가 하루하루를 우리의 최후의 날로 알고 살게 하려는 데 있다"라고 말하였다. 우리는 매일매일 하나님 만나기를 준비하고 있어야 한다.

2. 현재는 하나님의 뜻대로 살아야 할 기회다.

우리에게 주어진 기회를 활용하여 영원한 가치가 있는 삶을 살아야 한다. 본문 17절에서 "오직 주의 뜻이 무엇인가 이해하라"라고 하신 말씀이 그런 의미다. 주님의 말씀만이 우리에게 주님의 뜻을 알려주며, 주님의 뜻은 우리 인생에 있어서 생의 궤도라고 할 수 있다. 인생이 궤도를 벗어나면 어찌 순조롭겠는가? 기차가 선로를 벗어나는 것은 위험천만한 일이다. 주님의 말씀은 어떤 생명 없는 법칙이 아니고 살아 계신 그분의 언약이다. 그러므로 그의 말씀을 지키는 자는 사실상 살아 계신 주님 앞에서 복을 누리는 자라는 사실을 확신해야 한다. 주님의 말씀을 지키는 일은 홀로 무거운 짐을 지는 수고로 끝나는 것이 아니라, 주님의 축복이 보장된 가치 있는 일이다. 그러므로 신자들은 무엇보다도 주님의 말씀 지키는 것을 삶의 근본으로 생각해야 한다. 하나님의 영원하신 팔이 그를 지탱하여 주신다(신 33:27). 그러므로 이 사실을 아는 성도들은 주님의 계명 지키기를 즐거워한다. 시편 119:56에 "내 소유는 이것이니 곧 주의 법도들을 지킨 것이니이다"라고 하였고, 시편 119:72에는 "주의 입의 법이 내게는 천천 금은보다 좋으니이다"라고 하였다. 시편 119:93에는 "내가 주의 법도들을 영원히 잊지 아니하오니 주께서 이것들 때문에 나를 살게 하심이니이다"라고 하였다.

설교 그리스도인이 사는 길(15-21절)

1. 주님의 뜻을 따름(15-17절)

본문 17절에서 "주의 뜻"은 하나님께서 기뻐하시는 행위를 의미한다.

1) 주님의 뜻이 무엇인지 깨닫는 것이 중요하다. 신자가 주님의 뜻을 깨닫기 위해서는 주의하는 일과 지혜가 필요하다. 열심을 가진 사람들은 흔히 조심하는 일과 지혜롭게 생각하는 일을 중요시하지 않고 열심 하나면 족한 줄로 한다. 하러나 하나님의 말씀은 우리가 주의해야 한다는 점을 강조한다. 15절과 17절에 이러한 사실이 나타나 있다. 코끼리가 무지한 것 같아도 다리를 건널 때는 그 다리에서 무슨 소리가 나는지 주의하여 듣는다고 한다. 그것은 코끼리의 체중이 무거우니 다리가 파괴되어 떨어질까 두려워하는 마음에서 비롯된 일일 것이다.

신앙이라는 것은 실상 지혜 가운데 하나다. 그것은 무능한 주님을 믿는 것이 아니라 전능하신 주님을 믿는 것이다. 8절에서는 신자를 "빛의 자녀"라고 하였다. 그러므로 신자들은 주님의 뜻을 깨닫도록 극도로 힘써야 한다. 에베소서 5:10은 이것을 가리켜 "주를 기쁘시게 할 것이 무엇인가 시험하여 보라"라고 표현한다. "시험하여 보라"라는 말은 신자가 그 행위에 있어서 매 순간 주님을 기쁘시게 하리라는 명백한 의식을 가지고서 행할 것을 가리킨다.

2) 주님의 뜻을 깨닫고서 행하는 삶은 세월을 아끼는(돈 주고 사는) 영원한 가치를 지닌 삶이다. 주님을 위하여 바치는 것은 무엇이든지 영원한 것으로 변화한다(마 6:20; 눅 10:9). 시간도 하나님을 섬기기 위하여 사용한 분량은 영원한 것으로 바뀐다. 영원을 사모하는 인생들은(전 3:11) 마땅히 시간을 영원으로 바꾸는 값있는 삶을 살아야 한다.

"하나님을 위해서는 드릴 시간이 내게 없다"라고 하는 것은 ① 사람이 영혼을 위하여 시간을 낼 수 없다는 말과 같으며, ② 삶을 영위할 시간이 없다는 말과도 같다. 많은 신자가 시간을 사용할 때 하나님을 위해서는 좀처럼 시간을 할애하지 않는다. 예를 들면, 그들은 "기도하라"는 하나님의 명령을 가벼이 취급한다. 기도는 하나님을 만나는 일인데, 신자들이 기도에 가장 적은 시간을 할애하고, 힘을 전혀 기울이지 않고, 살아 계신 하나님께 기도하는 자로서의 진실성이 없이 허공을 향하여 말하는 것처럼 중언부언하는 일이 많다. 특별히 신학을 연구하는 신학자들 가운데도 머리만 사용하고 기도는 하지 않는 이들이 많다. 이런 학자들 때문에 신학계는 어두워지고 만다. 서구의 저명한 신학자들이 하나님의 세미한 음성을 듣지 못하여 헛된 철학에 물든 잘못된 교훈을 많이 퍼뜨림으로써 사람들을 마취시킨다. 정성을 기울여 깨어서 기도하는 일에 주력하지 않는 신학자들은 "거짓 스승"이라고 해도 무방하다.

2. 술 취하지 않고 성령으로 충만함(18절)

성령으로 충만해지는 비결은 무엇인가?

1) 신앙이 건전해야 한다. 신앙은 여러 가지 은혜들을 받기 위한 토대라고 할 수 있다. 신앙은 하나님과 연락하는 유일한 길이다. 신앙인은 보이는 것보다 보이지 않는 것을 더욱 신뢰하며, 현재보다 미래에 하나님이 도와주실 것을 더욱 믿으며, 믿음을 방해하는 모든 악조건 속에서도 더욱 믿음을 굳게 하며, 의에 대한 하나님의 보상을 믿는 동시에 불쌍히 여기시는 그의 은혜를 확신한다. 왜냐하면 하나님의 인자하심이 영원하다는 것을 믿기 때문이다(시 116편). 신자는 시종일관 그리스도의 십자기를 믿는다. 그는 믿음의 출발선에서도 십자가를 믿고, 믿음이 장성한 후에도 십자가를 믿고, 하나님을 영화롭게 하려고 불신앙의 세력과 투쟁할 때도 십자가를 믿는다. 다시 말하면, 그는 언제든지 자신을 죄인으로 알고 그리스도의 보혈을 의뢰하는 일에 초지일관한다. 그것이 믿음의 방식이다. 아벨은 양을 죽여 피 흘리는 제사를 드렸는데, 그것은 그의 신앙생활의 초보 단계에서 이루어진 일이라고 할 수 없다. 그는 자신이 죄인임을 인정하는 의미에서 언제나 피의 제사를 드렸다. 그러나 가인은 곡식을 드렸는데, 그것은 자기 자신이 죄인임을 인정하지 않는다는 뜻이며, 자신이 하나님 앞에 선물을 드릴 수 있는 자격을 가진 자라고

스스로 판단하였음을 알려준다. 그러나 그것은 잘못된 판단이었다(참조. 창 4:5). 다윗은 자신의 신앙 인격이 완성되기를 고대하는 마음으로 하나님께 기도하면서 주님의 인자하심을 바라보았다. 시편 138:8에 말하기를 "여호와께서 나를 위하여 보상해 주시리이다 여호와여 주의 인자하심이 영원하오니 주의 손으로 지으신 것을 버리지 마옵소서"라고 하였다.

2) 주님의 뜻에 순종해야 한다. 하나님께서는 스스로 몇 가지 옳은 행실을 가졌다고 주장하는 세칭 의인을 그리 기뻐하시지 않는다. 하나님은 살아 계시기 때문에 살아 있는 자를 기뻐하신다. 다시 말해 설령 지금 부족하다고 해도 하나하나 고쳐나가며 성장해가는 자를 기뻐하신다. 이처럼 살아 있는 신자는 어떤 영웅적이고 거창한 일에만 순종하는 자가 아니고, 날마다 평범한 삶 속에서 어린아이같이 순종하는 자다. "순종이 제사보다 낫고 듣는 것이 숫양의 기름보다 나으니"(삼상 15:22).

3) 신임할 만한 충성심을 가지고 있어야 한다. 하나님은 신임할 만한 자와 함께 하신다(요 2:24-25). 신자가 하나님의 신임을 받으려면 죄악과 더불어 끝까지 싸워나가야 한다. 그러므로 히브리서 12:4에는 피 흘리기까지 죄를 대적해야 한다고 가르쳤다. 충성이란 끝까지 선한 일을 중단하지 않는 것이다.

4) 하나님의 말씀에 충만하고 기도에 충만해야 한다. 위에서 말한 신앙, 순종, 충성이 모두 다 성령 충만에 이르게 하는 유익한 요소들이지만, 우리는 그 세 가지 모두 하나님의 은혜로 되어야 한다는 점을 잊어서는 안 된다. 그 같은 은혜를 받으려면 하나님 말씀에 충만하고 기도에 충만해야 한다.

22 이 구절부터 6:9까지는 가정에서의 도덕을 가르치는데, 곧 ① 부부간의 도덕(22-33절), ② 부모자녀간의 도덕(6:1-4절), ③ 주종 관계의 도덕(6:5-9)이다.

자기 남편에게 복종하기를 주께 하듯 하라(참조. 24절). 아내가 남편에 대하여 지켜야 할 두 가지 덕목이 있는데 복종과 경외다(33절). 그런데 이 덕목을 지키는 방법은 "주께 하듯 하라"는 것이니, 그것은 진실하게 행하는 것이며, 그 일을 하늘에 계신 주님을 섬기는 일의 일부분으로 알고 행하는 것이다. 주님은 우리에게 그의 사람들을 대접할 때 그것이 주님을 대접하는 일인 것처럼 여기라고 가르치셨다(참조. 마 10:42; 25:40).

23 이는 남편이 아내의 머리 됨이 그리스도께서 교회의 머리 됨과 같음이니. "이는"(ὅτι)이라는 말은 앞말의 이유를 제시하는 접속사다. 아내가 남편에게 복종해야 할 이유는 "남편"이 그의 "머리", 다시 말해 주장하는 권세를 가진 자이기 때문이다(창 3:16). 이러한 원리는 그리스도께서 교회를 주장하시는 것과 같다고 말씀한다. 이 둘의 유사점을 설명하자면, ① 그리스도께서 교회를 주장하실 때 폭력으로 하시지 않고 모든 권위로 하시는 것과 같이 남편도 아내를 그렇게 대해야 한다는 점에서, ② 그리고 그리스도께서 교회와 한 몸 되신 관계에서 희생적 사랑과 감화로 교회를 다스리시는 것처럼 남편도 아내를 그렇게 다스려야 한다는 점에서 유사하다는 것이다.

25 남편들아 아내 사랑하기를 그리스도께서 교회를 사랑하시고 그 교회를 위하여 자신을 주심 같이 하라. "남편"은 "아내"를 노예나 하인처럼 취급할 것이 아니고 사랑의 대상으로 여겨야 한다. 그러므로 어떤 성경학자는 말하기를, "하나님께서 여자를 아담의 발뼈(천한 부분)로도 만들지 아니하시고, 머리뼈(섬김을 받을 만한 높은 부분)로도 아니하시고, 오직 갈빗대(사랑해야 할 부분)로 지으셨다"라고 하였다. 그런데 남편이 아내에게 보여주어야 할 사랑의 성격은 어떠한 것인가? 그것은 "그리스도께서 교회를 사랑하시고 그 교회를 위하여 자신을 주심"과 같이 희생적인 사랑이다. 그것은 아내에게 영적 유익을 주기 위한 것이지 결코 본능적인 애정을 주기 위한 것이 아니다. 그런데 신자 중에는 아내에게 본능적(육체적) 애정을 주는 데서 머무르는 자들이 많다. 그러므로

그들의 아내는 신앙적으로 발전하지 못하고 그저 가정의 노예가 되고 만다. 결과적으로 이런 대접을 받는 여자들은 불행하게도 영적으로 진보하지 못한다.

26-27 이 두 구절은 그리스도께서 교회를 사랑하셔서 자신을 주신 결과를 보여준다. 그리스도께서 교회를 위하여 생명을 버리심으로 말미암아 성령께서 오셔서 그 교회를 거룩하게 하신다. 그런데 성령께서 교회를 거룩하게 하시는 방법은 성례와 말씀을 통한 그의 성화 사역이다. 성령의 사역이 아니고는 성례와 말씀도 충분한 효과를 나타내지 못할 것이다.

그리스도께서 교회를 사랑하신 결과로 교회가 거룩하여지는 것처럼, 남편이 아내를 위하여 희생함으로써 아내의 영적 생활이 거룩해져야 한다. 그런데 남녀가 결혼한 뒤에 신앙생활이 약해지는 이유는 남편 된 자의 사랑이 그리스도의 사랑과 같지 않기 때문이다.

이는. 이 말(ἵνα)은 앞 절에 그리스도께서 교회를 위하여 자신을 주신 결과를 보여준다.

물로 씻어 말씀으로 깨끗하게 하사. "물로 씻는다"라는 문구에서 "물"은 성령을 상징한다(참조. 딛 3:5). "말씀으로 깨끗하게" 하심은 성령께서 하나님의 말씀으로 우리의 영혼을 깨끗하게 하심을 가리킨다(참조. 벧전 1:23).

자기 앞에 영광스러운 교회로 세우사. 여기서 "세우사"(παραστήσῃ)라는 말은 주님의 재림 때까지 주님의 마음에 들도록 그 교회를 계속 성화시켜 마침내 영화롭게 하심을 가리킨다.

28-29 **자기 아내를 사랑하는 자는 자기를 사랑하는 것이라.** 여기서 남편이 아내를 사랑해야 하는 이유가 그것이 곧 자기 자신을 사랑하는 일이기 때문이라고 말하는 것은 이기주의를 찬성하는 것으로 보일 수 있다. 그러나 사람이 자기 자신을 사랑하는 일이 반드시 이기적인 것은 아니다. 이기주의는 남들을 무시하고 자기만 위하는 것이다. 그러나 "남"을 사랑하는 동시에 "나" 자신을

사랑하는 것은 이기주의가 아니다.

31 그 둘이 한 육체가 될지니. 이것은 부부가 결혼한 후에는 한 사람과 같음을 가리킨 것인데, 두 사람이 한 몸같이 서로 사랑해야 함을 의미한다.

32 이 비밀이 크도다. 이 구절은 앞 절에서 말한 "그 둘이 한 육체가 될지니"라는 말씀을 염두에 둔 것이다. 부부의 결합은 그리스도와 교회 간의 연합에 비유될 만큼 오묘한 것이다. "비밀"이라는 말은 "신비"라는 뜻이다. ① 결혼은 큰 비밀이다. 어떤 이유에서 결혼을 비밀이라고 하는가? 결혼을 통해 이루는 "가정"이라는 처소는 내밀한 방을 의미한다. 거기서는 부부가 모든 허물도 털어놓고 지내며 그야말로 인생 그대로 나타나는 곳이다.

그렇게 함으로써 참된 부부는 다른 데서는 찾아볼 수 없는 위로와 힘을 얻는다. ② 교회는 크고 신비한 비밀이다. 사람의 영혼도 그리스도와 연합해야만 하는 사정이 있다. 우리의 영혼은 그리스도와 연합하기 전에는 참된 만족을 얻지 못한다. 그런데 이러한 연합도 이미 실현되었다. 예수님은 우리의 인성을 영원히 취하셔서 그것을 가지신 채로 하늘에 올라가셔서 영원히 거하시며, 신자는 성령으로 말미암아 인격적으로 예수님과 영원히 연합한다. 고린도전서 6:17에 말하기를, "주와 합하는 자는 한 영이니라"라고 하였다. 다시 말하면, 우리는 주님과 연합함으로써 주님 안에서 모든 허물을 털어놓고 그에게서 해결 받으며, 주님이 영생하신 것처럼 우리도 영생하며, 주님이 부활하신 것처럼 우리도 부활한다. 우리 주님은 말씀하시기를 "수고하고 무거운 짐 진 자들아 다 내게로 오라 내가 너희를 쉬게 하리라 나는 마음이 온유하고 겸손하니 나의 멍에를 메고 내게 배우라 그리하면 너희 마음이 쉼을 얻으리니 이는 내 멍에는 쉽고 내 짐은 가벼움이라 하시니라"(마 11:28-30)라고 하셨다.

제 6 장

⚘ 개요

1. 부모자녀간의 도덕(1-4절)
2. 주종 관계의 도덕(5-9절)
3. 마귀와의 싸움에 대비할 필요성(10-20절)
4. 결론(21-24절)

⚘ 해석

본 장은 앞 장에 이어 계속하여 그리스도인이 지켜야 할 실천적인 도덕을 설명한다.

1 **주 안에서 너희 부모에게 순종하라.** "주 안에서 순종하라" 함은 부모의 뜻이 주님의 뜻과 일치하는 경우에만 순종하라는 말씀이다. 그러므로 이것은 맹목적인 순종이 아니다. 그러나 자녀들이 부모의 옳지 않은 명령에 순종할 수 없는 경우에도 공손한 태도로 예의를 지켜야 한다. 그런 이유에서 다음 구절

에는 "네 아버지와 어머니를 공경하라"라는 명령을 덧붙인 것이다.

이것이 옳으니라. 옳다고 간단하게 잘라 말한 이유는 ① 부모에게 순종하는 일은 무슨 이유를 제시할 필요도 없을 정도로 인류가 직관적으로 옳은 줄을 알기 때문이며, ② 하나님이 계시하신 말씀, 다시 말해 성경에도 부모에게 순종하라는 교훈이 많기 때문이다(참조. 출 20:12; 21:15-17; 레 20:9; 신 5:16; 21:18; 잠 1:8; 6:20; 30:17; 말 1:6; 마 15:4-6; 19:19; 막 7:10-13; 10:19; 골 3:20).

2 네 아버지와 어머니를 공경하라. 부모를 "공경하라"라는 말은 부모에게 사랑과 존경을 나타내기 위해 이행하는 모든 책임을 총칭한다(Calvin). 부모는 어떤 의미에서 그 자녀의 육체적 근원이고(히 12:9), 연륜과 경험으로도 그들보다 노련하며 또한 그들의 양육을 책임지기 때문에 존경받아야 한다. 동양 윤리에도 부모를 공경하는 일에 대하여 어느 정도 양심적으로 옳게 지적한 부분이 있다. 예를 들면, "부모가 자녀를 미워하면 자녀 된 자는 두려워할 뿐이고 부모를 원망하지 말 것이며, 부모가 잘못하면 자녀 된 자는 간청하되 거스르지는 말아야 할 것이다(曾子). 부모에게 간청할 때 공손히 부드러운 음성으로 하고, 들어주지 않아도 공경하면서 효도하고, 그의 마음을 얻은 후에 다시 간청할 것이다(內側). 세 번 간청해도 부모가 듣지 않을 때 자녀 된 자는 울면서 부모의 뜻을 따라야 한다"라고 하였다(原本小學集註卷之二).

위에서 인용한 동양 윤리는 부모 공경의 방법을 구체적으로 가르친다. 다만 그 도덕이 하나님과 관계없다는 점에서 잘못된 것이다. 성경은 신본주의 효행을 가르치면서, "이것은 약속이 있는 첫 계명"이라고 하였다(2절). 여기서 이른바 "첫 계명"(ἐντολὴ πρώτη)이라는 표현은 "중요한 계명"이라는 뜻이다. 그 계명에 결부된 약속은 3절에 제시된다. 이것은 모세의 10계명 중 제5계명과 관계된다.

3 잘되고. 이것은 이 세상에서 잘살게 됨을 가리킨다. 부모를 공경하는 자녀는 방탕하지 않고 자기의 책임을 성실히 수행하기 때문에 하나님으로부

터 자연적 축복을 받는다.

장수하리라. 부모를 공경하는 자녀는 유리방황하지 않고 안정된 생활을 영위하므로(잠 30:17) 그의 수명이 길어질 것을 가리킨다. 이것도 물론 하나님의 축복으로 말미암는 것이다. 그렇다면 효자는 모두 장수의 복을 받는가 하는 문제가 제기된다. 그런데 효자도 장수하지 못한 실례가 있다. 우리가 그 이유를 생각해 보자면, 하나님께서는 의인에게 여러 가지 상급을 약속하시고 그것을 친히 시행하시는데, 그 약속을 이루실 때 모든 사람에게 기계적으로 적용하시지 않는다는 사실이다. 그는 사랑하시는 자녀들에게 더 좋은 것(예컨대 내세의 축복)을 주시기 위해 장수의 약속(현세의 육의 복)은 주시지 않는 때도 있다(참조. 사 57:1-2). 하나님의 백성은 성경에서 여러 가지 상급을 약속받았지만, 그들은 상급보다도 그 모든 약속을 주시고 실행하시는 주님을 먼저 바라보아야 한다. 우리는 상급에 대해 약속하시는 하나님의 말씀으로부터 하나님을 분리하지 말아야 한다. 우리는 하나님의 약속을 대할 때 인격이 없는 기계 법칙을 대하듯이 해서는 안 된다. 하나님이 주신 종교는 인격과 인격이 서로 교통하는 종교다. 우리는 언제 어디서나 무슨 일에 있어서든지 하나님을 인격적으로 대해야 한다. 특히 하나님의 말씀을 대할 때 그리해야 한다.

설교 부모에 대한 효도(1-3절)

기독교는 부모에 대한 자식들의 효행을 강조한다. 구약은 효행에 대한 교훈과 본보기를 많이 담고 있다. 잠언 6:20-21에 말하기를 "내 아들아 네 아비의 명령을 지키며 네 어미의 법을 떠나지 말고 그것을 항상 네 마음에 새기며 네 목에 매라" 하였고, 잠언 10:1에는 "지혜로운 아들은 아비를 기쁘게 하거니와 미련한 아들은 어미의 근심이니라" 하였고, 잠언 15:20에는 "지혜로운 아들은 아비를 즐겁게 하여도 미련한 자는 어미를 업신여기느니라" 하였고, 잠언 23:25에는 "네 부모를 즐겁게 하며 너를 낳은 어미를 기쁘게 하라" 하였다.

자식이 부모를 존중하는 일은 태어난 자가 낳은 자를 존중하는 것과 같은 원리다. 태어난 자가 낳은 자를 존중하는 일은 결국 권위를 존중하는 미덕이다. 성경에는 권위를 존중히 하라는 말씀이 많이 있다. 로마서 13:7에 말하기를 "두려워할 자를 두려워하며 존경할 자를 존경하라"라고 하였다. 그리고 유다서 1:8에는 이단자들이 권위를 업신여긴다고 하였다. 효도란 한마디로 권위를 존중하는 행위인데, 이는 결국 만물의 근원이신 하나님의 권위를 존중하는 태도를 불러일으킨다. 유교에서는 효도에 근거하여 하나님을 경외해야 한다는 결론에 도달하지는 못하였고, 다만 일반적인 사회 질서의 유지가 거기서 유래한다는 의미에서 다음과 같이 말하였다. "효를 행하는 것이 덕의 근본이라"(孝德之本也). 다음과 같은 구절도 기억할 만하다. "어버이를 섬기는 자는 윗자리에 있어도 교만하지 않으며, 아랫자리에서 어지럽게 하지 않으며, 동류들끼리 다투지 않는다"(事親者居上不驕, 爲下不亂, 在醜不爭).

그러나 기독교는 신본주의 원리에서 효도를 가르치며, 바로 여기에서 효도를 위시한 모든 인륜 도덕의 참된 의미가 밝혀진다. 기독교 진리가 가르치는 대로 인륜은 하나님이 제정하신 것이기 때문에 천국 운동은 그것을 더욱 견고히 한다. 인륜이 천국 운동을 지배하지는 못하나, 그것은 천국의 법령 중 하나로 존재한다. 그러므로 누구든지 인륜을 지키지 않으면 천국의 법령을 거스르는 것이 되며 결과적으로 천륜에서도 멀어진다. 그러므로 요한1서 4:20에 말하기를 "누구든지 하나님을 사랑하노라 하고 그 형제를 미워하면 이는 거짓말하는 자니 보는 바 그 형제를 사랑하지 아니하는 자는 보지 못하는 바 하나님을 사랑할 수 없느니라"라고 하였다. 따라서 인륜도 천륜을 위하여 존재하는 것이다. 말하자면 인간의 윤리는 하나님을 공경하는 데 도움이 되기 위하여 제정된 것이라는 뜻이다. 이런 의미에서 불효는 커다란 죄악이다. 레위기 20:9에 말하기를, "만일 누구든지 자기의 아버지나 어머니를 저주하는 자는 반드시 죽일지니 그가 자기의 아버지나 어머니를 저주하였은즉 그의 피가 자기에게로 돌아가리라"라고 하였다. 동양의 고전인 "효경"(孝經)에도 말하기를 "다섯 가지 형벌에 처할 죄 삼천 가지가 있는데, 그중에 불효가 가장 큰 죄니라"(罪莫大於不孝)라고 하였다. 유교의 이러한 가르침이 비록 인본주의적인 도덕이라는 점에서는 그릇되었으나 불효를 크나큰 죄로 여긴 점은 옳다.

4 **너희 자녀를 노엽게 하지 말고.** 부모 된 자들이 그 "자녀를 노엽게" 한다는 말은 무슨 의미일까? 그것은 부모들이 자녀를 훈계하되 자기들의 권위와 자기들의 방법, 자기들의 표준을 고집하다가 그 자녀들이 잘 순종하지 않을 때는 혈기와 울분에 이끌려서 악담이나 폭력을 사용하여 그들을 격분시킨다는 것이다. 부모가 자녀에게 자신의 권리를 남용하여 지도하는 때는 필연적으로 이런 실패에 처하고 마는 것이다. 그들은 자녀를 교훈할 때 오직 그리스도께만 권위를 돌려드려야 한다. 그들은 겸손히 그리스도께서 주신 훈계를 자녀에게 전해주는 종의 역할을 맡았을 뿐이다. 그리고 그들은 자녀가 잘되고 잘못되는 것을 일체 주님께 의뢰하여 혹시 그 자녀가 불순종하는 때도 평화로운 마음으로 온유하게 지도해야 한다.

"자녀를 노엽게 하지 말라"는 말씀이 자녀를 징계하지 말라는 뜻은 아니다. 잠언 29:15에 말하기를, "채찍과 꾸지람이 지혜를 주거늘 임의로 행하게 버려 둔 자식은 어미를 욕되게 하느니라"라고 하였다(참조. 잠 13:24). 물론 여기서 이른바 "채찍"은 징계를 가리킨다. 징계는 반드시 회초리를 통해서만 이루어지는 것이 아니고 여러 가지 다른 방법이 있다. 물론 징계는 사랑과 권위의 조화 가운데 규율 있게 실행되어야 하며, 문란과 악독과 혈기로 하면 역효과를 가져온다(참조. 잠 19:18). 그런데 이와 관련하여 우리와 신학적 노선이 다른 칼 바르트(Karl Barth)의 견해를 살펴보자. 그는 잠언 저자가 말한 "채찍"을 문자적으로 간주하여 신약 시대에는 그런 처벌을 중요하게 생각하지 않는다는 의미로 이해하였다. 다시 말해 "예수님이 처음 강림하셨던 시대에 자녀들에 대한 부모의 주된 역할은 복음을 증언하는 것이고, 율법적인 것이 아니다"라고 하였다.[28] 바르트의 견해는 한마디로 신약 시대 신자들이 구약 이스라엘 백성처럼 자녀들을 율법적으로 엄하게 다스릴 이유는 없다는 것이다. 이것은 일리가 있는 말이니 우리로서도 참고할 만하다. 그러나 잠언에서 사용한 "채찍"이라는 말을 비유적으로 해석하면 그것이 무분별한 구타를 의미하지는 않기 때문에 오늘날 교회 시대에 적용해도 문제 될 것이 없다.

5 종들아 두려워하고 떨며 성실한 마음으로 육체의 상전에게 순종하기를 그리스도께 하듯 하라. 바울은 그 당시의 노예제도와 관련하여 폐지론을 주장하지 않았고, 다만 주인과 노예 간의 관계를 개선하고자 했을 뿐이다. 그것은 하나님의 진리를 올바로 나타낸 교훈 방법이었다. 하나님의 경륜과 섭리로 말미암아 구성된 인간 사회에는 주관하는 자도 있고 주관함을 받는 자도 있는 것이다. 그것은 각 개인의 재능과 생래적인 형편에 따라서 피할 수 없는 일이다. 예를 들면, 남녀 간의 관계를 보아도 한편은 주장하고 다른 한편은 주장함을 받게 되어 있다(창 3:16). 정당한 의미에서의 주종 간의 관계도 그런 원칙에 따라 설명되어야 한다. 상전과 하인 간의 도덕이 개정된다면 노예제도는 자연적으로 개혁될 수 있다. 그러므로 사도 바울은 그 둘 사이에 개정된 도덕 원칙을 여기서 가르친다.

5-7 이 구절들은 종이 상전을 위해 일할 때 가져야 할 정당한 마음가짐과 태도에 대하여 말한다. 그것은 세 가지로 구성된다.

① **"두려워하고 떨며"**(5절). 그리스도인이 복음으로 말미암아 얻은 자유는

---

28) Kirchliche Dogmatik, III/4, 1951, s. 317.

위에 있는 권위를 무시하거나 책임을 경시하는 육체적 자유가 아니다. 그러나 신자들이 복음으로 말미암은 자유를 오해하고 마땅히 존중해야 할 자를 존중하지 않는 폐단이 종종 있다.

② **"성실한 마음으로"**(5절). "성실한 마음"(ἁπλότητι)이라는 말은 단순한 마음을 의미한다. 단순하지 못한 마음은 6절에 있는 "눈가림만 하여"라는 말로 묘사된다. 상전의 "눈가림만"하는 종의 행동은 거짓되거나 아첨하는 행동일 것이다. 남의 아래 있는 자는 주인의 일을 할 때 성의 없이 하기 쉽다.

③ **"마음으로 하나님의 뜻을 행하고"**(6절). 다시 말해 무슨 일을 하든지 하나님의 뜻을 실행하는 귀한 일인 줄 알고 중심에서 우러나오는 "기쁜 마음으로" 행해야 할 것을 가르친다.

이상과 같은 원칙에 따라 열심히 일하는 자는 그의 수고를 주인이 몰라주거나 혹은 오해하여도 결코 상심하거나 낙심하지 않으며, 언제나 기쁜 마음으로 수고한다. 그는 장차 주님 앞에서 자신이 행한 대로 보상받게 될 상급을 바라보면서 역경 중에서도 침묵 정진한다.

9 이 구절은 상전들도 그의 종들을 학대하지 말아야 할 것을 가르친다.

너희도 그들에게 이와 같이 하고. "이와 같이"(τὰ αὐτά)라는 말은 "그와 같은 일들을"이라고 번역하는 것이 옳다. 그렇게 되면 이 문구의 의미는 종들이 상전의 일을 할 때 그가 행한 대로 주님 앞에서 갚음 받을 줄을 알고 행하는 것과 마찬가지로, 상전들 역시 종들에 대하여 그와 같은 일들을 행하라는 것이다.

그에게는 사람을 외모로 취하는 일이 없는 줄 너희가 앎이라. "사람을 외모로 사람을 취한다"라는 말은 사람의 용모, 권세나 배경, 혹은 어떤 육체적 조건에 의지하여 판단하는 것을 가리키는데, 하늘에 계신 하나님은 그처럼 그릇된 판단을 하지 않으신다. 이 세상에서 수많은 종들을 부리던 권세가들도 하나님 앞에서는 별수 없이 적나라하게 그가 행한 대로만 심판을 받을 수밖에 없다. 권세나 지식이나 그 무슨 배경이든지 사람이 하나님 앞에서 받을 심판을 경감해 주지 못한다.

10-20절. 이 단락은 그리스도인의 영적 전투에 대하여 말씀한다. 영적 전투에서 승리하기 위해서는 ① 성령님의 능력으로 강해져야 하며(10절), ② 대적을 잘 알아야 하며(11-12절), ③ 하나님의 전신갑주를 입어야 한다(13-20절). 이 갑옷은 하나님께서 만들어 주시는 것인데, 곧 진리의 허리띠, 의의 호심경, 복음의 신, 믿음의 방패, 구원의 투구, 성령의 검, 그리고 기도로 성립되는 것이다.

10 주 안에서와 그 힘의 능력으로 강건하여지고. 우리 자신에게는 마귀를 이길 힘이 전혀 없을 뿐 아니라 우리를 약하게 만드는 해로운 독소들만 가득한 것이 사실이다. 그러므로 우리는 다른 힘(성령님의 힘)을 공급받아야 할 줄 알고 그리스도만 의지해야 한다. "주 안"에는 확실히 승리하게 하는 영적 능력이 있으니 우리는 대적 앞에서 두려워하거나 위축될 필요가 없다. 우리의 문제와 병증은 주님의 능력을 믿지 않는 것이다. 우리는 주님만 믿으면 언제나 승리한다(참조. 벧전 5:7-9).

11 마귀. "마귀"는 무엇인가? 유다서 1:6을 보면 천사가 타락하여 마귀가 되었다.[29] 그런데도 칼 바르트는 "마귀는 천사였던 적이 전혀 없었다"라고 잘못 말하였다.[30] 바르트는 또 다음과 같이 잘못 말하였다. "하나님을 대적하는 요소가 이 세계에 있다. 그것은 아무것도 아닌 존재(das nichtige)이라고 불린다.···그것은 창조 질서 안에 실체를 가지고 있는 것이 아니고 천지창조 때의 혼돈과 공허 그것이다. 그것은 창조 질서의 주변에 있어서 창조 질서를 위협하였다. 그것은 하나님께서 하시고자 하지 아니하시는 경계 지역이

---

29) H. Bavinck, Gereformeerde Dogmatiek, III, 1910, 11.

30) Church Dogmatics, III/3, 531.

다. 그것의 존재는 이 경계 지역일 뿐이다. 하나님이 하시고자 하지 않는다는 점(nonwilling)이 바로 그것의 존재 근거다"라고 하였다.[31]

마귀에 대한 바르트의 이런 견해는 성경이 밝히 말하는 마귀의 인격성을 부정하는 것이다. 성경을 보면 마귀는 하나님을 대적하는 인격적인 존재다. 마귀는 처음부터 하나님을 대적하는 자이며(창 3:4), "그는 처음부터 살인한 자요···거짓말쟁이요 거짓의 아비"다(요 8:44).

마귀의 간계. 여기 "간계"라고 번역된 헬라어(μεθοδείας)는 간교한 방법을 의미하는데 마귀의 역사는 언제나 그렇다. 예를 들면, 거짓과 참된 것을 섞어서 주장함으로써 거짓도 참인 것처럼 통과시키고자 하는 것(창 3:4-5, 22), 성경을 잘못된 뜻으로 인용하여 그릇된 주장을 세우고자 하는 것(마 4:6), 자신을 그리스도의 사자로 위장하는 것(고후 11:13), 자신을 하나님으로 위장하는 것(살후 2:4) 등을 가리킨다(Hendriksen).

하나님의 전신 갑주. 이 말에 대하여는 13절 해석을 참조하라.

12 이 구절은 그리스도인의 대적이 무엇인지를 밝혀준다. 전쟁에 승리하려면 먼저 대적의 내막을 알아서 그에 대비하여 전략도 세우고, 무기와 기타 여러 가지로 전쟁 준비를 해야 한다. 그리스도인의 대적은 마귀다. 이 사실을 밝히 깨달아야 ① 우리의 대적이 사람보다 강한 줄 알고 영적 전투에 총력을 기울이게 되며, ② 보이는 데서보다 보이지 않는 데서 본격적인 전투에 임하게 될 것이다. 이 전투는 기도하고 의를 행함에 있어서 눈가림으로 하지 않고 마귀가 피할 정도로 강력하고 진실하게 또한 심도 있게 행하는 것이다.

혈과 육. 이것은 인간을 의미한다.

통치자들과 권세들과 이 어둠의 세상 주관자들과 하늘에 있는 악의 영들. 이것들은 악령을 가리키는 별명들이다. 이 명칭들을 보면, 마귀의 세력이 얼마나 강한가

---

31) Dogmatics, III, 3, ss. 289-353.

를 알 수 있다. 마귀의 무리들이 최후 심판을 받기 전에는 하나님이 허락하시는 범위 안에서 이 세상 사람들을 유혹하는 일을 한다(요 14:30; 참조. 계 20:1-3).

그들의 이름이 "통치자들과 권세들과 이 어둠의 세상 주관자들"인 것으로 볼 때 그들이 이 땅에서는 악으로 통치하는 일이 일정한 한도까지는 허락되어 있다. 그동안에는 그리스도인들도 답답함을 느끼며 승리를 맛보기가 어려울 것으로 느껴진다. 그러나 그들의 통치는 끝나는 날이 있다. 그뿐 아니라 그들의 이름이 "악의 영들"이라고 한 것을 보아도 인간으로서는 그놈들을 대적하기가 어렵다. 보이는 대적은 물리치기 쉬워도 보이지 않는 영적인 원수들을 물리치기는 어렵다. 그러므로 그리스도인은 이런 대적들 앞에서 자기가 가진 미약한 능력으로 싸우려고 해서는 안 된다. 신자는 오직 하나님의 능력만을 의지해야 한다. 다시 말해 그는 "하나님의 전신갑주"를 입어야 한다.

설교 영적 전투에 임하는 우리의 각오(11-12절)

1. 마귀의 견고한 진을 상대함

"마귀의 간계"라고 번역된 헬라어 단어(μεθοδείας)는 계획적인 거짓의 체계를 의미한다. 이 단어 하나만으로도 마귀가 인격성을 가지고 있음을 알 수 있다. 계획성은 우연의 산물이 아니라 인격의 열매다. 바울도 이런 계획적인 거짓의 침해를 받고 통탄해하며 했던 말이 "내가 원하는 바 선은 행하지 아니하고 도리어 원하지 아니하는 바 악을 행하는도다"라고 하였다(롬 7:19). 마귀의 역사는 이처럼 뛰어난 지능으로 움직이고 있다. 마귀는 이처럼 지적 존재다. 바르트(Barth)는 마귀를 가리켜 "유에 대응하는 무이며, 참에 대응하는 거짓이다"라고 말하면서 그 인격성을 인정하지 않는다. 그의 주장은 이처럼 성경적이지 않다. 폴 틸리히(Paul Tillich) 역시 마귀의 인격성을 부인하고 마귀를 가리켜 비존재라고 하였다.[32] 이것도 바르트의 주장과 마찬가지로 성경에 위배되는 것이다.

마귀는 실상 계시자가 아니고 흑암에 속한 자로서 자기의 정체를 어떻게든 감추려 한다. 그자는 실상 사람들이 그를 알아보지 못하고 그의 존재를 인정하지 않는 것을 기뻐한다. 사람들이 그를 없는 존재로 착각해야만 그가 사람들 가운데서 거리낌 없이 활동할 수 있기 때문이다. 그는 자기의 정체를 감추기 때문에 설교자가 그에 대하여 설교하기도 어렵다. 그의 계획적인 활동은 무엇보다도 속이는 일인데, 그는 자신을 광명한 천사처럼 가장하고 나온다(고후 11:14). 우리 주님을 시험할 때도 그자는 성경을 이용하였다. 또한 그자는 사람들이 선을 행할 때도 위선자가 되도록 유혹한다. 그리스도께서는 곡식 종자를 심으시는 데 반해 그는 가라지를 심는다. 그뿐 아니라 그의 일은 공교하여 사람의 성격에 맞추어 시험 거리를 준다. 그자가 돈을 사랑하는 유다는 돈으로 유혹하여 주님을 팔게 하였고, 베드로의 겁이 많은 성격을 이용하여 그가 주님을 세 번씩 부인하게 만들었다. 그자는 아담을 범죄하게 만들기 위하여 아담의 아내 하와를 발판으로 삼아 먼저 유혹하였고, 욥을 넘어뜨려 할 때도 역시 그의 아내를 도구로 삼았다. 욥의 아내는 욥을 향해 저주하기를, "하나님을 욕하고 죽으라"라고 하였다(욥 2:9).

12절에서는 마귀에 대해 또다시 증언하기를 "통치자들과 권세들과 이 어둠의 세상 주관자들과 하늘에 있는 악의 영들"이라고 하였다. 이 말씀 중에 "통치자"(τὰς ἀρχάς)라는 말은 조직력을 갖춘 "주권자들"을 의미하고, "권세"(ἐξουσία)는 "권위자들"을 의미하는데, 이 무리는 마귀의 지휘를 받는 악신들이다. 이 명칭들이 복수로 사용된 것을 볼 때 그들의 숫자가 많다는 사

---

32) R. Killen, The Ontological Theology, 178.

실을 알 수 있다. 아래에서는 그것들을 가리켜 "세상 주관자들"이라고 하였으니, 그들의 숫자가 많다는 점은 분명하다. 그들이 각 사람의 무수한 형편을 따라 역사하는 것을 보더라도 그들의 수효가 많다는 것을 알 수 있다. "하늘에 있는"(ἐν τοῖς ἐπουρανίοις)이라는 표현은 교회의 영적 위치를 가리키는데(엡 1:3), 마귀는 교회가 받은 신령하고 복된 장소에까지 침투하여 교회를 무너뜨리려 한다. 또한 그들을 "악의 영들"이라고 했으니 사람으로서는 그들을 접촉하기 어렵다. 이처럼 우리가 전투에서 상대해야 하는 마귀는 사람의 힘으로는 손을 써볼 수도 없는 무서운 세력이다. 사도 바울은 그리스도인들이 사람을 상대하여 싸우지 말고 마귀를 상대하여 싸워야 한다는 점과 모든 승리는 영적 세계에서 판가름이 난다는 점을 여기서 밝힌다.

그리스도인은 언제나 두려운 원수와 전쟁 상태에 있다는 사실을 직시해야 하며, 이 영적 전투에서 싸워 이기는 것만이 그가 받은 과업임을 재인식해야 한다.

2. 우리의 각오

영적 전투도 전투이니만큼 생명을 걸고 임해야 하는 일이며 또한 총력을 기울여야 하는 과업이다. 그러므로 예수께서 말씀하시기를, 천국은 침노하는 자라야 들어간다고 하셨다(마 11:12). 우리는 설교를 할 때도 있는 힘을 다해서 해야만 한다. 그러므로 리처드 백스터(Richard Baxter)는 말하기를, "설교는 마치 죽어 가는 사람이 죽어 가는 사람에게 말하듯이 해야 하며, 앞으로 다시는 설교할 기회가 주어지지 않을 것처럼 긴박한 마음가짐으로 해야 한다"라고 하였다.

그렇다면 우리가 영적 전투에서 이기는 구체적인 방법은 무엇인가? 우리는 또다시 본문에 기록된 마귀와 그 군대의 형편을 살펴볼 필요가 있다.

1) 저들에게 "통치자"와 "권세"가 있다고 하였으니 이처럼 무서운 세력은

우리가 주님 편에 서야만 이길 수 있는 것이며(시 124:1-2; 골 2:15; 계 17:14),

2) 저들을 "어둠"이라고 하였으니 빛이 되신 주님의 말씀을 전파함으로써 이길 수 있으며(계 12:11),

3) 저들을 "세상 주관자들"이라고 하였으니 신자가 믿음으로만 이길 수 있으며(벧전 5:9; 요일 5:4),

4) 저들이 "하늘에 있다"라고 하였으니 신자가 땅의 것을 생각지 않고 위에 있는 것을 생각함으로써 이기게 되며(골 3:2),

5) 또한 저들이 악하다고 하였으니 신자가 선을 행함으로써 이길 수 있다(롬 12:21). 그리스도인들은 무슨 일에나 이와 같은 영적 전투를 치러야 하는데 우리의 전투는 한마디로 경건하게 행함과 사랑으로 행함이다.

6) 저들을 "영들"이라고 하였으니 그리스도인이 영적 생활에 성실하게 임함으로써 이길 수 있다. 말하자면 성령을 자기 속에 모심으로써 마귀를 이긴다(요일 4:4). 성령을 우리 속에 모시는 비결은 우리가 세상에 속한 것들보다 영적 은혜를 존중하는 삶을 영위하는 것이다. 특별히 세상의 물질보다 하나님, 그리스도, 성령, 구원에 대하여 더욱 관심을 가질 때 성령을 마음속에 모실 수 있는데, 특히 우리의 심령이 하나님의 말씀을 깊이 새길 때 그 일이 이루어진다. 신자는 말씀으로 거듭난 자들이기 때문에 그 안에 성경 말씀에 화합하는 요소를 지니고 있다.

설교 마귀에 대하여(11-12절)

1. 마귀는 어떠한 자인가?

마귀는 눈에 보이지 않는 악신이다. 우리는 보이지 않는 것을 무시하고 등한히 여기는 우매한 자들이다. 하지만 모든 나타난 것은 보이지 않는 것의 결과임을 우리가 알아야 한다. 우리는 몸에 생긴 종기를 볼 때 거기서 나오는 고름이 무엇인 줄 안다. 그것은 종기에 생긴 세균과 싸우다 죽은 백혈구의 시체들이라고 한다. 종기가 하나 생기면 비록 우리 눈에 보이지는 않으나 거기에서는 전쟁이 벌어지는 중이다. 우리는 바이러스에 대해 알고 있다. 그것이 비록 육안에 보이지는 않지만 유행성 감기 같은 질병을 발생시킨다. 이제 영적 세계를 생각해볼 때, 의를 대적하는 영적 활동이 있음을 우리는 여러 증상을 통해 알 수 있다. 예를 들면, 우리가 그리스도를 믿는 믿음을 지키는 것이 옳은 줄 아는데도 우리의 마음 가운데는 그것을 하지 못하게 만드는 역사가 있다는 사실을 부인할 수 없다. 그보다도 더욱 인격성을 가지고 영적 세계에서 활동하는 악신이 있다는 사실을 우리는 그리스도인이 귀신 들린 자를 위하여 기도할 때 귀신이 도망가는 사실을 통해 깨달을 수 있다. 중국에 "귀"라는 사람이 귀신 들렸을 때 그리스도인이 찾아가서 묻기를, "네가 그리스도를 아는가?" 하니 그가 대답하기를 "그리스도는 모든 것의 주가 되신다. 나는 이제 떠나가서 다시 오지 않겠다"라고 하였다. 그때 그 사람은 정신이 온전해졌다고 한다. 중국 연주 지방에 "주지칭"이라는 신자가 어떤 귀신 들린 여인을 찾아가서 "나가라"고 하니, 그 여인이 대답하기를 "너는 누구냐?" 하였다. 그때 주지칭은 자기의 연약함 때문에 근심하며 꿇어 엎드려 땀을 흘리면서 하나님께 간절히 기도하였더니 귀신이 떠나갔다. 이런 사실들을 보면, 귀신들도 하나님이 살아 계심을 알고 두려워 떤다(약 2:19). 무엇보다 우리는 성경의 가르침을 따라 마귀의 존재를 믿는다.

마귀는 속이는 자이기 때문에 그는 우리가 그의 존재를 모르는 것을 좋아한다. 인간은 마귀가 눈에 보이지 않으면 안전한 줄로 착각한다. 그러나 그것은 마치 타조의 어리석음과 같다. 타조는 위험을 만났을 때 머리를 모래 속에 파묻는다고 하는데, 그것은 도리어 자신을 더 큰 위험에 빠뜨리는 일이다. 만일 마귀가 눈에 보이지 않는다고 해서 우리가 안심한다면 그것은 마귀에게 자신을 온통 내어주는 것이나 마찬가지다.

2. 마귀를 이김에 대하여

베드로전서 5:9에 "너희는 믿음을 굳건하게 하여 그를 대적하라"라고 하였다. 믿음을 굳건하게 한다는 것은 "하나님의 능하신 손 아래에서 겸손"하게 자신을 맡기는 것이다(벧전 5:6). 말하자면 우리가 하나님께 전적으로 복종하고 헌신하는 것이다. 우리는 누구에게든지 복종해야 하는 자들이며 결코 주관할 자가 아니다. 우리는 마귀의 종이든지 아니면 하나님의 종이다. 우리에게 완충지대는 주어지지 않았다. 우리가 어차피 종이 될 바엔 하나님의 종이 되어야 한다. 마귀는 쉬지 않고 우리 속에 들어와서 우리를 주장하려고 한다. 사람이 하나님께 전적으로 헌신하지 않으면 마귀가 비집고 들어올 자리가 생긴다는 것을 알아야 한다. 우리가 우리의 몸과 영혼을 전적으로 하나님께 바쳐드려야 마귀가 우리 속에 들어오지 못한다. 프란체스코가 자기 자신과 재산과 영혼을 전부 하나님께 드린 후부터 그에게는 기쁨이 충만하였다고 한다. 우리가 자신을 우리의 소유로 알고 그것으로 인하여 열광하는 동안에는 우리에게 참된 기쁨이 없다. 왜냐하면 그때에는 우리가 하나님의 손안에 있지 않기 때문이다. 우리 인생들은 마침내 하나님의 손에 자신을 온통 내어 맡길 수 밖에 없는 순간이 찾아오는데 그때는 우리가 죽는 순간이다. 사람이 하나님의 손안에 들어가지 않기 위해 계속 불순종하며 고집을 부리다가도 죽을 때는 별수 없이 하나님의 손안에 들어가고야 마는데, 그것은 비참한 일이다. 우리는 그때가 이르기 전에 일찍이 하나님께 헌신해야 한다.

13 하나님의 전신 갑주. 이것은 "하나님이 만들어주신 갑옷"이라는 뜻인데, 그 갑옷을 구성하는 모든 요소는 하나님께서 주신 선물들이다.

악한 날. 이것은 이 세상을 염두에 둔 표현이다. "악하다"라는 것은 신자들을 깨어 있게 만드는 말이다. 그들도 세상의 평안에 미혹되어 신앙생활을 등한히 하기 쉬운 것이다.

능히 대적하고 모든 일을 행한 후에 서기 위함이라. 여기서 "능히"(δυνηθῆτε)라는 말과 "행한 후에"(κατεργασάμενοι)라는 말은 영적 전투에서 반드시 이기리라는 전망을 보여준다. 신자가 참여하는 영적 전투는 자기 힘으로 치러야 하는 절망적인 전투가 아니라 하나님의 전신갑주를 입고서 반드시 승리하게 되는 기쁜 전쟁이다. 영적 전투에서 신자가 실패하는 이유는 그가 싸우지 않기 때문이다. 그가 마귀와 더불어 화친하지 않고 싸우기만 하면 반드시 이기는 법이다. 이런 점이 이 세상에 속한 전쟁과의 차이점이다.

14 진리로 너희 허리 띠를 띠고. 여기서 "진리"는 무엇을 의미하는가? 이것을 가리켜 복음이라고 말하는 자들도 있지만, 복음은 15절에 있으니 여기서 같은 말이 거듭 나올 리는 없다. 그러므로 이것은 복음의 진리로 말미암아 발생한 신자의 마음의 "진실성"을 가리킨다. "허리 띠"는 옷을 몸에 밀착시키는 작용을 한다. 그처럼 신자의 진실성은 그 자신과 하나님이 주신 선물을 결합하는 작용을 한다. 비록 하나님이 주신 선물이 많을지라도 신자의 신앙이 진실하지 못하면 그 많은 선물이 그의 것이 될 수 없다. 사람이 자신에 대해 어찌할 수 없는 죄인이라고 솔직하게 평가하고 그리스도께 돌아오는 진실한 행동 역시 하나님이 주신 선물이다.

의의 호심경. 여기서 "의"는 하나님의 의, 다시 말해 칭의의 의를 가리키는데, 그것을 심장으로 신뢰하는 자는"호심경"(가슴을 감싸는 갑옷)을 입은 것과 같다. 하나님의 의를 힘입은 자를 정죄할 자는 아무도 없다(롬 8:33). 그리스도의 군사가 된 우리는 믿음과 사랑으로(살전 5:8) 그리스도를 신뢰하고 순종해야 한다. 우리의 가슴속에 그리스도에 대한 신뢰와 사랑이 없다면 그리스도의 군병이라고 할 수 없다.

15 평안의 복음이 준비한 것으로 신을 신고. "평안의 복음"이란 예수 그리스도로 말미암아 죄인을 "하나님과 화목하게 하는 복음"이라는 뜻이다. "준비한 것"이라는 말은 복음을 진실하게 믿는 자의 마음에 평화가 임하므로 그가

복음을 전하러 갈 때 험한 길이라 해도 거리낌 없이 가게 되는 것을 말한다.

16 **모든 것 위에**. 말하자면 "이같이 갖추어 입은 복장 위에"라는 뜻이다.

믿음의 방패. "믿음"은 하나님을 신뢰하는 마음인데, 그것은 하나님의 전능하심을 받아 누리는 방편이다. 그러므로 "믿음"은 무적의 "방패"다. 우리는 믿음을 가지고 살아가면서 어려운 일을 당할 때마다 믿음으로 이에 대처해야 한다. 믿음으로 대처하는 구체적인 방법은 우리가 난제를 만났을 때 하나님의 뜻을 따라 의로운 길에 서는 것과 우리 자신이 깊이 회개하며 주님의 긍휼을 의지하는 것이다.

악한 자의 모든 불화살을 소멸하고. 여기서 "악한 자"는 "마귀"를 가리킨다. 그리고 "불화살"은 모든 맹렬한 시험, 다시 말해 의심, 정욕, 탐심, 허영심, 시기 등을 가리키는데, 이런 것들이 신자들을 뜨겁게 찌른다. 그러나 우리에게 믿음만 있으면 이런 불화살 같은 시험들을 능히 이기고 죄를 범하는 자리에 빠지지 않을 수 있다.

17 **구원의 투구**. 여기서 "구원"은 내세에 완성될 영광스러운 구원을 가리킨다. 그것으로 "투구"를 삼는다는 말은 그것을 소망하는 마음을 갖는다는 뜻이다. 소망은 위를 향하여 고대하고 바라는 것이니 머리에 쓰는 투구가 소망을 비유하기에 적절하다. 이 소망은 안전이 보장된 천상의 요새이니 난공불락이며 마귀의 화살도 어찌할 수 없다.

성령의 검 곧 하나님의 말씀. "하나님의 말씀"을 "성령의 검"이라고 하는 이유는, ① 그것이 사람의 심령 골수를 쪼개기까지 하여 판단하기 때문이고(히 4:12-13), ② 그것으로 마귀를 전멸시킬 수 있기 때문이다(계 19:21). 세상에서 신자들이 치르는 영적 전투는 하나님의 말씀이라는 검으로 매사를 바로 분석하면서 진격하는 전투이며 하나님의 영광을 위하여 치르는 전투다.

18-19 **모든 기도와 간구를 하되 항상 성령 안에서 기도하고 이를 위하여 깨어 구하기를 항상 힘쓰며 여러 성도를 위하여 구하라 또 나를 위하여 구할 것은 내게 말씀을 주사 나로 입**

을 열어 복음의 비밀을 담대히 알리게 하옵소서 할 것이니. 10-17절에서는 신자들의 영적 전투에 대하여 상세히 설명하였고, 18절에서는 그 전쟁의 승리가 기도에 달려 있다는 것을 가르친다. 여기서 말하는 기도도 이 전투를 위해 비상한 노력이 동원되고 있음을 보여준다.

1) 총동원하는 기도. 18절에 "모든 기도", "모든 기회"("항상"이라고 번역된 헬라어 단어의 본래 의미), "모든 성도"("여러 성도"라고 번역된 헬라어 단어의 본래 의미)라는 문구들이 있다. 이것은 보통 때와는 다른 총동원 전시 체제를 상기시킨다. 이것을 보면 우리가 결사적으로 기도를 힘써야 한다는 것을 알 수 있다.

2) 순전한 기도. "성령 안에서 기도한다"라는 것은 성령의 도우심을 받아 기도한다는 뜻이며(롬 8:26), "깨어 구한다"라는 것은 무성의한 것과 반대된다. 그리고 "항상 힘쓴다"라는 것은 태만과 방심을 경계하는 말이다. 이런 기도는 순전한 기도다.

3) 남을 위한 기도. 18절에 "모든 성도"를 위한 기도 부탁도 있고, 19절에 "바울"을 위한 기도 부탁도 자세하게 기록되어 있다. 이것은 사욕을 위한 기도가 아니고 공동체를 위해 봉사하는 기도다. 그렇다고 해서 기도자가 자기 자신을 위한 기노는 하지 않아도 된다는 말은 아니다. 성경에는 기도자가 자기 자신을 위하여 기도한 실례들이 많은데, 바울의 기도(고후 12:8), 야곱의 기도(창 28:18-22), 히스기야의 기도(왕하 20:2-3), 야베스의 기도(대상 4:10), 다윗의 기도(시 13:1; 22:1)를 비롯하여 모든 참된 신자들이 믿음을 지키기 위하여 자기 자신을 위해 깊이 기도해왔음을 우리는 안다.

20 이 일을 위하여 내가 쇠사슬에 매인 사신이 된 것은 나로 이 일에 당연히 할 말을 담대히 하게 하려 하심이라. "쇠사슬에 매인" 복음의 "사신"은 겁먹고 연약해진 것이 아니라 도리어 "담대히" 복음을 선포하게 되었다. 그 이유는 하나님께서 바울이 쇠사슬에 매인 처지에서 복음을 전하도록 인도하셨기 때문이다(행

23:11; 27:24). 그런 점에서 에베소 교회 신자들이 기도로 돕는 일이 절대적으로 필요하였다.

설교 하나님의 전신갑주를 입으라(13-20절).

"하나님의 전신갑주"라는 말은 "하나님께서 만들어 주신 완전한 갑옷"이라는 뜻이다. 이것을 입으면 마귀를 이기고 모든 일을 이룰 수 있다(13하). 그렇다면 하나님의 전신갑주는 무엇으로 이루어지는가?

1. 진리로 허리 띠를 띰

"진리"라는 말은 하나님이 만들어 주신 갑옷을 묘사할 때 첫머리에 나올 법하다. 왜냐하면 여기서 "진리"란 진실성을 의미하는데, 그것이 없이는 하나님이 주시는 모든 은혜, 다시 말해 갑옷의 모든 부속품이 유지될 수 없기 때문이다. 그리스도인에게는 진실성이야말로 하나님 앞에서 갖추어야 할 근본적인 자격이다. 진실한 자는 자기가 죄인 됨을 그대로 인정하고 하나님 앞에서 진실하게 자기 죄를 회개하는 자다.

진실은 목사의 생명이다. 그런데 목회자들이 종종 십자가를 지는 수고의 책임을 감당하지 않고 모든 책임을 겉치레로 넘기는 일이 많다. 설교할 때도 가슴에 뜨거움 없이 입으로만 설교하고, 기도할 때도 은밀한 가운데 계신 하나님께 기도하기보다 사람의 귀를 즐겁게 하는 형식적 기도를 올리고, 사람을 대할 때도 그의 영적 유익을 위해 사랑 어린 관심을 보이기보다는 겉으로만 관심을 보이는 행동 등이 모두 목사에게 있어서 외식을 범하는 죄악이다. 목사는 사람을 깊이 알고 깊이 사랑할 책임이 있다. 그는 자신에게 나아오는 자를 위하여 생명을 버리기까지 사랑해야 할 처지에 있는 것이다. 로버트 맥체인(Robert Murray M'Cheyne) 목사가 설교하러 강단에 올라갈 때는 교인들의 눈에서 눈물이 흘렀다고 한다. 그만큼 그의 교인들은 목사와 서로 통하고 있었다.

진실하지 못한 목회자는 교회 행정을 처리하는 일에서도 자신의 정치적인 지략만 믿고 하나님을 의지하지 않는다. 정치적 성향을 지닌 목회자는 교인을 사랑한다고 하면서도 실상은 그들을 이용하며, 자신의 죄악을 진실히 대하지 않기 때문에 상한 마음을 가지지 못하며, 단순하지 않기 때문에 순결하지 못하고 따라서 하나님을 보지 못한다. 그는 전적으로 하나님만을 의지하지 않기 때문에 성령의 능력을 드러내지 못한다. 진실하지 못한 목사는 또한 자기 개인의 경건 생활도 등한히 한다. 참으로 구원이 중요하고 지옥이 무서운 줄을 아는 자라면 그 자신이 어떻게 깊은 기도를 하지 않을 수 있으며 깊은 회개를 하지 않을 수 있겠는가? 저명한 조지 휘트필드 목사는 설교를 준비하면서 그 자신이 먼저 그 설교를 통해 회개한 증거가 나타나지 않을 때는 설교를 하지 않았다고 한다.

2. 의의 호심경을 붙임

"의"라는 말은 그리스도인 자신의 의가 아니라 그리스도의 의를 가리킨다. 사람이 자신의 의를 가지고는 마귀의 공격을 막아낼 도리가 없다. 혹시 그에게 한두 가지 도덕적인 의가 있다고 하더라도 거기에는 흠과 티가 있다(사 64:6). 마귀의 공격을 막아낼 수 있는 의는 그리스도의 의밖에 없다. 그러므로 성경은 그리스도인들에게 "오직 주 예수 그리스도로 옷 입고 정욕을 위하여 육신의 일을 도모하지 말라"라고 하였다(롬 13:14).

3. 평안의 복음이 준비한 것으로 신을 신음

"평안의 복음"이란 죄인을 하나님과 화목하게 만들어 주는 복음이다. "준비한 것"이라는 말은 하나님과 화목을 이루는 것이 곧바로 마귀와 싸울 수 있는 완전한 기반이 된다는 것이다. 마귀와 화목한 자는 하나님과 싸우는 자요, 하나님과 화목한 자는 마귀와 싸우는 자다. 하나님과 평안을 누리는 자만이 마귀를 공격하는 일에 모든 힘을 쏟을 수 있다. 마음에 평안함이 없이 어떻게 전장에서 진격할 수 있겠는가? 그뿐 아니라 하나님과 화목하여 마음에 평안을 소유한 자에게는 마귀가 들어올 틈이 없다. 하나님과 화목함으로써 얻는 마음의 평안이야말로 마귀의 공격을 막아내는 가장 안전한 방어태세다. 빌립보서 4:7에 말하기를, "모든 지각에 뛰어난 하나님의 평강이 그리스도 예수 안에서 너희 마음과 생각을 지키시리라"라고 하였다.

"신을 신는다"라는 말은 복음을 전하기 위하여 이곳저곳을 돌아다니는 일과 관련되었다. 성경은 복음을 전하는 자의 발이 아름답다고 하였다(롬 10:15).

4. 모든 것 위에 믿음의 방패를 가짐

"모든 것 위에"라는 말은 위에 말한 몇 가지에 첨부하여 가져야 할 것이 무엇인지 보여준다. 믿음을 "방패"라고 말하는 이유는 우리가 그리스도를 믿는 믿음으로 그의 능력을 받아 마귀의 시험을 막아내기 때문이다. "믿음의 방패를 가지라"라고 하였으니, 믿음은 본래 우리 안에 있는 것이 아니라 밖에서 주어지는 것임이 분명하다. 믿음을 어떻게 얻는가? 성경의 가르침에 따르면, "믿음은 들음에서 나며 들음은 그리스도의 말씀으로" 말미암는다(롬 10:17).

믿음이 하나님 말씀으로부터 오게 되는 경위를 살펴보면 다음과 같다. ① 하나님 말씀의 권위에서 믿음이 생겨난다. 다시 말해 지극히 높으신 하나님이 말씀하셨기 때문에 믿을 수 있다는 것이다. ② 하나님 말씀의 진실성에서 믿음이 생겨난다. 하나님의 말씀은 영혼의 실상을 밝혀내며 그것을 정확히 파헤치는데, 그것을 체험하는 자의 마음에 믿음이 생긴다는 것이다. 히브리서 4:12-13에 말하기를, "하나님의 말씀은 살아 있고 활력이 있어 좌우에 날선 어떤 검보다도 예리하여 혼과 영과 및 관절과 골수를 찔러 쪼개기까지 하며 또 마음의 생각과 뜻을 판단하나니 지으신 것이 하나도 그 앞에 나타나지 않음이 없고 우리의 결산을 받으실 이의 눈 앞에 만물이 벌거벗은 것 같이 드러나느니라"라고 하였다. ③ 성령의 역사로 말미암아 믿음이 생겨난다. 무엇보다도 중요한 것은 성령께서 하나님의 말씀으로써 역사하시기 때문에 그 말씀을 듣는 자가 믿음을 가지게 된다는 점이다.

5. 구원의 투구를 가짐

"구원의 투구"라는 말은 실상 "구원의 소망의 투구"를 의미한다(살전 5:8). 이 소망은 불확실한 것이 아니고 미래에 확실히 이루어지도록 이미 그리스도로 말미암아 마련되어 있는 것이다(살전 5:9-10). 그러므로 무디(Moody)는 말하기를 "요한1서의 말씀에 따르면, 하나님의 자녀 된 자가 구원에 대해 확신을 가진다는 의미에서 '앎이요'라고 거듭거듭 말한다. 신자가 구원에 대한 확신을 가지는 것이 교만이 아니라, 도리어 확신을 갖지 않는 것이 교만한 것이다"라고 하였다. 이 구원의 소망은 결코 실패할 수 없는 것인데, 그것은 신자가 환난을 겪고 연단을 받을수록 더욱 확연히 내다보이는 소망이다. 로마서 5:3-5에 말하기를 "다만 이뿐 아니라 우리가 환난 중에도 즐거워하나니 이는 환난은 인내를, 인내는 연단을, 연단은 소망을 이루는 줄 앎이로다 소망이 우리를 부끄럽게 하지 아니함은 우리에게 주신 성령으로 말미암아 하나님의 사랑이 우리 마음에 부은 바 됨이니"라고 하였다. 누가복음 21:26-28을 보면, 주님이 재림하실 때 장차 사람들이 기절할 만큼 두려운 일들이 있을 터인데 그때 신자들은 오히려 머리를 들라고 하였다. 왜냐하면 그들의 구원이 그만큼 확실하기 때문이다. 아무리 환난이 닥친다 해도 소망을 굳건히 가질 수 있는 이유는 그야말로 머리에 구원의 투구를 쓰고 있기 때문이다.

이 소망은 사람이 스스로 설계하여 만든 것이 아니고 하나님께서 만드신 것이다. 많은 사람이 자기 착각에 빠져 헛된 소망 가운데 살아가고 있다. 그러나 신자들은 하나님이 만드신 확실한 소망만을 바라보고 마귀를 대항하여 힘있게 싸워나가야 한다. 이 소망은 우리가 영적 전투를 치를 때 용기와 담력을 준다. 그는 모든 불의와 싸울 때 두려워하거나 물러서지 않는다. 왜냐하면 그가 이 영적 전투에서 최후에 반드시 제일 좋은 소망을 받을 줄 알기 때문이다(요일 3:3). 디모데후서 1:12에 말하기를 "이로 말미암아 내가 또 이 고난을 받되 부끄러워하지 아니함은 내가 믿는 자를 내가 알고 또한 내가 의탁한 것을 그 날까지 그가 능히 지키실 줄을 확신함이라"라고 하였다. 가나안 땅을 정탐하고 돌아온 열두 사람 중에 열 사람은 그 땅에 대해 악평하고 백성을 낙담시켰다(민 13:31-14:3). 그러나 여호수아와 갈렙은 그 땅을 칭송하면서 하나님만 믿고 가나안 땅으로 진격해가자고 하였다(민 14:8-10). 이때 이스라엘 민족은 이 두 사람의 말을 듣지 않고 도리어 그들을 죽이려 했다. 그래도 그 두 사람은 동요하지 않고 끝까지 하나님의 약속을 믿고 소망을 가졌으니, 그야말로 그들은 구원의 투구를 쓴 셈이었다(참조. 히 11:13-16). 이것을 보아도 소망은 인간 자신에게 있는 것이 아니고 하나님의 약속하신 말씀에 달린 것이다.

6. 성령의 검 곧 하나님의 말씀을 가짐

"하나님의 말씀"을 "성령의 검"이라고 표현한 이유는 성령께서 그 말씀을 사용하시기 때문이다. 그리고 그것을 "검"이라고 말하는 이유는 ① 그것으로 마귀의 견고한 진을 파괴하기 때문이며(고후 10:3-5), ② 그것으로 우리의 심령 골수를 쪼개어 수술하고 새롭게 하기 때문이다(히 4:12-13). 교회가 하나님의 말씀을 굳게 붙잡고 있는 동안에는 마귀와 죄악이 침범하지 못하지만, 그것을 놓치면 모든 흑암의 세력에게 삼켜져 버린다. 예수님께서 마귀를 물리치신 비결도 하나님의 말씀을 사용하신 것이었다. 그리스도인들이 죄악과 싸울 때 약해지는 이유는 하나님의 말씀을 굳게 잡지 못하기 때문이다.

그런데 여기서 우리가 주의할 것은, 하나님의 말씀을 붙잡기 위해서는 성령과 밀접한 관계를 취해야 한다는 점이다. 본문 17절에 하나님의 말씀을 가리켜 "성령의 검"이라고 하였는데 그것은 사람의 검이 아니라는 뜻이다. 성령과 관계없이 하나님의 말씀을 가진 자는 그것을 검처럼 사용할 수 없다. 무디 선생이 한번은 500명의 무신론자가 모인 자리에서 하나님의 말씀을 전하여 그들을 거꾸러뜨렸는데, 그 비결은 그가 하나님의 말씀을 사용할 때 성령님이 함께하셨기 때문이었다. 성령으로 뜨거워지지 않은 마음으로 성경 말씀을 전하는 자는 별로 효과를 거두지 못한다. 성령께서는 성경 말씀과 함께 역사하신다. 성경을 "그리스도의 말씀"(롬 10:17)이라고 하는 것은 그것이 그리스도를 증거하는 말씀이기 때문이다. 성령의 역사는 그리스도에 대해 증언하는 것이며(요 14:26; 15:26; 16:13-14), 그는 성경 말씀대로 그리스도를 증언하는 설교에 함께하기를 원하신다. 누구든지 성경을 바로 읽고 많은 기도로 준비하여 그리스도가 중심이 되는 설교를 참되게 전할 때 성령께서는 그 설교를 사용하신다. 무디 선생은 말하기를, "성령의 역사 없이 정통교리를 전하는 것은 하나님과 사람 앞에 가증스러운 일이다"라고 하였다. 그는 고린도후서 3:6에 기록된 "율법 조문은 죽이는 것이요"라는 말씀을 성령의 역사 없이 전파되는 정통교리에 적용하였다. 그는 또 말하기를 "보편적으로 성경 말씀에 충만한 자가 성령으로도 충만하다"라고 하였다.

21-22 사랑을 받은 형제요 주 안에서 진실한 일꾼인 두기고가 모든 일을 너희에게 알리리라 우리 사정을 알리고 또 너희 마음을 위로하기 위하여 내가 특별히 그를 너희에게 보내었노라. "사랑을 받은 형제." 이는 그리스도가 베푸시는 속죄의 사랑을 받은 두

기고를 가리킨다. "두기고"라는 이름은 사도행전 20:4과 디모데후서 4:12에도 나온다. 그는 "주 안에서 진실한 일꾼"이기에 그의 방문은 에베소 교회 성도들에게 기쁨과 힘을 가져다줄 것이며, 더욱이 복음으로 말미암아 쇠사슬에 매인 바울로 인해 근심에 잠겨 있는 그들에게 큰 위로가 될 것이었다. 바울이 두기고를 그들에게 보낸 이유는 교회를 사랑하는 목자의 심정 때문이었다. 바울이 행하는 모든 일이 교회를 위한 것이었으니, 그에 대한 그들의 관심은 지대했고 또한 긴장되어 있었다. 참된 목회자와 영적 교제를 나누는 교회는 언제나 위로와 힘을 얻으며 피차간에 기쁨을 얻게 된다.

23 믿음을 겸한 사랑. 이 "사랑"은 하나님의 사랑에 대한 믿음에서 나온 것이니(요일 4:10-11), 그것은 그리스도인의 영적 건강을 보여주는 지표다. 우리가 믿음을 강조하다 보면 사랑이 결핍하기 쉽고, 사랑을 강조하다 보면 인본주의로 흘러서 신앙을 잃어버리기 쉽다. 그러므로 이 두 가지를 겸하는 은혜는 귀하다. 사도는 에베소 교회의 영적 평안을 비는 동시에 그들이 이 두 가지를 겸비하기를 기원한 것이다.

24 우리 주 예수 그리스도를 변함 없이 사랑하는 모든 자. 이것은 언제든지 하나님만 사랑하는 것을 가리킨다. 예수님은 말씀하시기를, "네 마음을 다하고 목숨을 다하고 뜻을 다하여 주 너의 하나님을 사랑하라" 하셨다(마 22:37). 예수님은 여기서 하나님을 사랑하라고 하셨는데, 우리에게는 나 자신이 문제고 내 가족도 문제다. "나"라는 존재는 하나님보다 "나 자신"을 더 사랑할 수밖에 없고, 내 "가족"을 더 사랑하게 마련이다. 그러나 이 문제는 쉽게 해결된다. 우리는 우리 자신을 사랑해도 좋다. 그 사랑이 나의 영혼 구원을 위한 참사랑이라면 그것은 하나님만 사랑하는 일에 방해가 되지 않는다. 내가 죽도록 기도하는 것이 나를 참으로 사랑함이고(욥 27:10), 하나님의 계명에 순종하는 것 역시 나를 참으로 사랑함이다(요 14:21). 이런 사랑의 내용은 결국 하나님을 향한 사랑이다. 가족을 사랑하는 일도 마찬가지다. 우리는 가족도 진

심으로 사랑해야 한다. 그런데 우리가 가족을 참으로 사랑한다면 우리는 그들이 하나님께 속하도록 그들을 위해 기도할 것이다. 그러니 가족을 사랑하는 일은 하나님께 정절을 바치는 데 방해가 아니라 도리어 유익이 된다. 가족을 위한 우리의 기도가 이 세상에서 이루어지든지 이루어지지 않든지 그들의 문제를 하나님께 맡기는 것은 하나님 제일주의다. 하나님은 그런 기도를 기뻐하신다. 그러므로 그것도 하나님께 정절을 지키는 일이 된다.

설교 변함없이 주님을 사랑하자(23-24절)

1. 변함없이 주님을 사랑하자.

"변함없이 주님을 사랑한다"라는 말은 무슨 의미인가? 하나님은 영이시기 때문에(요 4:24) 우리는 그를 볼 수도 없고 물리적으로 접촉할 수도 없다. 우리 신자들은 보이지 않는 그분을 사모한다. 다윗은 말하기를, "하나님이여 사슴이 시냇물을 찾기에 갈급함 같이 내 영혼이 주를 찾기에 갈급하니이다 내 영혼이 하나님 곧 살아 계시는 하나님을 갈망하나니"라고 하였다(시 42:1-2).

2. 끝까지 참으며 말씀을 지키자.

주님의 말씀은 변하지 않는다. 하늘과 땅이 없어져도 주님의 말씀은 없어지지 않는다(마 24:35). 사람의 말은 거짓되고, 과장이 많고, 유익 없는 말이 많고 따라서 해롭다. 성경은 혀를 가리켜 "불"이라고 하였다(약 3:6). 그러나 주님의 말씀은 변치 않기 때문에 든든하고 유익하고 소망이 있다. 그러므로 주님의 말씀을 항상 지키는 것이야말로 주님을 향한 변치 않는 사랑이다(참조. 요 14:21).

하나님의 말씀을 끝까지 지키기 위해서는 인내가 필요하다. 우리는 평안을 얻는 것도 참아야 한다. 왜냐하면 평안은 사람을 부패시키기 때문이다. 영국 메리 여왕 시대에 신자들이 신앙을 지키기 위해 투옥되었다가 엘리자베스 여왕 시대에는 자유를 얻었다. 그런데 그들은 집으로 돌아가 평안히 살면서 많이 타락하였다고 한다. 우리는 고난도 참아야 한다. 고난은 우리에게 낙심을 가져다주기 쉽다. 우리가 주님께 온전히 집중하면 고난도 참을 수 있다. 어째서 우리는 그리스도께 전적으로 집중하지 못하는가? ① 그는 다시 살아나신 주님이시며(고전 15:3-4), ② 나를 알아주시는 유일하신 주님이시며(사 49:15-16; 고전 8:3), ③ 어제나 오늘이나 영원토록 동일하시며(히 13:8), ④ 나를 구원해 주시는 구주시다(요 3:16; 딤전 1:15).

3. 죽도록 충성하자.

우리는 바로 사는 일을 귀하게 여기지만, 바로 죽는 일도 그만큼 귀하다. 우리가 살아가는 이유는 날마다 죽음을 각오하고 주님의 일에 충성하기 위함이다. 바울은 말하기를, "나는 날마다 죽노라"라고 하지 않았던가(고전 15:31)! 이것은 사람의 "죽음" 자체가 귀하다는 말이 아니다. 성경은 믿음으로 주님을 위하여 바로 살아가고 믿음으로 죽는 것을 귀하다고 하였다(시 116:15). 바울은 말하기를, "우리가 담대하여 원하는 바는 차라리 몸을 떠나 주와 함께 있는 그것이라"라고 하였다(고후 5:8).

신약주석
빌립보서

빌립보서 주석
목차

본문주석

설교

서론

I. 빌립보서 저자

본서가 사도 바울의 저작이라는 점은 초기 시대부터 교회가 그렇게 알고 믿었던 바다(Alford). 폴리카르포스(Polycarp)는 그의 저서 『빌립보 서신』에서 본서가 사도 바울의 저작이라고 말하였고(Phil. Ⅲ), 이레나이우스(Irenaeus)도 그리하였다. 알렉산드리아의 클레멘스(clement of Alexandria)는 빌립보서 1:7, 13, 29, 30, 2:1, 17, 2:20을 인용하였고,[33] 테르툴리아누스(Tertullian)는 3:11을 인용하였으며,[34] 또한 그는 마르키온(Marcion)과의 논쟁을 벌일 때 빌립보서에서 논거를 취하면서 그것을 사도의 글로 권위 있게 대했다.[35]

---

33) Strom. IX. 12, 19, 94.

34) De Resur. 23.

35) Cont. V. 20; De Praescr. 26.

근대에 이르러 일부 학자들은 본서의 진정성을 의심하였다. 로마이어(Ernst Lohmeyer)는 2:5-11의 그리스도 찬송시가 다른 기독교 문헌에서 빌려온 것이라 하였고,[36] 케제만(Ernst Käsemann)은 그 문구가 영지주의(Gnosticism)의 우주적 구속자 사상에서 유래했다고 주장하였다.[37] 그러나 설령 그 문구(2:5-11)가 찬송시 형태를 지녔다 하더라도 그것이 바울의 문체가 아니라고 주장할 이유는 없다. 바울은 다른 서신(딤전 1:17; 3:16)에서도 그런 문체를 사용한 실례가 있다. 더욱이 그 찬송은 영지주의의 구속자 사상과 동일한 것이 아니다. 영지주의의 구속자 사상은 구주가 죽었다가 다시 살아서 높임을 받는 역사적 사실을 포함하지 않는다. 영지주의에서 말하는 "구속자"는 비시간적이고 신화적인 존재다. 또 다른 학자들은 3:1에 "끝으로"라는 표현이 나온 이후에도 상당히 긴 단락이 계속된다는 점을 들어 이 부분은 바울 이후에 어떤 사람이 첨부한 것이라고 주장한다. 그러나 바울은 이러한 어법을 데살로니가전서 4:1 이하에서도 사용한 적이 있다.

II. 빌립보서 저작 시기와 장소

본서는 로마 옥중에서 기록되었는데, 이것은 어떤 학자든지 인정하는 사실이다. 어떤 학설에는 아주 미약한 논거에 의해 본서가 가이사랴에서 기록되었다고 하나, 본서 4:22에 "가이사의 집 사람들"에 대한 언급이 있는 것으로 볼 때 가이사(로마 황제)의 도성 로마에서 기록된 것이 분명하다. 그렇다면 이 서신은 바울의 로마 옥중생활 말기, 다시 말해 주후 63년경에 기록되었을 것이다.

---

36) Die Brief an die Philipper, etc. in loco; Kyrios Jesus, 8.

37) Kritische Analyse von Phil. 2:5-11, ZTK. 47, 1950, 313.

III. 빌립보서의 특징

1. 바울의 개인적이고 열정적인 요소를 담고 있다. 본서에는 “나”라는 대명사가 52회나 나온다.

2. 그리스도 중심 사상을 드러낸다. 바울은 “내게 사는 것이 그리스도니 죽는 것도 유익함이라”(1:21)라고 하였다.

3. 교리적인 내용이 매우 적다. 본서는 주로 교회가 당면한 실제적인 문제들을 다루었다(교리 부분: 2:5-11; 3:9-11, 20-21).

4. 신자들에게 기뻐하라고 권면한다. 그러한 권면은 옥중에서 수난당하는 바울로서 특별한 은혜의 체험 없이는 할 수 없는 것이다(참조. 3:1; 4:10).

5. 신자들의 믿음과 덕을 격려한다. 바울은 그들에게 그리스도를 위하여 고난도 받으라 하고(1:27-30), 생명의 말씀을 밝히라 하고(2:16), 거룩한 심성을 유지하 라 하고(4:8). 자신처럼 그리스도인의 소명으로 달음질하라고 한다(3:13-17).

IV. 빌립보서 내용분해

1. 서론(1:1-26)

2. 복음에 합당한 생활을 명함. 구체적으로 단합, 겸비, 기타 덕행을 권함(1:27-2:18)

3. 디모데, 사도 자신, 에바브로디도 등이 빌립보 교회를 심방하려는 계획(2:19-30)

4. 거짓 스승에 관한 경계(3:1-21)

5. 결론적 권면(4:1-23)

참고문헌

Calvin's Commentaries, Philippians.

Greijdanus, S., Kommentaar op Het Nieuwe Testament, Brief Aan De Philippenzen.

Lightfoot's Commentaries, Philippians.

Meyer, H. A. W., Commentary on the New Testament, Philippians.

Lohmeyer, Die Brief an die Philipper.

Käsemann, Kritische Analyse von Philipper.

제 1 장

개요

1. 문안(1:1-2)
2. 감사와 기도(3-11절)
3. 바울이 그의 수금된 사건을 논평함(12-26절)
   1) 복음이 전파됨(12-18절)
   2) 바울의 소원이 확인됨(19-26절)
4. 바울의 권면(27-30절)

해석

1 **그리스도 예수의 종 바울과 디모데.** 바울은 본서의 첫머리에서 그의 다른 서신에서처럼 자기의 사도직에 대하여 말하지 않는다. 왜냐하면 빌립보 교회는 이미 그의 사도직을 확증했기 때문이다. "종"(δοῦλος)이라는 것은 특정 직분을 가리키는 명칭이 아니라 어떤 신자에게도 사용될 수 있는 이름이다(고

전 7:22; 엡 6:6; 벧전 2:16; 계 1:1; 2:20; 7:3).

모든 성도와 또한 감독들과 집사들. "성도"(ἅγιος)는 ① 하나님의 택하심을 받아 그에게 속하였고, ② 성령님으로 말미암아 거룩하게 되어가는 그리스도인들을 말한다. "감독들과 집사들"은 초기 교회부터 이어져 내려오는 두 가지 성직이다(행 1:23-26; 6:5-6; 14:23; 20:28; 딤전 3:2, 8, 10, 12; 딛 1:5). "감독"은 장로를 가리키는 또 다른 명칭이다(행 20:28; 딛 1:5).

2 은혜와 평강. "은혜"(χάρις)는 인간이 죄로 인하여 멸망 받아 마땅함에도 하나님께서 용서하시고 구원하시는 호의를 가리킨다. 이것은 뒤에 이어지는 "평강"(εἰρήνη)의 원인이다. 하나님께서 그리스도 안에 계셔서 죄인들에게 은혜를 베푸심으로써 그들이 그리스도 안에서 하나님과 화목하게 되어 영적 평강을 누린다(참조. 고후 5:19). 이것은 근본적으로 중요하다. 신자가 어떤 실패로 인하여 불안에 빠진다 해도 그가 힘써 기도하면 다시 평강을 되찾을 수 있다(4:6-7).

3-6 나의 하나님. "나의 하나님"(τῷ θεῷ μου)이라는 말은 물론 다른 사람의 하나님은 아니라는 뜻은 아니다. 이렇게 바울이 하나님을 가리켜 "나의 하나님"이라고 표현한 것은 하나님과 그의 친밀한 관계를 보여준다. 우리가 하나님을 가리켜 "나의 하나님"이라고 부르기 위해서는 나 자신이 하나님의 택함을 입은 사람이어야 하고 또한 나의 실제 삶이 하나님 앞에 거룩한 산 제물이 되어야 한다.

감사하며…기쁨으로 항상 간구함. 사도 바울은 어째서 빌립보 신자들로 말미암아 주님께 "감사하며", 또 그들을 위하여 "기쁨으로" 기도했는가? 그 이유는 ① 바울의 복음 전도에 그들이 물질적 원조로 협력했기 때문이며(5절), ② 빌립보 신자들 가운데 구원의 선한 일을 시작하신 하나님께서 반드시 그 일을 완성하실 줄 확신했기 때문이다(6절). 다시 말해 그들의 구원이 완성될 소망이 확실하기 때문이다.

7 너희가 내 마음에 있음이며 나의 매임과 복음을 변명함과 확정함에 너희가 다 나와 함께 은혜에 참여한 자가 됨이라. 위에서 이미 말한 바와 같이 여기서도 사도 바울은 빌립보 신자들에 대하여 소망을 가지는 이유가 있다고 말하는데, 그것은 빌립보 교인들이 바울의 "마음"에 있기 때문이라고 한다. 그는 깊은 애정으로 빌립보 신자들을 기억하였다. 그들이 주님을 사랑하는 확실한 증거를 나타내었기 때문에 주님을 사랑하는 사도의 마음이 그들에게 끌린 것이다. 주님을 사랑하는 자는 주님을 사랑하는 다른 사람들을 마음에 생각하며 기억하는 법이다. 주님을 사랑하는 빌립보 교인들의 마음은 바울의 "매임"과 그의 "복음을 변명함과 확정함"에 그들이 동참했던 구체적인 행동을 통해 증명된다. 바울의 "매임"에 동참하였다는 말은 빌립보 교인들이 옥중에서 수난당하는 바울을 물질적으로 도왔던 일을 가리키는 듯하다(참조. 4:18). "복음을 변명함"이란 복음에 대한 반대를 막아 변증하는 것을 의미하고, 복음을 "확정함"이란 복음을 들은 자들의 마음이 흔들릴 때 그들의 믿음을 굳건하게 붙들어 주는 것을 의미한다.

8-11절. 이 단락에서는 바울이 빌립보 교인들을 사모하는 그의 심정을 밝힌다.

8 내가 예수 그리스도의 심장으로 너희 무리를 얼마나 사모하는지. "심장"(σπλάγχνα)이라는 단어는 심장, 간, 폐 등을 포함하는 내장을 가리키는데(Lightfoot), 고대에 "심장"은 정서의 원천으로 여겨졌다. 그러므로 바울이 빌립보 신도들에 대하여 품은 애정은 이렇게 마음속에서 움직이는 것이었다. 그러나 바울이 품은 애정의 깊은 근거는 그 자신에게 있는 것이 아니라 그리스도께 달린 것이었다. 그러므로 벵겔(Bengel)은 이 점에 대하여 말하기를, "바울의 마음속에는 바울이 살지 않았다"라고 하였다.

9 내가 기도하노라. 바울이 빌립보 교인들을 위하여 "기도"하였다는 것은

그들을 향한 그의 사모함이 얼마나 큰지를 보여준다. 단순한 인간적 애정은 열매 없는 무성한 나무와 같지만, 상대방을 위하여 기도하는 것이야말로 진정한 효과를 보여주는 사랑이다. 왜냐하면 사랑하는 사람이 잘되게 하는 방법은 그를 위하여 기도하는 것이기 때문이다. 바울이 그들을 위하여 무엇을 간구했는지 아래 말씀이 보여준다.

너희 사랑을 지식과 모든 총명으로 점점 더 풍성하게 하사(ἡ ἀγάπη ὑμῶν ἔτι μᾶλλον καὶ μᾶλλον περισσεύῃ ἐν ἐπιγνώσει καὶ πάσῃ αἰσθήσει). 헬라어 원문을 직역하면 "너희 사랑이 지식적으로 또는 모든 총명이 있게 점점 더 풍성하게"라는 뜻이 된다. 사랑이 지식적으로 나타나지 않으면 남을 유익하게 하지 못하고 도리어 해롭게 한다. 여기 사용된 "사랑"이라는 말이 헬라어로 "아가페"(ἀγάπη)인데, 이것은 "형제 사랑"("필라델피아", φιλαδελφία, 친구 관계에 이끌린 사랑)과는 달리 법적인 성격을 지니기 때문에 지식적 요소를 수반해야 한다.

10 지극히 선한 것을 분별하며. 이것은 위에서 말한 사랑이 지식적으로 증가한 결과다. 사랑이 지식적으로 명민해지면 지극히 선한 하나님의 뜻을 잘 분별할 수 있다. 하나님의 의도하신 복음의 진리대로 나타나는 사랑이야말로 자타를 유익하게 한다. 맹목적인 사랑은 종종 죄를 배양하고 남을 넘어뜨리는 올무가 될 수도 있다.

진실하여 허물 없이 그리스도의 날까지 이르고. 이것은 사도 바울이 빌립보 교인들을 위하여 기도하는 두 번째 내용이다. "진실함"(εἰλικρινεῖς)의 어원적 의미는 "햇빛에 판단 받음"인데, 태양 빛에 비추어 한 점의 티끌도 없는 순진성을 가리킨다. 이처럼 주님 앞에 비추었을 때 흠이 없는 진실성은 귀한 것이다. 우리에게 다른 결점이 혹시 발견된다 해도 진실함만은 온전히 유지해야 한다. 신앙에 가장 큰 방해가 되는 것은 위선이다. 그러므로 예수님께서는 무엇보다도 더욱 바리새인들의 외식을 대적하셨고 책망하셨다. 진실함이 있는 마음에는 신앙이 들어갈 자리가 있고, 신앙이 있으면 하나님의 의를 받을 수 있다. "허물 없이"(ἀπρόσκοποι)라는 말은 넘어지지 않는다는 뜻인데, 사람이 진실해야만 넘어지지 않을 수 있다. 바울은 빌립보 교인들이 그리스도께서 강림하실 때까지 진실하여 넘어지지 않기를 간구하였다.

11 **예수 그리스도로 말미암아 의의 열매가 가득하여.** 이것도 사도의 두 번째 기도 내용에 포함된다. 그리스도로 말미암은 "의의 열매"는 믿음으로 하나님의 의를 받은 자가 은혜로 행하는 선들을 가리킨다.

하나님의 영광과 찬송. 이것은 바울이 드리는 기도의 결론이다. 그리스도인이 잘되고자 하는 이유는 결국 하나님의 영광을 드러내기 위함이다.

12-20절. 이 단락은 사도 바울의 매임이 복음 전파에 장애가 되기보다는 도리어 유익을 가져다준다고 말한다.

12 **내가 당한 일이 도리어 복음 전파에 진전이 된 줄을 너희가 알기를 원하노라.** 다시 말해 바울이 옥에 갇힌 것이 복음을 전파하는 일에 도리어 힘을 보태었다는 뜻인데, 바울은 이러한 사실을 빌립보 교인들이 알기를 간절히 원한다. 그들이 이 사실을 깨닫게 되면 그들도 핍박을 두려워하지 않게 될 것이었다.

"진전"(προκοπή)이라는 용어는 스토아 철학에서 흔히 사용되었는데, 지혜를 향하여 전진하는 것을 의미하였다. 여기서는 이 단어가 기독교 복음과 관련하여 복음 운동의 진보를 가리킨다.

13 **나의 매임이 그리스도 안에서 모든 시위대 안과 그 밖의 모든 사람에게 나타났으니.** 이 문구를 직역하면, "나의 매임이 온 시위대 안과 그 다른 모든 사람에게 그리스도 안에서 나타났으니"가 된다. "온 시위대"는 그 당시 바울을 감금하는 데 동원된 군대를 가리킨다. 바울은 군대의 삼엄한 경계 속에 감금되어 있었다(Hirschfeld). "그리스도 안에서···나타났으니"라는 말은 바울이 수금된 것이 그리스도 때문이라는 사실이 대외적으로 알려졌다는 뜻이다. 신자가 받는 고난이 그리스도 때문이라면 그것은 무한한 가치가 있는 것이다. 또한

그가 당하는 수난이 그런 이유 때문이라는 사실이 드러난다면 그것을 아는 자들은 그리스도의 복음이 얼마나 귀중하고 참된 것인지를 다시 한 번 생각하게 된다.

14 형제 중 다수가 나의 매임으로 말미암아 주 안에서 신뢰함으로 겁 없이 하나님의 말씀을 더욱 담대히 전하게 되었느니라. 비록 바울이 당하는 박해가 두려운 것이지만, 그처럼 두려운 박해를 바울이 능히 견디고 극복하게 하신 성령님의 역사는 더욱 강력하다. 그러므로 그리스도인들은 박해가 두렵다는 점에만 집중하지 말고 그것을 이기게 하시는 하나님의 권능을 바라보고 든든한 신뢰심을 지녀야 한다.

15-16 어떤 이들은 투기와 분쟁으로…그리스도를 전파하나니. 이것은 바울이 매임을 당한 사건으로 말미암아 복음 전도가 진보되는 또 한 가지 현상을 설명한다. 여기서 말하는 "투기"로 전도하는 자들은 어떤 인물들인가? 어떤 학설에 이들은 유대주의 그리스도인들로서 바울을 미워하는 자들이라고 한다. 그러나 이런 학설은 합당하지 않은데, 왜냐하면 바울은 유대주의자들의 그릇된 복음을 기뻐하지 않았기 때문이다(갈 1:8-9). 그러므로 여기 언급된 "투기"하는 자들은 바울과 동일한 복음을 전파하면서도 다만 인간적으로는 바울을 좋아하지 않고 그를 질투하는 자들을 가리킨다. 그들이 전도하는 동기는 불순한 것이지만 설사 그렇다 해도 그들이 전하는 복음은 옳은 것이기 때문에 바울은 그들의 전도를 기뻐하였다.

19 이것이 너희의 간구와 예수 그리스도의 성령의 도우심으로 나를 구원에 이르게 할 줄 아는 고로. 이것도 바울의 매임이 가져다주는 복음적 유익의 또 한 가지 측면이다. 이는 바울 자신의 구원에 관계된 것인데, 말하자면 그가 옥중에 매임으로 말미암아 그의 영적 생활은 더욱 자유롭게 되었다는 것이다. 그리스도를 위하여 고난을 받는 그의 영혼은 얼마나 즐거웠을까(마 5:11-12)? "구원에 이르게" 한다는 말은 그의 구원에 관련된 영적 축복이 더욱 두터워짐을

의미한다. 그리스도인의 수난은 손해가 아니고 비교할 수 없이 풍성한 영적 보물을 받는 기회가 된다. 수난 자체가 어떤 신령한 능력을 지녀서 그런 것이 아니고 오직 모든 성도의 간구와 예수 그리스도의 성령의 도우심으로 그렇게 되는 것이다. 환난은 우리를 사랑하시는 성령께서 베푸시는 구원의 손길을 맛보는 기회가 된다.

20 나의 간절한 기대와 소망을 따라 아무 일에든지 부끄러워하지 아니하고 지금도 전과 같이 온전히 담대하여 살든지 죽든지 내 몸에서 그리스도가 존귀하게 되게 하려 하나니. 바울이 여기서 기대하는 바가 있는데, 그것은 그가 옥중에서 영적 싸움에 실패하지 않고 담대히 나감으로써 그리스도가 존귀하게 여김을 받으시게 하려는 것이다. 여기 "존귀하게 되게"라고 번역된 헬라어 단어(μεγαλυνθήσεται)는 "커지시게"라고 수정되어야 한다. 그리스도의 종이 진리를 위하여 천대를 받음으로써 작아지고 낮아질 때 그리스도께서는 높아지시며 커지신다. 바울은 이러한 목적을 성취하기 위해서라면 생사조차도 문제시하지 않았다.

21-26절. 이 단락은 자신의 생사 문제에 대한 바울의 태도를 보여준다.

21 내게 사는 것이 그리스도니. "사는 것이 그리스도"라는 말은 바울이 그리스도와 연합하여 그와 함께 거하기 때문에 지금도 그의 감화 아래 움직이고 있음을 가리킨다.

죽는 것도 유익함이라(καὶ τὸ ἀποθανεῖν κέρδος). 이 말을 직역하면, "그러니까 죽은 상태는 유익하다"라고 해야 한다. 그렇다면 이 구절의 의미는 "지금 나에게서 사는 것이 그리스도시니 나의 죽은 후의 상태는 유익하다"라는 것이다. 그리스도와 연합한 현재의 경험은 죽음 이후에 그리스도와의 더욱 자유로운 연합이 이루어질 것을 예감하게 한다. "죽는 것"(τὸ ἀποθανεῖν)은 죽는 행동이라기보다 죽은 상태, 다시 말해 "죽음 이후의 상태"를 의미한다 (Lightfoot). 신자가 육신을 떠난 이후에 그의 영혼은 주님과 더욱 친밀하게 연합하게 될 것이니 그 얼마나 복된 일이겠는가! 그리하여 바울은 죽음을 지척에 둔 감옥에서 죽음을 바라보고 두려워하기는커녕 건너편의 복된 땅을 바라보고 도리어 죽음을 노래한 것이다. 죽음의 감미로움은 예수님을 참으로 믿고서 죽음과 가까운 수난의 자리에 가 본 자라야 맛볼 수 있는 것이다.

설교 죽는 것이 유익한 줄 앎에 대하여(19-21절)

본문 21절 말씀은 신자에게 죽음이 유익하다는 사실을 알려 준다. 거기 사용된 "내게"(ἐμοί)라는 인칭 대명사는 강조의 의미를 지닌다. 말하자면 다른 사람들에게는 그렇지 않다고 해도 "나에게는 확실하다"라는 뜻이다. 이 말은 그가 이러한 사실을 체험으로 깨달았다는 것이다. 그렇다면 죽는 것도 유익하다는 것을 깨닫는 비결은 무엇인가? 그것은 "내게 사는 것이 그리스도"라는 사실을 아는 것이다.

1. 그리스도를 주님으로 모심

"내게 사는 것이 그리스도"라는 말은 신자가 그리스도의 복음(그가 죽었다가 다시 살아나심)을 진심으로 믿을 때 그리스도께서 그의 주가 되어 주신 사실이 그의 심령에 알려진다는 것이다. 예수 그리스도는 우리의 "주"가 되시기 위하여 죽었다가 다시 사셨다. 로마서 14:8-9에 말하기를, "우리가 살아도 주를 위하여 살고 죽어도 주를 위하여 죽나니 그러므로 사나 죽으나 우리가 주의 것이로다 이를 위하여 그리스도께서 죽었다가 다시 살아나셨으니 곧 죽은 자와 산 자의 주가 되려 하심이라"라고 하였다. 세상에서 살아가는 동안 주님의 지배를 받지 않는 자가 있다면 그는 죽어서도 그의 지배를 받도록 정해져 있다는 사실을 알아야 한다. 죽음 이후에 그의 지배를 받는 것은 행복한 일이 아니다. 우리가 어차피 그의 지배를 받을 바에는 차라리 살아서부터 그에게 순종하여 그의 통치를 받는 것이 낫다. 사망을 이기신 주님이 나의 왕이시니 사망이 나를 어떻게 하겠는가? 예수는 사망을 이기기 위하여 오셨다. 어두움을 물리치려면 빛이 있어야 하는 것처럼, 사망을 이기려면 예수 그리스도를 모셔야 한다.

2. 그리스도에게 순종함

"사는 것"(τὸ ζῆν)이라는 말은 "살아가는 것", 다시 말해 계속되는 삶을 가리킨다. 우리는 그리스도의 계명에 순종해가는 삶을 통해 그리스도를 체험하게 되며(요 14:21), 그리스도가 공급하시는 생명을 체험한다. 우리가 말씀에 순종하여 우리의 허물을 한 가지만 고쳐도 우리의 심령에는 밝음이 찾아온다. 특별히 우리가 고질적인 병폐와 같은 큰 허물을 고칠 때는 더욱 그러하다. 루터는 말하기를 "순종은 기적보다 낫다"라고 하였다.

그리스도인의 믿음은 그가 계명을 지키게 만듦으로써 사랑을 이루게 한다. 따라서 그는 죽음 앞에서 담대해진다. 칼빈은 그렇게 되는 원인이 양심적으로 신앙을 지키는 것이라고 여기고서 양심을 찬양하며 말하기를, "오! 양심의 가치는 귀하다! 신앙은 선한 양심의 기초다. 아니 그보다도 신앙 자체가 양심의 선을 구성한다"라고 하였다.[38] 요한1서 4:17-18에 말하기를, "이로써 사랑이 우리에게 온전히 이루어진 것은 우리로 심판 날에 담대함을 가지게 하려 함이니 주께서 그러하심과 같이 우리도 이 세상에서 그러하니라 사랑 안에 두려움이 없고 온전한 사랑이 두려움을 내쫓나니 두려움에는 형벌이 있음이라"라고 하였다.

---

38) Calvin's Commentaries: Philippians, Colossians, Thessalonians, Edinburgh, 43-44.

22 만일 육신으로 사는 이것이 내 일의 열매일진대 무엇을 택해야 할는지 나는 알지 못하노라. 앞 절에서 바울 사도는 육신으로 사는 것보다 죽은 이후의 상태가 개인적으로 유익하다고 말하였다. 그런데 이 구절에서는 모든 신자를 위해 그가 사는 것이 유익할 것인데 그렇다면 생사 간에 어느 편을 택할지 모르겠다고 말한다.

23-24 그는 생사 간에 어느 편을 택할지 결정하지 못하다가(22절) 다른 신자들을 위해서는 사는 것이 유익하다는 결론에 이른다. 신자들의 생의 의미는 모두 이러해야 할 것이다.

25-26 바울은 여기서 자신이 앞으로도 계속하여 살게 될 것과 빌립보 신자들의 유익을 위하여 그들과 함께 거하게 될 것이라는 확신을 표현한다. 성령으로 충만한 그의 사색은 매 순간 계시의 인도를 받는다. 그는 조금 전까지 알지 못했던 문제를 일순간에 해결 받고 확신을 얻는다.

그는 장차 빌립보 교인들과 함께 거하게 될 것이기 때문에, 그들은 바울로 말미암아 자랑할 일이 많아질 것이다. 왜냐하면 앞 절(24절)에서 말한 바와 같이, 그가 그들과 함께 있을 때는 그들의 믿음이 더하여질 것이기 때문이다.

27 생활하라. 여기 사용된 헬라어 단어(πολιτεύεσθε)는 시민으로서 책임을 다한다는 의미를 지니고 있다. 말하자면 천국 백성(3:20)의 임무를 다하라는 것인데, 그 일은 복음 진리에 따라 행함으로써 성취될 수 있다.

한마음으로. 이것은 "한 심령으로"라고 번역할 수 있다. 크레다너스(Greijdanus)는 "심령"(πνεῦμα)이라는 말이 여기서는 사색 작용 혹은 이해(understanding)를 가리킨다고 해석한다. 칼빈도 그와 동일하게 해석하였다.

한 뜻. "뜻"은 의지와 욕망을 가리킨다. 그러므로 "한마음으로 서서 한 뜻으로"라는 표현은 교회의 회중이 단합해야 한다는 원칙을 보여준다. 교회 회중 간의 단합은 성격상의 이해와 의지적인 연락과 포용으로 가능하게 된다.

칼빈은 말하기를, "단합은 교회의 우수한 미덕 가운데 하나다. 이것은 교회를 건전한 상태로 보전하는 비결이다"라고 하였다.

복음의 신앙을 위하여 협력하는 것. 이것은 바울이 빌립보 교회를 향하여 기대하는 첫 번째 자격이다. 이 말은 "복음을 믿는 일을 위하여 협력함"을 의미한다. 바르트(K. Barth)는 여기서 "복음의 신앙"이라는 말을 "복음이 주도하는 신앙"으로 이해하였으며, 말하자면 "나의 믿음이 아니고 하나님의 믿음"을 가리킨다고 주장하였다.[39] 바르트의 이러한 해석은 그가 표방하는 위기신학의 그릇된 원칙에 따라 성경을 잘못 해석한 것이다. 그는 세상에서 인간이 자체적으로 믿음을 소유할 수 없다고 생각했으며, 믿음은 오직 하나님 안에 있을 뿐이라고 주장하였다. 이것은 하나님께서 그의 사랑과 능력으로 인간의 마음속에 구체적으로 믿음을 심어주시는 사실을 부인한 초절주의의 그릇된 해석이다. 우리는 "복음의 신앙을 위하여 협력"해야 한다. 세상 사람들은 악한 일을 위해서도 단합하는데, 우리는 더더욱 복음 신앙을 위하여 굳게 단합해야 한다. 복음 신앙은 우리에게 구원과 행복을 가져다주는 것이니 이를 위해 단합하는 것은 주님께 순종하는 일이다.

28 대적하는 자들 때문에 두려워하지 아니하는 이 일. 이것은 바울이 빌립보 교회를 향하여 기대하는 두 번째 자격이다. "두려워하다"(πτυρόμενοι)라는 동사는 짐승들이 두려운 대상을 만났을 때 놀라는 것을 가리키는 말이다. 그리스도인들은 어떤 두려운 일을 만났을 때 인내로 견디면서 주님의 돌보심을 기다려야 한다. 그런데 그들도 자칫하면 미리 겁을 먹고 마음이 약해지기 쉽다. 그것은 그들이 순간적으로 본능적인 두려움에 지배되어 주님이 성취하신 승리의 축복(요 16:33)을 잊어버렸기 때문이다.

그들에게는 멸망의 증거요 너희에게는 구원의 증거니. 이것은 앞에 나온 "대적하

---

39) Erklarung des Philipperbriefs, 41. "Der Glaube ist nicht mein Sondern Gottes."

는 자"라는 말과 관련된 설명이다. 바울은 이 말을 통해 박해받는 자들에게 위로를 주고자 하였다. 그리스도인들이 박해를 견디게 되는 이유는 하나님께서 견딜 힘을 주시기 때문이다. 그러므로 그때 빌립보 교회의 성도들이 핍박을 이긴 사실이 그들에게는 구원 얻은 증표이며 끝까지 회개하지 않고 박해하는 자들에게는 멸망의 증표라는 것이다.

이는 하나님께로부터 난 것이라. 다시 말해 박해를 이기는 삶이 하나님의 선물이라는 뜻이다.

29 그리스도를 위하여 너희에게 은혜를 주신 것은 다만 그를 믿을 뿐 아니라 또한 그를 위하여 고난도 받게 하려 하심이라. 하나님께서 우리에게 은혜를 주시는 것도 그리스도를 위해 하시는 일이다. 말하자면 우리가 믿음에 더하여 고난까지 받게 하신 것도 그리스도를 위한 일이라는 것이다. 여기서 "그리스도를 위하여"라는 표현은 특히 "고난"과 관련된 것이다. 우리가 그리스도를 믿는 일도 은혜로 되며, 그를 위하여 고난을 받는 것도 은혜로 된다는 사실이 이 구절에 분명히 나타났다. 그리스도를 믿는 일은 사람의 마음대로 되지 않는다(살후 3:2하).

30 너희에게도 그와 같은 싸움이 있으니. 바울이 당하는 것처럼 주님을 위해 애쓰는 고난이 빌립보 교회에도 있다는 말이다.

너희가 내 안에서 본 바요. 바울이 당하는 고난의 정황을 빌립보 교인들도 보고 들었는데(행 16:19-24), 그와 같은 싸움이 그들에게도 있다는 말이다.

제 2 장

⚜ 개요

1. 공동체로서 지킬 종교 윤리(1-11절)
   1) 공동체의 영적 근거(1절)
   2) 단합을 힘쓰라고 함(2-3상)
   3) 겸손을 지키라고 함(3하-11절)
2. 각기 구원을 이루어 갈 책임을 원망 없이 이행하라고 함(12-18절)
3. 동역자들에게 대한 사도의 평가와 처사(19-30절)

⚜ 해석

1-4절. 이 단락은 앞 장 마지막(1:27-30)의 권면, 다시 말해 반대자들의 간계에 흔들리지 말고 단합하라는 말씀의 연속이다.

1 그리스도 안에 무슨 권면이나 사랑의 무슨 위로나 성령의 무슨 교제나 긍휼이나 자비가 있거든. 다시 말해 빌립보 신자들에게는 그리스도로 안에서 줄 수 있는 영

적 "권면", "사랑"의 "위로", 성령의 "교제", 그리고 "긍휼"과 "자비"가 있다는 점을 기억하고서 서로 간에 그와 같은 사역들을 통하여 일치단결하기를 힘쓰라는 뜻이다.

2 마음을 같이하여 같은 사랑을 가지고 뜻을 합하며 한마음을 품어. 바울은 빌립보 교인들이 그들의 영적 권면, 위로, 교제의 활동(1절)으로 교회의 단합을 이루는 일이 그의 기쁨을 충만케 한다고 말한다(4절). 바울은 그때 옥중에 있으면서도 기쁨이 충만하였다. 옥중에 있는 그에게는 충만한 기쁨이 필요했는데, 이 일은 그가 세운 교회가 잘되는 데 달려 있었다. 이렇게 복음의 참된 사역자는 그의 관심을 전적으로 교회에 기울인다.

2-4절에서 바울은 그의 기쁨이 충만하게 되는 방법을 설명한다. 그것은 빌립보 교인들이 ① 마음을 같이하여, ② 같은 사랑을 가지고, ③ 뜻을 합하여, ④ 한마음을 품고, ⑤ 다툼과 허영으로 행하지 않고, ⑥ 겸손한 마음으로 행하며, ⑦ 자기의 일뿐 아니라 남의 일도 돌아보는 것이다.

"마음을 같이하여." 이 말(τὸ ἀυτὸ φρονῆτε)을 직역하면 "같은 것을 생각하여"라고 할 수 있다. 이것은 빌립보 교인들이 다 함께 그리스도 한 분을 생각하고 움직이는 것을 의미한다.

"같은 사랑을 가지고." 이것은 빌립보 교인들이 사랑해야 할 대상이 같다는 의미이며, 사랑의 정도가 서로 같다는 뜻은 아니다. 사랑의 대상은 예수 그리스도뿐이며 그들의 사랑은 이런 점에서 일치해야 한다. 크레다너스(Greijdanus)는 말하기를, "그리스도인들은 각각 사욕에 따라 사랑의 대상을 선택해서는 안 된다. 그들은 동일한 사랑의 대상을 지향해야 한다. 요컨대 그들은 다 함께 그리스도와 그에게 속한 것들만을 사랑할 뿐이다. 따라서 그들은 그리스도를 중심으로 하나가 되었으니 서로 간에도 사랑하게 된다"라고 하였다.

"뜻을 합하며." 이 말(σύμψυχοι)을 직역하면 "영혼을 같이하며"라고 할 수 있다. "영혼을 같이한다"라는 말은 인격의 밑바탕에서 한마음을 이루는 것을 말한다.

"한마음을 품어." 이 말(ἓν φρονοῦντες)은 "그 하나를 생각한다"라는 뜻이다. "그 하나"라는 표현은 에베소서 4:4-6 말씀처럼 몸도, 소망도, 믿음도, 세례도 하나이며, 성령도 주님도 하나님도 하나이심을 가리킨다.

3 **자기보다 남을 낫게 여기고.** 이 말은 기술이나 재능과 관련하여 불합리하더라도 다른 사람을 나보다 우월하게 여기라는 의미가 아니고, 영혼의 성결에 관한 문제에서 그리하라는 말씀이다. 누구든지 하나님의 표준 앞에서는 자기 자신을 판정하기가 어렵다(고전 4:3-5). 하나님은 우리의 중심을 보시고 판단하시기 때문에 나도 알지 못하는 나의 죄악을 그는 알고 계신다(잠 16:2). 폭탄은 창고에 있을 때도 폭탄이다. 예컨대 사람이 형제를 미워하는 것도 살인죄에 해당한다(참조. 요일 3:15). 바울은 자신이 성도 가운데 지극히 작은 자보다 더 작은 자라고 여겼다(엡 3:8). 누구든지 자기를 남보다 뛰어나게 여기면 그것은 이미 교만이다. 언제나 자기를 남보다 못하게 여기는 것이 차라리 안전하다(참조. 눅 14:7-11).

4 **다른 사람들의 일을 돌보아.** 이것은 봉사를 의미하는 것으로, 교회가 단합을 이루는 하나의 방법이다.

설교 **교회의 단합**(1-4절)

교회는 똑같은 사람들이 모이는 단체가 아니다. 그들은 성격도 서로 다르고 재능도 서로 다르다. 이는 큰 집을 건축할 때 필요한 여러 가지 재목들이 서로 다른 형태와 크기를 가지고 있는 것과 마찬가지다. 이처럼 서로 다른 점이 있기에 교회는 다양성(variety)의 조화를 통해 아름다움을 이룬다. 교회는 여러 종류의 사람들이 단합함으로써 천국의 미를 이룰 뿐 아니라 부족함이 없는 은혜의 풍성함을 저장하는 영적 단체가 된다. 그렇다면 교회의 단합은 무엇으로 이루어지는가?

1. 겸손(3절)

교회의 단합을 이루는 주요한 원동력은 회원들의 겸손이다. 겸손한 자는 남들과 더불어 경쟁하지 않는다. 그는 도리어 다른 사람을 자기보다 낫게 여긴다(3절). 고대 로마의 어떤 인물은 그가 기대하던 관직에 다른 사람이 등용되는 것을 보고서 말하기를, "로마에 나보다 우수한 사람이 있다는 것은 고마운 일이다"라고 하였다고 한다.

2. 상부상조(4절)

교회의 회원들이 상부상조의 정신으로 움직일 때 단합이 성취될 수 있다. 어떤 사람이 자기의 책임을 온전히 감당한다고 해도 그에게 남의 일을 내 일처럼 여기는 마음이 없다면, 그의 태도는 냉혹, 시기, 매정함으로 나타나게 될 것이고 점점 다른 사람들과도 불화하게 될 것이다.

설교 그리스도인의 처세(1-4절)

1. 다툼과 허영으로 행하지 않음

여기서 말하는 "다툼"은 허영을 위한 다툼이다. "허영"이란 하나님 대신 자기 자신을 높이는 것이니, 이것은 반역죄요 자기를 망하게 하는 것이다. 우리 자신이 은혜를 받는 방법은 그리스도를 높이고 나는 낮아지는 것이다. 바울은 어떻게 살았는가? 그는 말하기를, "하나님이 사도인 우리를 죽이기로 작정된 자 같이 끄트머리에 두셨으매 우리는 세계 곧 천사와 사람에게 구경거리가 되었노라"(고전 4:9)라고 하였다. 그는 또 말하기를 "우리가 지금까지 세상의 더러운 것과 만물의 찌꺼기 같이 되었도다"(고전 4:13)라고 하였다. 그는 숨어서 살았다. 그는 자기를 가리켜 말하기를 "속이는 자 같으나 참되고 무명한 자 같으나 유명한 자요 죽은 자 같으나 보라 우리가 살아 있고 징계를 받는 자 같으나 죽임을 당하지 아니하고 근심하는 자 같으나 항상 기뻐하고 가난한 자 같으나 많은 사람을 부요하게 하고 아무 것도 없는 자 같으나 모든 것을 가진 자로다"(고후 6:8-10)라고 하였다. 과연 진정한 그리스도인의 생명은 자기를 드러내는 데 있지 않으며 명예를 누리는 데 있지 않다. 그리스도인은 사람들의 칭찬을 오히려 자기에게 해로운 것으로 여겨야 한다. 루터는 자기를 칭찬하는 자에게 노하였다. 그리스도인은 남들이 알아보지 못하는 처지에 있는 것을 달갑게 여겨야 한다. 어떤 선교사는 아프리카에서 선교하다가 1년 만에 생을 마감하면서 말하기를 "아프리카 선교 사업을 다리 놓는 일에 비유한다면, 나는 물속으로 잠겨 있는 기둥에 박힌 돌멩이 하나가 되는 것으로 만족한다"라고 하였다.

2. 자기보다 남을 낫게 여김

1) 신자는 자기에게 어떤 신령한 은혜가 있다 해도 그것이 하나님께서 주신 은사임을 알기 때문에 그것으로 말미암아 교만해지지 말아야 한다. 그는 자신의 허물과 죄에 민감한 자가 되어서 다윗처럼 "내 죄가 항상 내 앞에 있나이다"(시 51:3)라고 고백할 수 있어야 한다. 신자는 바울처럼 자신이 죄인 중에 괴수라고 생각하는 것이 바람직하다. 사람들은 흔히 같은 범죄라도 남의 것은 크게 보고 자기 것은 작게 보는 경향이 있어서 남의 죄는 밉게 여기면서도 자기 죄는 미워할 줄 모른다. 그러나 신자는 그런 마음 자세를 고쳐서 남의 죄를 미워하기 전에 자기 죄를 강하게 증오하는 마음을 가져야 한다.

2) 신자는 마땅히 행해야 할 바를 하지 못한 것에 대해 심히 유감스럽게 여겨야 한다. 마땅히 행해야 할 바를 하지 못한 것이 한두 가지가 아니라 몇

천 가지, 몇만 가지인데, 그것들이 모두 다 죄악이다. 그는 외모로 흠이 없는 제사장이 되었다는 것으로 만족할 것이 아니라, 여리고로 내려가는 길에 강도를 만나 죽어 가는 자를 그냥 지나친 경우가 너무나 많았던 것을 통탄해야 한다. 특별히 그는 밖에서는 성자처럼, 집에서는 마귀처럼 행동했던 것을 회개해야 한다. 그는 주님께서 차든지 덥든지 하기를 원하신다는 사실을 깨닫고 자신의 미온적인 상태를 미워해야 한다.

3) 신자는 앞날에 죄를 범하지는 않을까 두려워해야 한다. 그는 자신에게 있는 범죄의 위험성을 남들에게 있는 그것보다 더욱 예민하게 느껴야 하며, 이 점에 대하여 두려워 떨어야 한다.

4) 신자는 어떤 방면에서 남보다 우수한 재주가 있든지, 혹은 남보다 행복한 환경을 맛보고 있을 때 그것으로 인해 오히려 두려워하고 떨어야 한다. 왜냐하면 그런 조건들은 남들을 위하여 봉사해야 할 무거운 책임을 수반하기 때문이다. 나는 무릎으로 기어 다니면서 구걸하는 사람을 보았을 때 내가 그 사람보다 못한 자로 여겨졌다. 나는 손발이 성한 사람으로서 무엇을 하였는가? 하나님께서 많이 받은 자에게서는 많이 찾으신다고 하시지 않았는가?

5) 신자는 남보다 자기 자신 때문에 많은 괴로움을 당하며, 자기 자신에게 더 많이 속고 있음을 알아야 한다. 그러므로 바울은 자기를 가리켜 단식하기를, "오호라 나는 곤고한 사람이로다 이 사망의 몸에서 누가 나를 건져내랴"(롬 7:24)라고 하였다.

6) 신자가 종종 남의 허물을 단속하느라고 자신은 더 큰 죄를 범하는 일이 있음을 발견한다. 이스라엘을 벌하는 도구로 사용된 바벨론이 이스라엘을 지나치게 벌했을 때 하나님께서는 바벨론을 멸하셨다.

5-11절. 이 부분에서는 위에서 말한 겸손한 봉사에 대하여 그리스도의 모범을 들어 논술한다.

6 그는 근본. "근본"(ὑπάρχων)이라는 말은 이전에 존재하던 것(prior existence)을 의미한다. 말하자면 그리스도께서 이 세상에 오시기 전의 존재 상태를 가리킨다.

하나님의 본체시나. "본체"라고 번역된 헬라어 "모르페"(μορφή)는 우리말 성경 각주처럼 "형체"라고 번역할 수도 있다. 그런데 하나님의 "모르페"는 하나님의 성품이나 본질만을 의미하는 것이 아니고 이 모든 것을 포함하는 그의 정체성을 가리킨다. 예수님께서는 이 세상에 오시기 전에 하나님의 정체성 그대로 계셨다. 그가 이 세상에 오실 때는 그의 정체성에서 영광만 내려놓으신 것이고 하나님의 본체 되심을 중지하신 것은 아니다.

하나님과 동등됨을 취할 것으로 여기지 아니하시고. 이 문구의 의미는 성자 예수께서 그 "영광에 있어서 성부와 동등됨"을 취할 것으로 여기지 아니하셨다는 것이다. "동등"이란 말을 그 영광에 있어서 동등의 의미로 보는 이유는 여기서 "동등됨"이라고 표현된 헬라어 형용사(ἴσα)가 중성이고 남성이 아니기 때문이다. 만일 바울이 여기서 신성의 동등성을 염두에 두었더라면 남성 형용사(ἴσον)를 사용했을 것이다. 영광에 있어서 성부와의 동등성에 관해서는 고린도후서 8:9에서도 그리스도께서 영광을 내어놓으셨다는 의미로 말한다. 그러나 신성은 성자의 본질이니 변할 수가 없는 것이다. 그러므로 성자께서 이 세상에 오신 후에도 그의 신성은 그대로 유지하신 것이다. "취할 것으로"(ἁρπαγμόν)라는 말을 우리말 성경 각주에서는 "보류"(할 것으로)라고 설명했는데, 이는 "부당한 취득으로"라고 번역할 수도 있다. 그렇다면 6절의 의미는 다음과 같다. 그리스도는 하나님의 본체이시기 때문에 하나님과 동등한 영광의 상태로 계시는 것을 부당한 취득이라고 여기시지 않았다는 것이다.

7 자기를 비워. 이것은 그리스도께서 자기 신성을 내어놓으셨다는 의미가 아니고 하늘 영광을 떠나셨다는 말이다.

종의 형체를 가지사 사람들과 같이 되셨고. 그리스도께서는 모든 것의 주님이시지만, 모든 것의 종이 되는 낮은 자리로 내려오셨다(마 20:27-28; 막 10:44-45). 여기서 "종"이라는 말은 이사야 53장의 "여호와의 종", 다시 말해 자기 백성을 대속하시려고 미천한 자로 보냄을 받으신 그를 가리킨 것이다. "형체"라는 말도 6절의 "본체"와 같은 의미다. 그러므로 이 "종"은 외형적으로만 종이 아니고 종의 정체성을 수용하셨다는 것이다. 그가 미천한 자리에 들어서신 것이 일시적인 환경에 적응하신 것이 아니라 죽음에 이르기까지 그의 미천함을 생애의 분깃으로 취하셨다. "사람들과 같이 되셨고." 여기서 "사람들"이라는 복수 형태를 사용한 이유에 대하여 라이트푸트(Lightfoot)는 말하기를, "그리스도는 둘째 아담(롬 5:14; 고전 15:45)으로서 모든 사람을 대표하는 언약의 주인이므로 여기서 복수를 사용한 것이다"라고 하였다. "같이 되셨고"(ὁμοιώματι)라는 말은 동일성이 아니라 "유사성"을 의미하며, 다음 절에 나오는 "사람의 모양"(σχήματι)이라는 말도 외형적인 모양을 뜻할 뿐이지 내적 실체를 가리키지 않는다. 왜냐하면 그리스도께서는 참된 인성을 취하셨으나(딤전 2:5), 인성을 그의 주체적 품성으로 삼으시지 않았기 때문이다. 그가 땅 위에 오셔서 행하신 구속 사업은 그의 신성이라는 품성으로 하신 것이다. 그러므로 그의 속죄 사업은 무진장의 가치를 가진 것이다. 헤르만 바빙크(Bavinck)는 다음과 같이 말하였다. "만일 그리스도의 인성이 그의 위격의 주체였다면 그의 구원 사업은 도덕적 의의만을 가질 뿐이었을 것이니, 두 번째 아담, 곧 새 언약의 주님이 되실 수 없을 뻔하였다."[40]

8 사람의 모양으로 나타나사(σχήματι εὑρεθεὶς ὡς ἄνθρωπος). 이 문구를 직역하면, "모양으로는 사람으로 나타나셨으매"라고 해야 한다. 그가 모양으로는 사람으로 나타나셨지만 실상 하나님의 아들이시다.

9 모든 이름 위에 뛰어난 이름. 이것은 다음 절에 나타나는 "주"라는 호칭을

---

40) Geref., III, 322.

가리키는 듯하다(행 2:36).

10 **하늘에 있는 자들**. 이들은 하늘에 있는 성도들과 천사들이다.

땅에 있는 자들. 이들은 땅 위의 사람들과 피조물을 가리킨다.

땅 아래에 있는 자들. 이것은 바다와 땅속에 있는 모든 피조물을 가리킨다. 인간 이외의 피조물들도 주님의 구속이 완성되기를 대망한다는 사실에 대해서는 로마서 8:20 이하에서도 말한다.

11 **예수 그리스도를 주라 시인하여**. "주"(κύριος)라는 말은 신성을 지니신 주재자를 가리킨다. 하나님 아버지께서 예수 그리스도를 그렇게 높이셨으므로 누구든지 그를 "주"로 시인하면 이는 곧 하나님이 하신 일을 시인하는 것이며 하나님께 영광을 돌리는 행위다.

설교 그리스도의 생애가 보여준 겸손(5-11절)

신자들이 극히 겸손해야 할 것을 가르침에 있어서 사도 바울은 그리스도께서 낮아지신 사건을 모범으로 삼았다.

1. 영광을 버리심(6절)

그리스도는 하나님과 동등한 분이심에도 영광을 누리지 않으시고 거기서 떠나 이 세상에 내려오셨다. 이같이 겸손이란 자기 영광을 희생하는 것을 원칙으로 삼는다. 영광을 얻으려는 심리상태에는 이미 교만이 싹트고 있다는 것이다. 그러므로 영광을 탐내지 않고 영광을 버리는 행동 원리는 교만을 미리 예방한다.

2. 낮아지심(7-8절)

그리스도는 종의 형체를 취하셨는데, 그것은 낮은 데서 섬기시는 삶이었다. 그는 제자들의 발을 씻으셨으며, 하나님의 백성을 대속하시기 위하여 십자가에 죽기까지 순종하셨다. 인간은 높아지기를 원하고 섬김받기를 원하여서 서로 다툰다. 하지만 그것은 자신을 속이는 일이며 하나님의 축복을 잃어버리는 행동이다. 무디(Moody) 선생은 말하기를, 하나님의 은혜와 선물은 위로 쌓아 올리는 것이 아니라 아래로 쌓아 내리는 때문에 내려가면서 더듬어야 만질 수 있다고 하였다. 그는 또 말하기를, "하늘 집은 높으나 들어가는 문은 낮다"라고 하였다.

3. 겸손한 결과(9-11절)

그리스도는 지극히 높아지셨다. 그는 부활, 승천하셨고 모든 무릎이 그에게 꿇게 되었다. 이처럼 높아지심은 스스로 하신 일이 아니고, 하나님이 그렇게 하신 것이다. 겸손한 자는 높아지기를 원치 않으나 마침내 하나님께서 높이신다. 윌리엄 밀른(William Milne) 박사가 처음 영국 선교회에 선교사로 지원했을 때 선교회는 그에게 회답하기를 "당신은 선교사의 자격이 없으니 선교사의 일꾼으로 가려면 가라"라고 하였다. 그때 그는 선교사의 일꾼으로 중국에 갔다. 그러나 그는 마침내 크게 성공하여 유명한 선교사가 되었다.

12-13 여기서 바울은 빌립보 교인들에게 두려운 마음으로 구원을 성취하라고 권면한다.

사랑하는 자들. 이 문구는 헬라어 원문(ἀγαπητοί)으로 볼 때 "사랑을 입은 자들"이라고 번역하는 것이 옳았을 것이다. 이 말은 그들이 그리스도께서 베푸시는 속죄의 사랑을 입은 자들이라는 뜻이다.

두렵고 떨림으로. 이것은 그리스도인들에게 두려움과 약함을 장려하는 것은 아니다. 이것은 빌립보 교인들 가운데 하나님께서 영적으로 역사하고 계시니 황송한 마음으로 하나님의 말씀에 순종하라는 의미일 뿐이다. 순종하는 삶에는 담대한 행동이 수반될 수도 있다.

구원을 이루라. 얼핏 보면 이 문구는 인간이 스스로 구원을 성취할 수 있는 듯한 느낌을 준다. 그러나 이 구절은 그런 자율주의적인 구원을 가르치지 않는다. 이것은 다만 인간이 성령의 역사에 순종함으로 하나님이 값없이 주시는 구원을 거저 받으라는 의미일 뿐이다. 사람이 하나님의 뜻에 순종할 수 있게 하는 힘도 하나님이 주시는 선물이라는 사실을 우리는 기억해야 한다. 성경에 있는 대로 하나님은 인간에게 선을 "행하라"라고 권면하신다. 그러나 성경은 그것을 가능하게 해 주시는 이도 하나님이시라고 밝히 말한다. 주님은 우리가 마땅히 감당해야 할 책임을 우리에게 지우신 후에 주님 자신이 친히 그것을 성취해 주신다. 그것이 주님과 우리 사이에 은혜의 관계를 성립시킨다. 주님께서 우리 책임이 아닌 것을 행해주신 것이었다면, 그것은 우리에게 은혜의 의미를 지니지 못했을 것이다.

너희 안에서 행하시는 이는 하나님이시니 자기의 기쁘신 뜻을 위하여 너희에게 소원을 두고 행하게 하시나니. 이 말씀의 헬라어 원문(θεὸς γάρ ἐστιν ὁ ἐνεργῶν ἐν ὑμῖν καὶ τὸ θέλειν καὶ τὸ ἐνεργεῖν ὑπὲρ τῆς εὐδοκίας)을 달리 번역하면, "하나님께서 자기의 기쁘신 뜻을 위하여 너희로 소원을 가지게도 하시고 행하게도 하시나니"라고 할 수 있다. 이는 하나님께서 신자에게 선을 행하고자 하는 의욕을 주실 뿐만 아니라 그것을 행할 힘도 주신다는 뜻이다. 우리는 자랑할 것이 전혀 없다. 선을 행할 마음도 하나님이 주신 것이고 그것을 성취할 힘을 주시는 이도 하나님이시다. 그러므로 우리는 선이 깨달아지고 선을 행할 마음이 생길 때는 성령의 지시인 줄 알고서 두려워 떨리는 마음으로 순종의 자세를 취하는 것이 옳다. 그때 우리가 순종하지 않는다면 우리는 성령님의 감화를 소멸하는 것이다. 만일 누군가가 우리에게 "하나님께서 우리가 선을 성취하도록 만들어 주신다고 약속하셨으니 우리는 아무 노력도 할 필요 없이 가만히 있어도 되지 않을까?" 하고 묻는다면 우리는 그렇지 않다고 대답해야 한다. 왜냐하면 하나님께서 "하도록 만들어 주시는 은혜"가 순종하는 자에게는 유효하지만 불순종하는 자에게는 임하지 않기 때문이다. 하나님은 우리의 순종을 절대로 요구하신다(참조. 삼상 15:22-23; 요 14:21).

설교 구원을 이루는 작업으로서의 순종(12-13절)

이 본문에서 사도 바울은 빌립보 교인들에게 "구원을 이루라"고 강조한다.

1. 신자들이 구원을 이루는가?

아르미니우스(Jacobus Arminius)의 가르침을 따르는 자들은 이런 구절에 의지하여 신인 협동설(synergism)을 말하면서 인간의 힘으로 구원 사역의 일부분을 담당한다고 주장한다. 아르미니우스주의(Arminianism)는 은혜와 믿음이 선물이라고 하면서도 사람이 그것을 받고자 하면 싫으면 받고, 배척하고자 하면 배척할 수도 있다고 말한다.[41] 그러나 칼빈주의는 성경에 근거하고 가르치기를, 하나님이 택하신 성도는 구원의 은혜가 임할 때 그것을 받아서 영원히 타락하지 않는다고 말한다(롬 8:30). 그러면 본문 12절에서 "너희 구원을 이루라"라고 명령하신 것은 무슨 의미인가? 그것은 예수님께서 손 마른 자를 향하여 손을 펴라고 하신 것과 동일한 이치에서 해석되어야 한다. 말하자면 손 마른 자는 자기 힘으로는 손을 펼 수 없었는데 예수님께서 그에게 손을 펴라고 명령하시고 손을 펼칠 힘을 주셨다는 것이다. 하나님은 우리에게 명령을 주시는 동시에 그 명령에 순종할 수 있는 능력도 주신다.

---

41) Bavinck, Geref., III, 380.

2. 순종은 고역인가?

우리는 하나님께 순종하는 일이 수고의 쓴 잔이 아니고 생명의 감미로운 잔임을 알아야 한다. ① 하나님께 순종하는 것이 인생의 목적이라는 점에서 (히 10:7) 순종은 가장 뜻있는 행위이며, ② 하나님의 뜻에 순종하여 그 뜻을 성취하는 것이 우리의 양식이라고 했으니(요 4:34) 순종은 가장 유쾌하고 건전한 생명력을 받는 일이며, ③ 하나님의 뜻에 순종하는 자는 영원토록 있으리라고 하였으니(요일 2:17) 순종은 생의 욕망을 가장 만족하게 채우는 일이며, ④ 하나님의 뜻을 순종하는 자는 하나님의 뜻을 안다고 하였으니(요 7:17) 순종은 하나님의 깊은 지혜를 깨닫는 길이며, ⑤ 하나님의 뜻에 순종하기 위해 그 뜻대로 기도하는 자는 기도 응답을 받는다고 하였으니(요일 5:14) 순종이야말로 큰 소망이 보장되는 행위다.

14 원망과 시비가 없이 하라. 이것은 신자들이 서로 원망하지 말고 말다툼하지 말라는 부탁이다. 사람 사이의 원망과 다툼은 하나님을 향한 원망으로 자라날 위험이 있으니 우리는 주의해야 한다.

15 흠이 없고 순전하여. "흠이 없음"은 공평한 자들의 눈에 보기에 표면적으로 결점이 없는 상태를 가리키며, "순전함"은 사람의 내적 순결을 의미한다(Lightfoot). 내적 순결함이 없이 표면적으로만 흠이 없는 것은 생명 없는 장식용 꽃과 같은 것이다.

어그러지고 거스르는(σκολιᾶς καὶ διεστραμμένης). 이것은 "구부러지고 패역한" 것을 말하는데, 사상과 행동이 진리를 반역하고 있음을 의미한다.

빛들로 나타내며. "빛"은 자체적으로 밝히 드러날 뿐 아니라 주변에 있는 것들까지도 밝은 데로 드러내는 역할을 한다. 이같이 그리스도인은 자신을 거룩한 삶의 소유자로 드러내는 한편 그가 처한 환경에 내재한 죄악까지도 밝히 드러내고 책망할 수 있어야만 한다. 그런 일은 그가 자신의 삶을 참으로 거룩하게 유지해야만 가능해지는 일이다. 빛은 침묵하고 소리를 내지 않는다. 그러나 빛이 밝혀지는 곳에서는 주위 사방의 모든 것들이 드러난다.

16 생명의 말씀을 밝혀. 여기 "밝혀"라고 번역된 "에페콘테스"(ἐπέχοντες)라는 헬라어는 두 가지로 번역될 수 있다. 우리 한글 성경은 알포드나 라이트푸트의 해석을 따른 것이다. 어떤 이들은 이 단어를 "단단히 붙들어"라고 번역하였으나 크레다너스는 이 같은 번역에 반대하였다. 왜냐하면 "단단히 붙잡는다"라는 의미를 가진 동사로는 "카테코"(κατέχω)가 있기 때문이다. 그렇다면 "생명의 말씀을 밝혀"라는 어구의 뜻은 다음과 같다. 그리스도인은 그 존재와 행위를 통해 복음이 참으로 생명과 능력을 주는 말씀이라는 점을 실증해야 한다는 것이다.

17-18 만일 너희 믿음의 제물과 섬김 위에 내가 나를 전제로 드릴지라도 나는 기뻐하고 너희 무리와 함께 기뻐하리니 이와 같이 너희도 기뻐하고 나와 함께 기뻐하라. 이것은 지금까지의 모든 권면에 대한 결론으로 주시는 말씀이다. 바울은 믿음으로 하나님을 영화롭게 하는 빌립보 교인들의 삶을 하나님께 드리는 "제물"에 비유한다. 그리고 바울은 제물을 드리는 방식에 있어서 자신의 피를 전제(술을 부어 드리는 제물)로 드리게 된 것을 기뻐한다. 말하자면 그는 자신의 순교를 이처럼 아름답게 본 것이다. 그는 순교로 말미암아 사중의 희열이 있어야 한다고 말한다. 요컨대 "나는 기뻐하고 너희 무리와 함께 기뻐하리니 이와 같이 너희도 기뻐하고 나와 함께 기뻐하라"라는 말씀처럼 말이다. 순교는 바울에게 있어서 최대의 기쁨이었다.

옛날에 어떤 순교자는 그에게 사형을 선고한 박해자에게 말하기를 "당신은 내가 건사하기 어려운 이 육신의 생명을 취하고, 내가 잃어버리지 않을 생명으로 나를 인도하는구나"라고 하였다.[42]

---

42) You take a life from me that I cannot keep and bestow a life upon me that I cannot lose.

19-30절. 바울에게는 충성되고 사랑스러운 두 일꾼이 있었으니, 곧 디모데와 에바브로디도이다. 디모데는 ① 교회의 사정을 진실히 생각하는 자다(20절). 본문에 "진실히"(γνησίως)라는 단어는 어순상으로 강조되는 위치에 있으며, 그 의미는 어떤 과제를 수행할 때 그것을 자신에게 주어진 유일한 일로 알고 전심으로 열중하는 태도를 말한다(Meyer). 교회의 일을 자기의 유일한 과제로 알고 열중하는 일은 목회자에게 없어서는 안 될 미덕이다. ② 디모데는 복음을 위하여 수고하는 연단 받은 일꾼이다. "추운 날씨에 소나무와 잣나무를 알아보고 세상이 어지러울 때 충신을 알아본다"(歲寒知松柏, 世亂知忠臣)라는 말처럼, 그리스도의 진정한 일꾼은 박해받는 시기에 드러나는 법이다.

에바브로디도는 ① 동정심이 깊은 사람이었다. 그러므로 바울은 여기서(25절) 그를 "형제"라고 하였다. 교회의 공동생활에서 "형제"라는 말은 생사고락을 함께 나눈다는 의미를 지닌 단어다. ② 질병에 걸리기까지 지대한 열심을 가지고 사역하는 일꾼이었다(참조. 26-27, 30). ③ "그리스도의 일을 위하여 죽기에 이르러도 자기 목숨을 돌보지 아니"할 만큼(30절) 생명을 내걸고 일하는 자였다.

19 너희의 사정을 앎으로 안위를 받으려 함이니. 빌립보 교회에 대한 바울의 관심은 말할 수 없이 컸다. 그들의 안부는 곧 바울 자신의 안부였다. 그 교회에도 옳지 않은 인물들로 말미암은 유혹이 있었기 때문에(3:2), 바울은 그 교회의 "사정"을 듣기 전에는 "안위를 받을" 수 없었다. 선량한 목회자는 그리스도의 교회에 대하여 법적 관계나 사무적 관계 혹은 도의적 관계를 맺는 것으로 만족하지 않고 반드시 주 안에서 사랑의 관계를 구축한다.

20 뜻을 같이하여. 동역자 중에도 뜻을 같이하는 동역자는 더욱더 귀하다.

너희 사정을 진실히 생각할 자. 교회의 지도자는 교인들의 사정을 진실히 알아

주어야 한다. 여기 "진실히"(γνησίως)라는 말은 아들에 대한 아버지의 성실성을 의미한다.

21 그들이 다 자기 일을 구하고 그리스도 예수의 일을 구하지 아니하되. 바울 당시에도 그리스도를 위한다고 하는 일꾼 중에 그리스도의 영광보다도 자기 유익을 찾아다니는 자들이 적지 않았던 듯하다. 바울은 그런 옳지 않은 자들의 행동에 대하여 탄식한다. 목회자는 그리스도의 군병이므로 오직 그의 명령에만 순종하고 복음 사역에만 매진해야 한다. 일전에 구세군 선교부에서 선교사 70명을 파송할 때 70명의 선교사는 각각 어디로 보냄을 받을지 알아보지도 않고 떠날 준비를 하였다고 한다. 그들은 그리스도의 일을 위해서라면 어디든지 갈 준비가 되어 있었던 것이다(참조. 딤후 2:4).

22 자식이 아버지에게 함같이. 말하자면 디모데가 바울에게 아비처럼 사랑하며 순종하는 태도로 복음을 위하여 수종 들었다는 뜻이다.

수고하였느니라. 여기 사용된 헬라어 동사(ἐδούλευσεν)는 "종노릇 하였다"라는 뜻이다. 목회자들 중에는 복음을 이용하여 자기 배를 채우는 사업가들이 많다. 그들은 자기 자신을 복음의 주인으로 삼는다. 그런 자들은 하나님의 종이 아니고 하나님의 것을 도둑질하는 반역자들이다.

25 에바브로디도를 너희에게 보내는 것이 필요한 줄로 생각하노니. 바울은 빌립보 교회에 서신을 보내는 것으로 만족하지 않는다. 그는 자기의 심복이 될 만한 에바브로디도를 그곳에 보내려 하였고 자신도 직접 방문하려고 계획한다. 이처럼 진정한 목회는 사역자가 뜨거운 사랑으로 교회와 교통할 때 가능해진다. 목회자와 성도가 주 안에서 사랑으로 서로 교통하는 일이 목회의 관건이다.

함께 수고하고 함께 군사 된 자요 너희 사자로 내가 쓸 것을 돕는 자라. "함께 수고한다"라는 말은 "함께 일한다"라는 뜻이다(롬 16:3, 9, 21; 고전 3:9). "함께 군사된 자"라는 말은 영적 전쟁에서 바울과 에바브로디도가 함께 그리스도를 위하여 선한 싸움을 싸운다는 의미다(엡 6:10). 목회자는 그리스도의 군사로서의 사명도 수행해야 한다. 그것은 전투적인 사역을 의미하는데, 겉으로 드러난 불의나 이단과 타협하지 않는 처신을 가리킨다. 스펄전도 이단과 타협하지 않기 위하여 어떤 연합회에서 탈퇴한 적이 있다. "너희 사자"(ὑμῶν δὲ ἀπόστολον)라는 말은 "너희 사도"라고 번역할 수도 있다. 에바브라디도를 가리켜 "사도"라고 한 것은 그가 엄격한 의미에서 12사도나 바울처럼 특수한 사도라는 의미는 아니다. 이것은 다만 그가 일반적 의미에서 "교회의 파송을 받은 자"라는 의미일 뿐이다. 고린도후서 8:23에도 "여러 교회의 사자들(사도들)"이라는 표현이 나온다. "내가 쓸 것을 돕는 자"라는 말은 에바브로디도가 바울의 요구에 응하여 복음 전도에 협력한다는 뜻이다. 이처럼 바울이 에바브로디도에 대하여 네 가지 호칭을 사용한 이유는 그의 사역에 에바브로디도가 다방면으로 중요한 협력자였기 때문이다.

26 그가 너희 무리를 간절히 사모하고. 훌륭한 목회자는 자기가 목회하는 교회의 교인들을 사랑하고 사모한다. 교역자는 교회에 대하여 무엇보다도 주 안에서 사랑의 관계를 유지하는 것이 중요하다. 왜냐하면 이 세상에서 교회는 그리스도께서 그의 피로 사신 가장 큰 보배이기 때문이다.

자기가 병든 것을 너희가 들은 줄을 알고 심히 근심한지라. 에바브로디도는 자신의 개인적인 사정 때문에 교우들이 근심할까 하여 자기 편에서 도리어 근심하였다. 그는 이처럼 희생적인 자세로 교우들을 아꼈다.

27-28 내 근심 위에 근심을 면하게 하셨느니라…내 근심도 덜려 함이니라. 이 말을 보면, 바울은 영적 근심이 많았던 사람이었다. 이 세상에 속한 근심은 망하게 하는 것이나 영적 근심은 생명을 가져다준다(고후 7:10). 영적 근심이란 무엇인가? 그것은 우리가 죄인임을 깨닫고 그 문제를 해결하기 위하여 합당한 근심을 품고서 하나님께 진실한 마음으로 회개하는 태도다. 그뿐 아니라 남들의 영혼이 잘되도록 근심하는 것도 영적 근심이다. 교역자로서 하나님의

양 무리가 잘되게 하려고 어떤 문제를 해결하기 위하여 근심하는 것은 자신과 교회에 유익을 준다. 스코틀랜드의 유명한 로버트 맥체인 (Robert Murray M'Cheyne) 목사는 자기가 맡은 교회의 교인들을 위해 일평생 울었다고 한다. 진정한 목사는 교인들의 난제가 해결되기 전에는 근심을 놓지 않는다.

제 3 장

⚜ 개요

1. 유대주의자들의 위험을 지적함(1-3절)
2. 바울이 그리스도 때문에 포기한 특권들(4-11절)
3. 바울의 영적 달음질(12-16절)
4. 십자가의 원수들(17-19절)
5. 신자들의 영화로운 소망(20-21절)

⚜ 해석

1 **주 안에서 기뻐하라.** 이것은 세상에 근거한 기쁨이 아니고 그리스도 때문에 성령으로 말미암아 임하는 기쁨을 가지라는 말이다. 이 세상에 속한 기쁨은 완전치 못하며, 특히 죄악이 가져다주는 기쁨은 사람을 속일 뿐이니 크나 작으나 모두 헛된 것이다. 그러므로 전도서 2:2에 말하기를, "내가 웃음에 관하여 말하여 이르기를 그것은 미친 것이라 하였고 희락에 대하여 이르기

를 이것이 무슨 소용이 있는가 하였노라"라고 하였다. 그러나 "주 안에서" 기뻐하는 자에게는 환난 그 자체도 기쁨이 된다(Chrysostom)(참조. 롬 5:3; 약 1:2-4; 벧전 1:6).

같은 말. 어떤 학자는 이것이 바로 앞에 나오는 "주 안에서 기뻐하라"를 가리킨다고 해석한다. 그러나 이것은 아래 기록된 거짓 스승에 관한 경고를 가리키는데(Calvin), 이전에도 바울은 그들에 관하여 어떤 모양으로든지 이와 유사한 경고를 했었다는 것이다. 중요한 일에 대해서는 거듭거듭 경고할 필요가 있다. 그렇게 함으로써 신자들의 태만을 막으며 그들의 안전을 확고하게 한다. 또 다른 학자들은 이것이 일찍이 빌립보 교회에 보냈던 분실된 편지를 가리킨다고도 하였다(Barth, Zahn). 그러나 이것은 받아들이기 어려운 의견이다.

내게는 수고로움이 없고 너희에게는 안전하니라. 바울이 빌립보 교회를 위하여 서신으로 가르치는 일도 수고였겠지만 그는 그것을 괴롭게 여기지 않았다. 사랑이 있으면 무거운 짐도 가볍게 느낀다. 빌립보 교인들이 사도의 교훈으로 말미암아 신앙이 견고해지며 안전해진다면 그는 그것으로 만족한다. 선량한 스승은 그의 제자들이 옳은 길에 굳건하게 서는 것을 최대의 기쁨으로 여긴다(요삼 1:4).

2 개들. 이것은 "거짓 스승들"(유대주의자들로서 순수한 복음을 그대로 전하지 않는 자들)을 의미한다. 거짓 스승들을 왜 "개"라고 하였는가? 그 이유는 그들이 물질을 탐하면서 스승으로 자처하고 돌아다녔기 때문이다(3:19). 그뿐 아니라 그들은 복음을 바로 알지 못하고서 가르쳤기 때문에 도리어 복음을 손상하는 자들이었다(마 7:6).

행악하는 자들. 이것은 위의 "개들"이라는 표현에 대한 설명이다. "개들"이라고 묘사된 유대주의자들은 실상 "행악하는 자들"이다. 그들은 복음에 손해를 끼치는 자들이다.

몸을 상해하는 일. 여기 사용된 헬라어 단어(κατατομήν)를 직역하면 "잘라냄"이다. 이것은 몸(포피)을 자르는 할례를 자랑하는 당파이다. 바울은 여기서 이 단어를 사용함으로써 그들이 교회를 훼손하는 자들임을 암시하고 있다.

3 **하나님의 성령으로 봉사하며.** 이것은 신자들이 성령으로 말미암아 마음에 할례를 받았으므로(겔 44:7), 하나님께 대한 그들의 봉사가 영적이라는 사실을 가리킨다(요 4:24).

그리스도 예수로 자랑하고. 그리스도인들은 자기의 특권이나 행실로 하나님 앞에서 의롭다고 인정받은 것이 아니라 오직 그리스도의 공로와 의로 말미암아 구원을 받는다. 그러므로 그들의 자랑은 그리스도에게만 있다. 이 자랑은 교만한 자랑이 아니고 겸손한 것이며 참된 자랑거리이신 그리스도께로 말미암은 것이다.

육체를 신뢰하지 아니하는. "육체"(σάρξ)라는 말은 인간에게 속한 모든 특권이나 자랑거리를 의미한다. 여기서는 4-6절에 기록된 할례, 문벌, 율법준수와 같은 항목들을 가리켰을 것이다(Meyer).

우리가 곧 할례파라. 한마디로 그리스도인이 영적으로 참 할례를 받은 자라는 뜻이다. 구약 시대에는 할례가 하나님의 백성이 되었다는 외적 표지였던 것처럼, 중생은 영적 이스라엘 백성의 자격을 얻기 위한 실질적인 내용이다(참조. 롬 2:25-29).

4 **나도 육체를 신뢰할 만하며.** "육체"라는 말은 앞 절에서 해석했던 것처럼 인간적 특권이나 영예를 가리킨다.

5 **팔일 만에 할례를 받고.** 이방인 개종자들은 성인의 연령에 도달해서 할례를 받게 되었고, 이스마엘 자손들은 13세 때 할례를 받았다.[43] 그러나 아브라

---

43) Josephus, Ant. 1:12.

함의 정통 가문에서는 생후 "8일 만에" 할례를 받았다.

이스라엘 족속이요. "이스라엘 족속"은 에서의 후손인 에돔 족속과 구분되는 야곱의 족속을 말한다. 야곱은 얍복강 건너편에서 기도로 승리한 결과 이 귀중한 이름을 받았다(창 32:28). 그러므로 이 이름은 유대인의 역사에서 하나님의 택하심을 입은 백성을 가리키는 자랑스러운 이름이다(롬 9:4, 6).

베냐민 지파. 이 지파는 이스라엘 역사에서 귀중히 여김을 받았다. 모든 다른 지파들이 유다 왕국에 반역할 때도 이 지파는 충성하였다.

히브리인 중의 히브리인. 이것은 그의 선조 중에 한 사람도 이방인이 없고 모두 다 순전한 히브리인이었다는 말이다.

율법으로는 바리새인이요(참조. 행 23:6, 26:5). 이 말은 바울이 모세의 율법을 지키는 일에 엄격했던 바리새파의 일원이었다는 말이다.

6 열심으로는 교회를 박해하고(참조. 행 22:3-4; 갈 1:13-14). 바울은 유대주의에 열심을 내어서 기독교를 적대시하였으며, 그리스도인들을 잡아 죽이는 일의 선봉에 섰었다(행 7:58; 8:1; 9:1-3).

율법의 의로는 흠이 없는 자라. "율법의 의"라는 말은 영적으로 깊은 율법 그대로를 완전하게 지켰다는 뜻이 아니라, 서기관과 바리새인의 그릇된 해석에 따른 천박한 의를 말한다.

7 무엇이든지 내게 유익하던 것을…다 해로 여길뿐더러. "유익"이라는 말이 헬라어 원문에서는 복수형이기 때문에 "유익들"이라고 해야 한다. 이것은 바울이 이미 나열한 그의 모든 특권을 가리키는데, 한동안 그에게 자긍심을 가져다 주었던 소위 "유익들"이었다는 의미다. 그러나 그가 그리스도를 알게 된 후에는 그 모든 "유익들"을 해로운 것으로 여기게 되었다. 그리스도와 무관한 소위 "좋은" 것들은 사실상 우리를 해롭게 할 뿐이다. 왜냐하면 그런 것들은 우리를 그리스도 밖에 붙잡아 두고 그리스도 안으로 들어가지 못하게 만드는 방해물에 불과하기 때문이다.

8 또한 모든 것을 해로 여김은. 본 절은 분명히 7절 내용을 강화하는 역할을 한다. 우리말 성경에 "또한"으로 번역된 헬라어 문구(ἀλλὰ μενοῦνγε καί)를 마이어(Meyer)는 번역하기를 "그러나 결국, 나는 이렇게까지 생각하는데"라고 하였다. 그리고 여기서 "모든 것"이라는 말은 앞 절의 "무엇이든지 내게 유익하던 것"이라는 말보다 포괄적인 표현이다. 앞 절의 문구는 5-6절에 기록된 바울의 몇 가지 자랑거리만을 가리키는 반면, 본 절의 "모든 것"은 그 밖에 세상 모든 것들을 가리킨다. 그리고 또다시 본 절의 "여김"(ἡγοῦμαι)이라는 단어는 현재형이고, 앞 절의 "여김"(ἥγημαι)은 과거형이다. 그러므로 앞 절은 과거에 취한 특수한 행동을 가리키고, 본 절은 항구적으로 취하는 지속적인 행동을 가리킨다는 점에서 앞 절을 증강한다고 말할 수 있다.

내 주 그리스도 예수를 아는 지식이 가장 고상하기 때문이라. 칼빈은 이와 관련하여 우리의 일생을 풍랑 중에 있는 배에 비유하여 말하였다. 다시 말해 배가 풍랑을 만났을 때는 배에 실린 화물이 아무리 값비싼 것이라 해도 사람의 생명을 건지기 위해서는 그것들을 바다에 던져야 한다고 말하였다. 그와 마찬가지로 죄악의 풍파 가운데 처한 나에게 그리스도를 아는 믿음의 지식을 살리기 위해서는 전에 좋아하던 세상 모든 것들을 거름더미와 같이 여기고 버려야 한다. 왜냐하면 한 사람이 두 주인을 섬기지 못하기 때문이다(마 6:24). 우리가 그리스도를 주님으로 섬기려면 이 세상에 속한 것들은 버려야 한다. 그것들을 버린다는 말은 그것들과 자연적으로 맺는 관계까지 단절해야 한다는 뜻은 아니다. 우리는 일반은총의 권역 내에서 천국의 의에 대치되지 않을 정도로 그것들을 이용하거나 적용할 수 있고, 다만 우리가 그것들에 매이는 관계를 끊을 뿐이다.

배설물로 여김. 여기서 "배설물"(σκύβαλα)이라는 말은 우리말 성경에서처럼 사람의 몸에서 나오는 배설물이라고 이해할 수도 있다. 한편으로는 이 단어가 식탁에서 버려지는 찌꺼기들을 의미할 수도 있다. 라이트푸트는 둘째 해석을 취하고 다음과 같이 말하였다. "바울이 전에 귀히 여기던 바리새파의 율법주의는 식탁에서 내버린 찌꺼기들과 같은 것이다. 이 찌꺼기들이 개들(유대주의자들, 바리새파 유대인 신자들)에게는 좋아 보이나, 바울에게는 방해물이었다."

그리스도를 얻고. 이것을 좀 더 정확하게 번역하면, "그리스도를 얻으려 하고"라는 말인데, 그 뜻은 그가 전에 몰랐던 그리스도를 이제 얻으려고 모든 다른 것들을 배설물로 치부한다는 것이다. 우리가 그리스도를 얻기 위해서는 다른 모든 것에 대한 애착을 내버려야 한다(마 13:44-46).

9 그 안에서 발견되려 함이니. 이것은 앞 절의 연속인데, 바울이 모든 것들을 배설물로 여기고서 내버리는(7-8절) 목적을 보여준다. 그것은 "그리스도를 얻고" 자기가 "그[그리스도] 안에서 발견되려 함"이다. "그 안에서 발견되려 함"은 무엇을 의미하는가? 이는 그가 그리스도와 영적 연합, 다시 말해 진정한 의를 얻은 상태에 도달한다는 의미다. 아래 이어지는 말이 이를 잘 밝혀준다.

내가 가진 의는 율법에서 난 것이 아니요 오직 그리스도를 믿음으로 말미암은 것이니 곧 믿음으로 하나님께로부터 난 의라. 바울은 자기가 위에서 말한 그리스도 안에서 발견된 상태가 어떤 내용을 담고 있는지 여기서 설명한다. 그것은 다름 아니라 자기 자신의 의가 아닌 그리스도의 의를 믿음으로 얻은 상태다. 이 본문을 좀 더 알기 쉽게 의역하면, "나는 율법으로 말미암는 나 자신의 의를 가진 자가 아니라, 믿음으로 말미암아 하나님에게서 오는 의(그리스도로 말미암은 의)를 가진 자다"라고 할 수 있다.

10-11절. 이 구절들은 바울이 "그 안에서 발견되려"(9절) 하는 목적, 다시 말해 그가 그리스도 안에서 칭의를 얻은 목적에 대하여 말한다. 그 목적은 두 가지인데, ① 그리스도와 그의 부활의 권능과 그의 고난에 참여함을 알려

함이고, ② 죽은 자 가운데서 부활에 이르려 함이다.

10-11 내가 그리스도와 그 부활의 권능과 그 고난에 참여함을 알고자 하여 그의 죽으심을 본받아 어떻게 해서든지 죽은 자 가운데서 부활에 이르려 하노니. "고난에 참여함"은 신자가 주님을 위하여 생명을 바치기까지 당하는 고난을 말한다. 이런 고난에 동참하는 것은 그리스도를 다시 살리신 성령님의 능력이 그의 안에 머물러 있다는 증표인데, 이러한 능력의 임재를 얻은 자는 필연적으로 후일에 죽은 자 가운데서 다시 살아난다(롬 8:11). 그러므로 바울이 여기서 의미한 바는, 그가 그리스도의 고난에 참여한 공로로 부활한다는 것이 아니고, 그가 그의 고난에 참여하는 일을 가능하게 만들어 준 능력(참조. 10절)으로 말미암아 부활하리라는 것이다.

12 내가 이미 얻었다 함도 아니요. 바울은 계속하여 자신의 신앙생활에 대하여 말한다. 여기서 "얻었다"라는 말은 그가 그리스도와 더불어 연합한 최후적 완전의 단계를 의미한다. 그는 아직 그 자리에 도달하지 못하였다고 말한다.

그리스도 예수께 잡힌 바 된 그것을 잡으려고. 바울은 다메섹으로 가던 길에서 그리스도에게 붙잡혔다(행 9:1-9). 우리도 구원의 길을 가게 된 것은 우리 자신이 자발적으로 계획하고 출발한 것이 아니고 그리스도께서 우리를 불러내심으로써 시작된 것이다(참조. 요 15:16). 그리고 그리스도께서 계속 우리를 붙잡고 가시기 때문에 우리는 계속 전진할 수 있다. 우리가 현세에서 하늘의 구원을 완전히 얻지는 못하였으나, 부분적으로나마 확실히 받은 바가 있으니 장차 완성된 구원을 얻기 위해 달음질하고 있다.

13 뒤에 있는 것은 잊어버리고. 본 절은 다시 앞 절을 설명하는 것임이 분명하다. 이 문구의 뜻은 과거에 대한 필요한 반성, 또는 돌아보는 것을 그만둔다는 것이 아니다. 이것은 그가 그리스도 안에 들어오기 위해 내버렸던 세상의 영화나 특권을 다시 돌아보지 않는다는 것이다. 경기장에서 달리는 자가 앞만 바라보고 나아가는 것처럼, 그는 신앙생활의 진보에만 열중한 것이다.

14 상을 위하여. 여기서 "상"이라는 것은 바울이 그리스도와 더불어 연합한 최후적 완전의 단계를 말한다(참조. 12절 해석).

설교 전진하자(12-14절).

1. 그리스도의 포로가 되어 전진함(12하)

사람은 무엇인가에 붙잡혀야 하는 존재다. 사람에게 붙잡히면 사람의 종이 되고, 마귀에게 붙잡히면 마귀의 종이 된다. 그리고 자기 자신의 종이 되어 버리기도 한다. 그러나 사람은 그리스도께 붙잡혀야만 영원히 안전하다. 그리스도께 붙잡히는 방법은 그리스도를 믿는 것이다(고전 12:3). 사람이 그리스도를 믿는 일은 그의 말씀을 들음으로써 이루어진다(롬 10:17; 참조. 행 10:48).

2. 뒤에 있는 것을 돌아보지 아니함(13절)

그리스도인은 과거에서 사는 소망 없는 죽은 사람이 아니다. ① 사람이 과거에 잘한 것을 돌아보면서 그것만을 즐겁게 기억하고 자랑하면서 새로이 신앙의 성장을 위하여 힘쓰지 아니한다면 그는 죽은 자와 같다. ② 또한 사람이 과거에 잘못한 것만 생각하여 줄곧 근심만 하고 있다면 그도 죽은 사람이다. 아직 회개하지 않았다면 이제라도 회개하면 산다. 왜냐하면 그가 회개하면 하나님께서 그를 용서하시어 살려 주시기 때문이다. 미가 7:18-19에 말하기를, "주와 같은 신이 어디 있으리이까 주께서는 죄악과 그 기업에 남은 자의 허물을 사유하시며 인애를 기뻐하시므로 진노를 오래 품지 아니하시나이다 다시 우리를 불쌍히 여기셔서 우리의 죄악을 발로 밟으시고 우리의 모든 죄를 깊은 바다에 던지시리이다"라고 하였고, 이사야 1:18에는 말하기를, "여호와께서 말씀하시되 오라 우리가 서로 변론하자 너희의 죄가 주홍

같을지라도 눈과 같이 희어질 것이요 진홍 같이 붉을지라도 양털 같이 희게 되리라"라고 하였다. 죄를 회개하고 끊어버리고 잊어버리는 것도 전진이다.

3. 하늘 상급을 목표함(14절)

신자들은 하늘나라에서 받는 장래의 상급을 바라보아야 한다. 그 상급의 중요성에 대해서는 예수님도 강조하셨는데, 예수님께서는 그것을 받기 위해 현세에서 받을 수 있는 상급은 피하도록 노력하라고 말씀하셨다(눅 14:12-14). 존 파운즈(John Pounds)는 구두를 수선하여 벌어들인 돈으로 수백 명의 버려진 아이들을 먹이고 입히고 학교에 보내주다가 갑자기 죽음을 맞이했기 때문에 이 세상에서는 보상받을 길이 없었다. 그러나 그는 누구보다도 복된 인생을 살았다. 그는 하늘나라 상급만 바라본 자였다.

15 **우리 온전히 이룬 자들.** 이들은 영적으로 장성한 자로 자처하면서 율법을 무시하는 경향이 있는 사람들이다. 바울은 여기서 이런 사람들을 풍자하며 경계한다.

이렇게 생각할지니. 13-14절에서 제시한 바울의 신앙 사상과 일치하게 생각하라는 말이다. 신자는 자기가 벌써 완전해진 것처럼 처신해서는 안 된다(Lightfoot). 일설에 "우리 온전히 이룬 자들"이라는 표현이 바울 자신을 포함하여 성숙한 신자들을 가리킨다고 한다. 그 같은 경우에도 그들은 13-14절에 나타난 바울의 신앙 사상과 일치하게 생각함이 옳다는 것이다.

만일 어떤 일에 너희가 달리 생각하면 하나님이 이것도 너희에게 나타내시리라. 빌립보 교인 중에 신앙 사상이 바울과 같지 않은 자들이 있다면 하나님께서 계시로써 그들을 바로 가르치실 것이라는 말이다. 그러므로 그들은 현재에 잘못하는 것으로 만족하거나 교만하지 말고 겸손히 하나님의 가르치심을 사모해야 한다.

16 어디까지 이르렀든지 그대로 행할 것이라. 이것은 빌립보 교인들이 복음을 바로 깨달은 사실을 인정하는 말이다. 그들의 문제는 스스로 완전한 줄 알고 전진하지 않는다는 점이었다. 그러므로 사도는 그들에게 전진하라고 독촉한다.

17 우리를 본받은 것처럼 그와 같이 행하는 자들을 눈여겨 보라. 다시 말해 "나를 모범으로 여기는 표준대로 행하는 자들을 주목하고 따르라"라는 말이다. "보이라"라고 번역된 헬라어 단어(σκοπέω)는 "주목하라"라는 뜻이다.

18 내가 여러 번 너희에게 말하였거니와 이제도 눈물을 흘리며 말하노니. 바울은 같은 교훈을 여러 번 말하면서도 울면서 한다. 그는 지치지 않고 계속하여 사랑으로 가르친다. 이 점에서 우리가 주의할 것은 바울이 빌립보에 복음의 원수들이 있다는 사실을 생각하고서 큰 근심을 품고 울었다는 사실이다.

여러 사람들이 그리스도의 십자가의 원수로 행하느니라. 이것은 당시에 있었던 유대주의자들(율법주의자들)을 가리킨다는 학설도 있고, 반율법주의자들을 가리킨다는 학설도 있다. 이 둘째 학설이 옳다면, 그들은 이 세상과 육체적 자유를 사랑하는 자들이다. 그들은 복음의 자유(그리스도를 믿음으로만 구원받는다는 자유)를 남용하여 육체적 향락을 구하는 자들이었다.

19 그들의 신은 배요. 음식은 배를 위하여 있는 것이지만(고전 6:13), 사람 자체가 배를 위해서는 되겠는가? 인간은 하나님을 위하여 존재한다. 그런데도 거짓 스승들은 배를 위하여 자기의 인격을 팔고 남들에게 해를 끼친다. 그들은 이처럼 그들의 배를 "신"과 같이 섬긴 것이다.

그 영광은 그들의 부끄러움에 있고. 그들은 죄를 회개하지 않고 도리어 죄를 좋게 여기고 교만하였는데, 그것은 마땅히 부끄러워해야 할 죄를 영광으로 여기는 일이었다.

땅의 일을 생각하는 자라. 다시 말해 그들은 성령님께 속한 일들에 마음을 붙이지 않고 이 세상 것들에 애착을 보였다는 뜻이다.

20 그러나 우리의 시민권은 하늘에 있는지라 거기로부터 구원하는 자 곧 주 예수 그리스도를 기다리노니. 여기 "시민권"으로 번역된 헬라어 단어(πολίτευμα)는 "나라"를 의미하기도 한다. 그리스도인들은 하늘나라에 속하였으니 땅의 일에 치중하지 말고 하늘의 일을 생각해야 한다. 그들은 배로 하나님을 삼는 자들(19절)과 정반대로 행동해야 할 자들이다. 이들의 소망은 그리스도의 재림이다. "구원하는 자"라는 말이 헬라어 원문에는 20절 첫머리에 있어서 헬라어 문법상으로 강조체를 이룬다. 여기서는 무엇이 강조되었는가? 그것은 그리스도의 재림이 신자들이 가진 소망의 절정이라는 점이다.

"기다리노니." 사도들을 비롯하여 모든 참된 신자들은 계속 그리스도의 재림을 기다려오고 있다. 오늘까지도 그는 오시지 않았지만 우리의 기다림은 헛되지 않다. 왜냐하면 재림을 대망하는 것은 신자 본연의 임무이며 재림을 약속하신 그리스도는 기약이 이르면 반드시 오실 것이기 때문이다.

21 그는 만물을 자기에게 복종하게 하실 수 있는 자의 역사로. 여기서 "만물"(πάντα)이라는 말이 헬라어 원문에서는 이 문구의 끝자락에 자리하고 있어서 강조를 이룬다. 그리스도께서는 만물을 창조하셨으므로 "만물을 자기에게 복종하게 하실 수" 있다. 그가 이처럼 큰 권능을 가지셨는데 우리의 몸을 영광의 몸으로 변화시키지 못하시겠는가!

우리의 낮은 몸을 자기 영광의 몸의 형체와 같이 변하게 하시리라. 여기서 "낮은"(ταπεινώσεως)이라는 말은 생리적 연약성과 죄악으로 인하여 모든 비탄에 예속된 불행한 상태를 가리킨다.

제 4 장

⚘ 개요

1. 여러 가지 덕행을 권장함(1-9절)
   1) 굳게 서라고 함(1절)
   2) 합심과 협력을 권함(2-3절)
   3) 주 안에서 기뻐하라고 함(4-9)
2. 빌립보 교회의 물질적 원조에 대하여 감사함(10-20절)
   1) 어떤 환경에서든지 만족하는 바울(10-13절)
   2) 빌립보 교회의 원조에 대한 자세하고 영적인 평가(14-18절)
   3) 교회의 모든 요구에 대해 하나님의 풍성한 공급을 기원함(19-20절)
3. 결론(21-23절)

⚘ 해석

1 나의 사랑하고 사모하는 형제들. 1:8, 2:26을 참조하라.

나의 기쁨이요 면류관. 1:4, 25, 2:2, 29, 고린도전서 9:25, 디모데후서 4:8, 야고보서 1:12, 베드로전서 5:4을 참조하라.

이와 같이 주 안에 서라. 빌립보 신도들이 이제까지 잘해 왔으니, 앞으로도 그대로 계속하라는 말이다(참조. 3:17). "서라"(στήκετε)라는 명령형은 "단단히 서라"라는 뜻이다. 이 동사가 "주 안에"(ἐν κυρίῳ)라는 말과 연계해서 그들이 살아 계신 주님과 교제하는 삶에 견고해야 할 것을 가리킨다. 바울에게 있어서 "주"(κύριος)는 영광의 주 예수 그리스도, 다시 말해 하늘에 살아 계셔서 성령으로 신자들과 함께하시는 주님을 가리킨다(참조. 고후 3:17-18).

2 내가 유오디아를 권하고 순두게를 권하노니 주 안에서 같은 마음을 품으라. 튀빙겐 학파(Tübingen School)는 여기 두 여인의 이름이 각각 유대인 기독교와 이방인 기독교를 가리키는 비유라고 주장하는데, 그것은 받아들일 수 없는 학설이다. 사도 바울의 마음은 빌립보 교회의 실정을 생각하고 있을 뿐이며 그 교회에 실제로 이런 이름을 가진 여인들이 있었다. 일설에 의하면, 이 두 여인 사이에 불화가 있었기 때문에 "같은 마음을 품으라"라는 사도의 권면이 여기서 주어졌다고 한다. 빌립보 교회에 뚜렷한 내분은 없었으나 약간의 의견 차이는 있었던 것으로 알려진다(참조. 빌 3:15-16).

3 나와 멍에를 같이한 네게. 여기서 이 표현이 누구를 가리키는 것인지 알 길이 없다. 어떤 학자는 말하기를, 이 사람은 바울의 아내를 가리킨다고 하나 신뢰할 수 없는 해석이다. 고린도전서 7:8의 증거에 따르면, 바울은 미혼자요 독신으로 주님께 일생을 바친 사도였다.

저 여인들. 이들은 "유오디아"와 "순두게"를 말한다.

글레멘드. 이 사람은 어떤 인물인지 다른 기록이 없으므로 알 수가 없다. 그를 가리켜 사도 시대 이후 로마의 클레멘스(Clement of Rome)와 동일한 사람이라고 하기도 어렵다.

그 이름들이 생명책에 있느니라. "생명책"은 하나님께서 영생을 주시기로 작정하신 사람들의 이름을 기록한 책이다(출 32:32-33; 삼상 25:29; 눅 10:20; 계 3:5).

4-9절. 이 단락은 항상 기뻐하라는 권면을 담고 있는데, 신자들이 항상 기뻐할 수 있는 방법을 보여준다.

4 주 안에서 항상 기뻐하라. 3:1의 해석을 참조하라. 여기에 "항상"이라는 말이 덧붙여져 있다. "항상 기뻐하라" 함은 어떤 환경에서든지 기뻐하라는 말씀이다. 그리스도인들은 그리스도로 말미암아 받은 복이 너무나 크기 때문에, 현실이 아무리 험악해도 깊이 생각하면 기뻐할 수 있다.

내가 다시 말하노니. 여기 "말하노니"라고 번역된 헬라어(ἐρῶ)는 미래형 동사이므로 "말하리니"라고 해야 한다. 그렇다면 바울은 "기뻐하라"라는 부탁을 앞으로도 얼마든지 거듭거듭 말하겠다는 뜻이 된다. 그는 이렇게 "주 안에서 기뻐하라"라는 부탁을 중요하게 생각하여 앞으로도 쉬지 않고 그와 같은 부탁을 하겠다는 것이다. 그리스도인에게는 기뻐할 이유가 너무 많아서 이 세상 어떤 환경에서든지 이런 권면이 필요하다.

설교 주 안에서 기뻐하라(4절).

본문이 말하는 기쁨은 "주 안에서" 생기는 것이다. "주 안에서"라는 말은 중요하다. 우리가 긴밀하게 주 안에 머물러 살면 여러 가지 기쁨을 얻는다.

1. 주님으로 말미암아 죄 씻음 받은 기쁨

존 번연(J. Bunyan)은 죄책감으로 죽을 뻔하였으나, 요한1서 1:9의 말씀("만일 우리가 우리 죄를 자백하면 그는 미쁘시고 의로우사 우리 죄를 사하시며 우리를 모든 불의에서 깨끗하게 하실 것이요")을 읽고 충만한 기쁨을 되찾을 수 있었다.

2. 주님의 사랑을 느끼는 기쁨

그리스도는 영원토록 우리를 위하시는 분이시다. 그가 죽임을 당하신 것도 우리를 위함이었고, 그가 다시 살아나셔서 승천하신 것도 우리를 위함이었다(롬 8:34; 14:9). 그가 이렇게 영원토록 우리 신자들에게 주어지신 중보자가 되시므로 만물도 우리에게 은혜의 관계를 맺고 갱신되었다(롬 8:32). 고린도전서 3:21-23에 말하기를 "만물이 다 너희 것임이라···세계나 생명이나 사망이나 지금 것이나 장래 것이나 다 너희의 것이요 너희는 그리스도의 것이요 그리스도는 하나님의 것이니라"라고 하였다.

3. 주님만을 바라보는 기쁨

우리는 다만 우리의 구원을 이루시고 우리에게 모든 은혜를 베푸시는 그리스도를 바라볼 뿐이다(사 45:22). 그렇게 할 때 우리에게 기쁨이 온다. 반면에 우리가 그리스도 아닌 다른 것을 바라보면 기쁨을 잃는다. 우리는 ① 사방을 돌아볼 필요가 없다. 사방을 돌아보면 공포가 밀려온다. ② 뒤를 돌아보면 실패한 일들 때문에 걱정이 생긴다. ③ 앞을 바라보면 불확실한 일이 너무 많아 답답할 뿐이다. ④ 마음을 들여다보면 더러워서 낙심하게 된다. 그리스도만 바라보자! 그리하면 기쁨을 누릴 수 있다. 우리에게 기쁨은 중요하다. 기쁨은 우리의 건강에도 필요한 것인데, 잠언 14:30에 말하기를 "평온한 마음은 육신의 생명"이라 하였고, 잠언 17:22에는 "마음의 즐거움은 양약이라도 심령의 근심은 뼈를 마르게 하느니라"라고 하였다. 그뿐 아니라, 기쁨은 신앙의 생명에도 유익하다. 기쁨이 있어야만 믿음이 보존된다(참조. 살전 5:16-18).

5 너희 관용을 모든 사람에게 알게 하라. 이 말은 항상 기뻐할 방법을 보여준다. 좁은 마음의 소유자는 언제나 자기 중심으로 생각하기 때문에 기쁠 때가

없다. 그런 사람은 기뻐할 만한 때도 제 욕심만 채우려고 하니 남을 시기하고 미워하게 되어 마음에 기쁨을 가지지 못한다. 그러므로 항상 기뻐하기 위해서는 남을 너그럽게 용납하는 후덕함이 있어야 한다. 그런데 남에게 관용을 베푸는 일은 주님의 재림이 가깝다는 사실을 아는 데서 일어나는 것이다.

주께서 가까우시니라. 이 말을 보면 바울은 주님의 재림이 자기 당대에 반드시 일어나리라고 생각한 것처럼 보이기도 한다. 그러나 바울이 그렇게까지는 생각하지 않았다는 사실이 데살로니가후서 2:3, 5에 드러난다. 여기서 그가 주님의 재림이 가까웠다고 표현한 것은, 그의 신앙생활이 재림을 향한 대망으로 긴장되어 있었음을 보여주는 것이다. 성도가 별세하는 순간도 주님을 만나는 순간이니, 그 시간이 가까워지는 것도 주께서 가까우심을 의미한다 (Greijdanus).

6-7 이 구절들도 항상 기뻐할(4절) 방법을 보여준다. 하나님이 살아 계신 줄을 알고 그분께 무거운 짐을 맡기는 그리스도인은 ① 무거운 짐을 벗어버리는 홀가분함을 느끼고, ② 주님께서 그 짐을 복되게 처리해 주실 줄 알고 희열을 느끼며, ③ 하나님으로 말미암는 평강이 그의 모든 지각을 초월하여 임하므로 평안을 누리게 된다. 이와 같은 마음의 평안은 성령께서 기도하는 자에게 주시는 선물이다. 그것은 인간의 힘으로 해결하기 어려운 문제 앞에서도 기도할 때에 느끼는 평강이다.

기도와 간구로, 너희 구할 것을 감사함으로 하나님께 아뢰라. "기도"는 성도가 하나님 앞에서 부르짖음을 가리키는 일반적 명칭이고, "간구"는 구체적인 사안을 들어 구하는 것을 말한다. "감사함으로 하나님께 아룀"은 기도자가 하나님의 뜻에 합당한 것을 구할 때 그가 간구하는 것을 반드시 이루어주실 줄 믿고서(요일 5:14-15) 미리부터 감사한 마음으로 기도함을 말한다.

설교 간구와 감사(6절)

본문에 "너희 구할 것을 감사함으로 하나님께 아뢰라"라고 하였는데, 어떻게 간구와 감사가 병행하는가?

1. 하나님께 기도할 수 있다는 것 자체가 감사한 일이다.

유한한 피조물이 무한한 창조주께 말씀드릴 수 있다는 것이 감사한 일이다. 기도할 때 우리가 기억할 것은 ① 우리 인간이 자청하여 하나님께 말씀드릴 권리가 있는 것이 아니고, 하나님께서 우리에게 기도하라고 간절히 부탁하시며 명령하심으로써 우리가 그에게 말씀드릴 수 있게 되었으니 그 점이 감사할 일이라는 사실이다. ② 하나님께서 우리가 기도할 수 있도록 독생자를 보내시어 속죄의 성업을 이루셨고, ③ 성령을 보내셔서 우리의 연약함을 도와주심으로써 우리가 기도하게 하신다(롬 8:26). 그러므로 우리의 기도는 성사될지 말지 불확실한 모험이 아니고 만반의 준비로 성공이 보장된 일이다.

2. 기도할 수 있는 인격으로 창조되었다는 사실이 감사한 일이다.

영혼 없는 짐승은 기도할 수 없다. 그러나 인간은 하나님으로부터 귀중한 "생명"(ψυχῇ, 영혼)을 받았다. 이 생명은 온 천하보다 귀하다(막 8:36-37). 그뿐 아니라 우리 신자들은 그리스도를 힘입고 하나님께 담대히 기도할 특권을 받았으니 영원토록 감사할 일이다.

3. 간구한 내용을 벌써 받은 줄 믿고 기도할 수 있다는 것이 감사한 일이다.

요한1서 5:15에, "우리가 무엇이든지 구하는 바를 들으시는 줄을 안즉 우리가 그에게 구한 그것을 얻은 줄을 또한 아느니라"라고 하였다. 조지 뮬러

(George Muller)는 기도하는 사안마다 감사하면서 기도하였다. 그는 어떤 형제를 위하여 30년 동안 기도하였는데 그 기도는 성취되지 않았다. 그런데도 그는 기도할 때마다 감사하였다고 한다. 우리는 우리가 드린 기도가 응답되지 않을 때도 감사해야 한다. 왜냐하면 그 일에 있어서는 하나님이 아직 응답해 주시지 않는 것이 우리에게 유익한 줄 알기 때문이다.

설교 염려 말고 기도하자(6-7절)

1. 염려하지 말자.

본문 6절 상반절에 "아무 것도 염려하지 말"라고 하였다. 염려는 문제 해결에 아무 도움이 되지 않을 뿐 아니라 도리어 손해를 가져온다. 예수님께서 말씀하시기를 "너희 중에 누가 염려함으로 그 키를 한 자라도 더할 수 있겠느냐"라고 하셨다(마 6:27). 여기서 "키"(ἡλικίαν)라는 말은 본래 "사는 시간"(lifetime)을 가리킨다. 고린도후서 7:10에 말하기를 "세상 근심은 사망을 이루는 것이니라"라고 하였다. 성경에는 염려하지 말라는 말씀이 많은데, 그와 같은 의미를 지닌 두려워하지 말라는 말씀도 많다. 염려는 문제를 해결하지 못하고 도리어 파괴하는 것이다. 문제 해결을 얻는 비결은 주님을 바로 신뢰하는 것이다(요 6:29). 믿음은 염려와 반대되는 것이며, 하나님께서 일하시도록 모든 것을 그분께 맡기는 것이다. 홍해를 앞에 놓고 애굽 군대를 뒤에 둔 이스라엘 백성은 염려하였다. 그때 믿음의 사람 모세는 말하기를, "두려워하지 말고 가만히 서서 여호와께서 오늘 너희를 위하여 행하시는 구원을 보라 너희가 오늘 본 애굽 사람을 영원히 다시 보지 아니하리라 여호와께서 너희를 위하여 싸우시리니 너희는 가만히 있을지니라"라고 하였다(출 14:13-14).

2. 기도하자.

본문 6절 하반절에 "다만 모든 일에 기도와 간구로, 너희 구할 것을 감사함으로 하나님께 아뢰라"라고 하였다. 기도는 만사를 해결 받는 방법이다. 나는 설교하기 전에 염려할 일들이 마음에 남아 있을 때는 설교할 수 없었다. 그러나 그 염려를 주님께 맡기고 기도한 후에는 힘 있는 설교를 할 수 있었다.

"기도와 간구"라고 중복해서 표현한 것은 강조를 위함인데, 이는 기도의 간절함을 표시한다. 주님께서도 기도를 가르치실 때, "구하라···주실 것이요, 찾으라···찾아낼 것이요, 문을 두드리라···열릴 것이니"라고 말씀하셨으니(마 7:7). 이 표현법은 중복체로서 기도의 간절성을 표시한다. 그리고 "감사함으로 하나님께 아뢰라"라고 했으니, 기도는 감사를 동반해야 한다. 기도자는 하나님께서 조만간 그 기도에 응답해 주실 것을 믿음으로 느끼고 감사해야 한다. 하나님께서는 믿음 없이 드리는 기도를 듣지 않으신다. 사도 요한은 말하기를, "그의 뜻대로 무엇을 구하면 들으심이라 우리가 무엇이든지 구하는 바를 들으시는 줄을 안즉 우리가 그에게 구한 그것을 얻은 줄을 또한 아느니라"라고 하였다(요일 5:14-15). 우리가 기도를 올바로 하면 "하나님의 평강"과 기쁨을 얻는다.

8-9 끝으로 형제들아 무엇에든지 참되며 무엇에든지 경건하며 무엇에든지 옳으며 무엇에든지 정결하며 무엇에든지 사랑 받을 만하며 무엇에든지 칭찬 받을 만하며 무슨 덕이 있든지 무슨 기림이 있든지 이것들을 생각하라 너희는 내게 배우고 받고 듣고 본 바를 행하라.
여기서부터는 바울이 또다시 다른 권면들을 조목조목 들어 말한다. 그는 빌립보 교회를 향하여 자기의 아름다운 덕행을 알아주고, 자기와 같이 행하라고 권면한다. 8절 끝에 있는 "생각하라"(λογίζεσθε)라는 명령형 동사는 "여겨라" 또는 "간주하라"라는 뜻이다. 그는 자기가 그 교회에 모든 덕행을 모범으로 보여주었으니, 그들은 그것들을 가치 있게 여기고 그처럼 행하라고 권면한다. 이것은 권위 있는 지도자(특별히 사도)가 자신의 행위를 표본 삼아 보여주는 온당한 교훈이다. 8절에 여섯 번이나 사용된 "무엇에든지"(ὅσα)라는 말은 "무엇이든지"(Whatsoever things)라고 번역해야 옳다. "참됨"(ἀληθῆ)은 선한 양심의 진실성과 그 열매들을 가리키고(Calvin), "경건함"(σεμνά)은 근엄을 의미하고, "옳음"(δίκαια)은 하나님의 율법과 일치함을 뜻하고, "정결함"(ἁγνά)은 하나님을 섬기는 일에 흠이 없고 거룩함을 말한다.

"사랑 받을 만하며"(προσφιλῆ)라는 표현은 하나님의 호의를 얻는 행위를 가리키고, "칭찬 받을 만하며"(εὔφημα)는 영예를 얻을 만한 행위를 가리킨다. 이 두 가지는 모든 필요한 덕행을 총괄하여 말한다. 그리스도인들이 사람들 앞에서 명예를 얻는 일에 마음을 기울여서는 안 되지만(눅 16:15) 하나님의 칭찬을 받기 위해서는 경건하게 행하기를 힘써야 한다. "덕"(ἀρετή)은 선한 도덕적 행위를 가리키고, "기림"(ἔπαινος)은 칭찬받을 만한 행위를 가리킨다.

"이것들을 생각하라." 이 말은 위의 여러 가지 덕행들을 귀하게 평가하라는 뜻이다.

"너희는 내게 배우고 받고 듣고 본 바를 행하라." 이 말은 앞 절에 열거한 여러 가지 덕행, 다시 말해 바울이 본을 보인 것과 같이 빌립보 교인들도 실행하라는 권면이다.

10-20절. 바울은 여기서 빌립보 교회의 물질적 봉사에 대하여 칭찬한다. 그는 그들의 이런 봉사를 귀한 일로 인정하면서 몇 가지 말로 권면한다. ① 그들의 물질적 봉사로 말미암아 자신이 크게 기뻐한다고 하였다(10절). ② 그들의 물질적 봉사가 앞으로도 계속되기를 원하는 의미에서 현재의 봉사를 "싹트는" 일에 비유하였다(10절). ③ 그들의 봉사에 대하여 칭찬한 것은 그런 봉사를 더 받아내기 위한 수단이 아니고, 그 일이 하나님 앞에 제물로 인정

되는 거룩한 것이므로 장려한다고 해명하였다(11-13, 17-19절). ④ 그들의 물질적 봉사는 바울의 수난에 동참하는 고상한 의라는 의미로 장려하였다(14절). ⑤ 바울의 전도사역에 물질로 협력한 교회는 빌립보 교회뿐이라고 하며 격려하였다(15절).

10 너희가 나를 생각하던 것이 이제 다시 싹이 남이니. 이것은 빌립보 교회가 물질로 바울을 돕던 일이 얼마간 중단되었다가 이제 다시 계속된다는 말이다. "싹이 남"은 일종의 비유인데, 겨울에는 나오지 못하던 싹이 봄에 돋아나는 것처럼 바울을 위한 빌립보 교회의 물질적 봉사가 또다시 시작된다는 것이다.

너희가 또한 이를 위하여 생각은 하였으나 기회가 없었느니라. 바울에 대한 빌립보 교인들의 물질적 원조가 중단되었던 이유가 여기 진술된다. 그 원인은 외부적 환경 때문이었고 그들의 중심은 그렇지 않았다. 바울은 이렇게 그들의 선한 마음을 알아주면서 그들에게 기쁨을 준다. 진실한 교역자는 교인들에게 잠재해 있는 선한 요소를 지적하여 그들을 위로하며 격려하기도 한다.

11 내가 궁핍하므로 말하는 것이 아니니라. 바울이 빌립보 교회의 물질적 봉사에 대하여 칭찬하는 동기가 자신의 궁핍한 처지에 도움을 받기 위한 것이 아님을 밝힌다.

어떠한 형편에든지 나는 자족하기를 배웠노니. 여기서 "자족"(αὐτάρκης)은 "스스로 충족함"을 의미하는데, 이것은 자연으로 돌아갈 것을 주장한 노자(老子)의 은둔사상과 같은 것도 아니고, 가난을 신성시하는 성빈주의도 아니다. 바울의 "자족"은 하나님 중심주의에서 비롯된 것이었다(참조. 시 23:1). 그는 가난 자체에 만족한다는 것이 아니고 하나님만으로 만족하기 때문에 어떤 형편에서든지(가난하든지 부하든지) 문제 될 것이 없다는 것이다(참조. 12절).

바울이 여기서 "배웠"다고 말한다는 점은 의미심장하다. 그의 "자족"하는 삶은 그가 받은 특별한 은사로 말미암은 것이 아니고 배워서 얻은 것이라는 뜻이다. 여기에는 누구나 이것을 배우고자 노력하면 얻을 수 있다는 의미가 내포되어 있다. 배운다는 것은 하나님의 말씀에 의한 신앙생활의 연단을 가리킨다.

12 비천에 처할 줄도 알고 풍부에 처할 줄도 알아. 사람이 비천한 자리에서는 낙심, 우울을 느끼기 쉽고 풍부한 처지에서는 교만하기 쉽다(Calvin). 그러나 진정한 그리스도인은 비천한 데서도 주님과 동행하므로 기뻐하고, 풍부한 때에는 자기의 소유가 하나님의 것인 줄 알고 겸손히 남들에게 나눠준다.

모든 일…일체의 비결을 배웠노라(ἐν παντὶ καὶ ἐν πᾶσιν μεμύημαι). 이 말은 다음과 같이 번역할 수 있다. "어디서든지 무슨 일에든지(처신할 줄을) 배웠다."

배부름과 배고픔과 풍부와 궁핍에도. 다시 말해 배부른 때나 배고플 때 처신할 줄도 알고, 풍부할 때나 궁핍할 때 처신할 줄도 안다는 의미다. 그것은 물론 하나님 중심의 처신이다(참조. 11절 해석).

13 내게 능력 주시는 자 안에서 내가 모든 것을 할 수 있느니라. 위에서 말한 바와 같이, 바울은 어떤 환경에서든지 자족하는 방법을 터득했다. 그러나 그러한 처신은 자기 힘으로 이루어진 것이 아니고 오직 그리스도로 말미암아 가능해진 것이다. "모든 것을 할 수 있느니라"라는 말은 자기가 맡은 직책에 관하여 모든 필요한 일을 할 수 있다는 의미다.

14 너희가 내 괴로움에 함께 참여하였으니. 바울은 빌립보 교회 교인들이 옥중에 수금된 그를 물질적으로 도운 일은 그의 고난에 동참한 것과 같은 고귀한 일이라고 바울은 여기서 칭찬한다.

15 주고 받는 내 일. 이것은 바울이 신령한 은혜를 전해 주고 교인들은 물질로 그에게 갚아주는 일을 가리킨다(고전 9:11).

너희 외에 아무도 없었느니라. 이 말은 물질적 봉사에 있어서 빌립보 교회가 독특한 열심을 보였음을 지적한다. 이처럼 특별한 물질적 봉사는 빌립보 교회 교인들의 신앙이 특별한 것임을 보여준다.

16 데살로니가에 있을 때에도. 사도행전 17:1, 데살로니가전서 1:1을 참조하라.

17 오직 너희에게 유익하도록 풍성한 열매를 구함이라. 그리스도인이 물질로 남을 도와주면, 하나님의 축복이 그에게 돌아오기 때문에 결국 자기 자신에게 유익한 것이다. "주 예수께서 친히 말씀하신 바 주는 것이 받는 것보다 복이 있다 하심을 기억하여야 할지니라"(행 20:35).

18 에바브로디도 편에 너희가 준 것을 받으므로 내가 풍족하니 이는 받으실 만한 향기로운 제물이요 하나님을 기쁘시게 한 것이라. 바울은 그에게 보낸 빌립보 교회의 물질적 연보를 풍족하게 여겼다. 이것으로 볼 때 그는 탐심으로 행하지 않은 것이 분명하다. 탐심이 있는 자는 많은 것도 적게 여기지만, 탐심이 없는 자는 적은 것도 많게 여긴다. 더욱이 바울은 그들의 연보를 하나님이 "받으실 만한 향기로운 제물"로 여긴다. 빌립보 교회가 물질로 사도를 도운 것은 하나님의 복음 전파에 협력한 것이므로(1:7하), 그것이 하나님께 드린 향기로운 제물과 같다는 것이다.

19 나의 하나님이 그리스도 예수 안에서 영광 가운데 그 풍성한 대로 너희 모든 쓸 것을 채우시리라. 바울은 많은 물질로 하나님을 섬긴 빌립보 교회에 하나님께서 많이 갚아주실 것이라고 믿는다(고후 9:6).

21-22 각각 문안하라. 바울은 그가 보낸 편지들 끝자락에 매번 이런 문안을 기록하였다. 이것을 보면, 그가 신령한 일을 중요하게 여기면서도 대인관계의 일들 역시 무시하지 않았음을 알 수 있다.

23 주 예수 그리스도의 은혜가 너희 심령에 있을지어다. "심령"은 인간의 중심이니, 거기에 하나님의 은혜가 있으면 인격 전체와 그 환경에 두루 미칠 것이다.

신약주석
골로새서

골로새서 주석

목차

본문주석

설교

서론

I. 골로새서 저자

1. 외증

바나바 서신(AD 70-100) 12:7에 "만물이 다 그 안에 있고 그를 위하여 있다"라는 문구가 있는데 그것은 골로새서 1:16-17의 요약으로 알려져 있으며, 사도 시대 후기의 교부 이그나티우스(Ignatius, AD 110년경)가 기록한 『에베소 서신』 10:3에 나오는 "믿음에 굳게"(ἑδραῖοι τῇ πίστει)라는 표현은 골로새서 1:23 상반절을 반영한다. 또한 교부 폴리카르포스(Polycarp, AD 69-155)의 기록인 『빌립보 서신』(11:2)에는 "탐심은 우상숭배"라고 하였는데, 그것은 골로새서 3:5 하반절에 나타난 사상이다. 그리고 순교자 유스티누스(Justin Martyr, AD 165년경) 역시 사도 시대 직후에 활동한 교부인데, 그는 그리스도를 가리켜 "모든 피조물보다 먼저 나신 자"(πρωτότοκος πάσης κτίσεως)라고 하였다.[44] 이것은 골로새서 1:15 하반절을 옮긴 것이다.

이레나이우스(Irenaeus, AD 130-200)는 골로새서 1:21-22을 인용하였고,[45] 알렉산드리아의 클레멘스(Clement of Alexandria, AD 150-215)는 골로새서 2:2, 3:12, 14, 19-20, 4:2-3을 인용하였고, 2:8에 관하여는 바울의 이름을 거론하면서까지 인용하였다.[46] 테르툴리아누스(Tertullian, AD 160-220)는 골로새서의 각 장을 인용하였다.[47] 심지어 이단자 마르키온(Marcion)도 본서를 바울의 저술로 간주하였다.[48]

2. 내증

보수파 신학자 도널드 거스리(Donald Guthrie)는 본서에 있는 사람들의 이름이 바울의 저술로 확정된 빌레몬서에도 등장한다는 점을 지적하면서, 본서를 바울의 저작이라고 하였다. 두 서신에 기록된 같은 이름들은 다음과 같다. ① 바울과 디모데(골 1:1; 몬 1:1), ② 오네시모(골 4:9; 몬 1:10), ③ 아리스다고, 마가(골 4:10; 몬 1:24), 에바브라(골 4:12; 몬 1:23). 누가, 데마(골 4:14; 몬 1:24), ④ 아킵보(골 4:17; 몬 1:2) 등이다.[49]

자유주의 신학자 폰 조덴(Von Soden)도 본서의 여러 가지 표현들이 빌립보서의 그것과 일치한다는 이유로 본서를 바울의 저술이라고 단언하였다.[50]

신신학자들은 대부분 본서의 저자가 사도 바울이라는 점을 부인한다. 그 가운데 바우어(F. C. Baur, 19세기 중엽)는 본서에 있는 그리스도론이 영지주

---

44) Dial., 311.

45) Adv. Haer., III, 14, 1.

46) Storm. I:1f.

47) De Praescriptione 7.

48) Tertullian, Adv. Marc.V. 19.

49) New Testament Introduction, 1970, 554.

50) T. K. Abbott, International Critical Commmentary, Colossians, 1977, Intro-duction, LVIII-LIX.

의(Gnostic) 사상이라고 하면서 그것은 바울의 그리스도론과 반대된다고 하였다.[51] 요컨대 골로새서 1:15-20의 그리스도론을 보면 그리스도는 영지주의자들의 주장처럼 하나님에게서 유출되었다가 후에는 원상태로(하나님께) 되돌아가 복구된다는 것이다. 그러나 바우어는 이 본문을 잘못 이해하여 그렇게 말한 것이다. 영지주의 사상은 하나님께서 만물을 무로부터 창조하셨다고 말하지 않고, 만물이 하나님에게서 유출되었다고 가르친다. 그러나 골로새서 1:16에는 그리스도께서 만물을 창조하셨다는 의미에서 "창조"라는 단어가 두 번이나 나온다. 그리고 1:20에는 그리스도께서 인류를 구속하심(혹은 하나님과 화목하게 하심)에 있어서 그가 지신 십자가의 피로 하셨다고 한다. 이런 역사적 사실은 영지주의 철학에 전혀 없을 뿐 아니라 부합하지도 않는다. 영지주의 사상은 비역사적인 신화에 불과하다.

II. 골로새서 저작 시기와 장소

본서를 기록한 곳은 로마 감옥이다. 어떤 학설에 따르면 바울이 가이사랴 감옥에서 본서를 기록했을 것이라고 한다. 그러나 본서가 빌레몬서와 유사한 배경을 가진 것으로 보아 빌레몬서를 기록한 장소(로마 감옥)에서 기록되었다고 할 수 있다(AD 61-62년경).

빌레몬서 1:22에 의하면 바울이 머지않은 장래에 감옥에서 풀려 나와 빌레몬(그는 골로새 교회 교인이었을 것이다)에게 가서 머물 예정이라고 말하였다. 만일 그가 수금된 장소가 가이사랴 감옥이었다면 그가 그런 말을 하지 않았을 것이다. 왜냐하면 그가 가이사랴 감옥에서는 재판에 불복하여 가이

51) Ibid., LIV-LVII.

사 황제에게 상고하겠다고 하였기 때문이다(참조. 행 25:11; 26:32).

III. 골로새서 내용분해

1. 서론: 문안, 감사, 기도(1:1-12)
   1) 바울과 디모데의 문안(1:1-2)
   2) 골로새 교회의 믿음, 소망, 사랑으로 인하여 감사함(1:3-8)
   3) 바울이 일곱 가지 은혜를 간구함(1:9-12)

2. 그리스도론(1:13-2:23)
   1) 그리스도의 인격과 구원 역사(1:13-23상)
      ① 그는 우리의 구원자이심(1:13-14)
      ② 그는 보이지 않는 하나님의 형상이심(1:15)
      ③ 그는 만물 창조자이시고 또 유지자이심(1:16-17)
      ④ 그는 교회의 머리가 되심(1:18)
      ⑤ 신성이 충만하신 그리스도의 보혈에 의한 화목운동(1:19-20)
      ⑥ 그는 우주 만물을 자기와 화해시키신 능력으로 골로새교회도 그렇게 하심(1:21-23상)
   2) 그리스도의 구원 역사를 위한 바울의 노력(1:23하-2:7)
      ① 그가 교회를 위하여 즐거운 마음으로 고난을 받음(1:24)
      ② 그를 교회의 일꾼으로 세우신 이는 하나님이심(1:25)
      ③ 그의 사명은 감춰졌던 비밀의 영광(복음)을 이방인들에게 알리는 것임(1:26-29)
      ④ 그는 얼굴을 보지 못한 자들을 위해서도 수고함(2:1-3)

⑤ 이단으로 말미암아서 흔들리지 말 것을 부탁함(2:4-7)

3) 그리스도를 오해한 이단을 막으라고 함(2:8-23)

① 그리스도의 충족성과 그와 신자의 연합에서 삶으로(2:8-17)

② 머리 되신 예수 그리스도를 붙들므로(2:18-23)

3. 실제적 교훈(3:1-4:6)

1) 진정한 그리스도론에 근거한 그리스도인의 실생활의 필요성(3:1-4)

2) 죄악을 멸절하라고 함(3:5-11)

3) 덕행을 권장함(3:12-17)

4) 가정 윤리를 밝혀줌(3:18-21)

5) 노예와 주인과의 윤리(3:22-4:1)

6) 교회가 이행할 책임(4:2-6)

4. 결론(4:7-18)

1) 추천(4:7-9)

2) 인사(4:10-14)

3) 부탁(4:15-17)

4) 축복(4:18)

참고문헌

Abbott, T, K., The International Critical Commentary, Colossians.

Bruce, F. F. The New International Commentary on the New Testament, Colossians.

Calvin's Commentaries, Colossians.

Ewald, D. P., Kommentar Zum Neuen Testament.

Lightfoot's Commentaries, Colossians.

Maclaren, A., Expositions of the Holy Scriptures.

Meyer, H. A. W., Commentary on the New Testament, Colossians.

Van Leeuwen, J. A. C., Kommentaar op Het Nieuwe Testament, Brief Aan De Colossenzen.

Warfield, B. B., Biblical Doctrines.

제 1 장

⚜ 개요

1. 사도의 기원(1-2절)

바울이 일찍이 만나본 적이 없는(2:1) 골로새 교회에 대하여 자기의 사도직의 신적 유래를 선포하고 그들을 위하여 하늘로부터 임하는 은혜와 평강을 빈다.

2. 골로새 신자들로 인한 감사(3-8절)

바울 사도가 하나님께 감사한 이유는 골로새 신자들의 믿음, 소망, 사랑의 은혜가 확실하기 때문이다(4-5상). 이 은혜는 그들이 에바브라에게서 배운 복음으로 말미암은 것이다(6-8절).

3. 골로새 신자들을 위한 기도(9-14절)

이 기도에 표현된 소원이 일곱 가지다. ① 하나님의 뜻을 아는 지식으로 채우게 하시기를 원함(9절). ② 하나님을 기쁘시게 하기를 구함(10절). ③ 선한 열매를 맺게 하시기를 구함(10절). ④ 하나님을 아는 지식에 자라게 하시기를 구함(10절). ⑤ 능하게 하시기를 구함(10절). ⑥ 오래 참음에 이르게 하시기를 구함(11절). ⑦ 끝으로 성도의 기업을 얻게 하신 아버지께 감사하게 하시기를 구함(12-14절)이다.

4. 그리스도론(15-23절)

그리스도는 하나님의 형상이시고(15절) 만물의 창조자이시며 섭리자이시고(16절) 교회의 머리이시고(18절) 모든 것을 화평케 하시며 특별히 그의 백성을 하나님과 화목하게 하시는 중보자이시다(20절).

5. 고난을 받으며 하나님의 복음을 전하는 바울(24-29절)

그가 전하는 복음("비밀")은 과거에 오랜 세월 동안 감춰졌던 것인데(26절), 이제는 이방인들에게 풍성히 나타나 영적으로 그들을 완전하게 한다(26하-27절).

⚜ 해석

1 하나님의 뜻으로 말미암아 그리스도 예수의 사도 된 바울과 형제 디모데는. 이 말은 바울의 사도직을 인정하지 않는 무리에 대항하여 자신을 변호하기 위한 것이 아니다. 이것은 전에 한 번도 그를 본 적이 없는 골로새 신자들에게 바울이 그의 사도적 신분을 알리는 말이다. 본서는 개인 서신이 아니고 사도의 권위로 기록된 하나님의 말씀이라는 사실이 여기서 밝혀진다(참조. 롬 15:32; 고전 1:1; 고후 1:1; 8:5; 엡 1:1; 딤후 1:1).

"사도"(ἀπόστολος)는 "보냄을 받은 자"라는 의미인데 엄밀한 의미에서는 열두 사도만을 가리키고, 일반적인 의미에서는 바나바(행 14:14), 에바브로디도(빌 2:25)도 사도라고 불렸다. 엄밀한 의미에서 사도는 예수님의 부활을 친히 목격하고 증언하는 자인데(행 1:22), 교회의 일반 사역자들과 달라서 교회 설립의 초석이 된 자들이다(엡 2:20; 계 21:14). 바울은 자신이 사도의 반열에 포함된 사실을 스스로 변증하였다(참조. 고전 9:1).

2 골로새에 있는 성도들 곧 그리스도 안에서 신실한 형제들에게 편지하노니. "골로새"는 소아시아의 루쿠스강(Lucus River) 상류에 자리 잡고 있었으며 산으로 둘러싸인 도시였다. 후에 지진으로 인하여 그 도시가 크게 무너졌는데,[52] 지금은 "골로새"라는 이름을 가진 도시가 없다. 이곳에서 바울이 친히 선교한 일은 없었으나 에베소나 기타 지방의 신자들이 그곳으로 가서 복음을 전하여 교회가 세워졌을 것이다. "성도"라는 이름은 "구별함을 받은 자"라는 뜻인데, 달리 말해 "하나님께 속한 자"를 의미한다. 그뿐 아니라 성도는 정결하게 생활하여 더럽힘을 받지 않는 자라는 뜻도 가지는데, 전자의 의미가 후자의 원인이다. "신실한 형제"라는 말은 그리스도를 믿는 진실한 자들을 의미한다. 그들은 사도와 함께 예수님의 환난과 나라와 참음에 동참한다는 의미에서 형제들이다(참조. 계 1:9).

3 우리가 너희를 위하여 기도할 때마다 하나님 곧 우리 주 예수 그리스도의 아버지께 감사하노라. "예수 그리스도의 아버지"라는 말은 예수님께서 하나님에 대하여 영원한 성자이심을 알려준다. 이런 의미에서 하나님을 "아버지"라고 부를 자격은 오직 예수님께만 국한되어 있다(고후 1:3; 11:31). 우리 그리스도인들은 그리스도의 보혈과 공로에 의지하여 양자가 된 것뿐이다(롬 8:15).

이 말씀에서 우리가 깨닫는 것은 ① 하나님께서 그리스도의 아버지이시니 또한 우리 신자들의 아버지도 되신다는 사실이다. 우리는 그리스도와 믿음으로 연합하였으므로 그의 것은 모두 다 우리의 것이다(고전 3:21-23). ②

---

52) Orosius, Historiae adversum paganos, 7. 7. 12.

참 하나님은 그리스도의 아버지시라는 사실이다(Calvin). 그리스도를 이 세상에 보내신 이가 참 하나님이시다(참조. 마 11:27; 요 3:33; 14:6; 요일 2:22).

4 4절과 5절은 바울이 감사하는(3절) 이유 세 가지(골로새 신자들의 믿음, 사랑, 소망)에 대하여 말한다.

이는 그리스도 예수 안에 너희의 믿음과(τὴν πίστιν ὑμῶν ἐν Χριστῷ Ἰησοῦ). 이것은 이지적(理智的)으로 승인하는 정도를 넘어서 '그의 안에 거할 만큼 신뢰하는 관계'를 가리키는 것이다. 다시 말해 "그리스도 예수 안에" 아주 깊이 들어가는 신앙을 말한다.

모든 성도에 대한 사랑을 들었음이요. 위에서 말하는 '안에 거하는 믿음'은 사랑을 만들어 낸다. 믿음을 나무의 뿌리에 비유한다면 사랑은 그 나무이며, 다음 절에 언급된 소망은 그 나무의 열매와 같다. 믿음, 사랑, 소망, 이 세 가지는 서로 떨어질 수 없는 관계를 지니고 있다(고전 13:13).

5 **너희를 위하여 하늘에 쌓아 둔 소망으로 말미암음이니.** 이것은 바울이 감사하는 세 번째 이유인데, 바로 하늘에 간직해둔 "소망"이다. 그것이 "하늘"에 있으니 이 세상의 그 무엇으로도 그것을 망가뜨리거나 없이하지 못한다(참조. 벧전 1:3-4).

곧 너희가 전에 복음 진리의 말씀을 들은 것이라. 이 문구의 헬라어 원문(ἣν προηκούσατε ἐν τῷ λόγῳ τῆς ἀληθείας τοῦ εὐαγγελίου)을 직역하면 다음과 같다. "그것(소망)은 너희가 전에 복음 진리의 말씀에서 들은 것이라." 여기서 "복음"이란 십자가에 죽으셨다가 다시 사신 예수 그리스도(롬 1:2-4)를 전하는 말씀인데, 모든 참된 것 가운데서도 가장 참된 것이다. 하나님께서 지으신 우주와 그의 계시는 모두 구속운동을 목표 삼아 움직이고 있다. 그런데 우주의 참된 진리는 오직 예수 그리스도에게서 완전히 실현되었다. 그러므로 복음은 우주적 진리다. 이 진리는 한쪽 구석에만 묻혀 있을 것이 아니고 온 세계에 널리 전파되어야 할 성격을 가진 것이다.

6 이 복음이…온 천하에서도 열매를 맺어 자라는도다. "열매를 맺어"라는 말은 복음의 능력의 강력한 내적 활동을 가리키고, "자라남"은 외적 확장을 가리킨다. 이는 복음의 영적 운동을 살아 있는 나무에 비유하는 표현이다.

"온 천하에서도 열매를 맺어 자라는도다." 복음의 세계적 결실은 어떤 면에서 그것의 진리성을 증명한다고 할 수 있다. 때로는 복음이 박해를 받아 신자들의 숫자가 줄고 그들의 복음적 활동이 위축될 수 있다. 그러나 복음은 박해를 받을수록 더 멀리, 더 넓게 전파되어 "온 천하에서도" 복음의 열매를 맺고 있다.

7 이와 같이 우리와 함께 종 된 사랑하는 에바브라에게 너희가 배웠나니 그는 너희를 위한 그리스도의 신실한 일꾼이요. 이 구절은 골로새 사람들이 위에서 말한 소망에 대하여 들은 것과 은혜를 깨달은 것이 에바브라의 전도로 말미암은 것임을 밝힌다. "에바브라"는 바울과 함께 옥중에 있었는데(몬 1:23), 그는 옥중에서도 골로새 신자들을 위하여 기도하였다(골 4:12). 은밀한 기도자는 진실한 사랑의 소유자요, "그리스도의 신실한 일꾼"이다.

8 성령 안에서 너희 사랑을 우리에게 알린 자니라. 골로새 교인들이 성령님의 감화를 받아 행한 사랑에 대하여 에바브라가 바울에게 말한 바 있었다. 이 "사랑"은 인간적인 동정심이 아니라 성령님의 초자연적 영향력이기 때문에, 그들이 사람을 사랑했던 것도 주님을 사랑하는 동기에서 말미암은 것이었으며 그것은 거짓이 없는 사랑이었다(참조. 롬 12:9; 고후 6:6).

9 이로써 우리도 듣던 날부터. 이는 바울이 에바브라를 통해 골로새 교회에 대한 기쁜 소식을 듣던 그 날부터라는 의미이다.

너희를 위하여 기도하기를 그치지 아니하고 구하노니. 여기서 "기도"한다는 말과 "구"한다는 말은 각각 내용을 달리한다. "기도"(προσεύχομαι)는 간구 외에도 송영, 감사, 서원을 포함하는 광범위한 내용을 가리키는 반면 "구함"(αἰτούμενοι)은 "간구"의 뜻만을 가진다. 그런데 사도가 골로새 사람들을 위하여 간구한 것이 무엇인가? 그것은 그들의 지혜가 충만한 데 이르도록 해 달라는 것이었다. 우리가 하나님께 무엇보다 먼저 간구할 만한 중요한 선물은 신령한 지혜, 다시 말해 성령께서 밝히 비춰주시는 지혜다. 이것은 하나님과 하나님의 뜻을 분별하는 지혜다. 구약 시대의 성도들은 이 지혜를 가장 귀한 것으로 평가하였다. 잠언에 말하기를, "여호와를 경외하는 것이 지식의 근본"(잠 1:7)이라고 하였고, "지혜를 얻는 것이 은을 얻는 것보다 낫고 그 이익이 정금보다 나음이니라"(잠 3:14)라고 하였다. 욥은 말하기를 "주를 경외함이 지혜"(욥 28:28)라고 하였다. 성경은 기도자가 무엇보다 먼저 이 지혜를 구해야 할 것을 강조한다(빌 1:9-10; 약 1:5).

너희로 하여금 모든 신령한 지혜와 총명에. 여기서 "모든 신령한"이라는 말은 바로 아래의 "지혜"라는 명사뿐 아니라 "총명"이라는 명사도 수식한다. "모든"은 "각종"이라는 뜻으로 사용되어서 "지혜"의 다양성을 가리킨다. "신령한"이라고 번역된 헬라어(πνευματικῇ)는 "성령적"이라고 번역하는 것이 옳다. 다시 말해 성령을 받은 참된 신자(고전 2:15)가 곧 신령한 사람이다. "신령한 지혜와 총명"은 성령적 지혜와 총명, 요컨대 성령님으로 말미암아 생긴 지혜와 총명이다. 이 신령한 지혜와 총명으로는 하나님과 하나님의 뜻을 깨달을 수 있지만(고전 2:10, 13-14, 16), 이 세상의 지혜로는 할 수 없다(고전 1:22; 2:5-6, 13).

"지혜와 총명"은 다음과 같이 구별된다. "지혜"(σοφία)는 사물의 이치를 살필 때 그것들의 관계와 목적을 잘 이해하는 통찰력을 가리키고, "총명"(σύνεσις)은 단편적 원리를 바로 아는 판별력을 가리킨다. 다시 말해 "지혜"는 일과 사물의 이치와 보편적 원리를 통달하는 것이며, "총명"은 그것들을 개별적으로 알아내는 것이다.

하나님의 뜻을 아는 것으로 채우게 하시고. "하나님의 뜻"은 10-12절의 설명과 같이 하나님께서 기뻐하실 만한 일을 말한다(살전 4:3). 신자들의 모든 학문은 오직 하나님의 거룩하신 뜻을 찾는 것을 목표로 삼아야 할 것이다. 왜냐하면 신자의 제일 되는 목적은 하나님의 거룩하신 뜻에 순종하여 그의 뜻을 이루어 드리는 데 있기 때문이다. "아는 것"(ἐπίγνωσις)이라는 말은 일과 사물의 근본까지 꿰뚫는 정확하고도 깊은 지식을 의미하는데, 그런 지식은 실행할 수 있는 동력까지 일으키는 것이다.

10 하나님의 거룩하신 뜻을 알려 하는(9절) 목적은 그 뜻에 순종하여 행하려는 것이다.

주께 합당하게 행하여. 신자들은 실제 삶을 통해 그가 그리스도께 속한 자임을 나타내야 하는데, 그것이 "주께 합당하게 행함"이다. 이와 같은 의미를 지닌 표현이 여러 가지 있는데, "성도들의 합당한"(롬 16:2). "부름에 합당하게"(엡 4:1), "복음에 합당하게"(빌 1:27), "하나님께 합당히"(살전 2:12; 요삼 1:6) 등의 말씀이다.

범사에 기쁘시게 하고. 이 말은 주께 합당하게 행하는 것이 무엇인가를 밝혀준다. 그러면 "범사에 기쁘시게" 한다는 말은 무엇을 의미하는가? "기쁘시게 함"(ἀρεσκεία)이라는 말은 고전 헬라어에서는 비굴함, 다시 말해 자기의 의지를 굽히고 다른 사람의 의견에 굴종하는 습성을 의미한다. 대인관계에 있어서는 이런 무조건적인 굴종의 습성이 옳지 않으나(갈 1:10), 하나님께 대해서는 이것이 절대로 필요하다. 왜냐하면 ① 하나님의 뜻은 언제나 선하고 아름답기 때문이요(빌 1:6) ② 우리는 피조물이고, 그리스도의 보혈에 힘입은 구속으로 말미암아 하나님의 소유가 되었기 때문이다(벧전 2:9).

모든 선한 일에 열매를 맺게 하시며 하나님을 아는 것에 자라게 하시고. 이 문구는 다음과 같이 분석할 수 있다. ① "선한 일에 열매를 맺음." 이것은 알려진 하나님의 뜻에 대한 순종을 가리킨다. 또한 이것은 앞에서 말한 "범사에 (하나님을) 기쁘시게" 하는 구체적 방법이 어떠한 것인가를 밝혀준다. 과실수가 열매를 맺으면 과수원 주인이 기뻐하는 것과 마찬가지로, 하나님께서는 그의 자녀인 우리가 선한 열매를 많이 맺는 것을 보시면 기뻐하신다(요 15:8). ② "하나님을 아는 것에 자라감." 이것은 위에서 말한 순종("열매 맺음") 때문에 생기는 것이다. 우리는 진리를 행함으로 진리를 더 깨닫게 된다(요 7:17; 참조. 눅 19:26).

참된 신자에게는 언제나 위의 두 가지가 동시에 따른다. 다시 말해 밖으로는 하나님을 아는 진리의 지식을 따라 선한 행위의 열매를 맺는 한편, 안으로는 그 지식이 더욱 명확해지는 일이다. 하나님에 대한 진정한 지식("에피그노시스", ἐπίγνωσις)은 반드시 선행을 산출하고, 그 선행이 실현됨에 따라서 영적 지식은 자라난다. 그것은 마치 우물에서 생수를 길어낼수록 생수가 더욱 고이는 것과 같다. 그러므로 예수님께서 말씀하시기를, "나를 믿는 자는 성경에 이름과 같이 그 배에서 생수의 강이 흘러나오리라"(요 7:38)라고 하셨고, 또 "내가 주는 물을 마시는 자는 영원히 목마르지 아니하리니 내가 주는 물은 그 속에서 영생하도록 솟아나는 샘물이 되리라"(요 4:14)라고 하셨다.

11 본 절은 앞 절에서 묘사한 "범사에 기쁘시게" 하는 구체적 행동을 한 가지 덧붙인다.[53] 그것은 하나님의 능력을 힘입어 고난을 달게 받아 선하게 견디고 참는 것이다.

그의 영광의 힘을 따라. 여기서 "영광"이라는 말은 하나님께서 나타내시는 능력과 은혜를 가리킨다(요 1:14; 2:11; 고후 3:18; 엡 1:6, 12, 17; 골 1:27). 그리고 "그의 영광의 힘을 따라"라는 말은 하나님이 주시는 능력의 양에 비례함을 가리킨다. 능력은 우리에게서 나는 것이 아니고 온전히 하나님께 속한 것이다(시 62:11). 그러므로 우리는 위에서 주시는 분량대로만 그것을 소유한다.

모든 능력으로. 우리는 9-11절에 "모든"이라는 단어가 자주 나오는 것을 본다. "모든 신령한 지혜"(9절), "모든 선한 일"(10절), "모든 능력"(11절), "모든 견

53) Meyer, Commentary on the New Testament, Colossians, 266.

딤과 오래 참음"(11절) 등이다. 우리의 생활은 단순하지 않으며 언제나 여러 가지 형편을 마주하게 된다. 그러므로 우리는 하나님의 다양한 은혜의 돌보심을 필요로 한다. 우리에게 닥쳐오는 곤란들이 여러 가지 모양이기 때문에 우리는 그것들에 대처할 만한 여러 가지 능력들이 필요하다.

능하게 하시며. 이 말은 하나님께서 위에서 말한 하늘로부터 오는 능력으로써 신자들을 능력 있게 만드신다는 것이다. 하나님께서 신자들을 능력 있게 만드시는 목적은 그들이 고난을 견디어 참게 하기 위함이다.

기쁨으로 모든 견딤과 오래 참음에 이르게 하시고. 환난 중에 기뻐하는 것은 사람의 힘으로 할 수 없는 일이다(고후 8:1-3; 살전 1:6). "견딤과 오래 참음"은 의미상으로 서로 다르다. "견딤"(ὑπομονή)은 사람이 환난 중에서 인내할 뿐 아니라 소망을 가지고 백절불굴의 지조로 매진하는 적극적 태도다. 그리고 "오래 참음"(μακροθυμία)은 원수를 갚지도 아니하며(잠 25:21-22) 은혜를 배반하는 자에 대하여 끝까지 자비를 베푸는 태도다(출 34:6; 약 5:7-11).

12 이 구절은 위에서 거듭거듭 말해온 기도의 목적이다. 그리스도인이 하나님의 은혜를 간구하는 궁극적인 목적은 하나님을 찬송하는 것이다(고후 4:15; 9:11-15). 이것을 보면 기독교가 얼마나 철두철미 하나님을 중심으로 삼는 참된 종교인지 알 수 있다.

우리로 하여금 빛 가운데서 성도의 기업의 부분을 얻기에 합당하게 하신. 하나님께서 우리를 위하여 기업을 준비하여 두신 일만 생각해도 우리의 감사가 넘치는데, 하물며 하나님이 우리에게 그가 준비하여 두신 기업을 얻기에 합당한 자격까지 구비시켜 주신 일을 생각할 때 우리는 얼마나 감사해야 하겠는가! 그리스도께서 하늘 위에서는 우리를 위하여 있을 곳을 예비하시고 아래에서는 성령으로 우리 자신의 자격을 조성하시는데, 이것은 실로 우리를 위한 이중 축복이다(벧전 1:3-5). "빛 가운데서 성도의 기업의 부분"은 주님께서 재림하실 때 성도들이 "아버지 나라"에 참여할 것을 가리키는 말인데, 거기서 그들이 "해와 같이 빛날" 것이라고 하였다(마 13:43; 참조. 딤전 6:15-16).

아버지께 감사하게 하시기를 원하노라. 여기서 하나님을 "아버지"라고 부른 이유는 위에서 말한 천국 기업의 은혜가 전적으로 하나님의 부성애로 주신 것이고 우리의 어떤 공로로 말미암은 것이 아니기 때문이다.

13 본 절은 앞 절에서 말한 "성도의 기업"이 어떠한 것인가를 밝히 말한다.

그가 우리를 흑암의 권세에서 건져내사. 이것은 사탄의 권세에서 우리를 건져내심을 가리키는데, "흑암"은 비진리, 죄악, 사망을 상징한다. 이 권세는 하나님의 오묘하신 허용적 예정하에서 잠깐 동안 이 세상에 존재하는 것이다(마 4:16; 눅 22:53; 행 26:18; 롬 13:11-12; 엡 2:1-3; 5:8; 6:12).

그의 사랑의 아들의 나라로. 여기사 "사랑의 아들"이라는 표현은 그가 사랑하는 아들을 뜻할 수도 있고(마 3:17, 12:18, 17:5), 아니면 그가 인간을 사랑하셔서 보내신 아들(요일 4:8, 16)을 뜻할 수도 있는데, 라이트푸트는 둘째 해석을 지지한다.

옮기셨으니. 여기 사용된 헬라어 단어(μετέστησεν)는 한 나라의 정부에서 그 백성을 다른 지방으로 이민시키는 것을 의미한다. 하나님께서 우리를 구원하신 것은 우리를 죄악과 사망의 세계에서 의와 생명의 세계로 옮겨 놓으신 것이다. 동이 서에서 먼 것처럼, 우리가 내세에 있을 곳은 죄악과 사망에서 먼 곳이다.

14 **그 아들 안에서 우리가 속량 곧 죄 사함을 얻었도다.** 이 구절은 그리스도께서 우리의 구속자이심을 말한다. "구속"(ἀπολύτρωσιν)이라는 말은 "값을 지불하고 사서 구출하는 것"을 의미한다. 다른 사람의 종을 자유자로 복권시키기 위해서는 그 주인에게 종의 대가를 지불해야 하는 것처럼, 예수님께서 죄의 종이 된 인간들(요 8:34)을 해방하시기 위하여 십자가에 죽으심으로 그들의 죗값을 지불하셨다(마 20:28; 막 10:45; 롬 3:24; 엡 1:7; 딤전 2:6; 히 9:15; 벧전 1:19). 따라서 그들은 죄의 결과로 말미암아 받을 수밖에 없었던 영벌에서 영

생으로 구출되었다.[54)]

우리는 하나님께서 우리의 죄를 사해주신 값이 얼마나 큰지 생각해볼 때 우리의 구원이 얼마나 큰 것인지를 느낄 수 있다. 베드로의 증거에 의하면 이 속죄는 "은이나 금 같이 없어질 것으로 된 것이 아니요 오직 흠 없고 점 없는 어린 양 같은 그리스도의 보배로운 피로 된 것"(벧전 1:18-19)이다. 이 속죄의 효과는 "단번에 자기를" 영원하신 제물로 드리신 데서 나는 것(히 7:27)인데, 신자의 구원은 그만큼 영원하고 또 안전한 것이다.

"속량 곧 죄 사함을 얻었도다." 속량으로 말미암아 얻는 사죄는 신자가 받을 모든 은혜와 복의 기본이다. 그리스도께서 십자가에서 우리 죄의 대가를 담당하시기 위해서 못 박혀 죽으셨기 때문에 우리의 죄는 사해지고 성령님은 강림하셨다. 죄가 사해지지 않았다면 성령님께서 오시지 않았을 것이다(요 16:8; 참조. 행 13:38; 26:18).

15-23절. 이 단락은 그리스도의 인격(person)에 대한 논술이다. 그리스도는 ① 하나님의 형상이시고 ② 만물의 창조자이시며 또 보존자이시고 ③ 교회의 머리이시며 중보자이시다.

15 그는 보이지 아니하는 하나님의 형상이시요. "하나님"은 인간이 오감으로 감각할 수 없는 영적 존재이시다(요 4:24). 그리고 예수님께서는 그 "보이지 아니하는 하나님"(딤전 6:15; 히 11:27)을 인간에게 나타내시는 "하나님의 형상"이시다. "형상"(εἰκών)이라는 단어는 원형을 대신 나타내는 실상을 의미한다. 성자 예수님께서 성부 하나님을 그렇게 대신 나타내셨다. 하나님이 예수 그리스도로 말미암아 이렇게 완전하고 흠이 없게 나타나셨기 때문에, 이제 그리스도 밖에서 하나님을 알려는 인간의 모든 노력은 헛수고로 끝날 수밖

---

54) Warfield, Biblical Doctrines, 370, 372.

에 없다. 왜냐하면 ① 하나님은 보이지 아니하시는 분이시니 인간의 감각과 지성으로는 깨달을 수 없기 때문이고, ② 누군가가 이처럼 보이지 아니하시는 하나님을 대신 나타내 주어야 할 터인데 그 일은 오직 하나님과 동질이시고 동체이신 하나님의 아들 예수 그리스도께만 가능한 것이기 때문이다(요 1:14-18). 그러므로 칼빈은 말하기를 "그리스도에게서 하나님의 의, 선, 지혜, 권능, 곧, 하나님 전체가 나타나셨다. 우리는 그리스도 외에 다른 데서 하나님을 찾으려 하지 않도록 주의해야 한다. 무엇이든지 그리스도를 떠나서 하나님을 묘사한 것은 모두 다 우상이다"라고 하였다.[55)]

모든 피조물보다 먼저 나신 이시니. 여기서 "먼저 나신 이"(πρωτότοκος)는 헬라어로 "장자"를 의미한다. 그리스도를 가리켜 장자라고 한 것은 무슨 뜻인가? "장자"라는 말은 주재자를 가리키는 것인데 그리스도께서 만물을 창조하시고 만물을 주재하시기 때문에(시 89:27), 그가 하나님 아버지의 장자라고 불린 것이다. 그는 또한 새 창조, 다시 말해 인류의 부활을 주재하신다는 의미에서도 "먼저 나신 자"이시다(참조. 계 1:5).

16 이 구절은 앞 절 끝에 있는 "모든 피조물보다 먼저 나신 이"라는 호칭의 근거를 밝힌다. 왜 그리스도를 가리켜 "먼저 나신 이"라고 하는가? 그 이유는 천상천하에 있는 만물을 그가 창조하셨고 또 주재하시기 때문이다.

만물이 그에게서 창조되되. 여기 "그에게서"(ἐναὐτῷ)라는 말의 문자적인 번역은 "그 안에서"이다. 이것은 그리스도께서 만물 창조의 방편이 되실 뿐만 아니라 그 창조를 성립시키시는 배경 원인이 되심을 가리킨다. 다시 말해 만물 창조는 그리스도의 초월적 선재를 배경으로 성립된 것이다.

하늘과 땅에서 보이는 것들과 보이지 않는 것들과 혹은 왕권들이나. 이것은 볼 수 있는 물질과 볼 수 없는 영적 존재들을 가리키는 말이다. "왕권들"은 하나님의

---

55) Calvin's Commentaries, Colossians, 1972, 308.

보좌 가까이에서 봉사하는 그룹들(대상 28:18; 시 18:10; 겔 9:3; 10:1; 11:22)을 가리킨다고 한다. 그러나 어떤 학설에는 이것이 천계에 있는 24장로의 보좌들을 가리킨다고 한다(계 4:4; 11:16; 90:4).

주권들이나 통치자들이나 권세들이나. 이들은 모두 천사들을 가리킨다(엡 6:12; 골 2:15). 천사들은 하나님의 우주 통치에 있어서 여러 가지로 수종 들고 있기 때문에 이처럼 다양한 직명을 가지고 있다(참조. 마 18:10; 계 10:5). 이 점에 관하여 하지(Hodge)의 에베소서 주석 가운데 1:21에 대한 해석을 참고하라.

만물이 다 그로 말미암고 그를 위하여 창조되었고. 이것은 본 절 첫머리에 나오는 "만물이 그에게서[그 안에서] 창조되되"라는 표현에 대한 해석이다. "그로 말미암고"라는 말은 그리스도의 전능하신 창조 행위로 말미암아 만물 창조가 실현되었다는 의미다. "그를 위하여"라는 말은 만물 창조의 목적이 무엇인지를 밝혀준다. 만물은 그 자체의 영광을 위해 존재하게 된 것이 아니고, 오직 주님의 영광을 위하여 존재하게 된 것이다.

17 앞 절은 그리스도를 우주 만물의 주재(먼저 나신 자)라고 부르는(참조. 15절 해석) 첫 번째 합당한 이유로서 그의 "만물 창조"를 지목하고, 이 구절은 두 번째 합당한 이유로서 그의 "만물 통일"을 지목한다.

또한 그가 만물보다 먼저 계시고. 15절 마지막 "모든 피조물보다 먼저 나신 이"라는 말의 해석을 참조하라. 이 문구는 그리스도의 초월적 선재성을 의미하는데, 그가 만물을 창조하시고 만물의 발달, 통일, 보존을 섭리하시는 주재자이심을 가리킨다.

만물이 그 안에 함께 섰느니라. 이는 그리스도의 선재성이 만물에 미치는 결과를 말한다. 만물이 "함께 섰"다는 말은 그리스도께서 초월적으로 먼저 계심으로써 만물이 통일되고 보존된다는 뜻이다(참조. 요 1:1-3; 히 1:2-3).

18 15-16절은 그리스도께서 만물의 주재자이심을 말하고, 본 절은 그리스도께서 또한 교회의 머리 되심을 말한다.

그는 몸인 교회의 머리시라. 교회를 가리켜 그리스도의 "몸"이라고 말하는 이유는 무엇인가?

1) 우리가 우리의 몸을 아끼듯이 그리스도께서 그의 교회를 지극히 사랑하시기 때문이다(엡 5:29).

2) 진실한 교회의 회원들은 한 몸에 속한 지체들이 서로 아껴주는 것처럼 서로 화합하여 상부상조하기 때문이다(고전 12:26; 엡 4:16, 5:30).

3) 한 사람의 몸은 하나인 것처럼 진정한 교회는 하나요 둘이 아니기 때문이다(엡 4:13). 땅 위에서는 기독교회 안에 여러 가지 종파가 있다. 그러나 그 가운데 속해 있는 하나님의 진정한 자녀들은 하나님의 눈앞에서 다 같이 한 몸을 구성하는 지체들이다. 한 가정에 여러 형제가 동거할 수도 있으나, 분가함으로써 서로 조화로운 생활을 영위하게 된다. 그와 마찬가지로 때로는 진정한 하나님 자녀들 간의 외형적 분리는 본질적 의미에서의 분리가 아니며, 도리어 그것을 통하여 상호 간에 진정한 조화를 도모하기 위한 수단이 된다. 그러므로 기독교의 근본 교리에서는 일치하는 신자들이 불행하게도 어떤 지엽적인 신조의 차이로 말미암아 서로 분립하는 것은 결코 그리스도의 몸인 교회가 여럿임을 의미하는 것은 아니다. 그러한 분립은 오히려 서로 간의 알력을 피하는 방법일 수도 있다.

4) 교회는 그리스도와 연합하여 동고동락하기 때문에 그리스도의 몸이라고 하는 것이다(딤후 2:11-12; 계 1:9; 3:21).

또한 그리스도를 가리켜서 "교회의 머리"라고 한 이유는 무엇인가?

1) 그리스도는 신자들을 대표하는 역할을 하시기 때문이다(롬 5:15-17). 머리는 우리의 인격을 대표하는 가장 중요한 부분이다. 하나님께서는 신자들을 그리스도 안에서 바라보신다.

2) 그리스도는 우리 신자들의 선도자요 지휘자이시기 때문이다(히 6:20; 12:2).

3) 그리스도는 교회를 성립시키는 기초이시고(고전 3:11; 엡 2:20) 교회가 받는 모든 축복의 근원이시기 때문이다(요 1:16; 엡 4:7-8).

그가 근본이시요. 이는 그리스도가 피조물의 "근본"(초월적 원인자, 즉 창조자)이실 뿐만 아니라(계 3:14) 또한 새로운 피조물인 교회의 근본이시라는 말이다. 그리스도가 아니면 우주 창조가 성립될 수 없는 것처럼 교회도 존재할 수 없다.

죽은 자들 가운데서 먼저 나신 이시니. 이 말은 그리스도께서 어떻게 교회의 근본이 되시는지 그 이치를 잘 밝혀준다. "먼저 나신 이"라는 말은 "주재자"를 의미하는데, 그리스도께서는 모든 죽은 자들 가운데서 오직 홀로 죽음을 이기셨으며, 사망과 음부의 열쇠를 가지시고(계 1:18), 신자들을 죽음에서 해방하시고 부활하게 하신다(요 5:28-29; 계 20:11-15). 이런 의미에서 그는 부활의 주재자시다.

이는 친히 만물의 으뜸이 되려 하심이요. 이 어구에 대한 해석은 두 가지다. ① 그가 처음 창조의 근본이 되셨고(15-16절), 또한 새 창조, 다시 말해 교회의 근본이 되시기까지 하셨으니 그의 관할이 아닌 것은 하나도 없다는 해석이다. 그러나 이 해석은 문맥상 부자연스럽다. ② 그리스도께서 선봉적으로 부활하심에 따라 그의 백성을 위한 구속 사업이 이루어져서 모든 성도가 마침내 부활하게 되고, 이 사건에 수반하는 현상으로서 모든 피조물도 다 함께 주님께 복속한다는 것이다. 이것은 고린도전서 15:25-28의 내용과 실질적으로 동일한 것이다.

19 아버지께서는 모든 충만으로 예수 안에 거하게 하시고. 헬라어 원문에는 이 구절 첫머리에 "왜냐하면"을 의미하는 말(ὅτι)이 있어서, 본 절이 앞 절 하반절의 이유임을 밝힌다. 무슨 어떻게 해서 그리스도께서 만물의 "으뜸"이 되셨는가 하면, 성부께서 그리스도 안에 신성의 총량이 머물도록 하시어 그리스도의 속죄로 말미암아 천지 만물이 자기와 화목하게 됨을 기뻐하셨기 때문

이다. "모든 충만"이라는 말은 성부의 신성의 총량을 가리킨다(29절). 성자의 신성은 성부의 신성과 동일하기 때문에 성자를 본 자는 성부를 본 것과 같다(요 14:9).

"예수 안에 거하게." 여기서 "거한다"(κατοικῆσαι)라는 말은 일시적인 거주를 의미하는 것이 아니고 영원히 계심을 의미한다. 이 신성의 충만은 어느 시기부터 시작된 것인가? 성자께서 이 "충만"을 결여하셨던 때가 있었던가? 성자께서는 이 "충만"을 영원히 소유하시기 때문에 이 충만에 시간적인 출발점이 있는 것은 아니다. 그러나 이 구절에서 성자의 성육신을 염두에 둔 바울은 이 충만의 역사적 경계를 염두에 둔 듯한 표현을 사용한다. 과연 그리스도의 인성을 생각하는 관점에서는 성자의 성육신 시기를 그의 신성의 충만이 구현된 시점으로 볼 수 있다. 바꾸어 말하면, 성자 자신은 언제나 이 충만을 가지고 계시지만, 나사렛 예수를 염두에 두고 말하자면 그의 성육신의 역사적 사건을 예수님의 인성에 대하여 신성의 충만이 실현된 사건으로 볼 수 있다(요 1:14). 이 점에 대하여 칼빈은 다음과 같이 주장하였다. 말하자면 그리스도께 이 같은 절대적 충만이 있다는 사실을 통해 우리가 한 가지 깨달아야 할 사실이 있는데, 그것은 우리가 그리스도 밖에서는 구원의 은혜를 찾을 수 없다는 것이다. 그리스도 안에서 "충만"해졌다는 것은 그리스도 밖에는 구원하는 은혜가 전혀 없다는 말과 같다.[56)]

20 이 구절은 그리스도가 만물의 으뜸이 되시는(18하) 방편을 지적하는데, 그것은 그리스도께서 흘리신 보혈의 효능이다. 이 보혈이 만물을 하나님과 화목하게 하여 완전한 통일을 이루게 함으로써 그리스도는 모든 것의 으뜸이 되신다(참조. 행 5:30; 10:39; 13:29; 갈 3:13; 벧전 :24). 그리스도께서 십자가에 죽으신 것은 신약 저자들에게 있어서 "저주의 죽음"(신 21:22-23)과 마

56) Calvin's Commentaries, Colossians, 1972, 311.

찬가지의 치욕적인 사형이었다. 특히 바울이 갈라디아서에서 그 뜻을 밝혀 주는데, "그리스도께서 우리를 위하여 저주를 받은 바 되사 율법의 저주에서 우리를 속량하셨으니 기록된 바 나무에 달린 자마다 저주 아래에 있는 자라 하였음이라"(갈 3:13)라고 하였다. 오! 우리 주 예수 그리스도께서 우리를 대신하여 저주의 죽음을 당하셨음이여! 그 피를 믿는 자는 하나님과 화목하게 되지 않을 수 없고, 그 피를 믿지 않는 자에게는 저주가 따르지 않을 수 없다(요 3:36).

그의 십자가의 피로 화평을 이루사. 인간은 모두 그리스도 밖에 있는 동안에는 하나님과 원수 된 상태이고(엡 2:16), 또한 하나님의 정죄와 진노 아래(요 3:19-36) 머물고 있다. 그러나 그리스도의 보혈을 믿는 자에게는 이 정죄가 말소되어(롬 8:1) 그의 진노에서 구원받는다(롬 5:9; 엡 2:3-8). 하나님과 인간의 원수 관계(롬 5:10)를 화목하게 하실 이는 신성을 소유하신 분으로서 인성을 겸하신 예수 그리스도밖에 없다. ① 그는 신성과 인성을 겸비하셨으므로 신인 양편에 원만한 접촉이 가능하시고, ② 그는 인성으로 죄인들을 대신하여 죽으셨기 때문에 그들의 죄를 담당하시는 것이 가능하셨다.

만물 곧 땅에 있는 것들이나 하늘에 있는 것들이 그로 말미암아 자기와 화목하게 되기를 기뻐하심이라. 이 구절의 의미를 이해하기 위해서는 먼저 "화목하게 된다"라는 말을 해석할 필요가 있다. 여기 사용된 헬라어 "아포카탈라크사이"(ἀποκαταλλάξαι)의 접두어 아포(ἀπό)는 여기서 "재귀" 혹은 "복귀"의 의미를 지니고 있으며, 카탈라크사이(καταλλάξαι)는 "변환", "화해" 등의 의미를 담고 있다. 그러므로 "아포"와 "카탈라크사이"로 이루어진 합성어는 "원상으로 회복", 다시 말해 하나님께서 분정하신 위치 혹은 목적에서 이탈했던 것을 다시 원상으로 회복함을 의미한다(Lightfoot)(참조. 행 3:19-21).

"화목하게" 하시는 하나님의 사역에 대하여 몇 가지 고려할 사항이 있는데, ① 이러한 화목의 필요성은 하나님께보다는 인간에게 더욱 절실하다는 점이다. 영벌을 받아 마땅한 죄인들을 하나님께서 완전히 내버리신다 해도 그 일이 하나님께는 전혀 부당하지도 않고 손해도 없으시다. 그러나 인간은 그가 본래 화합하였던 하나님과 다시 화목하지 못하면 영원한 사망을 면치 못한다. ② 화목이 하나님보다는 사람에게 긴급히 요구되는 것인데도 이 "화목"을 성립시키시기 위하여 그리스도의 보혈을 대가로 지불하시고 솔선하여 화목을 요청하신 것은 인간이 아니라 하나님이시라는 점이다. "사랑은 여기 있으니 우리가 하나님을 사랑한 것이 아니요 하나님이 우리를 사랑하사 우리 죄를 속하기 위하여 화목 제물로 그 아들을 보내셨음이라···우리가 사랑함은 그가 먼저 우리를 사랑하셨음이라"(요일 4:10, 19). 이 화목을 하나님 편에서 성립시키셨기 때문에 그것은 실현될 가능성을 충분히 가진다. 인간은 자의로 또는 자력으로 이것을 성립시킬 수 없다. 또한 그것은 하나님께서 성립시키신 것이기 때문에 참된 화목이다. 하나님께서는 이 "화목"의 요청자, 성취자, 실행자가 되시니 인간은 피동적으로 감사한 마음으로 이 요청에 응할 뿐이다(참조. 고후 5:18-19).[57] "땅에 있는 것들"은 땅 위의 만물(인간 및 기타 생물과 무생물)을 가리킨다. 인간이 타락함으로 말미암아 땅 위의 만물은 인간과 함께 저주를 받았으니(창 3:17-18; 롬 8:19-23), 타락한 인간이 하나님과 화목하여 원상태로 회복됨에 따라 만물도 원상태로 회복될 것이다. "하늘에 있는 것들"이 무엇을 가리키는지는 알기 어렵다. 이 점에 대하여 주석가들은 서로 견해를 달리한다.

1) "하늘에 있는 것들"이 별세하여 하늘나라에 들어간 신자들을 가리킨다는 학설이 있다. 그러나 그것은 주어진 본문에서 문법적으로 적합한 해석이라고 하기 어렵다. 왜냐하면 "하늘에 있는 것들"(τὰ ἐν τοῖς οὐρανοῖς)이라는 어구에서 "것들"은 헬라어로 중성 복수형이기 때문이다(Van Leeuwen). 중

---

57) Robertson, Word Pictures in the New Testament, Vol. IV, 232.

성 복수는 천계의 존재 전부(성도들과 천사들)를 총괄하는 것이다.

2) "하늘에 있는 것들"이 천사들을 가리킨다는 학설이 있다. 그러나 이 견해를 지지하기에는 난제가 따른다. 천사들이 그리스도로 말미암아 하나님과 화목을 누리게 된다는 교리는 성경에 없는 것이다. 천사 중에 본래의 선한 성품 그대로 남아 있는 자들은 항상 하나님의 거룩하신 뜻대로 순종하고 있기 때문에 그들과 하나님 사이에는 새삼스럽게 화목이 필요하지 않다. 그리고 그들 중에 악한 자들, 다시 말해 영벌을 받기로 작정된 자들(마 25:41; 벧후 2:4; 유 1:6)에게는 이런 "화목"의 은혜가 부여되지 않기 때문이다.

3) 이 난해한 구절을 바르게 해석하는 방법은 다음 몇 가지다.

① 칼빈(Calvin)은 말하기를, 천사들 역시 피조물이니 타락하리라는 우려도 없지 않다. 그러므로 그들 역시 그리스도의 은혜로 의에 더욱 굳게 서야 할 필요가 있다. 이런 의미에서 그들 역시 어느 정도 "하나님과의 화목"을 필요로 한다고 하였다. ② 어떤 학설에 따르면 천사들은 성도들을 섬기는 자들이니(마 18:10; 히 1:14), 성도들의 구원이 완성됨으로 말미암아 그들은 하나님을 찬송한다(계 5:12). 그러므로 성도들과 하나님 사이의 화목은 그 봉사자인 천사들에게도 똑같이 중요성을 지닌다고 볼 수 있다. 그러므로 인간이 하나님과 화목하여 원상태를 회복하는 일은 아래로 땅 위의 만물들과 위로 하늘의 천사들에게까지 연대적 효과를 불러일으킨다(롬 8:19-22: 엡 1:7-10). ③ 죄가 천사의 타락에 기원을 두고(벧후 2:4; 유 1:6) 세상에 들어왔으며(창 3:6; 롬 5:12; 고후 2:11) 그 결과 온 우주는 혼돈해지고 하나님을 멀리 떠나 배반하게 되었다. 그런데 하나님께서 이 혼란해진 우주 만물(인간, 천사, 기타 피조물)을 원상태로 회복시키시는 일은 한마디로 천상계, 인간계, 물질계를 정화하고 정리하시는 일이다.

21-23상. 이 단락에서는 위에서 말한 신인 화해의 문제가 골로새 교회 신

자들과 어떤 관련을 맺고 있는지를 고찰한다.

21 전에 악한 행실로 멀리 떠나 마음으로 원수가 되었던 너희를. 이 구절에 대한 우리말 성경의 번역은 원문의 의미를 제대로 드러내지 못한다. 헬라어 원문(ἀπηλλοτριωμένους καὶ ἐχθροὺς τῇ διανοίᾳ ἐν τοῖς ἔργοις τοῖς πονηροῖς)은 "마음으로 또는 악한 행실로 멀리 떠나 원수 되었던 너희를"이라고 직역하는 것이 옳다. 이 번역이 보여주는 것처럼 인간은 먼저 "마음"으로 하나님을 반역하고(엡 4:18), 이후에 그 같은 반역 심리는 "악한 행실"로 나타난다. "마음"이 반역의 근거지이며, "악한 행실"은 반역하는 마음의 외적 표현에 불과하다.[58] 언제나 악한 행실들은 악한 마음에서 나오는 것이니, 마음을 먼저 깨끗이 하고 지키기 전에는 선행을 기대할 수 없다(마 7:16-19; 15:19). 그러나 "만물보다 거짓되고 심히 부패한 것은 마음"이고(렘 17:9) "자기의 마음을 다스리는 자는 성을 빼앗는 자보다" 낫다고 하였으니(잠 16:32) 인간은 하나님의 은혜가 아니면 이 악한 마음의 포로가 됨을 면치 못할 것이다. 인간은 스스로 제 마음을 깨끗하게 하거나 지킬 수 없으므로 하나님께서 그를 중생시켜 새 마음을 소유하게 하시는 것이다(렘 24:7; 겔 36:26; 요 1:13, 3:3; 롬 7:6; 고후 5:16-17; 벧전 1:3)

"멀리 떠나"(ἀπηλλοτριωμένους)라는 말은 에베소서 2:12의 "이스라엘 나라 밖의 사람"이라는 문구에서 "밖의 사람"(ἀπηλλοτριωμένοι)이라는 단어와 같은 어원을 가진다. 인간이 그리스도를 믿기 전에는 천국에 대해 문외한으로서 천국에 들어갈 권리를 가지지 못한다. 그리고 인간이 하나님과 "원수"가 된 유일한 이유는 인간 편에서 범죄한 것인데, 여기서 "원수"가 된 정황은 다음과 같다. ① 모든 사람은 첫 조상 아담의 범죄로 인하여 타락하였기 때문에(롬 5:12) 완전히 부패하여(롬 3:10-18) 하나님의 진노 아래 머물게 되었

---

58) Van Leeuwen, Colosse 1:21.

다(엡 2:2-3). ② 이렇게 그들은 하나님의 진노 아래 처해 있을 뿐 아니라, 하나님이 미워하시는 세속주의를 추구하는데, 이 점 역시 하나님을 대적하는 행동이다(약 4:4).

여기서 우리가 주목해야 할 점은 인간을 향한 하나님의 진노와 인간의 분노가 서로 어떻게 다른가 하는 점이다. 인간의 분노는 주로 사악한 성품의 발현일 수 있는 반면에, 하나님의 진노는 그의 공의가 나타난 것이다. 하나님은 인간의 죄악만을 미워하시며 그의 영은 구원하기를 원하신다. 이사야 59:1-2을 보면, "여호와의 손이 짧아 구원하지 못하심도 아니요 귀가 둔하여 듣지 못하심도 아니라 오직 너희 죄악이 너희와 너희 하나님 사이를 갈라 놓았고 너희 죄가 그의 얼굴을 가리어서 너희에게서 듣지 않으시게 함이니라"라고 하였다. 이 구절은 죄를 용납하지 않으시는 하나님의 공의를 보여주는 동시에, 그 죄인들이 회개하고 구원받기를 고대하시는 그의 사랑도 보여준다.

22 이제는. 이 표현(νυνὶ δέ)은 골로새 신자들이 전에 하나님과 원수되었던 상태와 현재 그들이 누리는 복스러운 상태를 대조하기 위해 사용되었을 것이다.

그의 육체의 죽음으로 말미암아 화목하게 하사. "그의 육체의 죽음으로"라는 말의 헬라어 원문(ἐν τῷ σώματι τῆς σαρκὸς αὐτοῦ)를 직역하면, "그의 육신의 몸의 죽음으로"라고 할 수 있다. 여기서 "몸"이라는 말에 "육신"이라는 수식어를 부가한 것은 어떤 의도에서인가? 이것을 설명하는 데 있어서 학계의 의견은 크게 네 가지로 갈린다. ① 이것은 위의 19절에 나온 "몸"(교회)이라는 말의 내용과 구별하려는 목적으로 그리한 것이다. ② 이 수식어는 그리스도의 수난의 몸을 그의 부활의 몸과 구별하기 위해 부가된 것이다. ③ 골로새 교회에는 육체성을 소유하지 않은 천사들이 인간의 구원을 완성한다는 이단 사상이 유행했었는데, 바울 사도는 이에 반대하는 의미에서 구속자이신 그리스도의 몸의 육체성을 강조한 것이다. ④ 그리스도께서 십자가에 못 박히신 사건은 그의 몸을 희생하신 것 외에도 그의 육체성(부패성을 제외한 인간으로서의 연약성)을 말살하신 일이었다. 그런데 이 육체성을 말살하는 일은 신자를 대신하는 의미를 지니기 때문에 그로 말미암아 신자들의 육체성도 말살된 것이다(롬 6:10-11; 갈 5:24). 다시 말하면 예수님의 죽으심은 우리를 대신하여 하나님의 진노를 담당하셨다는 의미 외에도 우리의 연약성을 제거한다는 의미를 지닌다. "화목하게 하사"라는 말에 대해서는 20절 해석을 참조하라.

거룩하고 흠 없고 책망할 것이 없는 자로. "거룩함"은 하나님께 바침이 되었다는 것을 의미한다. 그리고 이 말은 또 한 가지 중요한 뜻을 지니는데, 바로 죄악에서 떠난 순결한 상태를 가리킨다. 신자들은 세상에 속하지 아니하고 하나님께 속해 있으니 거룩하고, 그와 동시에 그들은 도덕적으로도 그리스도의 "거룩함"으로 말미암아 거룩하게 여겨질 뿐 아니라(고전 1:30), 주관적으로도 그리스도 안에서 성화되어 가다가 마침내 완성되고야 만다. "흠이 없다"라는 말은 구약에서 하나님께 드리는 제물의 완전성을 가리키는데(레 22:19), 이것은 하나님 앞에 제물과 같은 존재인 신자들에게(롬 12:1) 적절한 묘사다(참조. 출 29:1; 레 1:3; 14:10; 벧전 1:19). "책망할 것이 없는 자"라는 말은 하나님께서 구원하시기로 예정하시고 또한 그리스도의 공로로 칭의를 얻은 자들을 마지막 날에 어느 누구도 정죄할 수 없다는 뜻이다(롬 8:34). 그뿐 아니라 내세에는 그들의 성화가 절정에 달하여 누구 앞에서든지 흠이 없게 된 것이다.

그 앞에 세우고자 하셨으니. 이것은 성도들이 심판자이신 그리스도 앞에 합당하게 서게 됨을 가리킨다(계 3:21).

23상 만일 너희가 믿음에 거하고 터 위에 굳게 서서 너희 들은 바 복음의 소망에서 흔들리지 아니하면 그리하리라. 이 문구를 직역하면 다음과 같다. "너희가 터가 있고 견고하고 또 복음의 소망에서 변동하지 아니함으로 믿음에 거하면 그리하리라." 이 번역은 믿음에 거하는 일이 어떠한 것인지를 세 단계로 말하였으니, 하나는 "터"를 소유하는 것이요, 다음은 "굳게" 서는 것이요, 그다음은 "복음의 소망에서 흔들리지 아니함"이다. 이것을 나무에 비유하면, 첫째 단은 뿌리요, 둘째 단은 줄기요, 셋째 단은 과실이다. 뿌리가 있으므로 과실이 있게 된 것이다. "터"는 그리스도니(고전 3:11), 그에게 의뢰하기만 하면 신자는 반석 위에 세워진 건물과 같이(마 7:24-25), 든든한 자가 되는 것이다. 이런 신자는 복음이 밝히 가르치는 소망의 삶에서 흔들리지 않는다(참조. 엡 2:21; 3:7; 벧전 2:5; 5:10).

"그리하리라"라는 말이 헬라어 원문에는 없다. 한글 번역은 본 절과 앞 절의 관계를 밝히기 위하여 이 말을 보충한 것이다. 골로새 신자들이 터 위에 굳게 서서 소망이 흔들리지 않는다면, 그것은 믿음에 거하는 것이니 그렇게 하기만 하면 그들은 "거룩하고 흠 없고 책망할 것이 없는 자로 그 앞에" 서게 되리라는 말이다(22하).

23하 이 복음은 천하 만민에게 전파된 바요. 여기서 "천하 만민에게"라는 말은 "하늘 아래 있는 모든 피조물"이라는 뜻이다. 그렇다면 복음이 "모든 피조물"에게 전파된다는 말은 무슨 의미인가? "피조물"이라는 용어가 지시하는 범위는 어디까지인가? 라이트푸트는 여기서 피조물, 곧 "천하 만민"이 무생물은 포함하지 않는다고 하였다.[59] 그러나 스위트(Swete)는 이 말이 인간뿐만 아니라 생물과 무생물을 아우르는 피조물 전체를 가리킨다고 하였다. 이 학설을 지지하는 자들은 복음 전도의 직접 대상이 인간이지만, 간접적으로는 그 영향이 인간 이외의 만물에까지 미친다는 이유에서 그렇게 주장한다.[60]

---

59) Colossians, 101.

60) The Gospel According to Mark, 405.

나 바울은 이 복음의 일꾼이 되었노라. "일꾼"이라는 말에 대해서는 7절 해석을 참조하라.

설교 주 앞에 설 수 있는 신자(22-23절)

본문 22절 끝에 있는 "그 앞에 세우고자 하셨으니"라는 말은 내세에 하나님 앞에 서는 것을 가리킨다. 그러면 누가 선다는 말인가? 그것은 23절이 보여주는 대로 믿음에 거하는 자다. 그 믿음은 어떤 것인가?

1. 터가 있고 견고한 믿음

믿음의 "터"는 그리스도와 그의 말씀이다(마 7:24-25; 고전 3:11). 그리스도의 말씀대로 믿는 신앙은 견고하다(히 13:8). 그런데 우리가 예수를 믿는다는 것은 그의 말씀을 믿는다는 뜻이다. 우리가 어떤 사람을 믿는지 여부도 그의 말을 믿어 주는지로 결정되지 않는가(참조. 롬 10:17)?

참으로 견고한 믿음은 인간의 얄팍한 합리주의에 머무는 것이 아니고, "사람에게는 버린 바가 되었으나 하나님께는 택하심을 입은 보배로운 산 돌이신 예수께 나아가"는(벧전 2:4) 것이다. 다시 말해 그것은 "전도의 미련한 것"(고전 1:21), 인간의 합리성을 뛰어넘는 역리를 달게 받는 것이다. 아브라함은 "바랄 수 없는 중에 바라고" 믿었다(롬 4:18-20). 내세의 소망은 눈으로 확인할 수 없다는 것이 그 특징이므로, 신앙은 보이지 않는 것을 보이는 것보다 오히려 더욱 확실하게 믿는다(롬 8:24). 이것이 신앙의 역설적(paradox) 측면으로서 가장 음미할 만한 부분이다. 가장 유력한 신앙인들은 역설적인 삶을 즐겼다. 마게도냐 지역의 교회들은 "환난의 많은 시련 가운데서 그들의 넘치는 기쁨과 극심한 가난이 그들의 풍성한 연보를 넘치도록 하게 하였"다(고후 8:2) 고 기록되었으며, 바울은 "약한 그 때에 강함이라"라고 하였다(고후

12:10). 그러므로 야고보는 말하기를, "낮은 형제는 자기의 높음을 자랑하고 부한 자는 자기의 낮아짐을 자랑할지니"(약 1:9-10)라고 하였다. 신앙은 표면에 나타난 대로 사리를 판단하지 않고, 흔히 겉모습과는 반대로 이루어진 천국 진리를 볼 줄 안다.

2. 소망으로 흔들리지 아니하는 믿음

우리는 흔들리지 않는 내세 소망도 예수 안에서만 가진다. 히브리서 6:18-20에 말하기를, "이는 하나님이 거짓말을 하실 수 없는 이 두 가지 변하지 못할 사실로 말미암아 앞에 있는 소망을 얻으려고 피난처를 찾은 우리에게 큰 안위를 받게 하려 하심이라 우리가 이 소망을 가지고 있는 것은 영혼의 닻 같아서 튼튼하고 견고하여 휘장 안에 들어 가나니 그리로 앞서 가신 예수께서 멜기세덱의 반차를 따라 영원히 대제사장이 되어 우리를 위하여 들어 가셨느니라"라고 하였다.

"예수"라는 이름은 그리스도의 인간성을 가리킨다. 우리는 그의 인간성을 매개로 하여 하나님의 깊은 곳에 이르게 된다. 우리가 하나님을 느끼지는 못하나 복음서를 통하여 예수님을 느낄 수는 있다. 우리는 그와 함께 즐거워할 수도 있고 그와 함께 울 수도 있다. 우리는 예수님처럼 무덤에도 들어갈 것이고, 그가 계신 하늘에 올라갈 소망도 있다.

24-29절. 복음을 전파하는 바울.

24 나는 이제. 이 말은 바울이 로마 감옥에 간힌 그 당시 상황을 가리킨다고 한다(Eadie).

너희를 위하여 받는 괴로움을 기뻐하고. 바울이 당한 옥고는 골로새 교인들을 포함하는 모든 이방인들에게 전도하기 위한 것이었다. 그가 고난받는 것은 복음을 위한 일이었으니 그 수난을 기쁘게 여길 수밖에 없었다. 그 기쁨의 이유는 구체적으로 말해 ① 그 수난으로 인하여 복음이 매이는 것이 아니고(딤후 2:9) 도리어 힘있게 전파되기 때문이며, ② 그가 내세에 그리스도와 함께 영광 얻을 것을 생각하였기 때문이다(롬 8:18; 딤후 2:11-13; 벧전 4:13-16).

그리스도의 남은 고난을 그의 몸된 교회를 위하여 내 육체에 채우노라. 여기서 "그리스도의 남은 고난"이라는 말의 의미는 다음과 같다. 그리스도와 교회의 관계는 머리와 몸의 관계이니만큼 둘은 일체다. 몸이 받는 고통을 머리가 받지 않을 수 없는 것이므로 교회의 수난은 원리적으로 그리스도의 수난인 것이다(참조. 마 10:39; 25:40; 요 15:18; 행 9:5). 물론 그리스도의 고난으로 여겨질 만한 교회의 수난은 그리스도의 이름을 위한 고난에 국한된다(벧전 4:14). 그런데 ① 그리스도께서 그의 몸 된 교회의 수난을 통하여 받으시는 간접적 수난은 그가 직접 당하신 십자가 위의 수난처럼 대속적 가치를 가지는 것이 아니다. 교회의 수난은 교회가 목표를 향하여 완성되어 가는 도중에 필연적으로 맞닥뜨리게 되는 것이고(계 1:9), 또한 반드시 통과해야 하는 것이다(행 14:22). 이는 교회의 성장과 완성을 위하여 필요한 것이다. "몸된 교회"라는 말에 대해서는 18절 해석을 참조하라. "채우노라"(ἀνταναπληρῶ)라는 표현의 의미는 다음과 같다. 그리스도 자신이 직접 당하실 고난은 십자가에서 완전히 성취되었다. 그러나 그가 그의 몸 된 교회에서 간접적으로 당하실 수난은 아직도 남아 있다는 것이다. 다시 말해 신자들을 통하여 당하실 그리스도의 고난은 천국이 완성되기까지 계속될 일정한 분량으로 남아 있다는 것이다. 이렇게 남아 있는 수난은 신자들이 충당하도록 하나님께서 제정하셨다. 이런 해석이 문맥에 적합할 뿐 아니라 구문상으로나 신학적으로도 합당하다.

25 내가 교회의 일꾼 된 것은 하나님이 너희를 위하여 내게 주신 직분을 따라 하나님의 말씀을 이루려 함이니라. 사도 바울은 귀한 복음(20-23절에서 보여주는 귀중한 내용이 있는 복음)의 "일꾼"이므로(23하) 그 복음을 위하여 당하는 수난을 기뻐하고, 또 그 수난을 채우는 데 목표를 둔다. 그가 이런 수난을 통하여 복음

의 일꾼(교회의 일꾼, 25상)으로 일하게 된 동기는 그가 하나님께서 맡기신 청지기의 소명을 받았기 때문이다. "일꾼"이라는 말에 대해서는 7절 해석을 참조하라. "직분"이라는 말의 헬라어 원어(οἰκονομία)는 "경륜"을 의미하는 동시에 "청지기 직분"을 의미하기도 한다(눅 12:42; 벧전 4:10). 여기서는 이 말을 "직분"으로 이해하는 것이 합당할 것이다. 청지기의 직분을 받은 자는 그 주인의 수하에 있는 자로서 주인이 그에게 맡긴 대로 일할 뿐이다. 교회의 목사나 감독은 사도가 아니고 사도의 수종자이지만, 이 같은 직분도 합당하게 진실함으로 감당하는 한에는 주님의 수하에서 구원의 은혜를 분배하는 "청지기" 직분이라고 할 수 있다. 그들은 맡은 교회에 대하여 주권적으로 행사할 지배자가 아니고 다만 사도들의 복음과 성경 말씀을 분배해 주는 봉사자가 될 뿐이다.

"하나님의 말씀을 이룬다"라는 말은 하나님의 말씀을 모든 사람에게 전하여 전도의 사명을 완수하는 일을 가리킨다(참조. 롬 15:19).

26 이 비밀은 만세와 만대로부터 감추어졌던 것인데 이제는 그의 성도들에게 나타났고. 본 절은 복음의 내용을 밝히 설명한다. "비밀"(μυστήριον)이라는 단어는 복음의 은닉성을 가리킨다. 다시 말해 복음은 하나님의 특별한 계시를 떠나서는 알 수 없는 것임을 가리킨다. ① 하나님이 그 독생자를 보내시는 특별한 계시가 있기 전에는 하나님의 복음을 누구도 확실히 알 수 없었다는 것이다. ② 이 특별한 계시가 주어진 신약 시대에도 개인에 따라 이 복음을 아는 자가 있고 모르는 자가 있다. 왜냐하면 어떤 자에게는 그 복음이 성령으로 말미암아 알려졌고, 어떤 자에게는 그렇게 되지 않았기 때문이다(마 11:25-27; 13:12; 눅 8:10).

"만세와 만대로부터"라는 어구의 헬라어 원문(ἀπὸ τῶν αἰώνων καὶ ἀπὸ τῶν γενεῶν)은 "만세 전부터 대대로"라고 의역하는 것이 바람직하다. 이것은 창세 이후부터 그리스도의 초림 때까지의 기간을 가리킨다. 구원의 오묘한 경륜(비밀)은 마침내 예수 그리스도로 말미암아 성취되었다. 이 놀라운 사실을 아는 자는 ① 하나님이 살아 계심을 확신하게 되고, ② 이 복음의 사건, 다시 말해 그리스도 사건은 마침내 전 세계와 온 우주를 새롭게 할 재창조 사건으로서의 의미를 지닌다고 믿는다. 에베소서 3:9에 말하기를 "영원부터 만물을 창조하신 하나님 속에 감추어졌던 비밀의 경륜이 어떠한 것을 드러내게 하려 하심이라"라고 하였다(참조. 고후 5:17; 골 1:19-20; 계 21:5). ③ 하나님께 무한한 기쁨과 찬송을 드려야 한다(참조. 딤전 1:17).

"감추어졌던 것인데 이제는 그의 성도들에게 나타났고." 말하자면 하나님께서 신약 시대 이전에는 의식적인 제도나 외형적인 비유로 그의 백성을 지도해 오셨고 복음을 드러내시지 아니하셨다. 그러나 바울의 시대에는 그리스도로 말미암아 이방인들을 구원하시는 진리가 밝히 드러났다. 이것은 하나님의 선하신 목적에 따른 것이다. "그의 성도들"은 신약 시대의 사도들과 선지자들을 가리킨다는 학설이 있다. 그러나 바울이 "성도"라는 말로 사도나 선지자만을 가리킨 경우는 신약 성경 어디에서도 찾아볼 수 없다. 그러므로 여기서 "성도들"은 "일반 신자들"을 가리킨다(Van Leeuwen). 어떤 학설에 이들은 유대인 그리스도인들을 가리킨다고 하나 그것은 부당한 해석이다.

27 하나님이 그들로 하여금 이 비밀의 영광이. "비밀"이라는 말의 의미에 대해서는 앞 절의 해석을 참조하라. "영광"은 비치는 "빛"을 의미한다(눅 2:9; 행 22:11; 고전 15:40; 고후 3:7). 시은소에 나타났던 "셰키나"(하나님의 임재)의 빛이 그의 선민을 돌아보시는 하나님의 임재하심의 표적이었던 것과 같이(사 60:2), 신약에서는 하나님의 아들이 친히 나타나신 사실을 "영광"이라고 하였다(요 1:14; 2:11; 롬 9:23; 고후 4:4; 엡 1:18; 3:16; 골 1:11). 그렇다면 구체적으로 "이 비밀의 영광"이라는 말의 의미는 무엇인가? 이에 대하여 몇 가지 학설이 있다. ① "비밀"은 그리스도를 내용으로 한 복음이 계시되기 이전 형태를

가리키며, 그것의 "영광"은 이에 대한 계시를 의미한다는 견해, ② "이 비밀의 영광"은 복음을 통하여 이루어진 인간의 새로운 성품이 가지는 영광, 다시 말해 복음을 받은 이방인들이 참가하는 하나님 자녀의 영광(롬 8:17)이라고 보는 견해, ③ "이 비밀의 영광"은 복음이 이방 세계에 구원을 베풀게 됨으로써 자체적으로 받는 영광이라는 견해가 있다. 이 세 가지 해석 중 셋째 해석이 타당하다.

이방인 가운데 얼마나 풍성한지를 알게 하려 하심이라. "풍성"이라는 말에 대해서는 로마서 10:12, 에베소서 3:8을 참조하라. 이 말은 "부요"라고도 번역할 수 있으니(롬 10:12; 계 3:18), 이것은 유대인이 복음을 배척한 후 이방인들에게 복음의 은혜가 풍성해진 것을 가리킨다.

이 비밀은 너희 안에 계신 그리스도시니 곧 영광의 소망이니라. 이 문구는 "복음이 곧 그리스도"라는 뜻이며, 우리 안에 그리스도께서 내주하신 것은 내세에 우리가 영광의 부활을 받을 소망의 증거라는 사실을 가리킨다(롬 8:10-11; 고후 3:17-18).

28 우리가 그를 전파하여 각 사람을 권하고 모든 지혜로 각 사람을 가르침은 각 사람을 그리스도 안에서 완전한 자로 세우려 함이니. 바울이 사람들을 권면하며 교훈하는 목적은 그들에게 그리스도를 전함으로써 그들이 각각 그리스도 안에서 "완전한 자"(그리스도 안에서 살아가는 삶에 성숙한 자)가 되어 하나님 앞에 서게 하려 함이다. "각 사람"이라는 말이 본 절에 세 번이나 사용되었는데, 이렇게 그것이 반복적으로 강조된 이유는 무엇인가? ① 어떤 학설에 그것은 복음의 보편성을 드러내기 위함이라고 한다. 복음은 어떤 인종이나 민족, 혹은 어떤 특수 계급의 개인들에게 국한된 축복이 아니고 모든 인종이나 계급을 초월하여 하나님의 기쁘신 뜻대로 각 사람에게 주시는 특전이다. ② 다른 학자들에 따르면 바울의 전도와 목회 방법은 각 개인을 대상으로 친밀한 접촉과 상담에 역점을 둔다는 것이다. 전도자가 영혼 구원 운동에 있어서 대중을 상대

로 그들을 지도해야 할 뿐 아니라, 이에 더하여 각 개인의 "영혼을 위하여 경성하기를 자신들이 청산할 자인 것 같이" 임해야 한다(히 13:17; 행 20:20). 이 둘째 해석이 적합하다고 생각된다.

"권하고." 이것은 사람이 가진 의지의 방향을 되돌리기 위한 경고와 훈계를 의미하고, "가르침"은 사람에게 지식을 주기 위한 학습을 의미한다.

"지혜." 1:9 해석을 참조하라. "완전"(τέλειος)이라는 말은 성년이 된 사람을 가리키는데,[61] 이 말은 영적으로도 장성한 신앙을 가리킨다. 이것은 결코 절대적 완전, 말하자면 더는 장성할 필요가 없는 완전한 상태를 의미하지는 않는다.[62]

"세우려 함." 어떤 학설에서는 이것은 하나님의 검열과 판정을 받기 위하여 심판대 앞에 서는 것을 의미한다고 한다. 그러나 그보다도 하나님(혹은 그리스도)의 소유인 신자들을 그들의 소유주이신 하나님께 봉헌하는 것을 의미한다. 이 봉헌에는 두 가지가 있는데, 첫째로 그들이 이 세상에 머무는 동안에 전적으로 주님을 위하여 헌신하여 살아가는 일이고(롬 14:7-8), 둘째는 주님의 재림 때에 그들이 완전히 주님의 것이 되어 영원히 주님과 함께 살게 되는 일이다(참조. 눅 21:36; 계 19:7, 21:2-4).

29 이를 위하여 나도 내 속에서 능력으로 역사하시는 이의 역사를 따라 힘을 다하여 수고하노라. "이를 위하여"라는 말은 앞 절 끝에서 해석한 것처럼 성도들을 완전한 자로 만들어서 하나님 앞에 봉헌하려 하는 것을 가리킨다. "나도"라는 말은 "나는 또한"이라고 번역하는 것이 바람직하다. 이것은 바울이 복음을 전할 뿐 아니라 그 전도와 함께 많은 수고를 감당한다는 사실을 가리킨다.

"내 속에서 능력으로 역사하시는 이의 역사를 따라." 바울은 자율적이고

---

61) Plato, Legg., XI, 629.

62) Trench, New Testament Synonyms, 75-76.

임의적인 거짓 목회자가 아니었다. 그는 하나님이 주시는 권능의 분량에 비례하여 피동적으로 사역한 거룩한 사도였다(고후 6:1상; 갈 1:1).

"힘을 다하여 수고하노라." "힘을 다하여"라는 말은 "애써"라고 번역할 수 있는데, 경주자가 달음질하는 것같이 애쓰는 모습을 가리킨다. 우리는 성경에서 바울이 자기의 사역을 경주에 비유하여 말한 예를 더 찾을 수 있다(고전 9:25-26; 빌 2:16).

"수고하노라." 이 말은 피곤해지기까지 노력함을 의미한다. 그리스도를 위한 바울의 경성은 과연 극도에 달하였던 것이다(고전 4:12; 고후 11:23-33).

제 2 장

⚜ 개요

1 . 바울의 사역과 노력의 목적(1-5절)

그는 자기가 본 적이 없는 자들을 위해서까지 힘쓰는 것을 목표로 하였다. 그것은 그들이 신앙으로 격려를 받고 사랑으로 연합하여(2상) 하나님의 비밀인 그리스도를 더욱 깨달아(2하-3절) 그리스도 안에 굳게 서도록 하기 위함이다(4절). 그것이 그의 기쁨이다(5절).

2. 굳게 서라는 권면(6-7절)

그들이 그리스도를 주님으로 받았으니, 그리스도의 다스림 안에서 행함으로(6절) 신앙생활의 뿌리가 든든해지고(7절) 감사하는 삶을 살라고 권면한다.

3. 헛된 철학과 그리스도의 대조(8-15절)

그 당시 골로새 교회에 침입한 이단은 인류를 구원할 수 없는 이 세상 초등 학문의 형태였다. 그러나 예수 그리스도의 육체 안에는 신성이 충만하게 거한다. 그러므로 그가 죽었다가 다시 사신 공로의 효력은 믿는 자들을 영원히 살리고도 남는다(12-15절).

4. 이단의 침입을 경고함(16-23절)

1) 실체의 그림자 같은 것들(음식물에 관한 금령, 절기나 날을 지키는 문제)에 중점을 두지 말라고 함(16-17절)

2) 천사숭배를 금함(18절). 천사숭배는 천사들까지 창조하신 이, 다시 말해 머리 되신 그리스도(1:16)를 붙잡지 않는 죄악이다.

5. 물질을 죄악시하는 금욕주의를 배척하라고 함(20-23절)

이 금욕주의는 물질 자체를 죄악시하며 사람이 자기의 몸을 일부러 괴롭게 함으로 거룩해진다고 가르친다. 그러나 이것은 성경적이지 않고(딤전 4:3-5) 인간에게서 비롯된 잘못된 교훈이다(22절).

⚘ 해석

1 **내가 너희와 라오디게아에 있는 자들과 무릇 내 육신의 얼굴을 보지 못한 자들을 위하여 얼마나 힘쓰는지를 너희가 알기를 원하노니.** 이 구절은 앞장 끝에서 이어지는 말씀인데, 사도가 행한 복음 사역의 수고가 어떠한가를 좀 더 구체적으로 밝힌다.

"라오디게아." 이 도시는 골로새에서 서쪽으로 18킬로미터쯤 떨어진 지점에 있었는데 현재는 폐허로 남아 있을 뿐이다. 주후 363년에 정경을 결정하기 위한 첫 번째 모임이 이곳에서 있었다. 라오디게아 교회의 상황을 알기 위해서는 요한계시록 3:14-22을 참조하라. 라오디게아 교회도 골로새 교회와 같이 이단의 유혹을 받을 위험에 처해 있었다(4:16).

"무릇 내 육신의 얼굴을 보지 못한 자들을 위하여." 이 말은 본 절 첫머리의 "너희와 라오디게아에 있는 자들"이라는 어구를 설명하는 것이 틀림없다. 사도행전을 보면 바울이 골로새나 라오디게아를 방문한 일이 없으니 이 지방의 신자들은 바울을 대면한 적이 없었을 것이다.

"얼마나 힘쓰는지를." 이것은 신자들을 위한 사도의 수고를 가리키기도 하지만, 주로 마음을 다하여 하나님께 드린 사도의 기도를 의미한다(4:12). 사람이 물질이나 이 세상에 속한 다른 일들을 가지고 힘써서 다른 영혼을 유익하게 하지는 못한다. 그것은 불가능하다. 이 세상 것은 다 부패할 것이고 없어지고 마는 것이다. 그러나 기도를 힘쓰는 사람은 영적으로 자기도 유익하게 하고 남들도 유익하게 한다. 기도는 무진장의 영적 보배를 가져오는 방법이니, 누구든지 그것을 힘쓰면 평생 만나보지 못한 사람들의 영혼까지 유익하게 할 수 있다. 모울(Moule)은 이 점에 대하여 말하기를 "참된 기도는 힘써서 하는 것으로 하나님께 상달됨을 목표로 한다. 그러나 참되지 않은 기도는 하나님 앞에 상달되는지 관심을 두지 않는다"라고 하였다.

"너희가 알기를 원하노니." 바울이 골로새 교회를 위하여 얼마나 간절히 기도하고 노력하는지를 그들이 알게 되면, 그들은 더욱 바울의 교훈을 듣기 원할 것이다. 그러므로 바울은 1-5절에서 골로새 교회에 대한 그의 관심이 어떠한가를 말하고, 6절부터 본론에 들어간다(참조. 롬 1:13; 고전 10:1; 12:1; 고후 1:8; 살전 4:13).

2 **이는 그들로 마음에 위안을 받고 사랑 안에서 연합하여 확실한 이해의 모든 풍성함과 하나님의 비밀인 그리스도를 깨닫게 하려 함이니.** 이 구절은 바울이 노력하는 목적이 무엇인지를 설명한다. 바울은 무엇을 위해 애써 기도하며 분투하는가? 그것은 신자들의 마음이 힘을 얻게 되는 것을 목표로 한다. 이 구절의 헬라어 원문을 다음과 같이 번역하면 더욱 분명하게 그 의미가 드러난다. "이는 그들이 확신에 찬 모든 풍부한 깨달음, 다시 말해 하나님의 비밀인 그리스도를

깨닫는 데 이르도록 사랑으로 결합되어 마음에 힘을 얻게 하려는 것이다." 이것은 이단의 위협과 침해를 받는 골로새 교회(8절)에 매우 적합한 말이다. 그런 교회는 다 함께 화합하여 그리스도를 깊이 알아야만 이단을 이기고 마음에 힘을 얻을 수 있다. 교회의 몇몇 사람만 바로 깨닫는 것으로는 이단의 시험을 벗어나기 어렵다.

여기서 사도 바울의 강조점이 두 가지로 나타난다. ① 교회가 그리스도를 알되, 깊이 그리고 풍성하게 알아야 한다는 것이다. 그리스도에 대한 천박한 지식에 머무는 자들은 이단에 끌려가기 쉽다. 이단자들도 그리스도를 표방하고 가르치는데, 그들은 어느 한 면에 치우쳐서 그 방면에 심오한 진리를 다루는 것처럼 보인다. ② 교회가 전체적으로 그리스도를 알도록 총력을 기울여야 한다는 것이다. 본문에서 "연합하여"(결합되어)라는 말은 그리스도를 깨닫는 것을 목적으로 한다. 헬라어 원문에서는 목적을 표시하는 전치사 "에이스"(εἰς)를 두 번이나 사용함으로써 이 목적을 강조한다.

"하나님의 비밀인 그리스도를 깨닫게 하려 함." 이 문구는 "확실한 이해의 모든 풍성함"이 어떠한 것인지를 설명해 주는데, 요컨대 "하나님의 비밀인 그리스도"를 아는 이해임을 지적한다. 그런데 왜 그리스도를 "하나님의 비밀"이라고 하는가? 그리스도는 사람의 이치로는 알 수 없고, 오직 하나님의 계시를 믿음으로써만 알 수 있기 때문이다. 그러므로 그리스도는 불신앙 세계에 대해서는 비밀이다(Calvin).

3 그 안에는 지혜와 지식의 모든 보화가 감추어져 있느니라. 본 절은 앞 절 끝의 "그리스도"에 대한 설명이다. "지혜와 지식"이라는 문구와 관련하여 크레다너스는 "지혜"를 가리켜 "정한 목적을 달성하는 방법을 바로 택하여 운용할 줄 아는 능력"이라고 하였고, "지식"을 가리켜 "사리의 본질에 대한 바른 통찰"이라고 하였다. 이 두 가지가 여기서는 하나님의 구원 계획과 관련된 것이기 때문에, 인간이 하나님의 계시와 성령의 은혜로 말미암아서만 알 수 있는

것이다(고전 12:8). 골로새서 1:9과 에베소서 1:8의 "지혜"라는 말에 대한 해석을 참조하라.

"모든 보화." 영적 지혜와 지식은 극히 귀중한 것이므로 그것을 "보화"라고 하였다.

"감추어져 있느니라." 구원의 지혜와 지식은 그리스도 안에만 있는데, 그것은 누구나 얻을 수 없고 오직 그리스도 신앙의 소유자들만 받을 수 있다. 이 말은 예수님만이 유일하신 구주시며 다른 구주는 있을 수 없다는 사실도 확증하는 것이다(요 6:68; 행 4:12).

4-7절. 그리스도 안에서 굳건해질 것을 명함.

4 바울은 앞 절에서 그리스도의 중보자 자격의 충족성을 말하였다. 그것은 골로새 신자들이 오직 그리스도로 만족하고 다른 교훈에 대한 집착을 끊도록 하려는 것이다.

내가 이것을 말함은 아무도 교묘한 말로 너희를 속이지 못하게 하려 함이니. 여기서 "이것"이라는 말은 1-3절을 가리킨다. 바울이 "이것"(1-3절)을 골로새 교인들에게 말한 목적이 있는데, 말하자면 그들이 속지 않게 하려는 것이다. 당시 골로새 교회에 퍼져 있던 거짓 교훈은 8-23절에 밝히 진술되어 있다. 거짓 선지자들은 언제나 감언이설로 신자들을 유혹한다(참조. 마 7:15; 고후 11:13-15; 계 13:14).

그 당시 골로새 교회에 침범한 이단에 대하여 바울은 8절에서 평가하기를 "철학", "헛된 속임수", "사람의 유전", "세상의 초등 학문"이라고 하였다. "철학"이라고 한 이유는 이단자들이 자기들의 억측과 공론으로 우주를 설명하려 한 지성주의자들이었기 때문이며,[63] "헛된 속임수"라고 한 이유는 그들

63) Lightfoot, Colossians, 88.

이 전하는 교훈이 실질적으로 진리가 아니었기 때문이며, "사람의 유전"이라고 한 것은 그들의 교훈이 하나님의 것이 아니고 사람이 만들어낸 것이기 때문이며(마 15:2), "초등 학문"이라고 한 것은 그들의 이단 사상이 종교의 초보요 외모에 불과한 의식주의에 편중되어 있었기 때문이다(16절; 갈 4:3). 그렇다면 골로새 교회 이단의 주요 내용은 무엇이었는가? 그것은 ① 의식주의에 편중하는 것(16절), ② 천사숭배(18절), ③ 극단적 금욕주의(21, 23절) ④ 억측과 공허한 이론에 기초한 철학을 숭상하는 것(8절)이었다. 이 이단을 가리켜 에세네파 유대주의라고도 하고 영지주의(Gnosticism)라고도 한다.

5 이 구절은 앞 절에 대한 이유를 제시하는데, 바울이 골로새 교회의 신자들을 향해 갖는 깊은 관심을 진술한다. 사도가 골로새 신자들이 거짓 교훈에 빠지지 않게 노력하는(앞 절) 이유는 그들을 향한 사도의 관심이 크기 때문이다.

이는 내가 육신으로는 떠나 있으나 심령으로는 너희와 함께 있어(참조. 살전 2:17). 이 말은 사도가 골로새 신자들을 만난 적은 없었으나 그들에 대해 사모하는 마음과 관심은 절실하다는 점을 보여준다.

너희가 질서 있게 행함과 그리스도를 믿는 너희 믿음이 굳건한 것을 기쁘게 봄이라. 여기서 "질서"(τάξις)라는 말과 "굳건한 것"(στερέωμα)이리는 말은 군대 용어라고 한다. 그러므로 여기서 "질서"는 군대의 대열과 규율의 정숙함을 말하고, "굳건한 것"은 주둔지의 견고함을 가리키는 말이다.[64] "질서"라는 단어가 고린도전서 14:40에는 "적당하게"로 번역되었고, "굳건한 것"이라는 단어는 사도행전 16:5("굳어지고")과 베드로전서 5:9("굳게 하여")에도 있다. 군대가 질서에 엄숙하고 수비에 견고하면 침략하려는 대적을 격퇴할 수 있는 것처럼, 교회도 질서를 엄수하고 신앙을 견고히 해야만 이단의 침입을 막을 수 있다. 사

---

64) Lightfoot, Colossians, 17.

도는 골로새 신자들의 질서 있는 모습과 굳건한 믿음을 보고 기뻐한다.

6-7 바울은 앞에서 골로새 신자들을 위한 자기의 염려와 노력을 말하고 또한 그들의 규모와 신앙에 대해 칭찬한 후에 여기서는 그들을 권면한다.

그러므로 너희가 그리스도 예수를 주로 받았으니. "주"(κύριος)라는 말이 예수님을 가리키는 경우 이는 그가 하늘과 땅의 모든 권세를 차지하신 메시아(마 28:18), 다시 말해 "구주"이심을 의미한다(요 3:35-36). 예수님을 "주"로 고백하는 일은 부패하고 어두워진 인간이 자력으로는 할 수 없고, 오직 성령님의 인도를 받는 참 신자만이 할 수 있다(롬 8:9, 14; 고전 12:3). 그리고 예수님께서 "주"로 완전히 알려지신 것은 그가 죽으셨다가 부활하신 사건으로 말미암은 것이니(롬 14:9), 예수님을 "주"라고 전하는 것은 곧 예수님께서 죽은 자 가운데서 부활하셨다는 것을 그 내용으로 하는 것이다(롬 10:9). 따라서 예수님을 "주"라고 고백하는 신앙은 복음의 진수인 예수님의 수난과 부활을 믿는 것과 동일한 내용이다. 우리는 오직 이 신앙으로만 구원을 얻는다.

그 안에서 행하되 그 안에 뿌리를 박으며 세움을 받아 교훈을 받은 대로 믿음에 굳게 서서. 바울의 이 권면에는 골로새 신자들에 대한 세 가지 비유가 담겨 있다. ① 행인 비유("그 안에서 행하되", 6하). 골로새 신자들은 행인과 같으니 그들은 그들의 구원의 길인 그리스도(요 14:6) 안에서 탈선하지 않고 행하여야 목적지에 도달하게 될 것이다. ② 나무 비유("뿌리를 박으며", 7상; 참조. 고전 3:8-9). 그리스도를 믿는 자는 그리스도 안에 뿌리를 박았으므로 생수를 공급받아(시 1:3; 요 4:14) 과실을 많이 맺고 또한 시험과 환난을 선히 견딘다(요 15:5; 16:33; 롬 8:35). ③ 건물 비유("세움을 받아 교훈을 받은 대로 믿음에 굳게 서서", 7하). 여기서 "세움을 받아"라는 말은 헬라어(ἐποικοδομούμενοι)를 의역한 것인데, 직역하자면 "지음을 받아"(being built)이다. 그런데 이 말은 현재 분사형이므로 계속해서 지어져 가는 모습을 가리킨다. 신앙 인격의 건설은 그리스도인이 평생 계속해야만 하는 일이다.

"교훈을 받은 대로 믿음에 굳게 서서." 이 말은 골로새 신자들에게 에바브라에게서 받은 교리를(1:7) 신앙으로 굳게 지키라고 부탁하는 말씀이다. "믿음에 굳게 서서"(βεβαιούμενοι τῇ πίστει)라는 말은 "믿음으로 굳게 서서"라고 번역되어야 한다(Meyer, Lightfoot). 이단의 유혹에 감염되지 않고 하나님의 진리를 굳게 지키는 방법은 오직 신앙이다. 왜냐하면 신앙은 영적 전투에서 방패와 같은 역할을 하기 때문이다(엡 6:16).

감사함을 넘치게 하라. 신자의 모든 행동은 하나님께 대한 감사를 내포해야 할 것이다. 왜냐하면 그는 이미 하나님으로부터 구원의 은혜를 받았으니 무슨 일이나 감사의 동기로 행해야 할 자이기 때문이다. 골로새 교인들이 신앙 인격을 건설하는 행위도 하나님께 감사하는 자세로 실행되어야 한다.

8-15절. 거짓 교훈과 진리를 대조하여 해명함.

8 앞 절에서는 골로새 신자들이 이단에 빠지지 않기 위하여 그들이 본래 받은 복음대로 견고히 서야 할 것을 말하고(7절), 이 구절부터는 그 이단이 어떤 것인가를 구체적으로 말하여 그들의 주의를 촉구한다.

누가 철학과 헛된 속임수로. 바울은 여기서 "누가"(τις)라는 용어를 사용함으로써 자기의 대적 (당시 골로새 교회에 침입한 이단자)을 가리키면서도 그 사람의 이름을 밝히지는 않는다(Abbott). 바울이 이렇게 했던 예는 다른 서신에도 많이 있다(고전 11:16; 15:11; 고후 3:1; 10:2, 12; 11:20-21; 갈 1:7, 9; 살후 3:10-11; 딤전 1:3, 6; 6:3, 21). 이처럼 그는 사람은 아끼면서 그가 가진 이단 사설은 가려내어 진리를 변증한 것이다. "철학"이라고 번역되는 헬라어 "필로소피아"(φιλοσοφία)는 고대 그리스 철학자 피타고라스가 처음으로 사용한 술어인데, "지혜를 사랑함"이라는 의미를 지니고 있다. 그러나 후대에 이르러 이 용어는 일종의 학문의 명칭이 되었다. 여기서 바울은 무엇을 가리켜 "철학"이라고 하였는가? 그것은 그 당시에 골로새 교회에 침입하였던 거짓 교훈이다.

그것은 고립주의와 고행주의를 표방한 에세네파(Essenes) 유대주의였든지 혹은 물질을 악하게 여긴 영지주의(Gnosticism)였을 것이다. 이 학파의 교훈이 비진리라는 사실은 본문에서 "헛된 속임수"(κενῆς ἀπάτης)라고 묘사한 것을 통해 알 수 있다. 하나님이 계시하신 지혜(그리스도) 밖에 있는 인간의 지혜는 모두 다 거짓된 지혜에 불과하다.

너희를 사로잡을까 주의하라. "사로잡는다"(συλαγωγῶν)라는 말은 어떤 학설을 도적질한다는 의미가 있다고 하나, 그보다는 전리품을 노획해 간다는 의미가 강하다. 골로새 신자들은 그리스도로 말미암아 흑암에 포로로 잡힌 상태에서 벗어나 광명의 나라로 옮겨가게 되었다(1:12-13). 그러나 만일 그들이 이단을 용납한다면 그들은 다시 암흑 세력의 포로가 되고 말 것이다.[65]

이것은 사람의 전통과 세상의 초등학문을 따름이요 그리스도를 따름이 아니니라. "사람의 전통"은 하나님이 계시해 주시지 않은 사람이 만든 교훈을 가리킨다(마 15:1-3). "세상의 초등학문"은 난해한 구절인데, 이에 대하여 여러 가지 해석이 있다.

1) "초등학문"이라고 번역된 헬라어(στοιχεῖα)는 초학 문자 혹은 초보 지식을 의미하는데, 이 본문에서는 초보적인 종교, 다시 말해 종교의 의식적 측면을 가리킨다.[66] 칼빈 역시 이와 동일한 견해를 가졌다.

2) 어떤 이는 말하기를 "초등학문"이라고 번역된 헬라어는 천사들을 가리킨다고 하였다. 그러나 10절에 보면 천사들을 가리켜 "정사와 권세"라고 하였다. 그러므로 "초등학문"은 천사들을 의미하지 않을 것이다.[67]

3) 셋째는 "초등학문"이라고 번역된 말이 성분(element)을 의미한다는 해

---

65) Lightfoot, Colossians, 176.

66) Lightfoot, Colossians, 178.

67) Van Leeuwen, Colosse, 194.

석인데, 그렇다면 "세상의 성분"이라는 말은 물질을 가리킨다. 바울이 골로새 교회의 이단을 가리켜 "물질을 따르는 것"이라고 말한 이유는 다음과 같다. ① 골로새의 이단이 육신적 할례와 기타 의식(儀式)을 절대 필요한 것으로 주장하여(11, 16절) 신자들이 물질세계에 속박되도록 만들었기 때문이며, ② 골로새의 이단이 금욕주의를 주장하여(21, 23절) 신자들이 물질을 악한 것으로 여겨 멀리하게 하였는데, 그것은 물질을 초월하지 못하게 하고 도리어 물질의 종이 되게 만들었기 때문이다. 그러므로 이단은 사실상 물질을 따르는 것이고, 물질의 창조자 그리스도를 따르지 않는 것이다(8하). 다시 말해 그것은 "땅에 속한 것을"을 생각함이고 "위에 있는 것"을 생각함이 아니다.[68)]

위의 세 가지 해석이 각각 본문에 근거하고 있기는 하나 첫째 해석이 가장 타당한 것 같다.

9 본 절부터는 앞서 말한 이단의 오류인 천사숭배(18절)와 의식주의(20절)를 간접적으로 반대한다. 그리스도는 신성이 충만하신 하나님이시며 "통치자와 권세(천사들)의 머리"이시니 천사숭배는 불가하고(9-10절; 계 19:10), 또한 그는 죽었다가 다시 살아나심으로 모든 의식(儀式)을 도말하셨다(11-14절).

그 안에는 신성의 모든 충만이 육체로 거하시고. "그 안에"라는 말은 "그리스도 안에"라는 뜻이다. "신성의 모든 충만"(πᾶν τὸ πλήρωμα τῆς θεότητος)은 예수 그리스도께서 하나님의 성품을 완전히 가지신 하나님이심을 강조한다. "모든 충만"(πᾶν τὸ πλήρωμα)이라는 말은 "충만"을 힘주어 강조한 것이다. 라이트푸트는 이것이 "신의 성품과 신적 능력의 총체를 의미한다"라고 했다. 여기서 "육체로"(σωματικῶς)라는 말을 직역하면 "몸으로"라는 뜻이다. 이 말에 대한 해석은 두 가지인데, ① 성령님으로 말미암아 잉태하신 성육신을 가리킨

---

68) Van Leeuwen, Colosse, 194.

다는 견해도 있고,[69] ② 그림자에 불과한 율법과(히 10:1) 대조하여 그리스도는 "참 형상", 곧 본체이심을 의미한다고 보는 견해도 있다(Augustine). 이러한 의미는 본 장 17절에서 잘 밝혀 주고 있는데, 거기서는 그리스도를 가리켜 "몸"이라고 하였다.[70] 그리스도 안에는 신성의 모든 충만이 본체적으로 거하신다. 다시 말해 그리스도 자신은 바로 하나님의 본체이시다.

10 너희도 그 안에서 충만하여졌으니 그는 모든 통치자와 권세의 머리시라. 이 구절은 그리스도의 충만과 신자들의 충만 사이의 관계를 보여준다. 신자들의 충만(요 1:16)은 그들이 믿는 그리스도를 근원으로 하는 것이지, 천사(통치자와 권세)로 말미암는 것이 아니다. 그러므로 이 구절은 그리스도가 신자들의 머리이심을 밝힘으로써 천사숭배(1:18)의 잘못을 지적한다. 여기 "그 안에서"(ἐν αὐτῷ)라는 말은 신자가 그리스도와 연합한 상태를 가리킨다. 이 연합은 법적 연합, 다시 말해 그리스도께서 우리를 대표하심으로써 성립되는 객관적 연합을 가리키는 동시에, 성령님의 내주하심으로 성립되는 주관적 연합도 의미한다. 법적 연합에 대해서는 로마서 5:12-21과 고린도전서 15:22에, 주관적 연합에 대해서는 요한복음 15:1-7에 각각 진술되어 있다. "모든 통치자와 권세"는 천사들을 의미하고(참조. 1:16 해석), "머리"는 주재자를 의미한다. 그리스도께서 천사들의 주재자이시라는 사실을 여기서 밝히는 이유는 골로새 교회가 미혹되기 쉬운 천사숭배의 오류를 막기 위해서다(1:18). 천사들은 그리스도의 주관 아래 있는 자들이니, 그리스도 안에 있는 신자들의 구원 문제에 간섭할 수 없다. 그러므로 그리스도인이 천사들을 두려워하여 숭배할 필요는 없다(참조. 고전 6:3).

11 본 절에 할례 문제가 나오는 것은 얼핏 보면 위의 문맥과 연관성이 없

---

69) Lightfoot, Colossians, 180.

70) Van Leeuwen. Colosse, 195.

는 것 같다. 그러나 이 글을 쓰는 바울의 관념 속에서는 사상적으로 서로 통하는 요소가 있었다. 골로새 교회에 퍼져 있던 이단의 한 가지 오류는 앞 절에서 예방되었고, 여기서는 또 다른 한 가지 오류, 요컨대 육체적 할례를 반대한다.

또 그 안에서 너희가 손으로 하지 아니한 할례를 받았으니. "그 안에서"라는 말은 "그리스도 안에서"라는 뜻이다. 골로새의 이단자들은 그리스도인들이 손으로 시행하는 할례를 받아야 한다고 가르쳤다. 그것에 반대하기 위하여 바울은 여기서 너희, 곧 그리스도인들은 "손으로 하지 아니한 할례를 받았"다고 말한다(참조. 빌 3:3). "손으로 하지 아니한 할례"는 영적 할례를 뜻하는데, 그리스도의 성령으로 말미암은 "중생"을 가리킨다. 손으로 행하던 할례는 이 영적 할례, 곧 중생의 예표에 불과한 것이었다(신 10:16; 30:6; 렘 4:4; 6:10; 9:25-26; 겔 44:7). 그러므로 성령님으로 말미암는 중생의 역사가 세계적으로 실현되고 있는 신약 시대에 와서도 손으로 행하는 할례, 다시 말해 몸의 할례를 절대 필요한 요소로 주장하는 것은 착각이다.

곧 육의 몸을 벗는 것이요 그리스도의 할례니라. 여기서 "몸"(σώματος)이라는 용어의 의미에 대해서는 해석이 여러 가지다. ① 칼빈은 이것이 총체를 의미한다고 본다. 그렇다면 "육의 몸"이라는 말은 죄악("육"은 죄악성에 해당함)의 총체, 곧 "죄악의 온 덩어리"를 의미한다. 손으로 행하는 할례는 "육적"인 것의 일부를 제거하는 데 반하여, "손으로 하지 아니한 할례", 곧 그리스도로 말미암아 성취된 영적 할례는 "육적"인 것 전체(죄악의 온 덩어리)를 제거한다. ② 이 문구가 그 문자적 의미대로 사람의 신체를 가리킨다는 해석도 있다. 이 해석에 의하면 "육의 몸"이라는 말은 죄악이 거주하는 신체를 의미한다. 그러나 바울은 몸을 "성전"(고전 6:19)이라고 하여 귀중하게 여겼으니, 그가 여기서 그것을 죄악의 거처로 여겨 천하게 보았을 리는 만무하다. ③ "몸"이라는 말은 물질로 이루어진 인체를 가리키는 것이 아니라 인간의 부패성, 다시 말해 죄악성을 인격화한 명칭임에 틀림없다. 그렇다면 "육의 몸"이라는 말은 육에 속한 사람, 곧 옛사람을 의미한다.[71] 위의 세 가지 해석 중 세 번째 해석이 가장 합당해 보인다.

"그리스도의 할례"는 "그리스도로 말미암아 성취된 할례"라는 뜻인데, 이것은 믿음으로 그리스도와 연합하는 자마다 받는 "영적 할례"다(롬 2:29; 빌 3:3).

12-15절. 이 단락에서는 앞 절에서 제시된 "그리스도의 할례"(성령으로 말미암은 할례)가 어떻게 성취되었는가 하는 점과 또한 어떠한 효과를 발휘하는가를 설명한다. 이 할례가 어떻게 성취되었는가? 그것은 12-13절에 설명되었는데, 곧 그리스도와 함께 죽고 그와 함께 다시 살아남으로써 성취된다(12-13절). 그리고 이 영적 할례의 결과(효과)는 14-15절에 상세히 설명되었다. 곧 ① 법조문으로 쓴 증서의 도말(14절)과 ② "통치자들과 권세들"을 이기는 것(참조. 15절 해석) 등이다.

12 너희가 세례로 그리스도와 함께 장사되고 또 죽은 자들 가운데서 그를 일으키신 하나님의 역사를 믿음으로 말미암아 그 안에서 함께 일으키심을 받았느니라. "그리스도의 할례"는 사실상 중생이지만 세례가 중생의 외부적 증표이므로, 여기서 바울이 "할례" 대신에 "세례"를 가지고 말한다. 여기 "그리스도와 함께 장사되었다"라는 말은 그리스도와 함께 죽는다는 말보다 더욱 강력한 표현이다. 사람이 죽어서 장사 지낸 바 되어 그 시체까지 처리된 것처럼 우리의 죄책과 죄악은 우리가 그리스도 안에서 죽어 매장되던 그 순간에(세례 받았을 때) 아무 흔적도 없이 처리된 것이다. "세례"는 신자가 그리스도의 죽으심과 합하여 죄에 대하여 죽은 것을 가리킬 뿐 아니라, 그가 그리스도의 부활과 합하여 다

---

71) Hodge, Romans, 616.

시 삶을 가리키기도 한다. 그러므로 로마서 6:4에 말하기를 "그러므로 우리가 그의 죽으심과 합하여 세례를 받음으로 그와 함께 장사되었나니 이는 아버지의 영광으로 말미암아 그리스도를 죽은 자 가운데서 살리심과 같이 우리로 또한 새 생명 가운데서 행하게 하려 함이라"라고 하였다. 그런데 이 부활에 동참하는 일은 오직 "[하나님께서] 그를 죽은 자 가운데서 살리신 것을 마음에" 믿음으로써 이루어지는 것이다. 하나님께서 예수님을 죽은 자 가운데서 살리신 것을 믿는 믿음은 구원받는 신앙이다(롬 10:9).

13 본 절은 그리스도께서 하나님의 권능으로 부활하신(몸으로 부활하신) 사실을 믿는 신자가 그와 함께 부활할 것이라는 점을 좀 더 구체적으로 설명한다. (먼저 영적 부활을 받고 후에 몸의 부활을 받음.)

또 범죄와 육체의 무할례로 죽었던 너희를. 여기서 "범죄"(παραπτώμασιν)는 "그릇 행함" 혹은 "타락함"(히 6:6)을 의미한다. 그리고 "육체의 무할례"(τῇ ἀκροβυστίᾳ τῆς σαρκός)는 신체에 할례를 받지 못했음을 가리키는 것이 아니고, 심령에 할례를 받지 못했다는 점을 지적한다(신 10:16; 렘 4:4). 이것은 인간 육체가 부패성을 지니고 있으며 중생하지 못한 것을 의미한다. 여기서 "죽었"다는 말은 육신의 사망을 의미하는 것이 아니고, 인간이 하나님에게서 분리된 상태를 가리킨다. 인간이 하나님에게서 떠난 결과는 결국 그의 육신의 사망, 영적 사망, 영원한 사망(영혼의 소멸이 아니고 하나님에게서 버림받는 영원한 불행)을 포괄하는 최대의 비애다. 골로새 신자들이 회개하고 신앙으로 돌아오기 전에는 이처럼 비참한 자리에 있었다.

하나님이 그와 함께 살리시고 우리의 모든 죄를 사하시고. "그와 함께 살리셨다"라는 말은 그리스도의 부활로 말미암아 하나님의 모든 백성이 중생하게 된 사실(벧전 1:3)을 가리킨다. 그들의 중생은 그들의 장래 부활의 보증이니만큼(엡 1:13-14), 그들은 벌써 부활의 축복에 참여한 셈이다(참조. 롬 8:11).

"죄를 사하시고"(χαρισάμενος). 이 말은 부채를 탕감해준다는 의미다. 우리의 범죄는 하나님 앞에 부채와 같아서 최후의 심판 때에 계산하지 않으면 안 된다. 그러나 그리스도의 공로를 힘입은 신자들은 그 무거운 부채를 "탕감"받았다(참조. 마 18:27).

14 본 절과 다음절은 (성령으로 말미암은) "그리스도의 할례"(롬 2:29; 빌 3:3)의 효과를 말한다.

우리를 거스르고 불리하게 하는 법조문으로 쓴 증서를. 우리는 여기서 해석상의 편의를 위해 "법조문으로 쓴 증서"(χειρόγραφον τοῖς δόγμασιν)라는 표현을 먼저 고려할 것이다. "법조문으로 쓴 증서"란 말은 "율법에 쓴 증서"라는 말과 같다. "법조문"은 모세 율법의 "조항"을 의미하고, "증서"(χειρόγραφον)는 채무자가 채권자에게 주는 약속어음, 혹은 "차용증서"를 의미한다. 율법의 요구는 죄인에 대하여 차용증서와 같은 관계를 갖는다. 다시 말해 인간은 하나님이 내신 율법의 요구를 철저히 실행해야 할 부채를 지고 있다. 그러나 이 부채를 인간이 자기 힘으로는 도저히 상환할 수 없다(롬 3:10-20). 그러므로 그리스도께서 친히 우리를 대신하여 율법의 요구대로 의를 행하시고 또 율법이 우리에게 요구하는 우리의 모든 죗값을 십자가에서 완전히 치르셨다. 그러므로 이 무서운 차용증서, 곧 "우리를 거스르고 불리하게 하는" 증서가 그리스도를 믿는 우리에게는 아무것도 요구할 권리를 가지지 못한다.

지우시고 제하여 버리사 십자가에 못 박으시고. 이 문구는 "법조문으로 쓴 증서", 곧 율법의 요구에 대한 말소 처분을 삼중으로 논술하여 그것의 확실성을 강조한다. ① "지우시고"(ἐξαλείψας)라는 말은 문서의 기록 내용을 완전히 삭제해버리는 것을 가리키고, ② "제하여 버리사"(ἦρκεν ἐκ τοῦ μέσου)는 그 문서를 본래의 위치에 보관해 두지 않고 다른 곳으로 아예 옮겨 버리는 처분을 의미하고, ③ "십자가에 못 박으시고"라는 말은 그 문서를 완전히 파쇄해 버리는 것을 뜻한다. 그리스도의 몸이 십자가 위에서 파괴됨으로써 율법이 이제는 참 신자들에 대해서는 정죄의 효력을 갖지 못하게 되었다(참조. 롬 8:1).

그렇다고 해서 율법의 다른 효용과 필요까지 폐지된다는 뜻은 아니다(마 5:17-18; 롬 7:7; 갈 3:24). 어떤 학설에 의하면, 고대에 빚진 자가 빚을 다 갚은 뒤에는 그 차용증서를 못 박아 공개적으로 말소시키는 풍속이 있었는데 바울이 여기서 그 풍속을 염두에 두고 "증서를···십자가에 못 박으시고"라는 문구를 사용하였다고 한다.

15 **통치자들과 권세들을 무력화하여 드러내어 구경거리로 삼으시고 십자가로 그들을 이기셨느니라.** "통치자들과 권세들." 1:16 해석을 참조하라.

"무력화하여." 이 단어의 구문론적 관계에 대해서는 학자들의 견해가 서로 다르다.

1) 우리말 번역과 같이 이것을 "통치자들과 권세들"에 연결하면 두 가지 해석이 생긴다. 먼저 "통치자들과 권세들"을 사탄 세력으로 보는 해석이 있는데, 그리스도께서 십자가에 못 박혀 죽으심으로써 사단의 침략을 무력화하셨다는 의미다(Lightfoot). 대다수의 주석가들이 이 견해를 취한다. 또한 "통치자들과 권세들"을 구약 시대의 율법 사역에 종사한 천사들(행 7:53; 갈 3:19; 히 2:2)로 보는 해석이 있다. 이 해석에 있어서는 "무력화하여"라는 말보다 한글 성경 각주의 "폐하여"라는 번역이 문맥에 적합하다. 그리스도의 십자가로 말미암아 율법의 정죄 사역이 폐지되었으니, 그 사역자들인 천사들의 역사도 자연스럽게 폐지된다. 이 해석은 천사숭배를 반대하는 본서의 문맥에 적합하다.

2) 또 다른 학자들은 원문에 없는 "몸"이라는 단어를 보충하여 "몸을 벗어 버려[무력화하여]"라 하고, "통치자들과 권세들"은 뒤에 나오는"드러내어 구경거리로 삼으시고"라는 문구와 연결 지음으로써 "몸을 벗어 버려[무력화하여] 통치자들과 권세들을 드러내어 구경거리로 삼으시고"라는 문장 구조를 얻는다. 이 문장이 보여주는 의미는 그리스도께서 십자가에서 그의 육체를 이탈하심으로써(죽으심으로써) 그 원수인 "통치자들과 권세들"(사탄)을 밟

히 드러내셨다(승리하셨다)는 뜻이라고 한다. 그러나 이것보다는 앞의 두 해석 중 어느 하나를 채택함이 좋을 것이다.

"드러내어 구경거리로 삼으시고." 이 말은 공공연하게 드러낸다는 의미다. 다시 말해 그리스도께서 사탄에게 승리하신(혹은 율법을 수종 들던 천사들의 권세를 폐지하신) 사실은 천상천하에 공인되어 밝히 계시되었다는 뜻이다. 이 승리의 선포는 바로 그가 승천하신 사실을 가리킬 것이다(참조. 엡 4:8). 어떤 학설에 이 말은 전쟁에서 승리한 장수가 포로들을 끌고 공중 앞에서 행진하여 그 승리의 확실성과 영예를 과시하는 풍속에서 가져온 비유적 표현이라고 한다. 여기서 "십자가로"(ἐν αὐτῷ)라는 말을 직역하면 "그것으로" 혹은"그로"인데, 학자들은 이 말을 의역하여 "십자가로" 또는 "그리스도로"라고 해석하기도 한다. 또는 이것을 14절 내용 전체를 가리키는 대명사구로 간주하기도 한다. 다시 말해 "법조문으로 쓴 증서를 지우시고 제하여 비리사 십자가에 못 박으심" 전체를 포괄하는 대명사구로 본다는 뜻이다. 그러나 라이트푸트는 첫 번째 제안, 다시 말해 "십자가로"라는 견해를 지지한다. "십자가로"라는 어구가 실제로 사용된 예는 에베소서 2:16에도 있다.

"이기셨느니라." 이 말의 헬라어 원어(θριαμβεύσας αὐτούς)를 직역하면 다음과 같다. "승리로써 그들(통치자들과 권세들)을 인솔하셨느니라."[72] 그리스도께서 십자가에서 죽으신 것은 실패가 아니고 사탄을 포로로 삼으신(혹은 율법을 수종 드는 천사들의 권세를 폐하신) 승전이며, 그가 부활하셔서 승천하신 것은 마치 개선 장군이 포로들을 인솔하고 개선하는 것과 같은 영광스러운 일이었다.

---

72) Lightfoot, Colossians, 190.

16-17절. 유대주의적인 의식(儀式)주의를 반대함.

16 그러므로 먹고 마시는 것과 절기나 초하루나 안식일을 이유로 누구든지 너희를 비판하지 못하게 하라. 이 구절에서 23절까지는 8-15절에 나타난 논설에 관한 결론적 권유다. 그리스도는 "신성의 모든 충만"이시며 그 안에서 우리의 구원이 완성되었다(9, 12-15절). 그러므로 이제는 그리스도만으로 만족할 뿐이고, 음식이나 절기에 관한 제도 문제, 천사숭배(18절), 금욕주의에 얽매일 필요가 없다. 이런 것들은 다 거짓 스승들이 강조하는 것이다.

"먹고 마시는 것." 모세의 율법에 음식에 관한 구별과 법규가 없지 않다(레 7:20-27; 민 6:3). 그러나 거짓 스승들은 그 규정의 한계를 넘어서 금욕주의를 전파하여 육식을 완전히 금했던 것으로 보인다.[73] 신약 시대에는 음식물에 관한 율법의 규정도 폐지되었는데(막 7:19; 행 10:11-16), 거짓 스승들의 교훈이 무엇이기에 율법 아래서 해방된 그리스도인들을 속박하겠는가?

"누구든지 너희를 비판하지 못하게 하라." 당시 골로새에 있던 이단은 그리스도인들이 이런 의식과 관련된 규례들을 지키지 않으면 구원을 얻지 못한다고까지 가르쳤던 것 같다(참조. 행 15장; 롬 14:5-6; 갈 4:10). 그러므로 여기서 바울은 이런 의식 문제로 그리스도인끼리 서로 심하게 비판하는 것이 옳지 않다고 가르친다. 생명의 떡이신 그리스도(요 6:33, 48)께서 오신 신약 시대의 교회에서 구약 시대의 음식 예법이 여전히 필요하다고 말하는 것은 무슨 법인가? 유월절의 완성이신 그리스도(고전 5:7)께서 오신 신약 교회에서 구약의 절기(예컨대 유월절)를 그대로 지킬 필요가 어디 있는가? 영원한 안식이신 그리스도(마 11:28-29; 히 4:8, 14)께서 오신 신약 교회에서 구약의 안식일 제도를 지킬 필요가 무엇인가? 우리는 "주의 날"(주일)을 지켜야 하지만(고전 16:2) (구약적인) 안식일은 지키지 않는다. 물론 주일이 안식일(주일의 예

---

73) Lightfoot,Colossians, 191.

표 혹은 그림자)의 성취라는 점에서 주일을 지키는 것이 어떤 의미에서는 안식일을 지키는 일이라고 말할 수도 있다. 그런 의미에서 제4계명은 우리가 지켜야 할 하나님의 말씀이다. 그러나 우리는 그것을 구약의 방식으로 지키지는 않는다. 예를 들어 구약 시대에는 안식일에 이스라엘이 불을 피우지 못했고(출 35:3), 제7일을 안식일로 지켰으나 오늘날 우리는 필요에 따라 불도 피우고 칠 일 중 첫날(주일)을 예배일로 지킨다. 이런 의미에서 신약 교회는 구약의 안식일을 구약식으로 지키지 않는다.

어떤 학설에 여기서 "절기", "초하루", "안식일" 제도는 그 당시 기독교가 아닌 이방 종교에서 유대교와 유사하게 지키고 있던 것들이라고 한다.[74] 그렇다면 이들 제도는 이교적이라는 말이 아닌가? 그러나 유대인인 바울 자신도 그리스도를 믿기 전에는 이런 제도 아래 있었다고 하였으니(갈 4:3) 바울은 여기서 유대교의 제도를 염두에 둔 것이다. "절기", "초하루", "안식일" 등에 관한 내용은 민수기 10:10, 역대상 23:31, 역대하 2:4, 이사야 1:13-14,에스겔 45:17, 호세아 2:11 등을 참조하라.

17 이 구절은 신자가 의식(儀式)주의의 제재를 면하는 이유를 설명한다.

이것들은 장래 일의 그림자이나. 구약의 의식은 그리스도의 그림자다(히 9:9-10; 10:1). "그림자"는 본체가 오기 전까지만 예언적 가치를 지닐 수 있었다. 본체가 이미 도래하였는데도 사람들이 그림자를 본체와 동등시 하거나 혹은 그 이상으로 중요하게 여기는 것은 잘못이다. 그렇다고 해서 우리가 구약의 이런 제도가 본체의 그림자로서 우리의 믿음을 굳게 해주는 가치를 지녔음을 무시하는 것은 아니다(마 5:17; 딤후 3:16-17).

몸은 그리스도의 것이니라. 여기서 "몸"이란 말은 천국의 실체를 가리킨다. 오랫동안 이스라엘 민족에게 그림자로만 나타났던 천국의 본체는 그리스도의

---

74) L. Bateloan, Argann Revelata, Kampen, 1951, 10-17.

것(그리스도께 속한 것, 그리스도의 주재 아래 있는 것)이니, 그리스도께서 오심으로 그것(천국의 본체)도 오게 되었다.

18-23절. 위에서는 바울이 거짓 스승들의 의식주의를 금하였고, 여기서는 또다시 그들의 다른 주장들을 비판한다. 요컨대 ① 꾸며낸 겸손, ② 눈에 보이는 것을 중시함, ③ 교만함("헛되이 과장함"이라고 번역된 εἰκῇ φυσιούμενος, 18절), ④ 머리 되신 그리스도를 붙들지 아니함(19절), ⑤ 고행주의(20-23절) 등이다.

18 아무도 꾸며낸 겸손과 천사 숭배를 이유로. "꾸며낸 겸손"(θέλων ἐν ταπεινοφροσύνῃ)의 의미는 그 아래 "천사 숭배"라는 말이 잘 밝혀 준다. 거짓 스승들은 인간이 직접 하나님과 교제할 수 없으므로 천사를 중재자로 삼아야 한다고 하면서 천사숭배를 부추긴 것이다. 그러나 이것은 꾸며낸 겸손이다. 하나님은 거룩하시고 높으시나, 그리스도의 은혜를 힘입은 우리는 그 앞에 "담대함과 확신을 가지고 나아감을 얻"는다(엡 3:12). 이런데도 천사숭배로 떨어지는 것은 "꾸며낸 겸손"이다. 그것은 사실상 겸손이 아니라 하나님의 은혜를 배척하는 교만이다. 말하자면 그것은 하나님께서 우리에게 그리스도를 중보로 주신 은혜를 배척하는 일이고, 하나님이 내신 참 구원의 길을 버리는 일이다.

"천사 숭배를 이유로"(θρησκείᾳ τῶν ἀγγέλων). 이것은 "천사를 숭배함으로"라고 번역되어야 한다. 테오도레토스(Theodoret)는 골로새 교회에 천사숭배를 가르치는 이단이 유행한 사실을 언급하며 다음과 같은 흥미 있는 진술을 하였는데, 곧 "율법을 지지하는 자들은 또한 율법이 천사들로 말미암아 주어졌다고 말하면서 천사들을 숭배할 것을 가르쳤다. 그리고 이 이단은 브루기아와 비시디아에 오랫동안 남아 있어서 성행하였기 때문에 후대에 브루기아의 라오디게아에서 회집했던 교회회의는 천사들에게 기도하는 것을 금지하였다. 오늘날까지도 브루기아와 인근 지방에 미카엘(천사의 이름)의 기도 처소들이 남아 있음을 볼 수 있다"라고 하였다. 주후 363년에 모였던 라오디게아 공의회의 결정에 이르기를, "그리스도인들이 하나님의 교회를 떠나 미로에 빠져 천사들에게 찬미를 올리는 것은 옳지 않다. 그러므로 만일 누구든지 이 은밀한 우상숭배에 종사하는 것이 발견되면 그는 하나님의 아들 우리 주 예수 그리스도를 부인하는 자요, 우상숭배로 타락한 자이니만큼 정죄 받을 것이다"라고 하였다.

너희를 정죄하지 못하게 하라. 그리스도인의 상급은 성경에 여러 가지로 기록되었으니 ① 부르심의 상(빌 3:14), ② 의의 면류관(딤후 2:5; 4:8), ③ 생명의 면류관(약 1:12; 계 2:10), ④ 영광의 면류관(벧전 5:4) 등이다. 골로새 신자들이 천사숭배를 일삼는 거짓 스승들의 유혹에 넘어가면 그들은 이런 상급들을 잃을 것이다. 여기서 "정죄한다"(καταβραβευέτω)라는 말은 상급을 얻지 못하도록 실패하게 만든다는 말과 같다. 이 구절의 의미는 "이런 거짓 스승들(천사숭배자들)이 너희를 정죄하지 못하게 하라"는 것이다. 이 거짓 스승들은 허망하여 진리를 모르는 자들이니 진리를 바로 깨달은 신자들을 정죄할 처지가 못 된다.

그가 그 본 것에 의지하여. 여기서 "그가"라는 대명사는 보충된 것인데 거짓 스승을 가리킨다. "그 본 것에 의지하여"(ἃ ἑόρακεν ἐμβατεύων)라는 문구에 대해서는 해석이 몇 가지 있다. ① 그가 보지 않은 것에 침입하는 것(ἃ μὴ ἑώρακεν ἐμβατεύων)을 의미한다는 설이 있는데, 이것은 사본상의 차이에 근거한 주장으로서 몇몇 사본들(C, K, L, P)의 지지를 받는다. 이 해석에 따르면 거짓 스승들은 과장이 많아서 자기들이 보지 못한 영계의 일을 외람되이 취급한다는 것이다. ② 어떤 학자들은 이 어구의 문자들을 수정하고 재배열하여(ἃ ἑόρακεν ἐμβατεύων을 ἀέρακεν ἐμβατεύων) "허공을 밟는다"라는 의미를 취한다.[75] 그러나 이런 가정적인 해석은 신임하기 어렵다. ③ 이것은 한글 성경대로 해석함이 옳다. 한글 번역 성경은 권위 있는 사본들의 지지를 받은 것이다. 말하자면 거짓 스승들은 천사에 대한 환상을 보았다고 하는 자들이었다.[76] 예로부터 사도들이 전하는 말씀보다 환상을 보기를 갈망하는 자들은 이단들이었다. 그들은 믿음으로 행하지 않고 눈에 보이는 것으로 기울어진다.

그 육신의 생각을 따라 헛되이 과장하고. "육신의 생각은"은 성령의 일을 깨닫지 못하고(고전 2:14), 도리어 허망한 생각을 하게 되며, 패역하여 하나님을 순종하지 않고(롬 8:7), 모든 죄악을 빚어낸다(갈 5:19-21). "헛되이 과장하고"(εἰκῇ φυσιούμενος)라는 말은 "허망하게 교만하다"라는 뜻이다. 거짓 스승들은 참된 소유에 대한 어떤 근거도 없이 교만하게 행동한다. 교만한 자 중에는 간혹 자기가 소유한 지식이나 금전으로 말미암아 그렇게 되는 자들이 없지 않으나 골로새의 거짓 스승들은 아무것도 가진 것 없이 공허한 거짓 교리만 가지고서도 교만하였다.

19 머리를 붙들지 아니하는지라. 거짓 스승들은 신자들의 "머리" 되시는 그리스도를 구주로 의지하지 않고 천사숭배로 추락하였다.

온 몸이 머리로 말미암아 마디와 힘줄로 공급함을 받고 연합하여. 이 문구와 다음 문구는 교회의 머리 되신 그리스도의 중요성에 대하여 말한다. 여기서 "몸"은 교회를 가리킨다(1:18). "마디와 힘줄"은 사람의 몸에서 각 지체와 지체를 결합하는 역할을 하고 있다. 이렇게 각각의 지체는 서로 결합함으로써 함께 영양분을 공급받으며 하나의 유기체로서 유지된다. 그리스도의 교회 역시 동일한 원리로 건설되어 간다. 각각의 신자들 사이에는 "마디" 역할을 하는 신

---

75) Peake, Colossians, 530.

76) D. Paul Ewald, Kommentar Zum Neuen Testament, Die Briefe des Paulus, 1910, 398.

앙과 "힘줄" 역할을 하는 화평으로 말미암아 한 몸 같은 교회를 이룰 수 있다(Bengel). 그러나 이 "마디"와 "힘줄"이 존재하게 하고 작용하게 하시며 그것들을 통해 몸 전체에 생명을 공급하시는 이는 머리 되시는 그리스도이시다(참조. 엡 4:16).

하나님이 자라게 하시므로 자라느니라. 이 문구의 헬라어 원문(αὔξει τὴν αὔξησιν τοῦ θεοῦ)을 직역하면 "하나님의 성장으로 성장한다"라는 말인데, 칼빈은 이 문구를 해석하여 "하나님이 인정하시는 방식으로 성장한다"(incrementum, quod Deus probat)라고 하였다.

교회의 성장은 양적인 측면보다는 하나님이 기쁘게 여기시는 진정한 교회로서의 질적 내용을 갖추지 않으면 안 된다. 교회의 참된 성장은 결국 하나님께서 자라게 하심으로서 가능한 것이다. 요컨대 이 문구는 교회의 질적 성장(영적 성장)을 가리킨다는 뜻이다. 이 사상과 병행하는 성구가 고린도전서 3:6이다. 교회 성장의 직접 원인은 본 절에서 "머리로 말미암아"라고 표현했던 것처럼 그리스도 자신이시지만, 이 성장의 궁극적 원인자는 하나님 아버지시다(요 15:1; 고전 11:3; 엡 4:6).

20-22절. 이 구절들은 다시 거짓 스승들이 선전하는 금욕주의를 경계한다.

20 너희가 세상의 초등학문에서 그리스도와 함께 죽었거든(참조. 8절 해석). 이 말씀은 그리스도께서 우리를 대신하여 죽으심으로서 우리는 율법의 모든 요구에서 방면되었다는 말이다(롬 7:1-4).

어찌하여 세상에 사는 것과 같이. 그리스도인들은 "그리스도와 함께" 십자가에 못 박혀 죽었으므로 그들이 "세상에" 대하여는 죽은 자와 같은 관계를 지닌다(갈 6:14). 다시 말해 그들은 세상에 속하지 않는다. 그들이 세상에 속하지 않는다는 사실은 또한 그들이 율법(법조문으로 쓴 증서를 포함하여)의 제재를 받지 않는다는 것을 의미한다. 왜냐하면 율법은 세상에 속한 자들(그리스도 안에 있지 않은 자들)만을 제재하기 때문이다.

규례에 순종하느냐(참조. 14절 해석). "규례"는 여기서는 특히 율법의 의식(儀式) 부분을 가리킨다. 거짓 스승들은 구약의 음식물을 구분하는 의식적 명령을 과장하여 금욕주의를 만들어 놓고 그것으로 신자들을 유혹하였다. 그러므로 사도는 그리스도 안에 있는 자들은 구약의 의식제도(음식물에 대한 금령 등)에 속박되지 않는다는 점을 미리 말해 둔다.

21 곧 붙잡지도 말고 맛보지도 말고 만지지도 말라 하는 것이니. 이것은 골로새 교회의 거짓 스승들이 명한 금욕주의의 표어를 사도가 인용한 것이다. 이것은 특히 어떤 음식물(혹은 혼인 문제)에 대한 금령이다. 당시 교회에는 이런 금욕주의가 유행했던 것으로 보인다(딤전 4:3).

22 이 모든 것은 한때 쓰이고는 없어지리라. 이 문구에 대해 두 가지 해석이 있다. ① "이 모든 것"이라는 말은 20-21절에 기록된 의식(음식물 등에 관한 의식)을 가리키며, 이런 의식만을 중시하는 것은 영생에 이르게 하지 못하고 부패와 영멸에 이르게 한다는 해석이 있다(Ambrose, Augustine). ② "이 모든 것"이라는 말은 앞 절에서 말한 음식물을 가리킨다고 하며 부패에 돌아가고 마는 음식물의 문제가 천국에 있어서는 중요한 것이 아니니(롬 14:17; 고전 6:13), 특정한 음식물을 먹거나 먹지 않는 문제를 가지고(롬 14:1-3, 6) 신자들을 정죄하는 것은 옳지 않다는 의미라는 해석이 있다. 이 해석은 칼빈이 채택한 것으로서 자연스럽고 문맥에 적합해 보인다.

사람의 명령과 가르침을 따르느냐. 위의 20-21절에 포함된 거짓 스승들의 의식주의는 단순한 구약의 의식이 아니고 구약의 의식을 과장한 거짓 스승들만의 것이었다. 그렇다면 그것은 사람이 만들어낸 명령이요 교훈이다. 그리스도께서 우리의 죄로 말미암아 십자가에서 죽으셨으므로 우리를 정죄하는 율법(구약의 의식도 포함하여)의 작용도 제거되었다. 그렇다면 신자들이 인위적인 의식주의를 따를 필요가 무엇이겠는가(참조. 사 29:13; 마 15:8-9; 막 7:6-7)!

23 이런 것들은 자의적 숭배와 겸손과 몸을 괴롭게 하는 데는 지혜 있는 모양이나 오직 육체 따르는 것을 금하는 데는 조금도 유익이 없느니라. 본 절은 앞 절까지 논술된 거짓 스승들의 주장(천사숭배, 의식주의, 금욕주의)을 평가한다.

"이런 것들." 이 말은 앞 절 끝에 있는"사람의 명령과 가르침"을 가리킨다.

"자의적 숭배와." 이것은 하나님의 객관적 계시에 의존하여 실행하는 종교가 아니고 인간이 자의적으로 만든 그릇된 주장(예컨대 천사숭배, 18절)을 가리키는 말이다. 거짓 스승들은 바울이 전한 하늘로부터 내려온 계시로 세운 참된 종교에 반하여 자의적으로 숭배의 대상을 고안하였다. 인간이 고안해낸 모든 숭배는 진리가 아니다. 이런 숭배는 하나님 앞에 가증한 것이니 벌을 면치 못한다. 나답과 아비후 형제는 여호와께서 명하시지 않은 다른 불을 가지고 분향하다가 불에 타 죽고 말았다(레 10:1-2; 참조. 삼상 13:8-14; 대하 26:16-21). 우리는 오직 성경이 가르치는 하나님을 공경하고 또한 오직 성경이 가르치는 방법대로 그를 예배할 것이다.

"겸손"(참조. 18절 해석). 이런 불건전한 겸손은 영적 교만을 내포한 것일 뿐이며 진정한 겸손은 아니다.

"몸을 괴롭게 하는 데는" 이것은 금욕주의자들이 몸을 죄의 원천이라고 오해하여 그것을 고의로 괴롭게 하는 것을 가리킨다. 고행주의는 흔히 삼중의 죄악에 빠지기 쉽다. ① 홀로 자기만이 경건한 줄 알기 쉽고, ② 외식하기 쉽고, ③ 하나님이 주신 몸을 고의로 학대하기 쉽다. 우리가 하나님의 섭리에 따라 신앙을 위하여 고생 당하는 것은 귀한 일이니, 신자들은 그리하기를 힘쓸 것이다(빌 1:29). 그러나 영적 허영심을 가지고 자의적으로 고행을 일삼는 것은 부당한 것이다.

"지혜 있는 모양이나"(λόγον μὲν ἔχοντα σοφίας). 혹은 이와 다르게 "지혜 있다 하는 명성"이라고 번역하는 이도 있다. 이 둘째 번역이 더욱 신임할 만하다(Alford).

"오직 육체 따르는 것을 금하는 데는 조금도 유익이 없느니라." 이 문구의 뜻은 위에서 언급한 고행주의가 육체(몸을 의미하지 않고 인간의 부패한 성품, 곧 죄악성을 의미함)를 통제하고 금지하는 데 하등의 효과가 없다는 것이다(Lightfoot). 그러나 이 밖에 또 하나의 학설이 있다. 그것은 마이어(Meyer)의 해석인데, "그것은 존귀한 것이 아니고 다만 육체의 요구를 채워줄 뿐이다"라고 번역하는 것이다. 이 번역은 거짓 스승들이 명성은 있으나 그 명성은 존귀한 것은 아니라는 뜻이다. 다시 말해 그것은 복음의 빛을 드러내는 일과 같은 존귀한 것이 아니고 그들의 육체의 욕심(명예심)을 채우고 마는 것이다. 우리 신자들에게 참된 명예가 있다면, 그것은 사람으로 말미암는 것이 아니고, 하나님께서 칭찬하여 주시는 것이다.

제 3 장

⚜ 개요

1. 그리스도인의 신분(1-17절)

1) 신앙생활의 수직적 관계(1-4절). 그리스도인은 그리스도와 함께 죽었고 그리스도와 함께 살았으므로 그의 삶의 목표는 하늘에 있고 땅에 있지 않다. 그는 땅에 속한 것들에게 매이지 말아야 하며 하늘에 속한 것을 구하고 거기에 관심을 가져야 한다. 이것이 신앙생활의 영적 상황, 다시 말해 수직적 관계다.

2) 신앙생활의 수평적 관계(5-17절). 신앙으로 사는 자는 그에 수반하여 윤리적인 생활이 하나님께 합당해야 한다. 왜냐하면 신자는 그들 안에서 역사하시는 성령의 감화에 인도되어 행해야 하는 자들이기 때문이다(롬 8:14; 갈 5:21-24). 사도는 여기서 그리스도인이 윤리를 실천하는 두 가지 단계를 말한다. 첫째는 소극적인 단계로서 땅에 있는 지체를 죽임으로써 남에 대하여 행하던 악습을 버리는 것이고(5-9절), 둘째는 적극적인 단계로서 덕행을 힘써 실천하는 것이다(10-17절).

2. 가정윤리(18-21절). 그리스도인의 가정윤리는 3:18-4:1에서 보여주는 것과 같이 두 가지 특색을 지닌다.

첫 번째 특색은 상호 책임주의인데, ① 아내는 복종할 책임이 있는 동시에(18절) 남편은 사랑할 책임이 있으며(19절), ② 자녀는 순종할 책임이 있는 동시에(20; 엡 6:1) 부모는 자녀들을 주님의 교양과 훈계로 양육함으로써 그들을 격노하게 하지 아니할 책임이 있다(21; 엡 6:4). ③ 종들은 주인들에게 진실하게 순종할 책임이 있으며(22절), 주인들은 종들을 공의와 공평으로 대우할 책임이 있다(4:1).

두 번째 특색은 도덕의 근거가 인도주의에 있지 않고 그리스도 중심의 신앙에 있다는 점이다. 다시 말해 사도 바울은 윤리실천을 명할 때 인간 양심의 각오나 현자들의 권위를 근거로 한 것이 아니고, 오직 하나님의 뜻과 명령에 근거했다는 것이다. ① 부부간 도덕의 근거: "이는 주 안에서 마땅하니라"(18절; 참조. 엡 5:25-33). ② 부자간 도덕의 근거: "주 안에서 기쁘게 하는 것이니라"(20절). ③ 노예와 주인 간 도덕의 근거: "너희는 주 그리스도를 섬기느니라"(24절), "너희에게도 하늘에 상전이 계심을 알지어다"(4:1). 이렇게 기독교 도덕의 근거는 만유의 주재이신 그리스도시다. 우리는 사람을 기쁘게 하려고 의를 행하는 것이 아니라 하나님의 영광을 위하여 또는 그를 경외하여 의를 수행한다. 이것이 곧 신본주의의 도덕이며, 이 도덕을 지키는 가정은 하나님을 중심으로 삼는 가정이다(참조. 엡 5:22-6:9; 딤전 5:8; 딛 2:4-10; 벧전 2:8-3:7).

해석

1 사도 바울은 2:8-23에서 그리스도의 충족성에 대하여 말하는 동시에

이단의 그릇됨을 직간접적으로 논술하였다. 그는 여기서 그러므로라는 말로 결론을 짓는다.

너희가 그리스도와 함께 다시 살리심을 받았으면. 헬라어 원문을 직역하면 "너희가 그리스도와 함께 일으킴을 입었으면"인데, 이것은 2:12처럼 그리스도의 부활과 그로 말미암아 성립된(벧전 1:3) 신자들의 영적 중생을 의미한다. 영적으로 중생한 자들은 필연적으로 말일에 부활의 복까지도 받게 되어 있다(요 6:44).

위의 것을 찾으라 거기는 그리스도께서 하나님 우편에 앉아 계시느니라. 우리 신자들은 그리스도의 죽으심과 합하여 함께 죽었고, 그의 부활하심과 합하여 함께 부활하였다(롬 6:5). 우리는 영적으로 부활하여 그리스도와 연합한 새 생명을 가지고 있다. 그러므로 우리는 영적인 것 다시 말해, 하늘에 속한 것을 구할 근거를 지니고 있으므로 그것을 구하는 일이 무리가 아니다(참조. 마 6:33; 갈 4:26; 빌 3:20). 우리의 머리 되시는 그리스도께서 승천하셔서 하나님 우편에 계시니 우리는 그가 계신 곳을 바라보며 거기 속한 것들을 탐구해야 한다. 이것이 "위의 것을 찾으라"라는 말의 의미다. "위의 것"(τὰ ἄνω)은 무엇을 의미하는가? 이것은 승리하신 그리스도와 그리스도를 중심으로 하는 영적 사실들을 가리킨다(요 8:23; 빌 3:20-21). 우리가 믿음에 의지하여 위의 것을 사모하고 거기서 살아갈 때 참된 자유(고후 3:17; 갈 4:26)와 참된 지혜(약 3:17-18)를 얻게 된다. 그것은 골로새의 이단자들이 선전하는 의식주의나 고행주의와 달리 그리스도의 승리로 말미암은 성결과 평강과 영적 자유를 누리게 하는 것이다. 바울은 여기서 이단자들의 교훈과 대조되는 그리스도의 승리(2:12-15)를 염두에 두고 이런 말을 하였다.

"찾으라"(ζητεῖτε)라는 동사는 "계속 힘들여 찾음"을 의미하는데, 이것을 보더라도 구원의 은혜를 받는 것이 사람의 노력과 긴밀하게 관계되어 있음을 알 수 있다. 은혜는 하나님께서 거저 주시는 것이지만 그것을 받는 데는 우리의 노력이 요구된다. 노력은 진실성의 증표다(참조. 마 11:12; 히 12:4). "하나님 우편에 앉아 계심"은 하나님의 사랑을 받는 일과 하나님의 천국 통치에 동참하는 것을 가리키는 말이다(참조. 눅 20:43; 행 2:35; 롬 8:34; 엡 1:20; 히 10:12; 계 3:21). 그가 거기 계시기 때문에, 우리는 그의 중보 사역을 통해 우리가 찾는 "위의 것"을 얻게 된다. 그는 우리가 받을 복의 원천이시고 방법이시다(참조. 롬 8:34).

2 본 절은 앞 절에서 말하는 "위의 것을 찾으라"라는 권면을 좀 더 밝히 해명하고 강조한다.

위의 것을 생각하고 땅의 것을 생각하지 말라. "생각하라"(φρονεῖτε)라는 말은 "애착심을 가지라"라는 의미다(Abbott). 벵겔(Bengel)은 이것이 "즐기는 마음을 가지라"라는 의미라고 하였다. "땅의 것을 생각하지 말라"라는 말은 염세주의 사상을 고취하는 표현이 아니다. 이 말은 땅의 것에 지나친 애착을 갖지 말라는 뜻이다. 땅 위의 것들 자체가 악한 것은 아니고, 그것들을 잘못 사용하는 일이 악한 것이다(고전 6:12; 10:23). 우리가 발로는 땅을 딛고 머리는 위를 향하였으니 천상의 것을 사모하고 섭취함으로써 땅 위의 것들을 통제하고 성화하여 주께 봉헌해야 한다. 땅 위의 것을 하늘 위의 것보다 더욱 사랑하고 그것에 예속되는 것은 죄악이다(빌 3:19).

3 본 절은 "이는"이라고 번역된 이유 접속사(γάρ)로 시작하여 앞 절의 첫째 이유를 보여준다. 신자들에게 "위의 것을 생각하고 땅의 것을 생각하지 말라"라고 권면하는 이유는 무엇인가? 그것은 우리 인생의 유일한 소망인 영생이 그리스도와 함께 하나님 안에 감추어져 있기 때문이다.

너희가 죽었고. 신자들은 그들의 대표자이신 그리스도의 십자가 죽음에서 그와 함께 죽었으므로, 그 죽음은 ① 죄에 대하여 죽은 것이고(롬 6:6-11), ② 율법에 대하여 죽은 것이고(롬 7:4), ③ 세상에 대하여 죽은 것이니, 그것은 한마디로 땅에 속한 것에 애착을 갖고 의지하는 세상적인 삶에 대하여 죽었다는 말이다(갈 6:14). 그리스도인은 원칙적으로 땅의 것에 대해서는 죽은 자들이다. 그는 하나님이 계시는 곳을 영원한 집으로 소유하게 되었다. 그러므로 그는 오로지 그곳을 생각하고 바라보는 일에 전력해야 한다.

너희 생명이 그리스도와 함께. 그리스도로 대표되어 골고다의 십자가에서 죄에 대하여 죽은 참 신자들은 또한 부활하신 그리스도의 영원한 생명에 동참하게 된다. 다시 말해 머리 되신 그리스도의 부활로 말미암아 그의 지체 된 참 신자들의 부활도 성립되었다. 그러므로 그리스도의 생명에는 신자들의 생명이 포함된 셈이다.

하나님 안에 감추어졌음이라. "하나님 안에"라는 말은 하나님과 밀접하게 연합된 상태를 가리킨다(요 1:18). "감추어졌음"은 아직 나타나지 않았음을 뜻한다(요일 3:2). 그리스도 자신이 부활 승천하셔서 세상에 나타나지 않고 천계에 감추어져 계신 것처럼 그 안에 있는 신자들도 그러하다. 그리스도는 대신의 원리를 통해 우리의 생명이 되시니(참조. 4절 상반절 해석) 그리스도께서 승천하셔서 감추어진 것과 동시에 우리의 생명도 그렇게 된 셈이다. 이런 의미에서 그의 생명은 우리의 생명이다. 어떤 학설에 우리의 "생명이 그리스도와 함께 하나님 안에 감추어졌다"라는 말은 다만 그리스도와 연합한 신자의 영적 생명의 신비성을 가리킬 뿐이라고 한다. 벵겔 역시 그와 같은 견해에서 말하기를 "세상은 그리스도와 그리스도인을 모른다. 그리스도인 자체도 자기 자신을 원만히 이해하지 못한다"라고 하였다.

4 사도는 하나님 안에 감추어진 생명이 장차 나타날 것을 여기서 말함으로써 그 생명의 영광을 보여준다. 이것은 2절에 대한 둘째 이유다(첫째 이유는 3절). 이렇게 영광스러운 생명이 위에 있으니 "위의 것을 생각하고 땅의 것을 생각지 말라"는 뜻이다.

우리 생명이신 그리스도께서 나타나실 그 때에. 우리의 대표자이신 그리스도의 부활과 영생은 곧 우리의 부활과 영생이다. 따라서 우리의 생명이신 주님이 재림하실 때 우리 또한 부활과 영생으로 그와 함께 나타난다는 것이다. 그는 우리의 부활의 원인자이시며 원천이시다(요 11:25). 여기서 "나타나신다"라는 말은 재림을 가리킨다. 그리스도의 첫 번 강림도 어느 정도 그의 "나타나심"이라고 할 수 있으나 재림과 비교하면 그렇지 못하다. 처음 강림하신 그리스도는 인류의 일부에게만 나타났으나, 재림하실 그는 온 인류가 다 보게 될 것이다(계 1:7). 그러므로 사도들은 그의 재림을 가리켜 "나타나심"이라고 하였다. 그가 "나타나실" 그때에는 모든 사람이 행한 모든 일도 선악 간에 다 나타난다(고전 3:13).

너희도 그와 함께 영광 중에 나타나리라. 그리스도께서 재림하실 때는 우리 신자들이 그와 같은 영광의 부활을 얻게 된다. 이런 의미에서 미천하던 우리는 영광스러운 존재로 나타날 것이다(롬 8:18-19; 요일 3:2).

설교 그리스도와 함께 일으키심을 받은 행복(1-4절, 2:12)

1. 이 행복의 성격은 어떠한가?

이 행복은 그리스도와 운명을 같이하는 행복이다. 그리스도인은 그리스도를 믿음으로 말미암아 ① 그리스도와 함께 부활하였으며(1절), ② 그의 생명이 그리스도와 함께 하나님 속에 감추어졌으며(3절), ③ 그리스도께서 재림하실 때 그와 함께 나타난다고 한다(4절). 이것은 우리 인간의 계획이나 노력으로 이루어진 일이 아니다. 하나님의 아들이 우리와 운명을 같이하시려고 솔선하여 인류를 찾아오셨다. 그가 우리와 같은 사람이 되셨고, 우리와 같이 고생과 시험도 당하셨고, 우리처럼 죽기까지 하셨다. 그뿐 아니라 그의 시체가 인류처럼 장사지내지셨다. 이처럼 그가 우리와 운명을 같이하시는 일에서 정점이 되는 것은, 죄를 알지도 못하신 분으로서 우리를 대신하여 죄로 삼음이 되셨다는 것이다(고후 5:21).

2. 이 행복은 어떤 길로 찾아오는가?

그 길은 믿음이다. 골로새서 2:12에 "믿음으로 말미암아 그 안에서 함께 일으키심을 받았느니라"라고 하였다. 믿음은 이처럼 능력 있는 것이다. 예수님은 자기를 찾는 두 소경을 향하여 "너희 믿음대로 되라"(마 9:29)라고 말씀하셨으며, 그는 또 겨자씨만 한 믿음이 산을 옮긴다고 하셨다(마 17:20). 그리고 요한1서 5:4에는 믿음이 세상을 이긴다고 하였다. 믿음이 이처럼 강력한 이유는 무엇인가? 그것은 신자의 심리적 힘에 달린 것이 아니다. 사람의 마음은 부패하였을 뿐이니, 예레미야 17:9에 말하기를, "만물보다 거짓되고 심히 부패한 것은 마음이라"라고 하였다. 그러므로 믿음의 힘은 사람에게서 나는 것이 아니고 하나님께서 믿는 자를 도와주심으로써 나타나는 힘이다. 하나님은 그를 믿는 자가 실패하도록 놔두지 않으시고 약속대로 그를 도와주신다.

5-9절. 땅에 있는 지체를 죽임과 옛사람을 벗음

5 그러므로 땅에 있는 지체를 죽이라 곧 음란과 부정과 사욕과 악한 정욕과 탐심이니 탐심은 우상 숭배니라. 본 절부터 9절까지는 믿음을 성장시키는 방법을 보여주는데, 그것은 한마디로 죄를 끊어 버리는 것이다. 기독교의 인간 개조는 피상적인 것이 아니고, ① 먼저 죄악의 뿌리를 절단해 버림으로써(5절), ② 악한 습관들을 제거하고(8절), ③ 선하고 아름다운 덕행을 옷 입듯 하게 하는 것이다(12-17절). 다시 말해 그것은 먼저 죽고 그 후에 다시 사는 것이다. 곧 악한 마음과 악한 행실을 죽이고 선하고 아름다운 새 생명을 배양한다. 여기서 "그러므로"라는 말은 위의 교리(1-4절)에 따르는 실제적 결론을 말해주는 것이다. 우리 신자들의 생명은 그리스도와 함께 하늘에 있는 것이기 때문에, 세상 끝날에 그것이 완전히 실현되기 위해서는 우리가 땅 위에서 믿음을 착실히 지켜야 한다. 이러한 사상은 베드로전서 1:3-5의 말씀과 같은 것이다. 하늘에 간직된 기업을 누릴 자들에게는 믿음이 필요하다(벧전 1:5).

우리가 믿음을 잘 지키기 위해서는 우리의 죄를 끊어 버려야 한다. 이런 의미에서 사도는 여기서부터 골로새 신자들에게 그들의 죄를 버리라고 말한다. "땅에 있는 지체"라는 문구에 대한 해석은 두 가지다. ① 이것이 불의의 병기로서의 지체들을(롬 6:13) 가리킨다는 해석, 다시 말해 하나님보다 땅의 것들을 더 사랑하는 육신의 지체들을 의미한다는 것이다. 이 해석을 채택할 때는 이어지는 "죽이라"라는 명령형이 제어하고 극복하라는 의미가 된다. ② 이것이 우리의 부패한 성품의 각종 작용을 의미한다는 해석도 있다. 하반절의 "음란과 부정과 사욕과 악한 정욕과 탐심"이라는 어구가 "땅에 있는 지체"라는 문구를 설명하는 것이라는 사실에 비추어볼 때 이 해석이 적합하다. "죽이라"(νεκρώσατε)라는 표현은 악한 성품의 활동을 "마치 죽은 것처럼 영원히 정지시키라"라는 의미다.

"음란과 부정과 사욕과 악한 정욕과 탐심"은 사람들이 땅에 속한 것들을 즐김으로써 하나님을 떠나게 만드는 죄악들이다. 여기 열거된 다섯 가지 죄악들을 크게 두 가지로 분류하여 "성적 죄악"과 "무제한의 소유욕"으로 보는 학자들이 많다.

1) 성적 죄악. 그들의 견해에 따르면 "음란, 부정, 사욕, 악한 정욕"은 음란한 생활의 다양한 측면들을 묘사한다고 한다. "음란과 부정"은 음란한 행동들을 가리키고, "사욕과 악한 정욕"은 마음속에 일어나는 음란한 충동과 성욕을 가리킨다. 그렇다면 "음란과 부정"의 차이는 무엇이며 "사욕과 악한 정욕"의 차이는 무엇인가? "음란"이라는 말은 "부정"이라는 말보다 범위가 좁은 말로서 불법적으로 취하는 성적 행동을 의미하고, "부정"은 성 문제에 관한 불합리한 언행을 포괄적으로 가리킬 것이다. "사욕"이라고 번역된 헬라어(πάθος)는 격렬한 충동을 가리키고, "악한 정욕"이라는 말은 일반적이고 잠재적인 색욕을 가리킨다. 신앙생활에서 가장 무서운 죄악은 음란이다. 그런 이유에서 바울은 그의 서신들에서 죄목들을 열거할 때 무엇보다 먼저 이것을

앞자리에 놓는다(갈 5:19; 엡 5:3). 왜냐하면 이 죄악에 빠지는 자는 하나님의 성전인 몸을 더럽힘으로써 하나님을 영원히 떠날 우려가 있기 때문이다(고전 6:15-20).

2) 무제한의 소유욕. 이것은 "탐심"이라고 불리는 죄악으로서 "우상숭배"와 유사한 것으로 여겨진다. 이것도 사람들이 하나님을 떠나게 만드는 죄악이다. 탐심을 가진 자는 세상 것들을 애착하여 그것들을 추구하는 일에 전심전력하느라 하나님을 떠난다. "탐심은 우상 숭배"라는 말씀은 마태복음 6:24과 에베소서 5:5에도 있다. 우리는 "먼저 그의 나라와 그의 의를 구하"는(다시 말해 하나님을 섬기는) 자들이 되어야 하며, 그런 이후에 하나님의 뜻에 따라 물질도 받을 수 있다(마 6:33). 그런데 이 말씀을 외면하고 물질을 먼저 구하면서 하나님보다 물질을 더 중요시하는 자들은 우상숭배자들과 같다.

6 이것들로 말미암아 하나님의 진노가 임하느니라. 이 말씀은 위에서 주어진 권면의 이유다. "이것들", 다시 말해 "땅에 있는 지체"들은 해로운 것이니, 그것들 때문에 마침내 하나님의 진노가 임한다는 것이다. "하나님의 진노"는 끝까지 회개하지 않는 자에게 두 가지로 나타난다. 첫째는 로마서 1:18-32에서 가르치는 것처럼 그들을 범죄 가운데 그대로 내버려 두시는 것이고(롬 1:18, 24, 26, 28), 둘째는 최후의 심판 때에 그들을 영벌에 처하게 하시는 것이다(계 6:17).

"임하느니라." 한글 성경의 각주에 설명된 것처럼 어떤 사본들(A, C, D, E, K, L)에는 이 단어 앞에 "순종하지 아니하는 자식들에게"라는 어구가 있다. 어떤 학자들은 이것이 필사자가 에베소서 5:6에 있는 유사한 표현을 염두에 두고서 머릿속에 떠오르는 대로 여기에 첨가한 것이라고 주장한다. 그러나 마이어는 이 어구가 원본에서 순전히 보전되어 내려온 것이라고 여긴다. 우리가 이 어구를 취하든지 취하지 않든지 본 절의 큰 뜻에는 큰 차이가 없다. "임하느니라"라고 번역된 헬라어 동사(ἔρκεται)는 현재 시상이다. 이에 대하여 라이트푸트는 말하기를, 이것이 죄인에게 장차 임할 하나님의 진노가 아주 확실하다는 사실을 보여준다고 하였다.

7-9절. 이 단락은 위의 5-6절에 이어서 골로새 신자들이 개종 전에 살아왔던 삶과 개종 이후에 그들이 살아내야 할 삶의 모습을 대조한다. 매클라렌은 이 구절들이 땅에 있는 지체를 죽여야 하는(5절) 동기를 보여준다고 하였다. 왜냐하면 그리스도인이 중생한 양심으로 과거의 무섭고 더러운 죄악 생활을 회고할 때는 자기가 과거에 어리석게 살아왔던 것을 원통히 여기면서 땅에 있는 지체를 죽이고자 하는 새로운 동기를 가지게 되기 때문이다.[77]

7 너희도 전에 그 가운데 살 때에는 그 가운데서 행하였으나. 여기서 "그 가운데"라고 번역된 헬라어(ἐν οἷς)를 직역하면 "그것들 가운데"라는 복수 형태로서 바로 앞에서 열거한 "죄악들 가운데" 살던 때를 가리킨다. 골로새 사람들이 중생하기 전에는 그런 죄악들이 그들의 생활의 방편이었다.

8-9 이제는 너희가 이 모든 것을 벗어 버리라. "이제는"(νυνὶ δέ)이라는 말은 개종하고 복음을 믿은 그때를 가리킨다. "이 모든 것"이라는 말은 "땅에 있는 지체들"(5상), 다시 말해 모든 죄를 가리키는데(5하), 그와 동시에 8절 후반부터 9절 첫머리에 열거된 죄들까지 총칭한다. "벗어 버리라"라는 말은 낡은 옷을 벗듯이 이 모든 죄를 전적으로 내버리라는 의미다.

곧 분함과 노여움과 악의와 비방과 너희 입의 부끄러운 말이라 너희가 서로 거짓말을 하지 말라. 헬라어 원문에는 "분함"(ὀργήν)이라는 단어 바로 뒤에 "노여움"(θυμόν)이라는 단어가 뒤따르는데, 이 처음 두 가지는 서로 밀접한 관련이 있으며 다음 네 가지 역시 서로 관련이 밀접하다. 처음 두 가지, 곧 "분함과 노여움"에 대해 말하자면, "분함"은 외부에 폭발된 것이고, "노여움"은 마음속

---

77) Maclaren, Colossians, 282.

에 불타듯이 잠재한 것이다. 그리고 그다음 네 가지에 대하여 말하자면, "악의"(κακία)라는 죄악은 기타 모든 것들에 원인을 제공한다. ① "악의"라는 것은 남을 해치고자 하는 독한 마음을 가리키는데, 이것이 원인이 되어 ② 남을 비방하며, ③ 남을 대면하여 욕하며(본문에 "부끄러운 말"은 대면해서 버릇없이 말함을 의미한다). ④ 혹은 남을 속인다. "비방"(βλασφημία)은 하나님을 향해 불경하게 말하는 것을 뜻하기도 하지만 여기서는 이웃이 듣지 않는 곳에서 그를 비방하는 것을 의미한다(롬 3:8; 14:16; 고전 4:13; 10:30; 엡 4:31; 딛 3:2). "부끄러운 말"(αἰσχρολογία)은 신약성경 가운데 오직 여기서만 사용된 단어다. 이것은 부정한 말(음탕한 말과 같은 것)을 의미하기도 하지만, 여기서는 버릇없는 말(남을 정면으로 모욕하는 말)을 의미한다.

옛 사람과 그 행위를 벗어 버리고. 여기서부터는 골로새 신자들이 위의 모든 죄를 끊어버려야 할 이유를 보여준다. 그들이 그리스도를 영접했을 때 원칙적으로는 벌써 옛사람과 그 악행을 벗어 버렸으니 이제는 그 같은 죄악을 습관적으로 범할 수 없다는 것이다.

"옛 사람"은 무엇을 가리키는가? ① 그는 성령으로 중생하기 이전 사람이므로 옛사람이고, ② 타락하여 파괴되고 부패한(엡 4:22) 인성을 지니고 있으므로 옛사람이다.[78]

"그 행위"(ταῖς πράξεσιν)라는 말은 습관적으로 범하는 악한 행동을 의미하는데, 일시적이 아니고 상습적으로 거리낌 없이 행하는 것을 가리킨다.

"벗어 버리고." 8절 해석을 참조하라.

10-17절. 새 사람을 입음

10 새 사람을 입었으니. 이것은 위에 기록된 악행을 버려야 하는 이유를 보

---

78) Hodge, Ephesians, 260.

여준다. 기질상의 죄악인 분함과 노여움을 제거하고 언어상의 죄악인 비방, 부끄러운 말, 거짓말을 끊어 버려야 할 이유는 어디 있는가? 그것은 이 문구들이 보여주는 것과 같이 믿는 사람은 원리상으로 믿는 순간부터 옛사람(부패한 본성)을 십자가에 못 박아 버리고 새 사람(중생한 사람)을 입었다는 사실을 인식하기 때문이다(롬 6:6). "새 사람"이라는 말은 성령으로 말미암아 중생한 자아를 가리키는데, 고린도후서 5:17의 "새로운 피조물"이라는 표현과 같은 의미를 가진다(갈 6:15; 엡 4:23-24).

이는 자기를 창조하신 이의 형상을 따라. 이것은 하나님께서 아담을 창조하실 때 채택하신 모형을 가리키는데(창 1:26-27), 그리스도 안에서 인간을 개조하실 때도 역시 그 모형을 취하셨다. 이것을 보아도 우리는 인간에 대한 하나님의 사랑이 얼마나 큰지를 알 수 있다. ① 그가 인간을 자기 형상대로 창조하신 것은 그 이상 더할 수 없는 지극한 사랑이며, ② 그리스도 안에서 두 번째로 인간을 개조하실 때도 같은 모형을 취하신 것은 인간을 향한 하나님의 사랑이 갖는 불변성을 보여준다. 그런데 하나님의 형상은 무엇을 가리키는가? 그것은 에베소서 4:24에서 "하나님을 따라 의와 진리의 거룩함으로 지으심을 받은 새 사람을 입으라"라고 하신 말씀이 잘 밝혀 준다. 여기서 "의와 진리의 거룩함"(δικαιοσύνῃ καὶ ὁσιότητι τῆς ἀληθείας)이라는 어구를 직역하면 "진리의 의와 진리의 거룩함"인데, 말하자면 진리가 소유한(혹은 산출하는) 의와 거룩함을 뜻한다. 복음의 진리는 죽은 해골과 같은 생명 없는 지식이 아니고 그것을 참으로 믿는 자들을 의와 거룩함에 이르게 한다. 의는 사람과의 관계에서의 올바름이고 거룩함은 하나님께 바쳐진 것을 말한다.

지식에까지 새롭게 하심을 입은 자니라. 이것을 좀 더 알기 쉽게 번역하면, "지식에 이르도록 새롭게 하심"인데, 말하자면 인간이 진리의 지식에 이르도록 성령께서 깨닫게 해주시는 영적 개조를 가리킨다. 그러면 이것을 바로 앞에 있는 구절과 연결해볼 때 그 뜻은 다음과 같다. 하나님께서 인간을 새로 지으실 때 ① 그가 모형으로 삼으신 것은 자기 형상인데, ② 그 방법은 인간이 진리 지식(복음 진리의 지식)에 이르도록 그 심령을 새롭게 하시는 것이었다. 복음 진리를 참으로 깨닫는 자리에 도달한 사람은 필연적으로 하나님의 형상(의와 거룩함)으로 변화한다(참조. 찰스 하지의 주석, 엡 4:24에 대한 해석). "지식"(ἐπίγνωσις)이라는 용어는 보편적인 의미의 지식이 아니라 오직 성령의 역사로만 받을 수 있는 영적 통찰을 가리킨다. 이 말에 대하여 네덜란드 주석가 판 루벤(Van Leeuwen)은 말하기를 "여기서 '지식'이라는 말이 의미하는 바는 이론상의 지식이나 자연적 지식이 아니라, 오직 그리스도와 연합한 생활에서 흘러나오는 신앙적 지식, 다시 말해 영적 통찰이다"라고 하였다. 여기서 "새롭게 하심을 입은"(ἀνακαινούμενον)이라는 말은 "새로워져 가는"이라고 번역될 수 있는데, 진행형(현재분사)으로서 새로워짐이 지속되고 있음을 보여준다. 이것은 신자의 성화가 단번에 성취되는 것이 아니라 점진적으로 계속되는 것임을 말해준다. 우리가 여기서 주목할 것은 신자가 악행을 끊은(8-9상) 결과 하나님을 아는 그의 지식이 더욱 새로워진다는 것이다. 신자가 악을 떠나는 일도 하나님의 은혜로 되지만 그가 악을 떠날 때 새 힘을 얻는 것도 확실하다. 참된 하나님의 말씀은 우리가 그것을 실행해야만 축복의 원천으로 임한다. 진리를 순종하는 것이 믿음의 진실성이다.

11 본 절은 앞 절의 계속으로서 "새 사람"에 대한 설명을 제공한다.

거기에는. 이 말(ὅπου)은 새 사람의 세계를 가리킨다. 그리스도 안에서 새로 창조된 새 사람의 세계에는 아무런 계급이나 차별이 없으며 누구나 그리스도께 속하여 구원을 얻는다(갈 3:27-29).

헬라인이나 유대인이나. "헬라인"은 그리스 민족을 가리킬 뿐 아니라, 그리스 문화를 물려받은 모든 다른 민족까지 포함하는 말이다.[79] 다시 말해 "헬라

---

79) Zahn, Römerbrief, 66.

인"은 성경에서 문화인들을 총칭하는 말이다(고전 1:22). 그리고 "유대인"은 구약 종교의 특혜를 받은 이스라엘 민족을 가리킨다(롬 3:1; 9:1-5). 그리스도 안에서는 헬라인도 그 문화의 특수한 지위를 자랑할 수 없고 유대인도 그들이 소유했던 종교상의 특권을 근거로 이방인을 멸시할 수 없다. 왜냐하면 그들의 구원은 문화적인 발전이나 종교상의 특권으로 말미암아 얻는 것이 아니고 오직 그리스도를 믿음으로만 받는 은혜의 선물이기 때문이다.

할례파나 무할례파나. 이것은 종교상의 외부적 특권과 관련된 자들과 또한 그것과 관계되지 않은 자들의 차이를 가리킨다. 외형적으로 할례를 받은 것이 중요한 것이 아니라 심령으로 중생하여 새사람이 되는 것이 중요하다(롬 2:29).

야만인이나 스구디아인이나. "야만인"(βάρβαρος)이라는 용어는 말이 어눌하고 명료하지 못한 자라는 뜻이다. 본토인은 외국인의 언어를 그처럼 불명료한 것으로 여길 수 있다. 그리스 문화를 받아 그리스어를 사용하는 사람들의 관점에서는 그리스 문화권을 벗어나 외국어를 사용하는 자들이 "야만인"으로 느껴졌을 것이다. 그리고 "스구디아"(Σκύθης)라는 말은 거칠고 무례한 사람을 의미하는데, 이것은 "야만인"보다 더 미개한 자들을 가리켜 사용되었다. "스구디아"는 본래 흑해 북편 카르파디아 산맥(Carpathian Mountains) 동쪽 지역을 가리키는 명칭이었다. 알렉산드로스 대왕의 정복으로 말미암아 아시아에도 유럽의 스구디아인과 같은 민족이 있었다는 것이 판명되었다. 따라서 동쪽 유럽과 중앙아시아와 북부 아시아 전체가 스구디아인의 땅이었다고 추측하게 되었다. 그들은 문명이 심하게 낙오되어 있었기 때문에 그들의 부족 이름이 야만인을 대표하는 명칭으로 사용되기에 이르렀던 것이다. 하나님의 복음으로 말미암아 새사람이 되어 영생을 얻는 특권은 문화인에게만 국한된 것이 아니고 야만인들과 야만의 야만인들까지도 똑같은 축복을 누리게 된다. 그러므로 미개한 민족에 속한 신자들은 이 특권을 누림에 있어서 위축되거나 자포자기할 이유가 없다.

종이나 자유인이 차별이 있을 수 없나니. 이것은 바울이 그 당시 사회 형편을 염두에 두고 한 말로 보인다. 당시 사회는 노예를 학대했으며 그들의 인권을 인정하지 않았다. 그런 사회제도 아래서 살아가는 노예들에게 사도의 이 말씀은 그야말로 복음이었을 것이다. 갈라디아서 3:28을 보면 새사람의 세계에서는 남자나 여자의 차별도 없다.

오직 그리스도는 만유시요 만유 안에 계시니라. 구원을 결정하는 것은 어떤 문화의 특권이나 종교상의 외형적 특수 관계도 아니며, 민족적 우수성이나 사회적인 지위도 아니다. 그것들은 우리가 구원을 얻는 일에서 부수적인 조건도 되지 못하는 것이다. 구원 얻는 일에는 그리스도께서 "만유"(전부)이시다. 다시 말해 그리스도는 우리의 구원을 성립시키는 유일한 원인이시며, 그가 이 원인의 전부라는 말이다. 그리고 그가 "만유 안에 계시니라"라는 말의 의미는 피조물 중에 그리스도의 주관과 권고를 벗어날 것이 하나도 없으므로 그는 "만유", 다시 말해 헬라인, 유대인, 야만인, 스구디아인, 노예, 자유인 할 것 없이 모든 인류에게 유일무이한 구원자가 되신다는 것이다. 로마서 10:12의 "유대인이나 헬라인이나 차별이 없음이라 한 분이신 주께서 모든 사람의 주가 되사 그를 부르는 모든 사람에게 부요하시도다"라는 말씀이 이 뜻을 잘 설명한다(참조. 고전 12:13; 갈 6:15).

12-17절. 이 단락에서는 10-11절에 언급된 "새 사람"이 지킬 덕행을 거론하며 권면한다.

12 그러므로. 이 말은 골로새 신자들이 그리스도의 은혜로 "새 사람"을 입었으니 마땅히 이행해야 할 바가 있다는 결론을 소개한다.

너희는 하나님이 택하사 거룩하고 사랑 받는 자. 이 문구는 원문을 직역하면, "택하셔서 거룩하게 하시고 사랑하심을 입는 자들"이다. 이들은 물론 그리스도인들인데 창세 전에 택하심을 입었다. 이처럼 택하심을 입은 결과 ① 그들은 거룩하게 되었고, ② 하나님의 사랑하심을 영원히 입게 되었다. 그리스도인은 자기도 남과 다름없이 부족한 죄인인데도 하나님께 택하심을 입었다는 사실을 생각할 때 황송함과 감격함이 넘쳐 겸손한 마음으로 남을 봉사하려는 동기를 품게 된다. 그러므로 자기가 남달리 하나님의 택하심을 입은 것을 바로 인식하는 신자는 교만하지 않고 겸손하며, 방심하지 않고 도리어 열심을 품어 선을 행한다. 자기가 성도임을 알면서도 어찌 불의를 행할 수 있겠으며, 하나님의 영원한 사랑을 계속하여 받는 부유한 자임을 알면서도 어찌 이 세상 것들로 말미암아 남과 다툴 수 있겠는가?

처럼. 여기 사용된 헬라어 단어(ὡς)는 "로서"라고 번역되어 "사실 그대로"라는 의미를 나타내야 한다. 요컨대 "하나님이 택하신 거룩하고 사랑받는 자로서"라고 번역하는 것이 합당하다.

긍휼과 자비와 겸손과 온유와 오래 참음을 옷 입고. "긍휼"(σπλάγχνα οἰκτιρμοῦ)이라고 번역된 말을 직역하면, "긍휼의 감정"인데, 인격 내부에서 솟아나는 불쌍히 여기는 열정을 말한다. 영적으로 부요한 하나님의 자녀는 다른 사람의 가련한 형편을 살피는 데 민감하다.

"자비"(χρηστότης)라는 단어는 성격의 인자함을 의미하는데, 근엄함에 반대되는 것이다(롬 11:22). 이런 성격은 위에서 말한 긍휼을 근원으로 하여 대외적으로 표현된 것이다. 이 두 가지는 서로 밀접하게 연결되어 있다.

"겸손"(ταπεινοφροσύνης)은 남을 나보다 낫게 여기는 태도를 말한다(빌 2:3). 남을 나보다 낫게 여기려면, ① 자신의 부족과 결함을 심각하게 인식해야 하며, ② 높고 낮은 것을 판결하시고 결정하시는 이가 하나님이시고 내가 아니며, 또한 그것을 발표하시는 때는 현재가 아니고 그리스도께서 재림하시는 때라는 것을 인식해야 한다. 그러므로 누구든지 자기가 남보다 우수한 줄로 착각하고 미리부터 상석을 택하는 것은 너무나 주제넘은 일이다. 누가복음 14:8-10의 비유에서 보여주는 대로, 현세에 있는 교회가 복음을 전파하는 일은 사람들을 연회에 초청하는 것과 유사하다. 이 교회 생활(연회장의 자리를 차지하는 생활)에서 우리가 스스로 자신을 높인다면, 그것은 연회에 초대받은 하객으로서 연회의 주인인 하나님 앞에서 월권을 행사하는 무례한 행동이다. 우리는 차라리 말석을 차지하는 것이 예법에 정당하다.

"온유"(πραΰτητα)에 대하여 크레다너스는 말하기를, "그것은 베는 듯하고 쏘는 듯하고 찌르는 듯한 것과 반대되는 것이며, 타인으로부터 손해와 방해를 받고도 격분하거나 원한을 품거나 반발하거나 복수하지 않는 것이고, 사람을 교훈하거나 사업을 경영하는 일에서도 조급, 경솔, 포학, 열광, 잔인, 속단, 흥분 등과 정반대되는 인내, 신중, 유순, 조절, 포용, 유화, 침착으로 행동하는 것을 의미한다"라고 하였다.

"오래 참음"(μακροθυμία)은 나를 괴롭게 하는 시험 거리로 말미암아 변절하거나 낙심하지 않음을 의미할 수 있지만, 특히 남이 나에게 해를 입히거나 혹은 은혜를 배반할 때도 노하지 않고 변함없이 덕행을 계속함을 의미한다. 구약의 잠언에 오래 참는 덕을 칭찬하는 구절이 많다(잠 14:29; 15:18; 16:32; 17:27). 하나님께서 인간을 향하여 오래 참으시는 것은 로마서 2:4, 9:22, 베드로후서 3:9에서 볼 수 있고, 인간이 인간에 대하여 오래 참으라는 권면은 디모데전서 1:16, 디모데후서 4:2에서 볼 수 있다. 루터는 그의 갈라디아서 주석(5:22)에서 오래 참는 덕의 필요에 관하여 다음과 같이 말하였다. "사탄은 그가 시험하는 사람을 폭력으로 정복할 수는 없으므로 같은 시험을 오랫동안 계속함으로써 그 목적을 성취하려 한다. 왜냐하면 사탄은 인간이 질그릇과 같아서 계속적인 시험에는 넘어가는 줄을 알기 때문이다. 사탄은 이 방법으로 많은 사람을 넘어뜨렸다. 이와 같은 오랜 시험과 유혹을 이기려면 우리는 오래 참는 덕을 소유해야 한다."

"옷 입고." 우리의 습관적인 행동은 옷처럼 남의 눈앞에 드러나게 되어 있으며 결국 다른 사람들로부터 평판을 받게 되어 있다. 무엇보다도 그 행동들은 하나님 앞에 숨길 수 없이 나타나서 하나님의 판단을 받게 된다. 그러므로 성경에서는 의로운 행실의 소유자를 가리켜 깨끗한 옷을 입은 자라고 말한다(계 19:8; 참조. 마 22:11-12).

13 **누가 누구에게 불만이 있거든 서로 용납하여 피차 용서하되.** 본 절은 위에 열거한 다섯 가지 미덕을 실제적으로 어떻게 적용할지를 말한 것인데, ① 겸손, 온유, 오래 참음의 적용으로서의 "용납"과 ② 긍휼, 자비의 적용으로서의 "용서"다.

"불만"(μομφήν)은 "원망"을 의미한다.

"서로 용납하여." 교회 안에서 일어나는 원망이나 다툼의 책임은 한편에만 있는 것이 아니고 엄밀한 의미에서는 양편에 다 있는 것이다. 원망을 받는 자 편에만 잘못이 있는 것이 아니고, 원망 거리를 묵과하지 않고 불평을 일으키는 자도 사랑의 표준에 부족한 것이다. 그러므로 피해자 측에서는 용납하는 정신을 가져야 한다. 그뿐 아니라, 그리스도 교회에서는 잘못한 자만 용납을 청하는 것이 아니라 잘못이 없는 자도 잘못된 자의 짐을 덜어주는 의미에서, 혹은 자기 역시 그 사람에게 허물이(같은 종류, 같은 정도의 허물은 아닐지라도) 없지 않음을 자인하는 의미에서 잘못을 범한 자에게 용서를 청할 수 있는 너그러운 마음을 가져야 한다(갈 6:1-2). 그러므로 서로 용서를 청할 필요가 있는 것도 사실이고, 서로 용납해야 하는 것도 사실이다.

"피차 용서하되"(χαριζόμενοι ἑαυτοῖς)라는 말은 어떤 번역에 따르면 "너희 자신들을 용서하되"라고 하였다. 이 번역이 제시하는 의미는 다음과 같다. 신자가 다른 신자를 용서하면 그것은 실질적으로 자기 자신을 용서하는 일과 같으므로 "남을 용서하라"라고 말하기보다는 "너희 자신을 용서하라"라는 수사적이고 기지 넘치는 표현을 사용했다는 것이다. 이 번역이 옳다면, 사도의 권면은 모든 신자가 한 몸과 같다는 성경적 의미를 제시하는 것이다.

그러나 대다수 학자가 이 번역을 지지하지 않는다. 위에서 말한 바와 같이 골로새 신자들은 서로 용납해야 할 것이다. 그러나 그것만으로 만족할 것이 아니라 한 걸음 더 나가서 서로 용서하는 자리에까지 나아가야 하는데, "용납"은 피동적이고 소극적인 반면, "용서"는 능동적이고 적극적이다. 용납은 12절에 나열된 다섯 가지 미덕 중 겸손, 온유, 오래 참음의 산물이고, 용서는 긍휼과 자비의 열매라고 할 수 있다.

주께서 너희를 용서하신 것 같이 너희도 그리하고. 우리는 창조주이신 그리스도께 반역하고 그의 원수가 되었던 자들이다. 그러나 그리스도께서는 친히 십자가에서 희생제물이 되셔서 우리의 죗값을 담당하시고 우리를 용서하셨다. 그리스도께서는 우리에 대하여 불평을 하시려면 얼마든지 하실 수 있었다. 그러나 그는 그렇게 큰 희생을 당하시면서도 우리를 용서하셨다. 벵겔(Bengel)은 말하기를, "우리를 책잡으려면 얼마든지 그리할 만한 최대 이유의 소유자는 그리스도였다"라고 하였다.

14 본 절은 12절의 다섯 가지 덕에 연속하여 모든 덕행의 근본인 사랑에 대하여 언급한다. 사랑의 중요성에 대한 교훈은 성경의 다른 부분에도 많이 있다(요 13:34-35; 롬 13:8-10; 고전 13:1-13; 갈 5:13-15; 엡 4:2-3; 요일 4:7-21).

이 모든 것 위에 사랑을 더하라. 12절에 열거된 다섯 가지 덕도 중요하지만, 그것들 이상으로 더 중요하여 그것들에 기초가 되는 것이 있으니, 그것은 사랑이다.

온전하게 매는 띠니라. "온전하게 매는 띠"라고 번역된 헬라어를 직역하면 "완전의 띠"라는 의미인데, 이는 도덕 생활의 완성을 이루는 근본적이 요소라는 말이다. 누구든지 사랑만 붙잡으면 모든 다른 덕행들은 거기에 따라온다(롬 13:8-10). 띠가 없으면 옷이 몸에 붙어 있지 않은 것과 마찬가지로, 사랑이 없으면 다른 덕행들이 우리에게 붙어 있을 수 없다. 왜냐하면 사랑은 다른 모든 덕행의 근원이고 본질이기 때문이다(고전 8:1; 13:1-13).

15 교회 생활에 있어서 피차간의 용납과 용서를 생산하는(13절) 다섯 가지 미덕(12절의 긍휼, 자비, 겸손, 온유, 오래 참음)이 사랑의 띠로 결속되면(14절), 교회 안의 평화는 필연적으로 이루어진다. 그러므로 사도는 골로새 교회에 대하여 본 절에서는 평화를, 16절에서는 그리스도의 말씀이 그들 안에 거하기를 희망한다. 그 논리적 단계를 도식화하면 다음과 같다.

<table>
<tr><td rowspan="5">사랑의 띠</td><td>긍휼</td><td rowspan="2">용서 - 그리스도의 평강[평화]</td></tr>
<tr><td>자비</td></tr>
<tr><td>겸손</td><td rowspan="3">용납 - 그리스도의 말씀의 내주</td></tr>
<tr><td>온유</td></tr>
<tr><td>오래참음</td></tr>
</table>

그리스도의 평강이 너희 마음을 주장하게 하라. 여기 "그리스도의 평강"이란 하나님께서 그리스도 안에서 주시는 평화를 뜻한다(빌 4:7). 이 평화를 마음에 소유한 자는 곧 하늘의 것을 소유한 자니 땅에 속한 거름더미와 같은 것 때문에 이웃과 다툴 필요는 없다. 그러므로 이렇게 마음에 참 평화를 소유한 자는 다른 사람과도 늘 평화의 관계를 유지한다. 그러므로 남들과 평화를 유지하기 위해서는 먼저 나 자신이 참된 평화(하나님이 주시는 평화)를 소유해야 한다(요 14:27; 엡 2:14).

"주장하게 하라"(βραβευέτω)라는 말은 운동경기의 심판(Umpire) 역할을 하게 하라는 말이다. 경기장에서 분쟁이 일어나는 때는 두말할 것 없이 주심의 결정대로 문제를 해결하고 경기를 속행하는 법이다. 이같이 그리스도인의 마음에도 어떤 대외적인 원한이 있어서 암투가 일어나는 때는 지체하지 말고 그리스도의 평화로운 결정에 순종해 나아갈 뿐이다.

너희는 평강을 위하여 한 몸으로 부르심을 받았나니(참조. 고전 7:15). 그리스도인들이 얻은 구원의 최후적 목표는 "영원한 평강"인데(계 7:14-17; 21:1-7, 9-26;

22:1-5), 구원을 성취하시는 방도로서의 "부르심"도 평강을 위한 것으로서, 아무 분쟁도 없는 한 몸 같은 교회(고전 12:12-27)를 이루게 하는 부름이다.

너희는 또한 감사하는 자가 되라. 다시 말해 너희는 너희를 한 몸이 되도록 부르셔서 평강을 얻게 하시는 하나님께 감사하라는 뜻이다. 여기서 그들이 감사하는 증표는 그들이 부르심의 목표(한 몸이 되게 하는 것)에 순응하여 서로 화합하는 일일 것이다. 칼빈은 여기서 "감사하는"이라고 번역된 헬라어(εὐχάριστοι)를 "유화하는"(amabiles sitis)이라고 번역했는데, 그것은 친목적, 화합적 행위를 의미한다. 이것은 본 절의 문맥에 아주 적합하다. 다시 말해 하나님께서 너희를 평강으로 인도하시기 위하여 너희를 한 몸처럼 합일하는 조직체인 교회가 되도록 부르셨으니, 너희도 거기에 순응하여 서로 유화하는 태도를 보이라는 말이다. 에디(Eadie)는 이와 관련하여 이 단어가 고전 헬라어에서는 "유화"의 의미로 많이 사용되었으나 신약성경에서는 그렇게 쓰인 실례가 별로 없다는 이유로 "감사"의 의미를 채택하였다.

설교 화평(평강)의 중요성(15절)

사도 바울은 여기서 교회의 화평을 강조한다.

1. 서로 다른 것을 조화시킬 때 화평이 이루어진다.

이 세상에 있는 것들이 모두 같으면 단조로운 세상이 되어 기쁨이 없을 것이다. 그러나 그것들이 서로 다른 가운데 화합하면 그것은 기쁨과 평안을 가져온다. 그리스도의 교회에서도 마찬가지다. 신자들의 개성이 서로 다르지만, 그리스도의 보혈을 믿음으로 구원받고 성화를 이루어 영광을 얻음에 있어서는 같다. 그러므로 개성들이 서로 다른 것은 문제 될 것이 없다. 그 개성들도 주님의 보혈로 구원받는 것이기 때문에 서로 사랑스러운 것으로 느껴야 할 것이다.

2. 하나님의 성품과 그 자녀들의 일이 화평에 속한다.

성경에서는 그리스도를 평강의 왕이라 하였고(사 9:6), 하나님을 화평의 하나님이라 하였고(고전 14:33; 살전 5:23), 하나님이 주시는 은혜도 평강의 은혜라고 하였다. 신약의 모든 서신에서 축복의 말씀은 "은혜와 평강이 있을지어다"라는 것이었다. 따라서 하나님의 아들들이 하는 일은 "화평케 하는 것"(마 5:9)이라고 하였고, 마가복음 9:50에는 말하기를, "소금은 좋은 것이로되 만일 소금이 그 맛을 잃으면 무엇으로 이를 짜게 하리요 너희 속에 소금을 두고 서로 화목하라"라고 하였다. 이 말씀은 하나님으로 말미암아 난 그리스도인들의 특징이 화목이라는 뜻과 같다. 그러므로 화평이 있으면 하나님이 축복하신다. "너희 중의 두 사람이 땅에서 합심하여 무엇이든지 구하면 하늘에 계신 내 아버지께서 그들을 위하여 이루게 하시리라"라고 하였다(마 18:19).

16 사랑의 띠를 띠는 것으로 모든 미덕을 생산하며 지속할 수 있게 된 교회는(14절), 논리적으로 평화의 덕을 소유할 수 있게 되었으니, 사도는 평화를 희망했다(15절). 또한 그런 교회에는 논리적으로 진리가 풍성하게 내주할 수 있게 되었으니 본 절에서 사도는 그리스도의 말씀이 그들 가운데 거하기를 희망한다.

그리스도의 말씀. 이것은 그리스도께서 가르치신 교훈을 의미하기도 하지만, 라이트푸트는 이것이 그리스도 자신의 현재적이고 영적인 임재를 의미하는 것이라고 하였다. 본 절의 문맥으로 보아서 이 둘째 해석이 합당하다.

너희 속에 풍성히 거하여. 신자들 사이에 사랑이 풍성하여 그들이 서로 하나가 되면 그리스도의 말씀도 그들 가운데 풍성히 거한다. 왜냐하면 한 마음을 이룬 신자들의 단체에는 그리스도 자신이 내주하시기 때문이다(마 18:19-20). 이처럼 사도는 사랑을 권면한 후에(14절) 그 사랑의 첫 열매로서 교회의 화평을 희망하고, 또한 둘째 열매로서 그리스도의 말씀이 그들 가운데 거하기를 희망한다. 신자가 서로 사랑 안에 연합하여야 그리스도의 말씀을 이해하여 얻는 지혜의 부요에 도달할 수 있다(참조. 2:2 해석).

모든 지혜로 피차 가르치며 권면하고 시와 찬송과 신령한 노래를 부르며. 여기서 말하는 "가르침", "권면", "찬송"은 "그리스도의 말씀"이 신자들 가운데 거한 결과다. "그리스도의 말씀"이 그들 가운데 거하지 않으면 가르침이나 권면이나 찬송이 참되게 나타나지 못한다. "가르침"은 영적 지식을 전달하는 것이고, "권면"은 도덕 실행의 동기와 용기를 일으키는 것이다. 이 둘은 "모든 지혜"를 내용으로 하고 또 "모든 지혜"를 방법으로 한다. 지혜의 방법을 가지지 못한 가르침은 언제나 실패한다. 권면도 마찬가지다.

"시와 찬송과 신령한 노래를 부르며." 여기서 "부르며"라고 번역된 헬라어 단어는 "불러서"라고 수정하여 다음 문구와 연결하는 것이 적합할 듯하다. "시"(ψαλμοῖς)는 악기의 반주를 수반하는 노래를 가리킨 것이지만, 반주 없이 하나님을 찬송하는 찬송시를 의미할 수도 있다. 어떤 학설에 이것은 구약의 시편들을 의미한다고 한다. "찬송"(ὕμνοις)은 단순히 목소리로 부르는 종교 음악인데, 신약 시대에 이르러 성도들이 영감으로 지은 성가들이다. 그리고 "신령한 노래"는 위의 두 가지 중 어느 것이든지를 가리킬 수 있는 일반적인 명칭이다. 그러므로 이 말은 어떤 특정한 음악을 의미하는 것이 아니고 바로 앞의 "시와 찬송"을 총괄하는 명칭이다(엡 5:19).

감사하는 마음으로 하나님을 찬양하고. 이 문구는 앞 구절과 밀접하게 연관되어 있는데, 그 관계를 염두에 두고 이어서 진술하면, "시와 찬미와 신령한 노래를 불러서 마음에 감사함으로 하나님을 찬양하고"라는 문장이 된다. 신자가 모든 신령한 노래를 부르는 주된 목적은 사람을 기쁘게 하려는 것이 아니고, 교회적으로 혹은 개인적으로 받은 은혜를 감사하여 하나님을 찬양하기 위한 것이다. "감사함으로"(ἐν ψῆ χάριτι)라는 어구는 한글 성경의 각주와 같이 "은혜로"라고 번역할 수도 있는데, 그것은 우리 신자들이 하나님을 찬양할 때 은혜를 받은 마음으로 하라는 의미일 것이다. 그러나 첫 번째 번역이 자연스럽다.

17 여기서는 바울이 12-16절을 결론 짓는 의미에서 그리스도인의 행동 원리를 요약적으로 설명한다. 그것은 그리스도의 이름으로 행하고 그 이름으로 감사하라는 것이다.

말에나 일에나 다 주 예수의 이름으로 하고. 이 문구에는 이중의 의미가 포함되었다. ① 언행을 그리스도 자신이 취하신 언행답게 하라는 것인데, 신자가 그 언행에 있어서 그리스도를 모범으로 삼으라는 뜻이다. ② 그리스도를 위하는 언행을 의미한다.

그를 힘입어 하나님 아버지께 감사하라. 여기서 "그를 힘입어"라는 말은 그리스도의 능력을 받는다는 뜻인데, 이것은 그리스도를 신뢰하는 믿음으로만 성립된다. 그리스도인은 일반 언행에 있어서나, 하늘의 하나님을 송영하는 일에 있어서 그리스도를 힘입어야 한다. 그렇지 않을 때 그는 영적 열매를 맺지 못한다. 예수님은 말씀하시기를, "나는 포도나무요 너희는 가지라 그가 내 안에, 내가 그 안에 거하면 사람이 열매를 많이 맺나니 나를 떠나서는 너희가 아무 것도 할 수 없음이라"(요 15:5)라고 하셨다.

18-19절. 부부간의 도덕

18 **아내들아 남편에게 복종하라.** 사도는 무엇보다도 먼저 부부간의 도덕을 거론하는데, 그 이유는 부부가 가정의 기초이기 때문이다(창 2:18).

"남편에게 복종하라." 가정의 화평은 주로 아내의 온유한 덕으로 말미암아 성립된다. 온유와 복종은 서로 유사한 덕이다(참조. 벧전 3:4-5). 구약의 잠언에 복종의 덕을 소유하지 못한 아내의 불행에 대하여 여러 가지로 경계한다(잠 11:22; 12:4하; 21:9, 19; 25:24; 27:15; 참조. 잠 11:16; 12:4; 31:10-31).

이는 주 안에서 마땅하니라. 이 문구는 그것이 주 안에 있는 자가 마땅히 실행할 책임이라는 뜻이다. 아내가 남편에게 복종할 책임이 있는 이유는 성경에 밝히 기록되었다. ① 남자가 먼저 창조되었기 때문이며(딤전 2:13), ② 여자는 남자를 위하여 창조되었기 때문이며(고전 11:9), ③ 여자는 남자에게서 났기 때문이며(고전 11:8), ④ 여자가 먼저 범죄하였기 때문이며(딤전 2:14), ⑤ 여자는 남자보다 연약한 그릇으로서 남자의 지도와 보호를 요구하기 때문이며(벧전 3:7), ⑥ 하나님께서 남자를 여자의 머리로 정하셨기 때문이다(창 3:16; 고전 11:3). 그러나 이 복종은 노예적인 복종이 아니라 여자에게 주어진 천직이다. 인권에 있어서는 남녀가 동등하다(고전 11:12; 벧전 3:7).

19 남편들아 아내를 사랑하며. "아내를 사랑하며." 에베소서 5:25에 "아내 사랑하기를 그리스도께서 교회를 사랑하시고 그 교회를 위하여 자신을 주심 같이 하라"라고 하였다. 그리스도께서 교회에게 보여주신 사랑은 어떠한 것인가? ① 그 사랑은 죄인을 사랑하신 것이고, ② 우리가 사랑하기 전에 그가 먼저 우리를 사랑하신 사랑이고, ③ 자기의 목숨을 버리시기까지 하신 사랑이고, ④ 영원한 사랑이고, ⑤ 우리를 성결하게 하시려고 베푸신 사랑이다(엡 5:26-27). 남편 된 자가 아내 된 자에게 이렇게 큰 사랑의 책임이 있음을 기억해야 할 것이다.

괴롭게 하지 말라. "괴롭게 한다"(πικραίνεσθε)라는 말은 "까다롭게 군다"라는 의미다. 남편 된 자는 아내를 주관할 천직을 가졌으나, 그것은 독재자의 압제를 의미하는 것이 아니고, 오직 사랑으로써 보호하고 부양하며 지도하는 것을 의미한다. 기독교의 진리를 알지 못하는 남자는 이 권리의 특성을 오해하여 아내가 가정에서 갖는 권리를 무시한 채 제멋대로 횡포를 일삼는다. 크리소스토모스는 이 구절을 다음과 같이 강해하였다. "남편 된 너는 네게 속한 사람이라고 하여 아내에 대하여 횡포를 부리는 자가 되지 말 것이며, 아내 된 너는 남편이 사랑한다고 하여 교만해지지 말아라. 아내 된 너는 남편에게 종속하기를 서슴지 말아라. 너는 사랑하는 그에게 복종하는 것이 고역이 아니니라. 남편 된 너는 네 아내 사랑하기를 망설이지 말아라. 그 이유는 네 아내가 네게 종속되어 있기 때문이다"라고 하였다. 남편 된 자는 언제든지 그 아내에게 오직 사랑으로써만 대하여야 할 본분을 가졌고, 아내 된 자는 언제든지 그 남편에게 순종해야 할 본분을 가지고 있다.

20-21절. 부모자녀간의 도덕.

20 자녀들아 모든 일에 부모에게 순종하라(참조. 출 20:12; 레 19:3; 신 5:16; 잠 23:22; 눅 2:51-52; 엡 6:1-2). "모든 일"이라는 표현을 지나치게 엄밀하게 대할 필요는 없다. 말하자면 이것은 부모가 명하는 일들 가운데 악한 것까지도 포괄하는 "모든 일"은 아니라는 것이다.

"부모에게 순종하라." 성경 말씀은 부모에게 순종하지 않는 것을 엄히 정죄한다. 잠언 30:17에 말하기를, "아비를 조롱하며 어미 순종하기를 싫어하는 자의 눈은 골짜기의 까마귀에게 쪼이고 독수리 새끼에게 먹히리라"라고 하였다. 로마서 1:30과 디모데후서 3:2을 보아도 부모에게 순종하지 않는 죄가 얼마나 큰가를 알 수 있다. "순종하라"(ὑπακούετε)라는 명령은 18절의 "복종하라"(ὑποτάσσεσθε)라는 명령과 다른 단어다. 18절의 동사는 통제에 종속함을 의미하고, 본 절의 동사는 교훈을 청종함을 의미한다.

이는 주 안에서 기쁘게 하는 것이니라. 이것은 그리스도 안에 있는 신자들의 도덕 표준에 부합한다는 의미다(Lightfoot). 신자들의 도덕 표준은 그리스도를 기쁘시게 하는 것이다. 그러므로 어떤 사본은 이러한 의미를 나타내기 위하여 여기 "주 안에서"라고 번역된 헬라어 원어(ἐν κυρίῳ)를 "주께"(τῷ κυρίῳ)로 수정하였다. 그리스도인은 세상의 안목에 맞추려고 노력하지 말고 그보다 먼저 그리스도께 부합하도록 행동할 필요가 있다.

21 아비들아 너희 자녀를 노엽게 하지 말지니. 이 구절의 의미는 에베소서 6:4에서 보다 상세하게 밝히는데, 그것은 "너희 자녀를 노엽게 하지 말고 오직 주의 교훈과 훈계로 양육하라"라는 것이다. 부모들이 자녀를 격노케 하는 원인은 무엇인가? 그것은 ① 그들이 자녀들을 훈계할 때 자신들의 권위와 자신들의 방법과 자신들의 표준을 고집하면서, ② 자녀들이 순종하지 않을 때는 혈기와 울분에 끌려서 압박하고 악담을 퍼붓고 폭력까지 사용하기 때문이다.

부모가 자녀에게 대한 자기들의 권한을 남용하여 지도할 때는 필연적으로 이런 실패에 빠지고 마는 것이다. 그들은 자녀를 교훈할 때 자기들의 권위나 방법을 자의적으로 사용할 수 없다. 이 일에 있어서는 오직 그리스도만이 주인이시니 그리스도의 권위와 방법에 의존하여야 한다. 그러므로 그들은 그리스도께서 명하신 교양과 훈계를 자녀에게 전해주는 역할을 맡을 뿐이다(참조. 엡 6:4). 그들은 자녀가 잘되고 잘못되는 문제를 일체 주님께 의뢰해야 한다. 그리고 혹시 자녀가 불순종하는 때도 그들은 평화로운 마음으로 온유하게 지도해야 한다. 우리가 한 가지 명심할 것은 부모가 자녀를 옳게 지도하는데도 그들이 부모에 대해 노여워하는 때도 있다는 것이다. 이런 경우에 부모에게는 잘못이 없다.

낙심할까 함이라. 이 문구에 대한 벵겔의 강해를 보면 "낙심은 청년의 패망이다"라고 하였다.

22-4:1 주인과 노예 간의 도덕

22 종들아 모든 일에 육신의 상전들에게 순종하되 사람을 기쁘게 하는 자와 같이 눈가림만 하지 말고 오직 주를 두려워하여 성실한 마음으로 하라. 바울 당시에는 노예 제도가 사회의 일부분을 차지하고 있었다. 그러므로 사도는 그리스도인의 가정 도덕을 진술할 때 이 부분도 제외할 수 없었을 것이다. 노예 문제는 그 당시

가정 문제 중 하나였다. 노예는 할 수 있는 대로 그 주인을 속여가면서 맡은 일을 게으르게 하고, 주인은 노예를 학대하는 상황이었다. 그러므로 사도는 이 문제에 대한 도덕적 해결책을 여기에서 진술하였다.

"육신의 상전들." 바울은 이 말로써 노예들의 인격적 가치의 고귀함을 설명하여 그들의 눌린 심령을 위로한다. 요컨대 이 말은 노예들이 육신 상으로만 노예이며 그들의 영혼은 그리스도를 믿음으로 자유인들과 같이 영생의 복을 누릴 권리가 있음을 암시한다. 이 문구에 대하여 크리소스토모스는 강해하기를, "바울의 이 말은 노예들의 인격 가운데 더 좋은 부분(영혼)은 자유를 누린다는 것이며, 노예로서 그들이 당하는 고역은 잠깐임을 밝힌다"라고 하였다.

"사람을 기쁘게 하는 자와 같이 눈가림만 하지 말고." 그리스도인은 무슨 일을 하든지 하나님을 섬기는 동기로 그 일을 성실히 감당해야 할 신앙적 책임이 있다. 그의 생활은 하나님을 중심으로 한 것이니, 그의 직업도 귀천을 막론하고 하나님을 섬기는 의미를 지니는 것이다. 그러므로 그는 인간의 마음속과 모든 은밀한 것을 밝히 보시는 하나님의 뜻에 부합하도록 행함이 마땅하다. 그가 하나님의 뜻에 부합하도록 하려면 거짓됨이 없이 중심으로 그 직무에 충성해야 한다. 그의 수고가 그의 인간 주인을 기쁘게 할 목적으로 행해지는 것이라면 그것은 하나의 무의미한 고역과 비애일 것이다. 그러나 성경 말씀처럼 노예의 수고도 주 안에서 행한 것이라면 그것은 궁극적으로 하나님을 향한 봉사를 목표로 한 것이며, 결국 하늘에서 영원한 상급을 받게 될 천국의 노동이다(참조. 고전 7:17-23).

"주를 두려워하여 성실한 마음으로 하라." "성실한 마음으로"(ἁπλότητι καρδίας)라는 말은 "단순한 마음", 다시 말해 거짓 없는 마음을 의미한다. 노예도 모든 다른 직무를 가진 사람들과 마찬가지로 끝날에 그가 행한 대로 심판을 받을 것이다. 그러므로 그는 하나님을 두려워하는 가운데 성실한 마음으로 봉사해야 한다.

23 무슨 일을 하든지 마음을 다하여 주께 하듯 하고 사람에게 하듯 하지 말라. 본 절은 앞 절의 내용을 이어서 노예가 봉사할 때 가져야 할 또 하나의 태도를 덧붙인다. 앞 절에서는 하나님을 두려워함에서 비롯된 성실한 마음(거짓이 없는 마음)으로서 봉사하라고 했으며, 본 절에서는 그 봉사가 하나님 앞에서 전심으로 실행되어야 할 것을 말한다. "마음을 다하여"(ἐκ ψυχῆς)라고 번역된 어구를 직역하면 "영혼에서부터"라고 할 수 있는데, 이것을 보면 마음을 다하는 것뿐 아니라 즐겨하는 마음으로 해야 한다는 의미까지 포함한다. 아무리 노고가 심하고 비천한 일이라 할지라도, 그것이 주님을 위한 것이라면 그야말로 향기롭고 영예로운 것이다. 그런 일은 누구든지 마음을 다하여 할 만하고 또한 즐거운 마음으로 할 만하다. 이처럼 즐거운 마음으로 하는 봉사는 이미 노예의 속박을 떠나 자유의 영역에서 행해지는 것이다. 그러므로 그리스도 안에서는 모든 것이 고귀해지고 영화롭게 된다.

"주께 하듯 하고 사람에게 하듯 하지 말라." 이 말은 노예가 봉사할 때 주님을 위하는 마음으로 일해야 하며, 인간을 의식하고서 일할 것이 아님을 가르친다.

24 이는 기업의 상을 주께 받을 줄 아나니. 이 구절과 다음절은 노예가 주님을 위하는 마음으로 그 책임을 성실히 이행해야 하는 이유를 보여준다. 말하자면 ① 노예 된 자도 그의 믿음으로 말미암아 그리스도로부터 영생의 기업을 은혜로 받았으니 그 은혜에 감사해야 하기 때문이며, ② 그의 수고도 궁극적으로는 주님을 섬기는 것이어서 그 일을 성실하게 이행하는가에 따라 끝날에 보응을 받을 것이기 때문이다(25절).

"기업의 상." 이 문구 역시 노예들을 대상으로 주어진 말이다. 노예들이 "육신의 상전"으로부터는 종의 대우를 받고 있으나, 하나님 앞에서는 자녀의 명분으로 장차 유업을 받게 된다는 것이다. 한 집안에서 아버지의 유업을 받는 자는 노예가 아니고 언제나 그 집안의 자녀일 것이다(마 21:35-38; 롬 8:15-17; 갈 4:1, 7). 신자가 내세에 들어가서 받게 되는 영생과 그 영광을 가리켜 "기업" 혹은 "유업"이라고 하는 이유가 무엇인가? ① 그가 영생과 영광을 거저 받기 때문이다. 그리스도의 공로로 말미암아 하나님을 아버지라고 부를 수 있는 자녀의 지위에서 받는 영생의 복은 그가 행한 어떤 공로에 대한 교환 조건이 아니다. 그것은 하나님께서 그의 자녀에게 거저 주시는 것이다. ② 그것이 영원한 소유이기 때문이다. 땅 위에 있는 것들은 머지않아 사라지지만, 하나님께서 내세에 성도들에게 주실 영생은 불변하는 것이다(벧전 1:4-5). 자식이 아버지에게서 받는 기업은 일시적인 상급이 아니고 영구한 것이다. 땅 위에서 우리가 누리는 삶은 종들이 일시적으로 주인의 집에 거하는 것과 같아서 영원하지 못하나, 내세에서 누리게 될 삶은 그 집안을 상속할 아들의 삶, 곧 영원한 것이다(요 8:35).

너희는 주 그리스도를 섬기느니라. 한글 성경의 각주에 실린 "종 노릇 하느니라"라는 번역은 "섬기느니라"(δουλεύετε)를 문자적으로 번역한 것으로서 글의 뜻을 더 밝히 보여준다. 이 문구는 노예들이 봉사하는 의미를 결론적으로 밝힌다. 그들의 봉사가 직접적으로는 인간에게 하는 것이지만, 궁극적으로는 그리스도께 하는 것이다. 어떤 학자는 여기서 "섬기느니라"라는 동사를 "섬기라"라는 명령형으로 번역한다.

25 불의를 행하는 자는 불의의 보응을 받으리니 주는 사람을 외모로 취하심이 없느니라. ① 본 절은 내세의 심판이 공정할 것을 예고함으로써 노예 된 자들에게 책임에 충성하도록 권고하는 말씀이라고 한다. ② 어떤 학자들은 바울이 여기서 노예들의 나태와 불성실을 경계하려고 이 말을 하였다기보다는 "상전들"이 노예를 불공정하게 다루는 상황을 염두에 두고 노예들을 위로하기 위해서 한 말이라고 주장한다. ③ 또 어떤 학자들은 이 구절이 두 계급(주인과 노예)을 함께 깨우치려는 의도를 가졌다고 한다.

"불의의 보응." 이것은 그들이 행한 불의에 합당한 벌을 가리킨다.

"주는 사람을 외모로 취하심이 없느니라." 여기서 "외모"는 모든 외형적 차별들을 가리키는데, 인종, 지위, 빈부, 귀천 등이다. 끝날의 심판 때는 지위가 높았던 사람이라고 해서 받아야 형벌을 면할 수 있는 것이 아니며, 혹은 낮은 지위에 있었다는 이유로 마땅히 받을 정죄에서 방면되는 것도 아니다. 하나님의 심판은 오직 각 사람이 행한 대로 시행될 것이다(참조. 롬 2:6; 고후 5:10; 엡 6:8-9).

제 4 장

⚜ 개요

1. 상전들에게 주는 교훈(1절)

이것은 3:22-25에 기록된 종들에 대한 교훈과 관련된다. 종들을 고용하는 자들도 장차 하나님의 심판을 받을 처지에 있으니, 종들에게 의롭게 행해야 한다.

2. 기도를 힘쓰라고 함(2-4절)

바울은 특별히 자기를 위하여 기도해 달라고 신자들에게 부탁한다. 그것은 자기의 개인적 유익을 위함이 아니고 자기를 통한 전도 운동이 열매를 맺도록 하기 위함이었다.

3. 불신자를 향해 지혜로운 말과 행동을 보이라고 함(5-6절)

불신자들은 성경을 모르며 설교를 들을 기회도 없었다. 그러나 그들은 일상생활에서 신자들과 접촉하게 되는데 이 기회에 그들이 신자들의 행동을 보고 주님께로 돌아올 수 있다. 그러므로 신자들은 이 기회를 놓치지 말고

구원 운동의 효과를 거두어야 한다. 이것이 "세월을 아끼라"(5하)라는 말씀의 의미다.[80)]

4. 인사에 관한 말(7-18절).
   1) 본 서신을 골로새에 가지고 가는 두기고와 오네시모를 천거함(7-9절)
   2) 유대인 신자 중 세 친구가 문안함(10-11절)
   3) 이방인 신자 중에서도 세 친구가 문안함(12-14절)
   4) 사도의 개인적 부탁과 문안(15-18절)

✤ 해석

1 **상전들아 의와 공평을 종들에게 베풀지니.** 본 절은 앞 장 끝부분에 이어 계속해서 "상전들"이 노예들을 다루는 일에 관계된 도덕적 책임("의와 공평")을 진술한다. "의와 공평"은 도덕을 가리키는 총괄적 명사다. 여기에 반대되는 악행의 실례를 들면, ① 그들에게 필수적인 생활비를 적당히 주지 않는 잔인한 행위나(약 5:4), ② 그들에게 자유를 허용하지 않는 비인도적인 행위를 의미할 것이다. 이러한 죄는 그 당시 신분이 높은 자가 비천한 자들에게 흔히 범하는 것이었다.

너희에게도 하늘에 상전이 계심을 알지어다. 이 문구는 종의 주인들이 그 노비들을 천대하지 말고 의와 공평으로 대우해야 할 이유를 보여준다. 주인들도 장차 그들의 주가 되시는 예수 그리스도 앞에서 심판을 받을 것인데, 어찌 그들이 노예를 다룰 때 의와 공평을 무시할 수 있겠는가?(참조. 눅 12:46-48; 고전 7:22)

---

80) F. F. Bruce, Colossians, 1980, 299.

2-4절. 기도하라고 권면함

2 기도를 계속하고(참조. 눅 18:1; 롬 12:12; 엡 6:18; 살전 5:17; 벧전 4:7). "계속" 기도하라는 말은, ① 어떤 특정한 소원을 두고 그것을 위하여 심령으로 부단히 간구하는 동시에, ② 일정한 기간을 내어 그 소원을 위한 개인 기도나 공중 기도를 계속하는 것을 의미한다. 우리의 소원이 간절하다면 우리는 그 소원을 위해 이같이 힘쓰게 될 것이다. 우리가 기도하는 주된 목적이 어떤 사고를 만났을 때 하나님의 도우심을 얻는 것이라면, 우리는 사고가 생길 때만 기도해도 될 것이다. 그러나 기도의 주목적은 그것이 아니다. 기도는 영적 생명력을 섭취하는 하나의 방편으로서 잠시라도 정지하면 안 되는 것인데, 마치 우리 육신의 호흡을 한순간도 정지해서는 안 되는 것과 마찬가지다. 성경 읽는 일을 음식에 비유한다면, 기도는 호흡에 비유할 수 있다.

기도에 감사함으로 깨어 있으라. 이 문구는 위에서 교훈한 항상 기도하는 일에 관련된 두 가지 긴요한 주의사항을 말한다.

1) 항상 기도를 힘쓰는 자는 간구에만 몰두하고 감사를 잊어버리기 쉽다. 미래의 축복을 갈망하는 것만이 기도의 목적이 아니고, 과거에 받은 축복을 기억하여 감사하는 것이 더 중요하다. 하나님께서 우리의 간절한 기도에 대해 잠잠하셔도 우리는 역시 감사해야 한다. 아버지의 잠잠하심도 자식의 유익을 위한 것이다.

2) 항상 기도할 때 또 한 가지 주의할 사항은 "깨어 있으라"는 것이다. 항상 기도해도 응답이 없을 때 신자들도 낙심하거나 피곤을 느끼는 시험에 빠질 우려가 있다. 하나님께서 어떤 때에 신자의 기도에 응답하시지 않는 이유는, ① 기도자의 유익을 위하여 응답의 시기를 장래의 어느 때로 정하셨기 때문일 수도 있고, 혹은 ② 그런 기도에 대한 응답이 기도자에게 무익한 것이기 때문일 수도 있다. ③ 그 밖에 다른 선한 이유가 있을 수도 있다. 이처럼 오묘한 하나님의 뜻을 이해하는 자는 혹시 기도에 대해 응답을 못 받는 때도

실망하거나 영적 피로에 빠지지 않는다. 그는 도리어 전보다 더 하나님의 뜻에 합당하게 기도하기 시작할 것이다. 다시 말해 그는 한 번 더 각성한 태도로 기도를 계속할 것이다. 따라서 지금까지의 설명으로 볼 때 항상 감사함으로 각성하는 자라야 기도를 쉬지 않고 계속 실행할 수 있다.

설교 감사와 병행하는 기도(2절)

"기도에 감사함으로 깨어 있으라"는 말씀은 감사하면서 기도하라는 뜻이다. 기도자는 왜 감사하면서 기도해야 하는가?

1. 기도할 수 있는 마음이 벌써 큰 은혜이기 때문이다.

찰스 스펄전(Charles Spurgeon)은 말하기를, "기도 없는 영혼은 그리스도 없는 영혼이고, 그리스도 없는 영혼은 멸망한 영혼이니 영원히 내던짐을 당한다. 기도할 수 있는 마음이 거듭난 마음이고, 하나님과 화목한 마음이고, 신령한 마음이고, 진리의 광명을 받은 마음이고, 생명 있는 마음이고, 하나님과 교통하는 마음이고, 하나님이 기뻐하시는 마음이다. 다시 말해 기도할 수 있는 자는 초자연적 능력으로 이미 변화를 받아 하나님의 형상으로서 새롭게 태어났으므로 하나님을 사모하며 찾게 된다"라고 하였다. 이런 마음의 소유자는 어떤 지경에서도 하나님을 찾는다. 기도하는 것이 그의 삶이다. 영국의 옥중 성도 새뮤얼 러더포드(Samuel Rutherforth)는 말하기를, "하나님이 다른 데 계신다면 나는 일곱 지옥을 건너가서라도 그를 만나리라"라고 하였다.

2. 기도함으로 인격이 변화되기 때문이다.

사람들이 기도로 변화를 받은 사건들은 너무 많아서 일일이 말하기 어렵다. 한 가지 예를 들면, 아프리카에 파송된 어떤 선교사는 원주민들을 대할 때마다 너무 역겨운 냄새가 나서 그들을 미워하기까지 하였다. 그러나 그는 그의 죄를 자복하면서 기도하기를, "주여 제가 이 백성(그리스도께서 위하여 죽으신 백성)을 사랑하게 하옵소서"라고 하였다. 그는 기도 응답을 받아 드디어 그들을 사랑하게 되었다. 마르틴 루터가 보름스에서 열린 회의에 들어가기 전에 먼저 골방에 들어가 기도하였는데, 그가 기도실에서 나오는 모습은 필립 멜란히톤(Philip Melanchthon)의 눈에 전보다 더 위대한 사람으로 보였다. 기도는 하나님을 만나는 현장을 경험하는 일인데, 참된 기도자가 어찌 변화를 받지 않을 수 있겠는가! 고린도후서 3:18에 말하기를 "우리가 다 수건을 벗은 얼굴로 거울을 보는 것 같이 주의 영광을 보매 그와 같은 형상으로 변화하여 영광에서 영광에 이르니 곧 주의 영으로 말미암음이니라"라고 하였다.

3. 참된 기도는 응답받기 때문이다.

참된 기도는 헛되이 사라지지 않기 때문에 신자는 이미 기도할 때부터 감사할 수 있다. 조지 뮬러는 스펄전에게 말하기를, "내가 여러 해 동안 하나님께 기도하였으나 아직도 응답을 받지 못하였다. 그러나 벌써 받은 줄 알고 감사한다"라고 하였다(참조. 요일 5:15). 하나님께서 기도를 응답하시는 방법과 그 시기는 인간의 예상과 다를 수 있다. 그 방법과 시기는 기도자의 영적 생활을 향상시킬 수 있도록 마련되었다. 특별히 시기 문제에 대하여 한마디 덧붙이자면, 하나님께서 우리의 기도에 속히 응답하시지 않고 오래 기다리시는 이유는, 우리가 기도를 오랫동안 하게 하심으로써 무엇보다도 우리의 심령이 하나님과 오랫동안 교제하면서 성화되게 하시기 위함이다. 찰스 웨슬리가 영국 윌트셔의 디바이지스(Devizes) 지방에 전도하러 갔을 때 폭도가 그를 죽이려고 그가 머무는 집의 지붕에 올라가 지붕을 뜯어내고 있었을 때 그는 하나님께 구원해 주시기를 기도하였다. 이제 지붕은 다 헐리고 폭도들의 얼굴이 보이기 시작하였다. 그는 하나님께서 자기의 기도를 들어주시지 않은 줄 알았다. 그런데 폭도 중 한 사람이 먼저 내려와서 그를 데리고 다른 장소로 도피시켰다. 만일 그때 5분만 더 지체되었더라면 그는 죽임을 당했을 것이다. 하나님께서는 이처럼 구원해 주시지 않을 듯이 보이는 아슬아슬한 상황에 구원해 주시는 경우들이 있다. 그는 이렇게 하심으로써 구원받은 자들이 더욱 감사하게 하시며 심령의 변화도 심각하게 이루신다.

참된 기도는 하나님께 향기와 같이 상달되는 것이기 때문에 하나님의 은혜가 기도자에게 임한다. ① 참된 기도는 성령의 감동으로 이루어지는 것이다(롬 8:26; 엡 6:18). 성령께서 드리는 기도를 하나님께서 듣지 않으실 리가 없다(롬 8:27). ② 참된 기도는 그리스도를 중심으로 삼는 것이다(그리스도의 고난과 약속과 그 밖에 모든 것을 믿고 말하는 기도). 그리스도로 말미암은 간구는 하나님께서 다 들으신다(요 14:14). ③ 참된 기도는 하나님 아버지가 살아 계신 것과 기도자에게 갚아주시는 것을 믿는 데서 출발한다(히 11:6). 이 세 가지를 포함한 기도는 참으로 불타는 향과 같아서 따가운 것이다. 이런 기도가 하나님을 향하여 불붙듯이 간절한 기도다. 이런 기도는 응답받는다.

3 또한 우리를 위하여 기도하되. 사도 바울은 여러 번 자기를 위하여 기도하여 달라고 신자들에게 부탁하였다(롬 15:30; 고후 1:11; 엡 6:19; 살전 5:25; 살후 3:1-2). 이러므로 오늘날 신자들이 서로를 위하여 기도하는 일은 사도의 모범을 따르는 것이다.

하나님이 전도할 문을 우리에게 열어 주사. 사도가 골로새 교회에 자기를 위해 기도하라고 부탁하는 목적은, 이 세상에서 그가 안락이나 형통을 누리기 위한 것이 아니고, 오직 하나님의 나라와 그 의를 위한 것이었다. 다시 말해 그 목적은 복음 전파를 위한 것이다. 여기 "전도할 문"이라는 말을 헬라어에서 직역하면 한글 성경의 각주와 같이 "말씀의 문"이다. 주석가들 중에는 이것이 에베소서 6:19과 같이 말할 수 있는 "입"을 가리킨다고 해석하는 자들도 있으나, 전도할 만한 기회와 환경을 가리킨다는 학설이 더욱 유력하다(고전 16:9; 고후 2:12).

그리스도의 비밀을 말하게 하시기를 구하라(참조. 1:26 해석). 사도 바울은 오랫동안 감추어졌던("비밀"이라는 용어의 의미) 바로 그 진리, 다시 말해 복음을 참으로 알았다. 모든 사람을 구원하는 진리를 하나님의 계시로 말미암아 깨달은 그는(갈 1:15-16), 구원을 알지도 못하고 멸망으로 달음질하는 수많은 영혼을 불쌍히 여겼다. 그의 심령은 진리를 전하고자 하는 소원으로 불타올랐다. 더욱이 그는 하나님으로부터 모든 사람을 구원해 내는 복음 전도의 큰 사명을 부여받았다. 이것을 아는 사도는 무거운 부채 의식과도 같은 사명감으로 어떻게 해서든지 전도할 기회만을 찾았다(롬 1:14; 고전 9:16). 그가 옥중에서도 바랬던 것은 속히 석방되어 자유로운 생활을 누려보자는 것이 아니고, 오직 복음 전도의 기회만을 갈망하고(빌 2:24) 있었다. 그뿐 아니라 그는 옥중에서도 복음을 전하였다(행 28:30-31). 그는 복음이 달음질하듯이 속히 온 세계에 전파되기를 희망하는 때도 있었다(살후 3:1).

내가 이 일 때문에 매임을 당하였노라. 바울이 로마 감옥에 갇힌 것은 복음을 위한 일이었다.

4 그리하면 내가 마땅히 할 말로써 이 비밀을 나타내리라. 이것은 앞 절에서 바울이 골로새 교회 부탁한 기도의 결과를 말해 준다. 그의 부탁대로 골로새 신자들이 그를 위하여 기도해 준다면 그의 선교는 잘 성취될 것이다. "마땅히 할 말"은 "복음"이다. 복음은 바울이 마땅히 말해야만 했던 것이었다. 그 이유는 ① 하나님께서 바울을 붙잡아 그것을 전파하게 하셨기 때문이다(고전 9:16; 참조. 마 28:19-20; 행 5:32). ② 복음은 그리스도를 내용으로 삼는 말씀으로서 천상천하에 유일한 진리이므로 이 사실을 아는 사람은 누구나 그 진

리가 전파될 만한 가치가 있다고 여길 것이다. 복음 이외에는 구원의 길이 절대로 없다는 사실을 아는 자는 그것을 남에게 전하지 않을 수 없다.

"비밀"(μυστήριον) 역시 복음을 가리킨다(참조. 1:26 해석). 그런데 이 복음을 나타내는 방도는 사람의 지혜와 수단에 있는 것이 아니고, 사도의 말과 같이(고전 2:1-2, 4-5) 성령의 계시와 능력에 있는 것이다(참조. 마 11:25). 그러므로 이것을 위해서는 하나님께 의뢰하지 않으면 안 된다. 따라서 바울은 교회에 기도 원조를 요청한 것이다.

설교 기도에 대하여(2-4절)

1. 기도에 힘써야 한다.

① 사람은 본디 게으른지라 힘을 기울여야만 기도할 수 있다. 사람이 자기 직업에는 부지런하면서도 영적 노력에는 등한하기 짝이 없다(참조. 잠 26:11-16). ② 또 사람은 너무 분주하여 기도하지 못한다. 그러나 분주할수록 기도에 더욱 힘써야 하지 않겠는가(참조. 시 127:1-2). ③ 사람이 기도 생활에 낙심하기 쉬우므로 힘써야 한다(참조. 시 42:5).

2. 기도에 깨어야 한다.

기도에 깬다는 말은 하나님께 합당하게, 그리고 성결의 법도에 합당하게 기도하는 것을 의미한다(벧전 4:7). 요한계시록 16:15에 "깨어 자기 옷을 지켜 벌거벗고 다니지 아니하며 자기의 부끄러움을 보이지 아니하는 자는 복이 있도다"라고 하였고, 로마서 13:11-13에는 "깰 때가 벌써 되었으니···단정히 행하"라고 하였다. 그러면 어떻게 해야 기도를 단정히(깨어) 할 수 있는가? ① 먼저 시간을 바쳐서 기도해야 하고(단 6:10; 행 3:1; 10:9; 16:13), ② 정신 차린 말로 기도해야 한다. 정신 차린 말은 진리(하나님의 뜻)대로 말하는 것이다

(참조. 행 26:25). 우리가 병자를 위하여 기도할 때도 하나님의 뜻은 생각하지 않고 무작정 낫게 해달라고 구하는 것은 정신 차린 말이 아니다. 우리가 하나님의 뜻을 모를 때는 탄식함으로 기도해야 한다(롬 8:26-28). 하나님의 뜻을 존중하기 위해 탄식하는 것도 하나님을 경외하는 경건한 방법이다.

5-6절. 불신자를 대상으로 하는 도덕

5 사도는 교회가 해야 할 책임으로서 기도를 권장하는 중에 특히 사도가 불신자들에게 전도할 기회를 얻게 해달라고 기도하라 하였고(2-4절), 본절과 다음절에서는 골로새 교인들에게 불신자들 앞에서 지혜 있게 행하여 전도에 도움이 되라고 요구한다.

외인에게 대해서는 지혜로 행하여. 여기 "외인"(τοὺς ἔξω)이라는 말은 불신자들을 가리킨다(고전 5:12-13; 살전 4:12; 딤전 3:7), 신자가 불신자들 앞에서 가져야 할 행동 원리는 무엇보다 먼저 "지혜"다. 불신자들은 기독교를 비판할 때 성경을 연구하는 정당한 순서를 밟지 않고 먼저 신자들의 행동거지와 됨됨이를 살핀다. 그러므로 신자들은 행동과 처신에 있어서 성경 진리(지혜)를 실현해야만 할 것이다. 그리스도께서도 그렇게 교훈하시면서 순결의 덕을 더불어 강조하셨는데, 이르시기를 "보라 내가 너희를 보냄이 양을 이리 가운데로 보냄과 같도다 그러므로 너희는 뱀 같이 지혜롭고 비둘기 같이 순결하라"(마 10:16)라고 하셨다. 칼빈은 이와 관련하여 불신자들 가운데서 지혜로 행해야 할 이유 세 가지를 제시하였으니, 그것은 다음과 같다. ① 신자가 불신자들 앞에서 실수를 범하면, 그것으로 인하여 그들이 더욱 그리스도 신앙을 멀리하고 구원의 길에 들어서지 못하게 된다. 그러므로 그런 실수는 작은 것 같으나 "맹인 앞에 장애물을 놓는 것"(레 19:14)과 마찬가지다. ② 그런 실수로 말미암아 하나님의 복음이 비방을 받는다. ③ 또 한 가지 유의해야 할 점이 있는데, 그것은 신자가 불신자들 가운데서 조심하지 않으면 그들과 융화되어

믿음에 손해를 입기 쉽다는 것이다.[81)]

세월을 아끼라. 이 문구(τὸν καιρὸν ἐξαγοραζόμενοι)를 직역하면, "기회를 사서 가지라"라는 말이다. 요컨대 빨리 흘러가고 마는 기회를 나 자신이 선한 노력과 희생의 대가를 치르고서라도 구매하여 내 것으로 만들라는 말이다. 신자들이 불신자를 상대하는 시간을 의미 없이 흘려보내지 않고 그 시간에 지혜롭게 행하면, 무언중에라도 그들을 주님께로 인도할 수 있게 된다. 그렇게 되면 그 시간이 자기들의 영원하고 귀중한 소유로 굳어진다. 이렇게 매수해 둔 시간은 내세에 이르러 영원한 행복을 가져온다(눅 14:13-14; 16:9; 참조. 엡 5:16 해석).

6 본 절은 신자가 불신자를 대할 때 말을 선하고 아름답게 하기 위해서는 먼저 교회 안에서부터 신자들끼리 언사를 선하고 아름답게 하는 습관을 배양해야 한다고 말한다(참조. 엡 4:29).

너희 말을 항상 은혜 가운데서 소금으로 맛을 냄과 같이 하라. 여기 "은혜 가운데서"(ἐν χάριτι)라는 말은 "은혜롭게"라고 번역하는 것이 나은데, 신자는 말과 행동을 "친절하게" 혹은 "인자하게" 표현하라는 것이다. "소금으로 맛을 냄"은 무슨 뜻인가? 이것은 부패하고 더러운 말을 하지 않도록 주의하라는 의미이며(엡 4:29), 소금을 방부제로 여기는 해석이나(마 5:13; 막 9:49-50; 눅 14:34-35).

그리하면. 다시 말해 교회 안에서 신자들끼리 말과 행동을 친절하게 하면 대외적으로도 그렇게 할 수 있게 된다는 말이다.

각 사람에게 마땅히 대답할 것을 알리라. 베드로전서 3:15을 보면 기독교에 관한 불신자의 질문에 신자가 답변하는 태도는 "온유와 두려움"이어야 한다고 하였다. 그것은 자신이 하나님 앞에 증인으로서 중대한 위치에 서 있다는 사실

---

81) Calvin's Commentaries, Colossians, 1974, Eerdmans, 358.

을 의식하는 태도다. 이처럼 신중한 태도가 있는 자에게는 성령의 도우심이 있다.

7 **두기고가 내 사정을 다 너희에게 알려 주리니.** "두기고"는 소아시아 사람인데 사도의 조력자로서 많이 수고한 사람이다(행 20:4; 엡 6:21; 딤후 4:12; 딛 3:12). 두기고가 골로새에 가게 된 이유는 본 서신을 전달하는 동시에 사도 바울의 정황을 교회에 전하기 위함이었다.

신실한 일꾼이요 주 안에서 함께 종이 된 자니라. 여기서 "신실한"이라는 형용사는 "일꾼"을 수식할 뿐만 아니라 "주 안에서 함께 된 종"이라는 명사구도 수식한다. 말하자면 두기고는 "일꾼"의 자격으로도 신실하고, "주 안에서 함께 된 종"의 자격으로도 신실하다는 뜻이다. 신실함은 "하나님의 비밀", 다시 말해 복음을 맡은 사역자의 유일한 자격이다. 그러므로 고린도전서 4:1-2은 말하기를 "사람이 마땅히 우리를 그리스도의 일꾼이요 하나님의 비밀을 맡은 자로 여길지어다 그리고 맡은 자들에게 구할 것은 충성[신실]이니라"라고 하였다. 주님의 일꾼이 갖추어야 할 신실함은, ① 복음에 신실함인데, 하나님께서 맡겨주신 복음을 더하거나 빼지 않고 그대로 보전하여 전하는 것이고(고후 2:17), ② 인격적으로 진실하여 거짓이 없는 것이고(고후 1:18-20), ③ 주 예수 그리스도를 위하여 고통과 환난을 만나도 변절하지 않는 진실이다(엡 6:24).

그런데 여기서 "일꾼"이라는 말과 "주 안에서 함께 종이 된 자"라는 말은 어떻게 구별되는가? 전자는 특히 교역자의 사역을 염두에 둔 명칭이고, 후자는 교역자와 그리스도의 관계를 염두에 둔 명칭이다. "일꾼"(διάκονος)이라는 용어는 어원적으로 티끌 가운데로 통과하는 자를 의미하거나 혹은 달음질하는 자를 의미하는데(Trench), 이는 고된 노역의 정황을 묘사하는 명칭이다. 그리고 바울이 두기고를 가리켜 자신과 함께 그리스도의 종이 된 자라고 한 것은 두기고가 그리스도를 주님으로 알고 절대로 충성하고 순종하는 자였음을 가리킨다.

8 내가 그를 특별히 너희에게 보내는 것은. 여기서 "특별히"라는 말이 헬라어 원문에는 없는데 한글 번역에는 보충하였다.

너희로 우리 사정을 알게 하고. 이 문구는 어떤 사본들의 독법(γνῶτε τὰ περὶ ἡμῶν)에 따르면 "나로 너희 사정을 알게 하고"인데, 그것은 시내산 사본(a)의 제3 교정본을 위시하여 기타 몇 사본들(C, K, L)의 독법이다. 그러나 그보다 권위 있는 사본들(A, B)에 근거한 한글 성경의 번역이 이 부분의 문맥에 적합한데, ① 두기고가 골로새에 가는 것이 바울의 사정을 골로새 신자들에게 알려주기 위함이었다는 말은 7절 초두에서 밝힌 것과도 일치한다. 그리고 ② 9절 하반절을 보더라도 그것이 그의 사명이었다는 점을 알 수 있다(Lightfoot, Van Leeuwen). 그리스도의 충성된 종의 사정과 형편이 다른 신자들에게 알려질 때 유익을 끼친다. 왜냐하면 주님의 충성된 종의 이면에는 외부에 드러난 것 이상으로 본받을 만한 것이 있을 수 있기 때문이다. 바울이 그리스도를 위하여 옥에 갇힌 삶의 이면은 모든 교회에 큰 감동과 격려가 될 것이다.

너희 마음을 위로하게 하려 함이라. 그리스도를 위하여 갇힌 사도의 실정을 알고자 갈망하던 골로새 교회가 두기고를 통해 그의 모든 정황을 듣게 될 때 그들은 큰 위로(단순히 근심으로부터 놓이는 것만 아니라 신앙에 격려가 되는 위로를 의미한다)를 받게 될 것이다. 왜냐하면 그들이 두기고를 통하여 그들을 위하는 바울의 관심이 얼마나 간절한지 알게 될 것이기 때문이다.

9 본 절은 두기고의 동반자 오네시모에 대한 바울의 천거를 포함한다.

신실하고 사랑을 받는 형제. 7절 하반절 해석을 참조하라.

오네시모를 함께 보내노니. 그는 빌레몬의 종으로 있다가 로마로 도피해 지내던 중 바울을 만나 복음을 듣고 주님께 돌아온 자다. 빌레몬서를 보면 바울이 오네시모를 가리켜 "갇힌 중에서 낳은 아들 오네시모"(몬 1:10)라고 하였으니, 그를 귀중히 여기는 바울의 애정은 말할 것도 없다. 헬라어로 "오네시모"('Ονήσιμος)는 "유익하다"라는 뜻이다. 바울이 이 형제를 사랑하여 빌레몬에게 부탁하면서 그 이름의 뜻을 염두에 두고 말하기를, "그가 전에는 네게 무익하였으나 이제는 나와 네게 유익하므로"(몬 1:11)라고 하였다(참조. 몬 1:10-18).

그는 너희에게서 온 사람이라. 다시 말해 골로새 사람이라는 뜻이다. "그들"은 위의 두 사람, 두기고와 오네시모를 가리킨다.

10-11절. 유대인 신자 세 사람의 문안을 전달함

10 **나와 함께 갇힌 아리스다고.** 바울과 "함께 갇힌 아리스다고"는 데살로니가에 거주하던 유대인으로서(행 20:4), 바울과 함께 에베소의 소요를 겪은 후에(행 19:29), 함께 여행하고(행 20:1-4), 로마로 잡혀가는 바울과 동행하는 자로 기록되어 있다(행 27:2). 이것을 보면 그는 바울이 받는 환난에 동참한 때가 적지 않았음을 알 수 있다. 평상시에 함께 사역하는 것도 두터운 친분을 의미하지만, 환난의 때에 함께 고난을 겪는 것은 더욱 그러하다.

바나바의 생질 마가. "생질"이라는 말은 남동생의 아들, 혹은 여동생의 아들을 가리키는데, 마가의 어머니는 바나바의 친자매였다. "마가"는 "요한"이라고도 하는데 경건한 모친 슬하에서 성장하였고(행 12:12), 바나바와 바울의 제1차 선교 여행에 수종 들다가(행 13:5), 중도에 돌아왔으나(행 13:13), 후에 베드로의 조력자로 일하기도 하고(벧전 5:13), 또한 바울의 조력자로도 근무하였다(딤후 4:11). 사도행전(행 13:13; 15:37-40)을 보면, 마가의 사역이 사도 바울에게 불만족스럽게 여겨졌었다. 그러나 후년에 그는 바울의 신임을 얻었다(딤후 4:11). 이로 볼 때 하나님의 택함을 입은 참된 교역자가 사역 초반에 혹시 실패하더라도 그것이 그에게 영원히 치료되지 못할 상처가 되는 것은 아니다. 바울이 과거에는 불만족스럽게 여기던 마가를 지금에 이르러서는 대서특필하여 그를 추천한다. 그 이유는 재출발한 마가가 신앙생활에 일

취월장하여 거룩한 사역에 충성하였기 때문이다.

(이 마가에 대하여 너희가 명을 받았으매 그가 이르거든 영접하라). 여기서 "명"은 마가를 특별히 환영하고 존대하라는 사도 바울의 지령인데, 이 서신을 가지고 골로새로 가는 두기고와 오네시모 편으로 그 지령이 전달된 듯하다.

11 유스도라 하는 예수도 너희에게 문안하느니라. "유스도"는 로마식 이름으로 "의인"을 의미하는데, 이 이름을 가진 다른 사람들이 성경에 두 번 더 나타난다(행 1:23; 18:7). "유스도 예수"는 히브리 이름 "예수"에 "유스도"라는 로마 이름을 덧붙인 것이다.

그들은 할례파이나. 위의 세 사람 "아리스다고", "마가", "유스도라 하는 예수"는 모두 순수한 유대인(할례받은 자)들이라는 말이다.

이들만은 하나님의 나라를 위하여 함께 역사하는 자들이니. 할례를 자랑하는 유대인 중 대다수는 기독교를 반대하는 자들이며, 또한 그들 중에 일부 신자들이 있다 해도 그들 역시 유대주의의 영향을 강하게 받고 있었으므로 이방인에게 복음 전하는 일을 등한히 하였다. 로마의 대도시들에 유대인들이 많았으나, 복음을 위하여 감옥에 갇혀 고생하는 바울을 동정하는 자가 별로 없었고, 오직 위의 세 사람만 바울을 도와 함께 사역하였다.

이런 사람들이 나의 위로가 되었느니라. 복음을 이해하지 못하고 이에 반대하던 유대인 중에서도 위의 세 사람과 같은 동역자들이 있었다는 것은 참으로 희귀한 일이었다. 이렇게 희귀한 일은 바울에게 특별한 위로를 주었다. 그것이야말로 사막에서 진주를 줍는 것 같은 기쁨이었을 것이다.

12-14절. 세 사람의 이방인 신자들의 문안을 전함

12 그리스도 예수의 종인 너희에게서 온 에바브라. "에바브라"는 그리스도 예수께 절대 순종함으로써 하나님을 기쁘시게 하는 것을 본분으로 삼은(갈 1:10) 충성된 종이었다. 그런데 그는 골로새에서 온 사람이었다(참조. 1:7 해석).

너희에게 문안하느니라 그가 항상 너희를 위하여 애써 기도하여. 에바브라가 골로새 교회를 지극히 사랑한 증거는 그 교회를 위하여 "항상" 기도하고 또한 "애써" 기도한 것으로 나타났다. "항상" 기도한다는 것은 그가 간구하는 제목이 언제나 마음에서 떠나지 않고 중심을 차지하고 있기 때문에 ① 무언중에도 간구가 계속될 뿐 아니라, ② 일정한 규례를 따라 밀실에서 혹은 집회 장소에서 간구함을 의미한다.

그리고 "애써 기도"한다는 것은 하나님의 응답을 받기까지 기도에 수고하는 것을 뜻한다. 예수님의 겟세마네 기도가 그 모범이다. 그의 겟세마네 기도를 보면, "심한 통곡과 눈물로 간구와 소원을 올렸고"(히 5:7), "땀이 땅에 떨어지는 핏방울 같이" 되도록 애써 기도하셨고(눅 22:44), 같은 기도를 반복해서 하셨다(마 26:36-44).

너희로 하나님의 모든 뜻 가운데서 완전하고 확신 있게 서기를 구하나니. "하나님의 모든 뜻"은 하나님께서 믿는 자들에게 계시하신 모든 교훈이다. 골로새 신자들은 그것을 완전히 또는 확신 있게 알아야 견고하게 설 수 있다. "완전"이라고 번역된 헬라어(τέλειοι)를 직역하면 "성숙"을 의미한다. 여기서 이 단어는 하나님이 계시해주신 모든 교훈에 대한 그들의 지식이 양적으로 또는 질적으로 성숙하게 되었음을 의미한다. 그리고 이어지는 "확신"(πεπληροφορημένοι)이라는 용어는 성숙한 지식의 결과를 가리킬 것이다. 진리 지식이 성숙한 신자는 필연적으로 그 진리에 대한 확신을 가질 수밖에 없다.

"서기를"(σταθῆτε)이라는 말은 견고히 선다는 뜻이다. 기독교의 진리를 아는 지식이 성숙한 자는 확신을 소유하게 되고, 확신을 소유한 자는 견고히 설 수 있다. 다시 말해 확신을 가진 신자는 신앙생활에서 거짓 교훈이나 유혹에 넘어가지 않고 동요하지도 않는다. 골로새 교회는 이단이 유행하는 위기 가운데 있었으므로(2:4-23), 그 교회의 사역자인 에바브라(1:7)는 당연히 이런 기도를 주님께 드렸을 것이다.

13 그가 너희와 라오디게아에 있는 자들과. 2:1 해석을 참조하라.

히에라볼리에 있는 자들을 위하여 많이 수고하는 것. "히에라볼리"라는 도시는 골로새의 동편에 위치해 있다. "많이 수고하는 것"은 에바브라가 그들을 위하여 기울이는 영적 노력을 가리킨다.

내가 증언하노라. 바울은 자신과 동역하는 자들을 높여주고 천거하기를 즐기는 사람이었다(1:7; 고후 8:16-23; 빌 2:20-22, 25-26).

14 사랑을 받는 의사 누가와 또 데마가 너희에게 문안하느니라. "누가"는 사도 바울에게 가장 귀한 조력자였다. 그는 바울이 다녔던 수많은 전도 여행에 동반했던 인물이었으며, 특히 옥중에서 바울의 임종시까지 시종했던 사람이다. 디모데후서 4:11에서는 "누가만 나와 함께 있느니라"라고 증언하고 있다. 사도 요한이 주님의 특별한 사랑을 받는 제자가 되었던 것처럼, 누가는 바울의 특별한 사랑을 받는 제자가 되었다.

"데마"는 누가와 함께 끝까지 바울을 수종 들지는 못하고 세상을 사랑하여 고향으로 돌아간 사람이다(딤후 4:10). 우리가 그를 가리켜 배교한 사람이라고까지는 말하기는 어려우나, 그의 신앙이 후년에 이르러 약해졌다는 점은 명백히 알 수 있다.

15-18절. 이 부분에서는 바울의 개인적인 문안, 부탁, 축복을 진술한다.

15 라오디게아에 있는 형제들. "라오디게아"는 골로새에 가까운 곳이었으므로, 두 교회 사이에 친밀한 교제가 이루어졌을 것이다. 그러므로 바울은 골로새 교회를 통하여 라오디게아 신자들에게 문안을 보낸다.

눔바와 그 여자의 집에 있는 교회에 문안하고. 어떤 사본들(A, C, a)에 따르면, "눔바와 그들의 집에 있는 교회"라고 하였다. "눔바"라는 인물이 여성인지 남성인지 알 수 없다. "그들"은 눔바의 가족을 가리킨 것이다. 그러나 웨스트코트와 호트 두 사람은 한글 번역 성경이 따르는 사본(B)의 독법을 채택하였다. 그렇다면 위에서 "라오디게아에 있는 형제들"은 눔바의 집에 모이는 교회와는 다른 교회라는 것인가? 이 난제에 관하여 두 학설이 있다. ① 동일한 교회라는 학설. 양자가 실제적으로는 하나의 라오디게아 교회를 가리키는데, 전자는 라오디게아의 신자들을 개별적으로 지목한 것이고, 후자는 그들을 하나의 회중으로 대한 것이라고 한다. ② 각기 다른 교회라는 학설. 전자는 라오디게아 교회를 가리키고, 후자는 라오디게아 혹은 그 부근에 있는 작은 교회를 가리킨다고 한다.

"집에 있는 교회"라는 말은 신실한 신자의 집을 예배 장소로 정하고 그곳에 모이는 신자들의 단체를 가리킨다(참조. 행 12:12; 롬 16:5; 고전 16:19; 몬 1:2). 이런 교회들 사이에는 경쟁이 없었을 것이며, 신자들은 외형적인 시설보다는 신앙의 성장에 중점을 두었을 것이다.

16 이 편지를 너희에게서 읽은 후에 라오디게아인의 교회에서도 읽게 하고 또 라오디게아로부터 오는 편지를 너희도 읽으라. 바울은 본 절에서 자신의 서신들을 모든 교회가 회람하여 읽을 것을 권한다. 이것을 보면 사도의 서신들이 개교회에 국한된 사적인 편지가 아니고 모든 시대의 모든 교회를 위한 정경 문서라는 것이 분명하다. "이 편지"는 물론 골로새서를 가리킨다.

"라오디게아로부터 오는 편지." 이 문구에 대하여는 해석이 여러 가지 있다. ① 라오디게아 교회가 바울에게 보냈던 편지라는 학설. 다시 말해 바울에게 보낸 라오디게아 교회의 서신을 두기고와 오네시모 편으로 골로새 교회에 전송하면서 부탁했다는 주장이다. 그러나 이것은 억측인 것 같다. ② 바울이 라오디게아에서 쓴 편지라는 학설. 로마 감옥에 갇힌 바울이 라오디게아를 심방하고 거기서 골로새에 편지를 보낼 기회를 얻을 수 있었을까? 이것이 문제다(참조. 골 2:1). ③ 바울이 옥중에서 라오디게아 교회에 발송한 서신이라는 학설. 그렇다면 현재 신약성경에 "라오디게아서"라는 편지가 없다는 점이 문제다. ④ 에베소서가 바로 라오디게아 교회에 보낸 편지라는 학설. 이런 추측도 가능하다. 왜냐하면 첫째로 에베소서는 실제로 에베소 교회만을 대상으로 발송된 것이 아니라 소아시아의 모든 교회를 수신자로 하기 때문이다. 에베소서 1:1의 "에베소에 있는"이라는 어구는 고대의 중요한 사본들(a, B)에서는 발견되지 않기 때문에, 그 서신은 특정 교회를 수신자로 지목하지 않은 회람 서신으로 볼 수 있다. 이 회람 서신은 조만간 소아시아의 여러 교회 가운데 하나인 라오디게아 교회를 경유해서 골로새 교회로 전달될 수 있었을 것이다. 그러므로 바울은 이 회람 서신을 염두에 두고 "라오디게아로부터 오는 편지를 너희도 읽으라"라고 말했던 것 같다. 둘째로 이 회람 서신(에베소서)이 골로새서와 같은 시기에 쓰였고 같은 사람의 손으로 전달된 것을 보면(엡 6:21; 골 4:7), 본 절에 있는 바울의 부탁은 이 회람 서신을 염두에 두고 했던 것으로 여겨진다. 셋째로 마르키온(Marcion)은 2세기 중엽에 에베소서의 제목을 "라오디게아서"라고 했는데,[82] 이것 또한 어떤 신임할 만한 고대의 전승에 의존한 것일 수도 있다.

17 아킵보에게 이르기를 주 안에서 받은 직분을 삼가 이루라고 하라. "아킵보"는 골로새 교회에서 주님의 사역을 맡은 인물이었을 것이다(참조. 몬 1:2). 바울은 여기서 골로새 교회에 아킵보를 격려하라고 부탁한다. 사도가 직접 아킵보를 격려하기보다 교회를 통하여 간접적으로 권고하는 것을 보면, 사역자는 교회의 권위 아래 지배를 받는 자이고 교회를 지배하는 자가 아님을 알 수 있다.

"주 안에서 받은 직분"은 주님께서 세우시고 주님께서 감독하시며 주님께서 함께하시는 "거룩한 직분"을 뜻한다. 그러한 직분을 맡은 자는 자기 멋대로 행동할 수 없고 "삼가 이루"어야 한다. 교역자는 그 직무가 인간을 대상

---

82) Tertullian, Against Marcion 5:11, 17.

으로 한 것이 아니라 하나님을 대상으로 하는 것이니만큼 그 직분을 성실함으로 수행해야 한다. "이루라"라는 말은 그가 맡은 책임 중 하나도 빼놓지 말고 원만하게 시행하라는 뜻이다(딤후 4:5).

18 **나 바울은 친필로 문안하노니.** 사도는 앞 절까지 대필자를 통하여 본서를 쓰다가 마지막에 와서는 직접 펜을 잡고 기록한다(살후 3:17).

내가 매인 것을 생각하라. 사도는 자기가 그리스도를 위하여 감옥에 수금된 사실이 골로새 신자들에게 기억되기를 희망한다. 그것은 그가 골로새 신자들로부터 개인적인 도움을 구하고자 하는 사사로운 욕심에서 비롯된 소망이 아니었다. 그들은 복음을 위하여 갇힌 바울의 고난을 기억함으로써 모든 이단을 막아낼 마음이 강해질 것이다. 복음으로 말미암아 수난당하는 자를 기억하는 신자는 그리스도와 그의 복음에 더욱 충성할 동기를 얻게 된다.

은혜가 너희에게 있을지어다. 이렇게 짧은 축도는 디모데전서 6:21, 디모데후서 4:22; 디도서 3:15에도 있으며, 장문의 축도는 고린도후서 13:13에 있다.

신약주석
데살로니가전서

데살로니가전서 주석
목차

본문주석

설교

서론

I. 데살로니가

데살로니가는 에게해의 북서쪽 테르마이크만에 자리 잡은 도시로서 헬라 시대부터 지금까지 마게도냐 지방의 주요 도시 가운데 하나다. 이 도시는 본래 테르메(θέρμη)라는 이름을 가지고 있었다.[83] 그런데 주전 315년경에 알렉산드로스 대왕의 부하 장수였던 카산드로스가 마게도냐 왕이 되어 이 도시를 확장하고 보강한 후에 자기 아내(필리포스 2세의 딸이요 알렉산드로스의 이복 누이 동생)의 이름을 붙여 "데살로니가"라고 하였다. 데살로니가라는 이름은 중세 시대까지 이어져 내려오다가 이후에 단축되어 "살로니가"라고 불리게 되었다. 로마 제국 시대에 데살로니가는 마게도냐 제2 지방의 수도가 되었고(주전 168년), 그 후에는 마게도냐 전체의 행정 수도가 되었다(주전 146). 율리우스 카이사르와 폼페이우스의 내란 시기에 데살로니가는 로마 원로원 편에 가담하여 폼페이우스의 근거지가 되었으나(주전 49-48년), 6년

---

83) Herod., VI, 121.

후에 안토니우스(Antony)와 옥타비아누스(Octavian) 간의 전쟁 때는 옥타비아누스에게 충성을 다한 보상으로 "자유시"가 되는 특권을 받았다. 아우구스투스 황제 때의 역사가인 스트라보(Strabo)는 데살로니가를 일컬어 "마게도냐에서 인구가 가장 많은 수도"라고 하였고, 동시대의 시인 안티파테르(Antipater)는 데살로니가 출신으로서 데살로니가를 "마게도냐 전체의 어머니"라고 하였고, 주후 2세기 루키아노스(Lucian)는 이곳을 "마게도냐 최대의 도시"라고 하였다. 이 도시는 상업과 교통의 요충지로서 부유하고 화려한 도시였다.[84] 거주민들은 주로 헬라인이었고, 그다음으로는 로마인, 그리고 유대인이었다. 이 도시는 주후 1430년부터 터키의 영토가 되었다가, 발칸전쟁 후에 그리스에 귀속되었다.

II. 데살로니가 교회

바울은 제2차 전도여행 길에 올랐을 때(주후 53년경) 실라와 디모데를 데리고 데살로니가에 도착하였다(행 17:1-4; 빌 2:22). 그가 그곳 유대인 회당에서 3주 가까이 복음을 전하게 되자(행 17:3) 불신 유대인들은 사도 바울의 성공을 시기하여 폭동을 일으켜 박해하였고, 그는 베뢰아로 피하여 거기서 전도를 시작하였다. 데살로니가의 유대인들은 다시 그곳까지 쫓아와서 그를 몰아내었으므로 그는 고린도에 가서 1년 반 동안 머물게 되었다(행 18:1-11). 데살로니가 교회의 설립에 얽힌 이러한 역사는 여러 면에서 데살로니가전서와 통하는 바가 있다. 예를 들어 데살로니가전서에 기록된 대로 바울은 빌립보에서 고난을 겪은 후에 데살로니가로 가서 전도하였고(2:2), 또한 데살로니

84) Strabo, VII, 468.

가 교회의 설립이 환난 중에 실현되었다(2:2, 14). 바울이 데살로니가에서 생계를 위해 직접 일했다는 그의 진술은(2:9) 그가 고린도에서 장막 만드는 일에 종사하였다는 사도행전의 기사(행 18:3)와 일치한다.

데살로니가전서에 나타난 이 교회의 형편은 다음과 같다. 첫째로 교인들이 하나님 앞에서 헌신한 것은 참으로 마게도냐 온 지방 교회에 모범이 되었다(1:7). 특별히 다른 신자들에 대한 그들의 친절은 특출하여 사도의 권면이 필요 없었다. 데살로니가는 상업의 중심지여서 사업 관계로 사방 각지에서 그곳에 모여드는 그리스도인 여행객들도 적지 아니하였을 것인데, 결과적으로 "온 마게도냐 모든 형제에 대하여" 사랑을 시행할 충분한 기회가 그들에게 주어졌다고 볼 수 있다(4:9-10). 둘째로 이 교회에는 어두운 측면도 없지 않았다. 일부 사람들이 바울에 대해 어떤 의혹을 품고 그를 비판하였던 것으로 보인다. 테오도르 찬(Theodor Zahn)의 주장대로 그들은 아마 귀부인 신자들의 불신 남편들이었는지도 모른다. 이런 비판 때문에 바울은 자기의 권면은 부정이나 속임수에서 난 것이 아니라고 해명한 듯하다(2:3). 그리고 바울이 직접 일하여 자비량으로 전도한 사실에 대하여 말한 이유도(2:9), 아마 그들이 그를 가리켜 재물을 탐하는 자라고 비방하는 일이 있었기 때문일 것이다.

바울이 데살로니가 신자들을 보기 원하여 그들을 방문하려고 여러 번 힘썼다는 사실을 그들에게 알려주고자 애쓰는 것을 보면(2:17-20), 데살로니가 교인 중에 바울이 그들을 방문하는 일이 무의미하다는 비난이 있었던 듯하다. 또한 데살로니가 교회는 이교의 악습에 감염될 위험에 노출되어 있었던 듯하다(4:3-8). 특히 신입 교인들은 복음을 통하여 얻은 영적 새 생활에 도취하여 하루하루의 생업을 등한시하는 폐단에 빠져 있었다(4:10-12). 그리고 믿는 친구들과 사별한 신자들 가운데 일부는 별세한 형제들이 그리스도의 재림의 영광을 누리지 못할까 하는 염려 때문에, 혹은 그들 자신의 부활에 대한 신념이 확고하지 못하여서 과도하게 슬퍼하였다(4:13-18). 이것은 그들의 신앙이 미숙함을 증명하는 하나의 현상이었다. 데살로니가 교회가 이와 같은 형편에 처해 있을 때 열정에 넘치는 바울의 서신이 날아들게 된 것이다.

III. 데살로니가전서 저작 동기

사도 바울을 몰아낸 것과 유사한 박해가 데살로니가 신자들에게도 계속되고 있었다(1:6; 2:14; 3:3). 바울은 고린도에 머물면서 어떻게 해서든지 다시 한 번 데살로니가에 가려고 생각했으나 사정이 허락하지 않아서 뜻을 이루지 못했다(2:18). 그리하여 그는 자기 대신 디모데를 그곳에 보내어(3:2) 교회의 일반적인 상황을 알아보게 하였는데, 그는 바울이 본서를 저술하도록 만들었던 충격적인 소식을 가지고 돌아왔다(3:6).

디모데의 보고는 다음과 같은 내용을 포함했을 것이다. (1) 위로와 기쁨을 주는 내용으로는, 데살로니가 신자들이 환난 중에도 신앙이 동요되지 않았다는 사실과(1:6; 2:14; 3:7), 형제를 향한 사랑이 돈독하였다는 사실과(1:3; 4:9-10), 사도 바울을 향한 애정이 깊었다는 점 등이다. (2) 근심거리로는, 교회의 어떤 자들이 저지른 음란한 행위와(4:3), 게으른 것과(4:11), 신자 가운데 이미 죽은 자들이 주님의 재림시에 재림의 영광에 참여하지 못할까 염려한 것과(4:13), 교역자를 존경하지 아니한 것(5:12) 등이다.

어떤 학설에 따르면[85] 바울이 본서를 저술한 동기가 데살로니가의 유대주의자들을 반박하기 위한 것이었다고 한다. 이러한 학설은 1:4-2:3을 논거로 삼는데, 그들은 여기서 바울이 자신의 사도적 권위를 변호하기 위해 애쓴

---

85) Lipsius, Theol. Stud. U. Krit., 1854, 4, 905.

흔적을 발견할 수 있다고 한다. 예를 들면 1:5의 "우리 복음이 너희에게 말로만 이른 것이 아니라 또한 능력과 성령과 큰 확신으로 된 것임이라 우리가 너희 가운데서 너희를 위하여 어떤 사람이 된 것은 너희가 아는 바와 같으니라"라는 말씀이 하나의 예라고 말한다. 그러나 이 구절이나 혹은 이와 유사한 다른 구절들은 바울이 그의 사도적 권위를 변증하기 위해 주었던 말씀이 아니다. 그것은 데살로니가 신자들에게 그들의 개종이 성령으로 말미암아 이루어졌다는 점을 확실히 가르치기 위한 말씀이다. 그들은 이 같은 확신이 있어야만 끝까지 복음을 위해 당하는 난관을 이겨낼 것이다. 교회의 안팎에 다른 종류의 비평가들이 있었을 수도 있으나, 데살로니가전서에서 유대주의자들의 흔적이나 바울의 사도적 권위를 의문시했던 정황은 발견되지 않는다. 그러므로 위의 학설은 수용하기 어렵다.

IV. 데살로니가전서 저작 시기와 장소

사도 바울이 본서를 저술한 것은 그가 데살로니가를 떠난 지 오래지 않아서였다(참조. 2:17). 그는 데살로니가에서 쫓겨나 도피하던 도중에 아덴에서 디모데를 데살로니가로 보내었으며(3:2; 행 17:15 대조), 얼마 후 바울이 아덴에서 출발하여, 고린도에 도착했을 때 그가 바울에게로 돌아왔다(행 18:5). 자세히 말해 사도행전 17:14-16, 18:5이 알려주는 것처럼 바울은 실루아노와 디모데는 베뢰아에 두고 홀로 아덴으로 갔으며, 거기서 그들을 기다리다가 계획을 변경하여 디모데가 돌아오기 전에 그가 데살로니가 교회를 심방하도록 편지로 명령하고, 자신은 고린도에 가서 기다리다가 데살로니가로부터 돌아오는 디모데와 실루아노를 맞이한 듯하다. 그런데 바울은 디모데가 고린도로 돌아온 직후에 본서를 기록하였다(3:6). 그러므로 본서를 저술한 장소는 고린도, 편지를 작성한 시기는 주후 52년이다(참조. 행 18:1, 5; 살전 3:6).

V. 데살로니가전서의 진정성

진정성(Authenticity)이라는 용의의 의미는 본서가 바울의 진정한 저작으로서 정경적 가치를 지닌다는 것이다. 우리는 외적 증거와 내적 증거를 통해 그 확실성을 증명할 수 있다.

1. 외증은 역사상으로 본서가 바울의 저작으로 인정되어온 문헌상의 증거를 뜻하는데, 2세기 말의 교부 이레나이우스, 테르툴리아누스. 알렉산드리아의 클레멘스가 모두 본서를 바울의 저작으로 알고 인용하였다. 위의 세 사람은 2세기 후반 전 세계 교회의 대표자들이었기 때문에 그들의 증거는 중요하다. 그리고 본서가 마르키온(Marcion) 일파가 사용한 경전이나 무라토리 정경목록(Muratorian Canon)에 포함되어 있다는 점도 유력한 증거다.

2. 내증으로 말하면, 본서의 내용에서 저자 바울의 사상적, 문학적 흔적을 찾을 수 있다. 일부 학자들은 본서를 바울의 저작으로 인정하기 어려운 이유를 밝혔는데, 이에 대하여는 아래에서 논하기로 하자. 바우어(Baur)라는 학자는 본서가 바울의 저작이라고 할 만한 내적 증거가 없다고 말하였다. 그는 다음과 같은 몇 가지 이유로 본서가 바울의 저작이라는 주장에 반대하였다. ① 본서의 내용이 주로 도덕적 교훈으로 구성되어 있고 심오한 교리는 별로 없다는 점이 바울의 다른 서신들과의 차이점이다. 그러므로 이렇게 천박한 서신을 바울의 저작이라고 말하기 어렵다는 것이다. 그러나 바우어는

본서의 사명을 충분히 이해하지 못하였기 때문에 이런 불합리한 학설을 제창한 것이다. 당시의 데살로니가 교회에 절대로 필요한 것이 본서에 나타난 바로 그 교훈이었다면, 교회의 필요에 응하여 집필한 바울로서는 본서의 내용 외에 다른 것을 기록할 필요는 없었을 것이다. ② 본서를 읽어보면, 바울은 데살로니가 교회를 설립한 지 오래 지나지 않은 때에 이 서신을 집필한 듯하지만, 본서에 나타난 데살로니가 교회의 정황을 보면 상당히 오랜 역사를 가진 교회인 것처럼 보인다는 점이다. 예를 들어 4:11에서는 교회 안에 게으른 자들이 많이 있는 것처럼 암시하는데, 그것이 신흥 교회의 특징이라고는 할 수는 없다는 것이다. 그렇다면 데살로니가 교회의 실정을 잘 아는 바울로서는 결코 이런 모순된 말을 썼을 리가 없으므로, 본서의 저자는 후대의 다른 사람이었을 것이라고 한다. 그러나 이것도 바우어의 억측이다. 실상은 데살로니가 교회의 실정과 이 서신 사이에 아무런 모순도 없고 도리어 조화를 이루고 있다. 데살로니가 교회에 속해 있던 일부 신자들의 나태함은 그 교회의 초신자들이 인생관의 변동을 경험하는 과정에서 세상의 의무와 노동을 등한시했던(혹은 주님의 재림을 대망한다는 의미에서 지상의 임무를 등한시했던) 잘못이었고, 장구한 역사를 가진 교회에서 흔히 발견되는 열성의 해이가 아니었다. ③ 바우어는 또다시 말하기를, 본서에는 바울의 다른 서신들에 실린 내용과 유사한 점들이 많이 발견되는데(예를 들어 살전 1:6과 고전 11:1; 살전 1:8과 롬 1:8), 그것은 본서의 저자가 바울이 아니라 "바울 모방자"였기 때문이라는 것이다. 그러나 이 견해도 논리적으로 전혀 지지받을 수 없는 것이다. 많은 작품을 저술한 한 사람의 저자가 그의 여러 작품들 속에서 서로 비슷한 문구나 사상적 표현을 사용하는 것은 자연스러운 일이다. 그러므로 위에 언급한 바우어의 이론을 더는 논의할 가치도 없을 것이다.

요컨대 본서는 외적 증거로나 내적 증거로나 바울의 저작임을 부인할 수 없다. 바우어의 학설을 여지없이 반박한 학자들로는 코흐(Koch, 1848), 뤼네만(Lüneman, 1850), 그림(Grimm, 1850), 랑게(Lange), 로이스(Reuss, 1853) 등이 있다.

VI. 데살로니가전서의 교리적 요소

본서는 교리적 서신은 아니다. 바울의 "이신칭의" 구원론은 본서에서 중점적으로 설명되지 않았고, 또한 기독교의 중심 사상인 십자가의 교리도 그리 길게 거론되지 않았다. 유일하게 교리적 해설이라고 할 만한 것은 별세한 신자들이 그리스도의 재림 때 영광을 잃지 않을 것을 확언하는 구절들뿐이다(4:13-18). 본서에서 바울 교리의 주요 부분들이 해설되지는 않았다 해도 그러한 교리들이 저자의 심중에 각인되어 있었다는 점은 분명하다. 저자는 그리스도의 신성을 확언하고 그를 성부 하나님과 동등한 위치에 두었으며(1:1), 또한 그리스도의 재림에 관한 교리도 비중 있게 다루고 있다(1:10; 2:19; 3:13; 4:15-18; 5:2-4, 23). 복음서와 바울의 다른 서신들에서와 마찬가지로 본서에서도 그리스도는 숭배받고 있다.

이런 점들과 관련하여 어떤 비평가들은 바울의 사상적 배경이 묵시문학(Apocalyptic Literature)에 있었다고 주장하기도 하는데 그것이 사실일까? 유대인의 계시문학은 주전 2세기경부터 주후 2세기까지 발달하였는데, 그 요지는 유대 민족의 종말적 회복을 예고하는 것이었고, 그러한 회복을 가능하게 해줄 자는 권세를 가지고 유대 백성들 위에 군림할 하늘에서 내려온 구주라는 것이었다. 그런데 바울이 데살로니가전후서에 기록한 종말관의 배경이 과연 유대인의 계시문학이었을까? 이 둘은 질적으로 서로 다른데 그 차이점은 다음과 같다.

1. 바울의 종말관

1) 구주 - 미천하게 성육신하신 예수

2) 목적 - 하나님의 백성을 죄에서 구원하시는 구속을 결정적으로 완수하기

3) 특색 – 초자연적 부활과 영화(glorification)

2. 유대 묵시문학의 종말관

1) 구주 - 지상에서의 생활을 경험해보지 않은 하늘로부터 내려온 구세주

2) 목적 - 유대 민족의 이상적 국가 건설

3) 특색 – 세속적이고 혈연적인 성공

한마디로 유대 묵시문학의 종말관은 성경적이 아니다.

VII. 데살로니가전서에 반영된 예수님의 교훈과 바울의 성품

1. 본서에는 예수님께서 복음서에 가르치신 유언적 교훈들이 적지 않게 반영되었는데 그것은 다음과 같다. ① 3:13은 마가복음 8:38을 반영하고, ② 4:8은 누가복음 10:16을, ③ 5:1-3은 누가복음 12:39과 21:34을 반영하고, ④ 5:6은 마가복음 24:42을 반영하고, ⑤ 5:13은 마가복음 9:50을 각각 반영한다. 바울은 종종 예수님의 말씀을 기억하고 말씀을 전하였다(4:14상).

2. 본서에는 바울의 성품이 반영되어 있는데, 그것은 그의 지혜와 슬기다. 그는 형제들에게 어떤 경고의 말을 발하기에 앞서 먼저 그들의 장점을 말하였다. 바울은 그들의 허물을 경고하기 위해 우선 그들이 현재 행한 선행을 독

려하고 칭찬하는 것에서부터 시작하였다. 그는 신자들에게 일할 것을 권면하기 전에 먼저 그들의 사랑을 칭찬하였다.

VIII. 데살로니가전서의 사본 현상

본서도 성경의 다른 부분처럼 일부 어구에 대한 사본상의 독법이 일치하지 않는다. 몇 가지 예를 들면 다음과 같다.

1:7 - "본"(τύπον): B, D 33, 424; "본들"(τύπους): a, A, C, G, w.

2:7 - "유순한 자"(ἤπιοι): ac, A, Cb, De, 33, w; "갓난아이들"(νήπιοι): a, B, C, D, F, G. 이 두 가지 중 후자보다 전자를 채택하는 것이 학자들의 일반적인 경향이다.

2:13 - "이러므로"(διὰ τοῦτο): Textus Receptus; "또 이러므로"(καὶ διὰ τοῦτο): a, A, B. 마이어(Meyer)는 두 번째 독법을 채택했다.

2:16 - "임하였느니라"(ἔφθασεν): A, C, D, E, F, G, K, L; "임해 있느니라"(ἔφθακεν, 완료 시제): B, D*

2:16 - "노하심"(ἡ ὀργή): Textus Receptus; "하나님의 진노하심"(ἡ ὀργὴ τοῦ θεοῦ): D, E, F, G.

3:7 - "궁핍과 환난"(ἀνάγκῃ καὶ θλίψει): a, A, B, D, E, F, G; "환난과 궁핍"(θλίψει καὶ ἀνάγκῃ): K, L.

4:8 - "너희에게 그의 성령을 주신 하나님"(τὸν θεὸν τὸν καὶ διδόντα τὸ πνεῦμα αὐτοῦ τὸ ἅγιον εἰς ὑμᾶς): A, B, D, E; "하나님 하물며 너희에게 그의 성령을 주신 자"(τὸν θεὸν τὸν καὶ διδόντα τὸ πνεῦμα τὸ ἅγιον εἰς ὑμᾶς): P, F, K, L.

4:8 - "주신"(δόντα): a, A, K, L; "주시는"(διδόντα): a*, B, D, E, F, G.

5:5 – 본 절 첫머리에 이유 접속사(γάρ)를 가지고 있는 사본은 A, B, D, F, L 등이고, 가지지 않은 사본은 K 사본이다.

IX. 데살로니가전서 내용분해

1. 데살로니가 교회에 대한 바울의 목회적 관계(1:1-3:13)
   1) 교회의 형편을 진술함(1:1-10)
   2) 사도적 전도의 행동 원리(2:1-12)
   3) 감사(2:13-16)
   4) 신도들과 이별한 바울의 심정(2:17-3:13)
      ① 애모(2:17)와 심방 계획(2:18-20)
      ② 디모데 파견(3:1-5)
      ③ 디모데의 보고를 접수한 바울(3:6-10)의 기도(3:11-13)
2. 바울의 여러 가지 교훈(4:1-5:22)
   1) 여러 가지 실제적 교훈(4:1-12)
   2) 죽은 자의 문제(4:13-18)
   3) 경성과 안심(5:1-11)
   4) 교회 생활과 신앙생활에 관한 중요한 교훈(5:12-22)
3. 결론(5:23-28)
   1) 기도(23절)
   2) 문안(26절)
   3) 부탁(27절)
   4) 축복(28절)

참고문헌

Alford's Greek Testament, Thessalonians.

Barnes' Notes, Thessalonians.

Bengel, J. A., Gnomon of the New Testament, Thessalonians.

Bloomfield, Greek Testament with English Notes, Thessalonians.

Calvin's Commentaries, Thessalonians.

Chrysostom, Homilies on Thessalonians.

Dibelius, M., Handbuch Zum Neuen Testament, Thessalonicher.

Dobschütz, E. Von, Kommentar Zum N. Testament, Thessalonicher.

Ellicott's Commentaries, Thessalonians.

Frame, J. E., The International Critical Commentary, Thessalonians.

Lange's Commentary, Thessalonians.

Lightfoot, J. B., Note on the Epistles of The St. Paul, Thessalonians.

Maclaren, A., Expositions of Holy Scriptures, Thessalonians.

Meyer, H. A. W., Commentary on the New Testament, Thessalonians.

Milligan, G., On Thessalonians.

Robertson, N., The Expositor's Greek Testament, Thessalonians.

The Expositor's Bible, Thessalonians.

Trench, R. C., New Testament Synonyms.

Van Leeuwen, J. A. C., Efez-Thessalonichncen.

Vos, G., Pauline Eschatology.

Weiss, B., Paulus Briefe.

Zahn, Th., Kommentar Zum Neuen Testament, Apostelgeschichte.

이중에서도 특히 중요하게 사용된 책들을 다음에 소개한다.

(1) 밀리건(Milligan)의 데살로니가전후서 주석. 이 주석은 헬라어 원문의 어구를 상세하게 해석하여 성경과 파피루스에 기록된 헬라 문학 작품을 대조한 것이 그 특색이다. 이 주석은 그런 연구 방법을 사용하면서도 해석상의 결론을 성경적 근거에서 도출하는 경우가 매우 적다.

(2) 칼빈(Calvin)의 데살로니가전후서 주석. 이 주석에는, ① 언제나 장중한 개혁주의 신학 사상이 힘차게 흐르는 한편 신학상의 이견, 특히 로마 가톨릭교회의 교훈을 반박하고 개혁주의 신학을 변호하는 것이 첫 번째 특색이며, ② 학문에 명석하고 건전하면서도, 경건에 숭고하고 강한 정취가 있다.

(3) 라이트푸트(Lightfoot)의 데살로니가전후서 요약주석. 이 주석은 서신들을 간략히 주해하였는데, 그 특색은 헬라어 원문의 자구 해석에 치중한 것이다.

(4) 판 루벤(Van Leeuwen)의 데살로니가전후서 주석. 그는 네덜란드의 주석가로서 이 서신들에 대하여 학문적으로 권위 있는 주석서를 내놓았다. 이 주석은 개혁주의 신학 사상을 토대로 삼은 현대적이고 과학적인 명저다. 이번에 이 주석서를 참고하게 된 것을 하나님께 감사한다.

(5) 마르틴 디벨리우스(Martin Dibelius)의 데살로니가전후서 주석. 그는 독일의 주석가로서 정통파 신학자는 아니다. 그의 주석은 우리가 학문적 견지에서 비판해 가면서 사용해야 한다. 특히 그의 데살로니가전후서 주석은 종종 성경 밖의 고전 문학에서 재료를 인용한 것이 특색이다.

제 1 장

⚜ 개요

1. 문안(1절)

바울 서신 각 권의 초두에 매번 나오는 것인데 "은혜와 평강이 있을지어다"라는 문구가 그 요점이다. 이것은 일종의 축복의 말씀이라고 할 수 있다. 이 축복은 인간의 권위로 한 것이 아니고 하나님과 그리스도의 권위에 의탁한 것이다. 이것이 세속적인 축원과의 차이점이다. 데살로니가 신자들이 "그리스도 안에" 있었으므로 사도의 축복은 헛되지 않은 것이다. 그리스도 안에 있는 자는 그리스도의 권위에 따라 축복을 받는다.

2. 감사(2절)

택함을 받은 성도는 자기가 당하고 있는 현재의 상황과 과거의 경험으로 말미암아 하나님께 감사하는 것이 상례다. 사도 바울은 데살로니가 교회로 말미암아 감사한다. 그가 감사하는 이유는 두 가지인데,

첫째는 그 당시 데살로니가 교회의 신도들이 "믿음", "사랑", "소망"에 넘쳐 그리스도인으로서 우수한 미덕을 지녔기 때문이며(3절),

둘째는 그들이 택함을 받은 성도들이라는 사실 때문이다(4-10절).

1) 사도는 그들 가운데 들어가 사역할 때 비범한 하나님의 권능을 힘입었으며(4-5절),

2) 그들은 환난을 무릅쓰면서도 기쁜 마음으로 복음을 청종하였고,

3) 그들의 신앙과 미덕에 관한 소문이 다른 교회에까지 파급되어 모든 성도에게 인정을 받았다(7-10절).

⚜ 해석

1 바울과 실루아노와 디모데. 바울이 여기서 "사도"라는 직함을 덧붙이지 않고 단순히 그의 이름만 소개한 이유는 데살로니가 신도들이 바울의 사도직을 의심하지 않고 인정하고 있었기 때문이다(Bengel). 츠빙글리(Zwingli)에 따르면 바울이 사도의 직함을 갖지 않은 동역자 실루아노와 디모데를 배려하여 겸손한 태도로 "사도"라는 명칭을 사용하지 않은 것이라고 한다. 그러나 이러한 견해는 고린도후서 1:1이나 골로새서 1:1 때문에 성립될 수 없다. 뤼네만(Lünemann)은 여기서 "사도"라는 직명이 생략되었다는 점이 본서가 바울의 전도 초기, 다시 말해 그에 대한 원수들의 논쟁이 시작되기 전에 저작되었다는 증거라고 본다. 요컨대 전도 초기에는 바울이 자신의 사도직의 진정성을 변호할 필요가 없었으므로 사도라는 직명을 생략한 것이라는 뜻이다.

"실루아노와 디모데." 여기 두 사람의 이름이 기록된 이유는 그들이 바울을 수종들며 그와 함께 사역하였기 때문이다. "실루아노"는 사도행전에 나오는 "실라"인데, 그는 유대인(행 16:19-20)으로서 이방 전도에 많이 수고한 사람이다. 그는 ① "신실한 형제"로 알려졌고(벧전 5:12), ② 사도 바울을 수종

들며 전도하다가 투옥되기까지 하였고(행 16:19, 25, 29, 17:4, 10, 14), ③ 본래 예루살렘 교회의 핵심 인물로서 예언자 중 하나였다(행 15:22, 32). ④ 그가 바울과 동행한 것은 바울과 바나바가 헤어진 후부터였고(행 15:40), ⑤ 그는 데살로니가에서 바울과 함께 전도하다가 박해를 받아 베뢰아에 가서 사역한 이후 고린도에 이르러 바울과 함께 일하였는데, 그때 바울이 본서를 작성했다(행 17:4; 18:5).

"디모데"의 부친은 헬라인이었으며 모친은 유대 여자 "유니게"로서 진실한 신자였고(행 16:1), 그의 외조모 "로이스" 역시 경건한 신도였다(딤후 1:5). 그의 고향은 루스드라였는데, 바울의 제1차 전도여행 때 개종한 듯하다(행 14:8). 그는 바울이 가장 사랑하는 제자였으며(고전 4:17; 딤전 1:2, 18; 딤후 1:2), 가장 신임할 만한 조력자였다(빌 2:19). 그는 바울의 제2차 전도여행 시에 그와 동행하며 수종 들었고(행 17:14; 18:5; 살전 3:2), 제3차 전도여행 시에도 그리하였으며(행 19:22; 롬 16:21; 고전 4:17; 고후 1:1), 바울이 임종시에 그를 로마에 소환하였다. 이 본문에서 디모데가 실루아노 다음에 기록된 이유는 그가 더 젊었기 때문일 것이다(딤전 4:12; 딤후 2:22).

하나님 아버지. 하나님을 가리켜 "아버지"라고 부르는 예는 구약에도 있었으나, 그것은 신약 경우와는 내용이 다르다. 구약에서는 하나님께서 아버지의 자격으로 이스라엘 민족을 사랑하시고 보호하신다는 것을 의미하고(렘 31:9, 20; 호 11:1), 신약에서는 하나님께서 그리스도로 말미암아 신자들을 성령으로 중생시켜서 양자로 삼으셨다는 의미에서 신자 개개인의 아버지가 되셨음을 가리킨다(요 1:12-13; 롬 8:15). 물론 신약에서 창조주로서의 하나님을 가리켜 "아버지"라고 부른 구절도 없는 것은 아니다(히 12:9; 약 1:17). 그러나 본 절에서는 신자들을 성령으로 중생시키는 "아버지"를 가리킨 것이 분명하다.

안에 있는. 이 표현은 바울이 자주 사용하는 것인데(2:14; 3:8; 4:16; 5:12, 18; 롬 6:23; 8:39; 14:14; 고전 15:31; 엡 1:15; 3:11; 빌 2:19; 살후 3:4), "주관하에 있다",

"보호 아래 있다", "연합되었다" 등의 의미를 전달한다. 칼빈은 말하기를, "교회는 하나님께서 주관하시고 그리스도께서 다스리시는 곳에서만 찾아볼 수 있다"라고 하였다.

은혜와 평강. 이 축복은 그리스도인의 신분으로 받는 영적 축복의 내용을 총괄한 것이다. "은혜"는 하나님께서 그리스도 안에서 죄인들을 용서하시고 그들에게 새 생명을 주시는 것을 가리키며, "평강"은 은혜를 받은 결과로 얻는 행복인데, 하나님과 원수 되어 심령의 평화를 잃었던 자가 그리스도의 중보로 말미암아 하나님과 화목하게 된 것을 뜻한다.

"은혜와 평강"이 이방 문화의 축사와 유대 문화의 축사를 혼합한 것이라는 견해도 있다. 이 같은 견해는 "은혜"(χάρις, "카리스")라는 단어가 헬라어 서간문의 인사말에서 흔히 나타나는 "카이레인"(χαίρειν)이라는 말에 해당한다는 주장에 논거를 둔다. 그러나 "카이레인"은 은혜를 의미하지 않고 "기뻐할지어다"를 뜻하며, 그것은 "편안하게 살기를 원하노라"라는 말과 유사한 의미를 갖는다. 그러므로 바울 서신의 문안 인사에 나오는 "은혜"는 이방 서간문의 문투에서 유래한 것이 아니다. 존스톤(R. Johnstone)은 신약 서간문의 인사말이 구약에서 유래한 것이라고 주장하였는데, 그의 논거는 민수기 6:25-26에 있다. 말하자면 "여호와는 그의 얼굴을 네게 비추사 은혜 베푸시기를 원하며 여호와는 그 얼굴을 네게로 향하여 드사 평강 주시기를 원하노라 할지니라"라고 한 말씀이다(참조. 고후 1:2 해석).

2 우리. 이것은 사도 한 사람을 가리키는 것이라기보다(Koch, Pelt), 실루아노와 디모데까지 포함하는 말이다(참조. 1:1; 2:18; 고후 1:19). 왜냐하면 세 사람의 이름을 거론한 직후에 이 말이 나오기 때문이다(Alford).

너희 모두로 말미암아 항상 하나님께 감사하며. 사도가 데살로니가 신자들의 미덕으로 말미암아 하나님께 감사한다는 말은, 그들을 칭찬하는 말이라기보다 ① 그들이 소유한 미덕이 하나님으로부터 유래한 것임을 깨닫게 함으로써 그들이 하나님의 자녀임을 확신시키는 동시에, ② 겸손한 마음을 가지도록 하기 위해서다. 우리가 하나님으로부터 은혜를 받았다는 사실은 우리에게 확신을 가져다주면서도 우리를 교만하게 만들지 않고 오히려 겸손해지게 한다.

3 **믿음의 역사.** 이것을 직역하면 "믿음의 일"인데, 이 문구에 대하여 해석가들의 의견이 서로 일치하지 않으나 가장 합당한 해석은 마이어(Meyer)의 것이다. 그는 "믿음의 일"이라는 것은 진정한 믿음이 필연적으로 산출하게 될 선한 일과 행동을 의미한다고 하였다. 이 해석에 따르면 믿음은 덕행을 그 열매로 나타내는 것이다.

사랑의 수고. "수고"는 사랑의 특성이므로 여기서 "사랑의 수고"라고 하였다. 수고로운 봉사를 꺼리는 자는 진정한 사랑의 소유자가 아니다. 그러므로 "수고"는 사랑의 진정성을 나타내는 증표다.

우리 주 예수 그리스도에 대한 소망의 인내. 데살로니가 신도들은 그리스도의 재림을 바라보고 있었기 때문에 인내할 수 있었다. "인내"는 소망의 필연적 산물이다.

우리 하나님 아버지 앞에서 끊임없이 기억함이니. 이는 2절의 "항상 하나님께 감사하며 기도할 때에 너희를 기억함"이라는 구절과 서로 호응한다.

4 **하나님의 사랑하심을 받은 형제들.** 이 문구는 데살로니가 신도들이 구원받도록 선택된 사실을 포함한 말이다. 하나님의 선택에 포함된 자를 가리켜, "하나님의 사랑하심을 받은" 자라고 부르는 예는 로마서 9:13("내가 야곱은 사랑하고 에서는 미워하였다")에서도 발견된다.

너희를 택하심을 아노라. 디벨리우스(Dibelius)는 이 말이 데살로니가 사람에 대한 하나님의 역사적 행동(Geschichtlichen Akt), 다시 말해 그들이 회심하고 주님을 믿어 교회에 수용된 사실을 가리킨다고 말하나, 바울이 사용한 "택하심"(ἐκλογή)이라는 단어에는 반드시 하나님의 초역사적 행동도 포함되었을 것이다. 데살로니가 사람들이 회개하고 하나님께로 돌아온 것은 그들이 창세 전에 구원받기로 선택되었다는 증거일 뿐이며, 그들이 돌아온 역사적 사실이 선택과 동일한 것은 아니다.

5 이는(ὅτι). 본 절과 다음절에서는 데살로니가 사람이 구원받기로 선택되었다고 사도가 단언하는 이유를 말한다. 그들이 선택되었다고 말하는 이유는 다음과 같은 증거들 때문이다. ① 사도 일행이 능력과 성령과 확신으로 그들 중에 전도했다는 사실(5절), ② 그리고 데살로니가 사람들이 성령의 기쁨으로 도를 받았다는 사실이다(6절). 이 두 현상은 하나님이 그들을 미리 선택하셨다는 증표다. 전도자와 듣는 자 쌍방에 성령이 역사하여 회개와 믿음을 성취하신 사실은 듣는 자들이 구원 얻기로 하나님의 선택을 받았다는 증표라고 여기지 않을 수 없다(참조. 행 13:48).

능력(δυνάμει). 이 말은 얼핏 보면 사도 시대의 이적을 가리킨 것 같으나(롬 15:18; 고전 12:10, 28; 고후 12:12), 여기서는 이 단어가 단수로 사용되었으니 이적을 가리키는 것이 아니라 성령으로 말미암아 임하는 "영력"을 가리킨 것이다(Van Leeuwen). 다시 말해 이 말은 사람의 마음속까지 감동하여 변화시키시는 성령님의 감화력을 가리킨다(Calvin).

성령. 본 절에서 바울이 진정한 복음 전도에 나타난 "능력", "성령", "확신"을 말하면서, "성령"을 중앙에 위치시킨 것은 "성령"이 그 밖의 다른 두 가지의 근원으로서 가장 중요한 은사이기 때문이다(Lange). 진정한 전도자는 성령님과 함께 일하는 자다(요 15:26; 행 5:32; 롬 8:16).

큰 확신. 이 단어(πληροφορίᾳ)는 "충만", "완성", "최대의 확신" 등을 의미하는데, 여기서는 세 번째 의미, 다시 말해 "최대의 확신"이라는 의미를 전달한다. 위에서 말한 "능력"은 사도의 사역에 나타나서 다른 사람의 심령을 변화시키는 객관적 동력을 의미하고, 여기 언급된 "최대의 확신"은 사도에게 있었던 주관적 심리 상태를 의미한다. 사도는 데살로니가 사람들에게 전도하기 위하여 자신이 하나님의 부르심을 입었다는 확신을 마음속에 가졌다는 것이다. 누구나 소명에 대한 확신 없이는 전도에 성공하지 못할 것이다.

된 것임이라. 이것은 "이르렀으므로"라는 의미다. 복음이 능력, 성령, 큰 확신으로 데살로니가 사람에게 이르렀으므로, 바울은 그들이 선택받았다는 사실을 인정한다는 말이다.

우리가 너희 가운데서 너희를 위하여 어떤 사람이 된 것은 너희가 아는 바와 같으니라. 말하자면 사도가 그들에게 능력, 성령, 큰 확신으로 전도한 모습을 그들이 친히 안다는 것이다.

6 본 절은 데살로니가 신자들이 "선택"에 포함되었다는 점을 알 수 있는 두 번째 증거를 보여주는데, 요컨대 그들이 기쁨으로 복음을 받았다는 사실이다.

많은 환난 가운데서 성령의 기쁨으로. 데살로니가 신자들이 받은 "환난"은 그들이 그리스도를 믿음으로 말미암아 받은 박해를 말한다(행 17:5-9; 살전 2:14; 3:3, 5, 7). 그들이 환난 가운데서 기쁨을 가지게 된 것은 성령의 은혜로 말미암은 것이다. 여기서 "성령의 기쁨"이라고 표현한 의미가 그것이다. 고난에 대한 기독교의 관점은 스토아 철학의 그것과 판이하다. 스토아 철학은 고난에 대하여 무관심할 것을 가르친다. 그러나 성경은 고난을 고난으로 알면서도 그것을 신자가 당연히 감수해야 하며 그 가운데서 소망을 품고 오히려 기쁨을 가져야 한다고 가르친다(마 5:11; 행 14:22; 벧전 4:13).

우리와 주를 본받은 자. 데살로니가 신도들이 사도 바울을 본받은 것은 인간 바울이 아니라 하나님의 사도로서의 바울을 본받은 것이다. 일반 교역자가 아니라 사도를 본받는 것은 어떤 의미에서는 주님께 순종하며 주님을 본받는 일이 된다. 그러므로 사도가 여기서 "주를 본받은 자"라는 말을 덧붙인 것이다. 데살로니가 신자들은 사도와 그리스도를 본받아 환난 가운데서도 기쁨을 소유했다.

7 그러므로 너희가 마게도냐와 아가야에 있는 모든 믿는 자의 본이 되었느니라. 여기서 "그러므로"(ὥστε)라는 말은 앞 구절의 결과를 보여주는 접속사다. 데살로니가 신자들이 다른 신자들에게 모범이 된 점은 그들이 사도와 그리스도를 본받아 환난 중에서도 기뻐했다는 것이다. "마게도냐"는 로마의 지배를 받던 헬라 지역 북부를 가리키며, "아가야"는 그 남부였다(참조. 행 19:21; 롬 15:26).

8 헬라어 원문에서는 본 절이 "왜냐하면"(γάρ)이라는 이유 접속사로 시작함으로써 앞 절에서 말한 칭찬의 이유를 설명한다.

주의 말씀이 너희에게로부터…들릴 뿐 아니라. "들림"이라는 말의 헬라어 단어(ἐξήχηται)는 천둥소리가 발하는 것처럼 복음이 맹위를 떨치는 것을 의미한다(Lightfoot). 데살로니가 신자들에게서 "주의 말씀"(복음을 가리킴)이 천둥소리와 같이 힘있게 전파되었으니, 그것은 그들이 사도와 주를 본받아 행했기 때문이다(참조. 6절). 그리스도를 본받는 신자들의 생활은 그들이 많은 말로 외치는 것보다 훨씬 힘있게 복음의 빛을 전파한다(마 5:13-16).

하나님을 향하는 너희 믿음. 여기서 "하나님을 향하는 너희 믿음"이라는 말은 데살로니가 신자들이 이방신을 버리고 진정한 하나님을 향하여 돌아온 사실을 가리킨다(Wohlenberg).

소문이 각처에 퍼졌으므로. 데 베테(De Wette)는 데살로니가 신자들이 보여준 "믿음의 소문"을 각처에 전파한 매개체가 브리스가와 아굴라 같은 그리스도인 행상들이었을 것이라고 추측하였다.

우리는 아무 말도 할 것이 없노라. 소문이 이미 널리 퍼졌으니 사도는 그들의 신앙에 대해 더는 칭찬할 필요가 없다는 것이다.

9 그들이 우리에 대하여 스스로 말하기를. 바울은 데살로니가 선교의 아름다운 열매에 대하여 선전하기 위해 애쓸 필요가 없었는데, 그 이유는 "그들"(각처의 신자들)이 벌써 알고 자진하여 바울에게 고하였기 때문이다.

우리가 어떻게 너희 가운데에 들어갔는지와. 바울은 데살로니가 신자들의 개종

상태에 대해 말하기 전에 그 원인이 된 사도들의 전도가 어떠했는지에 대해 먼저 말한다. 사도들의 전도는 능력과 성령과 큰 확신으로 실행되었다는 것이다(5절).

너희가 어떻게 우상을 버리고 하나님께로 돌아와서. 그들이 회심하고 개종했다는 말의 구체적인 내용은 우상을 버리고 참되신 하나님께로 돌이켰다는 것이었다. 그들의 이 같은 전환에는 성령의 기쁨이 동반되었다(6절).

"돌아와서"(ἐπεστρέψατε)라는 동사는 오류에서 진리로, 죄악 생활에서 하나님께로 전환한 것을 의미한다. 회심(conversion)이라는 신학적 술어의 기원은 성경에 여러 번 나타난 "돌아오다"라는 동사다. 회심하여 하나님을 믿게 되는 일을 가리켜 "하나님께로 돌아온다"라고 표현하는 이유는 인류가 본래 하나님의 백성이었던 자리에서 타락하여 우상숭배와 죄악 생활의 미로에 빠졌기 때문이다(창 6:1-3; 롬 1:18).

살아 계시고 참되신 하나님을 섬기는지와. "하나님"은 우상과 반대된다. 우상은 생명이 없고(시 135:17), 거짓된 것이다(레 19:4; 참조. 신 5:26; 수 3:10; 삼상 17:26; 왕하 19:4; 렘 10:10). 철학자들은 하나님을 정의하기를, "모든 존재 중에 가장 참된 것"(ενσ ρεαλισσιμυμ)이라고 말하지만, 그것은 완전하지 못한 정의다. 하나님은 가장 참되신 존재이실 뿐만 아니라, 살아 계신 인격적인 신(personal living God)이시다. 하나님은 이렇게 살아 계시고 참되신 분이시므로 우리의 신뢰의 대상이 되시기에 적합하시다.

10 데살로니가 신자들이 보여준 신앙의 특별한 점은 그리스도의 재림을 열망하는 것이었다.

죽은 자들 가운데서 다시 살리신 그의 아들이. 바울이 여기서 주님의 부활을 언급한 이유는 주님의 확실한 재림을 담보하기 위함이었다. 이것은 그가 말했던 증거, 다시 말해 "이는 정하신 사람으로 하여금 천하를 공의로 심판할 날을 작정하시고 이에 그를 죽은 자 가운데서 다시 살리신 것으로 모든 사람에게 믿을 만한 증거를 주셨음이니라"(행 17:31)라는 말을 통해 확인할 수 있다(Lightfoot).

하늘로부터 강림하실 것을 너희가 어떻게 기다리는지를. 바울은 9절과 10절에서 데살로니가 신자들의 신앙생활에서 두 가지 측면을 강조하는데, 그것은 ① 하나님을 섬기는 일과(9하), ② 그리스도의 재림을 기다림이다(10절). 벵겔(Bengel)은 말하기를, "주님을 기다리는 것은 진정한 그리스도인의 가장 확실한 특징이다"라고 하였다. 이 세상에 속한 것들 가운데 우리의 마음을 안정시킬 수 있는 것은 아무것도 없다(Calvin). 우리는 그리스도의 재림을 대망함으로써만 심령의 안정을 찾을 수 있다.

이는 장래의 노하심에서 우리를 건지시는 예수시니라. 헬라어 원문에는 "이는"이라는 표현이 없는데 우리말 번역에서 보충한 것이다. 문맥상으로 이어지는 구절은 앞에 나오는 "그의 아들"에 대하여 설명하는 것이다. 예수님은 우리를 구원하여 영벌을 면하게 해주신 구주시다. 여기서 "장래"라는 표현이 헬라어 원문에서는 현재분사 형태(ἐρχομένης)로 되어 있어서 겉으로는 장래에 일어날 주님의 재림을 의미하지 않는 것처럼 보이기도 한다. 그러나 이 단어가 미래에 있을 강림을 가리키는 의미로 사용된 실례는 이 밖에도 있으며(요 14:3, 18), 특히 급박한 미래를 가리키는 용도로 사용되었다. "노하심"(ὀργή)은 끝까지 회개하지 않는 죄인들에 대한 하나님의 태도를 가리키는데, 그것은 두 가지로 나타난다. ① 회개하지 않는 자들이 죄를 범하도록 내버려 두시는 것(롬 1:18, 24, 26, 28). ② 끝까지 회개하지 않는 자들을 마침내 영벌에 처하게 하시는 것이다(계 6:17). 본 절에서는 두 번째 의미를 가리킨다.

설교 믿음, 소망, 사랑(2-10절)

사도 바울은 데살로니가 신자들로 말미암아 하나님께 감사하였다. 그것은 그들의 진실한 신앙생활 때문이었다. 그의 감사는 이처럼 세속적인 일들보다는 영적인 일들로 말미암은 것이다.

1. 그들의 믿음의 역사(3절)

그들의 믿음은 살아 역사하는 행함이 있는 것이었으며(3절), 죽은 것이 아니었다. 그들의 믿음이 살아 움직인 이유는, ① 그 믿음의 근원이 초자연적인 역사였기 때문이며(1:5; 2:13), ② 환난 중에서 기뻐하며 연단을 받았기 때문이다(1:6; 참조. 롬 5:3; 약 1:2-4; 벧전 1:6-7). 신자는 이 두 가지를 겸비해야 그의 믿음이 강건해지고 열매를 맺게 된다. 비록 초자연적 권능으로 말미암아 신앙을 얻은 자라도 고난을 통하여 오는 연단을 받지 못하면 연약한 자로 남아 있을 것이다.

2. 그들의 사랑의 수고(3절)

8절에 말하기를, "주의 말씀이 너희에게로부터 마게도냐와 아가야에만 들릴 뿐 아니라"라고 하였는데, 이것은 그들의 사랑이 "생명의 말씀을 밝혔으므로"(빌 2:15-16) 각처 사람들에게 그리스도가 전파된 것을 가리킨다. 9절 끝에서 그들이 "살아 계시고 참되신 하나님을 섬겼다"라고 한 말씀도 그들의 봉사 생활, 곧 사랑에 대하여 말한다. 고린도후서 8:2에 따르면, 마게도냐 교회들이 환난과 궁핍 가운데서도 풍성한 연보를 하였다고 하는데, 데살로니가 교회도(데살로니가도 마게도냐 지방에 있음, 행 16:9-17:9) 이 칭찬의 대상이었다. 그들이 이렇게 사랑을 행하기까지 얼마나 수고하였을까? 그들의 연보는 기근으로 궁핍해진 성도들을 돕기 위한 것이었다(고후 8:4; 9:1). 진정한 사랑을 행하는 자는 자기의 수고를 수고로 느끼지도 않고 수고에 수고를 더한다. 진정으로 주님을 사랑하여 주님의 백성을 사랑하는 자는 이런 이유에서도 행복하다.

3. 그들의 소망의 인내(3절)

그들이 소망했던 것은 예수 그리스도의 재림이었다(1:10). 이 소망은 인류의 소망이며, 심지어 만물의 유일한 참 소망이다(롬 8:19; 참조. 시 39:7). 신자들은 그리스도가 재림하신다는 약속을 기업으로 여기고 기뻐해야 한다. 다시 말해 그들은 그것을 이미 받은 기업(현재 소유로 받은 재산)처럼 여기고 그것으로 만족해야 한다. 히브리서 6:12에 "약속들을 기업으로 받는"다는 말씀이 그런 의미다(참조. 히 6:17상). 그러므로 그들은 주님의 재림을 인내로 기다리되 기쁨과 만족을 가지고 기다려야 한다. 그들이 생전에 그리스도의 재림을 보지 못하여도 불만을 품지 않아야 한다. 그리스도의 재림을 기다리는 것이 인생의 목적이며, 특히 신자들의 목적이다. 그것은 하나님이 지으신 인간 존재의 근본적인 구조에 따른 것인데, 그렇게 그들에게 알려져야 한다. 그들이 이 소망만을 가지고서 살아갈 때, ① 하나님이 기뻐하시고, ② 땅에서 가져야 할 나그네 의식을 바로 가지며(벧전 2:11), ③ 세속주의에 사로잡히지 않고 그것을 이길 수 있으며(딛 2:11-14), ④ 하나님이 그와 함께해 주신다(히 11:16).

그리스도께서는 아직도 재림하시지 않았다. 그러나 데살로니가 교인들은 지금부터 2,000년 전에도 그 일이 이루어지기를 기다렸다. 하나님은 신자들이 그리스도의 재림을 대망하는 신앙을 가지는 것을 기뻐하신다.

제 2 장

⚜ 개요

1. 데살로니가 신자들이 선택되었다는 증거를 재차 해설함(1-16절)

2장에서도 계속하여 데살로니가 신자들이 구원 얻기로 선택되었음을 보여주는 증거를 논한다. 그것은 1절의 내용이 1:5과 잘 부합하는 것을 통해서도 알 수 있고(Calvin), 14절의 내용이 1:6과 서로 통하는 것을 보아서도 알 수 있다. 다시 말해 사도 바울이 앞 장에서 데살로니가 신도들의 선택 문제를 논증할 때 두 가지 증거를 제시하였는데, ① 사도가 그들 가운데 들어가 성령의 권능을 힘입어 활동하였다는 사실과(1:5) ② 그들이 복음에 선한 마음으로 순종하였다는 점이다(1:6-8).

사도 바울은 2장에서 이 두 가지를 다시 해설한다. 1-12절에서는 위의 첫 번째 증거를 다시 자세히 설명하였는데, 그 요지는 사도가 성령의 권능을 힘입어 그들 가운데서 사역하였다는 것이다. 사도행전 18:10에도 말하기를, "내가 너와 함께 있으매 어떤 사람도 너를 대적하여 해롭게 할 자가 없을 것이니 이는 이 성중에 내 백성이 많음이라 하시더라"라고 하였다. 그리고 13-16절에서는 위의 두 번째 증거를 다시 해설하였는데, 그 요지는 데살로니가 신자들이 환난 가운데서도 복음을 기꺼이 받아들이고 지켜냈다는 것이다.

2. 데살로니가 신자들에 대한 바울의 간절한 마음(17-20절)

데살로니가 교회의 설립자인 바울은 그의 사역을 마치고 그곳을 떠난 뒤에도 그곳에 머물던 때와 마찬가지로 그의 사역을 쉬지 않았다. 그가 데살로니가 신자들을 만나고 싶어서 두 번이나 데살로니가를 방문하려 했으나 길이 막혔다고 하였다(17-18절).

⚜ 해석

1 헬라어 원문에는 이 구절 첫머리에 "왜냐하면"(γάρ)이라는 이유 접속사가 있어서 본 절을 앞장 끝부분(특히 9절 상반절)에 연결한다. 사도와 그 일행이 복음을 가지고 데살로니가로 가서 전도했을 때 일어난 놀라운 상황은 그 교회 자체가 잘 알고 있었던 사실이다.

우리가 너희 가운데 들어간 것이 헛되지 않은 줄을 너희가 친히 아나니. 이것은 사도 바울이 데살로니가에서 전도할 때 영적 능력이 결핍되지 않았다는 것을 의미한다. 비록 언변과 지식과 재능이 풍부하다 해도 성령의 능력이 함께하지 않는 전도자는 영적 자격이 결핍한 자(헛된 자)임을 면할 수 없다. 바울이 데살로니가에서 전도할 때 영적 능력이 충만했음을 보여주는 증거는 무엇인가? 그것은 2절에서 밝힌 대로 그가 고난과 능욕을 받은 직후에 오히려 대담하게 전도했다는 사실이다.

2 **고난과 능욕.** 여기 "고난"은 "육체적으로 당하는 고통"이고, "능욕"은 "인격적으로 받는 치욕"을 의미한다. 그가 빌립보에서 박해를 받아 감금당했을 때 그는 육체적으로 아픈 매를 맞았다(행 16:23). 그것은 로마의 시민권을 가

진 그에게는 커다란 치욕이기도 했다(행 16:37). 이런 박해를 받게 되면 흔히 낙심하기 쉬운데 바울은 계속하여 용기 있게 복음을 전하였다. 그것은 결코 사람의 힘만으로 되는 것이 아니며 하나님의 권능으로 실행된 것임이 분명하다(참조. 1:5).

우리 하나님을 힘입어. 여기 "우리"라는 말은 얼핏 보면 본서의 독자들, 다시 말해 데살로니가 신자들까지 포함하는 것으로 여겨질 수도 있으나 실상은 그렇지 않다. 하나님의 능력을 행하게 된 자는 사도 자신이었는데도 그는 겸손하게 동역자들까지 포함하여 "우리"라고 말한 것이다. "우리 하나님"이라는 표현은 바울과 하나님 사이의 관계가 얼마나 밀접한지를 잘 드러내는 말인데, 하나님은 그에게 단순한 도그마(Dogma, 교리)가 아니고 그의 안에 살아 계신 분이셨다(빌 1:21). 바울이 하나님과 연합하여 사는 동안에는 하나님이 그의 능력의 원천이시다.

많은 싸움 중에 하나님의 복음을 너희에게 전하였노라. 여기서 "싸움"이라고 번역된 헬라어 단어(ἀγών)는 "경기장에서의 혈투"를 의미한다. 말하자면 여러 가지 위험과 고초를 무릅쓰고 승리를 얻기 위해 투쟁하는 것을 가리킨다. 바울은 데살로니가에서 모험과 분투로 전도하였다. 그리스도인의 수난은 승리의 면류관을 얻기 위한 경기자의 격투와 같다는 의미에서 바울은 이 말을 사용한 것이다. 디모데후서 4:7-8에서 "나는 선한 싸움을 싸우고 나의 달려갈 길을 마치고 믿음을 지켰으니 이제 후로는 나를 위하여 의의 면류관이 예비되었으므로 주 곧 의로우신 재판장이 그 날에 내게 주실 것이며 내게만 아니라 주의 나타나심을 사모하는 모든 자에게도니라"라고 하였다. 여기서도 "싸움"이라는 말은 "경기장에서의 혈투"를 의미한 것이다(참조. 고전 9:26-27; 딤후 2:5; 히 10:32).

"하나님의 복음"이라는 말은 하나님이 소유하신 복음이라는 뜻이 아니라 하나님에게서 나온 복음, 다시 말해 "하나님께서 주신 복음"을 가리킨다.

이 말은 하나님이 복음의 저자이시고 또한 근원이심을 가리키는 것이다. "하나님의 복음"(롬 1:1; 고후 11:7; 살전 2:8)은 또한 "그리스도를 내용으로 하는 복음"이다(롬 1:2-4; 참조. 롬 1:9; 15:19; 고전 9:12; 고후 2:12; 9:13; 10:14; 갈 1:7; 빌 1:15; 살전 3:2). 바울이 로마서 16:25에서는 "나의 복음"이라고 하였고, 고린도후서 4:3과 데살로니가후서 2:14에서는 "우리의 복음"이라고 하였는데, 이것은 "내가 전하는 복음"이나 "우리가 전하는 복음"이라는 뜻이다.

3 **우리의 권면은 간사함이나 부정에서 난 것이 아니요 속임수로 하는 것도 아니라.** 헬라어 원문에서는 본 절이 "왜냐하면"(γάρ)이라는 접속사로 시작하여 앞 절에서 말한 "많은 싸움" 가운데서도 담대히 하나님의 복음을 말하게 된 이유를 설명한다. 바울 사도가 그처럼 담대히 복음을 말하게 된(2절) 이유는 그가 전도한 동기가 오류와 탐욕에서 비롯되었거나 간계에 의한 것이 아니었기 때문이다. "권면"이라고 번역된 헬라어(παράκλησις)는 복음을 가지고 사람들을 설득하는 일을 가리킨다(행 13:15). 라이트푸트는 이 말을 "호소"(appeal)라고 번역하였는데, 이것 역시 복음 전도의 간곡한 설득을 포함한다.

"간사함이나 부정에서 난 것이 아니요 속임수로 하는 것도 아니라." "간사함", "부정", "속임수"는 전도자에게 있어서 삼대 금물이다. "간사"(πλάνης)는 오류를 의미한다. 그가 전하는 도리는 절대적으로 그릇된 것이 없다. "부정"(ἀκαθαρσίας)이라는 용어를 라이트푸트는 "음욕"의 의미로 이해했으나 엘리코트(Ellicott)는 "물욕"의 의미로 보았다. 바울이 복음을 전하는 동기는 그가 하나님으로부터 부름을 받았다는 사실에 있었고(4절) 탐욕에 있지 않았다(참조. 고전 9:16-18). 여기서 "속임수"(δόλῳ)라는 단어는 전도 방법에 관해 말하는 것인데, 바울은 하나님의 권능만을 의뢰하였고(고전 2:1-5), 조금도 인간적인 술책을 사용하지 않았다(고후 2:17). 그러므로 본 절과 앞 절 사이의 연관관계는 다음과 같다. 바울은 "많은 싸움 중에" 담대히 전도하기를 힘썼는데, 그가 그렇게 된 원인은 ① 그가 복음을 간사함이 없는 절대 진리로 확신하고 있었으니 어떤 난관에 봉착해도 사상적으로 동요가 없었기 때문이며, ② 그가 전도한 동기가 사리사욕을 탐하는 데 있지 않았기 때문이며(사리를 탐하여 전도에 종사하는 일꾼은 환난 때에 도망한다, 요 10:12), ③ 또 한 가지 이유는 그가 사람들을 복음으로 돌아오게 하는 일에 "속임수"를 사용하지 아니하였고 시종일관 하나님을 기쁘시게 하려고 진실히 행동했기 때문이다. 그러므로 그에게는 사람들의 배척과 박해가 전혀 문제 되지 않았던 것이다.

4 본 절은 앞 절 끝의 "속임수로 하는 것도 아니라"라는 말을 해명하는 것이다. 사도 바울은 복음을 전하기 위하여 "속임수"를 사용해 가면서까지 사람들의 마음을 얻으려고 노력하지는 않았다. 왜냐하면 그를 사도로 택하시고 또한 그 임무를 실행하게 해주시는 이는 하나님이시며 사람이 아니기 때문이다.

하나님께 옳게 여기심을 입어. 여기서 "옳게 여기심을 입"는다는 말은 "인정을 받는다"라는 뜻이다. 말하자면 바울이 하나님께 인정을 받았다는 것이다. 바울이 하나님께 인정을 받은 것은 하나님의 은혜로 된 것이며 자기 공로로 된 것은 아니다. 고린도전서 15:9-10에 말하기를, "나는 사도 중에 가장 작은 자라 나는 하나님의 교회를 박해하였으므로 사도라 칭함 받기를 감당하지 못할 자니라 그러나 내가 나 된 것은 하나님의 은혜로 된 것이니"라고 하였다.

우리가 이와 같이 말함은. 이 문구는 바로 번역되었다고 말하기 어렵다. 헬라어 원문(καθὼς…οὕτως λαλοῦμεν)을 바로 번역하려면, "그러므로 우리가 바로 그렇게 말하기를"이라고 해야 한다. 킹제임스역도 이렇게 번역하였다(even so we speak). 바울은 자기를 사도로 세워 주신 분이 하나님이시기 때문에, 말할 때 "사람을 기쁘게 하려" 하지 않고 "하나님을 기쁘시게" 하려 한다. 여기서 "말함은"(λαλοῦμεν)이라는 용어는 바울이 전도할 때 사람들을 설득하기 위해 하는 모든 말을 의미한다(고후 2:17).

사람을 기쁘게 하려 함이 아니요. 이 문구는 그리스도인이 대인 관계에서 친절해야 함을 무시하는 것이 아니다(고후 8:21; 참조. 고전 10:33). 바울의 논점은 그의 인생의 목적이 고작 인간의 마음에 영합하는 데 그치지 않는다는 것이다.

마음을 감찰하시는 하나님을 기쁘시게 하려 함이라. 사람을 기쁘게 하는 일은 간혹 외형적인 행동만으로 가능할 수도 있으나, 그런 것으로 하나님을 기쁘시게 할 수는 없다. 하나님을 기쁘시게 하기 위해서는 반드시 중심의 신실함이 요구된다(시 51:6).

5 너희도 알거니와 우리가 아무 때에도 아첨하는 말이나 탐심의 탈을 쓰지 아니한 것을 하나님이 증언하시느니라. 이 구절 첫머리에 "왜냐하면"(γάρ)이라는 이유 접속사가 있어서 이것이 앞선 구절들("속임수로 하는 것도 아니라", "사람을 기쁘게 하려 함이 아니요")의 이유라는 사실을 알려준다. "아첨"은 간사한 말로 이익을 취하는 것이고, "탐심의 탈"은 음흉하게 남을 속여 갈취하는 것이니, 이 두 가지는 똑같은 위선이다. 칼빈은 이 두 가지 죄의 유무를 보아서 복음 전도자의 진위를 구별할 수 있다고 하였다. 복음의 진정한 일꾼은 모든 이기적인 속임수를 버린다.

6-7 또한 우리는 너희에게서든지 다른 이에게서든지 사람에게서는 영광을 구하지 아니하였노라 우리는 그리스도의 사도로서 마땅히 권위를 주장할 수 있으나. 여기서 이른바 "마땅히 권위를 주장할 수 있으나"라는 문구에서 "주장함"(βάρει)은 권위를 가진다는 뜻이라는 해석이 있다. 그러나 문맥상으로 보아서 이것은 물질적으로 짐을 지운다는 뜻이다. 9절에서 바울이 자신의 생활비를 해결한 방법에 대하여 말한 것을 보면 이 해석이 옳다. 그는 데살로니가 교회에 자기의 생활비를 부담시키려면 할 수도 있었으나 그렇게 하지 않는다고 하였다(참조. 고전 9:11-12; 고후 11:9; 12:16; 살후 3:8). 바울은 자기를 위하지 않고 오직 그리스도의 복음을 위해서만 열중하였기 때문에 자기 자신은 잊어버린

듯하였다. 그러므로 그는 당연히 사용할 수 있는 권한을 사용하지 않은 것이다. 사역자는 이렇게 자기 속을 썩여서 교인들에게 거름이 되고 마땅히 사용할 수 있는 권리도 사용하지 말아야 하며, 화풀이해야 하는 상황에도 죽은 듯이 침묵을 지켜야 한다. 참된 사역자라면 지식이나 은혜에서도 일반 신자들보다 우월해야 하지만, 특히 겸손에 있어서 교우들보다 탁월해야 한다. 그는 무의식중에라도 교만해지기 쉬우니 이것을 잘 다스려야 한다.

너희 가운데서 유순한 자가 되어 유모가 자기 자녀를 기름과 같이 하였으니. 여기 "유순한"이라고 번역된 헬라어 단어는 "에피오이"(ἤπιοι)라고 하는데, 시내산 사본(a)의 제4 교정인이 이런 독법을 지지한다. 반면에, ℵ, B, C, D 사본들은 모두 네피오이(νήπιοι), 곧 "갓난아이들"이라는 뜻을 지닌 단어로 되어 있다. 외증으로는 후자의 독법("갓난아이들")이 더욱 강력하다. 만일 후자가 옳다면 그 의미는 사도 바울이 데살로니가 신도들과 더불어 어린 아이와 같이 단순하게 사심 없이 교제한다는 것이다. 그런 교제는 마치 젖을 먹이는 어머니가 그의 어린 아이를 양육하면서 근엄하지 않고 아이와 동화되어 노는 것과 같다는 의미다. 그러나 문맥상으로는"유순한"이라는 말이 더 적절하다. 바울이 "유순"하여 사랑의 희생을 아끼지 않는 모습은 마치 젖 먹이는 어머니가 그의 어린아이를 대하는 것과 같다.

8 우리의 목숨까지도 너희에게 주기를 기뻐함. 자식을 사랑하는 어머니는 젖만 아니라 그의 생명까지도 주는 것을 아까워하지 않는다(사 49:15). 그와 같이 바울은 그가 영적으로 친히 낳은 신도들에게 생명까지 주는 것도 아까워하지 않을 정도로 그들을 사랑하였다. 이것이 선한 목자의 도덕이다(요 10:11).

너희가 우리의 사랑하는 자 됨이라. 바울은 그리스도를 사랑하기 때문에 그들을 사랑하게 되었다(요 21:15-17). 그들도 이제는 그리스도의 형상으로 변화되어가니 그들에 대한 그의 사랑이 또다시 뜨거워진 것이다.

9 형제들아. 헬라어 원문에는 이 구절 첫머리에 "왜냐하면"(γάρ)이라는

이유 접속사가 있어서 본 절이 앞말(바울이 그들을 사랑한다는 말)의 이유를 설명한다는 점을 보여준다.

너희 아무에게도 폐를 끼치지 아니하려고 밤낮으로 일하면서 너희에게 하나님의 복음을 전하였노라. 그의 사랑은 그들에게 물질적 부담을 지우지 않기 위해 온 힘을 다해 수고한 것으로도 알려진다는 것이다. 이 구절에서 증언한 대로 바울이 복음을 위하여 손으로 일하면서 사랑의 수고를 달게 받은 사실은 그가 앞 절에서 언급했던 모성애의 증거다.

10-12절. 이 단락은 바울이 데살로니가 신도들에 대하여 엄격한 훈계자로 설 만한 자격에 대해 말한다.

10 거룩하고 옳고 흠 없이 행하였는지. 다른 사람을 가르치려면 먼저 자기 자신에게 흠이 없어야 한다. 바울은 하나님 앞에서 "거룩하고", 사람 앞에서 "옳고 흠 없이 행하였"기 때문에 하나님과 사람에게 책잡힐 것이 없었다. 그러므로 그는 부성적 교훈(11절)을 그들에게 제시할 수 있었다.

11 위의 7절에 언급된 "유모"의 비유에서 이제는 "아비"의 비유로 전환한다. 유모의 비유는 데살로니가 신도들을 향한 사도의 애정을 가리키고, 아비의 비유는 엄한 훈계자의 태도를 가리킨다.

각 사람에게. 복음이 전파된 뒤에는 목회 사역이 필요한데, 그 이유는 신자들을 개별적으로 돌아보고 가르쳐야 하기 때문이다. 칼빈은 말하기를, "대중을 상대로 하여 일방적으로 주는 교훈은 효과가 크지 않을 때도 있다. 어떤 자는 개별적으로 훈계하여야 바르게 될 수 있다"라고 하였다.

권면하고 위로하고 경계하노니. "권면"(παρακαλοῦντες)은 사람의 의지를 설득하여 어떤 선행을 실행하도록 결심하게 만드는 것이고, "위로"(παραμυθούμενοι)는 낙심한 자를 일으켜 세워 주는 것이다(5:14). 그리고 "경계"(μαρτυρόμενοι)는 게으른 자나 그 밖에 방종한 자에게 엄히 훈계하는 것을 의미한다(5:14). 벵겔은 "권면"이란 사람이 선한 일을 행하고 싶게 만들고, "위로"는 그 일을 기쁜 마음으로 하게 만들며, "경계"는 그 일을 할 때 주님을 경외하는 마음으로 하게 만든다고 말하였다.

12 이는 너희를 부르사 자기 나라와 영광에 이르게 하시는 하나님께 합당히 행하게 하려 함이라. 바울이 데살로니가 신자들을 "권면하고 위로하고 경계"한(11하) 목적은 그들이 하나님의 마음에 "합당히 행하게 하려 함"이라고 하였다.

"나라와 영광." 하나님의 "나라"는 하나님의 "교회"를 가리키기도 한다(마 16:18-19). 그러나 여기서는 그리스도가 다시 오실 때 그가 세우실 "영광의 나라"를 가리킨다(Alford). "영광"이라는 것은 신자들이 내세에 참여하여 누릴 하나님의 영광을 가리킨다(롬 5:2; 8:18; 고전 15:43; 엡 3:21; 빌 4:20; 벧전 1:7). 이 영광은 주님이 육체로 강림하셨을 때 계시를 목적으로 땅 위에 나타났었고(요 1:14, 2:11), 신자들이 구원을 미리 맛보게 하려고 복음과 성령으로 전달된다(벧전 1:8).

"하나님께 합당히 행하게 하려 함"(참조. 엡 4:1; 빌 1:27; 골 1:10). 이 말씀의 뜻은 "하나님의 마음에 맞게 행함"이다.

설교 바울 사도의 교역 지침(1-12절)

1. 그의 말(2-5절)

그의 말은 하나님을 힘입어서 전하는 말이었다(2절). 이것은 그가 하나님께 사로잡혀 하나님이 시키시는 일만 말하는 것을 가리킨다. 그가 그렇게 될 수 있었던 것은 그의 생활이 하나님 중심이었기 때문이다. 이 단락(2-12절)에 "하나님"이라는 단어가 여섯 번이나 나온다. 그는 자기중심적으로 거짓되게 탈을 쓰는 일은 전혀 없었으며(3, 5절), 오로지 하나님만 기쁘시게 하려고 힘썼다(4절).

2. 그의 겸비(6절)

그의 겸비는 사도로서 받을 영예를 취하지 않고 낮아지는 것이었다. 겸손이라는 것은 받을 대접을 다 받고 성립되는 것이 아니다. 예수 그리스도께서 보여주신 겸손이 모든 겸손의 표본인데, 그것은 그의 낮아지심으로 나타났다(빌 2:6-8). 사람들은 모두 다 낮아지기를 원치 않기 때문에 복된 겸손의 덕은 소유하지 못하게 된다.

3. 그의 유순의 덕(7-8절)

그는 목회자로서 교인들을 위하여 희생당하는 것을 기뻐하였다. 희생을 달게 당하지 않는 자는 "유순함"의 덕을 소유하지 못한다. 그뿐 아니라 희생을 달게 받지 않는 자는 항상 반항, 복수, 다툼을 쉬지 않게 된다. 교역자가 이렇게 행동해서는 많은 사람을 통제하지 못한다. 세상 사람도 "부드러운 것이 강한 것을 이긴다"라고 말한다.

4. 그의 자급 전도(9절)

많은 전도자가 경제문제로 시험을 받아 실패한다. 이들은 바울을 본받아야 한다. 어찌하여 교역자의 자격은 갖추지 못하고서 의식주 문제를 해결하기 위해 교회를 담임하려 하는가? 바울은 열매를 많이 맺는 일꾼이었지만, 교회에 자기의 생활비를 부담시키지 않았다. 오늘날 월급을 받을 만큼 가치 있는 일은 하지 못하면서 교회를 자기의 직장으로 삼고 교인들에게 폐를 끼치는 소위 유사 교역자들은 삯꾼의 자격도 없고 도적이라는 비난도 면치 못한다(요 10:10상, 12절).

5. 그의 교훈 권위(10-12절)

교역자는 교훈의 권위를 지니고 있어야 한다. 유순한 것도 좋고 순결한 것도 좋지만, 이에 더하여 교인을 경성시킬 수 있는 부성적인 권위도 있어야 한다. 그것은 먼저 자신이 주님 앞에서 거룩하고 옳고 흠 없는 자가 되어야(10절) 가질 수 있는 자격이다.

13 이러므로. 본 절 초두의 이 말은 앞 절에 기록된 사실, 곧 데살로니가 교인들이 하나님 "나라와 영광"에 이르게 된 것을 가리킨다. 바울은 이 사실로 말미암아 여기서 감사한다. 그리고 그 사실에 대하여 그는 16절까지에 자세히 진술한다.

사람의 말로 받지 아니하고 하나님의 말씀으로 받음이니. 여기서 "받는다"라는 표현이 두 번 나오는데, 헬라어 원문에서는 같은 동사가 아니다. 앞엣것은 외형적 접수를 의미하는 "파라람바노"(παραλαμβάνω)이고, 뒤엣것은 주관적으로 기쁘게 받아들임을 의미하는 "데코마이"(δέχομαι)다(Van Leeuwen, Wohlenberg).

이 말씀이 또한 너희 믿는 자 가운데에서 역사하느니라. 여기서 "또한"이란 말은 위에 진술된 하나님의 말씀에 대한 데살로니가 신자들의 반응에 또 한 가지를 덧붙인다는 의미다. 그들이 하나님의 말씀을 받을 뿐 아니라, 또한 그 말씀이 그들 가운데서 역사하고 있다는 것이다. 하나님 말씀의 "역사"는 반드시 진정한 믿음이 있는 사람들에게만 나타나는 것이다. 그러므로 사도는 "믿는"(πιστεύουσιν)이라는 동사를 "너희"라는 말에 덧붙였다.

14 본 절은 앞 절 끝에 나오는 "이 말씀이 또한 너희 믿는 자 가운데에서 역사하느니라"라는 어구의 실제적이고 구체적인 내용을 말한다.

그리스도 예수 안에서 유대에 있는 하나님의 교회들을 본받은 자 되었으니. 여기서 "그리스도 예수 안에서"라는 말은 그리스도인이 행한 선은 무엇이든지 스스로 행한 것이 아니고, 그리스도를 힘입어 행한 것임을 밝혀준다(참조. 요 15:5). 어떤 학설에 이것은 이어지는 "유대에 있는 하나님의 교회들"과 관계되어 그 교회가 그리스도 안에 있음을 해명한다고 한다(Van Leeuwen). 그러나 그것은 자연스럽지 않은 설명이다. "하나님의 교회들"이라는 말은 "그리스도 예수 안에서"라는 어구 없이도 그리스도 교회라는 의미를 잘 나타낸다(참조. 고전 1:2; 10:32; 11:16, 22; 15:9; 갈 1:13). 데살로니가 신자들이 "유대에 있는···교회들을 본받았다"라는 것은, 그들이 유대의 교회들처럼 핍박을 참아 견디었다는 뜻이다.

너희 동족에게서 동일한 고난을 받았느니라. "너희 동족"이라는 표현은 데살로니가의 이방인들을 가리킨다. 이 말이 데살로니가의 이방인과 유대인을 다 포함한다는 주장도 있다. 그러나 유대에 있는 교회가 유대인에게서 박해를 받았다는 대조구가 바로 앞에 있다는 사실이나, 또는 데살로니가 교인의 대다수가 이방인이었을 것이라는 점으로 미루어볼 때 이 말은 데살로니가의 이방인들을 의미한 것이 틀림없다. "동일한 고난"이란 말은 그들이 받은 박해를 가리킨다. 이 박해는 사도행전 17:5 이하에 기록된 사건에 뒤이어 발생했을 일들을 가리키는 듯하다.

15 주 예수와 선지자들을 죽이고. 여기서 "주"라는 호칭은 원문의 어순에서 강조형을 이룬다. 바울은 본 절 이하에서 유대인들의 죄가 얼마나 큰지를 지적하기 위해 그들이 죽였던 "예수"가 바로 "주"시라는 사실을 강조한다(고전 2:8). "주"(κύριος)는 구약성경에 나타나는 "여호와"(יְהוָה)라는 성호에 대한 70인역(LXX)의 번역이다. "선지자들"은 구약의 예언자들을 가리키는데, 역사적으로는 "주 예수와 선지자들"이라는 순서가 부자연스러워 보인다. 그러나 바울은 유대인들이 범한 죄악 가운데서 가장 큰 죄, 다시 말해 그들이 예수를 죽인 죄를 먼저 지적하기 위해 "선지자들"이라는 말보다 "주 예수"라는 말을 먼저 거론한 것뿐이다.

우리를 쫓아내고 하나님을 기쁘시게 하지 아니하고 모든 사람에게 대적이 되어. "우리"는 바울 자신과 그의 동역자들과 모든 사도를 총칭하여 가리킨다(참조. 행

17:5, 13; 18:6). 복음을 반대하는 유대인의 운동을 근본적으로 살펴보면, 그것은 복음 자체를 반대한 일일 뿐 아니라 그 복음을 통하여 죄인들을 구원하고자 하셨던 하나님을 공격한 것이나 마찬가지였다. 그리고 그것은 만민이 구원 얻는 길을 막는 행동이므로 모든 사람을 대적하는 일이기도 하다.

16 우리가 이방인에게 말하여 구원받게 함을 그들이 금하여 자기 죄를 항상 채우매. 유대인은 특별히 이방 전도에 저항하여 여러 가지 모양으로 방해함으로써(행 9:23; 13:45; 17:5, 13; 22:22) 그들의 죄를 채웠다(참조. 마 23:32-36). 하나님께서 죄인을 벌하시기도 전에 죄인들은 어리석게 죄를 축적하느라고 분주하다. 이방 전도에 대한 유대인들의 저항과 방해는 그들의 죄를 쌓는 미련한 과업이었다.

노하심이 끝까지 그들에게 임하였느니라. "끝까지"(εἰς τέλος)라는 말은 두 가지 의미를 지니는데, "양껏"이라는 의미와 "최종적으로는"이라는 의미다. 그런데 바로 앞에 "죄를···채우매"라는 양적 의미의 서술어가 있으므로 여기서는 "양껏"이라는 의미를 취하는 것이 자연스럽다. 하나님의 진노는 이미 유대인에게 극단적인 분량으로 임하여 형벌이 실행되기에 이르렀다. 그러나 본절에서 말하는 유대인에게 내린 하나님의 진노는 종말론적인 것이 아니다. 왜냐하면 로마서 11:25이 가리키는 것처럼 유대인도 세상의 종말에 이르러는 회개하고 구원받을 소망이 있기 때문이다. 그러므로 주석가들은 이 구절과 관련하여 다음 몇 가지 의견들을 제시한다. ① 여기서 말하는 하나님의 진노는 주후 46-47년에 걸친 기근과 드다의 반란 이후에 로마 정부가 유대인에게 가한 학정, 그리고 주후 49-50년 사이에 글라우디오 황제가 유대인을 로마에서 축출한 사실 등을 가리킨다는 해석이 있고, ② 하나님의 진노는 주후 70년에 있을 예루살렘 멸망을 가리킨다는 해석도 있으며, ③ 하나님의 진노는 유대인이 예수님과 사도들을 박해한 죄로 말미암아 종교적으로 받은 재앙, 다시 말해 그들의 심령이 완악해진 것을 가리킨다는 해석도 있다

(Van Leeuwen). ④ 가장 합당한 해석은 위의 모든 요소를 종합한 것인데, 하나님의 진노는 유대인이 국가적으로 받은 재앙을 가리키는 동시에 종교적으로 혼미해지는 일까지 포함한다는 것이다(마 23:37-39; 롬 11:7-8, 20). 유대인들이 2,000년 이상 민족적으로 멸망 당하고 종교적으로 혼미에 빠진 것은 하나님의 형벌을 받은 결과다.

17 형제들아 우리가 잠시 너희를 떠난 것은 얼굴이요 마음은 아니니 너희 얼굴 보기를 열정으로 더욱 힘썼노라. 위의 14절에서 말한 바와 같이 데살로니가 신도들은 박해를 받았다. 그동안 바울은 그들과 함께 있지 않았으니 얼핏 보면 그가 그 당시에 그들을 돌아보지 않고 내버린 것처럼 생각되기 쉬웠을 것이다. 그러므로 그는 본 절 이하에서 자신의 형편에 대해 해명한다.

"떠난 것"(ἀπορφανισθέντες)이라는 표현은 가족이나 혹은 친애하는 이와 사별하는 것을 의미한다. 바울이 데살로니가 신자들을 떠난 것은 그처럼 부득이한 일이었고 그가 원한 것은 아니었다(Van Leeuwen). 이 말이 헬라어 원문에서는 수동태로 타나나는데, 문자적으로 번역하면 "떠난 것"이 아니라 "떠나게 된 것"이다. 이것을 보면 그와 데살로니가 신자들 간의 이별은 부득이한 사정으로 말미암은 것이었다. 이 같은 사실은 "얼굴이요 마음은 아니니 너희 얼굴 보기를 열정으로 더욱 힘썼노라"라는 그의 진술을 통해 증거된다(참조. 골 2:5). 바울이 그들을 만나기를 원하는 것은 영적인 이유에서였고 육체적인 이유 때문이 아니었다. 영적인 이유란 19절에 밝힌 대로 그리스도의 재림 때에 그들이 바울에게 "소망", "기쁨", "면류관"이라는 사실이다. 그는 이렇게 내세에 주안점을 두고 소망과 기쁨을 인식하며 느낀다.

18 나 바울. 이것은 바울 자신만을 가리키는 말이다. 그렇다면 본 절의 주체는 바울 한 사람에게 국한된 것이라고 볼 수 있다.

한번 두번. 이 표현은 "종종" 혹은 "여러 번"이라는 의미를 전달한다(Felt, Lightfoot). 칼빈은 말하기를 "여기서 '한번 두번'이라는 말은 데살로니가를 방문하려던 그의 소원이 갑자기 뜨거웠다가 갑자기 식어버리는 종류의 것이 아니라 목표를 굳게 정하여 동요함이 없는 것이었음을 가리킨다"라고 하였다. 그러나 테오도르 찬은 이 말을 문자적으로 해석하여 정확히 "두 번"이라는 뜻으로 받아들인다. 말하자면 바울은 베뢰아에 있을 때 한 번 데살로니가로 돌아가려 하였고, 이후에 아덴에서 실루아노와 디모데를 기다리는 중에 다시 한 번 그리했던 것이라는 뜻이다(참조. 행 17:10-15).[86]

사탄이 우리를 막았도다. "사탄"이라는 말은 히브리어 "사탄"(שָׂטָן, 원수 혹은 방해자)의 음역인데(대상 21:1; 욥 1:6), 이것은 마귀를 가리키는 명사다(마 4:10; 계 12:9; 20:2). 그런데 사탄이 어떤 방식으로 바울의 길을 막았는지에 대하여는 알 수 없으나 몇 가지로 추측할 수는 있는데, ① 그자가 바울이 질병에 걸리도록 만들었을 수도 있으며, ② 그자가 유대인들을 충동하여 바울을 박해하게 만들어 그가 데살로니가에 가지 못하도록 하였을 수도 있다(Milligan). 이러한 학설들은 다만 추측뿐일 뿐이며 우리는 사탄이 어떻게 바울 일행을 막았는지 확실히 알 수 없다. 여기서 우리는 사탄이 성도를 방해하는 일의 결과에 대해 생각해볼 필요가 있다. 사탄이 아무리 성도를 방해하더라도 그자의 방해 행위는 전능하신 하나님의 제재로 말미암아 결국 성도에게 유익한 결과를 낳고 만다. 그렇다고 해서 우리가 사탄의 방해에 굴복해야 한다는 뜻은 아니다. 우리의 책임은 그자의 방해를 받지 않도록 노력하는 것이다.

19 사도가 데살로니가 신도들을 사모하여 보고자 하는 이유는 그가 그들을 영적으로 존귀하게 여기기 때문이다.

우리의 소망이나 기쁨이나 자랑의 면류관이 무엇이냐. 사도의 전도를 듣고 믿는 자들이 있다는 사실은 그가 자신의 소명에 충성했다는 증표라는 것이 틀림

---

86) Zahn, Introd 1. 204.

없다. 그러므로 심판 때에 데살로니가 신도들은 사도의 "소망"일 것이다. 그리고 "기쁨"은 사도가 그 사역의 결과로 얻을 내세의 기쁨이다(요 4:36). "자랑의 면류관"이라는 어구에서 "자랑"은 일종의 교만을 포함하는 자긍심이 아니라, 은혜로 받은 상급을 영광으로 생각한다는 뜻이다. "면류관"은 왕관이라기보다 "승리"를 상징한다(참조. 잠 16:31; 겔 16:12; 고전 9:25; 빌 4:1; 딤후 4:7-8).

그가 강림하실 때 우리 주 예수 앞에 너희가 아니냐. "강림"(παρουσία)이라는 용어는 헬라어 구문에서 크게 두 가지 방식으로 사용된다. ① 하나님이 예배하는 자들을 돌아보시기 위해 그들 중에 영광으로 임재하심을 가리키는 종교적 술어로 사용되기도 하며(Dibelius), ② 임금이 백성을 찾아 방문하는 것을 의미하기도 한다. 사도 바울은 이 말을 주의 "재림"에만 국한하지 않고 일반적 "방문"의 의미로도 사용하였으나(고전 16:17; 고후 7:6-7; 빌 1:26; 2:12), 그것 역시 의미심장하고 중대한 "방문"인 것만은 사실이다. 게할더스 보스(Geehardus Vos)는 말하기를, "이 말이 가리키는 '방문'이 엄숙성과 중대성을 띠는 이유는, 그 방문에 수반하는 사건(구속 완성과 심판)이 그러하기 때문이다"라고 하였다[87]. 이러므로 이 말은 주의 재림을 가리키는 데 가장 적합하게 채용되었다(살전 2:19; 3:13; 4:15; 5:23; 살후 2:1).

20 너희는 우리의 영광이요 기쁨이니라. "영광···기쁨." 이 두 말은 앞 절의 "소망···기쁨···자랑의 면류관"을 조금 다른 형식으로 반복한 것일 뿐이다. 앞 절의 "소망"과 "자랑의 면류관"의 내용이 본 절의 "영광"이라는 말에 포함되었다(Van Leeuwen).

"너희는 우리의 영광"이라는 말은 무슨 뜻인가? 바울이 데살로니가 신자들에게서 영광을 취한다는 뜻인가? 그런 것은 아니다. 이 말은 ① 바울의 영

---

87) Pauline Eschatology, 74.

적 소원의 성취를 가리키는 동시에, ② 그가 그들을 존귀하게 여긴다는 뜻이기도 하다. 신앙이 성숙할수록 우리는 진실한 다른 신자들을 존귀하게 여긴다. 다윗은 말하기를, "땅에 있는 성도들은 존귀한 자들이니 나의 모든 즐거움이 그들에게 있도다"라고 하였다(시 16:3).

제 3 장

⚘ 개요

1. 바울이 데살로니가를 방문하려던 뜻을 이루지 못하였으므로 디모데를 자기 대신 보낸 것을 말하고(1-5절),

2. 그가 디모데로부터 기쁜 소식을 듣고 감사하는 동시에 밤낮으로 데살로니가 신자들의 얼굴 보기를 원한다고 하였고(6-10절),

3. 기도로 결론을 맺는다(11-13절).

⚘ 해석

1 이러므로 우리가 참다 못하여 우리만 아덴에 머물기를 좋게 생각하고. 바울은 본절 이하에서 데살로니가 신자들을 향한 바울의 마음 상태를 말하였다. 곧 그가 친히 그들을 방문하려는 계획이 불가능해지자(2:18), 참다 못하여 다른 계획을 고안해냈다는 것이다. "참다 못하여"라고 번역된 헬라어(μηκέτι στέγοντες)를 직역하면 "견디지 못하여"라는 뜻이다. 사도는 데살로니가 신도

들을 향한 애정과 심려로 견딜 수 없어서 결국 그곳에 디모데를 보내기로 했다(2절).

"우리만 아덴에 머물기를 좋게 생각하고." 여기 "우리만"(μόνοι)이라는 말은 어순상으로 강조형이다. 바울은 디모데 없이 지내는 것이 얼마나 고독한 생활인가를 암시하는 동시에, 그를 데살로니가에 보내는 것이 자신에게는 적지 않은 희생이었음을 말한다. 칼빈은 말하기를 "바울이 데살로니가 신자들을 돕기 위해서 자기가 받아야 할 모든 위안을 기쁘게 희생하였으니, 그것은 그들을 위한 그의 애정과 심려가 깊었다는 증표다"라고 하였다. 사도행전 17:14-16에 의하면, 바울은 실루아노와 디모데를 베뢰아에 머물게 한 후 아덴에 홀로 가서 그들에게 속히 올 것을 명령하고 거기서 두 사람을 기다리고 있었다. 그러나 이후에 그 계획을 변경하여 디모데에게 데살로니가 방문을 명령하고 자기는 아덴으로 가서 거기서 그들을 기다리다가(행 17:15), 고린도에 가서 머무는 동안 데살로니가에서 온 디모데와 베뢰아에서 돌아온 실루아노를 만난 것이다(행 18:5).

2 우리 형제 곧 그리스도의 복음을 전하는 하나님의 일꾼인 디모데를 보내노니 이는 너희를 굳건하게 하고 너희 믿음에 대하여 위로함으로. 여기서 "형제"란 말은 그리스도의 보혈로 죄 씻음을 받고 거듭나서 하나님을 아버지라고 부를 수 있는 자격을 소유하고(Chrysostom), 천국의 환난과 인내에 동참하는 자를 가리키는 말이다(참조. 계 1:9).

"하나님의 일꾼." 이것은 시내산 사본(א)의 독법인데, 바티칸 사본은 이것과 다르게 단순히 "동역자"라고 하였다. 바이스(Weiss)는 후자를 채택한다. 만일 바이스의 견해가 옳다면, 바울이 디모데를 자기 "동역자"라고 부른 것은 그를 존중한 표현이다. 그가 이처럼 디모데를 높이 천거한 것은 그가 이처럼 유력한 일꾼을 데살로니가로 보내고 홀로 아덴에 머문 것이 자기 편에서는 적지 않은 희생임을 암시하는 동시에, 데살로니가 신자를 위한 그의 성의

가 지극하다는 것을 간접적으로 밝히려는 것이었다(Van Leeuwen). 그리고 디모데의 사명은 데살로니가 신도들을 "굳건하게 하고···위로함으로" 그들의 신앙이 환난 중에서 동요되지 않게 하는 것이었다(참조. 행 14:22, 15:32).

3 **아무도 이 여러 환난 중에.** 이는 데살로니가 신도들과 바울이 최근에 경험한 것이며, 당장 언제라도 일어날 수 있는 박해를 의미한다.

흔들리지 않게 하려 함이라. "흔들린다"(σαίνεσθαι)라는 표현을 교부들은 우리말 번역 성경과 같이 "흔들린다"라는 의미로 받아들였다. 그러나 근대에 이르러 찬(Zahn)과 밀리건(Milligan)은 이 단어의 고전적 의미인 "개가 꼬리를 흔든다"라는 뜻에 근거하여 "아첨한다"라는 의미를 제안한다. 그리스도인이 곤경에 처할 때 사탄은 그들이 죄와 타협하여 편한 길로 가게 만들려고 개가 꼬리를 치듯이 아첨한다. 그러므로 신자들은 마귀의 아첨에 끌리지 않도록 주의할 필요가 있다.

우리가 이것을 위하여 세움 받은 줄을 너희가 친히 알리라. 여기서 "세움 받음"(κείμεθα)이라는 말은 "작정되었음"을 의미한다. 칼빈은 말하기를, "이것은 마치 우리가 그리스도인이라면 그런 처지에 있게 되었다고 말하는 것과 같다"라고 하였다. 한마디로 그리스도인에게 고난은 반드시 있어야 하는 것이라는 뜻이다. 바울은 그 시대의 신자들이 반드시 이 길을 걸어가야 할 것으로 생각하였다. 디벨리우스는 그리스도인에게 고난이 반드시 따르는 이유를 두 가지로 말하였으니, ① 천국으로 이어지는 길은 험하여 그 길로 가는 자마다 난관을 겪지 않을 수 없으며(행 14:22), ② 그리스도인은 그리스도와의 관계가 밀접하여서 그리스도의 고난이 반드시 그들에게도 주어진다는 것이다.

"너희가 친히 알리라." 그들이 그리스도인으로서 환난을 겪을 수밖에 없음을 각오한다면, 그것은 그들이 인간 편에서 환난 중에 동요되지 않을 수 있는 대비책이다. 데살로니가 신도들이 이러한 각오를 다지게 된 것은 사도의 예고와 그들의 경험을 통해서다.

4 장차 받을 환난. 여기서 "장차 받을"이라는 미래 시제는 단순히 미래의 의미만을 가진 것이 아니다. 여기 사용된 헬라어(μέλλομεν)는 하나님의 작정으로 말미암아 반드시 닥쳐올 것을 가리킨다(Milligan). 그리스도인은 이 세상에서 필연적으로 환난을 받게 되어 있다. 그는 고난의 바다를 건너는 선장과 같다. 선장이 폭풍우를 만나면 자기 생명을 구원하기 위하여 배 안의 모든 짐을 바다 가운데 내버리는 것과 같이, 이 세상에서 살아가는 그리스도인도 그의 영혼이 살기 위해서는 모든 무거운 세상 욕심을 거름더미처럼 내버리고 가벼운 몸으로 달음질해야 할 것이다(참조. 히 12:1).

너희에게 미리 말하였는데 과연 그렇게 된 것을 너희가 아느니라. 예언은 신자의 마음을 깨우쳐서 앞날을 대비하게 만든다. "미리 경고를 받으면 미리 무장한다"(Edmunds). 데살로니가 신도들은 환난이 반드시 있을 것을 예고 받았기 때문에 미리 경성하고 있었으며 그것이 닥쳐올 때 동요하지 않을 수 있었다. 예언 성취는 그것을 체험하는 신자의 믿음을 크게 고무시킨다(요 13:19).

5 이러므로 나도 참다 못하여 너희 믿음을 알기 위하여 그를 보내었노니. 다시 말해 데살로니가 교인들의 수난에 대하여 바울은 무관심하지 않았으며, 그 자신도 많은 근심거리를 가지고 있었기 때문에 디모데를 파견하였다는 뜻이다. "너희 믿음을 알기 위하여"라는 말은 디모데가 그들의 신앙생활을 알아보고 격려할 것을 의미한다.

이는 혹 시험하는 자가 너희를 시험하여 우리 수고를 헛되게 할까 함이니. "시험하는 자"라는 말의 헬라어 원어(ὁ πειράζων)를 직역하면 "그 시험하는 자"라는 뜻이다. 여기에 "그"라는 관사가 부가된 이유는 천하의 모든 유혹을 맡아서 공작하는 사탄을 구체적으로 지목하기 위한 것이다. "우리 수고를 헛되게 할까 함이니"라는 염려의 말은 사탄의 역사를 막기 위해 만반의 대비를 했던 바울의 지혜를 보여준다. "사탄은 우리의 주위를 둘러 매복하기를 쉬지 않는다"(Calvin). "원수가 없다고 생각할 때 어느덧 원수는 가까이 있을 때가 많다"(Bengel).

설교 그리스도인들이 환난을 이기는 방법(1-5절)

이 세상에는 환난이 계속된다. 특별히 그리스도인은 이 세상과 정반대되는 삶의 철학을 가졌으니 세상과의 충돌을 피할 길이 없다(딤후 3:12; 참조. 요 15:19). 그러면 그리스도인이 환난을 이기는 방법은 무엇인가?

1. 믿음을 돕는 지도자(교역자)가 필요하다(2절).

사람은 홀로 살도록 만들어지지 않았다. 그는 남을 돕는 처지에 있기도 하지만 그 자신도 남의 도움을 받아야만 하는 존재다. 특히 신자는 신앙의 지도자를 필요로 한다. 신자들의 신앙을 양육하고 보호하기 위하여 하나님께서는 특별한 신앙 지도자들을 세우셨다. 그가 누구인지 얼른 말하기는 어렵지만 그래도 있기는 하다. 신자들은 환난 중에 이런 지도자의 인도를 따라서 행해야 한다. 환난 중에 있던 데살로니가 교인들에게는 디모데가 필요하였다(2-3절).

2. 환난은 신자가 받을 몫임을 알아야 한다(3하).

신자에게는 환난으로 말미암는 신앙 훈련이 필요하다. 그는 그것을 통과해야만 하나님께 합당한 자가 된다(롬 5:3-4; 살후 1:5; 벧전 1:7). 그리하여 하나님께서는 그것을 신자들에게 필수적인 분깃으로 정하셨다. 그러나 그리스도인 중에 어떤 이는 말한다. "나도 그리스도인으로서 고난을 받는 것이 매우 유익한 줄은 안다. 그래도 나는 고난을 싫어한다. 아무래도 나는 고난을 피하려고 한다. 할 수 있는 대로 그것을 멀리하려고 한다." 그렇다! 할 수 있다면 피하는 것이 좋다.

그러나 신자가 그리스도를 거역하면서까지 그리할 수는 없는 일이 아닌가? 만일 우리가 그리스도를 거역하면서까지 환난을 피한다면 우리는 양심의 고통, 영혼의 고통, 그리고 죽음을 구하여도 죽음이 피하는 것과 같은 고통을 받게 될 것이다(참조. 계 9:6).

신자가 그리스도를 위하여 고난을 받을 때 다음 몇 가지를 기억해야 한다. ① 성령께서 그가 그 고난을 감당하도록 도와주신다(마 10:19-20). ② 고난 없는 안일한 쾌락만을 좋아하는 자의 영혼은 죽은 것이다(딤전 5:6). ③ 그리스도를 위하여 고난을 달게 받는 자에게 성령께서 함께하신다(벧전 4:14). ④ 그리스도를 위하여 고난을 받는 자는 내세에 복을 받는다(마 5:10-12; 벧전 4:13). ⑤ 그리스도를 믿는다고 하는 신자가 위의 사실들을 알면서도 그리스도를 위한 고난을 무조건 싫어한다면, 그것은 영혼의 불행을 자취하는 것이다(참조. 겔 18:31하).

3. 환난은 하나님의 말씀대로 찾아오는 것임을 알아야 한다(4절).

1) 신자가 환난을 겪는 것은 우연한 일이 아니다. 사람은 우연을 지배할 수 없다. 따라서 만일 환난이 우연에 속한 것이라면 그는 언제나 당황하게 될 것이다. 그러나 하나님이 아시는 환난은 그 자녀들이 염려할 것이 아니다. 하나님께서 사도 바울을 통하여 데살로니가 신자들에게 환난을 예고하셨고, 이제 그 예언이 성취된 것이다. 그러니 그들은 당황하거나 요동할 이유가 없었다. 하나님은 신자들에게 환난이 필요함을 아시기 때문에 그것을 허락하신 것이다.

2) 하나님께서 우리에게 무언가를 예언하시는 목적은 그것이 성취될 때 우리의 신앙이 다시 확고해지게 하시려는 것이다. 우리는 거짓된 인간들을 신뢰할 수 없으나, 오직 성취되는 말씀만 하시는 참되신 하나님은 믿을 수 있다(롬 3:4; 참조. 요 13:19). 신앙을 지키는 성도들은 하나님의 예언이 성취되는

것을 지켜보며 마음의 자세를 바르게 한다. 나는 해방 직후에 순교자 주기철 목사의 유가족 중 평양 기독병원에 입원해 계신 오정모 사모(순교 정신으로 일제시대에 투쟁한 신앙인이요 주기철 목사의 부인)를 방문한 적이 있었다. 내가 그를 병실에서 만났을 때 그는 말하기를, 이제는 무신론 국가와 유신론 국가가 대립하는 무서운 시대가 찾아왔다고 하면서 요한계시록의 아마겟돈 전쟁이 가까웠음을 지적하였다. 그는 자기의 병고는 조금도 염려하지 않고 하나님의 예언 성취를 보는 데 집중하는 모습을 보여주었다.

6 지금은 디모데가 너희에게로부터 와서 너희 믿음과 사랑의 기쁜 소식을 우리에게 전하고 또 너희가 항상 우리를 잘 생각하여…너희도 우리를 간절히 보고자 한다 하니. 본 절은 본서의 저작 시기를 암시한다. 사도행전 18:5을 보면, 본서는 실루아노와 디모데가 고린도에 돌아온 직후에 기록되었다는 것을 알 수 있다. 디모데의 보고 가운데 데살로니가 교인들이 "믿음과 사랑"을 가졌고, 또 바울 사도를 사모한다는 소식은 바울에게 위안이 되었다. "지금은"(ἄρτι)이라는 말은 "방금"을 의미하거나(마 9:18; 고전 13:12), 혹은 "조금 전에"를 가리킨다(Lightfoot). 벵겔은 두 번째 의미를 채택하여 말하기를, "디모데가 돌아온 지 얼마 후에 바울은 새로운 기쁨과 애정을 가지고 이 글을 썼다"라고 하였다. "믿음과 사랑"은 진정한 경건의 총화를 간략히 표현한 것이다(Calvin)(참조. 1:3; 딤전 1:14 해석).

"기쁜 소식을 · · · 전하고"라는 표현은 헬라어 원문(εὐαγγελισαμένου)에서 복음을 전한다는 말과 같다. 디모데가 가져온 데살로니가 교회의 소식은 너무나 기쁜 것이어서 구원의 기쁜 소식을 가리키는 "복음"이라는 단어로 그것을 묘사한 듯하다. 그러나 라틴어 성경은 이 말을 단순히 "전한다"(adnuntiante)라는 의미로 번역하였으니 그것이 합당하다고 볼 수 있다. 디벨리우스도 이 번역과 일치하는 견해를 가지고 말하기를, "이 말이 70인역

(LXX)에서 흔히 "소식을 전한다"라는 일반적 의미로 사용되었다"라고 하였다. "잘 생각하여"라는 말은 친절히 기억한다는 뜻이고, "간절히 보고자" 한 이유는 신령한 은혜를 나누기 위함이었다(롬 1:11).

7 **이러므로.** 이것은 앞 절 말씀을 전제로 한 결론이다. 디모데로 말미암아 전달된 기쁜 소식은 다음과 같은 결과를 산출하였다.

우리가 모든 궁핍과 환난 가운데서 너희 믿음으로 말미암아 너희에게 위로를 받았노라. "너희 믿음으로 말미암아." 이 문구는 헬라어 원문에서 "너희"라는 말이 강조되었다. 바울은 여기서 데살로니가 사람들의 신앙을 칭찬하기 위하여 이 말에 힘을 주었다. 바울이 환난을 겪는 중에 근심한 것은 자기 문제 때문이 아니라, 그동안에 신자들이 신앙에 동요를 받을까 하여 근심한 것이다. 그런데 바울 자신은 아직 고난 중에 처해 있는데도 데살로니가 신자들의 신앙이 여전하다는 보고를 듣고는 위안을 받았다고 한다. 이것을 보면 그는 주님과 그의 교회에 관련된 공적인 일에는 열중하고 자기 자신의 문제는 잊어버린 자였다(딤후 2:3-4).

8 **그러므로 너희가 주 안에 굳게 선즉.** 바울은 데살로니가 신자들의 신앙이 굳건하게 세워진 것을 보고 위안을 받았으며, 그들이 지금부터 계속하여 그렇게 유지해간다면 그는 기쁘게 살아갈 것이라고 말한다. "굳게 선다"라는 것은 자기 힘으로 선다는 말과 반대되는 것으로서, 신앙으로 주님과 연합된 상태에서("주 안에") "굳게 세워지는" 것을 의미한다. 따라서 이 "확립"은 견고하고 안전하여 모든 시련을 감당하기에 족한 것이다.

우리가 이제는 살리라. "살리라"라는 말은 삶의 행복과 희락을 가리키는 것이 틀림없다. 바울은 그리스도를 위하여 날마다 죽음을 대면하다시피 하였다(고전 15:31). 그러나 그는 자신의 전도를 받은 신도들의 신앙이 견고해졌다는 소식을 듣고 기뻐하며 참다운 삶의 보람을 느낀 것이다. 그의 지상에서의 삶은 온전히 다른 사람의 신앙을 굳건하게 하는 데만 의미가 있었다는 말이다(빌 1:24).

9 우리가 우리 하나님 앞에서 너희로 말미암아 모든 기쁨으로 기뻐하니…어떠한 감사로 하나님께 보답할까. 본 절은 앞 절에서 말한 참다운 삶의 실상을 묘사한다. 바울은 데살로니가 신자들의 견고한 신앙으로 말미암아 중심에 기쁨을 가지고 있었다. 그런데 그가 "하나님 앞에서· · ·기뻐"한다고 하였으니, 그것은 육체적인 기쁨이 아니고 영적인 기쁨이며, 그 기쁨을 허락하신 이가 하나님이시므로(Milligan) 그는 하나님 앞에서 감사하는 것이다. "너희 중에 고난당하는 자가 있느냐 그는 기도할 것이요 즐거워하는 자가 있느냐 그는 찬송할지니라"(약 5:13).

"모든 기쁨으로 기뻐하니." 여기서 "모든 기쁨"이라는 표현은 기쁨의 많은 종류를 가리켜 말하는 것이 아니고 그것의 강렬함을 가리키는 복수 표현이다(Van Leeuwen). 바울은 모든 난관 앞에서도 오히려 "모든 기쁨"을 유지했다. 그의 기쁨은 너무나 커서 하나님 앞에 드릴 감사를 다 표현할 수 없었다.

10 주야로 심히 간구함(참조. 눅 18:7; 딤후 1:3; 계 4:8). 이 문구는 어떤 일정한 요구를 위하여 계속 열렬히 간구함을 의미한다. 벵겔은 이 구절을 해석할 때 특히 심야 기도에 착안하여, 깊은 밤은 거룩한 생각이 일어나기 쉬운 때라고 말하였다(참조. 시 77:2; 막 6:46).

너희 얼굴을 보고. 바울은 자기 일터인 데살로니가 교회가 선한 열매를 많이 맺은 줄을 알게 됨에 따라, 자연히 그들을 대면하려는 생각이 간절하였다. 이는 마치 농부가 밭의 곡물이 잘 결실했다는 소식을 들을 때 그 밭을 보고자 하는 생각이 간절함과 같다(Chrysostom). 또한 그는 그들에게 찾아가서 함께 은혜를 나누고자 하는 간절한 소원을 품고 있었다.

너희 믿음이 부족한 것. 위의 6-8절에서는 데살로니가 신자들의 신앙이 진실하다고 하였는데, 어찌하여 여기서는 그들의 신앙을 "부족한 것"이라고 묘사하였는가? 이것은 모순처럼 보인다. 그러나 믿음은 비록 우수하다고 해도 이 세상에서는 완성되는 것은 아니다. 신자는 이 세상에서 죽는 날까지 달음질하는 사람임을 기억하여야 한다(빌 3:13-14). 데살로니가 신자들의 신앙이 진실하다고 말한 것은 상대적인 의미에서 표현한 것이지 절대적인 차원에서 그렇게 말한 것은 아니다. 그들이 다른 사람들보다는 앞섰으나 신앙의 마지막 완성에 이르려면 아직도 한참을 더 전진해야 한다. 그렇다면 그들의 신앙에 부족한 점은 무엇이었는가? 그것은 본서 4-5장의 훈계에 암시되어 있는데, 예를 들어 ① 그들 중에 어떤 사람들은 내세에 대한 지식이 명확하지 않았고(4:13), ② 또 어떤 사람들에게는 도덕적 결함이 발견되기도 하였다(4:2-6, 11).

보충하게 하려 함. 이 말의 헬라어(καταρτίζω)는 "수선함"(막 1:19), "개정함", "완비함"을 의미하는데, 본 절에서는 "완비함"을 의미한다고 이해하는 것이 적합해 보인다. 그들의 신앙이 비교적 건실하나 아직도 그들에게 결함이 있었다. 그러므로 바울은 하나님의 말씀으로 그들을 더 돕고자 한 것이다. 칼빈은 말하기를 "기독교의 스승은 사람을 일시적으로만 신앙으로 인도하기 위해 존재하는 것이 아니며 사람들이 시작한 믿음을 완성하기 위하여 세움을 입은 것이다"라고 하였다.

11 바울은 앞 절에서 자신이 데살로니가 신도들을 위하여 간구한다는 사실을 말하였다. 그러나 그는 그것으로 만족하지 않고 본 절에서 그가 드린 기도를 본격적으로 기록하였다. 크리소스토모스는 말하기를, "그는 데살로니가 신자들을 위하여 혼자 기도할 뿐 아니라, 그들에게 보내는 서신에까지 그 기도를 표현했으니, 이것은 데살로니가 신자들을 위한 그의 사랑에 대한 극진한 표현이다"라고 하였다.

하나님 우리 아버지와 우리 주 예수. 헬라어 원문에는 이 문구 앞에 "그가"를 의미하는 "아우토스"(αὐτός)라는 대명사가 있는데, 그것으로 이 기도문을 시작한다. "그가"라는 말은 물론 뒤에 이어지는 "하나님 우리 아버지"를 강조한다. 얼핏 보면 이 대명사는 불필요한 첨언 같으나 실상은 그렇지 않다. 이것은 이제 시작되는 기도의 장엄성을 보여주는 말이다. 그리고 "하나님 우리 아버지"라는 말 다음에 "우리 주 예수"라는 어구를 첨부한 것도 무의미한 것이 아니다. 길을 열어 주신 이가 하나님 아버지이시지만 그 은혜가 우리 주 예수님의 중보 사역을 통해서 임하는 것이기 때문이다.

갈 수 있게 하시오며. 이것은 바울의 데살로니가 심방을 방해하는 장애물(2:18)을 제거해 주시기를 간구하는 말씀이다. 칼빈은 말하기를 "이 간구는 우리가 하나님의 인도를 받지 않고는 한 발자국도 성공적으로 전진할 수 없다는 것을 보여준다"라고 하였다.

12 우리가 너희를 사랑함과 같이. 이것은 바울이 그들에게 베풀었던 사랑을 자랑하는 말이 아니라, 하나님의 은혜로 실행되는 그의 사랑을 증언하는 말이다(참조. 1:6 하반절 해석).

너희도 피차간과 모든 사람에 대한 사랑이 더욱 많아 넘치게 하사. "너희도"라는 대명사가 헬라어 원문에서는 본 절의 처음에 위치함으로써 어순상으로 강조되고 있다.

"피차간"이라는 말은 "신자들끼리"라는 뜻이다. 그리고 "모든 사람"은 불신자까지 포함하는 "일반인들"을 가리킨다. 그리스도인이 사랑을 실행하는 일에는 순서가 필요하다. 다시 말해 그는 먼저 같은 신자들끼리 사랑하고, 다음으로 불신자들까지 사랑할 의무를 지닌다. 그러나 이 순서는 시공간적이라기보다 논리적이다. 그리고 이 순서는 결코 당파심이나 편견에서 나온 것이 아니다. 사랑은 원수에게라도 베풀어야 하지만, 그 사랑을 구체적 실행하는 데는 순서가 있다(갈 6:10).

"사랑이 더욱 많아 넘치게 하사." 그리스도인의 사랑은 질적으로 원수까지도 사랑하는 것이다. 그리고 양적으로는 그가 무한한 사랑의 빚을 지고 있으니 끝없이 계속해야 한다(마 5:44-48; 18:21-22; 롬 13:8-10). 이처럼 위대한 사랑을 우리 힘으로 실행할 수는 없고, 오직 하나님의 권능으로 말미암아서만 참되이 실현할 수 있는 것이다. 그러므로 신자들은 이 같은 사랑을 실천하는 은혜를 받기 위하여 하나님을 전적으로 의지해야 한다. 칼빈은 말하기를 "하나님께서는 그 계명으로 우리 삶의 표준을 지정하실 때 우리가 하기 쉬운 것보다도 하기 어려운 것을 실행하라고 요구하신다. 그것은 우리가 실행의 능력을 받도록 기도하게 만드시기 위해서다"라고 하였다.

13 본 절은 내세에 신도들의 구원이 마침내 완성될 것과 그리스도의 재림에 대하여 말한다. 바울이 교훈을 결론지을 때 매번 내세를 바라보는 것은 본서의 특징이다(1:10; 2:19; 3:13).

너희 마음을 굳건하게 하시고. 이 말은 신자들의 마음속에 있는 안도감을 가리킨다. 다시 말해 앞 절 끝에 말한 대로 그들의 사랑이 풍부해지면 주님의 재림 때에 두려움 대신 안도감을 느끼게 될 것을 가리킨다. 이 해석은 요한1서 4:17의 "이로써 사랑이 우리에게 온전히 이루어진 것은 우리로 심판 날에 담대함을 가지게 하려 함이니"라는 말씀과 잘 통한다(참조. 요일 4:18).

우리 주 예수께서 그의 모든 성도와 함께 강림하실 때에. 이 문구는 헬라어 원문에서는 본 절 끝에 나온다. 여기서 "성도"(ἅγιος)라는 말은 단순히 "거룩한 자"라는 의미만을 포함한다. 따라서 이 표현에는 해석상의 문제가 따른다. 이것이 ① "영화로워진 신자들"을 가리킨다는 학자도 있고(Flatt), ② "천사들"을 의미한다는 학자도 있고(Dibelius), ③ 이상 두 가지 의견을 합하여 "성도와 천사"를 겸하여 일컫는 것이라고 주장하는 학자도 있다(Milligan). 첫 번째 견해는 "거룩한 자"라는 용어가 신약성경에서 "성도"를 가리키는 데 국한된다는 사실(고전 1:2; 살후 1:10)에 근거하였고, 두 번째 견해는 데살로니가전서 4:16과 데살로니가후서 1:7에 근거하였다. 그리고 세 번째 견해는 "거룩한 자"라는 표현이 구약에서 천사를 가리켜 사용된 실례(단 4:13, 23)가 있다는 점을 근거로 여기서 이것을 성도의 의미(골 3:4)에 천사까지 포함한 말로 본다. 이상 세 가지 해석 중 첫 번째 견해가 일반적으로 채용된다.

"강림"에 대하여는 1:10 해석을 참조하라.

거룩함에 흠이 없게 하시기를 원하노라. "거룩함에 흠이 없게" 되는 것도 앞 절 끝에서 말한 사랑이 완성된 결과다. 왜냐하면 "거룩"은 율법을 온전히 지키는 것을 의미하고 율법을 온전히 지키는 것은 사랑의 완성이기 때문이다(롬 13:10; 골 3:14).

제 4 장

⚜ 개요

1. 그리스도인들이 지킬 도덕(1-12절)

이 부분에 기록된 교훈은 데살로니가 교회에 요구되는 세 가지 도덕을 포함하고 있는데, 먼저 서론(1-2절)을 말한 뒤에, ① 그리스도인의 성별 문제(3-8절), ② 믿는 형제들 간 사랑의 실천에 대한 칭찬(9-10절), ③ 그리고 근면하게 일할 것(11-12절)을 명한다.

2. 내세 문제(13-18절)

이 단락과 5:1-11은 밀접하게 관련된다. 두 단락 모두 주님의 재림을 다루고 있으며 본서의 특색을 잘 보여준다. 데살로니가 신자들은 당시 세상을 떠난 교우들이나 친척들로 말미암아 과도하게 슬퍼한 듯하다. 그들이 그렇게 슬퍼한 이유는 무엇이었는가? 그들 중 어떤 자들의 생각에 이미 죽은 자들이 주님이 재림하실 때 그의 영광에 참여하지 못할까 하여 슬퍼한 것이다.

⚜ 해석

1 끝으로. 이 말(λοιπόν)을 문자적으로 번역하면 "나머지는"이라는 뜻이다. 바울은 3장 말미까지 자신과 데살로니가 신자들 간의 관계를 밝힌 후에 이제 결론 부분의 첫머리에 이 말을 사용하였다.

주 예수 안에서 너희에게 구하고 권면하노니. 바울은 여기서 "주 예수 안에서"라는 표현을 통해 권면하는 자신의 배후에 권위가 있음을 지적한다. "구하고 권면"한다는 말은 그의 겸손과 간절함을 표시한다. "구하고 권면"한다는 말에 대하여 칼빈은 다음과 같이 설명하였다. "이것은 상대방을 인정하고 겸손을 표하는 것인데, 목사들은 마땅히 이것을 모범으로 삼아서 가능하면 무례하고 사나운 방법이 아니라 인자함으로 사람들을 가르쳐야 할 것이다"라고 하였다.

너희가 마땅히 어떻게 행하며 하나님을 기쁘시게 할 수 있는지를 우리에게 배웠으니 곧 너희가 행하는 바라 더욱 많이 힘쓰라. 바울이 이런 말을 하는 이유는 그들이 현재 잘하고 있음을 알아줌으로써 그들을 격려하기 위함이다. 선량한 지도자는 지도받는 자들을 사랑하여 그들의 장점을 칭찬하며 용기를 준다. 데살로니가 신자들은 사도에게서 교훈 받은 것을 이미 실행하는 중이었다. 그러나 사도는 그들의 실행이 더욱 완전하게 될 수 있도록 더욱 많이 힘쓰라고 독촉한다.

2 주 예수로 말미암아. 이것은 바울이 앞 절에 말한("우리에게 배웠으니") 그의 사도적 교훈이 어떤 권위를 갖는지를 밝힌 것이다. 그는 권위의 근거를 밝힘으로써 독자의 주의를 환기한다. 바울의 권면이 권위를 갖는 이유는 그의 교훈이 "주 예수로 말미암아"(διὰ τοῦ κυρίου 'Ιησοῦ) 나온 것이기 때문이다. "주 예수로 말미암아"라는 표현은 앞 절에 나오는 "주 예수 안에서"라는 표현과 거의 같은 것으로서, 두 가지 표현 모두 사도의 교훈이 갖는 중대성을

시사한다. 올스하우젠(Olshausen)과 보르네만(Bornemann)은 여기서 "주 예수로 말미암아"라는 말을 다음과 같이 설명하였다. "예수께서는 사도와 교회의 중간에 계신 셈이고, 사도의 교훈은 예수의 재가를 통과하여 교회에 이르기 때문에 권위를 가지는 것이다." 그러나 셰틀러(Schettler)는 이 말이 원천적인 의미를 지닌다고 하였다. 다시 말해 사도의 교훈은 그리스도 예수께서 성령의 감화로 주시는 것이라는 뜻이다. 많은 주석가들이 이 견해에 동의한다.

무슨 명령으로 준 것을 너희가 아느니라. "무슨"(τίνας)이라는 말이 헬라어 원문에서는 문법상 강조체를 이룬다. 이는 사도가 그들에게 지키라고 주었던 명령을 다시 힘있게 지적하는 것이다. 더불어 여기서 "무슨"이라는 질문에 대한 답은 3절에서 "이것이니"라는 말로 소개된다.

3 하나님의 뜻은 이것이니. 칼빈에 의하면 이 문구는 "하나님께서 부르신 목적이 이것이니"라는 의미다. 다시 말해 그는 "뜻"이라는 말을 "목적"으로 이해했다. "이것이니"라는 말은 앞 절에 나오는 "무슨 명령"의 내용을 소개한다.

너희의 거룩함이라. 여기서 "거룩함"이라고 번역된 헬라어(ἁγιασμός)는 "거룩하게 됨"(being made holy, sanctification)을 의미하는 수동적 명사다. 존스톤(Johnstone)은 말하기를 "이 명사는 능동적 의미를 포함하는 동시에 수동적 의미도 지니고 있다"라고 하였다. 이상의 의견들을 종합해 보면, 이 말은 그리스도인의 성화운동을 가리키는데, 그것이 처음에는 수동적이고 다음에는 능동적이 된다. 그리스도인은 먼저 하나님의 성령에 의하여 거듭난 다음 능동적으로 성화를 위해 노력하는 자들이다. 그러나 이 능동적 노력도 거룩하기를(스스로 힘으로) 힘쓰는 것이 아니고, 거룩하게 되기를(피동적 능동) 힘쓰는 것이다. 다시 말해 우리는 우리를 거룩하게 만드시는 하나님의 역사에 순종할 뿐이다.

음란을 버리고. 바울이 성화를 권장하면서 가장 먼저 "음란"을 경계한 데는 이유가 있다. ① 음란은 무엇보다도 하나님의 성전인 몸 안에 오염과 더러움을 발산시킴으로써 성화를 가능하게 하시는 하나님과의 교제를 단절시키기 때문이다. "음행을 피하라 사람이 범하는 죄마다 몸 밖에 있거니와 음행하는 자는 자기 몸에 죄를 범하느니라 너희 몸은 너희가 하나님께로부터 받은 바 너희 가운데 계신 성령의 전인 줄을 알지 못하느냐 너희는 너희 자신의 것이 아니라 값으로 산 것이 되었으니 그런즉 너희 몸으로 하나님께 영광을 돌리라"(고전 6:18-20; 참조. 고전 3:16-17). ② 당시 헬라 사상의 중심지였던 대도시 데살로니가에는 심히 문란한 남녀 간의 풍습이 성행하여 그리스도인도 이에 대해 많은 유혹을 받았기 때문이다(행 15:20; 엡 5:3; 골 3:5).

4 거룩함과 존귀함. 이것은 음행과 관련된 "더러움"이나 "부끄러움"에 대조되는 것이다. 그 당시에 이방 사회의 부부 도덕은 문란하였다. 그런 배경에서 바울은 성적 관계가 마땅히 "거룩"하게 실행되어야 하고 따라서 "존귀"하게 여겨져야 할 것을 가르친다(엡 5:25; 히 13:4).

자기의 아내. "아내"라고 번역된 헬라어 단어(σκεῦος)는 "그릇"을 의미하며, 문맥상 두 가지로 해석될 수 있다. ① 첫째 "몸"을 가리킨다는 해석이다(Tertullian, Chrysostom, Theodoret). 그러나 이 해석은 두 번째 해석만큼 문맥에 적합하지 않다. ② 둘째로 "아내"를 가리킨다는 해석이다. 이 해석이 문맥상으로 적합한데 그 이유는 다음과 같다. "자기의 그릇"이라는 표현에서 "자기의"(ἑαυτοῦ)는 문법상으로 강세를 가진 소유격이다. 바울이 이렇게 힘주어 소유를 표시한 것은 6절에 암시된 다른 사람의 아내에 대조시키는 것일 텐데, 그렇다면 "자기의 그릇"이란 말은 "자기의 아내"를 의미하였을 것이다. 사도 베드로도 "그릇"이란 말로 아내를 가리켰었다(벧전 3:7).

대할 줄을 알고. 여기 "대한다"라고 번역된 헬라어 단어(κτᾶσθαι)는 "취득하다", "소유하다"라는 의미를 지니는데, 이 문맥에서는 두 번째 뜻이 적합해 보인다. 이 단어는 성도덕에 관련된 것인데, 이미 결혼한 자가 자기 아내 이외의 여자와 관계를 맺지 말고, 오직 자기의 아내와만 관계를 맺어야 한다는 것을 가리킨다.

5 **하나님을 모르는.** 이것은 불신자의 특색이다(욥 18:21; 시 79:6; 렘 10:25; 갈 4:8; 살후 1:8). 벵겔은 이 문구에 대하여 말하기를, "하나님을 모르는 것이 음란의 근원이다(롬 1:24). 하늘의 맑고 명랑함을 보라! 그리하면 너는 너의 불결한 정욕의 추함을 깨닫게 되리라"라고 하였다. 이 말은 하나님의 거룩하심을 바라보는 자는 자기 음란의 추악함을 깨닫게 된다는 의미일 것이다.

색욕을 따르지 말고. 이 말은 불신 이방인들의 결혼 생활에서의 타락상을 정죄한다. 그들이 하나님을 알았더라면 부부간의 성도덕을 하나님의 말씀대로 거룩하게 또는 존귀하게 지켰어야 했다(참조. 4절). 그러나 그들은 하나님을 알지 못하여서 성욕을 따라 성적 행위를 오용하거나 남용한다. 성도덕에 있어서 하나님을 아는 사람들과 불신자의 차이는 이러하다. 하나님을 아는 성도는, ① 성적인 문제에서 거룩하게 처신한다. 다시 말해 하나님이 정하신 일부일처의 성경적 원리를 따르고, 상대방의 의지를 존중하고(골 3:19; 벧전 3:7), 절제하며 남용하지 않는다. ② 따라서 그것을 수치로 여기지 않고 존귀하게 여긴다(참조. 4절). 그러나 하나님을 알지 못하는 이방인은 그것을 악하게 행하며(일부일처의 정절을 지키지 아니함, 상대방의 의지를 무시함, 절제가 없음), 따라서 그것을 수치로 여긴다.

6 **이 일에 분수를 넘어서 형제를 해하지 말라.** 이것은 다른 사람의 아내를 취하지 말라는 의미다. 본 절을 앞 절과 분리하여 이것을 분쟁으로 이익을 취하지 말라는 뜻으로 해석하는 학자가 있다(Dibelius). 그러나 이 견해는 이 단락의 문맥을 잘 살피지 못하여서 생긴 오해이다. 7절의 "부정하게 하심(음행에 관한 것)이 아니요"라는 표현은 분명히 본 절의 결론일 것인데, 그렇다면 본 절의 내용도 부정한 일, 다시 말해 간음에 대해 경계하는 것이 틀림없다.

여기서 "이 일에"라는 말은 위에서 말한 성적 교제를 가리킨 것이다.

우리가 너희에게 미리 말하고 증언한 것과 같이 이 모든 일에 주께서 신원하여 주심이라. 여기서 "미리 말하"였다는 것은 장래 심판이 이르기 전에 그가 미리 경고한 사실을 가리킨다.

"이 모든 일." 이것은 3-6절에서 열거한 음란한 죄들을 가리킨다.

"신원."(참조. 시 94:1, 98:9; 미 5:15; 나 1:2; 롬 12:19). 본 절을 잠언 6:27-35과 비교해 보라. 하나님은 금생과 내세에 사람들의 죄를 그의 공의의 법대로 신원하신다.

7-8절. 이 구절들은 범죄자가 형벌을 면할 수 없음을 확언한다. 거룩한 생활을 명령하신 이는 하나님이시니 거룩하지 못한 자는 곧 하나님께 죄를 범한 자다. 그러므로 비록 그 범죄의 사실이 사람 앞에 나타나지 않는다고 해도 하나님은 그것을 아시고 그것을 벌하신다. 그러므로 다윗은 자기가 음행한 죄를 회개하며 말하기를, "내가 주께만 범죄하여"라고 하였다(시 51:4). 다윗이 회개한 음행의 죄는 곧 다른 사람의 아내와 간통하고 또 그 남편을 죽게 만든 것이었는데 어찌하여 그는 "주께만 범죄"했다고 하였는가? 그의 말은 얼핏 보면 그릇된 말 같으나 원칙상으로는 그것만이 참된 말이다. ① 하나님만이 무죄한 분이시니 원칙상으로는 하나님만이 인간을 정죄하시고 또한 형벌을 실행하실 수 있으며(Augustine), ② 인간의 유죄를 선고하는 참된 법률도 하나님에게서 유래한 것이기 때문에 범법자는 원칙상으로 하나님께만 반역한 것이다. ③ 예수님께서 "몸은 죽여도 영혼은 능히 죽이지 못하는 자들을 두려워하지 말고 오직 몸과 영혼을 능히 지옥에 멸하실 수 있는 이를 두려워하라"(마 10:28)라고 말씀하신 것처럼, 범죄자는 사람에게 원수갚음을 받는 것이 아니라 결국 하나님께 보응을 받게 될 것이니 두려운 일이다. 히브리서 10:31에, "살아 계신 하나님의 손에 빠져 들어가는 것이 무서울진

저"라고 하였다.

7 **하나님이 우리를 부르심은 부정하게 하심이 아니요 거룩하게 하심이니.** 하나님께서 우리를 이 세상에서 불러내신 것은 부정한 일을 행하게 하기 위함이 아니라 성결한 삶을 살게 하기 위함이라는 것이다. 베드로전서 1:15에 말하기를, "오직 너희를 부르신 거룩한 이처럼 너희도 모든 행실에 거룩한 자가 되라"라고 하였다.

8 **그러므로 저버리는 자는 사람을 저버림이 아니요…하나님을 저버림이니라.** 성결한 생활을 독촉하는 사도의 권면을 "저버리는 자"는 사도 바울이라는 사람을 저버리는 것이 아니라 그들이 성결한 삶을 살게 하실 목적으로 그들을 부르시고 성령을 주신 하나님을 배척하는 것이다.

9 **형제 사랑.** 이것은 불신 유대인이나 헬라인에게는 동족애를 가리키던 말이었으나, 신약에서는 신자들끼리의 사랑을 가리킨다(롬 12:10; 히 13:1; 벧전 1:22; 참조. 3:12 해석).

너희에게 쓸 것이 없음은 너희들 자신이 하나님의 가르치심을 받아 서로 사랑함이라. 크리소스토모스는 이 말을 바울의 지혜 있는 교훈이라고 보았다. 이 말은 데살로니가 신자들의 형제애를 인정하며 칭찬하는 동시에, 그들의 사랑을 더욱 권장하는 지혜로운 말이다. 없는 미덕을 있는 것처럼 칭찬하는 것은 허위인 동시에 죄악일 것이다. 그러나 어느 정도 덕행을 가진 자에게 적당히 칭찬하는 일은 필요하다. 그렇게 함으로써 그의 덕행을 더욱 장려할 수 있다.

"하나님의 가르치심"은 무엇을 의미하는가? 이것은 성령님이 우리 안에 항상 내주하셔서 인도하심을 의미한다(빌 2:13; 요일 2:27). 판 루벤은 말하기를, "하나님이 성령을 통하여 가르치시는 내용은 단순한 이론만이 아니라 실제로 행하도록 인도하시는 것이다"라고 하였다. 데살로니가 신자들은 하나님의 성령이 인도하심으로 말미암아 형제애를 실천한 것이다.

10 **너희가 온 마게도냐 모든 형제에 대하여 과연 이것을 행하도다 형제들아 권하노니**

더욱 그렇게 행하고. 데살로니가 교회의 형제애는 "온 마게도냐" 지방 신자들에게 미쳤다. 아마 그들은 근처 교회 신자들에게 너그러운 물질적 원조를 시행한 듯하다. 사도는 이것을 칭찬한다. 그러나 이것은 시작일 뿐이요 크게 이룬 것은 아니므로 계속하여 힘쓰라고 권면한다. 그리스도인의 사랑은 넓이와 깊이에 있어서 거의 한도가 없어야 한다. 넓이로 말하면 세계의 전 인류를 다 사랑하였다고 해도 만족할 것이 없고, 깊이로 말하면 한 친구를 위해 목숨을 버리기까지(요 15 :13) 사랑해야 한다(참조. 롬 13:8). 그러므로 그리스도인은 사랑하는 일에 있어서 항상 계속하여 "더 많이" 실행하기를 힘써야 한다.

11 또 너희에게 명한 것 같이. 본 절이 앞 절에서 제시한 사랑에 대한 권면의 연장이라는 견해가 있다(Theodoret). 이러한 해석에 따르면, 나태하여 다른 사람들에게 구제를 바라며 살아가는 것은 사랑이 아니라는 책망이 여기에 암시되었다는 것이다. 가난한 자를 구제하지 않는 부자도 사랑이 없는 자이지만, 남에게 늘 의지하는 자도 마찬가지로 사랑이 없는 자라는 뜻이다. 그러나 위의 해석과 달리 본 절의 훈시는 앞 절의 권면과는 관련이 없는 독립적 교훈이라고 말하는 학자들도 있다(Calvin, Van Leeuwen, Dibelius).

"너희에게 명한 것 같이." 이것은 바울이 데살로니가에 머물 때 주었던 교훈을 가리킨 듯하다.

조용히 자기 일을 하고 너희 손으로 일하기를 힘쓰라. 이 말을 하게 된 동기에 대해 어떤 학자는 말하기를, "데살로니가 교회는 그리스도의 재림을 건전한 마음으로 기다리지 않고, 그것 때문에 현세의 노동과 직무를 등한시하였기 때문에 바울은 여기서 그들의 그릇된 태도를 고치기 위하여 경계한 것이다"라고 하였다. 어쨌든 그 당시 처음 믿는 신자 중에는 인생관이 바뀌면서 간혹 그릇된 생각으로 현세의 직무와 노동을 등한시하는 자가 있었던 것 같다. 그러므로 바울은 전도 시초부터 신자가 천국의 자녀가 되었다고 해서 현세의 삶에서 맡은 책임과 업무를 등한히 여겨서는 안 된다는 점을 가르쳐왔을 것이다.

이 구절은 세 가지 미덕을 제시한다.

1) "조용함." 이 말의 헬라어 원어(ἡσυχάζειν)는 하던 말을 그치고 침묵하는 것(눅 14:4; 행 21:14), 혹은 남들에게 상관하던 일을 그치고 개인의 사생활에 충실한 것[88]을 의미한다. 본 절에서 다루는 자들은 게으른 자들이었기 때문에 그들은 사방으로 다니면서 말을 옮기기를 주저하지 않았을 것이고, 또한 남의 일에 간섭하기를 좋아했을 것이다(딤전 5:13). 그러므로 "조용하라"는 말은 이 두 가지 의미를 다 포함한다고 이해하는 것이 좋을 것이다. 그렇다고 해서 바울의 이 말이 묵언을 장려하는 것은 결코 아니다. 다만 일없이 돌아다니면서 남의 사생활을 누설하거나 남의 일에 참견하는 게으른 자들을 경계할 뿐이다. 사람이 말이 너무 많으면 거짓과 훼방을 만들어내는 반면 말이 적으면 덕을 세우는데, 한편으로 말이 너무 없으면 자타 간에 불화와 불쾌감을 초래하기 쉽다.

2) "자기 일을 하고." 위에서 말한 것과 같이 게으른 자는 무례히 다른 사람의 일에 참견하여 방해를 주는 일이 있고, 공중 생활의 질서를 문란케 하는 실례가 많다. 여기서 바울은 그것을 경계하는 것이지 결코 공공의 업무를 돌아보지 말고 자기 일만 하라는 것은 아니다. 공익을 위한 봉사의 첫걸음은 먼저 개인의 직책을 잘 파악하고 돌아봄으로써 다른 사람에게 폐를 끼치지 않는 것이며, 그렇게 해야만 공중 생활의 질서가 유지된다.

3) "손으로 일하기를 힘씀." 노동은 하나님께서 첫 사람 아담을 창조하시고 제일 처음으로 맡기신 것이다(창 2:15). 노동은 사람과 더불어 불가분리의 관계에 있다. 바울은 손수 노동하면서 이 같은 권면을 하였기 때문에 그의 교훈에는 힘이 실릴 수 있었다. 벵겔(Bengel)은 말하기를, "이것은 천국의 맛을 이미 체험한 사람들에게 필요한 교훈이다"라고 했으니 과연 그렇다. 그리

---

88) Plato, Rep., VI, 496.

스도인들이 흔히 받기 쉬운 유혹은 현실을 무시하는 것이다. 그리스도인이 영적으로는 천국에 속해 있지만, 그들에게는 가시밭길 같은 현세를 개척해야 할 책임이 있음을 잊어서는 안 된다.

"힘쓰라(φιλοτιμεῖσθαι)." 헬라어 원문의 어원적 의미는 "포부를 가지라"(to be ambitious)라는 것인데, 여기서는 "힘껏 노력함"을 뜻한다. 어순상으로는 이 단어가 본 절 첫머리에 자리하고 있어서 칼빈은 이것을 앞 절에 포함하여 해석하였다. 그러나 그보다는 이 단어를 11절에 연결하는 것이 자연스러울 것이다.

12 이는 외인에 대하여 단정히 행하고 또한 아무 궁핍함이 없게 하려 함이라. 신자가 자기 손으로 일하는 것은 불신자들로부터 존경받을 만한 행실을 갖추기 위함이며, 자신의 "궁핍"을 방비하기 위함이기도 하다. "외인"이라는 말은 외국인이란 뜻이 아니고 교회에 속하지 않은 일반인들을 가리킨다(고전 5:12). 마가복음 4:11에서 예수님은 제자들 이외의 무리를 가리킬 때도 이 말을 사용하셨는데, 그들은 천국의 오묘한 이치를 모르는 자들이다.

"단정히." 여기 사용된 헬라어(εὐσχημόνως)는 "좋은 모양" 혹은 "좋은 풍채"를 의미하는 "유"(ευ)라는 말과 "가졌다"를 의미하는 "스케"(σχη)라는 말의 합성어다[89]. 이 조합이 고린도전서 14:40에서는 "품위 있게"로 번역되었고 고린도전서 7:35에서는 "이치에 합당하게"로, 고린도전서 12:23-24에는 "귀한" 혹은 "아름다운"으로, 마가복음 15:43에는 "존경 받는"으로 번역되었다. ① 고린도전서 14:40과 7:35의 "품위 있게" 혹은"이치에 합당하게"라는 용례는 바울이 풍기 문란을 경계하면서 사용한 용어이니, "예의 바르게"를 의미할 것이다. ② 마가복음 15:43의 "존경 받는"이라는 용례는 고위층 인사를 가리킨 것이므로 필시 "명망 있는", "존귀한"을 의미할 것이다(Theodor

89) Greijdanus, Romeinen, 581.

Zahn). 그러므로 본 절의 "단정히"라는 말도 앞에 진술된 다중 의미를 포함했을 수 있다. 그리스도인들이 근면하게 생업을 영위하여 모두 자립적으로 생활하게 된다면 그들 중에는 다른 사람에게 의지하거나 구걸하는 폐습이 없을 것이다. 그렇게 되면 그들은 불신자들이 보기에 예의 있는 자들로 알려질 것이다. 따라서 그들은 불신자들에게서 존경을 받게 될 것이다(골 4:5; 벧전 2:12).

"아무 궁핍함이 없게." 이 어구의 헬라어 원문(μηδενὸς χρείαν ἔχητε)은 "아무 사람을 요구할 것이 없게"라고 번역할 수 있다. 이 같은 번역을 채택할 때 그 의미는 우리가 손수 일하면 남을 의뢰할 필요를 느끼지 않게 된다는 말이다.

13 **자는 자들**. 죽은 자를 가리켜 "자는 자"라고 표현하는 예는 구약과 신약에서 흔히 찾아볼 수 있다(창 47:30; 신 31:16; 왕상 2:10; 단 12:2; 마 9:24, 27:52; 행 7:60). 이 말은 주 안에서 죽은 자들에게 반드시 부활의 때가 있을 것을 암시한다(Augustine). 그리스도께서 특별히 이런 의미를 염두에 두시고 이 말을 즐겨 사용하셨다(마 9:24; 요 11:11). 이것은 죽은 후에 영혼이 잠을 잔다는 뜻이 아니고, 신자의 영혼이 예수님으로 말미암아 하나님께로 가고, 남겨진 육신은 잠을 자듯이 땅속에 누워있다가(단 12:2) 장차 잠에서 깨어 일어나듯이 부활할 것을 의미한다. 그러므로 이것은 영혼이 예수 그리스도로 말미암아 별세한 후에도 계속해서 산다는 의미도 포함한다. 사도행전 7:59-60에 보면, 스데반 집사는 임종 시에 "주 예수여 내 영혼을 받으시옵소서"라는 말을 하고 잤다고 하였다. 이 말씀도 영혼은 떠나고 몸은 잠을 자듯이 평안히 무덤에 있음을 가리킨다(참조. 눅 23:43).

우리는 주변에서 일어나는 신자들의 체험을 통해서도 우리 영혼이 하나님 앞에 가서 영생할 것을 알 수 있다. 예를 들어 평안남도 개천 지방에서 목회하던 황구학 목사는 병에 걸린 일도 없이 자기가 별세할 날과 시간을 미리 알고 교인들에게 알렸다. 그날이 이르러 종을 치고 교인들이 모인 가운데 그가 별세했다고 한다. 우리는 이와 같은 신자의 체험보다는 성경을 더욱 신뢰한다. 성경은 사람이 죽은 뒤에 그의 영혼이 삶을 계속한다는 사실을 알려준다. 그중 몇 가지를 들면 엘리야는 사렙다 과부의 아들이 죽었을 때 그의 시체 위에서 하나님께 기도하기를, "내 하나님 여호와여 원하건대 이 아이의 혼으로 그의 몸에 돌아오게 하옵소서"라고 하였다. 그때 그 아이의 혼(영혼)이 그의 몸으로 돌아왔다(왕상 17:21-22). 여기서 영혼의 동작이 진술되어 있는 것으로 볼 때 인간이 죽은 후에 그의 영혼은 잠자는 것이 아니다. 성경은 예수님의 별세를 가리켜 "영혼이 떠나시니라"라고 하였다(마 27:50).

알지 못함을 우리가 원하지 아니하노니. 이 같은 어투는 바울이 흔히 사용한 것으로서 독자들이 가졌던 어떤 그릇된 의견이나 난제를 해명하고자 할 때(롬 11:25; 고전 10:1, 12:1), 혹은 간절한 마음으로 자신의 개인적인 사정을 독자들에게 알리고자 할 때(롬 1:13; 고후 1:8; 골 2:1) 사용하였다.

소망 없는 다른 이와 같이(참조. 엡 2:12; 히 2:15). 이것은 세상에 속한 자들이 내세의 소망을 가지지 못한 것을 두고 하는 말이다. 당시 불신자들이 죽음에 대하여 어떤 관념을 가졌는지, 카툴루스(Catullus)의 시구에 잘 나타나 있다. "우리의 짧은 빛이 한번 사라진 다음에도 졌던 해는 다시 올라오지마는 끊임없는 잠의 밤은 그냥 있더라." 이것은 태양은 계속하여 떠오르지만 사람은 한번 죽으면 끝이라는 인생의 비극을 묘사하는 시다. 동양의 시인도 사람이 죽어 그의 시신이 매장된 것을 보고 말하기를, "무덤을 이루고 사람들이 흩어진 뒤에 산들은 적적하고 달빛은 황혼이더라"(成墳土人散後山寂寂月黃昏)라고 읊었다.

슬퍼하지 않게 하려 함이라. 이것은 소망 없는 슬픔(부활을 믿지 않는 슬픔)을 금하는 것일 뿐이며, 정당한 슬픔을 금지하는 것이 아니다. 사람이 죽은 자로 말미암아 슬퍼하는 것은 진리에 합당하고 유익하기도 하다. 전도서 7:2-4

에 말하기를, "초상집에 가는 것이 잔칫집에 가는 것보다 나으니 모든 사람의 끝이 이와 같이 됨이라 산 자는 이것을 그의 마음에 둘지어다 슬픔이 웃음보다 나음은 얼굴에 근심하는 것이 마음에 유익하기 때문이니라 지혜자의 마음은 초상집에 있으되 우매한 자의 마음은 혼인집에 있느니라"라고 하였다.

그리스도인의 가정에서 부모가 돌아가셨을 때 자녀들이 우는 것은 유익하다. 그들의 울음은 인생관의 변동을 가져오는 회개의 기회가 될 수도 있다. 그러나 과도한 슬픔은 내세를 믿지 않는 표현일 수 있다. 그러므로 이것은 그리스도인에게 합당하지 않은 것이다.

14 우리가 예수께서 죽으셨다가 다시 살아나심을 믿을진대. 바울은 본 절에서 "예수 안에서 자는 자들", 다시 말해 이미 별세한 신자들도 주님의 재림 때는 부활할 것을 확실히 설명한다. 그는 이 확신의 근거를 예수님이 부활하신 사실에 두었다. 예수님께서 부활하셨기 때문에 그를 믿는 신자들도 그가 재림하실 때 반드시 부활한다는 것이다. 신자는 예수님과 한 몸이기 때문에(롬 6:3; 빌 3:9-11). 예수님의 부활은 신자들의 부활을 성립시킨다.

"우리가 예수께서 죽으셨다가 다시 살아나심을 믿을진대." 이 문구가 조건문의 형태를 띠고 있지만 그렇다고 사실이 아니라는 것을 의미하는 조건문은 아니다. "진대"라고 번역된 헬라어 단어(εἰ)가 사실을 전제하는 가정문을 이끌기 때문에 여기서는 저자(바울)와 독자들(데살로니가 신자들)이 함께 주님의 부활을 믿었음을 보여준다. 그런데 예수님의 부활은 신자의 부활도 성립시킨다(요 14:19). 그러므로 예수님의 부활이 사실인 것과 같이("이와 같이"라는 표현의 의미) 필연적으로 신자의 부활도 사실이다.

예수 안에서 자는 자들도 하나님이 그와 함께 데리고 오시리라. "예수 안에서 자는 자들." 이 문구에 대하여 여러 가지 다른 해석들이 있다. 여기서 난제는 특히 "예수 안에서"라고 의역된 헬라어 문구(διὰ τοῦ Ἰησοῦ)에 관련된 것이다. "예수 안에서" 잔다는 말은 무엇을 의미하는가? 해석가들은 이것을 여러 가지로 해석하였다. ① 우리 한글 번역 성경과 같이 "예수 안에서 자는 자들"이라는 의미로 해석하는 학자들이 있다. 이것은 예수를 믿는 신자로서 별세한 자들을 의미한다(Dobschütz). ② "예수 때문에 자는 자들"이라고 해석할 수도 있다. 이것은 예수를 위하여 죽은 순교자들을 가리킨다.[90] ③ 번역상 어순을 달리하여 "자는 자들을 예수로 말미암아"라는 해석도 있다. 이것은 한글 번역 성경의 각주에 실린 해석이다. 이 번역을 따르면 14절 하반절은, "자는 자들을 예수로 말미암아 하나님이 그와 함께 데리고 오시리라"가 된다. 이에 따르면 "예수로 말미암아"라는 어구는 "자는 자들"을 수식하는 것이 아니라 "데리고 오시리라"라는 동사를 수식하게 된다. 따라서 "예수로 말미암아"는 하나님께서 끝날에 신자들을 데리고 오시는 일에 있어서 예수님의 중보사역을 표시한다. 그러나 이 같은 해석은 문법적으로 자연스럽지 않다. ④ "예수를 통하여 자는 자들"이라는 해석도 있다. 이것은 신자의 죽음이 예수를 통하여 잠드는 것 같은 복된 상태에 들어가는 것이어서 평화롭게 운명하고 깨어날(부활할) 소망이 있음을 의미한다(Lightfoot). 이들 가운데 네 번째 번역이 가장 합당해 보인다.

"그와 함께 데리고 오시리라." 이것은 하나님께서 별세한 성도들을 부활시켜서 예수님과 함께 오게 하신다는 의미다. 어떤 학설에 여기서 "데리고 오시리라"라고 번역된 헬라어 동사 "악세이"(ἄξει)는 문자적으로 "인도하리라"라고 번역될 수도 있다고 하는데, 그렇다면 그것은 ① 부활시킨다는 뜻을 가진 표현이거나, ② 혹은 천국의 영광에 참여시킨다는 의미일 것이다. 게할더스 보스(Geerhardus Vos)는 이 점에 대하여 말하기를, 여기서 "악세이"는 하나님께서 그리스도와 성도들을 데리고 땅 위로 오신다는 말이 아니라, 그들을 하늘 세계로 인도하심을 가리킨다고 하였다. 그렇다면 보스의 진술은

---

90) Lake, The Earlier Epistles of St. Paul, 1911.

위의 둘째 해석과 일치하는 것이겠다. 그러나 위의 첫째 해석이 문맥에 더욱 부합한 것이다.

15 주의 말씀으로. 여기서 "주의 말씀"은 복음서에 기록된 예언, 예를 들어 마태복음 24:31, 26:64이나 요한복음 6:39의 예언을 가리키는 것이 아니다. 왜냐하면 이 아래 17절까지에 소개된 "주의 말씀"의 내용이 복음서에 기록된 내세의 교훈과는 판이하기 때문이다. 그러므로 해석가들은 세 가지 의견을 제시한다.

1) "주의 말씀"은 그리스도의 교훈 가운데 초기 교회에 성문화되지 않은 형태로 보전되어 내려오던 것이라는 해석이 있다. 사도행전 20:35을 보면, 예수님의 말씀("주 예수께서 친히 말씀하신 바 주는 것이 받는 것보다 복이 있다")이 인용되었는데, 그 말씀이 4복음서에는 포함되지 않았으니 성문화되지 않은 형태로 전해졌을 것이 분명하다(참조. 요 21:25).

2) "주의 말씀"은 바울이 주님으로부터 계시를 통해 받은 내세의 교훈을 가리킨다는 해석도 있다. 바울이 계시를 받은 일이 많았다는 사실은 그의 서신들을 통해 증거되고 있다(고전 15:51; 고후 12:1-4; 갈 2:2).

3) "주의 말씀"은 바울이 복음서에 기록된 내세의 교훈을 보고 깨달은 대로 그 의미를 요약하여 여기에 소개한 것이라는 해석도 있다. 위의 세 가지 해석 중 둘째 것이 가장 합당하다.

주께서 강림하실 때까지 우리 살아 남아 있는 자. 어떤 학자들은 말하기를, 바울이 자기 생전에 주님의 재림이 일어날 것으로 생각했으니 그것은 예언자로서 바울의 오판이라고 주장한다. 그러나 우리가 알기로 바울의 이 말은 주님의 재림이 자기의 생전에 일어날 수도 있으리라고 희망하는 그의 열렬한 심정을 표현한 것일 뿐이고, 반드시 그렇게 된다는 명확한 단정은 아니다(참조. 살후 2:1-2). 그러므로 우리는 여기서 도리어 재림 소망에 대한 바울의 태도가 정당했던 것을 발견한다. 왜냐하면 주님께서는 신자들을 명하여 그의 재림을 언제든지 기다리라고 하셨기 때문이다(마 25:13). 성경은 주님의 재림 시기에 대해 명확한 지식을 제공하지도 않고, 또 우리가 그것에 대하여 정확히 인식할 것을 요구하지도 않는다. 예수님께서도 그 시기에 대하여는 인자도 모른다고 하셨는데(마 24:36), 바울이 어떻게 알 수 있었겠는가? 그러므로 바울도 그 시기에 대하여서는 단언한 적이 없고, 다만 그의 생전에 주님께서 재림하시지나 않을까 하는 열렬한 소망을 가졌을 뿐이다. 그것은 모든 그리스도인들이 본받을 만한 신앙이다.

자는 자보다 결코 앞서지 못하리라. 여기 "앞서지 못하리라"라는 문구에서 "앞선다"(φθάσωμεν)라는 말은 경기장에서 사용하는 용어인데, 경주자가 먼저 목적지에 도달하는 것을 의미한다(Lünemann). 여기서는 그리스도인의 최후 목표인(빌 3:12-14, 20-21) 부활의 영광에 참여하는 일이 일부 신자(주님의 재림 때까지 생존한 자)들에게만 국한된 것이며 이미 별세한 신자들은 경주에서 낙오되는 것처럼 부활의 영광에 참여하지 못한다는 그릇된 사상을 교정한다. 데살로니가 교회의 어떤 신도들이 이런 생각을 가지고 있었기 때문이다.

16 이 구절은 그리스도 재림의 영광스러운 광경을 묘사한다.

호령과 천사장의 소리와 하나님의 나팔 소리로. 여기서 "호령"을 발하는 주체는 누구인가? 어떤 이는 말하기를 "천사"라 하고, 다른 이는 말하기를 "하나님"이라고 하지만, 가장 정당한 해석은 "그리스도"로 이해하는 것이다.[91] "호령"의 목적은 죽은 자들을 깨우려는 것이다(요 5:28-29). 여기서 "천사장"은 미가엘을 가리키는데(유 1:9; 계 12:7), 그는 특히 하나님을 위하여 사탄을 대적해 싸우는 천사다. "미가엘"이라는 그의 이름은 "누가 하나님과 같겠는가"라는 뜻을 가지고 있는데, 그의 이름 역시 하나님을 위한 전쟁의 선언이다. 주님의 재림은 사탄을 멸하시는 것이므로 미가엘의 활동을 동반한다. 미가엘

---

91) Vos, Pauline Eschatology, 139.

의 소리 자체가 죽은 자들을 일깨우는 일에 관여됐다고 보기는 어려운데, 왜냐하면 죽은 자들을 깨우는 소리는 오직 인자의 소리이기 때문이다(요 5:19-29, 11:43).

"하나님의 나팔"은 하나님의 명령을 모든 택한 자들에게 전달하여 출두하게 하는 역할을 한다(사 28:23; 마 24:31). 다시 말해 그것은 하나님께 봉사하기 위해 사용되는 "나팔"이라는 말이다. 이는 마치 하나님을 봉사하는 데 사용되는 거문고를 "하나님의 거문고"라고 표현한 것과 마찬가지다(계 15:2).

먼저 일어나고. 여기서 "먼저"라는 말은 다음 절 첫머리의 "그 후에"라는 말과 서로 관련된다. 주님의 재림 때에 이미 죽은 신자들이 먼저 부활하고, 그에 이어서 그 당시의 생존자들이 변화한다. 문법상으로 보아 죽은 신자들의 부활과 생존자들의 변화 사이에는 다른 어떤 사건도 개입시키지 않는다. 그러므로 그 두 사건은 논리적으로는 선후 관계지만 실제적으로는 동시에 발생하는 것이 아닌가 생각된다.

17 그 후에. 앞 절 마지막의 "먼저"에 대한 해석을 참조하라.

구름 속으로 끌어 올려 공중에서 주를 영접하게 하시리니. "구름 속으로"라는 말은 구약에서 하나님의 장엄한 계시를 묘사하는 수단이었다(출 13:21; 왕상 8:10, 시 18:11, 97:2). "끌어 올려"(ἁρπάζω)라는 동사는 초자연적으로 이루어질 사건인데, 이 일이 있기 전에 먼저 몸의 변화가 있을 것이다. 이 말은 부활한 성도들과 변화 받은 성도들을 끌어 올려 공중에서 살게 하신다는 뜻이 아니다. 여기서 "영접하게"라고 번역된 헬라어(ἀπαντάω)는 "만나게"(to meet)라는 뜻이다. 그들이 재림하시는 주님을 만나기에 적합한 곳은 땅 위의 어느 지점이 아니라 공중이다. 그를 만날 자들은 땅 위의 특정 지역에 속한 사람들이 아니다. 보스(G. Vos)는 말하기를 "보편적이고 포괄적인 의의를 가진 그 장엄한 사건, 다시 말해 재림하시는 주님을 만나는 행사에는 낮은 평지보다 높은 곳이 적합하다고 생각된다"라고 하였다.[92] 리델보스(H. N. Ridderbos)도 이 사건에 관하여 말하기를 "이는 공중에 머물거나 하늘로 되돌아가기 위한 것이 아니라 주님의 지상 강림에 따라 함께 있으려는 것이다"라고 하였다.[93] 세대주의적 천년왕국설 신봉자들은 대환란 전에 예수님이 재림하셔서 성도들을 공중으로 끌어 올려 거기서 7년 동안 연회를 가지시고, 그동안에 땅에는 대환란이 있을 것이라고 한다. 이 학설은 성경 말씀에 명확히 위배된다. 데살로니가후서 2:8을 보면, 적그리스도의 핍박 행위가 벌어진 후에 주님께서 오신다고 하지 않는가? 더욱이 요한계시록 13장을 보면, 적그리스도가 성도들을 핍박한다고 하였는데(5-8절), 그의 무리가 그 후에 있을 주님의 재림 때 패망할 것이라고 기록되었다(9-10절).

그리하여 우리가 항상 주와 함께 있으리라. 이것은 공중으로 끌어 올려진 성도들이 거기서 항상 주님과 함께 살게 된다는 말이 아니다. 이것은 그때부터 영원토록 어디서나 그들이 그리스도를 떠나는 일은 없다는 뜻이다.

18 이러한 말로 서로 위로하라. 데살로니가 신자 중에 내세 문제에 대하여 무지한 자들은 죽은 자들로 인해 과도하게 슬퍼하였다(4:13). 그러므로 바울은 위에서 말한 부활 소망으로 서로 위로하라고 권면한다. 신자들은 서로 위로함으로써 낙심 중에도 힘을 얻는다. 무엇보다도 하나님의 말씀으로 권면하는 것이 참된 위로를 주는 방법이다.

설교 **부활 소망으로 살자**(13-18절).

사도 바울은 말하기를, "보이는 소망이 소망이 아니니"(롬 8:24)라고 하였

---

92) The Pauline Eschatology, 1930, 136.

93) Paulus, 1966, 598-599.

다. 그 이유는 보이는 것은 잠깐이기 때문이다(고후 4:18). 성경은 우리가 죽더라도 주님의 재림 시에 다시 살아난다고 말하는데(요 5:28-29), 그 같은 소망은 현실이 아니고 보이지 않는 미래의 일이다. 그렇다면 우리가 이 소망을 굳게 붙드는 방법은 무엇인가?

1. 예수님을 믿음

본문 14절에 "우리가 예수께서 죽으셨다가 다시 살아나심을 믿을진대" 라고 하였는데, 이 말씀은 부활 소망을 가지는 방법이다. 인간은 어떤 철학적 이론이나 과학적 방법을 통하여 부활 소망에 도달할 수 없다. 우리가 믿고 의지할 이는 예수님뿐이다.

1) 죽으신 예수님을 믿음. 그는 죽기까지 인류를 사랑하시고, 죽기까지 진리를 파수하시고, 죽기까지 죄와 거짓을 대항하여 싸우셨다. 그의 시대에 종교인들은 거짓되었고 불의하였으며 일반 사람들도 부패하였다. 그러나 예수는 그들과 정반대로 하나님을 바르게 드러내셨다. 그는 하나님의 아들(곧 하나님)로서 인성을 취하셨으니 사람 중에 유일한 참사람이셨다. 이러한 사실에 대해 4복음서가 증언한다. 우리는 4복음서에서 참사람이신 예수님의 성품을 깊이 느껴야 한다. 이렇게 하는 것이 예수님을 보고 만지고 실감하는 믿음에 진입하는 방법이다(요일 1:1). 우리는 이 믿음에 들어가기 위하여 복음서를 매일 분량을 정해서 정독할 필요가 있다.

2) 죽은 자 가운데서 다시 사신 예수님을 믿음. 예수님의 부활은 하나님의 아들로서 죽임을 당하신 그의 억울한 죽음(마 27:4)에 대한 하나님 아버지의 공의로우신 심판이다. 다시 말해 사람들이 불의하게 예수님을 죽였으나 하나님은 의롭게 그를 다시 살리셨다(행 3:14-15). 그러므로 하나님의 이러한 처사는 그의 의를 드러낸다.

우리는 예수님의 부활이 역사적 사실이기 때문에 믿기도 하지만, 그보다도 그것이 하나님의 의를 증거하기 때문에 믿는다. 예수님의 부활을 가리켜 직간접적으로 하나님의 의라고 표현하는 말씀은 요한복음 16:10, 로마서 1:17, 3:25, 4:25, 디모데전서 3:16에서 찾아볼 수 있다. 신자의 믿음이란 한편으로는 진정한 옳음을 향하여 자기 자신을 의탁하는 결단이기도 하다.

2. 주님의 말씀(성경)을 믿음

본문 15절에 말하기를, "우리가 주의 말씀으로 너희에게 이것을 말하노니"라고 하였다. 여기서 "이것"은 '부활'을 가리킨다. 이 구절에는 "주의 말씀"이 부활 신앙의 근거라는 의미가 담겨 있다. 우리가 주의 말씀이 갖는 진실성과 권위를 알게 되면 그 내용은 자동으로 믿어진다(롬 10:17). 주의 말씀은 모르는 것이 없는 밝은 말씀이고(히 4:12-13), 살아 계신 성령이 함께하시는 생명의 말씀이고(벧전 1:23), 천지가 없어진다 해도 없어질 수 없는 진실한 말씀이다(눅 21:33). 사람은 세력이나 법칙을 신뢰하기보다 말하는 것을 특징으로 하는 인격체(자의식과 자유가 있는 존재)를 믿고자 하며, 또한 그런 믿음으로만 안식을 누린다. 왜냐하면 참된 인격에만 진정한 사랑이 있기 때문이다. 그런데 인간이 믿을 만한 참된 인격은 주 예수 그리스도뿐이시다. 그리고 인격과 인격 간의 의사소통은 말과 글로만 완전히 실현된다. 주님은 그의 말씀으로 우리에게 접촉하시며, 또한 우리는 그 말씀을 받음으로써 그분에 대한 완전한 믿음을 가지게 된다.

제 5 장

개요

1. 주님의 재림 시기 문제와 신자들의 생활 태도(1-11절)

신자들은 그날과 그 시를 알 수 없으므로 믿음과 사랑과 소망으로 깨어 있어야 한다.

2. 영적 지도자들에 대한 존경(12-13절)

교우들과 그들의 지도자 사이에 계급은 없다. 하나님 앞에서는 모두가 동등한 제사장들이다(벧전 2:9). 다만 지도자들은 그들에게 맡겨진 직임을 선하게 감당할 때 존경을 받아야 한다.

3. 교우들끼리 서로 돕는 사역(14-15절)

신자들이 교회 안에서 범죄자를 징벌하는 치리를 직권적으로 시행할 수는 없지만, 그리스도 안에서 한 형제로서 권면하고 충고할 수 있다. 이것은 일반적 의미에서 교회 정화를 위한 일종의 치리다. 치리의 사역을 교역자들에게만 전담시키면 교회의 치리는 무력하게 된다(참조. 마 18:15-17).

4. 여러 가지 부탁과 기원(16-28절)

1) 기쁨, 기도, 감사의 생활을 권함(16-18절)

2) 은사에 대한 신자들의 태도(19-22절)

3) 사도의 기원과 기도 부탁(23-25절)

4) 거룩하게 입맞춤으로 문안하라고 함(26절)

5) 본서를 교회에서 읽으라고 함(27절)

6) 축도(28절)

해석

1-11절. 이 단락에서 바울은 주님이 재림하실 날이 언제인지 알 수 없으니 신자들은 깨어 있으라고 권면한다.

1 때와 시기에 관하여는 너희에게 쓸 것이 없음은. "때"(χρόνων)는 객관적이고 물리적인 시간 자체를 의미하고, "시기"(καιρῶν)는 기회로서의 시기를 가리킨다. 이 두 가지 명칭은 주님의 재림 날짜를 염두에 두고 사용된 말이다. 데살로니가 교회는 벌써 바울의 교훈을 통하여 주님의 재림 시기의 성격을 알고 있었다. 다시 말해 그 시기가 콕 집어 어느 날인지는 알기 어려우며 그날이 다음 절에서 말씀하는 것처럼 세상 사람들에게는 "도둑 같이" 이른다는 사실을 알고 있었다. 따라서 바울은 그 문제에 대하여 더는 말할 필요가 없다고 한다.

2 주의 날이 밤에 도둑 같이. "주의 날"은 "주님의 재림 날"을 가리킨다. "도둑 같이" 이른다는 말은 그날이 불신자들에게는 ① 뜻밖에 찾아온다는 의미인 동시에, ② 멸망을 가져온다는 것이다(참조. 마 24:37; 눅 17:28). 그러나 신자들에게는 그날이 이처럼 뜻밖에 이르지는 않는다(4절). 그들도 정확한 날짜

는 알 수 없으나 그날이 임박한 징조들은 미리부터 알고 있다.

3 **그들이 평안하다, 안전하다 할 그 때에.** 불신자들이 "평안하다, 안전하다"라고 생각하는 것은 자신들의 심중에 숨겨진 불안을 간파하지 못하고서 하는 말이며, 피할 수 없는 하나님의 심판도 내다보지 못하고 하는 말이다(렘 6:14, 8:11). 이것은 이 세상에 속한 자들의 무지몽매한 말이며 불신앙을 드러내는 말이다(마 24:37-39).

임신한 여자에게 해산의 고통이 이름과 같이. 잉태한 여자에게 해산의 고통은 갑자기 임한다. 이 문구가 보여주는 비유는 두 가지 요점을 가진다. ① 불신자들에게 주님의 재림이 뜻밖에 이른다는 것이며, ② 그것이 고통, 다시 말해 환난이라는 것이다.

4 **너희는 어둠에 있지 아니하매.** 다시 말해 데살로니가 신자들은 어두운 세상에 속하지 않고 천국의 광명에 속하였다는 말이다. 그들은 복음을 믿는 자로서 ① 그 심령 속에 벌써 내세의 광명을 어느 정도 받아 누리고(요일 4:12-13, 17-18) 있으므로 주님의 재림이 닥쳐왔을 때 깜짝 놀랄 이유는 없다. 그뿐 아니라 ② 그들은 하나님의 말씀을 통하여 재림의 징조들을 미리부터 알고 있으니 구체적인 날짜는 모르더라도 그날을 마음으로 준비할 수는 있다.

5 **너희는 다 빛의 아들이요 낮의 아들이라.** "빛"은 진리, 생명, 의를 상징한다. "빛의 아들"이란 말은 그리스도께 속하여 진리, 생명, 의를 받아 가진 신자를 가리킨다. "낮의 아들" 역시 같은 뜻을 가진다(참조. 호 6:5; 롬 13:12-13; 엡 5:8, 11).

6 **자지 말고 오직 깨어 정신을 차릴지라.** 잠자는 자는 임박한 위험도 깨닫지 못한다. 그처럼 영적으로 잠자는 자는 현재 그가 저지르는 죄악이 인생을 멸망시키는 무서운 것인 줄도 모르며, 장래 하나님의 심판이 얼마나 두려운 줄도 모른다. 그는 세상에 취하여 거기서 휴식을 취하고 잠을 잔다. "깨어"(γρηγορέω)라는 말은 영적으로 깨어 있음을 가리키는데, 기도(벧전 4:7)와

하나님 나라의 표준으로 행함(롬 13:11-14)을 의미한다. "정신을 차림"(νήφω)은 취함에 반대되는 것인데, 이 세상 것들에 미혹되는 일이 없음을 말한다(참조. 눅 21:34-36).

7 자는 자들은 밤에 자고 취하는 자들은 밤에 취하되. 헬라어 원문을 직역하면 본 절 첫머리에 "왜냐하면"(γάρ)이라는 접속사가 있다. 그러므로 7-8절은 앞 절의 이유를 보여준다. 앞 절에서 말한 대로 그들이 깨어 근신해야 하는 이유는 그들이 밤에 속하지 않기 때문이다. "자는 자들"은 밤(이 세상)에 속하기 때문에 잠잔다. 근신하지 못하고 "취해 있는 자들"도 밤에 취한다.

8 우리는 낮에 속하였으니. 5절 해석을 참조하라.

정신을 차리고. 6절 해석을 참조하라.

믿음과 사랑의 호심경을 붙이고. 에베소서 6:14에서는 이 말과 다르게 "의의 호심경을 붙이"라고 하였다. 바울은 종종 그리스도인들을 군인에 비유하였다(롬 6:13; 13:12; 고후 10:4; 엡 6:11). "믿음과 사랑"을 우리의 "호심경"으로 삼으면 그것으로 인해 악한 사상과 유혹이 우리의 마음에 들어오지 못한다. 우리가 여기서 한 가지 깨달을 것은 믿음이 우리의 머릿속에 자리 잡고 있을 것이 아니라 우리의 심장부에 자리 잡고 있어야 한다는 것이다. 심장부는 사랑과 정열이 움직이는 기관이다. 믿음은 냉정한 지성의 작용만이 아니고 뜨거운 사랑으로 약동하는 생명이다.

구원의 소망의 투구를 쓰자. "투구"는 원수의 화살을 막아내는 보호구인데, 그리스도인의 구원에 대한 소망이 절대 안전함을 비유한다. 이 소망은 하늘에 간직되어 있어서(벧전 1:3-5) 아무런 위험에도 노출되지 않는다. 신자는 환난 중에서도 머리를 들고(눅 21:28) 바라보는 구원 소망 때문에 잘 참으며 힘써 싸우게 된다. 그의 "구원의 소망"은 그가 곤란 중에서 인내하고 견디게 해주는 능력이 된다. 그것은 화살을 막아내는 투구와 같다.

설교 소망의 투구(8절)

소망은 무엇인가? 그것은 인간에게 삶을 성립시킨다. 사람에게 소망이 없다면 그는 살 필요를 느끼지 않을 것이다. 이 세상 사람들이 진리를 모르므로 눈에 보이는 것을 소망으로 삼는다. 그러나 보이는 것은 결국 다 지나가고 만다. 그것을 따르는 자는 속고 있는 것이다. 요한1서 2:17에 말하기를, "이 세상도, 그 정욕도 지나가되 오직 하나님의 뜻을 행하는 자는 영원히 거하느니라"라고 하였고, 로마서 8:24에는 말하기를, "보이는 소망이 소망이 아니니 보는 것을 누가 바라리요"라고 하였다. 우리의 소망은 부활 소망, 곧 산 소망(벧전 1:3)이니 안전하여 투구와 같다. 이 소망이 이렇게 든든한 이유는 무엇인가?

1. 예수 그리스도의 부활을 근거한 소망이기 때문이다.

예수 그리스도의 부활은 믿을 만한 일 중에서도 가장 믿을 만한 일이다. 그것은 영원 전에 예정된 일이고(벧전 1:20-21), 선지자들이 예언한 것으로서 마침내 성취되었다(행 3:18). 이것은 ① "성경의 위로로 소망을 가지게 함"이다(롬 15:4). 기독교 성경은 예수 그리스도의 부활 사건을 소망의 근거로 삼는다. ② 부끄럽지 않은 소망이라고 하였으니(롬 5:5), 이는 곧 실패하지 않는 소망이라는 뜻이다.

2. 중생으로 보증된 것이기 때문이다.

우리는 약속의 성령으로 인치심을 받았다(엡 4:30). 중생은 주관적으로 하나님을 알게 하여 주며 하늘나라를 알게 하여 준다. 고린도후서 1:22에서는 우리에게 주신 중생하게 하는 성령이 우리에게 "보증"이라 하였고, 고린도후서 5:5에서는, "보증으로 성령을 우리에게 주"셨다고 하였고, 로마서 8:16에서는, "성령이 친히 우리의 영과 더불어 우리가 하나님의 자녀인 것을 증언하시나니"라고 하였다. 이것은 믿음이 진실한 신자에게 생기는 체험이다. 우리는 성경 말씀을 기준으로 삼아 신실하게 믿는 성도의 체험을 인정해야 한다.

9 **하나님이 우리를 세우심은.** 본 절의 헬라어 원문은 "왜냐하면"(ὅτι)이라는 접속사로 시작하여 앞 절 끝의 "구원의 소망"의 이유를 보여주고 확증한다(Meyer). "우리를 세우심"이라는 말은 하나님께서 우리 그리스도인들을 통하여 목적하신 바를 가리킨다.

노하심에 이르게 하심이 아니요 오직 우리 주 예수 그리스도로 말미암아 구원을 받게 하심이라. "노하심"은 하나님의 최후 심판의 "진노와 정죄"를 의미한다. "받게 하심"(περιποίησιν)은 "소유"를 의미한다. 구원은 영원한 소유로서 신자에게 주어진 것이다. 그리고 우리가 언제나 기억할 것은, 이 구원이 "우리 주 예수 그리스도로 말미암아" 얻어지는 것이기 때문에 절대적으로 완전하고 안전하다는 사실이다.

10 본 절도 앞 절에 이어 구원의 소망이 무엇인가를 구체적으로 설명한다.

예수께서 우리를 위하여 죽으사 우리로 하여금 깨어 있든지 자든지 자기와 함께 살게 하려 하셨느니라. 말하자면 그리스도의 재림 때까지 살아남아 있든지("깨어 있든지"), 혹은 그때 죽어 있든지("자든지") 부활의 복에 참여하여 그리스도와 함께 영원히 살게(내세에 들어가 살게) 한다는 것이다. 본 절 첫머리에 밝힌 대로 우리의 부활과 영생은 오직 예수님의 공로로만 성립되었다.

11 앞에서 말한 것처럼 그리스도인이 받을 구원이 이처럼 확고하고 안전하니 신자들은 서로 위로하며 도와주어야 한다는 것이다.

그러므로 피차 권면하고 서로 덕을 세우기를. "권면하라"(παρακαλεῖτε)라는 말은 "위로하라"라는 뜻이고, "덕을 세우라"(οἰκοδομεῖτε)라는 말은 "건축하라"라는 뜻이다. 이것은 그리스도인들이 서로 도와주어서 교회 전체에 유익을 주는 사랑의 행위를 가리킨다.

너희가 하는 것 같이 하라. 이 권면은 데살로니가 교인들이 현재 잘하고 있음을 칭찬하면서 동시에 격려하는, 지혜 있고 공평한 권면이다. 선량한 지도자는 지도받는 자들이 잘하는 점을 알아주며 칭찬한다.

12-15절. 이 단락에서는 교회 단체 생활의 원리들을 보여준다.

12 **우리가 너희에게 구하노니.** "구하노니"(ἐρωτῶμεν)라는 말은 "간구" 혹은 "요청"을 의미한다. 사도는 여기서 겸손을 나타낸다. 그는 교회가 바로 행하기를 권면할 때도 겸손하게 요청하는 태도를 보인다.

수고하고 주 안에서 너희를 다스리며 권하는 자들을 너희가 알고. "수고하고, 다스리며, 권하는" 이 세 가지 직무는 교회의 장로나 감독이 하는 일이다. 특별히 이 중에서 다스린다는 말에만 "주 안에서"라는 수식어가 붙어 있다. 그 이유는 교회를 다스리는 일이 주님의 권위와 말씀을 배경으로 성립되기 때문이다.

"권하는 자들(νουθετοῦντας)을 너희가 알고." 이 말은 그들의 권위를 승인하고 순종하라는 의미다.

13 **그들의 역사로 말미암아…가장 귀히 여기며.** 교회의 치리자를 귀히 여겨야 하는 이유는 그들의 역사(사역) 때문이다. 교역자가 존재하는 목적은 자신이 대접을 받기 위한 것이 아니고, 복음을 전파하며 교회를 섬기기 위한 것이다. 그러므로 나태한 교역자는 치리회 앞에서 책망을 받아야 마땅하다. 그러나 교회는 충성되게 사역하는 자들을 가장 귀히 여겨야 한다.

너희끼리 화목하라. 이 말은 온 교회가 서로 화목을 유지하라는 것이다. 교인들이 교회의 치리자들을 존중하고 순종하며 그 결과로 그들이 단합되며 화목하게 된다. 교회의 분쟁은 흔히 교역자의 치리를 존중하지 않는 데서 발생한다.

설교 다스리며 권하는 자들을 알아주라(12-13절).

알아주라는 말은 사람들이 흔히 교역자를 알아주지 않기 때문에 나온 말이다. 교역자는 지도자의 위치에 있기 때문에 자기 사정을 남들에게 말하지도 못한다. 그는 남들의 사정을 등에 걸머지는 자이고, 남들에게 짐을 지울 수 있는 처지가 아니다. 그러므로 그는 마음이 괴로워도 남들에게 말하지 못한다. 교역자의 수고는 어떤 종류의 것인가?

1. 그는 다스리는 수고를 한다.

이것은 교회의 질서와 평안을 유지하기 위한 행동인데, 밖에서 들어오는 해로운 것들을 막는 동시에 안에서 생기는 불순한 것들도 진정시키는 사역이다. 이것을 정치적인 수단으로 하는 것이 아니라 피 흘리기까지 죄를 대적하는(히 12:4) 신앙적 노력으로 하는 것이다. 자기 자신이 죄를 이기지 못하면서 어떻게 남들에게 죄를 이기라고 권면할 수 있겠는가? 그는 자신이 신앙으로 굳게 서서 대외적으로는 교회를 방어하는 동시에 대내적으로는 치리의 권한을 사용해야 한다. 다스리는 것은 사람들로부터 시달림을 당하는 일이므로 그것은 적지 않은 고생이다. 이런 수고를 담당하는 자를 위하여 기도하지 않을 수 없다.

2. 그는 교인들을 권면하는 수고도 한다.

본문 12절의 "권한다"라는 말은 "설교"를 가리킨다고도 할 수 있다. 설교는 말만으로 되는 것이 아니다. 설교는 설교자 자신의 생명을 내어주는 일이다. 그러므로 어떤 설교자가 그의 설교를 책으로 발간하자는 요청을 받았을 때 그는 대답하기를, "당신은 나 자신을 인쇄할 수 있습니까?"라는 말로 거절하였다고 한다. 그는 생명을 바쳐 믿어왔던 신앙으로 표현된 그의 설교를 자기 자신과 동일시한 셈이다.

설교 교회 봉사의 귀중함(12-13절)

교회 봉사는 참으로 귀한 일이기 때문에 그 봉사자를 알아주라고 하였고(12하), 또한 "가장 귀히 여기"라고 하였다(13절). 교회 봉사는 왜 그렇게 귀한가?

1. 주님을 위하여 수고하는 일이기 때문이다.

"수고한다"(κοπιάω)라는 말은 고난 받으면서 일하는 것을 의미한다. 교회 봉사자는 주님을 위하여 수고할 기회를 얻었을 뿐이다. 사도 베드로는 말하기를, "너희 중 장로들에게 권하노니 나는 함께 장로 된 자요 그리스도의 고난의 증인이요"(벧전 5:1)라고 하였다. 모세는 하나님의 백성과 함께 고난받는 것을 잠시 죄악의 낙을 누리는 것보다 더 좋아하였다(히 11:25).

1) 수고의 필요성. 교회의 치리에 봉사하는 자가 고난을 받아야 하는 이유는, ① 그는 교인들보다 진리를 더 알아야 하기 때문이다. 시편 119:71에 말하기를, "고난 당한 것이 내게 유익이라 이로 말미암아 내가 주의 율례들을 배우게 되었나이다"라고 하였다. ② 그는 교인들보다 주님의 말씀을 더욱 잘 지켜야 하기 때문이다. 시편 119:67에 말하기를, "고난 당하기 전에는 내가 그릇 행하였더니 이제는 주의 말씀을 지키나이다"라고 하였다. ③ 그는 지도하는 능력이 있어야 하기 때문이다. 빌립보서 3:10에는, "내가 그리스도와 그 부활의 권능과 그 고난에 참여함을 알고자 하여"라고 하였다. 고난에 참여해야 능력을 받는다.

2) 수고가 요구되는 일들. 우리가 주님을 위하여 고난받을 기회는 환난과 핍박의 시대에만 국한되는 것이 아니다. 평안한 시대에도 교회를 위하여 수

고할 일은 얼마든지 있다. 행정이라는 것은 얼마나 고생스러운 일인가? 이것은 인사 문제를 다뤄야 하는데, 이 일을 올바르게 하기 위해서는 사람을 기쁘게 하기보다 하나님께 순종하여야 한다. 그리하여 때로는 사람들에게 어려움을 당하는 때도 있다. 교우들의 신앙생활에 어려움이 생기면 그 문제를 내 문제로 알고 내가 신경을 써야 하며, 그 난제들을 해결하도록 힘써야 한다. 심방하는 일은 얼마나 어려운가? 목사나 장로가 교우들의 집을 찾아간다는 것은 그 가정을 도와주기 위해서 가는 것이다. 그는 먼저 방문하는 가정에 신앙상 유익을 주기 위하여 준비 기도가 필요하다. 그는 간절한 기도로 준비해야 한다. 주님을 위한 고생은 귀하기 때문에 바울은 그 고난을 자기 육체에 채운다고 하였다(골 1:24).

2. 주님의 교회를 다스리며 권하기 때문이다.

1) 다스리는 일은 어렵다. 다스리는 일은 공의와 사랑을 겸해야 하니 어렵고, 하나님을 두려워하는 지혜로만 행하고 정치적인 수단을 동원하지 말아야 하는데 그것도 어렵다. 또한 공공의 이익만 중시하고 자기 자신의 개인 문제를 연루시키지 않아야 하는데 그것도 어렵고, 진실과 능력으로 행하고 허세를 부리지 않아야 하는데 그것도 어렵다. 그뿐 아니라 온유하면서도 안일한 태도로 행하지 않아야 하는데 그것도 어렵다. 그는 인도자로서 육신보다는 보이지 않는 영혼들을 위해 깨어서 일해야 하는데 그것도 어렵다(히 13:17). 그러므로 교회를 다스리는 일은 사람의 힘으로는 하기 어렵다. 그러나 교회를 봉사하는 사역자 자신이 주님께 순종하는 일에 모범이 됨으로써 교회를 다스릴 수 있다. 우리 본문의 "다스린다"라는 말 자체도 모범이 되는 것을 가리킨다. 여기서 사용된 헬라어 단어 "프로이스테미"(προΐστημι)는 "앞장선다"라는 뜻인데, 이것은 직권으로 사람들을 억누르는 것을 뜻하지 않는다. 헬라어에서 직권으로 다스린다는 뜻을 가진 단어는 "아르코"(ἄρχω)

다. 목사나 장로가 교회를 다스리는 일은 하나님의 교회에 본이 됨으로써 실현된다. 베드로전서 5:3에 말하기를, "맡은 자들에게 주장하는 자세를 하지 말고 양 무리의 본이 되라"라고 하였다. "본"(τύποι)이라는 단어는 "표준"을 가리킨다. 우리가 표준적인 신자가 되기만 하면 "주 안에서" 은혜로 하나님의 교회를 다스리는 일은 저절로 이루어진다.

2) 권면하는 일을 바르게 해야 한다. 권면에는 책망도 포함된다. 디모데후서 4:2에 "오래 참음과 가르침으로 경책하며 경계하며 권하라"라고 하였다. 책망할 때는 혈기로 하지 아니하고 온유한 마음으로 해야 한다(갈 6:1). 왜냐하면 교회를 봉사하는 목사와 장로는 교우들의 지배자가 아니고 그들의 형제이기 때문이다. 어떤 때에는 권면하는 일로 인하여 상대방의 마음을 잃기도 하는데, 이것은 참으로 괴로운 일이 아닐 수 없다. 그런 이유로 많은 목회자가 칠면조처럼 처신하면서 모든 사람을 다 기쁘게 하려고 한다.

그러나 바울은 말하기를, "이제 내가 사람들에게 좋게 하랴 하나님께 좋게 하랴 사람들에게 기쁨을 구하랴 내가 지금까지 사람들의 기쁨을 구하였다면 그리스도의 종이 아니니라"라고 하였다(갈 1:10). 스펄전(Spurgeon)은 말하기를, "죄를 지적하지 않는 목사는 곧은 바늘로 낚시질(물고기 잡을 마음도 없이 하는 낚시질)하는 목사다"라고 하였다.

14 게으른 자들을 권계하며. "게으른 자들"(ἀτάκτους)이라는 표현은 군인이 행렬에서 이탈하여 자기 자리에 바로 서지 않은 것을 가리키는 말이다. 교회는 세상과 싸우는 천국 군대라고 할 수 있는데, 교회의 옳은 법을 지키지 않는 신자는 징계를 받아야 한다. 교회는 생명의 양식을 공급하는 기관일 뿐 아니라 그리스도의 소중한 몸이니, 거기에 무질서와 불법이 용납될 수 없다(고전 14:33). 본 절에서 지적하는 "게으른 자들"은 나태하여 일하지 않는 교인들을 의미하였을 것이다(살후 3:6, 11).

마음이 약한 자들을 격려하고. "마음이 약한 자들"(ὀλιγόψυχος)이라는 말은 "심장이 약한 자"(fainthearted)를 가리킨다. 그는 핍박에 견디기 어려운 연약한 마음의 소유자로서 쉽사리 질겁하거나 낙심하는 자다. 이런 사람도 다른 성도들의 위안을 받으면 고난을 참아 나아갈 수 있다. 성도들이 서로 위로하며 협력하는 것은 특히 환난 때에 필요한 일이다. 이처럼 위로하고 협력하는 일에 성령님께서 역사하시기 때문이다.

힘이 없는 자들을 붙들어 주며. "힘이 없는 자들"(ἀσθενῶν)이라는 말은 문자적으로 "약한 자들"을 의미한다. 이런 사람들은 아직 진리의 말씀을 완전히 깨닫지 못했다는 점에서 신앙 사상에 편견이나 무지의 약점들이 있다(롬 14:1-2; 고전 8:7, 11-12).

모든 사람에게 오래 참으라. 신자가 교회에서 단체 생활을 하다 보면 결점 있는 여러 층의 사람들과 접촉하게 된다. 이런 접촉과 교제에 있어서 오래 참고 견디는 덕이 없으면 화목을 이룰 수 없다(고전 13:4; 엡 4:2; 골 3:12).

15 삼가 누가 누구에게든지 악으로 악을 갚지 말게 하고 서로 대하든지 모든 사람을 대하든지 항상 선을 따르라. "악으로 악을 갚지 말게" 해야 하는 이유는 여러 가지다. ① 악을 악으로 갚는 사람 자신도 같이 악해지기 때문이며, ② 공정하게 악을 징계할 심판장은 하나님뿐이시기 때문이다(롬 12:17, 19). "서로 대하든지"라는 말은 그리스도인이 그리스도인들을 대하는 것을 염두에 둔 말이고, "모든 사람을 대하든지"라는 말은 그리스도인만 아니라 일반 불신자들까지 포함하는 말이다. "항상 선을 따르라"(πάντοτε τὸ ἀγαθὸν διώκετε)라는 말은 "선을 행하기 위해 최선을 다함"을 가리킨다. 이는 마치 경주장에서 달음질하듯이 선을 추구하는 것을 뜻한다.

16-22절. 이 단락은 그리스도인이 개인적으로 지켜야 할 신앙생활의 여러 방면을 가르친다.

16 **항상 기뻐하라**(참조. 빌 4:4). 믿음의 수준이 높을수록 영적 기쁨이 풍성해진다. 그리스도인은 근심 중에도 기쁨을 잃지 않아야 한다. 그는 환난 중에도 내세의 소망을 내다볼 뿐 아니라, 성령께서 그의 안에 계셔서 인간의 지각을 뛰어넘는 하나님의 평강을 주실 줄 믿어야 한다(빌 4:7).

설교 **항상 기뻐하자**(16절).

성경에 "기뻐하라"라고 하신 말씀은 세상의 만담이나 오락 행위 같은 것으로 인해 늘 웃으며 지내라는 뜻이 아니다. 성경이 말하는 기쁨은 영적인 기쁨이다. 우리는 다음과 같은 사실들을 기억해야 기쁨을 얻는다.

1. 우리가 거듭났다면 거듭난 생명 자체가 기쁨의 근원이 된다. 거듭난 생명은 기쁨으로 충만하신 하나님(시 16:11)과 연결되어 있다. 그러므로 무의식 중에도 그의 생명에는 기쁨이 있다.

2. 믿음이라는 것 자체가 기쁨을 지니고 있다. 하나님의 말씀을 진실하게 믿는 자에게는 평안과 기쁨이 있는 법이다.

3. 사랑을 실천할 때 기쁨이 찾아온다. 신자의 별명은 사랑의 사람이라고 할 수 있는데, 사랑은 기쁨을 가져오는 법이다. 두려움과 공포와 비관은 사랑 없는 마음에서 생겨난다. 우주 만물을 욕심의 움직임으로 바라본 철학자 쇼펜하우어(Schopenhauer)는 사람들을 보기 싫어하고, 이발소에 가서도 이발사의 손에 면도하는 것을 맡기지 않을 정도로 남들을 신임하지 않았다. 그는 염세주의자로 전락했다.

4. 우리의 노력 없이 기쁨이 저절로 찾아오는 것은 아니다. 바울도 자족하기를 배웠다고 고백한다. 빌립보서 4:11-12에 말하기를, "어떠한 형편에든지 나는 자족하기를 배웠노니 나는 비천에 처할 줄도 알고 풍부에 처할 줄도 알아 모든 일 곧 배부름과 배고픔과 풍부와 궁핍에도 처할 줄 아는 일체의 비결을 배웠노라"라고 하였다.

17 쉬지 말고 기도하라. 이것은 모든 사무를 중지하고 기도만 하라는 말씀은 아니다. 우리에게 맡겨진 여러 가지 책임들도 하나님이 명하신 것이니 우리가 그것을 이행하지 않을 수 없다. 이 구절의 의미는 ① 규칙적으로 시간을 정하여 기도하라는 것이고, ② 다른 사무를 행하는 중에도 기도하는 마음가짐으로 하라는 것이다(참조. 롬 12:12; 엡 6:18; 골 4:2).

설교 쉬지 말고 기도하자(17절).

1. 쉬지 않고 기도하는 일이 하나님을 의지하는 행위다.

기도를 멈추는 것은 약한 자가 의지할 대상을 놓치는 것과 같다. 계속하여 기도하는 일은 나 자신을 의지하지 않고 나를 쳐서 복종시키는 겸손이다. 우리가 우리 자신을 의지하고 하나님께 기도하지 않는다면 그것은 우리 자신을 하나님보다 높이는 교만이다.

2. 쉬지 않고 기도하는 일이 깨어 있는 행위다.

우리 앞에는 무수한 난관이 있다. 우리는 대외적으로도 수많은 난관을 만나지만, 특히 우리 자신 속에도 많은 난관이 자리 잡고 있다. 이것을 모르는 자는 잠자는 자와 같다. 특히 우리 자신 속에 자리 잡은 죄악의 문제는 계속해서 우리를 괴롭힌다. 이 문제 때문에라도 우리는 계속 기도해야 한다. 무엇보다도 우리 마음속에 자리 잡은 나 자신을 의롭게 여기는 생각은 크나큰 원수다. 그러므로 스펜스(Spence)는 기도하기를, “하나님이여! 나를 선한 사람에게서 구원하여 주옵소서”라고 하였다. 그 기도의 의미는 스스로 선하다고 생각하는 사람(나 자신)에게서 구원해달라는 것이다. 우리는 대외적으로 얼마나 많은 난제를 만나는가? 우리가 계속해서 기도하지 않고 견딜 수 있겠는가? 특별히 불신 세상을 회개시키는 일은 얼마나 큰 것인가? 이것은 기도로써만 해결할 수 있는 일이다. 아메리카 인디언들에게 복음을 전한 데이비드 브레이너드(David Brainerd) 선교사는 겨울밤에 얼어붙은 땅에 앉아서 아메리카 인디언들의 회개를 위하여 기도하는 한편 자기의 사역이 잘되기를 위하여 기도하였는데 그 기도가 응답되었다고 한다.

18 범사에 감사하라. 그리스도인은 자신에게 주어진 좋은 조건을 두고서 감사할 뿐만 아니라, 그에게 닥친 불행한 사건으로 인해서도 감사한다. 왜냐하면 그에게 불행한 일처럼 여겨지는 사건들도 결국은 주 안에서 유익한 것이 되기 때문이다(롬 8:28). 그는 자기 자신만 아니라 남이 잘되는 일까지도 감사할 조건으로 삼는다. 왜냐하면 남도 나처럼 하나님의 형상으로 창조되었기 때문이며, 남이 잘되는 것으로 감사할 때 하나님이 기뻐하시기 때문이며, 무엇으로 말미암아 감사하든지 참되게 감사하는 자는 하나님의 은혜를 더욱 풍성히 받기 때문이다.

그런데도 인간은 하나님께 감사하지 않는 악한 성품을 지니고 있는데, 그 이유는 ① 그에게 헛된 욕심이 가득하기 때문이다. 인간은 헛된 욕심으로 말미암아 큰 은혜도 작게 여기며 참된 것을 헛된 것으로 여긴다. ② 자기의 죄가 얼마나 큰지를 모르기 때문이다. 하나님께서 인간을 그들이 범한 죄악에 따라 심판하셨다면 그들은 모두 무서운 형벌을 받았을 것인데, 하나님의 은혜로 그런 형벌을 피하게 되었음을 그들은 모른다. ③ 인간의 도둑 심보 때문이다. 사람들은 남의 도움을 거저 받는 것을 당연한 일로 잘못 생각한다.

이것이 그리스도 예수 안에서 너희를 향하신 하나님의 뜻이니라. 이 말씀의 뜻은 범사에 감사하는 것이 하나님의 뜻에 합당하다는 의미일 것이다. 그러나 모파트(Moffat)는 "범사에 감사"하는 것만 아니라 앞에 있는 "항상 기뻐함"과 "쉬지 말고 기도함"도 하나님의 뜻이라는 의미라고 하였다. 판 루벤도 그렇게 생각하였다.

설교 범사에 감사하라(18절)

신자들이 범사에 감사해야 하는 이유가 몇 가지 있다.

1. 이때까지 살도록 하여 주신 하나님의 은혜 때문에 감사해야 한다. 이때의 감사는 살아 있다는 사실 자체에 대한 감사라기보다는, 아직 살아남아서 회개할 기회, 신앙 연단의 기회, 그리고 기도할 기회를 가질 수 있게 된 사실에 대한 감사다.

2. 남의 일이 잘되는 일로 말미암아 감사해야 한다. 그리스도인은 남의 일이 잘되는 것을 자기의 일이 잘되는 것과 마찬가지로 기뻐하며 감사해야 한다.

다른 사람들도 하나님의 형상으로 창조되었으니 그들도 나 자신과 마찬가지로 중요하다. 그러므로 그들의 일이 잘되는 것을 보고 감사해야 한다.

3. 하나님으로 말미암아 감사해야 한다. 하나님은 천지 만물을 창조하시고 우리를 구원하시는 구원자이시니, 우리는 무엇보다 먼저 그분으로 말미암아 감사해야 한다.

4. 하나님의 일이 잘되어 감을 보고 감사해야 한다. 어떤 때에는 하나님의

일이 순조롭게 진행되지 못하는 것처럼 보인다. 그러나 우리는 기억하자! 사람들은 실패하여도 하나님은 실패하시지 않는다!

5. 감사하면 복을 받기 때문에 감사해야 한다. 감사할 수 없을 것처럼 보이는 사건들에 대해서도 감사하면 우리가 복을 받는다. 신앙의 사람이었던 욥은 그의 열 자녀와 많은 재산을 거의 동시에 잃었을 때도 여호와를 찬송하였다(욥 1:21-22). 그는 후에 다시금 열 자녀와 두 배의 재산을 축복으로 받았다(욥 42:10).

설교 범사에 감사하자(18절)

1. 말할 수 없는 은혜로 말미암아 감사하자(고후 9:15).

하나님께서 우리에게 베푸신 은혜는 너무 커서 말로는 다 표현하기 어렵다. 그것은 무엇보다도 하나님이 독생자를 우리에게 주신 은혜이며, 또한 그와 함께 만물을 우리에게 주신 은혜다. 로마서 8:32에 말하기를, "자기 아들을 아끼지 아니하시고 우리 모든 사람을 위하여 내주신 이가 어찌 그 아들과 함께 모든 것을 우리에게 주시지 아니하겠느냐"라고 하였다. 여기서 "모든 것" 가운데는 사망까지도 포함되어 있다. 고린도전서 3:21-22에 말하기를, "만물이 다 너희 것임이라 바울이나 아볼로나 게바나 세계나 생명이나 사망이나 지금 것이나 장래 것이나 다 너희의 것이요"라고 하였다. 사망까지도 우리에게는 유익이 된다고 하였는데, 사망보다 더 나쁜 것은 없으니 우리는 범사에 감사해야 한다.

2. 하나님의 일이 잘될 것을 기대하고 감사하자.

하나님의 일이 잘되면 나도 잘된다. 요셉은 임종 시에 자기 형제들을 불러 놓고 말하기를, "나는 죽을 것이나 하나님이 당신들을 돌보시고 당신들을 이 땅에서 인도하여 내사 아브라함과 이삭과 야곱에게 맹세하신 땅에 이르게 하시리라"라고 유언하였다(창 50:24). 우리도 앞으로 하나님의 예언과 약속이 성취될 것을 내다보고 감사하자! 하루아침에 그렇게 되는 것은 아니지만 세상을 살다 보면 우리는 개개인에게 대한 하나님의 공의롭고 선한 심판을 목격하게 된다.

3. 나를 대적하는 사람들로 말미암아 감사하자.

우리는 이유 없이 우리를 대적하는 자들을 만나게 된다. 그런데 우리는 우리를 대적하는 자들을 통해 실상은 나 자신이 더욱 형통하게 되는 기회를 만들 수 있다. 나 자신이 잘하는 가운데도 부족한 부분이 있을 것인데, 우리가 대적하는 자들로 말미암아 자신을 살펴서 더욱 주님 앞으로 가까이 나아가고 더욱 성결을 힘쓰게 된다면, 그것은 얼마나 나에게 유익한 일이겠는가! 나는 다윗과 같이 나의 죄가 "머리털보다 많다"라는 사실을 알아야 한다(시 40:12). 대적하는 자들은 우리의 죄악을 우리에게 상기시켜주며 또한 우리를 겸손하게 만들어 준다.

나에게는 많은 죄가 있는데 그중에도 특별히 하나님께 감사하지 못한 죄가 크다. 구체적으로 말하자면, 나는 하나님이 주신 복으로 말미암아 참되이 감사하지 못한 죄가 있고, 환난과 고통과 질병에 대해서도 감사드리지 못한 죄가 있다. 그러므로 이런 죄인에게 내적하는 사람이 있는 것은 당연하고 또 감사한 일이 아닌가? 휘트필드는 자기 죄에 대하여 탄식하면서 말하기를, "왜 사람들이 내가 지나갈 때 돌로 치지 않을까?"라고 하였다고 한다. 매튜 헨리는 도둑을 맞았을 때 감사하기를, "나는 남의 것을 도둑질하지 않았으니 감사하다"라고 하였다고 한다.

19 성령을 소멸하지 말며. 이 말씀은 성령의 은사를 존중해야 함을 가르치

는 한편 성령의 일반적인 감동에 관하여 신자들을 주의시키기도 한다. 이런 의미에서 사람이 성령을 소멸한다는 말은, ① 남들이 성령의 감동을 경험한 일에 대해 귀히 여기지 않는 것을 뜻한다. 인간은 남의 일에 관심을 가지지 않는 마음 때문에 남들이 받은 성령의 감동을 가볍게 여기는 죄를 범한다. ② 자기 자신이 성령의 감동을 경험했던 일에 대해 순종하지 않는 것을 뜻한다. 그는 자기가 받은 성령의 감동에 대하여 무지하거나 혹은 태만하여 순종하지 못하는 경우가 있다. 그러므로 신자는 성경을 많이 알아야만 성령의 감동을 잘 분별하며 민첩하게 순종할 수 있다.

20 예언을 멸시하지 말고. "예언"은 미래의 일에 대해서뿐 아니라, 기타 하나님의 뜻에 관한 하나님 말씀을 증언한 것이다(고전 14:5).

21 범사에 헤아려 좋은 것을 취하고. 이 구절에 대해 두 가지 해석이 있다. 첫째 해석은 앞 절에 말한 "예언을 멸시하지 않는 태도"를 보여준다는 것이다. 다시 말해 성령의 감동으로 말하였다는 예언을 신중히 취급하여 잘 시험하여 보고 취할 것을 취하라는 뜻으로 해석하는 것이다. 그러므로 앞 절에 "예언을 멸시하지 말"라고 한 것은 누군가가 예언하는 것을 아무 비판 없이 받으라는 뜻이 아니다(살후 2:2; 요일 4:1). 둘째 해석은 이 구절을 앞 절과 관계없는 독립적인 권면으로 보는 것이다. 그렇다면 그 의미는 그리스도인이 모든 일에 잘 살펴서 선한 것을 취하여 따르라는 말이 된다. 그러나 "헤아려"라고 번역된 헬라어 단어(δοκιμάζω)가 "시험해 보다"라는 뜻을 지니고 있으니 첫째 해석이 옳다(참조. 요일 4:1).

22 악은 어떤 모양이라도 버리라. 여기 "모양"이라고 번역된 헬라어 단어(εἶδος)는 "종류"를 의미하기도 한다. 판 루벤은 이 해석을 취한다. 그렇다면 이 구절의 의미는 그때 사람들이 말하는 예언을 자세히 살펴본 후에(21절) 악한 종류는 버리라는 것이다.

23-24절. 이 두 구절에는 데살로니가 신자들에게 대한 바울의 소원이 담

겨 있다.

23 평강의 하나님이. 세계의 종말에 모든 것을 바르게 하시고 평화의 질서를 가져오실 이는 하나님뿐이시다. 그리스도인의 구원이 완성되는 일도 이처럼 최후의 평화를 가져오실 하나님께서 주시는 은총이다.

친히 너희를 온전히 거룩하게 하시고 또 너희의 온 영과 혼과 몸이 우리 주 예수 그리스도께서 강림하실 때에 흠 없게 보전되기를 원하노라. "너희를 온전히 거룩하게 하시고"라는 말이 의미하는 바가 아래에 설명된다. 말하자면 그리스도인의 "온 영과 혼과 몸이· · ·그리스도께서 강림하실 때에 흠 없게 보전되기를 원"함을 뜻한다는 것이다. 본 절에 나오는 "영", "혼", "몸", 이 세 가지는 인간의 구성 요소가 세 부분으로 되어 있다는(Trichotomy) 의미가 아니다. 성경은 분명히 인간이 두 부분(영혼과 몸)으로 구성되어 있다고 가르친다(마 10:28; 고전 2:14-15; 15:44, 46). 여기서 말하는 "영"과 "혼"은 영혼의 두 방면을 가리키는데, "영"은 종교 윤리적 작용을 담당하고, "혼"(ψυχή=영혼이란 뜻)은 일반적인 지각의 작용을 담당하는 것이라고 한다. 이 해석은 바울이 영혼 2분설(Dichotomy)을 말하였다는 것이다. 주님께서 재림하실 때 우리의 "영과 혼과 몸이· · ·흠 없게 보전"되고 우리의 "몸"도 죄로 더럽혀지지 않고 "보전"되는 것은 사람의 힘으로는 불가능하다. 그것은 오직 "평강의 하나님", 곧 최후의 승리자 되시는 하나님께서만 하실 수 있는 일이다. 그는 예수 그리스도의 보혈로 우리를 씻으시며 성령으로 끝까지 거룩하게 만드시는 역사로써 이 일을 이루신다(벧전 1:2; 요일 1:7, 9).

24 너희를 부르시는 이는 미쁘시니 그가 또한 이루시리라. 바울은 앞 절에서 기원했던 바가 헛되지 않을 줄을 확신한다고 부언한다(Meyer). 하나님께서 우리를 복음으로 부르셔서 그리스도를 믿게 하셨으니, 그 일이 헛되지 않을 것이다. 왜냐하면 이렇게 구원 운동을 시작하신 하나님은 신실하시기 때문이다(빌 1:6).

25 형제들아 우리를 위하여 기도하라(참조. 롬 15:30; 엡 6:18; 골 4:3; 살후 3:1). 이 말씀을 보면 사도나 일반 신자들은 하나님 앞에서 동등한 제사장이다(벧전 2:9). 일반 신자들도 사도를 위하여 기도할 영적 권세가 있다. 양자 간의 차이는 은사의 차이일 뿐이다(고전 12:28). 오직 예수님만 중보자로서 특수한 제사장이시다(딤전 2:5; 히 4:14).

26 거룩하게 입맞춤으로 모든 형제에게 문안하라. 교인들이(남자는 남자와 더불어, 여자는 여자와 더불어) 입 맞추는 풍속이 초기 교회에 있었다. 바울은 그것이 거룩한 형제애로 실행되기를 부탁한 것이다.

27 내가 주를 힘입어 너희를 명하노니 모든 형제에게 이 편지를 읽어 주라. 사도 바울이 주님의 권위에 의지하여 "모든 형제에게 이 편지를 읽어 주라"라고 한 것을 보면 이 편지는 평범한 서신이 아니고 하나님 말씀의 권위를 가진 것이 분명하다(참조. 고전 14:37).

28 우리 주 예수 그리스도의 은혜가 너희에게 있을지어다. 사도의 축복은 헛된 것이 아니며, 영적으로 유효하고 귀중한 기원이다(마 10:12-13). 고린도후서 13:13에 기록된 축도는 삼위일체의 권위를 가지고서 좀 더 세밀하게 제시된다.

신약주석
데살로니가후서

데살로니가후서 주석

목차

본문주석

설교

서론

I. 데살로니가후서 저자

본서가 바울의 저작이라는 사실은 고대 교부들이 본서에서 인용하면서 사도 바울의 글로 인정한 것으로도 알려진다. ① 이레나이우스(Irenaeus)가 2:8-9을 인용하면서 바울의 저작으로 인정하였고,[94] ② 알렉산드리아의 클레멘스(Clement of Alexandria)도 3:1-2을 바울의 글로 인용하였으며(Strom. 5, 3), ③ 테르툴리아누스(Tertullian)는 2:2-3을 인용하면서 그리하였다.[95]

위의 교부들은 2세기 말엽에 그 당시 세계 교회의 지도자들인데 그들의 말은 온 교회의 의견을 대표한 것이다.

본서가 바울 저작임을 부인하는 그릇된 학설들은 다음과 같다.

1) 본서에 데살로니가전서와 유사한 자료가 적지 아니한 것은 바울을 모

94) Hear., III, 7, 2.

95) Against Marcion, V. 1, V, XV.

방한 위작의 증표라고 주장하는 학자들이 있다(Kern). 그러나 바울이 데살로니가 교회의 실정에 비추어 어느 정도 같은 부탁이나 교훈을 다시 했을 수 있다.

2) 그리스도의 재림에 대하여 두 편지가 서로 다르게 말한다고 주장한다. 요컨대 데살로니가전서는 재림이 속히 도래할 것으로 여겼다는 정황이 강력한 반면, 본서는 그 사건이 시간적 여유를 두고 이루어질 것처럼 여긴다는 것이다. 이것이 사실이라면 본서는 데살로니가 전서의 저자가 쓴 것이 아니라고 그들은 주장한다. 그러나 그리스도의 재림에 관하여 두 서신은 근본적으로 서로 차이점이 없다. 사실상 데살로니가전서도 급박한 재림을 말한 것은 아니다. 데살로니가전서 4:15에서 "주께서 강림하실 때까지 우리 살아 남아 있는 자"라는 표현은 반드시 바울 당대에 그리스도께서 재림하신다는 의미를 담고 있는 것이 아니다. 그것은 바울이 가상적으로 그의 생전에 그리스도께서 재림하실 경우를 생각하고 가르친 말씀일 뿐이다. 말하자면 "가령 우리 당대에 그리스도께서 강림하신다면, 우리 살아남아 있는 자들이 어떻게 될 것인가?" 하고 묻는 것뿐이다. 그리고 본서에서는 바울이 그리스도의 재림이 그 시대에 당장 실현될 것이라고 오해하는 신자들의 생각을 교정하고자 하였다. 그러므로 바울이 본서에서는 재림 전에 이루어질 일들을 순차적으로 진술한 것이다.

3) 종말과 관련하여 본서는 "불법의 사람"에 대하여 말하는데, 어떤 학자들은 그런 사상이 바울의 다른 서신들에는 전혀 없다고 말하면서 본서가 바울의 저작이 아니라고 주장한다. 그러나 이와 같은 반대는 성립될 수 없다. 바울이 "불법의 사람"에 대하여 다른 서신에서 언급하지 않았더라도 본서에서 그것을 가르치는 일은 얼마든지 가능하지 않은가? 바울은 그가 다른 서신에서 가르쳤던 말만 여기서 해야 하는가?

4) 데살로니가전서의 내용은 매우 열정적인 반면 본서의 내용은 냉정하

고 예리한 것이니 본서의 저자는 바울이 아니라고 주장하는 자들도 있다. 그러나 같은 저자가 같은 교회에 서신들을 보내면서도 당시 교회의 실정에 따라 다소 달라진 어투로 말할 수 있다.

II. 데살로니가후서 저작 시기와 장소

본서에서 바울, 실라, 디모데 세 사람을 함께 언급하는 것을 보면 이 세 사람이 고린도에 함께 있었던 사실을 생각하게 된다(행 18:5). 그러므로 본서는 아마도 바울이 1년 반 동안 고린도에 머무는 기간에 기록된 것 같다(행 18:11). 알포드(Alford)는 본서가 주후 53년 중반에 기록되었다고 주장한다.

III. 데살로니가후서 내용분해

1. 데살로니가 신도들의 신앙과 덕을 칭찬함(1:1-12)
2. 잘못된 교훈을 경계함(2:1-17)
3. 실제 생활에 관한 교훈과 결론(3:1-16)
4. 문안과 축도(3:17-18)

제 1 장

⚜ 개요

1. 은혜와 평강을 축원하고 믿는 형제들로 말미암아 하나님께 감사함(1-4절)

2. 환난에 대하여 말함(5-10절)

3. 데살로니가 신자들을 위하여 기도함(11-12절)

⚜ 해석

1 **실루아노와 디모데.** "실루아노"는 바울의 수종자(고후 1:19) 실라를 가리킨다. "디모데"라는 이름은 "하나님의 보배"라는 뜻을 지니고 있다. 그도 바울의 수종자였다.

하나님 우리 아버지와 주 예수 그리스도 안에 있는. 이 말씀은 "우리"가 "그리스도"를 믿음으로 말미암아 "하나님"과 연합한 자가 되었다는 사실을 가리킨다.

데살로니가인의 교회. "데살로니가"는 마게도냐에 있는 도시로 오늘날의 "테살로니키"를 가리키는데, 바울이 제2차 전도여행 때 이곳에 교회를 세웠다(행 17:1-9).

2 **은혜와 평강.** "은혜"(χάρις)는 하나님께서 아무 공로도 없는 우리에게 거저 주시는 구원이니, 그것을 받는 자는 심령에 평강을 얻는다. 그러므로 "평강"(εἰρήνη)은 은혜의 열매다(참조. 살전 1:1 해석).

3-4 **너희의 믿음이 더욱 자라고…사랑함이 풍성함이니 그러므로 너희가 견디고 있는 모든 박해와 환난 중에서 너희 인내와 믿음으로 말미암아.** 이 구절들은 바울이 데살로니가 교회로 말미암아 감사한다는 사실을 밝히고 있다. ① 그가 하나님께 항상 감사하는 이유는 데살로니가 신자들의 "믿음이 더욱 자라는" 것을 보기 때문이다. 그들의 믿음도 하나님의 선물이고(엡 2:8), 그 믿음이 자라나는 것 역시 하나님의 역사로 말미암은 것이다(고전 3:6). 바울은 그러한 사실로 인해 감사하는 것이다. 어떤 사람에게 믿음이 있는데도 죄로 말미암아 그의 믿음이 자라지 못하는 경우가 있다. ② 그가 감사하는 또 한 가지 이유는, "서로 사랑함이 풍성"하였기 때문이다. 여기서 "사랑"은 한 가지 아름다운 특성을 드러내는데 한마디로 "서로" 사랑한다는 것이다. 사랑을 실천하는 신자가 상대방에게 갚을 것을 요구하지는 않지만, 사랑을 받은 자가 그것을 사랑으로 갚을 때 서로 간에 사랑은 더 풍성해진다. ③ 그가 감사하는 셋째 이유는 데살로니가 신자들이 "모든 박해와 환난 중에서···인내와 믿음"을 지켰기 때문이라고 하였다. 여기서 "박해와 환난 중에서 인내와 믿음"을 지킨다는 말은 내세에 대한 소망을 염두에 둔 것이다. 3절에서는 신앙과 사랑에 대하여 말하고, 4절에서는"인내와 믿음", 다시 말해 소망에 대하여 말한다. 데살로니가전서 1:3에서도 믿음, 사랑, 소망에 대하여 말하였다.

5 이 구절은 환난 가운데서도 소망을 잃지 않고 잘 참는 데살로니가 교회를 위로하는 말씀이다.

하나님의 공의로운 심판의 표요. 신자가 핍박을 받을 때는 "하나님"을 생각하게 되며, 궁극적으로 그의 "공의로운 심판"이 임할 때가 반드시 찾아올 것을 고대하게 된다. 성도는 의를 행함에도 불구하고 박해자들로부터 부당하게 멸시와 천대를 받는다. 이런 현실을 목격하고서 무신론자는 더욱 그가 신봉하는 무신론이 옳다고 여길 것이다. 그러나 "공의"의 하나님을 믿는 신자는 이처럼 불의한 박해를 보고서 현재의 불의한 일(죄 없이 아픔을 당하는 일)에 대해 장차 하나님의 판단이 있을 것을 확신하게 된다. 그러므로 불의한 박해는 장래 하나님의 심판이 임할 것을 예견하게 해주는 "증표"다.

너희로 하여금 하나님의 나라에 합당한 자로 여김을 받게 하려 함이니. 그리스도를 믿는 자들은 이 세상에서 환난을 당함으로써 더욱 견실한 신앙 인격을 이룬다. 그처럼 견실하고 연단 받은 신앙 인격은 하늘나라의 소망을 더욱 확실히 가지게 된다(롬 5:4). 그러므로 사무엘 러더포드 목사는 그가 갇혀 있던 감옥을 가리켜 "그리스도의 왕궁"이라고 하였다.

그 나라를 위하여 너희가 또한 고난을 받느니라. 바울은 앞에서 환난을 가리켜 수난자가 천국에 합당한 자로 여김을 받게 하는 "표"라고 하였다. 또한 여기서는 그런 좋은 환난이 데살로니가 신자들과 실질적으로 연관되어 있음을 지적한다. 다시 말해 그들이 실제로 그처럼 좋은 환난을 경험하고 있다는 것이다.

6 너희로 환난을 받게 하는 자들에게는 환난으로 갚으시고. 성도들은 하나님의 소유이니(벧전 2:9), 그들을 해롭게 하는 자들은 하나님의 심판을 피할 수 없다. 그러므로 성도들이 이러한 사실을 알고 박해를 받을 때는 오히려 박해하는 자를 불쌍히 여기게 될 것이며, 그에 대하여 원망과 불평을 품지 않게 될 것이다(참조. 롬 12:20).

7 너희에게는 우리와 함께 안식으로 갚으시는 것이 하나님의 공의시니. 여기서 "우리"라는 말은 사도와 그의 동역자들을 가리킨다. "안식"(ἄνεσις)이라는 말은 "풀려남" 혹은 "평안히 놓임"을 의미한다. 그리스도인들이 이 세상에서는 항

상 곤고하고 환난의 줄로 두루 얽혀있었으나, 내세에서는 그를 괴롭히던 삶에서 해방되어 영원한 평강을 누린다. 그러므로 순교자 귀도 드 브레(Guido de Brès)는 그가 차고 있던 수갑이 내는 "철컹"하는 소리를 즐거운 노랫소리로 느꼈고, 사형 집행 시간에 호출되었을 때는 마치 연회에 초대받아 가는 자처럼 기뻐하였다.

주 예수께서 자기의 능력의 천사들과 함께 하늘로부터 불꽃 가운데에 나타나실 때에. "자기의 능력의 천사들"은 그리스도의 능력을 나타내는 그릇으로 쓰임 받는 천사들을 가리킨다. 그리스도는 그의 재림 시에 천사들을 사용하여 그의 능력을 나타내신다(참조. 살전 4:16). "불꽃 가운데 나타나심"은 말세의 끝에 나타날 불 심판의 위엄을 가리킨다(히 12:29; 벧후 3:10, 12). 창세 이후 두 번의 심판이 있을 것인데, 첫째는 노아 시대의 홍수심판이었고 둘째는 그리스도께서 재림하실 때 있을 불 심판이다(창 6-7장; 벧후 3:6-7, 10-12).

8 하나님을 모르는 자들과 우리 주 예수의 복음에 복종하지 않는 자들에게 형벌을 내리시리니. "하나님을 모르는 자들"은 "이방인들"을 의미하고, "우리 주 예수의 복음에 복종하지 않는 자들"은 "유대인들"을 의미한다. 많은 유대인이 예수님을 메시아(그리스도)로 받아들이지 않았으니 그들도 결국 하나님을 참되게 알지 못한 자들이다. 그들이 하나님을 안다고 하면서도 예수님을 메시아로 보내신 하나님은 알지 못했다. 하나님께서 사람들을 지으신 목적은 그들이 하나님을 알고 또한 그를 공경하게 하시기 위함이었다. 그러므로 심판 날에 복된 내세에 들어오지 못하도록 심판받을 자들은 하나님을 모르는 자들이다. 그리스도의 복음에 복종하지 않는 자들도 실상 하나님을 모르는 자들이므로 그들도 이러한 형벌을 받을 것이다.

9 이런 자들은 주의 얼굴과 그의 힘의 영광을 떠나. 이 말씀은 앞 절에서 말한 "형벌"의 내용을 밝혀준다. 그 "형벌"은 "주의 얼굴과 그의 힘의 영광을 떠나"는 것이다. "주의 얼굴"은 축복을 의미하는데(시 11:7; 17:15; 마 18:10; 히

12:14; 계 22:4), 그것을 떠난다는 것은 지극히 큰 불행이다. "그의 힘의 영광"이라는 말은 구원하시는 주님의 능력을 표현한 것이다. 악한 무리가 그것을 떠난다는 말은 주님의 구원하시는 능력을 입지 못하고 도리어 그것을 떠나게 되는 불행을 의미한다.

영원한 멸망의 형벌을 받으리로다. "영원한 멸망의 형벌"은 하나님과 함께 거하는 복을 누리지 못하고 그에게서 버림당하는 극단의 불행을 의미한다. 이 불행이 영원하다고 하였으니 참으로 두려운 것이다. "영원한" 불행을 두려워하여 피하고자 하는 자는, 이 세상에서 잠깐 주님을 위하여 고생하는 것을 오히려 다행으로 여긴다. "영원"이라는 말은 참으로 온전한 정신을 가진 자들의 마음을 흔드는 강력한 말이다. 그러므로 어떤 성도는 기도하기를, "주여, 나의 눈앞에 '영원'이라는 말을 항상 붙이고 다니게 하옵소서"라고 하였다. 어떤 사람은 전도자에게서 복음을 듣다가 그 전도자를 무시하여 전도지를 찢어 땅에 던지고 그 남은 조각은 주머니에 넣었다. 그가 후에 그 조각을 다시 들여다보다가 거기서 "영원"이라는 글자를 보고, 그 말에 찔려 회개하고 예수 그리스도를 믿었다고 한다.

10 그 날에 그가 강림하사. 이것은 주님께서 재림하실 일을 가리킨다. 여기 "강림하사"(ἔλθῃ)라는 말은 단번에 일어나는 행동을 의미하는 동사이다. 이것은 분명히 그리스도께서 말세의 마지막 어느 한 날에 갑자기 구체적으로 나타나실 일을 가리킨다.

그의 성도들에게서 영광을 받으시고. "그의 성도들"이라는 말이 천사들을 의미한다고 해석하는 학자들도 있다. 그러나 그보다는 그리스도인들을 가리킨다고 함이 옳은 해석이다. "영광을 받으심"은 그리스도께서 그의 성도들을 구원하심으로써 그들이 그의 구원의 덕을 찬양하고 송축하는 것을 의미한다(참조. 출 15:1-18, 21).

모든 믿는 자들에게서 놀랍게 여김을 얻으시리니. 여기서 "모든 믿는 자들"은 앞 절에 나오는 "그의 성도들"과 같은 지시 대상을 가진다. "놀랍게 여김을 얻으시리니"라는 말은 주님이 주신 구원을 기이하게 여기고 칭송하는 모습을 가리킨다(시 8:1, 9; 68:35; 92:4).

(우리의 증거가 너희에게 믿어졌음이라). 이 문구는 데살로니가 신자들도 위에서 말한 "모든 믿는 자들"의 반열에 포함되었다는 사실을 알게 하기 위한 것이다. "증거"(μαρτύριον)란 어떤 사실에 대하여 남들이 믿도록 확증하는 것을 가리킨다. 복음 전도를 가리켜 "증거"라고 하는 이유는 그것이 이론이나 이상에 대한 선전이 아니고 실제로 이루어진 사실들을 전하는 것이기 때문이다. 이렇게 귀한 증거를 데살로니가 신자들이 믿었으니 그들도 다시 오실 주님을 영접하여 구원에 참여하게 될 것이다.

설교 데살로니가 교회로 말미암은 바울의 감사(3-10절)

바울이 그 교회로 말미암아 감사하는 이유는 다음과 같다.

1. 그들의 믿음과 사랑 때문에

① 그들의 믿음이 자라남(3하). 자라나는 믿음이 살아 있는 믿음이다. 생명은 자라난다(참조. 벧전 2:2). ② 그들이 서로 사랑함(3하). 짝사랑은 쇠약해지며 오래 가지도 못한다. 그러나 서로가 서로를 사랑할 때 그들의 사랑은 더욱 강하여지며 풍성해진다.

2. 핍박을 견디는 그들의 인내 때문에(4-9절)

신자는 환난을 견디어야만 큰 은혜를 받는다. "범의 굴에 들어가지 않고서 어떻게 범의 새끼를 잡겠는가"(不入虎穴安得虎子)라는 말이 있다. 그러나 이보다도 성경은 말하기를, "우리가 하나님의 나라에 들어가려면 많은 환난을 겪어야 할 것이라"라고 하였으니(행 14:22), 우리는 더욱 이 말씀을 믿는다. 그런데 어떻게 환난을 이길 수 있는가가 문제다. 인간의 힘으로는 환난을 이기기 어렵다. 그러므로 환난을 이기게 하는 하나님의 능력을 사모하는 것이 신앙인의 바른 태도다. 그것은 환난이 닥쳐오기 전에도 환난 당하는 자처럼 힘써 기도하며 하나님의 말씀에 순종하는 일에 진력하는 것이다(참조. 마 26:41; 고전 10:12; 벧전 4:7). 성경에 기록된 대로 환난을 극복한 성도들은 하나님의 은혜와 능력으로 그것을 이겨냈다. 사드락과 메삭과 아벳느고가 풀무불 가운데서도 타지 않은 것은 하나님의 권능으로 말미암은 것이었다(단 3:19-27).

그들이 풀무불에 던져지기 전에 금신상에 절하지 않고 끝까지 신앙의 절개를 지킨 것도(단 3:16-18) 하나님의 은혜로 된 것이다(참조. 마 10:18-20).

11 본 절부터 12절까지는 데살로니가 교회를 위한 사도 바울의 기도이다.

너희를 그 부르심에 합당한 자로 여기시고. 하나님께서 그들을 부르신 목적은, 그들로 하여금 주님의 재림을 영접하기에 합당한 신앙 인격을 갖추게 만드시기 위함이었다. 그러므로 바울은 그들의 신앙 인격이 이에 합당한 자가 되기를 위하여 기도한 것이다.

모든 선을 기뻐함과 믿음의 역사를 능력으로 이루게 하시고. 믿는 사람이 "선을 기뻐함"은 하나님이 주신 마음이고, "선"을 목표하고 신앙으로 노력하여 성공하게 하는 것도 하나님이 주시는 은혜이다(빌 2:13). "믿음의 역사"는 모든 선을 이루기 위한 신령한 노력을 의미한다고 한다.

12 **우리 하나님과 주 예수 그리스도의 은혜대로.** 그리스도인은 무슨 선한 일이든지 하나님께서 도와주시는 은혜로만 할 수 있다. 그러므로 그는 선한 열매를 거두는 대로 하나님께 감사할 것밖에 없다. 본 절에는 "우리"라는 말이 두 번 나온다. "우리 하나님", "우리 주 예수"라고 했으니, 그것은 하나님과 예수

님에 대한 바울의 친근한 관계를 나타낸다. 하나님과 예수님은 거룩하시고 엄위하실 뿐만 아니라, 신자들에게는 영적으로 친밀하게 교통하시는 생기 넘치는 하나님이시다.

우리 주 예수의 이름이…영광을 받으시고. 이 말은 그리스도인들이 하나님의 뜻에 순종함으로 말미암아 세상 사람들도 하나님과 그리스도께 영광을 돌리게 됨을 의미한다(마 5:16). 신자들이 하나님의 뜻에 순종하다가 세상 사람들에게서 박해를 받을 때도 영광이 하나님께 돌아간다(참조. 벧전 4:14-16).

너희도 그 안에서 영광을 받게 하려 함이라. 믿는 사람들이 하나님의 뜻대로 살면 하나님의 은혜가 더욱 그들과 함께한다. 그것은 그들에게 큰 영광이다(참조. 행 7:55-56).

제 2 장

개요

1. 잘못된 교훈과 바른 교훈(1-12절)
2. 사도가 가르친 전통을 지키라고 부탁함(13-15절)
3. 사도의 기도(16-17절)

해석

1 **주 예수 그리스도의 강림하심.** "강림"이라고 번역된 헬라어 단어(παρουσία)는 바울 시대에 임금들이 가졌던 행차를 의미한다. 여기서는 이 말이 그리스도의 재림을 가리킨다(마 24:3, 27, 37, 39; 살전 1:10; 2:19; 3:13).

우리가 그 앞에 모임. "모임"(ἐπισυναγωγή)이라는 말은 암탉이 병아리를 모으는 것(마 23:37)과 같은 "모임"을 의미한다. 이것은 데살로니가전서 4:17에 기록된 주님의 재림 때에 성도들이 주님께로 "모임"을 가리킨다.

2 **영으로나 또는 말로나 또는 우리에게서 받았다 하는 편지로나 주의 날이 이르렀다고.**

이것은 신자들에게 주님의 재림 문제에 대하여 잘못 가르치는 자들을 따르지 말라는 경고이다. "영으로나"(διὰ πνεύματος)라는 말은 거짓된 선동자들이 스스로 그들이 성령의 계시를 받은 것처럼 주장한다는 뜻이고, "말로나"라는 말은 그들이 사도의 말에 의지하여 가르친다고 자칭한다는 뜻이다. "우리에게서 받았다 하는 편지"라는 말은 그들이 사도들에게서 서신을 받았다고 주장하면서 주님이 재림하실 때가 되었다고 알렸다는 것이다.

마음이 흔들리거나 두려워하거나 하지 말아야 한다는 것이라. "마음이 흔들리는 것"은 공포의 원인이니, 누구든지 마음이 동요하면 마치 키도 없고 돛도 없이 표류하는 배와 같아서 안정을 찾지 못한다. 그러므로 신자는 마음을 진리에 단단히 붙들어 매고 거기서 떠나지 않는 것이 지혜로운 일이다. 이런 지혜로운 신자 앞에서는 거짓 교훈들이 무력해진다.

3 먼저 배교하는 일이 있고. "배교"(ἡ ἀποστασία)라고 번역된 말은 "그 배교"라고 번역해야 한다. 그러므로 그것은 평범한 종류의 배교가 아니고 특정한 배교를 가리킨다. "그 배교"는 질적으로 전무후무하게 악독하고, 양적으로는 온 세계에 편만한 종류의 것이다(마 24:12; 눅 18:8). "배교"라는 말은 사람들이 지금까지 믿던 하나님을 버리고 그들이 믿던 올바른 도리에서 반역하고 떠나는 것을 가리킨다.

불법의 사람 곧 멸망의 아들이 나타나기 전에는 그 날이 이르지 아니하리니. 이 "불법의 사람"은 위에서 말한 "그 배교"와 함께 오는 것인가? 아니면 "그 배교"가 일어난 후에 오게 될 것인가? 헬라어 원문에 따르면 양자는 시간상으로 전후의 순서를 가진다. "먼저"(πρῶτον)라는 말은 원문에서의 위치로 보아 "그 배교"라는 용어와만 관련되어 있기 때문에, 여기서 "불법의 사람"은 "그 배교"가 일어난 후에 나타난다는 말로 이해된다.

"불법의 사람"(ὁ ἄνθρωπος τῆς ἀνομίας)은 무엇을 의미하는가? 본문에 지적된 대로 그자에 관한 몇 가지 내용을 들자면, ① 그의 명칭이 "불법"의 사람이라고 했으니 그 사람에게 악이 극단적으로 나타나게 될 것이고, ② "사람"(ἄνθρωπος)이라고 했으니 어떤 단체나 제도가 아니라 특정한 개인을 가리킬 것이며, ③ 하나님을 대적하는 일만을 행하는 자이고(참조. 4절), ④ 잠시 있다가 멸망하게 될 자다(8절).

4 **대적하는 자.** 말하자면 하나님과 성도들을 "대적하는" 것을 일삼는 자라는 뜻이다.

신이라고 불리는 모든 것과 숭배함을 받는 것에 대항하여 그 위에 자기를 높이고. 여기 "신이라고 불리는 모든 것"(πάντα λεγόμενον θεόν)이라는 말은 "하나님이라고 칭해지는 모든 자"라는 의미인데, 이것은 모든 신들을 가리킨다(단 11:36).

하나님의 성전에 앉아. 이것은 그가 하나님의 교회에서 하나님이 가지신 주권을 불경스럽게 취한다는 뜻이다.

5 **이 일을…말한 것을 기억하지 못하느냐.** 바울은 데살로니가에서 전도할 때 주님의 재림문제를 가지고 이미 여러 차례 말한 바 있었다. 그것은 복음 전도의 중요한 부분이다. "말한 것"(ἔλεγον)이라는 말은 문자적으로 "말하고 있던"이라는 뜻이다. 그것은 일시적으로만 아니라 계속해서 말하고 있었던 사실을 가리킨다.

6 **그의 때에 나타나게 하려 하여 막는 것이 있는 것을 아나니.** "불법의 사람"은 하나님의 경륜에 따라 나타나게 되어 있는 것이니, 그가 나타나게 되는 시기가 정해져 있다. 그 시기가 오기 전에 그자는 나타나지 못한다. 마귀가 악을 행함에 있어서 못할 것이 없을 것처럼 보인다. 그러나 하나님께서 그자의 입에 재갈을 물려 고삐를 잡으신 것처럼 그놈을 제재하신다. 죄악의 사람도 그처럼 하나님의 제재를 면하지 못한다.

"막는 것"이라는 말은 헬라어로 "토 카테콘"(τὸ κατέχον)인데, 7절의 "막는 자"라는 말은 호 카테콘(ὁ κατέχων)이다. 전자는 "막는 행동"을 말하며 후자는 "막는 행동을 하는 자"를 가리킨다. 그러면 "막는 것"은 무엇을 의미하는가? ① 어떤 학자는 이것을 로마 제국으로 이해한다. 이 학설을 지지하는 자들은 다음과 같이 말한다. 로마 제국은 복음 운동에 많은 도움을 주었다. 그런 의미에서 로마 제국은 불법의 사람이 나타나는 것을 막았다고 할 수 있다. 그러나 이 학설은 옳지 않다. 그 이유는 로마 제국이 멸망한 뒤에도 불법의 사람은 오지 않았기 때문이다. ② 어떤 학자들은 "막는 것" 혹은 "막는 자"라는 말이 로마의 법률을 가리킨다고 해석한다. 로마가 멸망한 후에도 로마의 법률은 오늘까지 없어지지 않고 온 세계에서 작용한다. 이 때문에 불법의 사람이 아직 오지 못한다는 것이다. 그러나 이 학설도 확실성이 없다. ③ 또 다른 학설에 따르면 이것은 여러 곳에 복음을 채우게 하려는 하나님의 경륜이라고 한다. "불법의 사람"은 이 경륜을 폐지할 수 없으므로 나타나지 못하다가 후에 이 경륜이 완성되면 때를 얻어 나타날 것이라고 한다. 그렇다면 "막는 것"은 하나님의 경륜이고 "막는 자"는 하나님이시라고 이해할 수 있다.

7 불법의 비밀이 이미 활동하였으나 지금은 그것을 막는 자가 있어 그 중에서 옮겨질 때까지 하리라. "불법의 비밀"(τὸ μυστήριον τῆς ἀνομίας)은 아직 노골적으로 불법을 제도화하지 않고 비교적 은밀하게 역사하는 불법을 의미한다. 이것은 그 불법성을 나타낼 "불법의 사람"과 비교할 때 아직 은밀한 성도의 것임을 지적한다. "불법의 사람"이 나타나기 이전의 모든 시대에는 그 어떤 악한 운동이라 할지라도 은밀한 정도의 것이었다. 그것들은 모두 다 이름과 형식으로는 선을 행한다고 하면서 악을 행하는 것이었다. 이 "불법의 비밀"의 활동은 "불법의 사람"이 나타나기 전부터 존재해왔다. "불법의 사람"의 출현을 "막는 것"이 옮겨질 때는 "불법의 비밀"의 활동이 그치고, "불법의 사람"의 활동, 다시 말해 노골적으로 불법을 연출하는 운동이 시작된다.

8 그 때에 불법한 자가 나타나리니. 다시 말해 "불법한 자"의 출현을 "막는 것"이 옮겨진 후에 그자가 나타난다는 말이다.

주 예수께서 그 입의 기운으로 그를 죽이시고. 재림하신 주님께서 그의 말씀으로

"불법한 자"를 죽이시리라는 말이다(참조. 사 11:4; 계 19:21).

9 악한 자의 나타남은 사탄의 활동을 따라 모든 능력과 표적과 거짓 기적과. "악한 자"는 앞 절의 "불법한 자"를 가리킨다. "사탄의 활동을 따라"라는 말은 사탄의 활동을 배경으로 함을 말한다. "모든 능력과 표적과 거짓 기적"(πάσῃ δυνάμει καὶ σημείοις καὶ τέρασιν ψεύδους)이라는 말은 분명히 잘못 번역되었다. 이 말을 바로 번역하면, "모든 거짓된 능력과 거짓된 표적들과 거짓된 기적들"이다(Van Leeuwen). 이렇게 번역되어야 하는 이유는 거짓(ψεύδους)이라는 형용사가 능력, 표적, 기적, 세 가지 모두를 수식하기 때문이다(Milligan). "능력"은 그자가 하는 일의 권능을 가리키는 명사이고, "표적"은 그자가 하는 일이 영적 의미를 지니고 있음을 가리키는 명사다. 그리고 "기적"은 그것의 경이로움을 가리키는 명사다. 그러므로 "능력", "표적", "기적"은 하나의 지시 대상을 가리키는 다른 이름들임이 분명하다. 그런데 "불법의 사람"은 속임수로 기적을 행한다(참조. 신 13:1-2; 계 13:13).

10 불의의 모든 속임. 이것은 사람들로 하여금 불의를 좋아하게 하려고(12절) 꾸민 모든 거짓을 가리킨다.

멸망하는 자들. 이것은 멸망에 들어갈 수밖에 없는 자들, 다시 말해 소망 없는 자들, 내어버림을 당할 수밖에 없는 자들을 가리킨다. 하나님께서는 내어버릴 수밖에 없는 자들만을 사탄의 손아귀에 들도록 허락하신다.

진리의 사랑. 이것은 하나님께서 복음으로 사람을 구원하시는 사랑을 가리킨다.

11-12 이러므로 하나님이 미혹의 역사를 그들에게 보내사 거짓 것을 믿게 하심은. 다시 말해 그들이 복음 진리로 나타내진 하나님의 사랑을 배척하였기 때문에(참조. 10하) 하나님은 그들을 형벌하신다. 그 형벌의 내용은 그들이 "거짓 것을 믿게" 내버려 두시는 것이다. 진리를 믿지 않는 자는 불가피하게 거짓을 믿게 된다.

심판을 받게 하려 하심. 그들이 거짓을 믿게 된 사실 자체가 먼저 이 세상에서 받은 심판이다.

13-17절. 이 구절들은 데살로니가 신자들 때문에 일어난 바울의 감사와 그들에게 주는 권면과 그들을 위한 간구에 대하여 말한다. 앞의 10-12절에서 밝히는 것처럼 "불법의 사람"의 활동으로 말미암아 멸망 받을 자들이 많다. 그러나 데살로니가 신자들은 하나님의 은혜로운 선택을 입어 그런 자들의 반열에 참여하지 않게 되었다. 그것으로 인하여 바울은 하나님께 감사할 이유가 있었다. 더욱이 바울은 그런 소망을 지닌 성도들을 권면하기도 하고 그들을 위하여 기도하기도 하였다.

13 주께서 사랑하시는 형제들아 우리가 항상 너희에 관하여 마땅히 하나님께 감사할 것은. 이 말씀은 10절에 나오는 "멸망하는 자들"과 대조된다. 10절에서는 "불법의 사람"의 운동으로 인하여 멸망하게 될 자들의 비참한 종말에 대하여 말하였다. 그러나 여기서는 그와 반대로 택함을 받은 데살로니가 신자들이 받은 구원의 행복에 대하여 말한다.

하나님이 처음부터 너희를 택하사. 이 말은 하나님께서 그들이 구원에 참여하도록 영원 전에 택하셨다는 의미다. 그들은 이 같은 선택을 받은 결과로 중생하게 되었고 또 복음을 믿게 되었다.

14 이를 위하여 우리의 복음으로 너희를 부르사 우리 주 예수 그리스도의 영광을 얻게 하려 하심이니라. 다시 말해 앞 절에서 말한 것과 같이 하나님께서 데살로니가 신자들을 구원하시려고 택하셨기 때문에, 이제 그 일을 실제로 이루시려고 그들에게 복음을 전하여 그리스도께서 가지신 영광에 참여하게 하려 하신다는 말이다. "우리의 복음"이라는 말은 바울과 그의 동역자들이 전하는 복음을 가리킨다. "우리 주 예수 그리스도의 영광"은 "그리스도께서 소유하신 영광"을 뜻하는데, 그가 부활하신 것과 하늘 기업을 취하신 것을 가리킨다.

그리스도인은 그리스도와 함께 상속자가 되는 것이니 그의 영광에 참여하게 된다(롬 8:17).

15 그러므로 형제들아 굳건하게 서서 말로나 우리의 편지로 가르침을 받은 전통을 지키라. "굳건하게" 선다는 말은 신자가 시험이나 환난 가운데서 잘 참으며 거짓 교훈 앞에 흔들리지 않는 것을 가리킨다. 여기서 "전통"(παραδόσεις)이라는 말은 하나님의 말씀을 오해하여 전하는 거짓된 교리를 의미하지 않고, 하나님 말씀의 권위 있는 복음적 전통을 가리킨다. 이 구절을 보면 그 당시에도 복음 진리가 일정한 내용으로 전승되고 있었음이 명백하다. 현대 자유주의 학자들은 복음에 대하여 자의적인 사색을 강조하면서 일정한 신학 사상의 체계를 불필요한 것으로 여긴다. 그것은 사도들의 전통에서 탈선한 그릇된 사상이다.

16-17절. 데살로니가 신자들을 위한 바울의 기원

16 우리 주 예수 그리스도와 우리를 사랑하시고 영원한 위로와 좋은 소망을 은혜로 주신 하나님 우리 아버지께서. 이 축도에 하나님의 이름보다 예수님의 이름이 먼저 등장하는 이유는 예수님이 중보자이신 만큼 그가 모든 축복의 문을 여시기 때문이다. "우리를 사랑하시고"(ἀγαπήσας)라는 표현은 헬라어 원문에서 과거 시제로 사용되었다. 그것은 하나님께서 우리를 구원하시기 위하여 벌써 독생자를 희생하셔서 구속의 사랑을 나타내신 사실을 가리킨다. 우리의 장래 구원의 완성도 이렇게 나타난 위대한 사랑의 열매다. "영원한 위로"는 그리스도인이 받은 구원의 위안을 가리키는데, 그것은 현세에 시작하여 영원히 계속한다(롬 8:18, 38). "좋은 소망"은 내세의 복락을 가리킨다. "은혜로 주신"이라는 말은 위에 열거한 몇 가지 축복에 대하여 죄인들도 기대할 수 있는 용기를 준다.

17 너희 마음을 위로하시고 모든 선한 일과 말에 굳건하게 하시기를 원하노라. 그리스

도인이 이 세상에서는 위로받을 길이 없다. 왜냐하면 ① 그 자신이 이 세상에 속한 것으로 만족할 줄 모르기 때문이고, ② 이 세상은 그리스도인들을 항상 괴롭히며 환난 가운데 빠뜨리려 하기 때문이다. 그러므로 그의 심령은 다른 세계(천국)에서 오는 위로와 힘을 요구한다. 그 위로와 힘이 아니면 그는 아무런 좋은 일도 할 수 없다. 하늘 위로는 그의 삶의 유일한 능력이다.

"모든 선한 일과 말"은 그리스도인이 이 세상에서 가져야 할 온갖 활동을 가리킨다. 그는 이러한 활동에서 열매를 맺어야 한다. "굳건하게 한다"(στηρίξαι)라는 말은 성사 혹은 "성공하게 함"을 의미한다. 아무리 선한 활동이라 해도 하나님께서 축복하시기 전에는 결실하지 못한다. 그러므로 그리스도인은 선을 행하면서도 그 일이 성공하기를 막연하게 기대할 것이 아니라 그 일의 성공을 전적으로 하나님께 맡기고 위하여 기도해야 한다. "주 우리 하나님의 은총을 우리에게 내리게 하사 우리의 손이 행한 일을 우리에게 견고하게 하소서 우리의 손이 행한 일을 견고하게 하소서"(시 90:17).

설교 신앙에 굳게 서는 비결(1-17절)

1. 하나님의 섭리를 계속 주시하라.

하나님은 이 세상에서도 모든 일(심지어 사탄의 일도)을 제재하시며 섭리하신다. ① 어떤 일은 먼저 일어나게 하시고(3상). 어떤 일은 후에 이루어지게 하신다(3하). ② 무슨 일이나 각기 일하는 때의 분량이 있도록 정하시고 막을 것은 막으신다(6절). ③ 어떤 일은 비밀리에 역사하도록 두시고 어떤 것은 드러나게 역사하도록 하신다(8상). ④ 멸망할 자들(택함 받지 못한 자들)만이 사탄의 역사에 말려 들어가게 하신다(10절; 참조. 고후 4:3). ⑤ 그리스도께서 완전히 나타나시는 때가 반드시 찾아온다(8절). 이러한 사실을 기억하는 신자가 진리의 사랑을 사모한다면(10하) 그는 언제나 심령의 평안을 누릴 수 있다. 모든 악한 운동도 하나님의 섭리 가운데 있으니 하나님을 사랑하는 자들은 불안을 느낄 필요 없다.

2. 자기 자신을 계속 주시하라.

우리는 택함을 입은 성도들이다(13상). ① 예수 그리스도를 믿는 믿음이 내게 있는가? 그렇다면 나는 하나님의 택함 받은 자녀임이 틀림없다(13절; 참조. 행 13:48). ② 나는 진리를 사랑하여 사도들의 전통, 곧 성경 말씀을 기쁘게 지키기를(14-15절) 원하는가? 그것 역시 내가 택함을 받았다는 증거다(살전 1:4-8). ③ 나는 하나님의 사랑과 위로와 소망을 받았고 또 앞으로도 받기를 원하는가? 그것도 내가 택함을 받았다는 증거다(16-17절; 참조. 살전 1:10). 우리는 이 세상에서 살아가는 동안 다른 것에 마음을 두지 말고 이 세상 현실 속에서도 하나님이 역사하시는 섭리를 믿음으로 연구해야 한다. 그리고 우리는 우리 자신이 받은 영적 은혜가 무엇인지 믿음으로 탐구해보아야 한다. 우리가 진정한 신자라면 이를 통해 마음의 평안과 안정을 누리게 될 것이다.

제 3 장

개요

1. 바울이 데살로니가 교인들에게 자기를 위하여 기도해 주기를 바란다고 함(1-2절)

2. 바울은 주님께서 그들을 지키실 줄 확신함(3절)

3. 그들이 사도의 명령을 실행할 줄을 바울은 확신함(4-5절)

4. 규모 없는 자에 대하여 취할 교회의 태도(6-15절)

5. 기원, 문안, 축도(16-18절)

해석

1 **우리를 위하여 기도하기를.** 이것은 사도가 교우들의 기도를 요청한 것이다. 신자들은 일반적으로 남을 위하여 기도할 필요를 강하게 느끼지 못하며, 또한 그런 기도를 하더라도 게으르게 한다. 그것은 유감스러운 일이다. 남들을 위한 가장 힘 있는 봉사는 그들을 위해 기도해 주는 것이다. 이것은 시간과

공간의 제한을 받지 않고 실행될 수 있다.

주의 말씀이 너희 가운데서와 같이 퍼져 나가 영광스럽게 되고. 시편 147:15에도 "그의 명령을 땅에 보내시니 그의 말씀이 속히 달리는도다"라고 하였다. 땅 위의 무수한 영혼들이 날마다 멸망으로 추락하고 있으니, 하나님의 복음은 속히 전파되어야 한다.

"영광스럽게 되고." 여기 사용된 헬라어(δοξάζηται)는 복음이 전파된 결과 사람들의 심령이 성령으로 새로워짐을 가리킨다(Milligan).

이 같은 바울의 부탁을 생각할 때 신자의 기도는 무엇보다도 복음이 잘 전파되기를 힘써야 한다. 왜냐하면 복음 전도가 세계적으로 성공하는 일이야말로 신자의 모든 사업의 중심이기 때문이다. 그리스도께서 부활하셔서 신자들에게 부탁하신 사명이 복음 전도다. 사람이 죽으면서 남긴 유언도 지켜야 하는데, 하물며 우리를 대신하여 죽으셨던 분이 부활하셔서 부탁하신 사명은 더욱 힘써 지켜야 할 것이다. ① 예수님께서 인류의 유일한 소망인 속죄를 이루기 위해 죽으셨으니 이처럼 귀중한 사실을 전해야만 하는 것이고(고전 2:2), ② 예수님께서 다시 살아나심으로써 친히 복음의 내용이 되셨으니(롬 1:2-4) 이 생명과 부활을 전하는 것이 가장 귀중하고, ③ 예수님께서 하늘에 올라가셔서 우리 신자들에게 권능을 주셨으니(행 1:8) 우리는 복음을 힘있게 전할 수 있다.

2 또한 우리를 부당하고 악한 사람들에게서 건지시옵소서 하라. 이것은 바울이 그의 전도를 방해하는 유대인들에게서 해를 받지 않기를 위하여 기도해달라는 부탁이다(참조. 행 18:6, 12-17, 롬 15:31; 살전 2:14-16). 이것도 바울이 자기 육체의 생명을 위해 부탁한 것이 아니고, 복음 전파를 위해 부탁한 것일 뿐이다.

믿음은 모든 사람의 것이 아니니라. 이것은 수많은 무리가 주님을 믿지 않고 대적한다는 뜻이다. 예로부터 이 땅 위에 신실한 자들의 수는 많지 않다. ① 창세기 4:26을 보면 아담의 시대에도 그 자손들 가운데 하나님을 잊어버린 자들이 많았는데, 거기서 말하기를 "셋도 아들을 낳고 그의 이름을 에노스라 하였으며 그 때에 사람들이 비로소 여호와의 이름을 불렀더라"라고 하였고, ② 노아의 시대에도 노아의 여덟 식구를 제외한 많은 무리가 구원을 받지 못하였고, ③ 아브라함 때는 아브라함과 롯과 그들의 가족들 외에는 구원을 받지 못하였고, ④ 모세의 시대에는 많은 무리가 모세를 따랐다고 할 수 있으나, 범죄하고 하나님의 벌을 받은 자들의 수가 오히려 많았으며, ⑤ 이스라엘 백성이 여호수아의 지도하에 가나안에 들어간 이후로 사사들이 다스렸는데 그때 여호와를 배반한 무리가 많았고, ⑥ 백성들은 하나님의 통치를 따르기보다는 인간 왕을 세웠고, 왕정 시대의 많은 왕과 백성들이 하나님 앞에 범죄하였고 그 결과 수많은 무리가 앗수르와 바벨론으로 유배당했고, ⑦ 말라기 이후는 선지자도 없는 암흑시대였고, ⑧ 주님 당시에 많은 무리는 바리새인의 가르침을 따르고 있었고, ⑨ 사도 시대에는 유대인들의 대다수가 불신자였고, ⑩ 교회사를 보면 복음을 바로 파수한 무리의 수가 적었고 그들이 복음을 파수한 기간도 짧았다. 그러므로 바울이 "믿음은 모든 사람의 것이 아니니라"라고 한 말씀은 참되다. 예수님께서도 말씀하시기를, "적은 무리여 무서워 말라"라고 하셨다(눅 12:32).

3 주는 미쁘사 너희를 굳건하게 하시고 악한 자에게서 지키시리라. 이 말씀은 "믿음은 모든 사람의 것이 아니니라"라는 말씀과는 대조되는 뜻을 가진다. 많은 사람이 신실하지 못하여 복음을 반대하지만, 주님 한 분이 우리를 신실하게 보호해 주심으로 우리의 신앙은 굳건하게 설 수 있다. 주님 한 분이 바울과 다른 전도자들을 보호하시고 그들로 하여금 복음을 전하게 하실 수 있다. 칼빈이 순교의 자리에 들어가게 된 제자들에게 보낸 편지의 내용은 다음과 같았다. "너희 안에 계신 이가 세상에 있는 자보다 크심이라"(요일 4:4).

4 너희에 대하여는 우리가 명한 것을 너희가 행하고 또 행할 줄을 우리가 주 안에서 확신하노니. 여기서 사도가 가지는 확신은 데살로니가 신자들이 그의 명령을 확

실히 순종할 것이라는 점이다. 그러나 그의 확신은 그들 자신의 능력을 근거로 삼은 것이 아니었다. 그의 확신의 근거는 주님이신데, 우리 본문의 "주 안에서"라는 말이 그것을 보여준다. 그는 주님께서 데살로니가 신자들을 보호하시는 줄을 알기 때문에 그들이 앞으로 잘하게 될 것을 확신한다. 여기 "주 안에서"라는 말의 내용은 다음 구절이 밝힌다.

5 주께서 너희 마음을 인도하여 하나님의 사랑과 그리스도의 인내에 들어가게 하시기를 원하노라. 여기서 "하나님의 사랑"은 "하나님께 대한 신자들의 사랑"을 가리키며 "그리스도의 인내"는 "그리스도의 재림을 기다리는 신자들의 인내"를 의미한다. 그들이 사도의 명령을 지키기 위해서는(참조. 4절), 하나님에 대한 사랑과 그리스도의 재림을 기다리는 인내가 필요하다. 그러므로 그는 그들에게 이런 은혜가 있기를 기도한다.

6 우리 주 예수 그리스도의 이름으로 너희를 명하노니. 이것은 사도의 명령이 지닌 권위를 보여준다. 그는 곧바로 그리스도의 명령을 교회에 전한다.

게으르게 행하고 우리에게서 받은 전통대로 행하지 아니하는 모든 형제에게서 떠나라. 여기 "게으르게"(ἀτάκτως)라는 말은 "질서를 지키지 아니함"을 의미한다. 이것은 도덕의 내적 측면보다는 외적 측면, 요컨대 단체의 질서나 예의범절을 어기는 것을 뜻한다. 우리는 이 구절을 통해 사도가 이런 질서나 예의범절 같은 것을 중요하게 여겼음을 알 수 있다. 그는 그처럼 게으른 자들에게서 떠나라고 하였다. "떠나라"라고 번역된 헬라어(στέλλομαι ἀπό)는 "가까이 사귀지 말라"라는 뜻이다. 그 내용을 14절에서 좀 더 자세히 밝혀주는데, 한마디로 그 사람과 "사귀지 말고 그로 하여금 부끄럽게 하라"는 것이다. 그러므로 "떠나라"라는 말은 교회를 분립하라는 의미가 아니고 그처럼 게으른 자들에 대해 마음의 간격을 두고 경계하라는 뜻일 뿐이다. 이것은 말없이 그들의 반성을 촉구하는 처신이다. 그런데 "게으르게 행하"는 자는 어떤 사람일까? 8-10절이 가르치는 대로 일하지 않는 자들이다. 바울은 이런 자들은 "먹지도 말게 하라"라고 하였다(10하). "전통"이라는 용어에 대해서는 2:15 해석을 참조하라. 여기서는 이 말이 그리스도인의 일상생활에 관계된 것으로서 직업을 지키고 근면하게 노동하라는 사도의 교훈을 가리키는 듯하다.

7 **어떻게 우리를 본받아야 할지를 너희가 스스로 아나니.** 헬라어 원문에는 이 구절 첫머리에 "왜냐하면"(γάρ)이라는 말이 있다. 그러므로 이 구절은 앞 절의 이유를 보여준다. 데살로니가 교회는 일하지 않고 게으르게 행하는 자들을 경계해야 한다. 왜냐하면 그리스도인이 자기 직업에 충실해야 한다는 점을 바울이 친히 행동으로 모범을 보였기 때문이다.

8 **누구에게서든지 음식을 값없이 먹지 않고.** 이것은 바울이 친히 손으로 일하여 생활비를 마련했던 사실을 염두에 두고 한 말이다(행 20:33-34). 바울의 이 말은 교역자가 교회에서 생활비를 받는 것을 반대한다는 뜻이 아니다(고전 9:7-14). 이것은 바울이 자기의 특수한 환경에서 필요에 따라 자비량으로 전도했다는 것을 가리킨다(고전 9:15-18). 교역자는 교회에서 생활비를 받는 것이 마땅하다(참조. 마 10:10; 딤전 5:18). 그러나 그는 사람들의 손에서 그것을 받는다고 생각해서는 안 된다. 그는 하나님의 종으로서 하나님으로부터 그것을 받는 것이니 그는 하나님의 뜻에 합당하게 복음을 위하여 충성할 뿐이다. 하나님은 그의 일에 충성한 자를 빈손으로 돌려보내시지 않는다. 만일 교역자가 생활비 부족으로 곤란을 당한다면, 그는 스스로 반성하여 하나님 앞에서 충성하지 못한 것을 회개해야 한다. 그는 그처럼 곤란한 상황에도 교회를 원망해서는 안 된다. 그가 사람들 앞에서 기억해야 할 주님의 말씀은 "너희가 거저 받았으니 거저 주라"라고 하신 말씀이다(마 10:8).

오직 수고하고 애써 주야로 일함은 너희 아무에게도 폐를 끼치지 아니하려 함이니. 바울이 그 당시 가졌던 생업은 장막 만드는 일이었다(행 18:3). 교회가 교역자에게 생활비를 지급할 능력이 없다면 교역자가 특정한 직업을 가지고 자급해야 할 수도 있다. 그러나 이런 때에도 조심해야 할 것은 ① 시간상으로 복음 전도에 방해가 되지 않도록 할 것이며, ② 금전을 탐하거나 폭리를 취하지 말 것이며, ③ 다른 업자들과 경쟁하는 일이 없도록 주의할 것이며, ④ 생활비를 자급한다는 사실로 말미암아 교만하지 말아야 한다는 것이다.

9 우리에게 권리가 없는 것이 아니요…본을 보여 우리를 본받게 하려 함이니라(참조. 고전 9:4, 12). 그 당시 데살로니가 지방과 또 다른 지방의 그리스도인들 가운데 직업을 가지지 않고 나태하게 지내는 자들이 많았던 것으로 보인다(엡 4:28; 딛 1:12). 그런 자들에게는 말로 가르치는 것보다 실행으로 본을 보이는 것이 유력한 교훈이 된다. 종교와 윤리의 가르침에 있어서는 천만 마디의 말보다 실생활의 모범이 효과적이다.

10 누구든지 일하기 싫어하거든 먹지도 말게 하라. 하나님께서는 사람을 창조하셔서 에덴동산에 두시고 거기서 일하게 하셨다(창 2:15). 이것을 보면 노동은 하나님이 제정하신 복된 제도이고 인간의 천직이다. 그는 힘들게 일하여 먹을 것을 마련하는 것이 하나님의 계명에 순종하는 덕행이다(참조. 창 3:19). 그러므로 누구든지 나태하여 일하지 않는 것은 하나님의 법을 어기는 종교적, 윤리적 죄악이다.

11 게으르게 행하여 도무지 일하지 아니하고 일을 만들기만 하는 자들. 나태하여 일하지 않는 자들은 교회에 여러 가지 걱정거리를 가져온다. 그 이유는 ① 나태한 자는 죄를 범하는 일이 많기 때문이며, ② 나태한 자는 돌아다니면서 쓸데없는 말을 많이 하기 때문이며(참조. 딤전 5:13), ③ 나태한 자는 자기 자신의 책임지지 못하여 교회에 도움을 요청하기 때문이다.

12 조용히 일하여 자기 양식을 먹으라 하노라. "조용히 일한다"라는 말은 인간이 자기의 책임을 완수하는 일을 만족하게 여기는 합당한 태도를 가리킨다. 자기의 분수를 떠나서 허영으로 움직이는 자의 마음은 조용하지 못하며 안정감이 없다. 따라서 그런 자는 침착하게 일하지 않는다.

"자기 양식을 먹으라." 이 말은 "자기 손으로 수고하여 벌어들인 것으로 살라"는 뜻이다. 소리 없이 자기 일에 힘쓰는 자는 언제나 하나님이 주시는 보수를 받게 된다. 조용히 일하지 않는 개인이나 단체는 허영심으로 요동하며 거짓을 가지고 생계를 꾸리고자 한다. 따라서 그런 자들이 모인 사회는 속임수와 도둑질을 일삼는다. 그런 사회는 하나님의 축복을 받을 수 없다.

설교 일하기 싫어하는 죄(6-12절)

하나님은 인간의 게으름을 크나큰 죄악으로 규정하신다(렘 48:10). 여기서 바울도 인간의 게으름에 대하여 말한다. 육신의 사업에 게으른 자는 신앙생활에도 게으르다(참조. 마 25:26). 어찌하여 게으름은 그처럼 크나큰 죄가 되는가? 바울은 게으른 자들은 "먹지도 말게 하라"고 한다.

1. 일하지 않는 자는 불의하게 살려고 하는 자다.

그는 남들의 노력을 착취하거나 혹은 속임수로 재물을 취하려는 동기를 가진 자다. 그는 그러한 죄악 때문에 늘 손해를 당하며 화를 당하게 된다. 잠언 21:6에 말하기를, "속이는 말로 재물을 모으는 것은 죽음을 구하는 것이라 곧 불려다니는 안개니라"라고 하였다. 잠언 10:2에는 말하기를, "불의의 재물은 무익하여도 공의는 죽음에서 건지느니라"라고 하였고, 잠언 13:11에는 말하기를, "망령되이 얻은 재물은 줄어가고 손으로 모은 것은 늘어가느니라"라고 하였고, 잠언 20:21에는 말하기를, "처음에 속히 잡은 산업은 마침내 복이 되지 아니하느니라"라고 하였고, 잠언 28:22에는 말하기를, "악한 눈이 있는 자는 재물을 얻기에만 급하고 빈궁이 자기에게로 임할 줄은 알지 못하느니라"라고 하였다. 또 예레미야 17:11에는, "불의로 치부하는 자는 자고새가 낳지 아니한 알을 품음 같아서 그의 중년에 그것이 떠나겠고 마침내 어리석은 자가 되리라"라고 하였다.

2. 일하기 싫어하는 자는 자연계를 정복하라는 사명을 포기한 자다.

하나님은 인류에게 만물을 다스릴 사명을 주셨다(창 1:28). 그것은 달리 말해 인간이 만물을 다스려서 얻은 물질을 하나님께 바치는 일이다. 그는 자연계 정복을 위한 노력에 투신해야 한다. 그는 그리스도 안에서 몸도 하나님께 바치고 물질도 하나님께 바치기 위해 부지런히 노동해야 한다. 한마디로 사람은 그리스도 안에서 만물을 바로 운영하여 죄를 정복하는 참된 문화를 건설해야 한다.

성경 말씀은 몸을 아끼지 말고 노동함으로써 물질을 얻어 하나님께 바치라고 가르친다. 아프리카에서 평생을 바쳐 선교한 데이비드 리빙스턴은 어떤 여성도의 헌금으로 크게 도움을 받은 일이 있었다. 그는 그 여성도가 헌금한 돈으로 원주민 한 사람을 채용하여 밀림지대를 여행할 때 동행하게 하였는데, 한번은 사자 한 마리가 리빙스턴을 해치려고 달려들었다. 그때 그 아프리카 사람이 결사적으로 사자와 대항하여 리빙스턴을 구해주었다. 우리가 언제나 하나님께 모든 것을 내맡기는 것이 가장 안전한 길이지만, 우리는 마귀에게 속아서 하나님께 맡기는 일을 위험하게 여기는 잘못을 범하기 쉽다. 이것은 어리석은 생각이다.

13 **형제들아 너희는 선을 행하다가 낙심하지 말라.** 이것은 올바로 행하는 형제들을 권면하는 말씀이다. 인간은 선을 행하는 것도 중요하지만 낙심하지도 않는 것도 그만큼 중요하다(갈 6:9). 낙심은 자살과 같아서 멸망을 자취하는 행동이다.

14-15 이 두 구절은 사도의 말씀을 거역하는 교인들을 징계하는 방침을 보여준다. 그것은 세 가지로 구성되어 있다. ① 그들을 지목하여 사귀지 말라는 것. ② 그들을 부끄럽게 만들라는 것. ③ 원수로 알지 말고 믿는 형제로 알라는 것이다. 그리스도인이 범죄하는 이유는 죄의 유혹으로 말미암아 그의

심령이 어두워지기 때문이다. 그러므로 그가 범죄를 깨닫게 만들려면, 그를 교회에서 고립시켜 사랑의 교제에서 단절시켜야 한다. 그렇게 할 때 그의 양심은 반성하게 된다. 그런데 교회가 그를 미워하지 않아야만 그의 마음이 부드러워져서 반항심을 품지 않게 되고 더 악화하지 않는다. 징계의 목적은 범한 죄를 회개하게 만드는 것이지 범죄자를 끊어 버리는 것이 아니다. 그러므로 징계도 일종의 사랑이다(딤전 1:5).

16 평강의 주께서…평강을 주시고 주께서 너희 모든 사람과 함께 하시기를 원하노라. 이 구절에서 바울은 데살로니가 교회에 평강을 축원한다. 진정한 "평강"은 오직 하나님에게서 오는 것이며, 특별히 하나님이 우리와 함께하실 때 그것이 확보된다. 그러므로 여기서 바울은 주님께서 친히 그들에게 평강을 주시기를 원한다고 하였고, 이어서 주님께서 그들과 함께하시기를 원한다고 하였다. 불안하고 위험한 이 세상에서 그리스도인은 무엇보다 평강을 원한다. 그 평강은 세상의 모든 고난도 이기며 장래의 심판 앞에서 담대히 설 수 있게 만들어 준다. 왜냐하면 그것은 주님이 동행하시는 하늘의 평강이기 때문이다. 하늘의 평강은 이 세상에서만 아니라 오는 세상에서도 길이길이 보존된다.

17 나 바울은 친필로 문안하노니 이는 편지마다 표시로서 이렇게 쓰노라. 바울은 자신이 쓴 편지가 일반적인 통신이 아니고 하나님 말씀으로서의 권위를 갖는 서신이라는 점을 여기서 암시한다(참조. 고전 16:21; 갈 6:11; 골 4:18; 몬 1:19). 바울이 대서인을 통해서 이 편지를 쓰다가 마지막에 이르러서 친필로 썼다고 한다(Lightfoot).

18 우리 주 예수 그리스도의 은혜가 너희 무리에게 있을지어다. "너희 무리"(πάντων ὑμῶν)라고 번역된 헬라어 표현을 직역하면 "너희 모든 사람"이다. 여기서 "모든"이라는 말은 이 편지에서 책망받은 "게으른 자들"(6절)까지도 포함시키고자 하는 의도를 반영하는 것이다(Lightfoot).

신약주석
목회 서신

서론

I. 목회 서신의 정경성

이 서신들이 정경이라는 점에 대해서는 근대에 이르기까지 이론의 여지가 없었다. 사도 시대 이후의 교부들 가운데 로마의 클레멘스(Clement of Rome, AD 90-100)가 디모데후서 1:3의 "청결한 양심"이라는 표현을 인용함으로써 본서를 알고 있었다는 증거를 보였고, 폴리카르포스(Polycarp, AD 100-135)는 디모데후서 2:12, 2:15을 인용하였고, 이그나티오스(Ignatius, AD 117 이전)는 목회 서신 가운데 디모데전서 1:4, 디도서 1:14, 3:9을 자신의 저작에 반영시켰고(마그네시아 서신, VIII, 1.), 알렉산드리아의 클레멘스(Clement of Alexandria, AD 190-200)는 바울의 목회 서신을 알고 고 디모데전서 6:20-21을 인용하였고(Stromata, II, XI), 테르툴리아누스(Tertullian, AD 193-216)sms 디모데후서 1:14, 2:2을 바울의 글로 인용하였고(Prescription Against Heresies, XXV.), 이레나이우스(Ireneus, AD 182-188)는 디모데후서 2:23을 인용하였으며(Against Heresies, IV, preface, 3.), 순교자 유스티누스(Justin Martyr, AD 155-161)는 디모데후서 4:1을 인용하였다.

단지 자유주의를 신봉하는 몇몇 비평가들이 이 서신들의 정경성을 부인하였을 뿐이다. 기독교 초기 역사에서는 마르키온(Marcion)이 목회 서신을 정경으로 인정하지 않았는데, 그는 영지주의(Gnosticism)에 속한 고행주의자였으므로 고행주의를 금하는 목회 서신을 반대한 것이다.

근대의 비평가들이 목회 서신의 바울 저작을 반대하는 이유는 다음과 같다.

1) 이 서신들이 고행주의를 금했는데(딤전 4:1-5; 딤후 3:5-9, 13) 고행주의와 유사한 영지주의 이단이 2세기에 유행하였던 점으로 미루어볼 때 1세기에 별세한 바울이 목회 서신을 저술하였을 수 없다고 하였다. 그러나 영지주의 사상은 1세기 이전, 다시 말해 신약 시대 이전에도 있었다는 것이 정확한 판단이다.[96)]

2) 이 서신들이 교회의 직분을 강조하였는데, 주님의 재림이 가까운 줄로 생각했던 사도가 그리했을 수는 없다는 것이다. 그러나 바울의 다른 서신들에서도 교회의 직분을 강조하고 있다(빌 1:1).

3) 이 서신들의 문체가 바울의 다른 서신들의 것과 같지 않다는 이유로 이 서신들은 바울의 저술이 아니라고 주장한다. 그들은 다음과 같은 표현을 예로 들어 바울의 어투가 아니라고 한다. "경건"(10회), "건전한 교훈"(9회), "미쁘다 이 말이여"(5회) 등이다. 어떤 학자는 이 서신들에 사용된 술어 중 36%가 바울의 다른 서신들에는 나오지 않는 것들이라고 말한다. 그러나 우리는 이런 요소들을 근거로 이 서신들이 바울의 저술임을 부인하지 못한다. ① 로마서에는 "테"(τέ)라는 용어가 18차례 나오지만 갈라디아서에는 전혀 없다. 그러나 그 두 서신은 바울의 저술이다. ② 이 서신들은 교회의 문제보

---

96) W. Hendriksen, New Testament Commentary, Thessalonians, Timothy and Titus, 1981, 21.

다 교역자의 자격을 다룬다. 이처럼 다루는 내용이 다르므로 다른 서신들에는 사용되지 않는 용어들이 나올 법하다. ③ 바울의 초기 서신들은 유대의 율법주의와 논쟁하는 분위기 속에서 기록되었으므로 변증적인 성격을 띤다. 그러나 그가 목회 서신을 기록하던 때(생애의 말기)에는 환경적 요소들이 많이 달라졌을 것이다. 그러므로 그가 서신들에 사용한 문체도 달라졌을 수 있다.

1835년에 아이히혼(Eichhorn)은 목회 서신이 정경임을 부인하였고, 그의 뒤를 이어 바우어(Baur), 홀츠만(Holtzmann) 등이 그리하였다. 그러나 근대 학자 중에도 리겐바흐(Rigenbach), 죄클러(Zöckler) 등은 본서가 정경임을 결론적으로 확언하였다. 정통교회는 옛날부터 이 서신을 사도 바울의 서신이자 정경이라고 믿어 왔다.

II. 목회 서신 내용분해

디모데전서

1. 문안(1:1-2)

2. 복음을 무시하고 율법을 잘못 가르치는 거짓 스승들의 교훈을 금하라고 함(1:3-20)

   1) 그들의 교훈이 복음에 따른 율법의 영적 목적을 무시하기 때문임(1:4하-11)

   2) 바울 자신이 죄인 중의 괴수임에도 복음의 능력으로 말미암아 의롭다 함을 얻었기 때문임(1:12-17)

   3) 디모데는 선한 싸움을 싸워야 하기 때문임(1:18-20)

3. 교회의 기도와 예배(2:1-15)

1) 공공 기도의 광범위한 제목들(2:1-7)

2) 공적 예배에 있어서 남녀의 행동 원리(2:8-15)

4. 교회 직원들의 자격(3:1-16)

1) 감독, 집사, 여집사(3:1-13)

2) 교회에 직분을 세운 목적(3:14-16)

5. 금욕주의의 위험과 디모데 자신을 위한 노력(4:1-16)

1) 금욕주의에 대한 비판(4:1-5)

2) 디모데 자신의 자격을 연단함(4:6-16)

6. 교회의 각층 신자들을 위한 목회 원리(5:1-6:2)

1) 남녀노소의 문제(5:1-2)

2) 과부들의 문제(5:3-16)

3) 장로들의 문제(5:17-23)

4) 범죄 사건에 대한 조심스러운 취급(5:24-25)

5) 종들의 문제(6:1-2)

7. 거짓 스승과 참된 교역자의 사역상 행동 원리(6:3-21)

1) 거짓 스승의 행동 원리(6:3-10)

2) 디모데에게 보여준 교회사역의 참된 행동 원리(6:11-21)

디모데후서

1. 문안(1:1-2)

2. 디모데로 말미암은 바울의 감사(1:3-5)

1) 감사의 정서(1:3-4)

2) 감사의 이유(1:5)

3. 디모데를 격려하며 주님을 위하여 고난을 받으라고 함(1:6-18)

1) 그가 받은 은사를 일깨워 줌(1:6-7)

2) 수난당하는 선배를 생각할 때 힘을 얻음(1:8상)

3) 하나님의 구원의 은혜와 능력에 의하여 고난을 받을 수 있음(1:8하-10)

4) 바울의 복음적 확신을 본받아 지킴으로 힘을 얻음(1:11-18)

4. 디모데가 실행할 여러 가지 주의사항(2:1-4:5)

1) 영적으로 강할 것(2:1-13)

2) 계승될 사역자들에게 주의시킬 사항(2:14-21)

3) 디모데 자신이 지킬 여러 가지 덕행들(2:22-4:5)

5. 바울 자신의 처지(4:6-18)

1) 그의 최후에 대한 전망(4:6-8)

2) 그의 옥고의 정황과 영적 전망(4:9-18)

6. 문안, 부탁, 축복(4:19-22)

디도서

1. 문안(1:1-4)

2. 장로들을 세우라고 함(1:5-11)

1) 장로의 자격(1:6-9상)

2) 장로가 할 일(1:9하-11)

3. 그레데인들을 꾸짖으라고 함(1:12-16)

1) 그들의 습성을 지적함(1:12-13)

2) 그들을 꾸짖는 목적(1:14-16)

4. 남녀노소 각 계층에 합당한 교훈(2:1-15)

1) 늙은 남자들에게 주는 교훈(2:1-2)

2) 늙은 여자를 통하여 젊은 여자들을 가르치게 함(2:3-5)

3) 젊은 남자들에게 주는 교훈(2:6-8)

4) 종들에게 주는 교훈(2:9-14)

5) 결론(2:15)

5. 신자들의 국가에 대한 책임 문제(3:1-8)

1) 정부에 복종할 것(3:1)

2) 사회인으로서 온유하게 행할 것(3:2)

3) 선행을 힘쓸 이유(3:3-8)

6. 언쟁을 피하라고 함(3:9-11)

1) 이단자들과 계속 변론함이 무익함(3:9)

2) 한두 번 훈계한 후에는 멀리할 것(3:10-11)

7. 인사 관계의 부탁(3:12-15)

참고문헌

Bavinck, H., Gereformeerde Dogmatiek, IV.

Bengel, J. A., Gnomon of the New Testament, Pastoral Epistles.

Bouma, Kommentaar op Het Nieuwe Testament, De Brieven v. d. Apostel Paulus aan Timotheus, Titus en Filemen.

Calvin's Commentaries, Pastoral Epistles.

Dibelius-Conzelmann, Die Pastoral Briefe.

Ellicott's Commentaries, Pastoral Epistles.

Hendriksen, W., The New Testament Commentary, Timothy ans titus.

Lange's Commentary, Thessalonians.

Jeremias J., Die Neue Testament Deutsch, Die Briefe ans Timotheus und Titus.

Lock, W., The International Critical Commentary, The Pastoral Epistles.

Ridderbos, H., Kommentaar op Het Nieuwe Testament, Pastoral Brieve.

Wohlenberg, Pastoral Briefe in Zahn's Kommentar.

신약주석
디모데전서

디모데전서 주석

목차

본문주석

설교

제 1 장

⚘ 개요

1. 디모데에게 축복함(1-2절).

바울이 사도의 이름으로 이 책의 저술자임을 밝히고 그의 제자 디모데에게 이 편지를 쓰면서 문안하였다.

① 이 책은 사도의 저술이므로 하나님의 말씀으로서의 권위를 가진 것이고, ② 교역자 디모데에게 보낸 편지로서 목회의 원리를 말하는 것이다. 따라서 이것은 개인보다 교회의 생활을 지도하기 위한 것이다.

2. 거짓 스승을 삼가라고 함(3-17절).

여기서 말하는 거짓 스승들은 율법을 잘못 가르치는 자들이었다. 그들은 율법에 관하여 여러 가지 허망한 족보 이야기를 부가하면서 하나님의 말씀을 혼잡하게 하였고, 율법주의적인 무거운 짐을 성도들에게 떠안기는 경향이 있었던 것으로 보인다(3-7절). 그러므로 바울은 이에 대하여 그들의 잘못을 지적하고, 복음적 율법관을 보여주었다(8-11절). 결론적으로 그는 구원이 율법으로 말미암는 것이 아니라 단순히 죄인을 구원하시는 예수 그리스도로 말미암는 것임을 밝히 말하였다(12-17절).

3. 선한 싸움을 싸우라고 권면함(18-20절).

선한 싸움은 인간의 수단이나 혈기로 하는 것이 아니고, 오직 하나님의 말씀(사도가 "지도한 예언")으로 하며(18절), 또한 "믿음과 착한 양심"으로 한다(19-20절). 왜냐하면 이 싸움은 그 이면에서 사람을 대상으로 하는 것이 아니라 마귀를 대상으로 하는 영적 전투이기 때문이다.

해석

1 **우리 구주 하나님과 우리의 소망이신 그리스도 예수의 명령을 따라 그리스도 예수의 사도 된 바울.** "구주"(σωτῆρος)라는 칭호는 흔히 예수님께 사용된다. 그러나 하나님께 대해서도 사용된 실례들이 없지 않다(딤전 2:3; 4:10; 딛 1:3; 2:10; 3:4). 여기서 하나님을 "구주"라고 부르는 이유는 그가 만물을 보존시키실 뿐 아니라 그리스도를 통하여 그의 백성을 구속하시기 때문이다.

"소망이신 그리스도 예수." 인생의 소망은 오직 예수님께 달려 있다. 그 이유는 다음과 같다. 인간이 타락한 이후로는 하나님께 나아갈 아무런 소망도 없어졌다(엡 2:12). 그러나 독생자 예수 그리스도께서 믿는 자들에게 그 길을 열어 주셨다. 그뿐 아니라 그는 그들에게 내세의 생명과 영광을 주시기 위해 예비하고 계신다(요 14:1-3).

"명령"(ἐπιταγήν)이라는 용어는 복종할 수밖에 없는 군왕의 명령을 가리킨다. 바울이 사도가 된 것은 그가 먼저 자원하여 된 것이 아니라 왕의 명령처럼 주어진 그리스도의 명령을 거역할 수가 없어서 사도가 된 것이다. 그러므로 그는 사명을 감당할 때 사욕으로 행할 수 없고, 다만 하나님의 영광을 위하여 하나님의 뜻대로 행해야 하는 종이다.

2 믿음 안에서 참 아들 된 디모데. 이것은 그리스도 신앙에 있어서 바울이 디모데를 낳았다는 의미다. 실질적으로 디모데를 성령으로 중생시켜서 그로 하여금 하나님을 아버지라고 부르도록 하신 이는 하나님이시다(참조. 약 1:18). 외형상으로는 바울이 그의 복음 사역을 통해 디모데를 영적으로 양육하고 연단시켰으니(빌 2:19-22), 그도 그리스도 안에서 디모데의 아버지라고 할 수 있다. 바울이 여기서 "아들"(τέκνον)이라는 표현을 사용한 이유에 대해 몇 가지 해석이 있다. ① 이것이 "그리워한다"라는 뜻이라고 설명하기도 하고(Lenski), ② 디모데가 바울을 "닮았다"라는 의미, 다시 말해 디모데가 또 하나의 바울이라는 뜻이라고 해석하기도 하며(Calvin), ③ 디모데가 바울의 "대표자", 혹은 "후계자"라는 뜻이라고 해석하기도 한다. 그러나 이런 의미들보다는 바울이 그를 신앙으로 양육했다는 의미에서 사용한 말일 것이다.

은혜와 긍휼과 평강이 네게 있을지어다. 여기서 "은혜"는 하나님께서 죄인을 구원해 주시는 무조건적 호의를 가리키며, "평강"은 구원받은 죄인이 누리는 영적 평안을 뜻한다. 이 평강은 아버지이신 하나님과 그의 자녀가, 또는 왕이신 하나님과 그의 백성이 서로 화합한 상태를 말한다(Dr. C. Bouma). 사도의 축원에서는 일반적으로 "은혜와 평강"을 말하는데 여기서는 "긍휼"이라는 표현을 덧붙이고 있다(딤후 1:2). 여기서 "긍휼"이라는 단어는 죄인들에게 평강을 주시는 하나님의 동기가 그들의 비참한 형편을 불쌍히 여기는 데서 비롯되었음을 지적한다. 하나님께서 우리를 우리가 범한 죄악대로 갚지 않으시고 긍휼로 대하실 때만 우리는 소망을 가질 수 있다. 시편 130:3에 말하기를, "여호와여 주께서 죄악을 지켜보실진대 주여 누가 서리이까"라고 하였다. 루터는 여기서 말하는 "긍휼"이 환난 중에 교역자가 받는 하나님의 보호를 가리킨다고 하였는데, 이것은 자연스럽지 않은 해석이다.

3-7절. 이 단락은 바울이 디모데에게 이단의 공격을 방어하라고 권면하는 말씀이다. 여기서 상대하는 이단은 어떤 것인가? 그것은 디도서 1:14에서도 지적하고 있는 유대인의 허탄한 "신화"인데, ① 그들은 구약의 족보와 관련하여 여러 가지 허망한 이야기를 지어내어 가르치는 한편(딛 3:9), ② 율법을 이용하여(딛 3:9하, "율법에 대한 다툼") 금욕주의를 가르치던(딤전 4:3) 영지주의적 색채를 띤 유대주의였다.[97]

3 내가 마게도냐로 갈 때에. 이것은 바울이 첫 번째 로마 투옥에서 놓인 뒤에 마게도냐에 갔던 일이 있음을 가리키는 듯하다(Ellicott). 그 여행에 대해서는 사도행전에 기록되지 않았다.

너를 권하여 에베소에 머물라 한 것은 어떤 사람들을 명하여 다른 교훈을 가르치지 말며. 바울은 교회를 세우기 위하여 많이 수고하였다. 그리고 그는 그가 세운 교회를 지키기 위해서도 큰 관심을 가지고 디모데를 파송했다. 칼빈은 옛글에서 인용하기를, "얻은 것을 보관하는 덕은 그것을 얻기 위해 구했던 덕보다 덜한 것이 아니다"라고 하였다. 교회의 원수는 무엇보다도 이단이다. 그것은 교회의 내부에서 은밀히 참된 교리를 변경시킨다. 그러나 밖에서 교회로 침투해 들어오는 이단도 있다(행 20:29). 그러므로 교역자들은 세운 교회를 바로 지키는 일에도 힘을 기울여야 한다. 여기서 "다른 교훈"이라고 표현한 이단은 여기서 영지주의 색채를 지닌 유대주의를 가리키는데, 그것은 금욕주의와 허망한 이야기를 퍼뜨리기 위하여 구약을 그릇되게 인용하였다(Dr. C. Bouma).

4 신화와 끝없는 족보에 몰두하지 말게 하려 함이라. 여기서 "신화"(μύθοις)라는 것은 앞 절에서 말한 유대주의자들이 구약에 있는 족보에 덧붙였던 여러 가지 허황한 이야기를 뜻한다. 유대의 랍비들은 유대인의 족보에 큰 관심을 가

97) Büschsel in Kittel, Theol. Wörterbuchzum N. T., I, 662.

지고 이렇게 헛된 상상을 펼치기를 좋아하였다(Dr. C. Bouma). "끝없는 족보에 몰두"한다는 것은 위에서 말한 바와 같이 유대인의 족보에 대하여 이런저런 이야기를 조작하면서 헛된 연구를 그칠 줄 모른다는 뜻이다.

믿음 안에 있는 하나님의 경륜. 이것은 사람들에게 오직 믿음만을 전달하기 위한 복음 사역의 직분("경륜")을 가리킨다. 고린도전서 9:17의 "사명"이라는 말이나 골로새서 1:25의 "하나님이···내게 주신 직분"이라는 말이 모두 같은 뜻을 전달한다. 복음 사역은 순전히 계시 의존주의에서 출발하여 사람들을 그리스도 신앙으로 인도한다.

다시 말해 이것은 믿음으로만 구원의 진리를 알게 하는 직분이다. 그것은 오직 하나님의 계시에만 의존함으로써 진리를 알게 하는 교회 지도의 방법이다. 이러한 지도를 따르는 신자는 그의 사색이 계시 의존적이므로 성경이 가는 데까지 가고 성경이 멈추는 데서 멈춘다. 그러므로 번잡한 공상을 그칠 줄 모르는 신화적인 사색이 그에게는 없으며, 그는 믿음으로 만족과 평안을 누릴 수 있다. 그러나 하나님의 계시에 의존하지 않는 사색은 끊임없이 변론을 늘어놓을 뿐이고 진리를 아는 만족과 평안에 이르지 못한다. 왜냐하면 그들이 추구하는 것은 하나님을 아는 데 있어서 그릇된 탐구 방법이기 때문이다. 하나님을 아는 데 있어서 그릇된 방법이란 하나님의 계시에 의존하지 않고 무의미한 자율적 사색을 추구하는 것이다. 그것은 망상이기 때문에 성과가 없고 끝없는 수고가 될 뿐이다.

인생이 자율적으로 구원의 진리를 발견할 수 있었다면 하나님은 그에게 성경이라는 계시를 주실 이유가 없었을 것이다. 구원의 진리는 오직 계시, 곧 성경 말씀에 순종할 때만 깨달을 수 있는 것이다(딤후 3:15). 다시 말하면, 구원의 진리는 연구를 통해 얻을 수 있는 것이 아니며, 자율주의를 회개할 때만 얻을 수 있는 것이다. 예수님께서 말씀하시기를, 연구하고 복음을 믿으라고 하시지 않았고, "회개하고 복음을 믿으라"(막 1:15)라고 하셨다. 신앙을 가지지 못한 모든 철학자들은 자율주의자이므로 진리 문제를 해결하지 못하며, 따라서 그들의 변론은 끝나지 않는다. 바울 당시에는 유대주의적 영지주의 철학이 교회에 침입하였다. 그 철학은 태고의 우주와 세계 사이에 여러 세대의 아이온(Aeon)이 유출하여 개입하였다고 가르친다. 이와 같은 유출론적 세계관은 끝없는 변론을 만들어낼 수밖에 없다. 근대 철학의 거장인 임마누엘 칸트(Immanuel Kant)도 그의 『실천이성비판』에서 초월적 세계의 존재를 가정하였다. 이것은 얼핏 보면 자율주의를 포기하고 타율주의로 돌아선 회개의 사상 체계, 다시 말해 유신론처럼 보인다. 그러나 그것은 후회에 불과하고 자율에서 타율로 돌아서는 회개는 아니다. 가룟 유다도 후회하기는 했지만 회개하지는 않았다. 위에서 말한 바와 같이 자율적인 사색은 헛된 수고일 뿐이며, 끝도 없고 열매도 없다. 철학자들이 일찍이 "하나님께서 이 세상의 지혜를 미련하게 하신 것이 아니냐"(고전 1:20)라는 성경 말씀의 의미를 깨닫고 받아들였더라면 그처럼 공연한 수고는 면할 뻔하였다. 인생은 오직 성경, 다시 말해 계시를 믿고 순종함으로써만 진리를 알게 된다. 인간은 성경 이외의 어떤 철학이나 과학을 통해서도 하나님과 구원의 진리를 발견할 수 없다.

5 **교훈의 목적은…사랑이거늘.** 여기서 "교훈"이라는 말은 "율법"을 가리킨다. 율법의 목적이 "사랑"이라는 것은 바울의 서신들이 공통으로 가르치는 동시에(롬 13:10; 갈 5:14), 예수님의 교훈에 부합한다(마 22:37-40). 그러나 율법을 오용하는 이단자들은 율법으로 사람을 속박하기 위하여 그것에 머리카락을 쪼개는 것과 같이 번거로운 세칙들을 첨부한다. 그것이 그 당시 랍비들의 그릇된 교훈이었다. 그러므로 바울은 그러한 오류를 지적하여 말하기를, 율법의 목적은 그처럼 번거로운 세칙의 그물 속에 신자들을 가두어 두려는 것이 아니고 심령에서부터 자진하여 사랑을 행하게 하기 위한 것이라고 가르친다. 반면에 율법주의에 속한 사람은 가혹한 주인 앞에서 떨고 있는 노

예와 같이 눈가림과 형식으로만 율법을 지킨다.

청결한 마음과 선한 양심과 거짓이 없는 믿음. "청결한 마음"(καθαρᾶς καρδίας)은 하나님을 올바로 아는 마음이고(마 5:8), "선한 양심"(συνειδήσεως ἀγαθῆς)은 오직 하나님 앞에서만 가질 수 있는 자아 반성(혹은 자아 판단)의 마음가짐인데(롬 14:22-23), 그것은 곧 거듭난 양심이다(19절). "청결한 마음"과 "선한 양심"은 "거짓이 없는 믿음"을 가져온다.

"거짓이 없는 믿음"(πίστεως ἀνυποκρίτου)은 그리스도의 피와 성령 안에서만 용서와 평안을 누리는 신뢰심을 가리킨다. 자기 자신을 믿는 자는 어리석은 자다(잠 28:26).

6-7절. 이 단락에서는 율법을 오용하는 자들의 그릇된 행동을 지적한다.

6 사람들이 이에서 벗어나 헛된 말에 빠져. 여기서 "사람들"이라고 번역된 헬라어(τινες)는 "어떤 자들"을 의미한다. 이것은 바울이 당시의 이단자들을 아직 직접적으로 지명하지는 않고, 다만 회개하게 만들려고 간접적으로 그들의 오류만을 지적하는 방식이다. "이에서 벗어남"은 바른 율법 해석을 떠났다는 말이다. 그들은 율법의 목적이 사람들로 하여금 사랑을 행하게 하여 덕을 세우는 삶, 다시 말해 남들에게 유익을 끼치는 삶을 영위하게 하는 것임을 몰랐다는 뜻이다. 그들은 율법에 번거로운 세칙들을 부가하여 가르치는데, 그런 교훈을 받는 자들은 남들의 흠을 잡는 일에만 분주하고 사랑을 행하는 데는 관심이 없다. 그것은 "헛된 말에 빠진" 그릇된 삶의 자세다. 칼빈은 말하기를, "사람이 만든 수많은 번거로운 세칙들이 사람들의 주의를 끌 수는 있다. 그러나 그것들이 덕을 세우지 못하는 것이니 결국은 헛된 것이다"라고 하였다.

7 율법의 선생이 되려 하나 자기가 말하는 것이나 자기가 확증하는 것도 깨닫지 못하는도다. 이 구절은 하나님의 율법에 대한 자율주의 해석가들의 그릇된 행습(行

꼅)을 드러낸다. 그들은 인간의 자율에 의하여 무엇을 깨달은 듯이, 뜻 깊은 듯한 술어나 표현을 사용한다. 그러나 그 사색(思索)은 성경적이 아니므로 모두 틀린 것이다. 그들이 "말하는 것", 심지어 "확증"한다는 것도 진리는 아니다. 그들은 헛되이 과장하는 자들이다(골 2:18 하반).

8-11절. 이 단락에서는 율법을 대하는 올바른 방식에 대하여 말한다. ① 율법은 옳은 사람을 위하여 세운 것이 아니며(9절), ② 율법은 모든 불법한 자들을 제재하기 위하여 주어졌다는 것이다.

8 그러나 율법은 사람이 그것을 적법하게만 쓰면. 율법주의자들은 율법을 존중하는 듯이 말하면서 실제로는 그것을 오용한다. 따라서 그들의 교훈은 건전한 효과를 내지 못하였다. 그러므로 바울은 여기서 율법을 바로 사용해야 할 필요성을 강조한다.

9 율법은 옳은 사람을 위하여 세운 것이 아니요(참조. 벧전 4:17-18). 여기서 "옳은 사람"이라는 어구에 대해 세 가지 해석이 있다. ① 바울이 인류 역사 초기, 다시 말해 죄가 세상에 들어오기 이전의 사람들을 염두에 두고 이 말을 사용했다는 해석이 있다(Lock). 그러나 이러한 해석이 합당하지 않은 이유는 범죄하기 이전에 아담도 선악과를 먹지 말라는 율법을 받았기 때문이다. ② 이것이 스스로 옳다고 여기는 사람들을 가리킨다는 해석도 있다(Hendriksen). 그렇다면 이 본문은 율법이 이런 사람들에게는 효과를 내지 못한다는 의미일 것이다. 그러나 이러한 해석도 본문에서 확실한 근거를 가지지 못한다. ③ 이것이 그리스도를 믿음으로 말미암아 의롭다고 하심을 얻은 자를 가리킨다는 해석도 있다(Wohlenberg). 이 같은 해석에도 난제는 있다. 그것은 믿음으로 의롭다고 하심을 얻은 자도 그의 성화를 위하여 계속해서 외형적 율법이 필요하기 때문이다(약 1:22-25). 진실한 신자라도 하나님의 외형적인 말씀을 늘 상고함으로써만 성화의 삶에 필요한 진리를 깨닫는다.

그렇다면 본 절에서 율법이 필요하지 않은 "옳은 사람"이란 믿음으로 의를 얻은 신자를 의미하지는 않을 것이다. 그러나 우리는 이 문제를 좀 더 구체적으로 정의할 필요가 있다. 바울이 여기서 가르친 대로 "옳은 사람"에게는 율법이 필요하지 않다는 말은 믿음으로 의롭다고 하심을 받은 자의 인격에서 한 측면을 말할 뿐이며 모든 측면을 염두에 두고 말한 것이 아니라는 사실이다. 다시 말해 신자가 하나님 앞에서 의를 얻는 일은 온전히 그리스도의 공로로만 이루어지는 것이고 율법과는 아무런 관계가 없다는 것이다. 바울이 여기서 이 점만을 생각한 것이 분명하다고 말할 수 있는 이유는 아래 11절에서 그러한 해석을 뒷받침하기 때문이다. 요컨대 사람이 그리스도의 복음으로 말미암아 의로워지는 일은 율법과는 아무런 상관이 없다는 것이다. 요아힘 예레미아스(Joachim Jeremias)도 말하기를, "그리스도로 말미암아 의롭다고 하심을 얻은 자는 율법 조항의 노예가 되는 속박을 면한다(롬 10:4; 갈 5:18). 율법에서 해방된 이와 같은 자유는 바울에게 맡겨진 복음의 중심 요소가 된다"라고 하였다[98].

불법한 자와 복종하지 아니하는 자와 경건하지 아니한 자와 죄인. 이 네 가지 말은 그리스도를 믿지 않는 사람을 가리키는 명칭들인데, 지시하는 내용은 동일한 듯하다.

거룩하지 아니한 자와 망령된 자. 여기서부터 10절까지는 십계명의 순서대로 범법자들의 죄를 지적한다. "거룩하지 아니한 자와 망령된 자"는 십계명 중 제1계명에서 4계명까지, 말하자면 하나님에 대한 계명들을 어기는 자를 가리킨다.

아버지를 죽이는 자와 어머니를 죽이는 자와 살인하는 자. 이것은 제5계명과 제6계명을 범하는 자들을 가리킨다(참조. 출 21:14-15). 부모를 공경하지 않는 자는

---

98) Jeremias, Das Neue Testament Deutsch, Die Briefe an Timotheus und Titus, 1963, 12-13.

부모를 구타하는 자와 다를 바가 없다. 부모를 "공경"한다는 것은 부모의 권위를 인정하고 부모를 부모답게 대한다는 뜻인데, 부모의 권위를 인정하지 않는 자는 자동적으로 부모에게 혈기를 부리게 된다. 제6계명에서 금하는 "살인"은 반드시 사람을 죽이는 외부적 행위만을 의미하는 것이 아니라 내면에서부터 형제를 미워하는 일도 금하는 것이다. 사도 요한은 말하기를, "그 형제를 미워하는 자마다 살인하는 자"라고 하였다(요일 3:15상).

10 음행하는 자와 남색하는 자와 인신매매를 하는 자와 거짓말하는 자와 거짓맹세하는 자와 기타 바른 교훈을 거스르는 자를 위함이니. 여기서는 제7, 8, 9계명을 범하는 자들을 가리킨다. "남색하는" 죄는 로마서 1:27에도 기록된 대로 "남자가 남자와 더불어 부끄러운 일을 행"하는 것을 가리킨다. 이것은 "순리대로" 하지 않는 죄(롬 1:27상), 다시 말해 하나님이 정하신 자연법까지 어기면서 성도덕을 범하는 일이기 때문에 이중적으로 괴악한 죄악이다.

"인신매매를 하는 자"는 도둑 중에서도 가장 극악한 자다. 바울이 여기서 십계명을 어긴 죄를 거론하면서 그 죄들 가운데 가장 악랄한 예들을 지적하는 이유는 무엇인가? 그것은 사람들로 하여금 "죄로 심히 죄 되게"(롬 7:13하반)하여 그들을 깨우치려는 것이다. 죄악들 가운데 가장 악랄한 것들을 목격할 때 우리는 죄가 얼마나 나쁜 것인지를 생생하게 느낄 수 있다. 사람들은 이런 느낌을 통해서 가장 작은 종류의 죄도 나쁜 것이라는 사실을 새삼 되새길 수 있다.

11 이 교훈은 내게 맡기신 바 복되신 하나님의 영광의 복음을 따름이니라. 이것은 바울이 앞에서(9-10절) 제시한 율법관이 그리스도의 복음 원리에 따르는 올바른 해석임을 지적하는 말이다. 이 점에 대하여 요아힘 예레미아스(Joachim Jeremias)는 다음과 같이 해석한다. "그리스도로 말미암아 의롭다고 하심을 얻은 자는 율법의 문자적 속박에서 해방된다(갈 5:18; 롬 10:4). 이 사실을 전

하는 것이 바울에게 특별히 맡겨진 복음의 중심 요소다."[99]

12-17절. 이 단락에서 바울은 구원이 하나님의 무조건적 은총으로만 받을 수 있는 것이라는 복음의 진리에 대하여 자신의 체험을 들어 말한다.

12 나를 능하게 하신 그리스도 예수 우리 주께 내가 감사함은 나를 충성되이 여겨 내게 직분을 맡기심이니. 여기서 이른바 "나를 충성되이 여겨"라는 말은 해석이 필요하다. 어떻게 그리스도께서 교회를 핍박하는 바울(사울)을 충성되이 여기셨을까? 이에 대하여 두 가지 해석이 있다.

1) 그때 그리스도께서 바울을 보시고 장차 하나님께 충성할 자로 여기셨다는 것이다.[100] 그러나 이보다는 다음 해석이 옳은 것으로 드러난다.

2) 이 말은 그리스도께서 바울을 변화시키시고 또한 능력까지 주신 뒤에 그를 충성되이 여기셨다는 뜻이다. 본 절 첫머리에 나오는 "나를 능하게 하신 그리스도 예수 우리 주"라는 표현이 이러한 해석을 강력하게 지지한다. 이것을 보면 그리스도께서 구원하시는 일과 그의 사명을 맡기시는 일이 온전히 그의 주권과 창조적인 사역에 의존한다는 것을 알 수 있다.

13 내가 전에는 비방자요 박해자요 폭행자였으나 도리어 긍휼을 입은 것은 내가 믿지 아니할 때에 알지 못하고 행하였음이라. 이것은 바울이 "비방자"와 "박해자"와 "폭행자"였는데도 죄를 용서받은 이유를 밝힌 것이다. 알지 못하고 교회를 박해한 죄는 성령을 훼방한 죄가 아니므로 사함을 받을 수 있다. 그러나 만일 누구든지 성령의 역사인 줄 알고서도 고의로 박해하면 영원히 용서받지 못할 것이다(마 12:31-32; 눅 12:10; 히 10:26-31). 성령 훼방죄는 사죄의 은혜를 맛보고도 그 은혜의 길을 고의로 배척하는 것이다. 그것은 스스로 멸망을 초래

---

99) Das Neue Testament Deutsch, Die Briefe an Timotheus und Titus, 1963, 12-13.

100) Bouma, Kommentaar op Het Nieuwe Testament, De Brieven Van Den Apostel Paulus aan Timotheus En Titus, 1942, 86.

하는 일이다(참조. 히 6:4-6).

14 **우리 주의 은혜가 그리스도 예수 안에 있는 믿음과 사랑과 함께 넘치도록 풍성하였도다.** 여기 "함께"라고 번역된 헬라어 단어(μετά)는 "더불어"를 의미한다. 바울은 이미 받은 은혜가 있었는데 거기에 더하여 별도로 믿음과 사랑도 소유하게 되었다. 루터는 말하기를, "은혜는 바울이 죄를 용서받은 것을 가리키는데, 거기에 더하여 믿음과 사랑까지 받음으로써 거룩해졌다"라고 하였다. 한마디로 예수님을 핍박하던 죄 많은 바울에게 은혜가 풍성하게 임하였다. "죄가 더한 곳에 은혜가 더욱 넘쳤"다는 바울의 고백(롬 5:20하)은 그의 체험에서 나온 것이다.

15 **미쁘다 모든 사람이 받을 만한 이 말이여.** 바울은 12-14절에서 자신이 받은 은혜의 체험을 소개하였다. 한마디로 그는 극악무도한 죄인이었는데도 그리스도로 말미암아 은혜로 구원받았다는 것이다. 그것은 은혜로 구원받는다는 진리에 대한 명백한 증거다. 그러므로 그는 간증하기를, "미쁘다 모든 사람이 받을 만한 이 말이여"라고 하면서 구원이 오직 은혜로만 말미암는다는 진리를 선포한다. "미쁘다 모든 사람이 받을 만한 이 말"이라는 어구는 목회서신에서만 발견되는 특수한 문구다(참조. 3:1, 4:9; 딤후 2:11; 딛 3:8).

그리스도 예수께서 죄인을 구원하시려고 세상에 임하셨다 하였도다. 이 진리는 예수님이 친히 말씀하셨고(막 10:45; 눅 5:32), 또한 다른 사람들도 증언하였다(요 3:16-17, 11:27; 고후 5:21).

죄인 중에 내가 괴수니라. 여기 사용된 헬라어(ὧν πρῶτός εἰμι ἐγώ)를 직역하면 "그들(죄인들) 중에 내가 첫째라"라는 뜻이다(참조. 고전 15:9; 갈 1:13; 엡 3:8). 이것은 그가 이 말을 하는 당시에 그렇다는 뜻이다(εἰμι는 현재 시제).

16 **그러나 내가 긍휼을 입은 까닭은…본이 되게 하려 하심이라.** 여기서 "본이 되게"(ὑποτύπωσιν)라는 말은 모범이 되는 것을 뜻한다. 바울이 죄인인데도 구원받았다는 사실은 다른 죄인들도 예수 그리스도만 믿으면 구원을 받을 수 있

음을 보여주는 표본적 사실이다.

17 영원하신 왕 곧 썩지 아니하고 보이지 아니하고 홀로 하나이신 하나님께 존귀와 영광이 영원무궁하도록 있을지어다 아멘. 본 절은 바울이 자기가 받은 은혜로 말미암아 하나님께 찬송하는 말씀이다. "영원하신 왕"(τῷ βασιλεῖ τῶν αἰώνων)은 "변치 않는 주권자"라는 뜻이다. 이것은 영원히 믿을 만한 구원자께 대한 합당한 칭호다. 벵겔(Bengel)은 말하기를, "영원이라는 하나님의 성품이 은혜를 아는 자들에게는 반가운 것이지만, 그렇지 못한 자들에게는 무서운 것이다"[101]라고 하였다.

"썩지 아니하고." 이 말(ἀφθάρτῳ)은 "죽지 않는다"라는 의미를 지니고 있다.

"보이지 아니하고."(참조. 요 1:18). 하나님의 특성 가운데 하나는 "보이지 아니하심"인데(딤전 6:16), 누구든지 하나님을 보았다고 주장하는 자는 무언가에 미혹된 사람이다. 우리는 하나님을 보지 못한다는 것을 오히려 만족스럽게 여겨야 한다. "보이는 것은 나타난 것으로 말미암아 된 것이 아니"(히 11:3하)기 때문에 보이지 않는 것을 근본으로 한다. 보이는 것은 변하며 썩는다. "홀로 하나이신." 하나님은 홀로 한 분이시므로 그를 향한 우리의 경건도 단일성, 다시 말해 오직 그분만 섬기는 정조를 지녀야 한다.

"존귀와 영광." 이것은 하나님을 존귀한 하나님으로서 바르게 깨달을 뿐 아니라 또한 바르게 섬겨 영화롭게 하는 것을 가리킨다.

---

101) The thought of eternity is particularly delightful to those assured of grace while it miserably terrifies others.

설교 믿고 의지할 만한 구주(15-17절)

1. 예수님은 죄인들을 구원하신다.

이 세상에 의인을 구원하는 구주가 있다고 말한다면 우리는 그 말을 믿을 수 없다. 왜냐하면 세상에 의인은 없기 때문이다(롬 3:10). 그러므로 의인을 구원하러 왔다는 말 역시 허황한 것이며 그러한 말은 신임할 수 없다. 그러나 예수님은 죄인을 구원하러 오셨고(마 9:12-13), 또한 믿는 자들의 죄를 담당하시는 구원역사를 완성하셨다(요 19:30). 이것은 성경과 성령이 증언하는 사실이다. 이것은 수천 년 동안 양심적인 인간들이 굳게 믿어왔던 사실이다. 누구든지 회의주의자가 아니라면 이러한 말을 믿을 수 있다. 우리는 회의주의자를 신임할 수 없다. 왜냐하면 회의주의자는 믿을 만한 것조차 신뢰하지 않으려 하는 태도를 보이기 때문이다. 그것은 병적 심리 상태다. 그뿐 아니라, 그것은 자가당착이다. 왜냐하면 모든 것을 다 의심해야 한다면 그가 하는 의심 자체도 의심을 받아 마땅하기 때문이다.

2. 예수님은 죄인 중에 괴수도 구원하신다.

사도 바울은 말하기를, "죄인 중에 내가 괴수니라"(15하)라고 하였다. 그리스도께서 죄인 중에 괴수도 구원하신다고 하는데 그보다 작은 죄인들을 구원해 주시지 않겠는가? 그러므로 누구든지 예수님을 구주로 믿고 의지할 만하다. 그는 죄인들이 낙심하지 않고 그를 구주로 믿게 하시려고 죄인 중에 괴수도 구원하셔서 표본으로 보여주신 것이다(16절).

그가 죄인 중에 괴수를 구원하시는 방법도 죄인들이 믿을 만하다. 그는 긍휼과 오래 참으심으로 구원 사역을 이루어 가신다(16상). 그가 우리가 범한 죄대로 우리에게 갚으신다면 우리는 그 앞에 설 수 없다. 시편 130:3-4에 말하기를, "여호와여 주께서 죄악을 지켜보실진대 주여 누가 서리이까 그러나 사유하심이 주께 있음은 주를 경외하게 하심이니이다"라고 하였다. 이 말씀도 하나님께서 우리의 죄를 사하심으로 우리가 그를 섬기도록(경외하도록) 만들어 주신다고 지적한다.

3. 우리는 죄인을 구원하시는 하나님을 믿고 의지할 만하다.

하나님을 가리켜 "영원하신 왕"이라고 하였으니(17절), 그는 영원히 살아 계셔서 죄인들을 구원하신다. 그는 변치 않으신다. 우리는 그를 믿고 의지할 만하다. "썩지 아니하고 보이지 아니하고"라는 말씀 역시 변치 않는다는 말과 같은 뜻이다. 눈에 보이는 것은 다 썩고 변하지만, 보이지 않는 것은 영원하다(고후 4:18). 또한 그는 "홀로 하나이신 하나님"이시기 때문에 우리가 믿고 의지할 만하다. 만일 서로 다른 여러 하나님이 계셔서 우리를 지도하신다고 말한다면 우리는 그들을 믿을 수 없을 것이다. 어떻게 한 사람이 여러 주인을 섬길 수 있겠는가?

18 **아들 디모데야 내가 네게 이 교훈으로써 명하노니 전에 너를 지도한 예언을 따라 그것으로 선한 싸움을 싸우며.** "아들 디모데."(참조. 1:2 해석). "이 교훈"이란 이 구절 끝에서 말하는 "선한 싸움을 싸우"라는 명령을 미리 앞당긴 것이다(Ellicott). 그러나 어떤 학자들은 이것이 앞의 3절에 나오는 "다른 교훈을 가르치는" 이단을 막으라는 명령을 가리킨다고 주장한다.

"너를 지도한 예언." 이것은 디모데가 교역자로 임직받았을 때 사도가 안수하면서 그에게 주었던 하나님의 말씀이다(4:14).

"그것으로 선한 싸움을 싸우며." 여기서 "그것"이라는 말은 앞의 "예언"을 의미한다. 하나님의 말씀인 예언에 의지하여 싸우는 선한 싸움은 언제나 승리하고야 만다.

19 **믿음과 착한 양심을 가지라.** "양심"이라고 번역된 헬라어 단어(συνείδησις)

는 "함께 안다"라는 뜻을 내포하고 있는데, 일종의 대화적 맥락에서(롬 2:15) 다음과 같은 특징을 지닌다. ① 본래 "양심"은 하나님의 음성 자체는 아니나 하나님의 말씀에 순종하라고 명령하는 심리상태를 가리킨다. ② 그런데 인류가 조상 때부터 범죄하여 양심이 어두워졌으므로 그들은 참된 종교와 참된 윤리를 식별하지 못한다. 그러므로 오늘날 인류의 양심은 "옳은 것이면 따르라"라는 정도의 명령으로만 남아 있다. 하나님을 아는 일이나 선악을 식별하는 것과 같은 근본적인 문제에서 양심은 성경의 가르침을 받아야만 한다. ③ 양심은 본능적으로 작용하는 것으로서 우리의 의지와 사상에 반대되기도 한다. 의지가 번번이 양심에 순종하지 않을 때 양심은 약해지고 마침내 마비된다. ④ 성령은 신자의 거듭난 양심, 다시 말해 "착한 양심"을 통하여 그의 죄를 책망하시고 그에게 믿음을 주신다(요 16:8). ⑤ 만일 신자가 범죄함으로 그의 양심이 약해지면 그의 믿음이 상처를 입는다. 그가 회개하기 전에는 그의 믿음이 활력을 되찾지 못한다.

여기서 말하는 "착한 양심"은 "성령으로 거듭난 양심"을 가리킨다. 복음을 전하는 자라 하더라도 그가 양심의 소리를 계속 억압하면 마침내 그 양심이 마비되어 그의 믿음은 파선하고 타락한다.

20 그 가운데 후메내오와 알렉산더가 있으니 내가 사탄에게 내준 것은 그들로 훈계를 받아 신성을 모독하지 못하게 하려 함이라. "사탄에게 내준"이라는 말은 고린도전서 5:5에서 보여주는 것처럼 "출교"를 의미한다는 해석이 있다. 한편 어떤 학설에는 이것이 그때 사도들이 행사할 수 있었던 초자연적 징계를 가리키며, 예컨대 베드로가 아나니아와 삽비라에게 행한 징계(행 5:1-11)와 같은 것이라고 한다.

제 2 장

⚜ 개요

1. 모든 사람을 위하여 기도하라고 함(1-7절)

2. 예배 석상에서 남자들이 가질 거룩한 태도와 여자들이 취할 처지를 가르침(8-15절)

⚜ 해석

1-7절. 모든 사람을 위하여 기도하라고 함

1 **모든 사람을 위하여 간구와 기도와 도고와 감사를 하되.** "모든 사람을 위하여 기도"한다는 말은 남을 위하여 기도할 때 대상을 제한하지 않고 누구라도 간구의 제목으로 삼아 기도하는 것을 가리킨다. 그런 기도를 할 수 있는 자는 ① 하나님을 분명히 알고 하나님을 사모하는(시 42:1) 신자다. 하나님을 멀리하고 사모하지 않는 자는 남을 위하여 기도하지 못한다(참조. 욥 27:10). ② 그런 기도를 할 수 있는 자는 기도의 위력을 믿는 자다. 존 녹스(John Knox)는

기도의 힘을 믿는 개혁자였다. 그러므로 그는 힘있게 기도했다. 사람들은 말하기를, "그의 기도는 스코틀랜드의 군대보다 강하다"라고 할 정도였다. 그를 대적하던 메리 여왕도 그렇게 알았다. ③ 그런 기도를 할 수 있는 자는 인류를 자기 몸처럼 사랑하는 자다. 그는 누구를 보든지 그가 섬기는 여호와 하나님의 형상으로 지음을 받은 자로 대한다. 그는 자기를 핍박하는 자들을 위해서도 기도할 책임이 있음을 알고 있다(참조. 눅 6:28).

"간구"(δεήσεις)는 일정한 요구사항을 가지고 하나님께 청구하는 것이고, "기도"(προσευχή)는 신자가 하나님으로 더불어 교통하며 기원하는 모든 행위를 총칭하고, "도고"(ἐντεύξεις)는 남들을 위하여 기도하는 것을 가리킨다.

2 이는 우리가 모든 경건과 단정함으로 고요하고 평안한 생활을 하려 함이라. "경건과 단정함"은 신앙생활의 두 가지 측면인데, "경건"(εὐσέβεια)은 하나님을 향한 거룩한 삶을 가리키고, "단정"(σεμνότης)은 신자로서 다른 사람보다 자기 자신을 엄숙히 다스리는 근엄한 처신을 뜻한다. 이처럼 신령한 생활은 일반적으로 안전한 환경에서 잘 유지된다. 불안한 사회에서는 건전한 인격이나 경건을 배양하기 어렵다. 안전한 사회는 하나님이 주신 자연 은총 가운데 하나다. 벵겔은 말하기를, "경건주의자라는 말이 모욕적인 방식으로 사용됨으로써 얼마나 많은 경건의 불꽃들이 꺼지는지 말할 수 없다"라고 하였다. 그러므로 정통 복음주의는 불건전한 신비주의와 달라서 국가와 사회의 무수한 문제에도 관심을 가지고 안전한 질서가 보전되기를 위하여 기도한다. 따라서 신자에게는 기도할 사건들이 무수하니, 그는 기도를 쉴 수가 없다.

3 이것이 우리 구주 하나님 앞에 선하고 받으실 만한 것이니. 여기서 "이것"이라는 말은 1절에서 말하는 것처럼 "모든 사람을 위하여" 기도하는 일을 가리킨다(Chrysostom). 엘리코트(Ellicott)는 말하기를, "하나님을 기쁘시게 하는 일

은 그리스도인의 행동을 촉발하는 최고의 동기다"라고 하였다.[102)]

4 하나님은 모든 사람이 구원을 받으며. 이 말씀은 개혁주의 신학에서 가르치는 "제한 속죄"(limited atonement) 교리를 위반하지 않는다. 달리 말해 이 말씀은 하나님께서 어떤 사람들은 구원하시기로 예정하시고, 어떤 사람들은 유기하신다는 사실을 무시하지 않는다. 여기서 "모든 사람"(πάντας ἀνθρώπους)은 인류 전체를 의미하지 않고 다만 다수를 의미할 뿐이다. 예컨대 마가복음 1:5에서 "온 유대 지방과 예루살렘 사람이 다 나아가 자기 죄를 자복하고"라고 했는데, 여기서 "다"(πᾶσα)라는 표현도 전체를 의미하지 않고 다수를 가리킨 것과 마찬가지다.

"모든 사람"이라는 표현에서 "사람"이라고 번역된 헬라어 단어(ἀνθρώπους)는 관사를 수반하지 않는다. 이렇게 관사가 없는 명사 앞에 "모든"(πᾶς)이라는 형용사가 올 때는 총괄적인 의미를 전달하는 것이지 계수적인 의미를 전달하지는 않는다(H. Ridderbos). 알버트 디브루너(Albert Debrunner)의 헬라어 문법책에 따르면, 관사 없는 명사 앞에 오는 "모든"이라는 형용사는 모든 개개인을 계수하는 의미에서의 "모든"이 아니고 다만 "원하는 모든 자"를 가리킨다고 하였다.[103)]

5 하나님은 한 분이시요 또 하나님과 사람 사이에 중보자도 한 분이시니 곧 사람이신 그리스도 예수라. 헬라어 원문에는 본 절 첫머리에 "왜냐하면"(γάρ)이라는 접속사가 있어서 앞 절의 이유를 소개한다. 하나님께서 민족의 차별 없이 모든 사람이 구원의 진리를 깨닫기를 원하시는 이유는 모든 사람이 하나님 앞에서 마찬가지이기 때문이다. 말하자면 하나님은 한 분으로서 어느 민족에게나 똑같은 관계를 지니시고 똑같은 사랑을 베푸시기 때문이다. 로마서 3:29도

---

102) To please God is the highest motive that can influence a Christian.

103) Vor artikellosen Subst, heiszt πᾶς "jeder" nicht jeder einzelne, wie ἕκατοϛ zondern jeder beliebige. ss. 275, 3.

같은 내용의 말씀이다. "하나님은 다만 유대인의 하나님이시냐 또한 이방인의 하나님은 아니시냐 진실로 이방인의 하나님도 되시느니라"(참조. 롬 3:22).

"하나님과 사람 사이에 중보자도 한 분이시니." 이 말도 그 "중보자"가 특정 민족만을 위하는 분이 아니라는 사실을 가리킨다. 요컨대 그는 민족의 중보자가 아니고, "사람들"의 중보자라는 뜻이다. "사람"이라고 번역된 헬라어 단어(ἀνθρώπων)는 문자적으로 "사람들"을 뜻하며 어떤 민족이나 개인을 뜻하지 않고 인류 일반을 가리킨다. 그리스도는 모든 사람에게 똑같은 중보자시니 모든 사람은 차별 없이 그를 믿음으로써 동일한 구원을 받을 수 있다. "사람이신 그리스도"라는 표현은 그리스도의 신성을 알지 못하여서 사용한 것은 아니다. 이것은 중보자로서 그가 사람들과의 관계에서 사역하시기 위하여 인성을 취하신 사실을 지적하는 것뿐이다(히 2:6-18).

6 그가 모든 사람을 위하여 자기를 대속물로 주셨으니 기약이 이르러 주신 증거니라. 이 말씀은 "제한 속죄"의 교리를 위반하는 것처럼 보인다. 그러나 "모든 사람"이라는 말을 위의 4절에서처럼 해석할 때 문제가 해결된다. "모든 사람"은 인류의 전수를 의미하지 않으며, 민족이나 계급을 구별하지 않고 무차별적으로 지목된 다수를 가리킨다. "대속물"(ἀντίλυτρον)은 "대신 지불하는 속전"을 의미한다. 그리스도는 자신을 우리 죄의 대가로 십자가에 희생하셨다. 여기 "기약"(καιροῖς ἰδίοις)은 "자신의 시기"를 의미하는데, 한마디로 신약 시대를 가리킨다. 이 시대에 이르러 예수 그리스도로 말미암은 속죄의 복음이 전파된다. 바울은 이 일을 사명으로 받았다.

7 이를 위하여 내가 전파하는 자와 사도로 세움을 입은 것은 참말이요 거짓말이 아니니 믿음과 진리 안에서 내가 이방인의 스승이 되었노라. "이를 위하여"라는 말은 앞 절에 언급한 "증거"를 위한다는 의미다. 바울은 복음 증거 때문에 하나님 앞에 부르심을 받았다. "참말이요 거짓말이 아니니"라는 어투는 사실을 확증하기 위한 일종의 맹세와도 같다.

"믿음과 진리 안에서." 이 말은 그가 이방인들도 그리스도 신앙을 가지게 하며 복음 진리를 알게 하는 스승이라는 뜻이다. "이방인의 스승"이라는 말은 그가 이방인들에게 하나님의 진리를 가르치는 스승이 된 것을 가리킨다. 바울은 특별히 이방인들에게 복음을 전하였다(갈 2:7).

설교 기도가 목표하는 세계(1-7절)

여기서 바울이 자신의 교훈을 시작하면서 "내가 첫째로 권하노니"(1절)라고 말하는 것을 보면 그가 여기서 주는 교훈은 매우 중요한 것이다. 그리스도인들은 흔히 불신자들이 살아가는 세상에 관심을 두지 않는데 그것은 잘못된 것이고 병적인 일이다. 바울은 여기서 특히 불신 세계를 위해 기도해야 할 것을 강조한다.

1. 그 기도의 목표는 극히 광범위하다.

1절에 있는 "모든 사람을 위하여"라는 말을 포함하여 이 단락에는 "모든 사람"이라는 말이 네 번(1, 2, 4, 6절)이나 나온다. 그리스도인은 이처럼 광범위하게 모든 사람을 위하여 기도할 책임을 안고 있으니, 그는 하나님 앞에서 얼마나 놀라운 축복을 받았는가? 기도로써 남을 돕는 일은 제사장의 사명이다. 그러므로 모든 사람을 위하여 기도하지 않는 자는 하나님이 주신 제사장의 특권과 축복을 내던지는 어리석은 사람이다. 그리스도인은 이렇게 모든 사람을 위하여 기도할 위치에 있으니 항상 기도하[illegible] 않으면 맡겨진 사명을 감당할 수 없다.

2. 그리스도인은 모든 사람을 위하여 기도하[illegible]세하고 진실하게 하여야 한다.

본문 1절에 "간구와 기도와 도고와 [illegible] 하"라고 하였는데, 그것은 소홀히 하는 기도가 아니다. 그것은 모든 사람을 위하여 기도하되 그들의 형편을 따라 적절하고 세밀한 기도를 드려야 한다는 말이다. 신자들이 자신을 위하여 기도할 때는 간절한 태도로 세세하게 기도한다. 그러나 다른 사람을 위하여 기도할 때는 무성의하고 소홀하게 하는 경우가 있다. 그런 기도의 자세는 매우 부적절하다. 우리는 기도할 때도 "네 이웃을 네 자신 같이 사랑하라"(마 22:39)라고 하신 말씀을 기억해야 한다. 하나님께서도 이처럼 진리대로 하는 기도를 받으신다.

3. 모든 사람을 위해 기도해야 하는 이유는 무엇인가?

1) 기도자 자신이 먼저 유익을 받는다(2절). 본문에 말하기를, "우리가 모든 경건과 단정함으로 고요하고 평안한 생활을 하려 함이라"라고 하였다. "고요하고 평안한 생활"은 무엇 때문에 필요한가? 그것은 경건하고 단정한 생활을 배양하는 데 필요하다. 우리 심령이 고요하지 못하고 불안하면 경건하고 단정한 생활에 크나큰 지장을 초래한다. 우리는 기도로써 모든 불안을 정복하고 안정된 심령을 유지할 수 있다. 그뿐 아니라 기도를 통해 외적인 환경도 진정시킬 수 있다. 기도는 확실히 만사를 변화시킨다(Prayer changes things). 무엇보다도 기도자의 심령이 변화를 받는다. 마르틴 루터는 보름스 회의에 참석하기 전에 골방에 들어가 오랫동안 기도하고 힘을 얻은 후에 나아갔다. 그때 그의 동료 멜란히톤은 말하기를, "그는 자신을 넘어서는 사람이 되어서 나온다"라고 하였다.

2) 우리가 모든 사람을 위하여 기도하면 하나님이 기뻐하신다(3절). 신자로서 하나님을 기쁘게 하는 것 외에 무엇을 더 원하겠는가! 잠언 16:7에 말하기를, "사람의 행위가 여호와를 기쁘시게 하면 그 사람의 원수라도 그와 더불어 화목하게 하시느니라"라고 하였다.

3) 모든 사람을 위하여 기도하면 그들이 구원을 받을 수 있다(4절). 그리

스도인은 사람의 영혼을 구원하는 일을 그의 사명으로 여겨야 한다. 다른 사람의 영혼을 구원하는 자는 결국 자기 자신이 영원토록 빛나는 은혜를 받는다. 다니엘 12:3에 말하기를, "많은 사람을 옳은 데로 돌아오게 한 자는 별과 같이 영원토록 빛나리라"라고 하였다.

8-15절. 이 단락에서는 공식예배 시간에 지켜야 할 남녀의 책임과 질서를 가르친다.

8 그러므로 각처에서 남자들이 분노와 다툼이 없이 거룩한 손을 들어 기도하기를 원하노라. 여기서 "그러므로"라는 표현은 본 장 첫머리에 나오는 "기도하라"라는 명령과 관계되면서 결론을 유도하는 역할을 한다. 여기서는 기도에 관한 1절의 권면이 공식예배 시에 실행되어야 함을 가르친다.

"분노와 다툼이 없이." 이 말은 성경의 다른 부분에서도 가르친 예배의 원리를 여기서도 요약적으로 지적한다고 볼 수 있다. 사람들 간의 "분노와 다툼"은 하나님을 사귀는 일에도 크나큰 지장을 초래하는 법이다. 그러므로 예수님께서 말씀하시기를, "그러므로 예물을 제단에 드리려다가 거기서 네 형제에게 원망들을 만한 일이 있는 것이 생각나거든 예물을 제단 앞에 두고 먼저 가서 형제와 화목하고 그 후에 와서 예물을 드리라"(마 5:23-24)라고 하셨다. 요한1서 4:20에는 말하기를, "보는 바 그 형제를 사랑하지 아니하는 자는 보지 못하는 바 하나님을 사랑할 수 없느니라"라고 하였다(참조. 사 1:15).

"거룩한 손." 욥기 16:17은 말하기를, "내 손에는 포학이 없고 나의 기도는 정결하니라"라고 하였다. 버틀러(Buttler)는 말하기를, "기도는 고요한 마음의 산물이라"[104]라고 하였고, 또 말하기를, "분노를 품고 기도하는 것은 전

104) Prayer is the issue of a quiet mind.

쟁 중에 명상하는 것이나 마찬가지다"[105]라고 하였다(참조. 잠 16:32).

"손을 들어 기도하기를 원하노라." 성경은 기도하는 자의 자세에 대하여 여러 가지로 말한다. 윌리엄 헨드릭슨(Hendriksen)에 따르면 다음과 같은 기도의 자세들이 있다. ① 서서 기도함(창 18:22; 삼상 1:26; 마 6:5; 막 11:25; 눅 18:11, 13). ② 손을 펴서 하늘로 향함(출 9:29, 17:11-12; 왕상 8:22; 느 8:6; 시 63:4; 134:;, 141:2; 사 1:15; 애 2:19, 3:41; 눅 24:50; 딤전 2:8). ③ 머리를 숙임(창 24:26, 48; 출 12:27; 대하 29:30). ④ 눈을 하늘로 향함(시 25:1, 121:1; 123:1-2; 141:8; 145:15; 요 11:41; 17:1). ⑤ 꿇어앉음(대하 6:13; 시 95:6; 사 45:23; 단 6:10; 마 17:14; 막 1:40; 눅 22:41; 행 7:60; 9:40; 20:36; 21:5; 엡 3:15), ⑥ 얼굴을 땅에 댐(창 17:3; 민 14:5, 16:4, 22, 45; 신 9:18, 25; 수 5:14; 삿 13:20; 느 8:6; 겔 1:28; 3:23; 9:8; 11:13; 43:3; 44:4; 단 8:17; 마 26:39; 막 7:25; 14:35; 눅 5:12; 17:16; 계 11:16). ⑦ 얼굴을 무릎 사이에 넣음(왕상 18:42). 등이다. 여기서 "손을 들어 기도하기를 원"한다는 것은 위의 일곱 가지 자세 중 하나다.

9 이와 같이 여자들도 단정하게 옷을 입으며. "이와 같이"(ὡσαύτως)라는 표현이 가리키는 바는, 앞에서 말한 대로 남자들이 예배 자리에서 주의해야 하는 것과 마찬가지로 여자들도 주의해야 할 점이 있다는 것이다.

"단정하게 옷을 입으며." 여기서 "단정하게"(κοσμίῳ)라는 단어는 "적당하게" 혹은 "규모 있게"를 의미하는데, 이는 옷차림에 있어서 사치하지 않고 검소한 것을 말한다.

소박함과 정절로써 자기를 단장하고. "소박함"이라고 번역된 헬라어(αἰδοῦς)는 수줍어하는 성품으로서 여성에게 귀중한 미덕이다. "정절"(σωφροσύνης)은 모든 격동하는 정욕이나 혈기를 억제하는 것을 가리킨다. 그러므로 엘리코트는 말하기를, "여기서 '정절'은 극기의 습관을 통해 인격과 도덕의 균형

---

105) He that prays to God with an angry, trobled, discomposed spirit is like one that retires into a battle to meditate.

을 유지하는 것을 뜻한다"라고 하였다. 이것은 "건전한 마음"(혹은 깨어 있는 마음)이라고 번역되어야 한다.

땋은 머리와 금이나 진주나 값진 옷으로 하지 말고. 여기 "금이나 진주"는 "땋은 머리"를 장식하는 장신구를 뜻한다. 바울 시대의 조각상이나 문헌에 따르면 그 당시의 고급 매춘부들은 머리카락을 탑과 같이 땋아 올렸고, 거기에 보석이나 금이나 진주로 단장하였다고 한다.[106] 이 문구는 부녀가 단장하는 일을 일률적으로 금지하는 것이 아니다. 이것은 아름다움을 도에 지나도록 추구하는 일을 금하는 말씀이다.

"금이나 진주나 값진 옷으로 하지 말고." 이것도 사치품을 과도히 사용하는 일을 금하는 말씀이다.

10 선행으로 하기를 원하노라. 여기서 말하는 "선행"은 11절에서 "순종함으로 조용히 배움"이라고 표현한 미덕을 가리킨다. ① 이것은 한편으로 베드로전서 3:4의 말씀과 통한다. 거기서는 믿는 여자의 심령 상태를 "온유"와 "안정"이라고 표현했다. ② 그와 동시에 성경은 여신도가 선을 행하는 방법으로 대외적인 활동도 있음을 부인하지 않는다(참조. 잠 31:10-31; 딤전 5:10; 딛 2:4-5).

하나님을 경외한다 하는 자들. 그들이 실제로 하나님을 공경하는지는 별개의 문제이고, 일단 형식상으로는 그들이 하나님을 공경하는 자들의 대열에 끼어 있다는 것이다. 그렇다면 그들은 선행으로써 신앙생활의 실상을 보여주어야 한다.

11 여자는 일체 순종함으로 조용히 배우라. 여기서 "조용히"(ἡσυχίᾳ)라는 단어는 침묵만을 가리키는 것이 아니다. 고린도전서 11:5에 따르면 여자들도 공예배 시에 기도도 하였고, 장래 일을 예고하는(행 21:9) 예언도 하였다. "조용

106) J. B. Hurley, Man and Woman in Biblical Perspective, 1981, 199.

히"라는 말에는 물론 "침묵"의 뜻이 있으나 "평화와 안식"의 의미도 포함된다. 여기서 부녀의 세 가지 덕을 말하였는데, "순종", "조용함", "배움"이다. 부녀는 일반적으로 주장할 자가 아니라 순종해야 할 자이며, 소동을 일으킬 자가 아니라 안정을 유지해야 할 자이며, 또한 남자들을 가르칠 자가 아니라 배울 자다(참조. 고전 14:31-36).

12-14 여자가 가르치는 것과 남자를 주관하는 것을 허락하지 아니하노니…이는 아담이 먼저 지음을 받고 하와가 그 후며 아담이 속은 것이 아니고 여자가 속아 죄에 빠졌음이라. 여기서는 여자가 남자들을 대상으로 하는 공적 사역을 할 수 없는 이유를 밝힌다.

1) 창조의 순서에서 여자가 남자보다 뒤에 창조되었기 때문이다. 여자가 나중에 창조되었다는 것은 그의 존재 목적이 먼저 창조된 남자를 돕는 것이라는 사실을 보여준다(창 2:18). 따라서 이러한 사실은 남자가 주관자이며 여자는 수종자임을 말해준다. 이에 대하여 반대하는 이들은, 그렇다면 짐승들이 사람보다 먼저 창조되었으니(창 1:24-25) 그렇다면 사람이 짐승에게 수종들어야 하는가 하고 반문한다. 그러나 이것은 정확한 논리를 바탕으로 하는 질문이 아니다. 이것은 인류와 짐승의 차이를 구별하지 않고 제기하는 주장이 아닌가?

2) 인류의 조상이 타락할 때 여자가 먼저 범죄하였기 때문이다. 이와 관련해서도 난제가 있다. 바울의 신학에 따르면 인류 타락을 주도한 것이 남자(아담)이라고 하지 않는가?(참조. 롬 5:12-14) 이 문제는 다음과 같이 해결할 수 있다. 본 절에서는 아담과 하와의 죄 가운데 시간상으로 무엇이 먼저 일어났는지를 논할 뿐이라는 것이다. 먼저 죄를 범한 하와는 거기에 해당하는 벌을 받았다. 아담은 인류의 대표자 신분이니 죄책 문제에서는 그가 장본인이다. 따라서 성경은 인류에게 사망이 이르게 한 책임이 아담에게 있다고 말한다(참조. 롬 5:12).

15 그러나 여자들이 만일 정숙함으로써 믿음과 사랑과 거룩함에 거하면 그의 해산함으로 구원을 얻으리라. "그러나 여자들이···거하면"이라는 문구는 구원을 얻는 방법을 보여준다. "믿음과 사랑과 거룩함"은 인간 편에서 수행해야 하는 구원의 방법이라고 할 수 있다. 믿음으로만 구원받는다는 것이 성경의 가르침인데, 여기서 "사랑과 거룩함"을 "믿음"과 나란히 언급하는 이유는 그것들이 "믿음"의 열매이기 때문이다(갈 5:6). 그런데 "정숙함으로 믿음과 사랑과 거룩함에 거하면"이라는 말은 무슨 뜻인가? "정숙함"이라고 번역된 헬라어 단어(σωφροσύνης)는 "정신 차림"이라는 뜻을 가지고 있다. 이것은 신자들이 믿음, 사랑, 성결에 거하게 하는 방법이다. 정신을 차리지 않는 자는 믿음을 잃어버리고 만다.

"그의 해산함으로 구원을 얻으리라"(σωθήσεται δὲ διὰ τῆς τεκνογονίας). 이 말은 여자의 출산이 구원 얻는 일에 공로가 된다는 뜻이 아니다. 이것은 다만 여자의 천직을 가리킬 뿐이다. 일반적으로 여자는 자녀를 낳아 기르고 가사의 책임을 잘 감당하는 것이 본분이다. 어떤 학설에 따르면 이 문구는 예수님의 어머니 마리아가 구주를 해산하였기 때문에 그 결과 다른 여자들도 구원을 얻게 되었다는 의미라고 하지만 이런 해석은 자연스럽지 않다.

제 3 장

개요

1. 교회의 직분들(1-13절)
    1) 감독의 자격(2-7절)
    2) 집사의 자격(8-13절)
2. 교회의 책임과 그 신앙고백(14-16절)

해석

1 **미쁘다 이 말이여.** 일부 사본들(D, Vulgata)에는 "미쁘다"(πιστός)라는 단어 대신에 "인류 공통의"(ἀνθρώπινος)라는 형용사가 사용되었다. 구스타프 볼렌베르크(Gustav Wohlenberg)는 이것을 라틴어 불가타에 따라 "인류 공통의"(allgemeinmenschlich)라고 번역하였다. 테오도르 찬(Theodor Zahn)은 이 같은 독법을 지지한다. 그러나 사본 상의 증거는 약한 편이다.

사람이 감독의 직분을 얻으려 함은. 바울은 그 자신이 교회의 치리자로서 "감독의 직분"에 대하여 말한다. "감독"은 사실상 장로와 같은 직분인데, 1) "장로"(πρεσβύτεροι, 벧전 5:1)라는 용어는 "연로하고 성숙하다"라는 의미로서 치리자의 경험을 강조하는 명칭이고, 2) "감독"이라는 용어는 치리자의 행위를 중요시하는 명칭이다. 장로직과 감독직은 본래 같은 것이다(참조. 딛 1:5-9). 사도 시대의 장로직에는 치리 장로와 교훈 장로(치리와 교훈을 겸하는 목사)가 있었다(딤전 5:17). 그런데 사도 이후 시대에 이르러 점차 감독직을 장로직과 구분하여 장로직보다 높은 것으로 여기는 잘못된 풍토가 생겼다. 3) 3세기에 접어들면서 ① 감독직은 점점 발달하여 권세를 가지게 되었고, 정통교회를 정의할 때도 "감독이 있는 교회가 참 교회"라는 사상이 생겨나기 시작하였다. ② 이단이 일어남에 따라 교회는 그것을 막기 위하여 외형적인 조직을 지나치게 중시하는 폐단이 발생했다. 이때 감독은 교회에서 지나친 권한을 누리게 되었고, 큰 도시의 감독은 지방교회를 통제하는 권세를 행사하기까지 하였다. 그 후에 로마에 있는 교회의 감독이 다른 모든 도시의 교회들과 지방교회들 위에 군림하는 자리에까지 나아감에 따라서 교황주의가 태동하게 되었다.

그러나 성경은 "감독"을 "장로" 이상으로 높이지 않는다. 감독과 장로는 같은 직분인데 그 명칭만 다르게 불리는 것뿐이다. 모든 장로(치리 장로, 교훈 장로[목사])는 교회를 가르치고 치리할 때 군림하는 자세로 할 것이 아니라 하나님의 말씀에 수종드는 봉사자의 자세로 겸손하게 시행해야 한다(고후 4:5). 그들도 회중과 마찬가지로 평범한 제사장일 뿐이며(벧전 2:9) 대제사장은 아니다. 하나님과 사람 사이에 중보자 되시는 대제사장은 오직 예수님뿐이다(히 4:14). 그러므로 목사직이나 장로직에 대한 바른 지식이 없으면 그 직분을 받은 자들이 그리스도의 영광을 훼손하는 잘못된 교회 정치가로 전락하기 쉽다.

선한 일을 사모하는 것이라 함이로다. 다시 말해 교회의 감독직을 받을 자는 지위를 탐하는 자가 아니라 오직 교회에 유익을 주도록 실제로 봉사하기를 사모하는 자여야 한다는 말이다. 교회를 위해 "선한 일"을 행할 수 있는 자격에 대해서는 다음 절 이하에서 밝혀준다.

2 **그러므로 감독은 책망할 것이 없으며 한 아내의 남편이 되며 절제하며 신중하며 단정하며 나그네를 대접하며 가르치기를 잘하며.** "책망할 것이 없으며"라는 말은 죄가 전혀 없다는 뜻이 아니라, 공적으로 걸림돌이 될 만한 죄책이 없음을 가리킨다.

"한 아내의 남편이 되며." 이 문구에 대해서는 서로 다른 해석이 있다. ① 바울 당시 교회에 침투한 영지주의 이단이 혼인을 금하였으므로(4:3), 참된 복음 사역자는 영지주의 이단의 독신주의를 반대하는 의미에서 자신이 먼저 결혼하도록 권하는 말씀이라는 해석이 있다. 결혼제도는 하나님이 내신 것이니 사람이 결혼하는 것은 하나님의 뜻을 이루는 것이며, 혼인은 귀한 것이다(4:5; 히 13:4). ② 어떤 학자들은 이 문구가 교역자의 중혼이나 음행을 금하는 것이라고 해석한다. 이 해석이 오히려 적합하다. 교역자에게 있어서 이성 문제는 가장 조심해야 하는 문제다. 이성 문제에서 바른 도의를 따르지 못함으로써 실패하는 교역자들이 있다.

"절제하며"(νηφάλιον)라는 말은 깨어 있음으로써 이 세상 풍습에 취하지 않음을 가리킨다. 교역자는 많은 영혼을 인도하는 자이므로 깨어 있지 않으면 많은 영혼을 사지에 빠뜨리고 만다. 그는 마치 수많은 여객을 태우고 구불구불한 벼랑길을 달리는 버스 기사와 같다(참조. 히 13:17). "절제"는 우리 삶의 여러 방면에서 필요하다. 우리는 먹고 마시는 일이나 부부관계, 혹은 그 외에도 세상 여러 가지 일들에 대하여 절제함으로 유익을 얻게 되며, 절제하지 못하는 경우 해를 입는다.

"신중하며." 크레다너스는 "신중함"(σώφρονα)이라는 단어에 대하여 다음과 같이 해석하였다. "이것은 과도한 상상이나 무지나 어리석음을 벗어나서 순전하고 단정하게 사색하는 것을 의미한다."[107] 이것을 보면 "신중함"은 사람이 자기 마음속을 잘 단속하여 순결하게 유지하는 것이다. 벵겔은 이것을 뒤에 이어지는 "단정함"과 비교하여 다음과 같이 말하였다. "여기서 '신중함'은 속마음에 관한 것이고 '단정함'은 외모에 관한 것이다."[108] "단정하며"(κόσμιον)라는 말은 사람이 외형적으로 규칙 있고 질서 있음을 가리킨다. 이것은 업무를 수행할 때의 규칙성과 도덕적인 엄숙성을 염두에 둔 말이다. 신자는 유약한 태도를 보이거나 나태하거나 편파적이거나 방종해서는 안 된다. 그러나 교역자는 규율을 지나치게 강조하다가 성도들의 사적인 허물을 들추어내는 잘못을 범하지 않도록 주의해야 한다. 다만 신자의 허물 중에 특별히 공동체 전체를 해롭게 하는 불의로 확실히 드러난 사안에 대해서는 징계해야 한다. 교역자는 특히 자신의 허물에 대해서는 크고 작음을 가리지 않고 엄하게 다루는 것이 교회의 규율을 지키는 길이다.

"나그네를 대접하며." 바울 당시에 박해로 말미암아 몸을 의지할 곳이 없어 방황하는 신자들이 많았는데, 그들을 어떻게 대우할까 하는 문제는 초기 교회가 당면한 과제였다. 이 문제를 원만하게 잘 처리할 수 있는지는 교역자의 가정 형편에 달려 있었다. 다시 말해 교역자의 아내가 이 일에 협력하지 않으면 할 수 없는 일이었다. 그러나 이 일은 교역자가 가정을 경유하지 않고 시행할 수도 있다. 고대의 감독들 가운데 이 문구를 글자 그대로 실행한 이들이 많다. 크리소스토모스는 몸소 가난한 생활을 하면서 병자와 나그네를 대접하였다.

"가르치기를 잘하며." 칼빈은 "가르칠 줄 모르는 사람은 목회하지 말고 차라리 다른 일을 하는 것이 바람직하다"라고 말하였다. 교역자의 별명은 가

---

107) Kommentaar op Het Nieuwe Testament, XIII, 1929, 164.

108) Quod σώφρων est intusid κόσμιος est extra.

르치는 사람이라고 할 수 있다. 왜냐하면 그는 하나님의 진리를 맡은 사람이기 때문이다. 잘 가르치기 위해서는 ① 지식이 있어야 한다. 지식을 무시하는 교역자들이 교계에 많은데, 그런 사람들은 사태를 바로 파악하지 못하고서 그런 생각을 가지게 된 것이다. 성경을 번역한 학자들은 수많은 유명한 전도자들 못지않은 위대한 사역을 수행한 것이다. 그들이 성경을 번역하지 않았더라면 어떻게 전도자들이 자기들의 언어로 하나님의 말씀을 효과적으로 전파할 수 있었겠는가? 교역자는 그 자신이 먼저 배우기를 힘써야 한다. 옛날 동양의 어떤 학자는 글 읽기를 너무나 원하여 등불이 없을 때는 반딧불과 소복이 쌓인 눈에 책을 비추어 보면서까지 글을 읽었다고 한다. ② 아는 것을 잘 표현할 줄 알아야 한다. "시인은 천부적인 재능으로 되는 것이나 웅변은 사람의 노력으로 될 수 있다"라는 격언이 있다. 데모스테네스(Demosthenes)는 타고난 말재주는 없었으나 파도 소리가 높은 해변에서 웅변을 연습하여 유명한 웅변가가 되었다고 한다. ③ 감화력이 있어야 잘 가르친다. 감화력은 기도와 덕행을 겸비한 인격에서 나타난다.

3 술을 즐기지 아니하며 구타하지 아니하며 오직 관용하며 다투지 아니하며 돈을 사랑하지 아니하며. "술"은 ① 사람들을 방종하게 만드는 것이므로 진리의 파수꾼에게는 금물이며, ② 술 취하는 것은 육신의 즐거움을 탐하는 향락주의이므로 하나님만을 즐거워해야 할 교역자에게 우상이 된다.

"구타하지 아니하며." 크리소스토모스는 이 문구를 해석하기를 입술의 말로써 남을 치는 것을 가리킨다고 하였다. 그러나 더욱 자연스러운 해석은 이 말이 손으로 다른 사람을 치는 것을 의미한다는 것이다. 사람에게는 혈기가 있는데 그것을 억제하지 못하고 잠시라도 방심하면 남을 손으로 치는 죄에 빠지기 쉽다. 교역자는 많은 사람을 상대하는 가운데 마음 상할 일도 당하게 되므로 이런 점에 대해서도 특별히 주의해야 한다.

"관용하며." 내가 남에게 호의를 베풀었는데 그가 배은망덕하게 대하거나 나에게 커다란 과실을 범했을 때 나는 그에게 분풀이하려고 하는 마음을 가지기가 쉽다. 그러나 그렇게 하는 것은 주님의 일에 해롭고 자신에게도 해롭다. 남이 나에게 잘못하는 것을 일일이 탓하려고 하면 끝이 없다. 교역자는 어떤 때는 억울한 누명이라도 뒤집어쓰고 다른 사람을 용서해야 한다. "교역자여! 남을 얼마나 용서하는가?" 이것이 교역자의 실력을 가늠하는 질문이다.

"다투지 아니하며"라고 번역된 헬라어 단어(ἄμαχον)는 더욱 강한 뜻을 지니고 있는데, 그것은 다투려는 성향 자체가 없는 사람이라는 뜻이다. 한마디로 성품상 어떤 다툼이든지 싫어하는 자를 가리킨다(Bouma).

"돈을 사랑하지 아니하며"라고 번역된 헬라어 단어(ἀφιλάργυρον)는 행동으로 더러운 이익을 탐하지 않는 정도에서 그치는 것이 아니라 하나님 한 분만으로 만족함을 느끼고서(시 23:1) 재물을 사랑하지 않는 것을 가리킨다(참조. 딤전 6:6). 그만큼 교역자는 물질 문제에서 결백해야 한다. 교역자들 가운데 물질 문제로 실수하는 이들이 있다. 물욕이 있는 자에게 공금의 관리를 맡기는 일은 고양이에게 생선을 맡기는 일과 같다. 현명한 교역자는 헌금 관리를 성경적으로 시행한다. 요컨대 헌금 관리를 두 사람 이상이 하도록 교회를 지도해야 한다(참조. 고후 8:16-21). 칼빈은 말하기를, "누구든지 부자가 되기를 원하면 결국 하루빨리 부자가 되기 위해 불의한 이익을 탐하게 된다"라고 하였다(참조. 딤전 6:10).

4 자기 집을 잘 다스려 자녀들로 모든 공손함으로 복종하게 하는 자라야 할지며. 사람이 밖에 나가서는 조심하면서도 가정에서는 방종하게 되는 수가 많다. 그러므로 교역자가 자기 가정을 다스리는 일은 좀처럼 성공적으로 이루어지지 않는다. "자기 집을 잘 다스림"은 교회를 다스림을 위한 모형이라고 할 수 있다. "공손함"(σεμνότης)이라는 말은 사람이 자기 자신을 통제하여 절도를 지키는 것을 가리킨다. 교역자는 한 가정의 부친으로서 자녀들이 절도를 지켜

공손함으로 복종하게 해야 한다. 교역자가 밖에서 교회의 업무를 수행하다가 가정으로 돌아와서는 피곤하여 예의를 버리고 방심하기 쉽다. 그렇게 되면 그것을 보는 자녀들이 그를 가볍게 대하고 복종하지 않는다. 교역자는 가정에서도 방심하면 안 된다.

5 **(사람이 자기 집을 다스릴 줄 알지 못하면 어찌 하나님의 교회를 돌보리요)**. 이것은 감독을 선택하는 시점에 그의 가정 형편에 대하여 고려해야 한다는 말씀이며, 이미 임직을 받은 자의 자녀가 후에 패역하게 될 때 그가 직분을 그만두어야 한다는 뜻은 아니다. 이러한 경우에 감독이 사임하거나 정직되어야 한다는 말씀은 성경에 없다. 사람이 사람을 바로 세우는 일에 절대적인 책임을 질 수 있겠는가? 특히 장성한 자녀들은 자유인이고 독립인이니 부모가 효과적으로 간섭하기 어렵다. 구약 시대에 성직자의 자녀가 범죄하였을 때도 성직자는 직무를 계속하였다. 그러나 우리가 기억해야 할 점은 성직자의 자녀가 불량한 생활을 영위할 때 성직자는 하나님과 교회 앞에서 사직한 자처럼 근신하는 태도로 겸손히 처신해야 한다는 것이다.

6 **새로 입교한 자도 말지니**. 신자가 신앙생활을 시작한 지 얼마 안 되어 성급하게 직분자가 되려고 하는 것은 어리석은 생각이다. 아직 믿음이 어려서 그처럼 무거운 직책을 제대로 감당하지 못하고 실족하면 본인과 교회가 영적으로 큰 손해를 당하지 않겠는가? 아타나시오스(Athanasius)와 같은 신앙의 인물도 감독으로 피택받았을 때 도망하였다. 바실리오스(Basil)는 병자들을 자기 형제로 알고 자기 재산 전부를 들여 구제한 성도다. 그는 웅변가요, 신학자요, 목회자였지만 감독이 되기를 거부하다가 후에 마지못하여 그 직분을 받았었고, 그레고리오스(Gregory)는 자기도 모르게 감독직에 장립되었고, 에프렘(Ephraim)은 감독으로 임명받았을 때 그것을 회피하기 위해 미친 사람처럼 행세하였고, 암브로시우스(Ambrose)는 자기 전 재산을 기울여서 가난한 자를 구제하였고 야간 기도를 힘썼다. 그런데도 그는 감독

으로 임명받았을 때 두려워서 놀라 그것을 피하려 하였고, 아우구스티누스(Augustine)는 주님께 봉사하기 위하여 자기 재산을 바쳤고 검소한 생활을 하였는데, 그가 감독이 된 것도 본인은 원치 않았던 일이라고 한다.

마귀를 정죄하는 그 정죄에 빠질까 함이요. 이것은 마귀가 처음에 교만하여 하나님께 반역함으로써(유 1:6) 영원한 형벌을 받게 된 사실을 가리킨다. 어떤 학자들은 이 어구를 "마귀의 정죄, 다시 말해 훼방에 빠질까 함이요"라고 번역하자고 주장한다. 그 의미는, "새로 입교한 자"는 아직 믿음이 성숙하지 못하기 때문에 성직을 받은 후 교만해져서 실수하기 쉬운데, 그렇게 되면 복음을 반대하는 자들(마귀의 무리)로부터 훼방을 받게 된다는 것이다.

7 또한 외인에게서도 선한 증거를 얻은 자라야 할지니 비방과 마귀의 올무에 빠질까 염려하라. 요컨대 감독이 될 사람은 불신자들로부터도 칭찬을 받을 만한 자여야 한다. 신자가 윤리적인 삶에서 불신자들에게 모범이 되지 못하여 많은 비방을 받는 처지에 머물러 있다면 그는 더욱 마음이 완악해지고 마침내 "마귀의 올무에 빠질" 우려가 있다.

8 이와 같이 집사들도. "이와 같이"(ὡσαύτως)라는 용어는 "마찬가지로"라는 뜻을 지니고 있다. 말하자면 집사의 직분을 받을 자들도 자격을 갖춘 자여야 한다는 것이다. 집사의 자격 기준은 감독직의 기준과는 다른 요소들도 포함한다. 왜냐하면 그들이 맡은 업무가 독특하기 때문이다. 그들은 가난한 자들을 돕는 재정 관리의 임무를 맡았다(행 6:2-3). 이처럼 그들의 직무는 감독들의 직무와 다르며 분업적인 의미에서 독립성을 지녔다. 그런데 중세 시대의 타락한 교회에서는 감독이 독재하는 풍토가 형성되어서 집사는 실질적으로 감독의 종으로 전락했다. 오늘날의 교회에서도 집사는 목사에게 예속된 존재처럼 지나치게 복종을 강요당하는 풍토가 만연해 있지는 않은가? "집사"(διάκονος)는 "섬기는 자"라는 뜻이다. 이들은 물질적인 봉사에 전념하여 장로들을 돕는 역할을 한다(행 6:1-7; 빌 1:1). 어떤 학설에 여기서 이른바

"집사"는 장로를 가리키는 별명이라고 하나 그것은 잘못된 해석이다. 성경에 집사를 가리키는 용어와 장로를 가리키는 용어는 엄연히 다르다(행 6:3).

정중하고(σεμνούς). 영어 번역 성경에서 "근엄하고"(grave)라고 표현한 것은 적절하다. 이것은 신중한 행동, 다시 말해 자기를 다스리는 일에 엄격하고 규모 있게 행함을 가리킨다. 이것은 결코 잘난 체하거나 점잖은 행세를 하라는 뜻이 아니다.

일구이언을 하지 아니하고(μὴ διλόγους). "일구이언"을 하는 자는 거짓될 뿐만 아니라 경솔하여 진중하지 못하다. 집사는 남들을 돕는 신분인데(고전 12:28), 진중하지 못하면 약속만 많이 하고 실행은 조금밖에 하지 못하는 과오를 범하게 된다. 남을 돕는 자는 말보다 행동을 중시해야 한다.

술에 인박히지 아니하고. "술에 인박힌다"라는 말은 "많은 술에 중독됨"을 의미한다. 술에 중독된 자는 자기 자신도 건사하지 못하는 자인데 어떻게 남들을 도와줄 수 있겠는가? 그뿐 아니라 그는 심령이 어두워져서 다른 사람의 어려운 형편을 살피지 못한다. 그는 쾌락을 사랑하기를 하나님을 사랑하는 것보다 중시하는 어리석은 자다.

더러운 이를 탐하지 아니하고. "더러운 이를 탐한다"라는 말은 "부끄러운 이익을 탐한다"라는 뜻이다. 이것은 공금을 도용하는 것과 같은 일을 가리킨다. 탐심이 있는 자는 이러한 죄에 빠진다. 이런 자는 공금을 맡아서 남들을 돕는 일을 할 수 없다. 그러므로 "더러운 이를 탐하지 아니하"는 것이 집사의 자격이다.

9 깨끗한 양심에 믿음의 비밀을 가진 자라야 할지니. "깨끗한 양심"이란 거듭난 자의 양심이다. 그러므로 진리를 깨달은 대로 행하려 하고 행하지 못한 것은 회개할 줄 아는 양심을 가리킨다. 이런 양심이 있어야만 복음을 바로 믿게 된다(참조. 1:19). 진리를 알면서도 그것을 덮어두고 옳지 않게 행하려는 비뚤어진 마음은 불결한 양심이다.

"믿음의 비밀." 여기서 "비밀"(μυστήριον)은 복음을 가리킨다. 그것이 계시되기 전에는 사람들이 알 수 없었기 때문에 "비밀"이라고 부른다. 그리고 그것은 믿음으로만 받을 수 있는 것이기 때문에 "믿음의 비밀"이라고 하였다. 비록 일에 능한 자라도 복음을 깨닫고 받아들이지 못한 자라면 집사의 중직을 받을 수 없다. 복음은 모르면서 재능만 가진 자는 복음과 교회에 큰 손해를 끼친다.

10 이에 이 사람들을 먼저 시험하여 보고 그 후에 책망할 것이 없으면 집사의 직분을 맡게 할 것이요. 여기서 "이에"라고 번역된 헬라어 단어(καί)는 "또한"이라고 수정되어야 한다. "먼저 시험하여 보고." 이것은 단기간에 인격을 시험해본다는 것이 아니고 오랜 세월 동안 지켜본다는 뜻이다. 여기서 "시험하여 본다"(δοκιμαζέσθωσαν)라는 동사가 복수 형태이므로 집사는 할 수 있으면 한 사람 이상이 되는 것이 원칙이다. 그런데 "시험하여 보고 그 후에 책망할 것이 없으면"이라는 문구는 집사 후보자의 자격과 은사가 교회 공동체의 인정을 받아야 한다는 것을 가리킨다. 교회의 직분은 서투른 일꾼의 연습 장소가 아니고, 첫날부터 참으로 교회에 유익을 주어야 하는 중요한 자리다. 교회 직분에 임명되는 자는 그 일을 감당할 은사가 문제인데, 이 부분에서 인정을 받은 자만이 그 직분을 얻을 수 있다. 그러므로 헤르만 바빙크(Herman Bavinck)는 다음과 같이 말한다. "교회의 직제는 민주정치에 속한 것도 아니고, 독재정치에 속한 것도 아니고, 과두정치에 속한 것도 아니고, 오직 귀족정치에 속한다. 교회의 직분을 맡은 자는 금전이나 물질로 귀족이 되는 것 아니고 은사에 있어서 귀족이 되어야 한다."[109]

11 여자들도 이와 같이 정숙하고 모함하지 아니하며 절제하며 모든 일에 충성된 자라야 할지니라. "여자들도 이와 같이"(γυναῖκας ὡσαύτως)라는 표현에 대하여 여

---

109) Gereformeerde Dogmatiek, IV, 1911, 424.

러 가지 해석이 있다. ① 이 어구를 여자 집사의 자격에 관한 교훈이 아니라 일반 여성들에게 주는 교훈으로 이해하는 자들도 있다. 그러나 이 단락(1-13절)은 직분을 맡은 자의 자격에 대해 말하는데 유독 11절만 일반 여성들을 대상으로 한다는 것은 자연스럽지 않다. ② 여자들을 보조 집사로 택할 때의 자격을 말한다는 해석도 있다(Bouma). 그러나 본문에는 보조 집사라는 언급이 없다. ③ 집사의 아내 된 자의 자격을 말해준다는 해석도 있다(B. Weiss, J. Jeremias). 그러나 만일 그런 뜻이라면 본문에 "그들의 아내들도"라고 명시했어야 하지 않겠는가? ④ 이 어구가 여자 집사들을 가리킨다는 해석(Ridderbos, Lock)이 해석이 정당하다. 왜냐하면 본문에서 "이와 같이"(ὡσαύτως)라는 용어가 앞에서 남자 집사들에 관한 자격(8-9절)과 "마찬가지로"라는 뜻을 전달하기 때문이다. 이것은 여자 집사의 직위가 남자 집사와 대등함을 시사한다.

"정숙하고"(σεμνάς). 이것은 경솔함과 반대되는 덕으로서 하나님을 두려워함에서 나오는 신중성을 가리킨다. 이것은 성령께서 이루어주시는 미덕이다. 이런 미덕의 소유자는 신뢰할 만한 여인이다. 예를 들면 이가봇의 모친(삼상 4:19-22), 사르밧 과부(왕상 17장), 수넴 여자(왕하 4:8), 훌다(왕하 22:14), 에스더(에 4:15-16), 예수님의 모친 마리아(눅 1:46-55; 2:19), 안나(눅 2:36-37), 마리아(눅 10:38-42; 요 12:1-8), 루디아(행 16:14-15, 40), 브리스길라(행 18:26), 뵈뵈(롬 16:1) 등이 이런 여성들이다.

"모함하지 아니하며." 여기 사용된 헬라어 단어(διάβολος)는 "마귀"라는 뜻이다. 마귀는 성도를 하나님께 모함하는 자다(계 12:10). 그와 같이 여집사는 가가호호를 다니면서 다른 이들에게 신자들을 모함하면서 이간질하면 안 된다. 그런 행동은 악마적이다. 8절에 나오는 "일구이언"이라는 표현에 대한 해석을 참조하라. "절제하며"(νηφαλίους)라는 말은 세상에 속한 것들에 취하지 않고 영적으로 깨어 있음을 가리킨다.

"모든 일에 충성된 자라야 할지니라." "충성됨"(πιστάς)은 "신실성"을 의미한다. 이것은 거짓이 없으며 지속성이 있고 희생적으로 봉사하는 자세를 가리킨다(고전 4:2).

12 집사들은 한 아내의 남편이 되어 자녀와 자기 집을 잘 다스리는 자일지니. 2절과 4절의 해석을 참조하라.

13 집사의 직분을 잘한 자들은 아름다운 지위와 그리스도 예수 안에 있는 믿음에 큰 담력을 얻느니라. 이 구절은 집사의 직분을 선하게 감당한 자가 받을 은혜를 가리킨다. 여기 "지위"라고 번역된 헬라어 단어(βαθμός)가 "보다 더 높은 교회의 직분"을 의미한다는 주장이 있으나(Luther, Lock) 그것은 사실이 아니다. 신약성경에서 교직의 높고 낮음에 대하여 말한 구절은 없다. 리델보스는 이것이 도덕적 권위를 가리킨다고 올바로 해석하였다.[110] 그뿐 아니라 맡은 직책에 충성한 자는 부끄러움이 없게 된다는 것도 사실이다. 겁이 많고 마음이 약한 것은 양심이 더럽혀졌음을 보여주는 증거다. 잠언 28:1에 말하기를, "악인은 쫓아오는 자가 없어도 도망하나 의인은 사자 같이 담대하니라"라고 하였다.

14-16절. 바울은 여기서 본서를 기록하는 목적을 진술한다. 그것은 바울이 디모데를 대면하기 전에 미리 그에게 교회 봉사의 방법을 알게 하여 목회에 있어서 바로 행하도록 하려는 것이다.

14 이것을 네게 쓰는 것은. 여기서 "이것을"이라고 번역된 헬라어 단어(ταῦτα)는 "이것들을"이라는 뜻인데 이에 대하여 두 가지 해석이 있다. ① "이것들"이 위의 2-3장에 기록된 내용을 가리킨다는 해석이 있고,[111] ② 본 장

---

110) Commentaar op Het Nieuwe Testament, Pastorale Brieven, 1967, 100.

111) C. Bouma, De Brieven Van Den Apostel Paulus Aan Timotheus En Titus, 1942, 144.

1-13절에 기록된 성직의 자격 기준을 가리킨다는 해석이 있다. 우리가 두 번째 해석을 받아들이는 이유는 다음 구절이 이 해석을 지지하기 때문이다. 15절이 말하는 것처럼 "하나님의 집"에서 디모데에게 주어진 사명은 직분을 세우는 일이었을 것이다(참조. 딛 1:5-9).

15 **이 집은 살아 계신 하나님의 교회요.** 여기서 이른바 "집"이라는 말은 교회를 가리키는데, 예배당 건물이 아니라 신자들의 공동체를 가리킨다. 교회를 집에 비유하는 이유는 구약의 성전(집)이 신약 시대 신자들의 공동체를 상징하기 때문이다(참조. 고전 3:16-17; 엡 2:20-22; 벧전 2:4-5). "살아 계신 하나님"이라는 표현을 여기서 사용한 이유는 하나님을 생명 없는 우상과 대조하기 위해서다(살전 1:9). 이 어구는 하나님 자신이 살아 계시며 생명을 주시는 분이심을 깨우쳐준다. "교회"라고 번역된 헬라어 원어(ἐκκλησία)는 "불러낸다"라는 뜻을 가진 동사에서 파생되었다. 이것은 하나님께서 선택하셔서 불러내신 백성을 가리킨다(참조. 고후 6:16-18).

진리의 기둥과 터니라. "진리"라는 말은 여기서 복음을 가리킨다. 교회가 진리의 "기둥과 터"가 된다는 말은 진리를 증언하는 교회의 사명을 염두에 둔 말이다. 이 진리는 교회로 말미암아 전파되며 보전된다. 교회는 등대처럼 굳게 서서 진리를 높이 들어 증거한다. 그런 의미에서만 교회는 "진리의 기둥과 터"가 된다. 그러나 우리가 교회의 근원 또는 그 성립을 염두에 두고 말할 때는 교회의 터가 진리라고 해야 할 것이다. 교회는 사도들과 선지자들이 전한 진리 위에 세워졌다(엡 2:20).

설교 교회는 진리의 기둥과 터(15절)

"기둥과 터"(στῦλος καὶ ἑδραίωμα)라는 두 가지 표현은 진리를 전파하는 일에 관계된 말이다. 교회가 이적을 행하지 못해도 진리를 전파하는 데 성공한다면 교회는 사명을 다한 것이다. 세례 요한이 비록 이적을 행하지 못하였으나 그가 그리스도에 대하여 말한 것은 다 "참"이라고 한 것(요 10:41)처럼, 교회가 언제나 진리를 선포하는 참말만을 한다면 교회로서의 사명을 다한 것이다.

1. "기둥"(στῦλος)처럼 높이 진리를 들라.

이것은 남들이 스스로 진리를 깨닫고 찾아오게 만드는 것을 가리키는 것이지, 강제로 그 진리를 받아들이게 만드는 것을 뜻하지 않는다. 강압적으로 복음을 강제하는 것은 진리를 거스르는 일이다. 스페인 왕 펠리페는 로마 가톨릭을 수호하기 위해 개신교도들을 죽였다. 교회는 다만 진리와 성결의 빛을 높이 드러낼 뿐이다. 교회는 세력을 과시하는 단체가 아니고 진리를 증언하는 단체다. 교회의 사명은 오직 넓은 세상을 향하여 복음을 밝히 증언하는 것이다. 세상은 복음을 반대하는 사상으로 가득 차 있다. 그러므로 얼핏 보면 교회가 세상과 타협하지 않을 때 곤란한 일을 많이 당할 듯하다. 그러나 교회가 세상과 타협하지 않는 것이 어렵기만 한 일은 아니다. 우리가 비록 땅 위에서 살고 있으나 하나님의 말씀과 성령의 도우심이 있으면 세상과 타협하지 않고 거룩하게 살 수 있다. 그러한 삶에는 괴로운 일만 있는 것이 아니며 유쾌한 일들도 많이 있다. 사람이 강 위에 다리를 놓는 공사를 하려면 물 가운데로 들어가야만 한다. 그는 산소를 공급해주는 장비를 갖추고 물속에 들어가서도 자유롭게 호흡하니 얼마나 유쾌하겠는가! 이처럼 우리가 죄악으로 가득한 세상에서 하늘의 생명(하나님의 말씀과 함께하는 성령의 은혜)을 받는 것은 그리스도께서 완성하신 축복이다. 참된 교회는 필연적으로 그런 축복을 받는다. 교회가 이 세상 사람과 함께 살면서도 진리를 파수하는 것은 마치 배가 물 위에 떠 있으나 물속에 빠지지 않는 것과 마찬가지다.

2. "터"(ἑδραίωμα)와 같이 증거하라.

"터"의 특징은 견고하다는 것이다. ① 교회가 든든한 이유는 사람 수가 많기 때문이 아니고 두세 사람이 합심할 때 주님이 그들과 함께하시기 때문이다. ② 교회가 든든하다는 말은 진실성을 가리키기도 한다. 하나님은 신자 개인이든지 공동체든지 그 진실성 여부를 보시고 사용하신다. 하나님은 교회가 많은 시련을 겪으면서 진리로써 든든해지는 것을 보시려고 오랜 세월을 기다리신다.

16 **크도다 경건의 비밀이여, 그렇지 않다 하는 이 없도다.** "경건"(εὐσεβείας)은 하나님을 경외하는 것을 가리키는 명사다. 하나님을 경외하는 도는 복음의 "비밀"에서 나온다. "비밀"(μυστήριον)이라는 말은 하나님께서 그것을 계시하시기 전에는 인간 스스로 결코 알 수 없었던 복음 진리를 가리킨다.

그는 육신으로 나타난 바 되시고 영으로 의롭다 하심을 받으시고. 이 구절은 예수 그리스도의 성육신과 그의 부활에 관한 언급이다(롬 1:3-4). 다시 말해 "육신으로 나타난 바 되셨다"라는 것은 그가 하늘로부터 이 세상에 오셔서 인성을 취하신 사실을 가리킨다. 이것은 계시의 방법이지만 그와 동시에 구원의 방편이기도 하다(참조. 롬 8:3-4).

"영으로 의롭다 하심을 받으시고." 이것은 예수님께서 성령님의 권능으로 말미암아 부활하심으로써 그의 의로우심이 증명되신 사실을 가리킨다. 다시 말해 유대인들은 의로우신 예수님을 정죄하여 죽였으나 하나님은 그를 다시 살리셔서 그의 의로우심을 증명하셨다(행 3:14-15). 그가 다시 살아나신 것이 그의 의의 출현이며, 그는 그것으로 말미암아 그를 믿는 자들을 의롭게 여겨주신다. 로마서 4:25에서는 말하기를, "우리를 의롭다 하시기 위하여 살아나셨느니라"라고 하였다.

천사들에게 보이시고. 이것은 천사들도 부활하신 예수님을 보고 증언하였다는 뜻이다(참조. 마 28:2-7). 천사는 영적인 존재인데, 그들의 증거는 예수님의 부활을 영적 세계에서도 확인한다는 의미를 지닌다. 이것은 의미심장하다.

만국에서 전파되시고. 여기서 "전파되시고"라고 번역된 헬라어 동사(ἐκηρύχθη)는 과거 시제이므로 "전파되셨고"라고 번역되어야 한다. 그렇다면 여기서 난제가 발생한다. 예수의 승천에 관한 언급은 본 장 후반에 기록되어 있는데, 예수님이 승천하시기 이전에 이미 복음이 만국에 전파되었다는 뜻일까? 이 문제는 쉽게 해결된다. 부활하신 예수님은 모든 민족에게 복음을 전하라고 그의 제자들인 사도들에게 부탁하셨다(마 28:18-20). 그들은 세계 복음화의 씨앗이다.

세상에서 믿은 바 되시고. 여기서 "믿은 바 되시고"라고 번역된 헬라어 동사(ἐπιστεύθη)도 과거 시제이니 "믿은 바 되셨고"라고 번역되어야 한다. 여기에도 난제가 있다. 예수님이 승천하셨다는 말은 뒤에 나오는데, 그렇다면 예수님이 승천하시기 이전에 세계 복음화가 실현되었다는 것일까? 이것은 세계 인류가 전부 신자가 되었다는 것이 아니라 예수님의 부활에 대한 사도들의 신앙이 세계 인류 신자화의 씨앗이 되었다는 의미다. 예수님은 하늘나라로부터 이 세상에 오셔서 사람들이 신자가 되도록 구원의 길을 마련하셨다.

영광 가운데서 올려지셨느니라. 이것은 그리스도의 승천을 가리킨다. 그가 승천하신 목적은 성령으로 말미암아 땅 위의 인류에게 구원과 다양한 은사를 주시기 위함이다(요 16:7; 엡 4:10).

제 4 장

개요

1. 금욕주의 이단을 경계함(1-5절)
   1) 금욕주의 이단의 유래와 내용(1-3상)
   2) 금욕주의 이단의 오류를 진리로 비판함(3하-5)
2. 이단을 막아야 할 교역자 디모데의 활동(6-11절)
   1) 건전한 교리들(1-5절)로써 이단을 막도록 형제들을 경성시킬 것(6상)
   2) 디모데 자신이 계속 진리의 영양을 섭취해야 됨(6하)
   3) 망령된 신화를 배척할 것(7상)
   4) 경건에 연단을 받아야 됨(7하-11절)
3. 젊은 교역자들이 힘쓸 것(12-16절)
   1) 모든 믿는 자에게 모범이 될 것(12절)
   2) 성경 읽기와 설교(권함과 가르침)를 쉬지 말 것(13절)
   3) 성직의 은사로 전심전력하여 사역할 것(14-16절)

⚜ 해석

1 그러나 성령이 밝히 말씀하시기를 후일에 어떤 사람들이 믿음에서 떠나 미혹하는 영과 귀신의 가르침을 따르리라 하셨으니. "그러나"(δέ)라는 말은 앞 장에 이어서 주의해야 할 것을 소개하고 있음을 보여준다. 본 절에서는 "경건의 비밀", 다시 말해 복음이 그렇게 위대한데도(3:16) 복음을 반대하는 악한 사조가 일어날 것이라고 예고한다.

"성령이 밝히 말씀하시기를." 성령께서 밝히 말씀하신 사실이 언제 누구에게 이루어진 일인지 우리는 알기 어렵다. 이것이 예수님의 예언을 가리킨다는 해석도 있으나(마 24:11), 바울이 친히 받은 계시의 말씀을 가리키는 듯하다.

"미혹하는 영과 귀신의 가르침." 이것은 악령의 사상을 따르는 거짓 스승들의 교훈을 의미한다(참조. 요일 4:1).

2 자기 양심이 화인을 맞아서 외식함으로 거짓말하는 자들이라. 본 절은 앞 절에서 언급한 거짓 스승들이 어떤 자들인지 밝혀준다.

"양심이 화인을 맞아서." 헨드릭슨은 사람의 양심이 화인 맞은 것처럼 되어가는 과정을 다음과 같이 설명한다. ① 거짓말을 계속함으로써 성령을 근심하시게 만듦, ② 성령을 반대함, ③ 성령이 떠나시도록 만듦, ④ 성령을 거슬러 반역함, ⑤ 결과적으로 양심의 기능이 어두워지고 굳어짐. 이상과 같은 과정으로 양심이 화인을 맞게 된다.[112)]

양심의 특징은 진실성인데 이단자들의 양심은 화인을 맞은 것처럼 지울 수 없게 외식과 거짓으로 물들어 있어서 언제나 거짓으로 나타난다. "화인"은 과거에 주인을 반역하고 도망갔던 종의 이마에 주인이 불로 지져서 표시

---

112) New Testament Commentary, Thessalonians, Timothy and Titus, 1981, 146.

한 것을 가리킨다. 그처럼 이단자들은 거짓말하는 것이 습성이 되어 그것이 그들의 영구한 표식과 같이 되었다.

3 혼인을 금하고 어떤 음식물은 먹지 말라고 할 터이나 음식물은 하나님이 지으신 바니 믿는 자들과 진리를 아는 자들이 감사함으로 받을 것이니라. "혼인을 금하고 어떤 음식물은 먹지 말라고 할 터이나"라고 번역된 헬라어 원문(κωλυόντων γαμεῖν, ἀπέχεσθαι βρωμάτων)은 "혼인을 금하고 음식을 폐하나"라고 수정되어야 한다. 이 말은 이단자들의 그릇된 교훈이 어떠한가를 보여준다. 그들의 교훈은 두 가지 측면에서 가증한 것이다. ① 혼인과 음식물은 하나님이 제정하여 주신 것인데 그들이 이것을 배척하니 큰 교만이고, ② 그들이 진정한 성결을 떠나서 외형적인 금욕주의로써 성결을 가장하니 이것은 기만이다.

여기 기록된 이단자들이 "어떤 음식물은 먹지 말라고" 한 것은 아마 그들이 특정한 음식물을 먹지 않았거나 혹은 성경적이지 않은 금식을 장려하였다는 의미일 것이다.

"믿는 자들과 진리를 아는 자들." 그리스도인은 한마디로 진리를 아는 자들이니, 이 어구는 같은 말을 두 번 반복한 것이다.

"감사함으로 받을 것이니라." 이 말은 하나님께서 지으신 것은 무엇이나 선한 것이기 때문에(창 1:10, 18, 21, 25, 31), 그러한 진리를 아는 자로서 그것들을 하나님의 은혜로 알고 감사하면서 섭취하는 것이 옳다는 의미다.

4 하나님께서 지으신 모든 것이 선하매. 이 말은 창세기 1장에 기록된 만물 창조의 기사를 염두에 둔 것이다. 거기서 "하나님이 보시기에 좋았더라"라는 말씀이 창조 사건마다 반복되어 나타난다(4, 10, 12, 18, 21, 25, 31). 여기서 "좋았다"라는 말의 히브리어 단어(טוֹב)는 본래 "선하다"라는 뜻이다. 바울 시대에 영지주의를 추종하던 자들은 모든 물질이 악하다는 사상을 지니고 있었다. 모든 물질은 악한 것이니 선하신 하나님의 창조물이 아니라는 뜻이다. 그것은 창세기 1장의 말씀과 반대된다. 바울도 명백하게 이러한 사상에 반대하

였다(참조. 골 2:21-23).

감사함으로 받으면 버릴 것이 없나니. 음식물로 말미암아 감사하는 자는 이미 그리스도의 복음을 믿어 깨끗해진 신자이므로(요 15:3) 물질에 대한 그의 관계도 자연적으로 깨끗하다(딛 1:15). 왜냐하면 하나님이 지으신 물질 자체는 본래 선하기 때문이다.

5 하나님의 말씀과 기도로 거룩하여짐이라. 헬라어 원문에는 본 절 첫머리에 "왜냐하면"(γάρ)이라는 이유 접속사가 있다. 하나님의 말씀을 믿는 자는 만물을 하나님께 속한 것으로 받아들인다. 그러한 관계에서 바라볼 때 만물은 성결하다. 만물을 하나님께 속한 것으로 여기는 자는 그것을 하나님께 청구하여 사용하는 셈이다. 만물을 이와 같은 원칙에 따라 사용하기 위해서는 기도가 동반되어야 한다. 만물을 이렇게 사용할 때 만물과 그것을 사용하는 자의 관계도 거룩해진다.

6 네가 이것으로 형제를 깨우치면 그리스도 예수의 좋은 일꾼이 되어 믿음의 말씀과 네가 따르는 좋은 교훈으로 양육을 받으리라. "이것"이라는 말은 위에서 지적한 거짓 교훈에 대한 주의사항을 가리킨다. 교역자는 항상 주의하여 거짓 교훈이 교회에 침투하지 못하도록 막아야 한다. 그러나 그 방법은 하나님의 말씀("믿음의 말씀")에 근거한 지혜로운 것이어야 한다.

"그리스도 예수의 좋은 일꾼이 되어." 이것은 디모데가 교회의 일꾼이 아니라 살아 계신 예수님의 일꾼이라는 사실을 지적한다. 그는 언제든지 예수님을 섬기는 자가 되어야 하고, 어떤 사상체계나 교리체계에 맞추어 말만 잘하는 일꾼이 되어서는 안 된다.

"믿음의 말씀"은 신앙을 세워주는 하나님의 말씀인데, 그다음에 이어지는 "선한 교훈"과 같은 내용을 가리킨다. 교역자는 하나님의 말씀으로 교우들을 양육하는 자인 동시에 그 일을 통하여 자신도 양육을 받아야 하는 자다(참조. 16절).

7 망령되고 허탄한 신화를 버리고. "신화"에 대해서는 1:4의 해석을 참조하라. "신화"는 근거 없는 말을 가리키는데, 그것은 하나님의 말씀으로 성장해야 하는 신자의 믿음에 해로운 것이다.

경건에 이르도록 네 자신을 연단하라. 1) 경건은 무엇인가? 이것은 헬라어로 "유세베이아"(εὐσέβεια)라고 하는데, "유"(ευ)는 "좋다"라는 뜻이고, "세브"(σεβ)는 "놀란다"라는 뜻이다. 사람이 하나님 앞에서는 두려워하고 놀랄 줄 알아야 한다. 그는 두려움과 놀람을 통해 죄를 떠나서 그리스도 안에 숨게 되며, 그 일을 통해 기쁨을 누린다. 시편 2:11은 말하기를, "여호와를 경외함으로 섬기고 떨며 즐거워할지어다"라고 하였다. 하나님을 두려워하는 자에게는 하나님께서 기쁨을 주신다. 2) 경건을 연습한다는 말은 무슨 의미인가? 이것은 경건한 삶을 살게 되기까지 연단을 받는다는 것을 가리킨다. 경건은 하루 이틀에 완성되는 것이 아니니 계속 힘써 노력할 필요가 있다. ① 기도와 구제를 힘씀으로 경건을 이루어가고(행 10:2), ② 하나님의 말씀에 순종하는 신앙생활을 힘씀으로 경건을 이루어가고(히 5:13-14), ③ 계속하여 주님을 위한 고난을 받음으로 경건을 이루어간다(롬 5:3-4).

"연단하라"라고 번역된 헬라어 단어(γύμναζε)는 체육 용어인데 경기를 위한 기능이 숙달되기까지 훈련받음을 가리킨다.

8 육체의 연단은 약간의 유익이 있으나. 칼빈은 여기서 "육체의 연단"이라는 표현이 신체를 단련시키기 위한 운동을 말하는 것이 아니라 종교적인 금욕주의를 가리킨다고 하였다. 바울 당시 금욕주의는 특정한 음식물을 금하면서 독신주의를 장려하였다. 그러나 보다 더 신뢰할 만한 해석은 "육체의 연단"이란 말이 달리기나 운동경기로 신체를 단련하는 것을 의미한다는 것이다(Dr. C. Bouma, Schlatter).

"약간의 유익"(ὀλίγον ὠφέλιμος)이라는 말은 "적은 유익"을 의미한다. 신체의 연단은 이 세상에서 잠시만 유익이 있을 뿐이니 적은 유익이라고 할 수 있다.

경건은 범사에 유익하니 금생과 내생에 약속이 있느니라. 복음을 믿고 경건하게 하나님을 공경하는 자는 이 세상에서도 유익을 얻는다. 여기서 말하는 유익은 풍성한 물질을 얻는 것이 아니라 하나님 한 분만으로 만족하는 삶을 뜻한다(딤전 6:6-10; 참조. 시 23:1). 그러나 그는 내세에 들어가 더 큰 축복을 누린다. 바울은 여기서 육체의 연습(신체의 연단)과 경건 생활(영적 연단)을 극명하게 대비시킨다. 요컨대 운동경기나 달리기를 통한 육체의 연습은 적은 유익을 가져오지만, 하나님의 말씀으로 말미암는 경건 생활은 무엇에든지 유익하다는 것이다. 그러나 이 세상 사람 중에 대다수는 이 같은 진리의 사실성을 알지 못하기 때문에 경건의 중요성을 인정하지 않는다. 그들은 영적 소경이다.

9 미쁘다 이 말이여 모든 사람들이 받을 만하도다. 이와 유사한 구절은 목회 서신의 특징이 될 만큼 자주 등장한다(딤전 1:15; 3:1, 4:9; 딤후 2:11; 딛 3:8). "이 말이여"라는 표현은 문맥에 따라 다음 구절을 가리킬 수도 있고, 혹은 이전 내용을 가리킬 수도 있다. 이 본문에서는 앞 절, 다시 말해 "경건은 범사에 유익하니 금생과 내생에 약속이 있느니라"라는 말씀을 가리킨다는 것이 문맥상으로 타당하다.

10 이를 위하여 우리가 수고하고 힘쓰는 것은 우리 소망을 살아 계신 하나님께 둠이니 곧 모든 사람 특히 믿는 자들의 구주시라. 헬라어 원문에는 이 구절 첫머리에 "왜냐하면"(γάρ)이라는 이유 접속사가 있다. 그러므로 이 구절은 8절에 기록된 말씀을 "모든 사람들이 받을 만하도다"(9절)라고 말하는 이유를 보여준다.

"이를 위하여"라는 말은 "범사에 유익한" 경건(8절)을 위한다는 말이다. "수고"는 바울의 복음 사역을 가리킨다(롬 16:12; 고전 15:10; 갈 4:11). "힘쓰는"이라고 번역된 단어가 어떤 사본들(Textus Receptus, D, L)의 독법에는 "능욕을 받는"(ὀνειδιζόμεθα)이라고 되어 있다.

"우리 소망을 살아 계신 하나님께 둠이니." 이 말은 사도 바울이 경건의

도를 위하여 노력하는 이유를 보여준다.

"모든 사람 특히 믿는 자들의 구주시라." 여기서 "하나님"을 "구주"라고 부른 것은 그가 모든 사람을 사랑하셔서 그들을 보존하시고 유지하심을 가리킨다. 이런 의미에서도 우리는 오직 그에게만 "소망"을 둔다. 죄악과 멸망에서 우리를 구원해 주시는 "구주"께 소망을 두는 것은 기쁜 일이다.

11 너는 이것들을 명하고 가르치라. 여기서 "이것들"이라는 말은 앞의 8절에서 말한 "경건"의 도리를 가리킨다. 디모데는 그 당시 교회의 전도자였으므로 목회자의 자격으로 경건에 관한 말씀들을 교회에 명할 수 있었다. 물론 그가 이렇게 명할 때는 인간의 권세에 의지할 것이 아니라 하나님의 말씀에 의존해야 했을 것이다.

12-16절. 이 단락은 청년 교역자로서 디모데가 들어야 했던 훈시를 담고 있다. ① 그는 언행에 모범을 보여야 하고(12절), ② 남을 가르치는 일에 힘써야 했는데(13-15절), ③ 그렇게 함으로써 결과적으로 디모데 자신과 듣는 자가 함께 영적 유익을 받게 된다는 것이다(16절).

12 누구든지 네 연소함을 업신여기지 못하게 하고. "연소함"(νεότητος)이라는 단어는 "유치함"이라는 의미도 지니고 있다. 연소한 자는 유치하여 ① 쉽게 혈기를 부리거나 사랑을 행하지 못하는 경우가 있고, ② 경력이 부족하여 일관성 있게 일하지 못하여서 신임을 잃기도 하고, ③ 정욕에 끌리기 쉬우므로(딤후 2:22) 불결해지기 쉽다. 이처럼 연소한 자는 업신여김을 받을 여지가 많기 때문에 바울은 청년 디모데가 그렇게 되지 않도록 주의시킨다.

말과 행실과 사랑과 믿음과 정절에 있어서 믿는 자에게 본이 되어. "말과 행실"의 모범은 언행의 일치를 가리키는 듯하다.

"사랑과 믿음과 정절." "사랑"은 덕의 근본이니 그것이 없으면 모든 재능이나 능력도 헛되다(고전 13:1-3). 참된 교역자에게는 무엇보다도 사랑이 있어야 한다. 4세기의 교부 바실리오스(Basil)는 나병 환자들을 위하여 병원을 세우고 그들에게 입 맞추기까지 하였는데, 그 자신은 심히 병약하고 빈궁한 삶을 살았다. 크리소스토모스(Chrysostom)는 몸소 궁핍한 생활을 하면서 가난한 자들을 구제하였고, 암브로시우스(Ambrose)도 그리하였고 아우구스티누스(Augustine)도 그리하였다. 이처럼 육체적으로 동정을 베푸는 것도 귀하지만, 영적으로 긍휼히 여기는 것은 더욱 귀한 사랑이다. 그것은 바로 남들의 죄를 용서해주는 것이다(벧전 4:8).

"믿음"은 사랑과 밀접한 관계를 지니고 있다. 사랑은 믿음의 열매로서 믿음의 진실성을 증명한다. 만일 누가 믿음이 있다고 하면서 전혀 사랑을 행하지 않는다면, 그의 믿음은 귀신들의 믿음과 다를 것이 없다(약 2:19).

"정결"(ἁγνεία)이라는 단어가 여기서 "사랑", "믿음"이라는 단어들과 함께 사용되었다는 점은 우리에게 "소망"을 상기시킨다(고전 13:13; 살전 1:3). "정결"은 소망으로 살아가는 신자의 삶의 자세이니(요일 3:3) 소망 생활이라고도 할 수 있다. 한편으로 이 말은 여기서 절대적 성결을 의미하기보다는 지속적인 회개로 점점 거룩해지는 상태를 가리킨다. 13세기 이탈리아 피렌체의 예언자 지롤라모 사보나롤라(Girolamo Savonarola)는 의의 전파자요 의의 사람으로 추앙받은 인격자였는데, 그는 교황에게 사형선고를 받고 처형당할 때 시편 32편과 51편을 묵상하면서 회개하는 마음으로 기도하기를, "모든 죄인을 구원하신 것처럼 나를 지옥에서 구원하소서"라고 하였다. 아우구스티누스는 임종 전 열흘간을 기도와 눈물과 회개로 보냈다. 그는 그때 시편의 회개시들을 기록하여 침실 벽면에 붙여두고 끊임없이 그 말씀을 주목하여 보다가 숨을 거두었다.

13 내가 이를 때까지 읽는 것과 권하는 것과 가르치는 것에 전념하라. 이 말씀은 강단에서 설교를 힘쓰라는 의미다. "읽는 것"은 성경을 개인적으로 많이 읽어 연구하고 회중 앞에서 봉독하는 것을 가리키는데, 이것은 설교의 기초가 된

다. "권하는 것과 가르치는 것"은 그가 성경 말씀을 읽은 대로 설교하는 것을 가리킨다.

"전념하라"라고 번역된 헬라어 단어(πρόσεχε)는 "주력하라" 혹은 "열중하라"라는 의미를 지니고 있다. 설교를 바로 하기 위해서는 여기 기록된 말씀과 같이 성경을 많이 읽고 연구하며 그 말씀에 익숙해야 한다. 크리소스토모스는 초기 교회에 은혜를 끼친 유명한 설교자였는데, 그는 설교하기 전에 성경을 붙들고 많이 준비하였다고 한다. 그는 신구약 성경을 모두 암송하기까지 하였다고 한다. 헤르만 바빙크는 개혁교회가 주장하는 성경의 공개성은 성경에 근거한 교리라고 주장하면서 다음과 같이 말하였다. "성경은 말하기를, '믿는 자들'은 하나님의 말씀을 깨달을 수 있는 자들이다"(고전 2:15, 벧전 2:9; 요일 2:20). 그는 덧붙여 말하기를 "초기 교부들도 이렇게 가르쳤으니 예컨대 크리소스토모스는 말하기를 '성경에 있는 모든 것들은 다 분명하여 알기 쉬운 것이다'라고 하였고 아우구스티누스도 그렇게 가르쳤다"라고 하였다.[113] 성경 말씀을 설교하는 일을 예배의 중심으로 삼지 않는 것은 개혁교회의 정신을 상실하는 것이다.

설교 디모데에게 준 사도 바울의 목회 지침(12-13절)

1. 본이 되라고 함(12절)

여기서 "본"(τύπος)이라는 말은 표준을 의미한다. 교역자의 경건 수준이 일반 교우들과 같으면 그들을 가르칠 만한 입장이 되지 못한다. 교역자는 신자들의 표준이 될 만큼 경건의 수준이 높아야 한다.

1) 언행에 있어서 표준이 되어야 한다. 교역자는 먼저 언행이 일치해야 한

113) H. Bavinck, Gereformeerde Dogmatiek, I, 508.

다. 그는 복음 전파를 본분으로 삼는 신분이니 모든 사람에게 신임을 받는 인격이 되어야 한다. 교역자는 말할 때 신중하게 해야 하고, 일단 발언한 것은 손해를 보더라도 그대로 지키기를 힘써야 한다. 그러나 이것은 어디까지나 교역자 개인의 명예나 체면을 유지하기 위해서가 아니라, 교회의 유익을 목표로 삼아야 한다. 그러므로 교회의 유익을 위해서는 그가 본래 세웠던 방침을 변경할 수도 있고, 자신의 발언을 취소할 수도 있는 것이다. 바울은 고린도 교회를 방문하려고 두 차례나 계획했으나 그 계획을 실행하지 않았다. 그러나 그가 그렇게 했던 것은 사사로운 이유에서가 아니라 교회의 유익을 위해서였다(고후 1:23).

교역자가 한번 말했던 것을 철회하지 않는 것이 유익할 때도 있으나, 그도 사람이기 때문에 그가 말한 대로 관철하는 일이 교회에 해가 되는 때도 있다. 그런 상황에는 교역자가 자신의 처음 계획을 고집하지 말고 자진해서 철회해야 한다. 그런데도 교역자들이 종종 자기의 위신이나 권위를 세우기 위하여 처음 말했던 것을 포기하지 않는 유감스러운 일이 있음을 본다.

2) 사랑과 믿음과 정절에 있어서 표준이 되어야 한다. 12절의 "정절"(ἁγνεία)이라는 말은 "정결"을 의미하며 재림하실 주님을 소망하는 마음가짐을 말한다(요일 3:3). "사랑, 믿음, 정절", 이 세 가지는 항상 함께 있어야 한다(참조. 고전 13:13). "믿음" 없는 사람은 인본주의요 "사랑" 없는 믿음은 죽은 믿음이다(약 2:14-17). 그리고 "정결"이라는 것이 현세에 있어서는 믿음을 돕는다. 신자들이 마음의 정결로 인하여 영적으로 하나님을 본다(마 5:8).

2. 읽는 것과 권하는 것과 가르치는 것에 전념하라고 함(13절)

이것은 강단을 잘 지키라는 뜻이다. 설교를 은혜롭게 하려면 성경 지식이 깊어야 한다. 성경의 뜻을 바로 아는 자에게는 그 말씀이 꿀과 같이 달고 영혼의 양식이 된다. 성경 말씀을 가리켜 "양식"이라고 한 것은 그것을 깨달음으로써 영혼이 힘을 얻기 때문이다(참조. 히 5:14). 교역자는 자신이 성경을 잘 깨달아 은혜를 받고 그것을 하나님의 양무리에게 올바로 전달해 주어야 한다. 그런데 성경을 깨닫는 비결은 다음과 같다.

1) 연구함으로 깨달음. 이것은 지식적인 방법으로서 성경 말씀의 문법과 문맥을 잘 살피고 역사적 배경을 앎으로써 그 뜻을 밝히는 것인데, 이 방법을 적용하기 위해서는 많은 서책이 필요하다. 또한 이것은 하나님 앞에서 하는 작업이기 때문에 믿음과 기도가 동반되어야 한다. 조지 뮬러는 꿇어앉아서 성경을 백 번 읽었다고 한다.

2) 순종함으로 깨달음. 하나님이 우리에게 말씀을 주신 목적은 우리가 믿고 순종하게 하려는 것이다. 하나님의 말씀이 지시하는 대로 실행해 보지도 않고 어떻게 그 말씀의 맛을 알 수 있겠는가? 예수님은 말씀하시기를, "사람이 하나님의 뜻을 행하려 하면 이 교훈이 하나님께로부터 왔는지 내가 스스로 말함인지 알리라"(요 7:17)라고 하셨다. 무디는 말하기를 "순종은 진리를 깨닫는 학교다"라고 하였다.

3) 고난을 받음으로 깨달음. 성경은 고난의 책이기 때문에 고난받기 전에는 그 내용의 깊이를 알기 어렵다. 시편 119:71에 말하기를, "고난 당한 것이 내게 유익이라 이로 말미암아 내가 주의 율례들을 배우게 되었나이다"라고 하였다. 교역자는 이런 의미에서도 고난을 귀히 여기고 환영해야 한다.

14 네 속에 있는 은사 곧 장로의 회에서 안수 받을 때에 예언을 통하여 받은 것을 가볍게 여기지 말며. 이것은 디모데에게 그가 노회에서 목사로 장립 될 때 안수 기도를 통해 받은 은혜를 등한히 다루지 말라는 것이다.

"안수 받을 때에." 교역자에게 안수하는 제도는 구약 시대부터 있어 온 것이다(민 27:14-18). 예수님께서 제자들에게 직분을 주실 때 안수하신 일은 없었다. 그러나 디모데는 노회의 안수로 직분을 받았다. 바빙크는 말하기를,

"직분을 줄 때 안수하는 것이 그리스도의 명령은 아니니, 그것이 임직과 관련해 본질적인 요소는 아니다. 그러나 그것이 귀중한 예식이라는 것이 개혁신학의 견해다. (교회 시대에) 이 예식을 행함으로써 직분의 은사(χαρίσματα)가 임한다고 말할 수는 없다. 그러나 그것이 이미 내부적으로 부름받은 자에게 임직을 선언하는 예식이 될 수는 있다. 내부적으로 부름을 받았다는 증거는, ① 그 직책을 감당할 수 있는 재능, ② 교역자가 되려는 순결하고 강한 소원, ③ 그 직분으로 나아갈 길이 열리는 것이다"라고 하였다.[114)]

"안수"는 위에 말한 것과 같이 내부적으로 부름받은 자가 교회에서 공식적으로 선출된 후에 받는다. 개인이나 교역자들이 독재적으로 택하여 세운 자는 안수를 받지 못한다. 이 점에 대하여 교회 정치가 키프리아누스가 변증하였고,[115)] 칼빈 역시 그리하였다.[116)] 세움받은 자에게 안수하는 의미는 출애굽기 28:41, 29:9, 레위기 21:10에 밝힌 바와 같이 ① 그에게 직분을 맡기는 것이고 ② 그를 하나님께 봉헌하는 것이고 ③ 하나님께서 그에게 직분을 감당할 수 있는 은혜를 주신다는 증표다. 그러므로 안수의 직분을 받은 자는 교회의 택함을 입어 하나님께 헌납된 자이므로 그는 전적으로 하나님과 교회를 위한 봉사자가 되어야 한다.

"예언을 통하여 받은 것." 이에 대하여 두어 가지 해석이 있다. ① 이것은 디모데가 직분을 받은 것이 선지자들(사도 시대의 선지자들)의 예언적 지시로 말미암았다는 해석이다(Calvin)(참조. 행 13:2). 그러나 이 문구를 그렇게 해석하면 "통하여"(διά)라는 말이 문제가 된다. "통하여"라는 말은 원인이 아니고 방편을 가리킨다. 이것은 디모데가 안수받는 당시의 현장과 관련된 것이며

114) Bavinck, Gereformeerde Dogmatiek, IV, 415-419.

115) Cyprian, Letters, LXXVII, 4.

116) Calvin, Institute of The Christian Religion, BK., IV, 3:15.

(H. Ridderbos), 그가 안수받기 이전에 선지자가 지시한 어떤 사건을 가리키지 않는다. ② 여기서 "예언"은 디모데가 안수받을 때 바울이 기도했던 내용을 가리킨다고 한다. 참된 기도는 그대로 이루어지는 것이므로 또한 예언이기도 하다(참조. 1:18). 엘리야는 비가 내리도록 기도하였고 그가 기도한 대로 이루어졌는데, 성경은 그것을 예언이라고도 말씀한다(왕상 17:1; 약 5:17-18; 참조. 창 9:25-27).

"가볍게 여기지 말며"(μὴ ἀμέλει)라는 말은 그가 받은 거룩한 직분으로 하나님과 교회를 위하여 봉사하기를 힘쓰라는 말이다. 하나님께서 교역자에게 은혜를 주신 이유는 그가 그것을 가지고 교회를 위하여 힘써 사역하기를 원하셨기 때문이다. 그러므로 그가 받은 은혜를 사용하지 않는 것은 죄악이다.

15 이 모든 일에 전심전력하여. "이 모든 일"이라는 말은 위의 13절에 나오는 "읽는 것과 권하는 것과 가르치는" 사역을 가리킨다. "이 모든 일에 전심전력하여"라는 문구의 헬라어 원문(ταῦτα μελέτα, ἐν τούτοις ἴσθι)은 "이 일들에 전심하고 그것들 가운데 거하라"라고 번역되어야 한다. 이것은 두 가지 뜻을 가진다. ① 그가 받은 사명대로 주의 깊게 목회에 힘쓰라는 것이고, ② 또한 오로지 그 일에만 전념하는 사역자가 되라는 뜻이다.

너의 성숙함을 모든 사람에게 나타나게 하라. 이 말은 청년 교역자인 디모데가 영적으로 장성해야 한다는 의미다. 교역자는 언제나 새로운 역량과 더욱 완전한 덕을 갖추어서 교인들 앞에 서야 한다. 그렇게 하지 못하면 교인들이 교역자에 대하여 단조로움과 권태를 느낀다.

16 네가 네 자신과 가르침을 살펴 이 일을 계속하라. "자신···을 살펴"라는 말은 교역자 자신이 거룩한 생활을 영위하라는 뜻이고, "가르침을 살펴"라는 말은 교훈을 건전하게 유지하라는 뜻이다. 교역자로서 생활이 깨끗하고 아름답다 해도 교훈이 불건전하면 이단을 퍼뜨리는 데 유력한 도구가 된다. 교역

자의 교훈이 비록 건전한 정통이라 해도 그의 실제 생활에 허물이 있으면 사람들에게 외식하는 자로 취급받고 그 사역에서 효과를 거두지 못한다. "이 일을 계속하라"라는 말은 지속성 있는 사역을 권장하는 의미를 지닌다(참조. 갈 6:9). 일시적으로 잘하는 것은 큰 효과를 얻지 못한다.

이것을 행함으로 네 자신과 네게 듣는 자를 구원하리라. 다시 말해 앞 절에서 말한 바와 같이 목회에 힘쓰면 교역자 자신과 그의 목회를 통하여 은혜받은 자들이 구원을 얻는다는 것이다. 목회는 육체적인 사업이 아니고 "거저 받았으니 거저 주는"(마 10:8) 거룩한 사역으로서 남들에게 영원한 구원을 전하는 봉사다. 그뿐 아니라 그것은 교역자 자신을 구원하는 일이니만큼, 그는 그 일을 수행할 때 먼저 자기 자신을 잘 가르쳐 회개하도록 해야 한다(참조. 롬 2:21).

설교 연소한 교역자가 명심해야 할 일(12-16절)

1. 말과 행실, 사랑, 믿음, 정절에 모범이 되어라(12절).

① 언행일치로 모범이 됨. 교역자는 말로 일하는 자이므로 말과 행동이 일치해야 듣는 자들이 그의 말을 믿어 준다. ② 사랑으로 모범이 됨. 남들이 나를 사랑하지 않아도 나는 그들을 사랑할 수 있어야 모범이 된다. 우리가 그렇게 하지 못할 때는 그것을 회개하고 겸손해야 한다. ③ 믿음으로 모범이 됨. 믿기 어려울 때 믿을 수 있어야 모범이 된다. 욥은 말하기를, "그가 나를 죽이실지라도 나는 그를 의뢰하리니"라고 하였다(욥 13:15 각주). ④ 정절로 모범이 됨. 여기서 "정절"이라는 말은 사실상 "정결"(ἁγνεία)이라는 말이다. 우리가 행위에서 정결을 유지하기는 비교적 쉬우나 마음으로 정결을 유지하기는 어렵다. 마음이 정결하여야 정결에 모범이 된다. 예수님께서 말씀하시기를, "마음이 청결한 자는 복이 있나니 그들이 하나님을 볼 것임이요"(마 5:8)라고 하셨다. 심령에 하나님을 모시지 못한 자는 설교할 능력을 갖추지

못한 것이다.

2. 읽는 것과 권하는 것과 가르치는 것에 전념하라(13절).

교역자는 하나님의 말씀으로 일하는 자다. 그는 하나님의 말씀이 일하도록 그것을 잘 드러내야 한다. 하나님의 말씀만이 사람을 거듭나게 하며 신앙을 장성하게 한다. 그러므로 그는 말씀에 익숙해야 한. 고대의 설교가 크리소스토모스(Chrysostom)는 신구약 성경을 암송했으며 근대의 설교가 찰스 스펄전(Charles Spurgeon)은 스스로를 "책(성경)벌레"라고 하였다.

3. 성직을 힘써 행하라. 그래야 진보한다(14-15절).

젊은 교역자는 계속해서 성장하며 새로워져야 한다. 그는 주일마다 새로운 맛을 가진 말씀을 가지고 나타나야 한다. 그는 구태의연하게 되지 않아야 한다. 그렇게 되려면 그는 그가 받은 성직을 실행하는 데 전력해야 한다. 은혜는 수고하고 애씀으로써 닳아 없어지는 것이 아니고 도리어 새로워지며 성장한다. 하나님은 일하는 자에게 힘을 주신다. 존 웨슬리(John Wesley)는 80세 때에 오히려 40대 시절보다 더 건강한 신체를 유지했다. 그는 쉬지 않고 말을 타고 다니면서 전도하였다.

4. 자기 자신과 가르침을 삼가라(16절).

1) 교역자는 하나님이 쓰시는 도구이니 자신이 불결하면 하나님께 사용될 수 없다. 그는 남들을 가르치는 일에 분주하여 자신을 성실하게 돌아보지 못할 우려가 있으므로 주의해서 먼저 자신을 가르쳐야 한다. 2) 또한 젊은 교역자는 교훈을 항상 올바로 하도록 신중해야 한다. 때로는 그가 자기 자신의 생활에는 철저하면서도 교훈에는 불건전해질 우려도 있다. 그렇게 되는 원인은 ① 그의 철저한 생활 태도로 말미암아 교만해지기 쉽고, ② 교만해지면

어두워지기 때문이다. 그렇게 되면 이단을 퍼뜨리는 데 유력한 도구가 되는 불행한 결과를 낳는다.

설교 참된 목회의 비결(12-16절)

바울은 젊은 교역자 디모데에게 목회의 비결을 가르쳐 주었다.

1. 믿는 자에게 본이 될 것(12절)

바울은 젊은 교역자 디모데에게 믿는 자의 본이 되라고 충고한다. 믿는 자에게 본이 되는 일은 이미 신앙생활에 성숙한 자에게만 기대할 수 있다. 우리는 연약한 인간이기 때문에 한평생 실수하며 살아갈 수밖에 없다. 하지만 우리가 언제나 실수만 한다면, 한평생이 연습 생활에 불과하게 되고 만다. 우리의 신앙생활이 성숙한 열매를 맺지 못하고 연습만 되풀이해서야 되겠는가? 우리가 행동할 때마다 성숙한 열매를 맺어야 하지 않겠는가? 우리는 목회를 출발하는 시점에서부터 하나님의 백성에게 성숙한 열매를 제공해야 한다. 그런데 그것이 실제로 가능한가? 이 일이 그리스도 안에서 사는 자에게는 가능하다. 다시 말해 능력을 받아야만 한다. 능력은 누가 받을 수 있는가? 그것은 진심으로 구하는 자, 다시 말해 항상 기도하는 자가 받을 수 있다. 성경은 기도를 강조할 때 "항상"이라는 말을 사용하였는데 그 말이 중요하다.

2. 말씀을 가르치는 데 전념할 것(13절)

여기서 "전념하라"라는 말은 "조심하여 힘쓰라"라는 뜻이다. 교역자 자신은 생명을 전하는 도구일 뿐이며 생명의 양식 자체는 아니다. 생명의 양식은 하나님의 말씀이기 때문에 말씀을 전파하는 것이 교역 생활의 요점이다. 그러므로 교역자는 무엇보다도 진리를 바로 깨달아 바로 전하는 일이 중요하다. 본문에 사용된 "전념"이라는 단어가 이 사실을 잘 보여준다. 그러므로 교역자는 최고의 연구에서부터 최신의 연구에 이르기까지 힘써서 성경을 철저히 탐구해야 한다.

3. 책임을 등한히 여기지 말 것(14절)

직무 태만은 이 세상의 사법 체계에서도 죄악으로 간주한다. 그렇다면 우리가 하나님이 주신 직분을 등한히 여기면 얼마나 죄가 되겠는가? 예레미야 48:10에 말하기를 "여호와의 일을 게을리 하는 자는 저주를 받을 것이요" 라고 하였다. 인간은 전시 상황에 놓여 있는데, 전쟁터에서 싸우지 않는 자는 군법으로 사형에 처한다. 인간은 자연 세계와 더불어 싸워야 하는 자며, 죄악과 더불어 싸워야 하는 자며, 마귀와 더불어 싸워야 하는 자다. 자연 세계와 더불어 지혜롭게 싸우는 자를 "문화인"이라 하고, 죄악과 더불어 지혜롭게 싸우는 자를 "하나님의 자녀"라 하고, 마귀와 더불어 지혜롭게 싸우는 자를 "그리스도의 군사"라고 한다. 신자는 위의 세 가지 투쟁에 임해야 하니 얼마나 힘을 기울여야 하겠는가? 교역자는 인류가 이 세 가지 싸움에서 승리하게 할 책임을 안고 있다. 그는 얼마나 부지런해야 하겠는가?

제 5 장

⚘ 개요

본 장에서는 여러 가지 목회 방침을 가르친다.

1. 노인들과 청년들에 대한 목회 방침(1-3절)
2. 교회 과부들에 대한 목회 방침(4-16절)
3. 교역자들의 대우 문제와 치리 문제(17-25절)

⚘ 해석

1 **늙은이를 꾸짖지 말고 권하되 아버지에게 하듯 하며 젊은이에게는 형제에게 하듯 하고.** 이것은 교역자가 다양한 교인들에 대하여 취할 방침을 가르친다. 그 내용은 한마디로 교역자가 교회를 가정으로 여기고 목회를 하라는 것인데, 이는 그리스도께서 가르치신 원리다(막 3:33-35). 그러므로 여기서 이른바 "같이"(ὡς)라는 표현은 "형태의 유사함"을 의미하기도 하지만 한편으로는 "실

체를 포함한 동일성"을 의미하기도 한다.[117] 다시 말해 영적으로 실체를 지닌 부모와 형제자매라는 뜻이다. 교역자는 교우들과 이처럼 친밀한 영적 교제를 가져야만 그들을 잘 도울 수 있다. 교역자가 정신적으로 그들과 거리를 두게 되면 그들의 문제를 취급하기도 어렵다. 이 점에서 젊은 여자들에 대한 경고는 특별하다. 그들에 대한 친밀한 교제는 "온전히 깨끗함으로"(ἐν πάσῃ ἁγνείᾳ) 이루어져야 한다는 것이다(2절). 이것은 그들에 대한 교역자의 영적 책임감에 근거한다. 교역자는 그들의 영혼을 위하여 경성하기를 자신들이 청산할 자인 것같이 한다(히 13:17).

"늙은이를 꾸짖지 말"라는 말은 교회에서 노인들의 범죄는 모르는 체하라는 뜻이 아니고, 다만 그들의 연세를 고려하여 그들을 존경하라는 의미일 뿐이다. 이 점과 관련하여 맹자(孟子)의 글을 참고한다면, "나의 늙은 부모를 생각하여 남의 부모를 존경하라"(老吳老以及人之老)라는 말씀이다. 그러나 바울의 교훈은 이것과 달리 영적 진리를 전달한다. 진정한 교역자에게는 그리스도 안에서 모든 노인과 청년이 진정한 의미에서 영적 부모이고 영적 형제자매다(마 12:49-50). 그러나 맹자의 말에 담긴 유교의 가르침은 순전히 자연적이고 육체적인 추론이다.

"젊은이에게는 형제에게 하듯 하고." 이 말은 청년들이 실수할 때 그를 진정한 영적 형제로 알고 사랑으로 권면하라는 뜻이다. 청년들에게는 엄한 지도자보다 애정과 동정심이 깊은 융통성 있는 교역자가 필요하다.

2 늙은 여자에게는 어머니에게 하듯 하며 젊은 여자에게는 온전히 깨끗함으로 자매에게 하듯 하라. 청년 교역자는 젊은 여자들을 대할 때 최대한 조심하여 불미스러운 혐의를 받지 않도록 주의해야 한다. 설령 그에게 불결한 행위가 없었다 하더라도 그런 혐의를 받을 여지를 허용하면 전도자의 사역에 손해를 입기

---

117) Thayer's Lexicon, 1962, 681.

쉽다. 그러므로 그는 젊은 여자를 진정한 영적 자매로 여기는 정결한 마음의 소유자가 되도록 힘써야 한다.

바울은 여기서 신자들이 서로 영적 가족이라는 사실을 상기시킨다. 이것은 예수님이 가르치신 교훈에 근거한 것이다. 그는 제자들을 가리켜 말씀하시기를, "나의 어머니와 나의 동생들을 보라 누구든지 하늘에 계신 내 아버지의 뜻대로 하는 자가 내 형제요 자매요 어머니이니라"(마 12:49-50)라고 하셨다. 이것은 일반적으로 그리스도인이 그리스도 안에 있는 다른 신자들을 영적 가족으로 볼 수 있다는 말씀이다. 그뿐 아니라 신자들 가운데는 어떤 특수한 영적 인연으로 말미암아 가족관계가 성립되기도 한다. 사도 바울은 신자들 가운데서도 특별히 디모데를 "참 아들"이라고 하였다. 디모데는 바울의 전도로 개종하였을 뿐 아니라(행 16:1-2; 딤전 1:2) 바울이 그의 신앙을 키웠다(행 16:3). 그리고 디모데는 선교여행과 기타 복음 사역에 바울을 시중들면서 동역하였는데, 그는 마치 아들이 아버지를 시중들듯이(빌 2:22) 평생 희생적으로 봉사하여 바울의 제자로서의 훈련된 사역자가 되었다. 이렇게 디모데는 바울 개인을 위해서라기보다 복음을 위하여 바울과 동고동락하였다. 따라서 두 사람의 부자 관계는 공교회를 위하여 자연스럽게 형성된 것이며 따라서 공교회가 기뻐한 것이다.

3-16절. 영혼 구원 운동과 육체적 구제 문제. 교역자는 불쌍한 자를 구제해야 한다. 그러나 그 구제는 물질적이면서도 영적으로 운영되어야 한다.

3 참 과부인 과부를 존대하라. "참 과부"는 9-10절에서 열거한 특별한 자격을 갖춘 자를 가리킨다. "존대하라"라고 번역된 헬라어 원어(τίμα)는 "공경하라"라는 뜻인데, 여기서는 교회가 물질로도 그를 도와주며 보호해야 한다는 것을 가리킨다. 이런 사람을 공경해야 하는 이유는 그가 그처럼 긴 세월 동안 신앙생활에 충성하였기 때문이다. 그런 사람을 공경하며 부양하는 일은

단순히 물질적 구제에 머무는 것이 아니라 도리어 교회의 영적 부흥을 증진한다. 교회의 사업 목표는 언제나 영적 유익에 중점을 두어야 한다.

4 **만일 어떤 과부에게 자녀나 손자들이 있거든 그들로 먼저 자기 집에서 효를 행하여 부모에게 보답하기를 배우게 하라 이것이 하나님 앞에 받으실 만한 것이니라.** "그들로 먼저 자기 집에서 효를 행하여"(μανθανέτωσαν πρῶτον τὸν ἴδιον οἶκον εὐσεβεῖν) 라는 어구는 문자적으로 "그들이 먼저 자기 집에서 경건을 배우게 하여"라는 뜻이다. 그렇다면 이 문구는 "자녀 있는 과부가 그 자녀들을 가르쳐 신앙과 경건을 배우게 하라"라는 뜻이다.

"부모에게 보답하기를 배우게 하라"라는 문구는 위에서 말한 것과 같이 그들이 가정에서 신앙과 경건을 배운 결과 부모에게 은혜를 갚게 하라는 말이다.

5 **참 과부로서 외로운 자는 하나님께 소망을 두어 주야로 항상 간구와 기도를 하거니와.** 이 구절은 "참 과부"의 특징을 지적한다. 그것은 그의 고독한 처지와 항상 기도하는 생활이다. 그는 외로움으로 말미암아 오히려 기도하는 복을 받았다.

6 **향락을 좋아하는 자는 살았으나 죽었느니라.** 여기서 저자는 "향락을 좋아하는" 과부에 대해서는 과부라는 표현도 사용하지 않는다. 왜냐하면 그 여자는 호화로운 삶을 영위하기 때문이다. "죽었느니라"라는 말의 의미는 유익을 끼치지 못하는 존재라는 것인데, 여기서는 5절의 "하나님께 소망을" 둔 자와 대비된다는 점에서 영적으로 죽었다는 뜻이다(Ridderbos). 그러므로 여기서 죽은 자라는 것은 "하나님과 상관없는 자"라는 뜻이다. 그는 쾌락 사랑하기를 하나님 사랑하는 것보다 더하는 자다. 오직 하나님께만 죽지 아니함이 있다고 하였는데(6:16), 그 여자는 하나님을 떠났으니 죽은 자다. 누가복음 20:38에 "하나님에게는 모든 사람이 살았느니라"라고 하였다. 이 말은 사람이 하나님으로 말미암아서만 영적 생명을 얻는다는 뜻이다.

7 **네가 또한 이것을 명하여.** 여기서 "이것"이라고 번역된 헬라어 원어(ταῦτα)

는 "이것들"이라고 번역되어야 한다. "이것들"은 4-6절의 교훈을 염두에 둔 표현이다. 다시 말해 참 과부를 제대로 찾아내어 그를 도와주는 방안들에 대해 말하고 있다. 교역자는 눈앞에서 발생하는 죄악에만 대항할 것이 아니라 그런 사건이 발생하기 전에 미리 경고할 책임도 지고 있다. 염려되는 사태에 미리 대비하지 않으면 후에 감당하기 어려운 어려움을 겪게 된다.

8 자기 친족 특히 자기 가족을 돌보지 아니하면 믿음을 배반한 자요 불신자보다 더 악한 자니라. 복음의 말씀을 많이 듣고도 "가족을 돌보지 아니하면" 복음을 전혀 모르는 불신자보다 악하다. 왜냐하면 가족을 돌아보는 일은 자연 계시에 따라서 인류 전체가 행하는 것인데 그것조차 행하지 않는 신자가 있다면 그는 불신자보다 악하다고 판단되기 때문이다.

9-10절. 이 두 구절에서는 "참 과부"의 자격에 대하여 좀 더 상세히 설명한다.

9 과부로 명부에 올릴 자는 나이가 육십이 덜 되지 아니하고 한 남편의 아내였던 자로서. "명부에 올린다"라는 말은 교회에서 특별히 대우하기 위하여 등록한다는 뜻이다(참조. 3절).

"나이가 육십이 덜 되지 아니하고." 연로하지 않은 자가 교회의 부양을 받는 것이 불합리한 이유는, 아직 자기 힘으로 생활할 수 있기 때문이다. "한 남편의 아내"라는 말은 남편을 여의고 재혼한 자를 제외하는 규정이 아니고, 남편이 살아 있을 때 다른 남자와 관계하지 않고 정절을 지킨 자를 가리킨다.

10 선한 행실의 증거가 있어. "선한 행실의 증거"는 아래 열거한 모든 덕행을 총괄하는 말이다.

자녀를 양육하며(ἐτεκνοτρόφησεν). 이것은 자기 자녀만 아니라 남의 자녀를 길러주는 일까지 포함한다. 이 말은 교회의 경제적 원조를 받고 부양받을 만한 자격에 과거의 공로를 포함하는 것이기도 하지만, 그의 신앙 인격상의 자격을 살펴보는 의미도 있다. ① 공로가 있는 자에게 갚아주는 것도 하나님의 뜻에 합당하지만, ② 참 과부의 명부에 이름을 올림으로써 덕을 끼치게 하는 일도 교회에 유익하다.

나그네를 대접하며. 나그네를 잘 대접하는 자는 교회의 대접을 받는다. "네게서 나온 것이 네게로 돌아온다"(出呼爾者反呼爾)라는 격언과 같이, 그 과부가 남을 잘 대접하였으니 이제 그에 따른 보상을 받는다.

성도들의 발을 씻으며. 남의 발을 씻어주는 일은 겸손하게 봉사하는 마음가짐을 가진 인물이어야 할 수 있는 것이다.

환난 당한 자들을 구제하며. 구제하는 일은 재물에 인색하지 않고 자비로운 자가 할 수 있다. 그가 자비를 베풀었으니 이제는 교회의 긍휼을 입는다.

모든 선한 일을 행한 자. 이것은 선한 일에 헌신하여 봉사한 경력을 가리킨다.

이상과 같은 조건들로 말미암아 "참 과부"의 숫자는 엄격히 제한되었다. 참 과부의 숫자가 이렇게 제한되도록 하신 하나님의 뜻은 ① 교회가 참 과부로 말미암아 영적 유익을 받도록 하려는 것이며, ② 교회의 영적 이미지가 흐려지지 않게 하려는 것이다. 만일 교회가 육체적인 구제를 시행하는 기관으로 지나치게 알려지면 사람들이 교회를 향하여 물질적인 기대만 앞세우고 영적인 기대를 품지 않게 된다.

11 젊은 과부는 올리지 말지니 이는 정욕으로 그리스도를 배반할 때에 시집 가고자 함이니. "올리지 말지니"라는 말은 참 과부의 명부에 올리지 말라는 것이다. "젊은 과부"는 참 과부 명부에 등록해 달라고 지원했다가 이후에 정욕으로 인하여 약속을 저버리고 재혼하게 될 가능성도 있다. 그러므로 그들은 참 과부 명부에 등록시키지 말아야 한다는 것이다. 여기서 "그리스도를 배반한다"라는 말은 무엇을 의미하는가? 젊은 과부가 시집가는 것은 믿음을 배반하는 일인가? 어떤 학자들에 따르면 이것은 ① 등록된 젊은 과부가 그리스도에게서 멀어지도록 정욕이 발동할 때(καταστρηνιάω)에 시집가고자 한다는 것이

다. 그러므로 이 말의 뜻은 그리스도를 배반하는 데까지 이르는 것을 가리키는 것이 아니라고 한다(H. Ridderbos). ② 그러나 다른 학자들은 말하기를, 그리스도를 배반하면서까지 시집가는 일이 있다는 것이다. 이러한 해석이 옳은 이유는 15절 하반절 말씀이 이를 지지하기 때문이다.

12 **처음 믿음을 저버렸으므로 정죄를 받느니라.** 교회의 임직 예식이나 혹은 그 밖의 다른 예식에서 맹세한 언약을 배반하는 자는 그가 가졌던 기본적인 신앙마저 저버리는 위험에 빠지기 쉽다.

13 **또 그들은 게으름을 익혀 집집으로 돌아다니고 게으를 뿐 아니라 쓸데없는 말을 하며 일을 만들며 마땅히 아니할 말을 하나니.** "게으름을 익힌다"라는 말의 뜻은 게으른 생활 습관을 지속한다는 것이다.

"집집으로 돌아다니고." 부녀자가 가정에 대한 책임을 성실하게 감당하지 않고 가정마다 돌아다니는 것은 탈선행위다. 이렇게 탈선한 여자는 한 집에서 남의 비밀을 얻어듣고 다른 집에 가서 그것을 폭로하고 비방함으로써 일을 만든다.

14 **그러므로 젊은이는 시집 가서…대적에게 비방할 기회를 조금도 주지 말기를 원하노라.** 다시 말해 젊은 과부들은 교회의 부양을 받으려 하지 말고 차라리 출가하라는 것이다. 바울이 이렇게 권고하는 이유는 그들이 출가하지 않고 있다가 혹시 실수할 때 복음을 반대하는 자들에 의해 교회가 훼방을 받게 되기 때문이다.

15 **이미 사탄에게 돌아간 자들도 있도다.** 이것은 완전히 믿음을 버린 자들을 가리킨다.

16 **만일 믿는 여자에게 과부 친척이 있거든 자기가 도와주고 교회가 짐지지 않게 하라.** 본 절은 교인들이 자신과 인척 관계에 있는 과부를 친히 부양하고 교회에 짐지우지 말아야 한다고 가르친다.

17-19절. 장로들을 향한 존경. 이것은 은사에 대한 존경을 의미하는 것이지 상하관계의 존대를 의미하는 것이 아니다. 다시 말해 그들이 교회의 일을 효과 있게 수행하는 일꾼이기 때문에 존경의 대상이 되는 것이다.

17 잘 다스리는 장로들은 배나 존경할 자로 알되. 칼빈의 해석에 따르면, 여기서 "배나 존경"하라는 말은 앞에서 언급한 "참 과부"에 대한 것보다(3절) 갑절의 존경을 표하라는 뜻이라고 한다. 그러나 여기서 "배"(διπλῆς)라는 단어는 단순히 많은 분량을 가리킬 뿐이다. 그리고 여기서 존경은 교회의 물질적 원조를 포함한다.[118] "장로"가 그렇게 존경을 받아야 하는 이유는 그의 지위 때문이 아니고 그의 사역 때문이다. 그러므로 여기서 "장로"라는 말 앞에 "잘 다스리는"이라는 형용사가 덧붙여져 있다.

말씀과 가르침에 수고하는 이들에게는 더욱 그리할 것이니라. 이것은 위에서 설명한 치리 장로와 구분되는 교훈 장로를 더욱 귀히 여겨야 한다는 뜻이다. "말씀과 가르침에 수고"한다는 것은 복음의 말씀을 가지고 다른 사람을 가르치는 것을 의미한다.

설교 존경받을 성직자(17절)

성직의 목적은 임직자 자신을 영화롭게 하기 위한 것이 아니다. 그러므로 그 자신이 친히 명예를 구해서는 안 된다(눅 16:15). 그러나 성직자는 하나님을 섬기는 자이므로 그가 존경을 받아야만 하나님의 말씀이 권위 있게 전파된다. 성직자가 존경을 받으려면 다음과 같이 행동해야 한다.

1. 잘 다스리는 자가 되어야 한다.

118) Apostolic Constitution, 11, 28.

다스리는 문제에서 우리가 먼저 알아야 할 것은 우리가 모두 남을 다스릴 처지에 있지 않다는 사실이다. 주님의 백성은 주님이 다스리신다. 우리는 다만 이 일에 시중드는 것뿐이다. 이 일을 바로 하려면 몇 가지 덕이 필요하다.

1) 모범이 됨. 본문에서 "다스린다"(προεστῶτες)라는 말은 "앞장선다"라는 뜻인데, 이는 한마디로 모범이 되는 것을 가리킨다. 모범이 된다는 것은 간단한 일이 아니다. 그것은 육체적인 자아를 죽이고 자신을 쳐서 복종시키는 일이다. 이 일을 위해서는 피나는 노력이 요구된다(히 12:4). 그러나 이러한 노력에는 그에 상응하는 하늘의 위로가 뒤따른다.

2) 하나님을 두려워함. 다스리는 일은 하나님을 두려워함으로 말미암아 성립된다. 교회를 다스리는 일은 인간의 지혜로 이루어지는 것이 아니다. 여호와를 경외하는 것이 지식의 근본이다(잠 1:7). 인본주의로 다스리는 자는 하나님이 보시기에 실패한 자이다.

2. 잘 가르치는 자가 되어야 한다.

기독교의 교훈은 성경 말씀을 가르치는 것이다. 여기에는 성경 연구와 설교가 포함된다. 하나님께서는 성경을 진실하게 연구하는 설교자에게 역사하신다. 우리는 이러한 사실을 기억하고서 성경 연구에 임해야 한다. 이를 위해서는 다음과 같은 조건들이 구비되어야 한다.

1) 원칙적으로 설교는 하나님께 받아서만 할 수 있는 것이다. 고린도후서 2:17에 말하기를, "우리는 수많은 사람들처럼 하나님의 말씀을 혼잡하게 하지 아니하고 곧 순전함으로 하나님께 받은 것 같이 하나님 앞에서와 그리스도 안에서 말하노라"라고 하였다. 다시 말해 설교를 은혜롭게 하려면 성경을 깊이 알아야 한다.

2) 잘 가르치는 일은, 기도를 깊이 함으로써 ① 마음이 평안해져야 할 수 있고, ② 마음이 깨끗해야 할 수 있고, ③ 마음에 사랑이 있어야 할 수 있다.

18 성경에 일렀으되 곡식을 밟아 떠는 소의 입에 망을 씌우지 말라 하였고 또 일꾼이 그 삯을 받는 것은 마땅하다 하였느니라. "곡식을 밟아 떠는 소의 입에 망을 씌우지 말라"라는 말씀은 신명기 25:4을 인용한 것이다. 이 말씀의 요지는 원칙적으로 남의 노동의 가치를 공정하게 평가하여 보수를 지급해야 한다는 것이다. 일하는 소에게도 먹이를 주는데 하물며 만물의 영장인 인생들, 특히 교회를 봉사하는 교역자에게야 말할 필요가 있겠는가?(참조. 고전 9:9-10) "일꾼이 그 삯을 받는 것은 마땅하다"라는 말씀은 예수께서 마태복음 10:10에서 하신 것이다.

19 장로에 대한 고발은 두세 증인이 없으면 받지 말 것이요. "두세 증인이 없으면" 정죄하지 못하는 것은 구약성경에서 제정된 재판법이다(신 17:6; 마 18:16). 장로는 교회의 중직이기 때문에 장로 직분을 가진 자가 실수하게 되면 복음 전도에 큰 손해를 끼친다. 그러므로 어떤 장로가 이러저러한 잘못을 범하였다는 소문일 돌 때 교회는 그 말을 신중히 심사하고 두세 증인의 증언을 기다려야 한다.

20-21절. 범죄자에 대한 징계 방법. 징계는 공정하게 실현되어야 한다. 공정한 징계는 첫째로 범죄에 대한 증거를 통해 성립되고(19, 24절), 둘째로 편견 없이 처리함으로써 성립된다.

20 범죄한 자들을 모든 사람 앞에서 꾸짖어. 이 말씀에 대한 해석가들의 의견이 서로 다르다. ① 장로들 가운데 죄를 범한 자들을 꾸짖으라는 의미로 해석하는 이들이 있다(Dr. C. Bouma). ② 그런가 하면 죄를 지은 장로들만을 염두에 둔 것이 아니라 범죄자 일반을 가리킨 것이라고 주장하는 이들도 있다(Ellicott). ③ 또한 장로를 경솔하게 비방하는 자들을 공개석상에서 꾸짖음으로써 비방을 받았던 장로의 누명을 벗겨주어야 한다는 뜻으로 해석하기도 한다(Calvin).

나머지 사람들로 두려워하게 하라. 다른 사람들이 범죄로 말미암아 꾸짖음과 처벌을 받는 것을 보는 회중은 두려움을 느끼고 죄를 멀리할 결심을 하게 된다.

21 하나님과 그리스도 예수와 택하심을 받은 천사들 앞에서 내가 엄히 명하노니. 이 말씀은 최후의 심판 장면을 상기시키기 위한 것이다. "하나님", "그리스도", "천사"는 다 함께 최후의 심판을 집행하는 일에 관련되었다(마 16:27; 요 5:22; 히 12:22-23). 교회는 최후의 심판 장면을 기억하고서 처벌에 신중해야 하며 이를 편견 없이 시행해야 한다. 다른 사람을 그릇되게 정죄하는 자는 최후에 정죄하시는 이, 다시 말해 심판자 앞에서 무서운 심문을 당할 것이다.

너는 편견이 없이 이것들을 지켜 아무 일도 불공평하게 하지 말며. 칼빈은 여기서 "편견"(προκρίματος)이라고 번역된 단어가 "속단"을 의미한다고 하였다.

"이것들을 지켜." 말하자면 위에서 말한 장로들의 송사 문제, 범죄자들의 처벌 문제 등을 신중하고도 공평하게 해결하고 속단하지 말라는 것이다. "불공평하게"(πρόσκλισιν)라는 말은 이편저편으로 흔들리는 것을 뜻한다(Calvin).

22 아무에게나 경솔히 안수하지 말고. 이것은 장로 임직을 위한 안수를 가볍게 하지 말라는 뜻이다. 장로를 경솔하게 정죄해서도 안 되지만(19절), 장로 자격이 확실하지 않은 자를 임직 시키지 않는 것이 더 중요하다. 이것과는 다른 해석도 있는데, 이미 징벌을 받은 장로에 대해 징벌을 거두는 일을 너무 조급히 하지 말라는 것이다. 이러한 해석을 지지하는 학자들은 말하기를, 초기 교회 시대에 성직자에 대한 징계를 철회하고 복직시킬 때도 안수하였다고 하는데,[119] 리델보스(H. Ridderbos)는 이 견해에 반대한다. 왜냐하면 신약성경에는 그런 제도에 관해 언급하는 구절이 없기 때문이다.

---

119) Cyprian Ep., 4:12, Lock, Dibelius, Conzelmann.

다른 사람의 죄에 간섭하지 말며 네 자신을 지켜 정결하게 하라. 여기서 "간섭한다"(κοινωνέω)라는 말은 동참한다는 뜻이다. 남에게 죄를 범할 기회를 마련해주는 자는 그의 죄에 동참하는 것이 된다. 따라서 마침내 그 자신도 죄책을 면치 못할 것이다. 이 같은 위험을 보여주는 대표적인 사례가 자격이 없는 인물을 장로로 안수하는 것이다. 자격을 갖추지 못한 인물을 장로로 세우게 되면 그자가 죄를 범할 때 그를 장로로 세운 자들도 죄책을 면치 못한다.

23 이제부터는 물만 마시지 말고 네 위장과 자주 나는 병을 위하여는 포도주를 조금씩 쓰라. 이 문구는 전후 문맥과 관계없이 갑작스럽게 나온 것이라는 해석(Calvin)이 있다. 그러나 앞 절의 "정결케 하라"(ἁγνὸν τήρει)라는 말에 대한 응답으로 이 구절이 나왔을 가능성도 충분히 있다. 디모데는 "정결"을 힘써 지키기 위하여 술을 입에 대지 않았던 것 같다. 그런데 그가 자기의 질병을 고치기 위한 목적으로 "포도주를 조금씩" 사용하는 일이 그가 정결을 지키는 데 방해가 되지는 않는다는 것이다(Lenski). 바울이 디모데에게 정결을 지키라고 권면한 것이 금욕주의를 뜻한 것은 아니라는 의미에서 특별히 "포도주를 조금씩 쓰라"라는 말을 덧붙였다는 것이다.[120] 디모데가 위장병을 앓고 있었는데도 성직자로서 순결을 지키기 위해 포도주를 멀리한 것이 분명하다. 그러므로 바울은 여기서 순결을 부탁하는 맥락에서 포도주를 사용하는 문제를 함께 언급한 것이다.

이 구절에서 우리가 주의할 것은 "조금씩"이라는 말이다. 이 말은 술에 관해 절제의 원리를 고수해야 할 것을 암시한다. 술은 약용으로 조금씩 사용할 수는 있으나 유흥을 위해 다량으로 사용해서는 안 된다.

24-25 어떤 사람들의 죄는 밝히 드러나 먼저 심판에 나아가고 어떤 사람들의 죄는 그 뒤를 따르나니 이와 같이 선행도 밝히 드러나고 그렇지 아니한 것도 숨길 수 없느니라. 이것은

---

120) N. J. D. White, The Expositor's Greek Testament, IV, 138.

장로를 택하는 문제에 대해 22절에서 제시한 말씀에 대한 보충 설명이다. 안수를 누구에게라도 경솔히 시행하지 않으면 일이 제대로 이루어진다. 자격을 갖추지 못한 사람의 죄악은 언제까지라도 숨길 수 있는 것이 아니고 조만간 드러나게 되어 있다. "어떤 사람들의 죄는 밝히 드러나"(πρόδηλοι, 모든 사람이 알 수 있도록 드러남) "먼저 심판에 나아간다"(결정을 향하여 앞서 나아간다).

"어떤 사람들의 죄는 그 뒤를 따르나니"(τισὶν δὲ καὶ ἐπακολουθοῦσιν). 어떤 사람의 죄가 일시적으로는 숨겨질 수도 있으나 마침내 그의 뒤를 따라잡아 그가 성직에 서지 못하도록 만든다는 것이다. 여기서 "그 뒤"라는 말은 장로로 세우기 위한 결정 이후를 의미하는 것이 아니라 그 사람의 뒤를 가리킨다(H. Ridderbos).

제 6 장

개요

1. 종이 된 자들이 행할 본분(1-2절)
2. 이단을 경계함(3-10절)
3. 탐심을 멀리하고 믿음의 선한 싸움을 싸우라고 함(11-16절)
4. 부자들을 경계하라고 함(17-19절)
5. 헛된 변론을 피하라고 다시 부탁함(20-21절)

해석

1 **무릇 멍에 아래에 있는 종들은 자기 상전들을 범사에 마땅히 공경할 자로 알지니 이는 하나님의 이름과 교훈으로 비방을 받지 않게 하려 함이라.** 종이 된 자가 주인에게 순종하고 그를 공경해야 한다는 교훈은 신약성경에 많이 있다. 그러나 그것은 불신자인 노예가 따라야 할 도덕이라기보다 신자인 노예로서 행해야 할 도덕이다. 그러므로 이 교훈을 가리켜서 노예제도에 대한 사회적 혹은 국가적

방침이라고 주장하지 말아야 한다. 이 교훈은 사회 개혁을 목표로 삼은 것이라기보다 하나님의 말씀이 선하게 전파되는 일을 목표로 삼은 것이다(참조. 벧전 2:18).

2 믿는 상전이 있는 자들은…더 잘 섬기게 하라 이는 유익을 받는 자들이 믿는 자요 사랑을 받는 자임이라 너는 이것들을 가르치고 권하라. 신자인 노예가 신자인 상전에게서 무언중에 일종의 양해를 기대하고 종의 책임을 등한히 하는 일이 발생할 수도 있다. 하지만 이것은 신자가 취할 마음가짐이 아니다. 신자는 믿음을 갖기 이전보다 더욱 즐거운 마음으로 남에게 봉사해야 할 것이다.

"유익을 받는 자들"(οἱ τῆς εὐεργεσίας ἀντιλαμβανόμενοι)이라는 어구는 "봉사를 받는 자들"을 의미한다. 그리스도인으로서 종이 된 자는 (그의 상전이 하나님의 사랑을 받는 신자라면) 그 상전을 위해 수고하는 것을 아까워할 이유가 없다.

3-5절. 이 단락은 이단자들을 어떻게 경계할지를 가르친다.

3 누구든지 다른 교훈을 하며 바른 말 곧 우리 주 예수 그리스도의 말씀과 경건에 관한 교훈을 따르지 아니하면. 여기서 "바른 말"이라고 번역된 헬라어 표현(ὑγιαίνουσιν λόγοις)은 문자적으로 "건강한 말씀"이라는 뜻을 지니고 있다. 건강한 교훈이란 하나님이 계시하신 성경 말씀에 부합하도록 모든 교훈을 각기 경중과 위치에 적합하게 바로 주장하고 실현하는 것을 가리킨다. 우리의 목표는 하나이지만 거기에 이르는 과정에서 다양한 진리들이 차지하는 비중은 서로 다르다. 그것은 우리가 길을 걸어갈 때 몸이 지향하는 목표지점은 하나지만 그 지점을 향하여 움직이는 신체의 여러 가지 운동들은 적절하게 조절되어야 하는 것과 마찬가지다. 우리가 걸어갈 때 체중의 중심을 잡기 위해 신경이 작용하는데, 왼발과 오른발, 그리고 두 팔을 앞뒤로 움직이는 데도 상호 협력 작용이 필요하다. 이와 마찬가지로 우리의 신앙생활도 한 가지

방향만 강조해서는 건강해질 수 없다. 다른 모든 요소는 무시하고 한 가지만 중시하는 신앙생활은 기형적이고 병적인 신앙의 자세를 만들어낸다. 예를 들자면, 우리는 기도해야 하는 동시에 성경도 연구하고 깨달아야 하며, 또한 깨달은 말씀을 실천에 옮기기도 해야 한다. 우리의 교회 생활에도 조절이 필요하다. 교회는 순결을 추구하는 동시에 화평을 도모해야 한다. 때로는 교회의 순결을 지키기 위하여 신령한 싸움에 뛰어들기도 하며 그때는 그 일에 많은 정력을 기울이지 않을 수 없다. 그러나 교회가 그 일에 집중하게 될 때 상대적으로 약해지는 부분이 생기지 않을 수 없다. 말하자면 순결을 위한 싸움에 헌신하는 교회의 교인들은 권위를 무시하는 습성을 갖기 쉽고 그런 교회에서는 평화를 이룩하기 위한 노력이 쇠퇴한다. 교회는 이런 부분에서의 약점을 선하게 조절하여 보강하고 불순한 요소들을 정화해야 한다. 진리를 위하여 싸우는 교회가 이런 문제들을 미리 경계하지 않으면 교회가 분열을 거듭할 위험이 있다. 칼빈과 멜란히톤은 지엽적인 문제에서 의견 차이가 있었으나 공통된 지도 원리를 가지고 있었기 때문에 서로를 이해하고 끝까지 좋은 친구가 될 수 있었다. 그들은 진리를 위하여 로마 가톨릭교회(구교)와 싸웠고 거기서 분열되어 나왔으나 언제나 개혁교회(신교)가 내부적으로 단합하고 조화를 이루어 통일해야 할 것을 주장했다.

"주 예수 그리스도의 말씀과 경건에 관한 교훈," 이 문구는 복음을 가리키는 이중적인 명칭이다.

4 그는 교만하여 아무 것도 알지 못하고 변론과 언쟁을 좋아하는 자니 이로써 투기와 분쟁과 비방과 악한 생각이 나며. 이단자는 지존하신 하나님의 말씀을 무시하니 "교만한" 자이며, 모든 진리의 근본인 복음을 모르니 "아무것도 알지 못하는" 자와 같다. 설사 그가 다른 많은 것을 안다고 해도 그것은 참된 지식으로서는 가치가 없다.

"변론과 언쟁을 좋아하는 자." 여기서 "변론과 언쟁"은 진리를 분별하기 위한 합법적인 논쟁이 아니라 비진리를 옹호하기 위한 불법한 언쟁을 가리킨다. 진리를 참으로 깨달은 자는 불법한 변론과 언쟁에 빠지지 않는다. 왜냐하면 그는 진리를 모르는 자들을 불쌍히 여기기 때문이다.

5 마음이 부패하여지고 진리를 잃어 버려 경건을 이익의 방도로 생각하는 자들의 다툼이 일어나느니라. "마음이 부패하여지고"(διεφθαρμένων)라는 말은 지능이 어두워졌을 뿐만 아니라 하나님이 주시는 계시의 말씀을 받아들이는 지각력도 없어진 상태를 가리킨다. 이런 자는 진리를 반대하고 거짓을 환영하는데, 결국은 이렇게 되어가다가 진리를 완전히 상실하게 된다.

"경건을 이익의 방도로 생각한다"라는 말은 육체적 이익을 거두기 위하여 종교(혹은 경건)를 영업 수단으로 삼는 일을 가리킨다. 이처럼 물질의 이익을 추구하는 불의한 종교 생활은 옛날부터 이단자들이 취하여 온 것인데, 정통 복음의 교역자들도 탈선하여 그렇게 되는 경우가 있다.

6-10절. 진정한 경건의 이익과 탐심의 위험

6 그러나 자족하는 마음이 있으면 경건은 큰 이익이 되느니라. 여기서 "자족"(αὐτάρκεια)이라는 말은 신자가 자신이 모시는 하나님 한 분만으로 만족하는 것을 가리킨다. ① 자족하여 탐심을 모르는 경건은 참된 경건이기 때문에 그런 경건의 소유자는 하나님과 동행함으로써 커다란 유익을 얻고(참조. 시 23:1; 합 3:19), ② 그런 참된 경건의 소유자는 복된 내세의 영광을 누리는 막대한 유익을 얻는다(참조. 4:8).

7 우리가 세상에 아무 것도 가지고 온 것이 없으매 또한 아무 것도 가지고 가지 못하리니(참조. 욥 1:21; 전 5:15). 우리가 본래 가지지 않았던 물질이나 이 세상에 속한 그 밖의 것에 마음을 빼앗기지 않고 그것들을 초월하게 해주는 경건을 소유하면 우리는 참으로 부유한 자들이다. 우리가 태어날 때 아무것도 가지고 온 것이 없고 또한 아무것도 가지고 가지 못한다는 사실은 우리를 향한 실물

설교다. 다시 말해 인간은 본래 벌거벗고 왔기 때문에 우리는 언제나 우리가 아무것도 소유하지 않았다는 마음가짐으로 살아야 한다는 것이다. 우리가 소유해야 하는 것은 세상의 물질을 의지하지 않고 오직 보이지 않는 하나님만 의지하고자 하는 마음가짐이다.

8 **우리가 먹을 것과 입을 것이 있은즉 족한 줄로 알 것이니라.** 이것은 의식주를 위하여 필요한 것 이상의 재물을 스스로 탐하지 말라는 것이다. 그런 탐심은 결국 사치한 삶을 원하는 것인데, 그것은 무의미하기도 하며 실제로는 죄악이다. 본 절의 말씀은 청빈운동을 장려하지 않는다. 요컨대 가난 자체가 거룩하다고 가르치지 않는다는 것이다(참조. 잠 30:8-9; 마 6:11).

9 **부하려 하는 자들은 시험과 올무와 여러 가지 어리석고 해로운 욕심에 떨어지나니 곧 사람으로 파멸과 멸망에 빠지게 하는 것이라.** "부하려 하는 자"는 하루빨리 부자가 되고 싶어 하기 때문에 모든 불의한 방법을 거리낌 없이 동원하면서까지 자기 재산을 불리려 한다. 그것은 결국 자기 자신을 위험에 빠뜨리는 일이다. "파멸과 멸망"이라는 문구는 두 가지 단어로 하나의 의미를 전달한다.

10 **돈을 사랑함이 일만 악의 뿌리가 되나니 이것을 탐내는 자들은 미혹을 받아 믿음에서 떠나 많은 근심으로써 자기를 찔렀도다.** 이 구절은 돈을 탐하는 자가 탐심을 가지고서 덤비다가 죄를 범한 결과 여러 가지 근심과 걱정으로 불안하게 되는 상태를 가리킨다. "찔렀다"라는 말은 그의 양심이 죄로 말미암아 고통당하는 것을 가리킨다.

11-16절. 이 단락에서는 디모데 개인이 몸소 준수해야 할 영적 사항을 진술한다.

11 **오직 너 하나님의 사람아 이것들을 피하고 의와 경건과 믿음과 사랑과 인내와 온유를 따르며.** "하나님의 사람"은 구약에서 선지자를 가리키는 명칭이었다(삼상 9:6; 왕상 12:22; 왕하 4:16). 디모데는 비록 정식 선지자는 아니었으나 하나님

의 말씀 전파를 위임받은 사람이기 때문에 이 같은 이름으로 불렸다. 그는 하나님의 택하심을 받았고, 하나님께 속하였고, 하나님이 사용하신 자다.

"이것들을 피하고." 다시 말해 위에서 말한 모든 탐심과 타락의 불행을 피하라는 것이다. "의와 경건"은 서로 분리될 수 없다. "의"가 없는 경건이라는 것이 있다면, 그것은 미신이고, 참된 "경건"이 없는 의가 있다면, 그것은 죽은 꽃과 같고 흐르지 않는 썩은 물과 같다. 경건은 하나님을 경외하는 일이며 모든 의의 근원이다.

"믿음과 사랑"도 뿌리와 열매처럼 서로 불가분리의 관계를 지니고 있다. "사랑"이 없는 믿음은 죽은 믿음이고, "믿음"에 근거하지 않은 사랑은 생명 없는 것이다. "인내와 온유"도 서로 불가분리의 관계를 지닌다. "온유"의 미덕은 "인내" 없이 성립될 수 없다.

12 **믿음의 선한 싸움을 싸우라 영생을 취하라.** 여기서 "싸움"(ἀγῶνα)이라고 번역된 헬라어는 군사적인 전쟁을 가리키지 않고 "경주"의 싸움을 의미한다. 신앙생활을 선한 경주에 비유하는 이유는 무엇인가? 그것은 다음과 같이 설명된다. 이단자들의 투쟁(5절)은 육체적 탐심을 채우기 위한 것이기 때문에 악한 "싸움"이다. 그러나 그리스도의 복음을 굳게 믿기 위해 벌이는 "싸움"은 그 목적이 선하여 "영생"을 위한 것이다. 그뿐 아니라 믿음의 싸움은 방법도 선하여서 시기, 질투, 악독을 동반하지 않는다.

이를 위하여 네가 부르심을 받았고. 여기서 이른바 "이를 위하여"라는 말은 위에서 말한 "영생을 위하여"와 같은 뜻이다. 말하자면 디모데는 영생을 얻기 위하여 복음을 통해 하나님의 부르심을 받았다. 또한 그는 "많은 증인", 다시 말해 교회 앞에서 신앙고백으로 선한 증언을 하였다. 칼빈은 여기서 "선한 증거"라는 말은 디모데가 그의 믿음과 미덕으로 복음을 힘써 증언하여 모든 교회에서 인정받게 된 사실을 가리킨다고 한다. 이렇게 인정받은 자일수록 더욱 근신하여 믿음의 선한 싸움을 더욱 힘있게 싸워야 한다. 그는 자신의 명예를 위해 싸울 것이 아니라, 복음의 명예를 위하여 힘써 싸워야 한다.

많은 증인 앞에서 선한 증언을 하였도다. 여기서 "증언을 하였다"라고 번역된 헬라어 단어(ὁμολογέω)는 공동으로 고백한다는 뜻이다. 그렇다면 디모데는 언제 어디서 고백하였다는 말인가? ① 그가 교회에서 세례받을 때 믿음을 고백했던 것을 의미한다는 해석이 있다(Dibelius, Spicq, Michaelis, Wohlenberg, Bouma, Lock). ② 한편 그가 장립 받았을 때 고백했던 내용을 의미한다는 해석도 있다(Jeremias, Michel, Käsemann). ③ 그가 이방 법정에서 복음을 선포한 것을 가리킨다는 해석도 있다(O. Cullmann, G. Delling). ④ 칼빈에 따르면 이것은 디모데가 실제 삶을 통해 복음을 증언한 사실을 가리킨다고 한다(참조. 마 10:32-33; 롬 10:9-10; 히 3:1).

13 만물을 살게 하신 하나님 앞과 본디오 빌라도를 향하여 선한 증언을 하신 그리스도 예수 앞에서 내가 너를 명하노니. "살게 하신"(ζῳογονοῦντος)이라고 번역된 단어는 현재분사 형태다. 하나님께서는 언제나 만물에 생명을 주신다. 디모데는 그의 증거 운동, 곧 믿음의 선한 싸움에 있어서 죽음도 무서워할 필요가 없다. 하나님은 살려주시는 하나님이시니 인생들의 죽음 문제도 해결하여 주신다. 그뿐 아니라 예수님 자신이 빌라도 앞에서 죽으심으로써 그가 선포하신 진리를 확증하셨으니, 그 진리는 확고하여 흔들리지 않는다. 칼빈은 말하기를, "하나님이 피를 흘려 그의 교훈에 인치셨으니 우리의 모든 의심은 사라진다"라고 하였다.

"본디오 빌라도를 향하여 선한 증언을 하신 그리스도 예수." 이 같은 그리스도의 증언은 그가 땅 위에서 최후로 법정에서까지 자신에 대하여 증언하신 것인데, 이것이야말로 모든 증언의 대표라고 할 수 있다. "그리스도 예수"께서 빌라도를 향하여 증언하신 "선한 증거"의 내용은 그가 곧 천국의 왕(메시아)이시라는 것이었다(요 18:33-37, 19:10-11). 하나님께서는 이 위대한 증언을 믿고 받아들이는 자에게 영생을 주신다.

“내가 너를 명하노니.” 바울의 이 같은 명령은 앞 구절에서 말한 것과 같이 생명을 주시는 하나님과 생명을 증언하시는 예수님을 배경으로 한다. 그러므로 그의 명령을 어기는 자는 생명을 저버리는 것과 같은 불행에 이른다.

14 우리 주 예수 그리스도께서 나타나실 때까지 흠도 없고 책망 받을 것도 없이 이 명령을 지키라. 본 절은 바울의 명령이 얼마나 중대한지를 보여준다. ① 그것은 세상 끝날까지 지켜야 할 명령이고, ② 그것을 지키지 못하는 자는 주님께서 나타나실 때(그리스도의 재림 시에) 책망과 형벌을 받게 될 것이다.

“이 명령을 지키라.” 이 말은 디모데전서에 기록된 모든 목회 방침을 준수하라는 것이다. “명령”이라는 표현에 대해 몇 가지 해석이 있다. ① 11-12절에 포함된 명령이라는 해석(Weiss), ② 이 서신에 포함된 모든 말씀을 가리킨다는 해석,[121] ③ 십계명을 가리킨다는 해석(Baldensperger), ④ 기독교의 구원교리를 가르친다는 해석(Belser, Meinertz, Wohlenberg), ⑤ 디모데가 전도자로서 받은 책임을 가리킨다는 해석(Ridderbos, Bouma, Schrenk). 이 마지막 해석이 가장 적합하다. 그렇다면 이러한 해석은 “명령”이라는 단어가 본서에 기록된 모든 목회 방침을 가리킨다는 해석과 대동소이하다.

설교 칠층 덕목(11-14절)

사도 바울은 디모데에게 목회할 때 몇 가지 요긴한 것들을 힘써 지키라고 명령하였다. 그는 먼저 탐심의 죄악들을 피하라고 하였다. 11절에서 “이것들을 피하고”라고 말한 것은 앞의 9-10절에서 지적한 것처럼 부유해지려 하는 자들이 받는 시험을 가리킨다. 탐심은 음란과 마찬가지로 사람을 끌어당기는 매력적인 죄악이다. 그러므로 우리는 그것을 피하는 것이 최선이다. 또한

121) Dibelius, Die Pastoral Briefe, 1966, 68.

그는 디모데에게 일곱 가지 미덕을 따르라고 권면하였다(11-12절).

1. 의로움

"의"는 인간이 살아갈 길을 선택할 때 첫 번째로 고려해야 할 덕목이다. 인간은 무엇보다도 의를 선택해야 한다. 우리는 무언가를 행하고자 할 때 그것이 의로운 일인가를 먼저 생각해야 한다. 그것이 나에게 기쁨을 줄 것인가, 그것이 나를 평안하게 만들어 줄 것인가, 그것이 나에게 영광을 가져다줄 것인가? 이런 문제들은 고려할 사항이 되지 못한다. 오직 그것이 "의로운 일인가?" 하는 질문이 가장 먼저 고려되어야 할 문제다. 그러므로 이것이 여기 일곱 가지 덕목 가운데 가장 먼저 나온다.

2. 경건

위에서 말한 의는 "경건"을 근거로 해서만 얻을 수 있는 것이다. 다시 말해 인간이 하나님과 올바른 관계를 유지하고 사귈 때만 의를 얻을 수 있다. 경건을 근거로 하지 않은 의는 진정한 의가 아니다.

3. 믿음

위에서 말한 경건은 "믿음"이 없이는 성립될 수 없으므로 바울은 여기서 믿음을 언급한다. 믿음이 없이 스스로 경건하다 하는 자들은 모두 다 외식하는 자들이며, 그들이 부르짖는 경건이라는 것도 종교 사업가들의 구호일 뿐이다.

4. 사랑

믿음은 행실이 있어야만 살아 있는 것이다. 야고보는 말하기를, "행함이 없는 믿음은 죽은 믿음"이라고 하였고, 그것은 영혼 없는 몸과 같다고도 하였다(약 2:26). 그런데 행함은 "사랑"을 동기로 삼아서 행해야만 참된 것이기 때문에 바울은 여기서 "행함"의 근본인 사랑을 거론한다.

5. 인내

위에서 말한 사랑은 수고가 필요한 것이므로 "인내"가 없이는 이루지 못한다. 그러므로 사랑이 성립되게 만들어 주는 인내는 언제나 필요하다.

6. 온유

"온유"는 위에서 말하는 인내의 본질이다. 온유가 없이 인내하는 사람의 마음속에는 불평과 원망이 가득할 것이다. 그러므로 인내의 바탕이 되는 온유가 절대 필요하다.

7. 믿음의 선한 싸움

위에서 말한 온유는 사람이 생래적(生來的)으로 가질 수 없는 덕목이다. 그러므로 신자는 "믿음의 선한 싸움"을 싸워야 그 마음에 온유를 소유할 수 있다. 바울도 "자기 몸을 쳐 복종시키는" 싸움을 하였다고 고백한다(고전 9:27).

이제 우리는 위의 덕목들이 7층으로 이루어졌다는 사실에 주목한다. 그런데 가장 아래층이라고 할 수 있는 "믿음의 선한 싸움"은 영생을 취하는 싸움이기 때문에 누구나 싸울 욕망을 가지게 되어 있다. 누가 영생을 얻는 일을 싫어하겠는가? 이 싸움은 영생을 취하는 것이며, 신자는 그 영생을 얻도록 부르심을 받았고, 또한 부르심을 받은 증거로 신앙고백을 한 것이다. 디모데는 그렇게 부르심을 받았고 또한 선한 증거(신앙고백)를 나타냈다(12절).

결론: 엄중히 부탁하고 그것을 확고히 함(13-14절)

바울은 신자가 하나님과 예수님으로 말미암아서만 진리를 확고히 지키게 된다고 가르친다. 그러므로 그는 하나님과 예수님이 누구신지 명심할 것을 디모데에게 상기시킨다. 하나님은 "만물을 살게 하신 하나님"이시며, 예수님은 "본디오 빌라도를 향하여 선한 증언을 하신 그리스도"시라고 바울은 말한다. 예수님이 빌라도 앞에서 증언하셨다고 여기에 밝히는 것은, 그가 죽음을 각오하고 진리를 증언하셨다는 의미에서다. 그만큼 그의 복음 진리는 중대하다. 그리고 바울이 디모데에게 "우리 주 예수 그리스도께서 나타나실 때까지"(14절) 그가 명한 진리들(11-12절)을 지키라고 엄중히 말한 것은 그 "명령"이 얼마나 완전하며 절대적인지를 알려준다.

15 기약이 이르면 하나님이 그의 나타나심을 보이시리니 하나님은 복되시고 유일하신 주권자이시며 만왕의 왕이시며 만주의 주시요. "복되시고"라는 말은 하나님이 모든 사람에게 복을 주실 수 있는 복의 근원이 되심을 의미한다. "유일하신 주권자"라는 말은 악을 제어하는 진정한 능력이 오직 하나님께만 있다는 뜻이다. "만주의 주"라는 말은 바로 앞에 있는 "만왕의 왕"이라는 표현을 반복한 것이다. 이 세상에 "왕"들이 많으나 그들은 유일하신 "왕" 하나님 앞에 엎드리고 경배해야 할 자들이다(참조. 계 17:14).

16 오직 그에게만 죽지 아니함이 있고 가까이 가지 못할 빛에 거하시고 어떤 사람도 보지 못하였고 또 볼 수 없는 이시니 그에게 존귀와 영원한 권능을 돌릴지어다 아멘. 하나님은 복된 생명의 근원이시며 영생하시는 분이시다. 인간은 영생하게 하시는 하나님의 능력으로 말미암아서만 영생을 얻을 수 있다(13절). "가까이 가지 못할 빛에 거하시고"라는 말은 하나님의 성결하심을 가리킨다(시 104:2; 단 2:22).

하나님의 성품에 대한 위의 여러 가지 진술은 14절 말씀과 관련이 있다. 14절에서 바울은 디모데에게 준 자신의 명령이 엄중하게 이행되어야 하는 이유를 밝혔다. 그는 이것의 중요성을 강조하면서 그리스도께서 재림하실 때까지 그 명령이 지켜져야 한다고 말하였다. 그는 그리스도의 재림이 모든 것을 제자리로 돌리는 복된 사건이요 두려운 사건이라고 생각한 것이다. 그 사건을 염두에 두고 사도의 명령을 대하는 자는 두려움과 기쁨으로 그것을 지키게 될 것이다.

15-16절에서 바울은 계속하여 그리스도의 재림 문제를 다루는데, 그는 재림을 실행하시는 하나님의 성품에 대하여 진술한다. 바울이 여기에 진술한 것과 같은 성품을 가지신 하나님은 재림이 실현되도록 하실 수밖에 없다. ① 그의 "복되신" 성품은 온 성도들이 최종적으로 행복을 얻게 하시기 위하여 그리스도가 재림하게 하실 것이며, ② 그의 "능하신" 성품은 그리스도의 재림이 실현되도록 만드실 것이며, ③ 그가 "만왕의 왕이시며 만주의 주"시라는 사실을 밝히 드러내기 위해서도 그리스도는 재림하실 것이고, ④ 그의 "죽지 아니하는" 성품은 이 세상을 이 모양대로 내버려 두지 않으시고 기약이 이르면 그리스도를 재림하게 하셔서 세상을 심판하실 것이며, ⑤ "어떤 사람도 보지 못하였고 또 볼 수 없는" 그의 초월성과 성결하심은 반드시 권능과 영광으로 죄악 세상을 심판하게 하실 것이다.

설교 그리스도의 재림에 대하여(14-16절)

사도 바울은 디모데에게 교역자로서 지킬 몇 가지 덕을 제시하고, 그것을 지켜야 할 이유로서 그리스도의 재림을 말하였다.

1. 재림의 시기와 우리의 긴장

예수님의 재림이 기약대로 이루어진다는 사실을 신자가 깨달을 때 그는 신앙생활을 긴장감 있게 유지하게 된다(15상). 여기서 이른바 "기약이 이르면"(καιροῖς ἰδίοις)이라는 어구는 "때가 찬 경륜"이라는 말과 같은 표현이다(엡 1:9; 참조. 갈 4:4). 그러므로 이것은 하나님의 권위로 결정되어 변동될 수 없는 시기를 가리킨다. 이 사실을 아는 신자들은 주님의 재림을 기다릴 때 권태를 느낄 이유가 없다. 하나님께서 주님의 재림 시기를 권위 있게 정하시고 성취되게 하셨다. 그러므로 신자는 그리스도의 재림이 신적 주권으로 결정되었다는 사실로 말미암아 충만한 안식을 보장받는다.

신자는 주님의 재림을 기다릴 때 그가 속히 임하시지 않는다고 방심하거나 낙심하지 않는다. 다시 말해 그들은 그의 재림을 긴장감 있게 기다리면서도 주님이 더디 오신다고 해서 신앙을 잃지 않는다. 왜냐하면 그들은 재림의 시기를 하나님께서 확정하셨다고 믿기 때문이다. 농부가 씨를 뿌려 놓은 후 곡식이 자랄 때에 가을을 기다리면서도 조급해하거나 낙심하지 않고 기나긴 여름 동안 꾸준히 참고 일한다. 우리는 하나님이 정하신 시간을 귀하게 여기며 안심하고 기다릴 줄 알아야 한다. 그리고 우리는 기다림의 과정에서 신앙과 기도로 일관했던 아브라함을 모범으로 삼아야 한다. 아브라함이 갈대아 우르에서 부르심을 받았을 때, 하나님께서는 그에게 곧바로 땅을 주시지 않고 400년 후에야 주실 것이라고 약속하셨다. 그는 일평생 천막생활을 감수하였다. 히브리서 11:13-16에 말하기를, "이 사람들은 다 믿음을 따라 죽었으며 약속을 받지 못하였으되 그것들을 멀리서 보고 환영하며 또 땅에서는 외국인과 나그네임을 증언하였으니···이러므로 하나님이 그들의 하나님이라 일컬음 받으심을 부끄러워하지 아니하시고 그들을 위하여 한 성을 예비하셨느니라"라고 하였다.

그런데도 사람들이 재림을 대망하면서 긴장 가운데 살아가지 않는 이유는 무엇인가? ① 이 세상의 향락에 빠져 있기 때문이다. 마약 중독자에게는 파산에 대한 경고가 귀에 들리지 않는 것과 마찬가지로 세상의 즐거움에 미혹된 자들은 주님의 재림에 관심을 두지 않는다. ② 이 세상에서의 삶이 영원히 지속될 줄로 아는 자는 주님의 재림을 믿지 않는다. 십자가에 못 박힌 강도는 "예수여 당신의 나라에 임하실 때에 나를 기억하소서"라고 하였다(눅 23:42). ③ 이 세상이 언제나 변함없이 똑같을 것이라고 착각하는 자는 장차 주님의 재림 사건이 일어나게 될 것을 믿지 않는다. 이 세상은 언제까지라도 같은 모양인가? 베드로 사도는 "먼저 이것을 알지니 말세에 조롱하는 자들이 와서 자기의 정욕을 따라 행하며 조롱하여 이르되 주께서 강림하신다는 약속이 어디 있느냐 조상들이 잔 후로부터 만물이 처음 창조될 때와 같이 그냥 있다 하니"라고 하였다(벧후 3:3-4). 사람들은 어찌하여 옛날부터 그냥 있을 것이라고 착각하는가? 홍수 심판이 있지 않았는가?(벧후 3:6) 또한 소돔과 고모라가 유황불에 멸망하지 않았는가?(눅 17:29)

2. 하나님의 성품과 그리스도의 재림

하나님의 성품은 재림의 확실성을 보장한다. 재림은 하나님 자신이 나타나시는 것이기도 하다. 물론 재림하시는 이는 그리스도시지만, 그것은 하나님 아버지께서 오시는 것과 마찬가지다(참조. 계 1:4, 8). 그러므로 하나님의 성품을 생각할 때 그가 완전히 나타나시는 때가 이르리라는 말씀은 믿을 만하다. 하나님의 성품은 다음과 같다.

1) 하나님은 복을 주시는 분이시다(15절). 인생들이 받아 누리는 복들을 생각할 때 우리는 복을 주시는 이가 계신다는 사실을 기억하게 된다. 인생이 자기 힘으로 복을 만들어낼 수 없다는 점은 명백하다. 왜냐하면 복을 받는 일이 우리 뜻대로 이루어지지 않기 때문이다. 의로운 사람이라 해도 자기 마음대로 복을 받을 수 있는 것이 아니다. 그것은 복의 주관자가 하나님이시라는 사실을 분명히 하시기 위한 하나님의 경륜으로 말미암은 것이다. 의인이 자기 뜻대로 복을 받는다면 그는 교만해질 것이며 자기 자신이 복을 주관하는 것이라고 생각하게 될 것이다. 욥은 의인이었으나 받았던 복도 모두 다 빼

앗긴 일이 있었다. 복은 오직 하나님께서만 주시는 것이다. 그가 지금은 숨어 계시면서 인생들에게 복을 주신다. 오늘날 이렇게 주어지는 복은 제한적이다. 그러나 마침내 모든 복이 나타날 시기가 도래한다고 하였는데 그때가 바로 재림의 시기다. 우리가 이 약속을 믿는 것은 어렵지 않다.

2) 하나님은 유일하신 주권자시다(15절). 사람이 어떤 좋은 일에 성공한다면 그것은 하나님의 능력으로 말미암은 것이다. 설교자들이 경험을 통해 분명하게 깨닫는 사실이 있는데, 설교가 성공적으로 선포되는 때는 오직 위에서 오는 능력으로만 그렇게 된 것임을 알게 된다. 그러므로 현세에도 이처럼 능력을 주시는 하나님께서 장차 친히 그의 능력 전체를 가지고 나타나신다는 사실은 우리에게 믿어지고도 남는다.

3) 하나님은 만왕의 왕이시며 만주의 주이시다(15절). 현세에도 모든 정권은 하나님이 주신 것이다(롬 13:1-7). 하나님께서 세상의 모든 권세를 주관하시는 일은 특히 재림 때에 이루어진다. 그때에는 하나님의 주권이 만천하에 드러나서 세상의 임금들을 철장으로 질그릇 깨뜨리듯이 처리하신다.

4) 오직 그에게만 죽지 아니함이 있다(16절). 하나님께서는 현세에도 우리에게 생명을 공급하신다. 특별히 그리스도 안에서 우리를 중생하게 하신 그의 능력을 우리는 분명하게 경험한다. 이렇게 지금은 은밀한 가운데 생명을 공급하시는 이가 장차 모든 생명에 대해 결정적으로 역사하실 것이라고 성경은 말한다. 나타나시지 않고 일하시는 이가 장차 나타나신다는 말이 우리에게 믿기 어려울 이유는 없다.

5) 가까이 가지 못할 빛에 거하시고 어떤 사람도 보지 못하였고 또 볼 수 없는 자이시다(16절). 이 말씀은 하나님의 성결성을 가리킨다(출 19:12-13, 21-22). 성결은 죄악과 충돌되는 법이며 죄악을 소멸한다. 그러므로 죄인들이 하나님을 직접 만나면 죽을 수밖에 없다. 하나님께서 완전한 성결로 이 세상에 나타나실 때 회개하지 않은 모든 죄인은 다 멸망한다. 현세에 하나님께서 보

이지 않으시나 성결의 역사로 우리 가운데서 역사하시는 것이 사실이니, 그가 장차 완전히 나타나시리라는 약속이 우리에게 믿기 어려울 이유는 없다.

17-19절. 부자들을 향한 권면

17 부한 자들을 명하여 마음을 높이지 말고. "마음을 높이지 말라"는 말은 "교만하지 말라"는 뜻이다. 사람이 하나님을 믿지 않고 다른 세력을 의지하는 것이 교만이다.

정함이 없는 재물에 소망을 두지 말고. 이 말은 하나님께만 소망을 두어야 할 사람이 하나님을 재물만큼도 중하게 여기지 않는 그것이 교만이라는 뜻이다. 사람이 하나님을 의지하지 않고 물질을 의지하는 것은 성결하신 하나님을 부패한 물질만큼도 중히 여기지 않는 모욕적인 행동이다. 그것은 큰 교만이다. 야고보서 4:16에 말하기를, "이제도 너희가 허탄한 자랑을 하니 그러한 자랑은 다 악한 것이라"라고 하였다. 물질에 부유한 자들은 물질을 의지하고 하나님을 믿지 않는다. 이런 부자들에게는 그들의 재산이 오히려 재앙이 된다. 가난한 자들은 하나님을 의지하기에 유리한 조건을 갖추고 있다. 야고보서 2:5에 말하기를, "하나님이 세상에서 가난한 자를 택하사 믿음에 부요하게 하시고 또 자기를 사랑하는 자들에게 약속하신 나라를 상속으로 받게 하지 아니하셨느냐"라고 하였다. 예수님은 말씀하시기를, "낙타가 바늘 귀로 들어가는 것이 부자가 하나님의 나라에 들어가는 것보다 쉬우니라"(마 19:24)라고 하셨다. 지금까지의 역사를 보면 땅 위의 참된 신자들은 대부분 가난한 사람들이었다. 바울은 집이 없었고, 무디는 어렸을 때 신발이 없어서 맨발로 다닌 때가 있었고, 링컨은 "조지 워싱턴 전기"를 사기 위해 옥수수 타작하는 일을 사흘 동안 하기도 했다(참조. 시 39:6; 잠 11:4; 약 5:1-5).

모든 것을 후히 주사 누리게 하시는 하나님께 두며. 하나님께서는 우리에게 불필요한 것은 주시지 않는다. 그는 때때로 우리가 가난하게 지내는 것을 좋게 여겨 그대로 두신다. 그러나 그는 참으로 우리에게 필요한 것이면 그것을 후히 주신다. "누리게 하시며"(ἀπόλαυσιν)라는 말은 "즐기게 하신다"라는 뜻인데, 이에 대하여 벵겔은 말하기를, "무엇을 즐기는 일은 그것을 단단히 붙잡고 있어서만 되는 것이 아니고 그것을 남에게 줌으로써 성취되는 것이다"[122]라고 하였다.

18 선을 행하고 선한 사업을 많이 하고 나누어 주기를 좋아하며 너그러운 자가 되게 하라. 이 구절은 부자가 남을 구제해야 할 책임을 강조한다. 바울은 이러한 구제 사업의 중요성을 강조하기 위해 네 가지 표현을 동원하는 중언체를 사용한다. 요컨대 "선을 행하고"라는 말은 뒤에 이어지는 세 가지 조항을 총괄하는 것이다. ① "선한 사업을 많이 하고"라는 말은 부자가 금전에 부유하기보다는 자선사업에 부유할 것을 권면하는 말씀이고, ② "나누어 주기를 좋아하며"라는 말은 남에게 도움을 주는 자는 그 일을 부득이하게 행할 것이 아니라 호의로 해야 한다는 것을 가리키고, ③ "너그러운 자"(κοινωνικούς)가 되게 하라는 말은 구제할 때 동등한 형제의 자세로 임하라는 뜻이다. 이것은 부자들이 남들을 도와주면서도 교만하지 않아야 할 것을 가르치는 말씀이다.

19 좋은 터를 쌓아 참된 생명을 취하는 것이니라. "좋은 터를 쌓아"라는 말은 변화무쌍한 이 세상과 다른 안전한 천국에 보화를 쌓아 두라는 뜻이다(참조. 마 6:20). "참된 생명"은 "영생"을 가리킨다.

설교 나누어 주기를 좋아하라(17-19절).

우리가 나누어 주어야 할 이유를 몇 가지 들자면 다음과 같다.

---

122) Enjoyment consists in giving, not in holding fast.

1. 우리는 "청지기"이기 때문이다.

만물은 하나님이 창조하셨으니 내 것이 아니다. 인생은 그것들을 맡아 하나님을 위하여 사용해야 하는 청지기다. 모든 선한 사업은 하나님의 사업이다. 왜냐하면 사업의 목적이 사업 자체에 있는 것이 아니라 그 사업을 통하여 하나님을 영화롭게 하는 데 있기 때문이다.

우리의 몸도 우리 자신을 위한 것이 아니고 하나님께 영광을 돌리기 위하여 존재하는 것이다(고전 6:13). 우리는 남에게 나누어 주는 일을 간헐적으로 하는 것이 아니라 계속해서 해야만 한다. 우리는 하나님으로부터 모든 것을 거저 받았으니 우리도 거저 나누어 주어야 한다. 그리스도께서 우리에게 주시기를 그치지 않으시니 우리도 나누어 주기를 멈추어서는 안 된다. 우리가 값을 치르지 않고 주님에게서 받은 것이 너무 크다(사 55:1). 우리가 받은 것에 대해 값을 내지 않는 이유는 그 선물이 너무 귀하여 인생으로서는 도저히 그 값을 치를 수 없기 때문이다. 그러므로 우리도 좋은 것을 남들에게 거저 주어야 한다. 우리는 나누어 주는 일에 경쟁적으로 열심을 내어야 한다. 주는 것이 받는 것보다 복이 있다(행 20:35). 아프리카의 어느 호수가 본래는 물도 검은색이었고 고기도 살지 못했다고 한다. 그런데 후에 물이 다른 데로 흘러나가도록 만들었더니 그때부터 물이 맑아지고 고기도 많이 살게 되었다고 한다.

2. 하나님은 즐겨 내는 자를 사랑하신다(고후 9:7).

하나님 자신이 후히 주시기를 좋아하시므로 인생 중에서도 그렇게 나누어 주는 자를 사랑하신다. 하나님은 우리가 자신을 하나님을 닮아 가는 것을 기뻐하신다. 그는 우리에게 만물을 주셨으며, 그리스도를 주셨고, 성령도 주셨고, 천국까지 주셨다.

3. 우리는 빚진 자다.

우리는 과거 역사에 대하여 빚지고 있다. 기독교 역사는 그리스도 안에 있는 수많은 성도의 노력과 희생과 순교로 세워져 왔는데, 우리는 이 많은 사람을 통해 하나님의 은혜를 입고 있다. 우리는 이 빚을 갚아야 한다. 그뿐 아니라 우리는 미래 시대에 태어날 사람들을 위해서도 맡은 바 사명이 있는데 그것도 우리가 짊어져야 할 빚이다.

4. 희생을 통해 천국이 가까워진다.

우리가 천국을 위하여 우리의 좋은 것을 바칠 때 우리의 심령은 천국에 가까이 가게 된다. 어머니가 어린 자식을 사랑하는 이유는 그의 희생이 자식에게 담겨 있기 때문이다. 우리가 우리에게 있는 물질을 내어주지 아니하면 그것을 아끼는 마음이 생겨나서 점점 커지는데, 사람이 그렇게 되면 하나님에 대해 등한해지고 물질을 하나님보다 더 사랑하게 된다. 그것은 위험한 일이다. 예수님께서 이와 같은 어리석은 부자를 꾸짖어 말씀하시기를, "하나님은 이르시되 어리석은 자여 오늘 밤에 네 영혼을 도로 찾으리니 그러면 네 준비한 것이 누구의 것이 되겠느냐 하셨으니 자기를 위하여 재물을 쌓아 두고 하나님께 대하여 부요하지 못한 자가 이와 같으니라"(눅 12:20-21)라고 하셨다.

20-21 이 구절들의 의미에 대해서는 1:3-11 해석을 참조하라.

신약주석
디모데후서

디모데후서 주석

목차

본문주석

설교

제 1 장

개요

1. 축복과 감사하는 기도(1-5절)

1) 바울이 사도 된 것은 하나님께서 자기 백성에게 영생을 주시기 위하여 약속하신 구원 계획대로 된 것이요, 우연히 이루어진 일이 아니다. 그만큼 사도직은 권위 있는 것이다.

2) 디모데의 믿음은 거짓 없는 믿음이고, 역사적인 믿음이다. 비록 주관적으로는 진실한 믿음처럼 여겨진다 해도 객관적으로 건실한 신앙의 전통에 속하지 않은 것은 미신이다. 디모데의 믿음은 주관적 진실성과 역사적 진실성을 겸비하였다. 따라서 그의 믿음은 바울의 감사 제목이 되었고 또한 그를 만나보고자 하는 이유도 되었다.

2. 디모데에게 복음을 위하여 고난을 받으라고 함(6-14절)

성직의 은혜가 불일듯이 되려면, 복음을 위하여 고난을 두려워하지 않아야 한다. 그 이유는 다음과 같다.

1) 하나님께서 능력과 사랑과 근신하는 마음을 주시기 때문이다(7절).

2) 복음은 하나님의 은혜이기 때문이다(9절).

3) 복음은 사망을 폐하고 생명과 썩지 아니함을 가져오기 때문이다(10절).

4) 그리스도께서 전도자의 영혼을 끝날까지 지켜주시기 때문이다(12절).

3. 사도 바울에게 반대한 자들과 그를 끝까지 따른 자들(15-18절)

주님의 진실한 종을 대접한 자는 그날에 주님 앞에서 상급을 받는다(마 10:42).

⚜ 해석

1 하나님의 뜻으로 말미암아 그리스도 예수 안에 있는 생명의 약속대로 그리스도 예수의 사도 된 바울은(참조. 고전 1:1; 고후 1:1, 엡 1:1; 골 1:1). 바울은 자칭 사도가 아니었다. 그의 사도직은 하나님의 뜻으로 말미암은 것이니 그의 권위는 하나님에게서 비롯되었다. 그러므로 그의 편지 역시 교회를 향한 하나님의 말씀으로서의 권위를 가진다. 디모데에게 보낸 바울의 이 편지가 디모데 개인을 대상으로 한 것처럼 보이나 실상은 교회를 대상으로 한다고 말할 수 있다. 왜냐하면 편지의 내용이 디모데의 목회 사역에 필요한 교훈들을 포함하기 때문이다.

"그리스도 예수 안에 있는 생명의 약속대로." 영원한 생명의 원천이 그리스도 예수이시므로 여기서 "그리스도 예수 안에 있는 생명"이라고 말한다. 주님을 위해 옥중에서 수난당하면서 영광의 죽음을 내다보는 바울은 여기서도 그가 사후의 생명을 사모하고 있음을 밝힌다.

"생명의 약속." 이것은 하나님께서 예수를 통하여 신자들에게 영생을 주시겠다고 아브라함에게 약속하신 사실을 가리킨다(갈 3:14, 16). 하나님께서는 이제 신약 시대에 이르러 그가 하신 약속이 이루어졌음을 전파하시기 위해 사도를 세우셨다.

2 사랑하는 아들 디모데에게 편지하노니 하나님 아버지와 그리스도 예수 우리 주께로부터 은혜와 긍휼과 평강이 네게 있을지어다. "사랑하는 아들"이라는 문구에 대해서는 디모데전서 1:2 해석을 참조하라. 이 편지는 디모데 개인에게 보낸 것이지만 목회에 관한 교훈이므로 실상은 교회를 위한 공적 서신이다.

"은혜와 긍휼과 평강이 네게 있을지어다." 디모데전서(1:2하)에서도 "긍휼"(ἔλεος)이라는 단어가 "은혜"와 "평강"에 덧붙여져 있었다. 요아힘 예레미아스(J. Jeremias)는 이것을 "용서의 긍휼"(vergebende barmherzigkeit)이라고 해석하였다.[123)]

3 내가 밤낮 간구하는 가운데 쉬지 않고. 바울의 서신들은 대개 기도하는 문구로 시작하는데 그것으로 미루어보아 그가 기도의 사람이었음을 알 수 있다. 그가 "쉬지 않고" 기도한다고 말한 것은 규례를 따라 일정한 시간에 기도하는 일을 중단하지 않는다는 뜻이며, 또한 심령으로도 쉬지 않고 기도한다는 의미다.

청결한 양심. "거짓 없는 양심"을 가리킨다(참조. 딤전 1:19 "착한 양심"에 대한 해석). 하나님을 섬기는 자도 역시 인간이기 때문에 다른 허물들이 있을 수 있다. 그러나 하나님을 섬기는 일에 있어서만큼은 거짓이 섞여서는 안 된다. 그는 그리스도로 말미암아 진심으로 하나님의 존재를 믿고 그를 경배해야 한다.

조상적부터 섬겨 오는 하나님께 감사하고. 여기서 "조상"이라고 번역된 헬라어 단어(προγόνων)는 복수형이므로 "조상들"이라는 뜻이다. 리델보스(H.

---

123) Das Neue Testament Deutsch, Die Briefe an Timotheus und Titus, 11.

Ridderbos)는 이 말이 이스라엘의 조상들을 의미하는 것이 아니라 바울 자신의 조상들을 가리킨다고 하였다.[124] 그의 해석은 바울신학이 역사적이고 전통적인 요소를 중요시한다는 사실을 보여준다. 바울이 섬기는 "하나님"은 바울 개인이 새롭게 발견한 신이 아니라 이전의 모든 참된 성도들이 대대로 섬겨 오면서 참된 증거와 축복을 얻었던 참된 신이시며, 진정으로 신뢰할 만한 하나님이시다(행 24:14; 26:6; 28:20).

4 네 눈물을 생각하여. "네 눈물"은 디모데가 바울과 작별할 때 흘린 눈물을 말한다(참조. 행 20:37). 그가 바울을 사랑하고 사모한 이유는 바울의 위대한 신앙 인격 때문이었을 것이다. 그러므로 그의 눈물은 육신적인 감정보다는 영적인 간절함에서 비롯된 것이었다.

너 보기를 원함은 내 기쁨이 가득하게 하려 함이니. 친구들끼리 헤어졌다가 다시 만나도 기쁨이 있는 법이다. 공자(孔子)도 말하기를, "친구가 멀리서 오면 기쁘지 않으랴!"(有朋自遠方來不亦樂呼)라고 하였다. 더 나아가 두 사람이 영적인 인연으로 서로를 사모하던 중에 만나게 되면 그때의 기쁨은 이루 말할 수 없이 크다. 성도가 영적 희열을 구하는 이유는 개인적인 유쾌함을 위해서가 아니라, 주님을 향한 그의 신앙생활이 활기차고 힘있게 하기 위해서이며, 주님을 향한 감사를 더욱 풍성하게 하기 위해서다(약 5:13).

5 본 절에는 "속에"(ἐν)라는 전치사가 세 번 사용되었는데 이것은 우연한 일이 아니다. 이것은 믿음이 가식과 겉모습만으로는 유지될 수 없고 내실이 있어야만 참되게 존속할 수 있다는 사실을 알려준다.

이는 네 속에 거짓이 없는 믿음이 있음을 생각함이라. 이것은 바울이 앞 절에서 말했던 것처럼 그의 "기쁨이 가득하게" 되는 원인을 밝힌 것이다. 바울은 제자의 진실한 믿음으로 말미암아 이미 기쁨을 누리고 있었다.

---

124) Commentaar op Het Nieuwe Testament, Pastorale Brieven, 1967, 179.

이 믿음은 먼저 네 외조모 로이스와 네 어머니 유니게 속에 있더니. 이 두 여자에 대한 저자의 자세한 지식은 그가 분명히 사도 바울이라는 점을 입증한다(H. Ridderbos)(참조. 행 16:1-3; 딤후 3:15). 또한 이 구절은 후대에 신앙을 전수하는 일에 있어서 가정교육이 얼마나 큰 효과를 발휘하는지를 보여준다. 여성은 남성보다 자녀에게 감화를 끼칠 수 있는 성품과 계기를 더 많이 가지고 있다. 디모데의 외조모와 모친은 가정에서 신앙교육을 시행하는 일에 모범이 되었다. 이 구절에서도 신앙의 역사적이고 전통적인 성격을 보여준다. 현대의 자유주의 신학과 위기신학은 바른 신앙의 전통을 반대하는 잘못을 범하고 있으며, 그것이 바울신학과의 차이점이다.

설교 디모데의 신앙(3-5절)

바울은 디모데로 말미암아 밤낮 감사하였다. 바울은 디모데를 가리켜 자기의 참 아들이라고 하였다(딤전 1:2). 우리는 잘 믿는 남의 아들이 믿지 않는 친아들보다 귀한 줄 알아야 한다. 그런 마음가짐을 가지는 것이 하나님 나라 백성이 되는 자격이다(막 3:31-35). 그렇다면 디모데의 믿음은 어떠하였는가?

1. 눈물의 신앙(4절)

전도서 7:3에 말하기를, “슬픔이 웃음보다 나음은 얼굴에 근심하는 것이 마음에 유익하기 때문이니라”라고 하였다. 신앙으로 말미암아 흘리는 눈물은 귀하다. 다윗은 “나의 눈물을 주의 병에 담으소서”라고 말하였다(시 56:8; 참조. 왕하 20:5). 눈물이 있어야 마음이 부드러워지고, 마음이 부드러워져야 더 깊은 영적 진리를 깨닫는다. 지성적인 연구에 치중하는 사람들은 눈물이 없다. 그렇게 될 수밖에 없는 이유는 그들이 인생에 대한 피상적인 이해에 만족하고 마는 교만한 자들이기 때문이다(고전 8:2). 그들은 모든 것을 분석하여 규칙을 도출하는 일에만 집중하며, 자기 자신까지도 규범화해버리려는 경향을 지니고 있다. 법칙의 세계에는 눈물이 없다. 그러나 이 세상에는 법칙으로 환원할 수 없는 요소들이 존재한다. 우리가 이 세상에서 모든 괴로움을 참고 견디어 나갈 때 눈물이 나고, 죄를 회개할 때 눈물이 나고, 남을 용서할 때 눈물이 나고, 남을 사랑할 때 눈물이 나고, 죽어가는 자를 볼 때 눈물이 난다. 이러한 사실들은 법칙화될 수 없는 고상한 진리다. 이것은 인격(person)의 세계요, 하나님을 체험하는 경지에 가까운 것이다.

2. 거짓이 없는 믿음

디모데는 어떤 경로로 거짓이 없는 믿음을 얻게 된 것일까? 그것은 자기의 외조모와 모친의 성경 교육으로 말미암은 것이었다. 이러한 사실을 본문 5절과 디모데후서 3:15이 알려준다. 디모데후서 3:15에 "어려서부터"라고 번역된 헬라어 문구(ἀπὸ βρέφους)는 "갓난아이 때부터"라고 번역해야 한다. 사람의 인격 형성은 대부분 어머니의 가정교육에 좌우된다. 선량한 자녀들은 선한 어머니를 두었다. 어머니의 책임이 이처럼 중대하다. 어머니는 자녀들이 십대를 벗어나기 전에 그들을 성경으로 교육해야 한다. 어린 자녀들이 성경 말씀 가운데 교리상으로나 신앙적으로 중요한 요절들을 암송하도록 하는 것은 대단히 효과적이다. 그리고 가능하다면 성경의 어려운 말씀들을 쉽고 건전하게 이야기식으로 옮겨 가르치는 것도 좋은 성과를 낸다. 어떤 부모들은 자기 자녀들에게 성경 가르치기를 원하지 않는다. 아직 정서적으로 미성숙한 아이들에게 종교를 주입하게 되면 그들의 정신이 자유롭게 성장하는 데 방해가 된다는 것이다. 그러나 이러한 사고방식은 착각에서 비롯된 것이다. 어린아이들이 성경 교육을 받지 않으면 그들은 불가피하게 이 세상의 악한 사상 풍조에 사로잡히게 된다. 그들이 성경 교육을 받으면 그들의 자유가 장해를 입는 것이 아니라 도리어 그들의 영혼이 죄로부터 해방되어 참된 자유를 얻게 되는 것이다(요 8:32).

자녀들의 신앙교육은 부친보다는 어머니에게 달렸다. 이것은 두 번 해산의 수고를 담당하는 일과 같다. 그러나 이것이 어머니에게 주어진 책임이다(딤전 2:15).

6 그러므로 내가 나의 안수함으로 네 속에 있는 하나님의 은사를 다시 불일듯 하게 하기 위하여 너로 생각하게 하노니. 여기서 "그러므로"(δι' ἣν αἰτίαν, "그런 이유로")라는 말은 앞 절의 결론으로서 본 절의 권고 말씀을 소개한다. 디모데에게 진정한 신앙이 있으므로 바울은 그를 권면할 용기를 가진다. 소망이 없는 인물에게는 권면도 무용지물이다.

"나의 안수함." "안수"는 ① 너무 가볍게 여겨서도 안 되는 것이지만(딤전 5:22), ② 로마교회가 생각하는 것과 같은 성례(sacrament)도 아니며, ③ 물리적인 방식으로 은사를 전달하는 방편도 아니다 ④ "안수"는 단순히 은혜를 전달한다는 의미를 상징하는 것이다. 사도 시대에는 사도들이 행한 이런 예식을 통하여 성령의 기적적인 은혜가 임하였으나 사도 시대 이후에도 그런 기적적인 역사가 지속되는 것은 아니다.[125)]

"네 속에 있는 하나님의 은사"라는 표현은 영적 능력을 가리킨다. 다시 말해 그것은 디모데가 노회에서 안수받을 때(딤전 4:14) 성령으로 말미암아 받았던 은혜, 곧 성직을 이행할 수 있게 하는 영력을 뜻한다.

"불일듯 하게"라는 말은 이미 받은 은사를 힘써 사용함으로써 그것이 장성하고 강력해짐을 가리킨다(참조. 딤전 3:13하). 교역자가 맡은 직무를 이행하지 않을 그가 가지고 있던 영적 능력도 쇠퇴한다. 그의 영적 능력은 그가 남들을 위하여 힘써 바르게 목회할 때 장성한다.

---

125) Calvin, Institutes of Christian Religion, IV, 19:6.

"너로 생각하게 하노니." 다시 말해 디모데를 권면하여 그의 영적 능력이 장성하기를 도모할 마음을 품게 만든다는 것이다.

설교 **디모데의 거짓 없는 믿음**(5-6절)

믿음은 귀한 것이다. 우리에게 믿음만 있으면 모든 참된 것이 다 이루어진다. 그러므로 예수님께서 그에게 찾아오는 병자들에게 "너희 믿음대로 되라"(마 9:29)라고 말씀하셨을 때 그들의 병이 치유되었다(참조. 마 8:13). 하나님께서는 우리에게 오직 믿음만을 요구하신다. 왜냐하면 믿음 한 가지만 있으면 다른 모든 선한 일들이 그에 따라 이루어지기 때문이다. 그러므로 우리는 이 귀한 믿음을 가지고 있는 것처럼 겉모습으로만 꾸면서는 안 된다. 우리는 믿음을 뿌리 깊이 우리 중심에 간직하고 있어야 한다. 본문에는 "속에"라는 표현이 세 번이나 나온다. "속에"라는 말은 얼마나 귀한가? 사람의 마음속에 믿음이 있으면 든든하고 평안하며, 또한 하나님을 중심에 모시고 있음을 느끼며 살아가게 된다.

그런데 신자들은 종종 스스로 속아서 마음속에 뿌리 깊은 믿음이 없으면서도 안심하는 경우가 있다. 그렇게 되는 원인은 다음과 같다.

1. 죄악과 불신앙은 그 자체를 감추고 포장한다. 그것들은 좋은 수식어나 명칭이나 외형적인 형식들의 탈을 쓰고서 숨어버린다. 사람들은 이렇게 자기에게 신앙이 있는 줄 알고 한평생을 허비하다가 마침내 심판대 앞에 가서야 깜짝 놀라게 된다. 심판 날에는 놀랄 일이 많다. 그러므로 예수님께서 "그 날에 많은 사람이 나더러 이르되 주여 주여 우리가 주의 이름으로 선지자 노릇하며 주의 이름으로 귀신을 쫓아 내며 주의 이름으로 많은 권능을 행하지 아니하였나이까 하리니 그 때에 내가 그들에게 밝히 말하되 내가 너희를 도무

지 알지 못하니 불법을 행하는 자들아 내게서 떠나가라 하리라"(마 7:22-23) 라고 하셨다.

2. 사람은 종종 마음속에 뿌리 깊은 신앙도 없이 남들이 치켜세워 주는 바람에 위안을 얻는다. 그러나 이것 역시 자신을 속이는 일이다. 예수님께서 말씀하시기를, "너희는 사람 앞에서 스스로 옳다 하는 자들이나 너희 마음을 하나님께서 아시나니 사람 중에 높임을 받는 그것은 하나님 앞에 미움을 받는 것이니라"(눅 16:15)라고 하셨다. 그러므로 사람 "속에" 있는 믿음이 참 믿음이다. 이런 귀한 믿음은 어떤 경로로 사람에게 오게 되는가? 그것은 물론 화살같이 마음속으로 파고드는 하나님의 말씀으로 말미암는다. 하나님께서는 사람의 중심을 중요하게 여기신다. 시편 51:6에는 "주께서는 중심이 진실함을 원하시오니 내게 지혜를 은밀히 가르치시리이다"라고 하였다. 그러므로 성령의 역사는 신자들의 마음속을 새롭게 하는 일에 전념한다. 요한복음 7:38에서 "나를 믿는 자는 성경에 이름과 같이 그 배에서 생수의 강이 흘러나오리라"라고 하신 말씀이 그런 의미다. 고린도후서 4:16에서는 "우리의 겉사람은 낡아지나 우리의 속사람은 날로 새로워지도다"라고 하였다.

7-8절. 교역자의 직무를 수행하고 주님을 위하여 고난을 받는 일에 필요한 은사

7 하나님이 우리에게 주신 것은 두려워하는 마음이 아니요 오직 능력과 사랑과 절제하는 마음이니. 헬라어 원문에는 본 절 첫머리에 "왜냐하면"(γάρ)이라는 이유 접속사가 있으므로 이 말씀이 "은사"(6절)의 성격과 내용에 대한 설명임을 알 수 있다.

"두려워하는 마음이 아니요." 여기서 "마음"이라고 번역된 헬라어(πνεῦμα)는 "영"이라고 번역되어야 한다. 그리고 "영"은 성령의 은혜를 가리키는데,

디모데만 아니라 모든 신자가 받은 것이라고(H. Ridderbos) 해석하는 학자도 있다(롬 8:15). 그러나 문맥상으로 보아 그리스도의 일꾼이 받은 특별한 은사를 가리킨다는 해석이 더욱 적절하다(Calvin). 이 "영"은 두려워하는 영이 아니라 "능력과 사랑과 절제하는 영"이다(하반절). 공포심은 무지나 심약한 기질에서 비롯되는 것이다. 그런데 복음을 아는 자는 적어도 지식적으로라도 인생 문제의 근본을 안다. 그는 가장 어려운 문제라고 할 수 있는 죽음조차도 이미 해결하였다. 그렇지만 복음을 아는 자도 능력을 받기 전에는 고난이 임할 때 당황한다. 그러나 그가 능력을 받으면 문제는 달라진다. 설령 그가 기질상으로 심약하고 겁이 많다 하더라도 진리에 대한 지식과 성령님의 도우심으로 두려움을 이길 수 있다(참조. 요 16:33).

"능력과 사랑과 절제." 이 세 가지 미덕은 신자들, 특히 교역자들이 주님을 위하여 고난을 받을 수 있게 만들어 주는 은사다. "능력"은 성령님이 주시는 담대하고 견고한 힘이다. 그리고 "사랑"은 성령의 열매인데, 이것이 있으므로 희생할 마음이 생기고 심약해지지도 않는다(요일 4:18). "절제"(σωφρονισμοῦ)는 마음속의 생각을 조절하여 흥분하지 않고, 놀라지 않고, 세상 욕심에 끌리지도 않는 영적 자질이다.

8 그러므로 너는 내가 우리 주를 증언함과 또는 주를 위하여 갇힌 자 된 나를 부끄러워하지 말고 오직 하나님의 능력을 따라 복음과 함께 고난을 받으라. 다시 말해 주를 증언하는 말씀의 사도인 바울을 부끄러워하지 말라는 뜻이다(참조. 마 10:33). "하나님의 능력을 따라"라는 말은 인간의 연약함을 바라보지 말고 오직 하나님의 강한 능력만을 의지하고 수난의 용기를 가지라는 것이다. "복음과 함께 고난을 받으라"(συγκακοπάθησον τῷ εὐαγγελίῳ)라는 말씀은 "복음을 위하여 [나와] 함께 고난을 받으라"라고 번역하는 것이 옳다.

9-12절. 이 단락은 앞 절에서 말한 "하나님의 능력"이 무엇인지 구체적으

로 진술한다. 그것은 ① 우리를 은혜의 방법으로 불러내어 구원하시는 지존하신 주권자의 능력이고(9절), ② 사망을 폐하시고 생명의 법을 세우신 전능자의 능력이고(10절), ③ 바울의 영혼을 끝날까지 지켜주실 구원자 하나님의 능력이다(12절). 이런 놀라운 능력을 믿고 아는 자들은 복음을 위하여 고난을 받을 수 있다.

9 하나님이 우리를 구원하사 거룩하신 소명으로 부르심은 우리의 행위대로 하심이 아니요 오직 자기의 뜻과 영원 전부터 그리스도 예수 안에서 우리에게 주신 은혜대로 하심이라. 이것은 우리를 불러 구원하시는 하나님의 능력이 우리 행위의 결과로 나타나는 것이 아니라, 창조주 하나님의 의지대로 아무도 저항할 수 없게 역사하는 것임을 보여준다. 이런 침범할 수 없는 절대적 의지로 나타나는 능력의 활동을 막을 힘은 세상에 전혀 없다. 그러므로 추악한 죄인도 진심으로 회개하면 이와 같은 능력의 도움을 바라볼 수 있다.

"우리의 행위대로 하심이 아니요." 구원의 능력이 우리 인간의 연약한 행위에 따라 좌우된다면 그것은 연약하게 나타날 수밖에 없을 것이다. 그러나 그것은 인간의 행위에 좌우되지 않는다. 구원의 능력은 우리가 태어나기도 전에 "오직 자기의 뜻과 영원 전부터 그리스도 예수 안에서 우리에게 주신 은혜대로" 역사하고 있다. 한마디로 ① 구원의 능력은 하나님의 뜻대로 역사하고 있으니 어느 누구도 그것을 변경시킬 수 없고, ② 이미 영원 전부터 그리스도 안에서 주시기로 결정된 대로 진행되어가고 있다(참조. 벧전 1:20).

10 이제는 우리 구주 그리스도 예수의 나타나심으로 말미암아 나타났으니 그는 사망을 폐하시고 복음으로써 생명과 썩지 아니할 것을 드러내신지라. "나타났다"라는 말은 영원 전에 그리스도 안에서 신자들에게 구원을 주시기로 예정하신 것이 이제 신약 시대에 실현되었음을 가리킨다.

"그는 사망을 폐하시고"(참조. 히 2:14-15). 예수 그리스도는 친히 십자가에 달려 죽으심으로 인류가 치러야 할 죄의 대가인 사망을 폐하셨고, 부활하심으로써 신자들의 부활을 성취하셨다.

마르틴 디벨리우스(Martin Dibelius)와 한스 콘첼만(Hans Conzelmann)은 9-10절의 표현들이 예식서의 문체와 유사하다는 점을 근거로 이것이 이미 정형화되어 유통되던 문체로서 후대 바울 학파(Paulusschule)의 표현이라고 주장한다. 따라서 그들은 목회 서신이 바울 이후의 저작이라고 결론짓는다.[126] 그러나 아돌프 윌리허(A. Jülicher)는 목회 서신에서 바울의 문체를 많이 발견하였고,[127] 헤르만 리델보스(Ridderbos)는 목회 서신에서 바울의 인격적 요소를 많이 지적하면서 저자가 바울임을 확언하였다.[128]

11 내가 이 복음을 위하여 선포자와 사도와 교사로 세우심을 입었노라. "선포자"는 복음 전파와 관련된 사역을 위하여 세워진 직분이고, "사도"는 교회설립의 기초 사역을 위하여 그리스도께서 친히 세우신 직분이고, "교사"는 계시된 진리인 성경을 해석하여 가르치는 직분이다. 바울은 한 사람으로서 이렇게 다방면의 사역을 감당할 수 있는 그리스도의 종이었다.

"세우심을 입었노라." 그가 복음을 위한 자신의 사명을 세 가지로 거듭 말한 의도는 무엇인가? 그것은 그의 사명이 하나님으로부터 말미암은 것임을 강조하기 위한 것이다. 마귀는 복음을 듣는 자들의 믿음을 약화시키기 위해 복음을 전파하는 일꾼의 권위를 떨어뜨리려고 한다(Calvin).

12 이로 말미암아 내가 또 이 고난을 받되 부끄러워하지 아니함은 내가 믿는 자를 내가 알고 또한 내가 의탁한 것을 그 날까지 그가 능히 지키실 줄을 확신함이라. "이로 말미암아"라는 표현은 앞 절 말씀과 관련된 것이다. 다시 말해 바울이 그가 받은 복음의 직분을 위한다는 뜻이다.

---

126) Die pastoral Briefe, 1966, 74. "Da hier wie Tit 3:5 kerygmatische Formulierungenreproduziert oder gar zitiert werden, wird man in diesen Sätzen übernommene paulinische Lehre sehen dürfe.

127) A. Jülicher, Einleitung in das Neue Testament, 1931.

128) Pastorale Briefe, 1967, pp. 14-32, 186-187.

"내가 또 이 고난을 받되"(καὶ ταῦτα πάσχω)라는 말은 "내가 이런 고난들까지 받되"라고 번역하는 것이 옳다. 바울이 주님을 위하여 고난을 받되 부끄러워하지 않은 이유는 그가 주님을 잘 알고 있었기 때문이다. 우리는 우리가 믿는 주님을 잘 알고 있어야 한다. 잘 알지 못하고서 믿는 것도 귀한 신앙이지만, 알아야 할 것을 알고서 믿는 것은 더욱 큰 확신을 가져다주는 강력한 믿음이다.

"내가 의탁한 것"은 "나의 생명" 혹은 "나의 영혼"을 의미한다. "그 날"은 그리스도께서 재림하시는 날이다. 바울은 무슨 고난이든지 두려워하지 않고 복음을 위하여 담대하였다. 그가 그렇게 담대할 수 있었던 것은 그의 영혼이 그리스도의 보호 속에서 영원토록 안전할 것을 알았기 때문이다(참조. 살전 5:23).

13-14절. 올바른 복음을 파수하라는 부탁

13 너는 그리스도 예수 안에 있는 믿음과 사랑으로써. 이 세상 사람들도 신앙이나 신념이 필요하다고 말하며 사랑을 강조하기도 한다. 그러나 진정한 신앙과 사랑은 그리스도로 말미암아서만 나타난다. "믿음과 사랑"은 기독교가 가르치는 모든 덕행을 총괄하는 것이다.

내게 들은 바 바른 말을 본받아 지키고. 이 말은 사도의 건전한 교훈을 수호하라는 의미다. "바른 말"에 대해서는 디모데전서 6:3 해석을 참조하라. 우리가 이 점과 관련하여 주의할 점은 건전한 교훈을 파수하는 방법이 단순히 이론이나 논쟁에 있지 않고 "믿음과 사랑"을 소유하는 데 달렸다는 사실이다. 나 자신이 친히 복음을 올바르게 믿고 진정한 사랑을 실천하면, 말을 적게 하여도 복음은 올바르게 전파되고 변증된다.

14 우리 안에 거하시는 성령으로 말미암아 네게 부탁한 아름다운 것을 지키라. "네게 부탁한 아름다운 것"은 디모데가 받은 능력의 은사를 가리킨다. 방종하게 행

하는 자와 감사할 줄 모르는 자는 이 은사를 상실하기 쉽다. 그것은 지키기 어려우므로 바울은 디모데에게 그것을 "성령으로 말미암아" 지키라고 부탁한다.

15-18절. 이 단락은 앞선 말씀의 결론으로서 바울에게 잘못한 사람들과 잘한 사람들에 대하여 거론한다. 이것은 바울과 함께 고난을 받아야 할(8-14절) 디모데에게 경계와 격려가 된다.

15 아시아에 있는 모든 사람이 나를 버린 이 일을 네가 아나니 그 중에는 부겔로와 허모게네도 있느니라. 여기서 "아시아"는 소아시아를 말한다. "부겔로와 허모게네." 이 두 사람이 어떤 인물들이었는지 그 내력을 알기는 어렵다. 그들은 바울을 따르다가 중도에 배반하였다. 친밀한 교제가 중도에 단절되는 일은 애초에 친교가 없었던 것만 못하다.

16 원하건대 주께서 오네시보로의 집에 긍휼을 베푸시옵소서. 이것은 "오네시보로" 한 사람만 아니라 그의 온 가족을 축복하는 기원이다. 이 말씀은 한 의인으로 말미암아 많은 사람이 축복받는다는 원칙을 보여준다.

17-18 로마에 있을 때에 나를 부지런히 찾아와 만났음이라(원하건대 주께서 그로 하여금 그 날에 주의 긍휼을 입게 하여 주옵소서). 사도의 축복은 현세에 중점을 둔 것이 아니고 내세를 지향하는 것이다. 땅 위에서 받는 복은 일시적으로만 누릴 뿐이니 성도는 그런 복을 탐내지 않아야 한다. "그 날에 주의 긍휼을 입"는다는 것은 심판 날에 주님의 사랑을 받는다는 뜻이니 그것은 위대한 복이다.

또 그가 에베소에서 많이 봉사한 것을 네가 잘 아느니라. 여기서 바울은 사사로운 감정으로 오네시보로의 봉사를 평가하는 것이 아니다. 바울은 그의 봉사가 주님을 위한 사도의 복음적 사역에 도움이 되었다는 점을 귀하게 여겼을 뿐이다.

제 2 장

개요

1. 은혜 가운데서 강하여짐으로 후계자들을 세우라고 함(1-2절)
2. 그리스도 예수의 사역자는 고난을 받아야 한다고 함(3-7절)
   1) 그는 군사와 같아서 사생활에 얽매일 수 없으니 고난받음이 당연함(3-4절)
   2) 경기하는 자와 같이 법에 매인 종이니 그러함(5절)
   3) 곡식을 받을 농부와 같으니 그러함(6절)
3. 그리스도의 복음을 기억하라고 함(8-13절)
   1) 복음의 내용은 부활하신 그리스도를 전하는 것임(8절)
   2) 복음을 전하는 자가 고난을 받아도 복음 그것은 속박되지 않음(9절)
   3) 우리가 주님과 함께 고난을 받으면 그와 함께 영광을 받음(10-13절)
4. 말다툼하지 말고 진리를 분별하라고 함(14-21절)
   1) 말다툼은 듣는 자들을 망하게 함(14절)
   2) 진리를 옳게 분별하며 부끄럽지 않은 생활을 유지해야 함(15절)
   3) 이단을 떠나 귀히 쓰이는 그릇이 되어야 함(16-21절)

5. 목회에 필요한 여러 가지 덕행(정결, 의, 믿음, 사랑, 화평, 온유)을 구비함 (22-26절)

⚜ 해석

1 **내 아들아 그러므로 너는 그리스도 예수 안에 있는 은혜 가운데서 강하고.** 앞장 끝에서 언급한 부겔로와 허모게네는 강인하지 못하고 심약하였기 때문에 사도를 버렸다. 그리스도인은 신앙으로 강해져야 한다. 그러나 그것은 혈기에서 나오는 강인함이 아니라 그리스도의 은혜로 말미암은 강인함이어야 한다. 혈기를 따라 강한 자는 진리를 위하여 바르게 서지 않는다. 신자가 영적으로 강해야 죄와 마귀를 이길 수 있으며(엡 6:10-17), 주님을 위하여 고난도 받을 수 있다.

2 **또 네가 많은 증인 앞에서 내게 들은 바를 충성된 사람들에게 부탁하라 그들이 또 다른 사람들을 가르칠 수 있으리라.** 본 절은 진리의 복음을 대대로 전승해야 할 것을 당부한다. 진리는 영원히 변치 않는 것이니 새 시대를 맞이해서도 부끄러워할 것 없이 계속하여 그대로 전해야 한다.

"많은 증인 앞에서." 이것은 디모데가 전한 복음이 확실히 바울에게 의존한 것임을 말해준다. 그가 바울에게서 복음을 받았다는 사실은 "많은 증인"이 직접 보고 들은 것이다. 복음을 증언하는 일은 공적인 사역이며 사적 영업이 아니다. 그러므로 그것은 교인들에게 인정받은 인물에게 맡겨야 할 것이다.

"내게 들은 바를." 이것은 그리스도의 복음을 가리킨다.

"충성된 사람들." 고린도전서 4:2에 말하기를, 하나님의 비밀을 "맡은 자들에게 구할 것은 충성이니라"라고 하였다. 교역자가 지식과 충성(진실)을 겸비하는 것이 바람직하지만 그렇지 못할 때는 지식보다 진실을 소유하는 것이 낫다. "충성된"이라고 번역된 헬라어 단어(πιστός)는 "진실된"이라고 번역하는 것이 옳다.

설교 교역자 양성의 신중성(1-2절)

1. 증거 전달의 사역

"증거"라는 말은 바로 알고 바로 전하는 일을 가리킨다. 본문 2절에 "많은 증인 앞에서 내게 들은 바를"이라고 묘사한 내용은 우리가 믿는 복음의 신뢰성에 관한 말씀이다. 한 사람만으로는 증인의 자격을 충족하지 못한다(참조. 민 35:30; 27:11; 신 17:6; 19:15).

"많은 증인"이 증언한다는 것은 성경 말씀의 유례없는 진실성을 가리킨다. 우리가 믿는 복음은 두 사람의 증거뿐 아니라 많은 사람의 증거를 통하여 그 진실성을 증명했다. 히브리서 12:1에서는 "허다한 증인"이 증언한 복음이 무엇을 의미하는지를 말해준다. 증인은 그가 아는 것을 양심적으로 증언하는 자다. 복음을 양심적으로 받는 자마다 증거를 얻고 또 증인이 된다. 사도 바울은 예수 그리스도를 반대하고 신자들을 잡아 죽이던 박해자였다. 그러나 그가 후에는 "청결한 양심으로"(딤후 1:3) 예수를 믿었기 때문에 박해를 받으면서도 증인의 사명을 다했다. 영국의 두 학자 길버트 웨스트(Gilbert West)와 로드 리틀턴(Lord Lyttleton)은 기독교를 반대할 근거를 찾기 위해 예수님의 부활을 기록한 성경 말씀을 연구하였다. 그러다가 그들은 예수님의 부활이 사실임을 확인하게 되었고 마침내 그들도 신자가 되었다. 성경 말씀은 거짓말쟁이까지 진실하게 만드는 철저한 진실이다.

2. 충성된 사람들을 상대함

"충성된 사람들에게"(πιστοῖς)라는 말은 "진실한 사람들에게"라는 뜻인데 복음으로 거듭나서 진실한 자를 가리킨다. 성경 말씀은 진실 자체이기 때문에 거듭나서 진실한 자가 그 말씀을 사랑한다. 이것은 "철이 철을 날카롭게 하는 것"과 같다(잠 27:17). 진실한 자가 청지기의 심정으로 사역한다. 고린도전서 4:2은 말하기를, "맡은 자들에게 구할 것은 충성이니라"라고 하였다. 진실한 사람은 그가 믿는 대로 말하고(고후 4:13) 말한 대로 행한다. 그리고 그는 행하지 못한 것은 회개한다. 진실한 사자는 "추수하는 날에 얼음냉수"와 같다(잠 25:13). 그러나 하나님은 "스스로 지혜롭게 여기는 자"에게는 소망을 두시지 않는다(잠 26:12). 그는 하나님이 주신 것에 감사하지 않으며 자기의 부족함을 깨닫지 못한다. 그는 자기가 하지 못하는 일을 억지로 하려 한다.

3. 대대로 전승되는 교육에 힘쓰는 것임

우리는 우리가 살아가는 당대에 대해서만 책임을 지는 것이 아니며, 우리를 뒤따르는 세대에 대해서도 책임을 지고 있다. 이스라엘이 유월절을 지킨 목적은 무엇인가? 출애굽기 12:14, 26-27에서 가르친 대로 유월절은 후손들에게 여호와를 알게 해주는 제도 가운데 하나다. 성경도 우리의 대대손손이 그 말씀을 통해 그리스도를 믿게 하려고 주어진 것이다. 우리가 참된 복음을 그대로 믿는 것이 행복이라는 사실을 안다면, 이 복음을 있는 그대로 보전하여 후대 사람들에게도 전해주어야 한다. 하나님은 모세의 뒤를 이을 인물로 여호수아를 세우셨다. 무디는 참된 복음이 계속해서 전해지는 일에 관심을 가지고 후학 양성에 힘썼다. 그는 무디 성경학교의 창립 예배 때 기도하기를, "후대에 어느 때든지 이 학교에서 복음을 잘못 가르치는 일이 있으면 그때는 이 학교를 폐교해 주시옵소서"라고 하였다.

설교 말씀 교육의 사명(1-2절)

하나님의 말씀을 가르치는 사명은

1. 은혜 속에서 강해야만 감당할 수 있다.

은혜 속에서 강하다는 말은 무슨 뜻인가? 이것은 에베소서 6:10의 말씀을 통해 좀 더 분명하게 이해할 수 있다. 거기서 말하기를, "너희가 주 안에서와 그 힘의 능력으로 강건하여지고"라고 하였다. 바울은 "주께서 내 곁에 서서 나에게 힘을 주심은"이라고 말하였다(딤후 4:17). 이것은 주님을 믿는 순간 영적 능력이 공급된다는 것을 가리킨다. ① 때로는 우리가 기도를 바로 드린 후에 이런 힘의 공급을 받고, ② 때로는 하나님의 말씀이 우리의 실제 사정을 그대로 밝혀줄 때 이런 힘의 공급을 받는다. 이헌영 목사가 산에서 기도하려고 올라갈 때 호랑이가 그 산에 있다는 말을 듣고 성냥을 한 갑을 가지고 갔다. 호랑이는 불을 무서워하는 줄 알았기 때문이었다. 그가 산중에서 기도하는 중에 과연 호랑이가 다가오는 것을 느꼈다. 불을 켜기 위해 성냥 한 개비를 잡는 순간 그에게 "하나님이 성냥 한 개비만 못하실까"라는 깨달음이 찾아왔다. 그는 성냥갑을 내던지고서 큰 힘을 얻었고 공포심도 없어졌다고 한다. 신자가 때로는 원수들의 대적을 있는 그대로 넉넉히 견뎌내기도 하며, 믿음으로 마음의 여유를 가지고 온유하게 지낼 때 "두려워하지 말라"라는 하나님의 음성을 듣고 힘을 얻기도 한다. 바울은 말하기를 "내가 약한 그때에 강함이라"라고 하였다(고후 12:10).

2. 증거 운동으로 말미암은 들음으로 실현된다.

1) 본문 2절에서 "많은 증인"이라는 말은 중요하다. 성경이 말하는 "증거"는 두 가지 방면에서 체험을 강조한다. ① 눈으로 보는 증거. 요한복음 1:29-

36에 증거 운동과 함께 "본다"라는 표현이 네 차례나 나오고, 요한복음 19:35에는 "이를 본 자가 증언하였으니"라고 하였고, 요한1서 1:1-2에는 "태초부터 있는 생명의 말씀에 관하여는 우리가 들은 바요 눈으로 본 바요 자세히 보고 우리의 손으로 만진 바라···이 영원한 생명을 우리가 보았고 증언하여 너희에게 전하노니"라고 하였다. ② 성령 체험으로 말미암은 증거. 사도행전 1:8은 말하기를 "오직 성령이 너희에게 임하시면 너희가 권능을 받고 예루살렘과 온 유대와 사마리아와 땅 끝까지 이르러 내 증인이 되리라"라고 하였다. 성령의 증거는 진리의 영의 증거이니 이는 온전히 참되신 하나님의 증거다. 요한1서 5:9은 말하기를 "만일 우리가 사람들의 증언을 받을진대 하나님의 증거는 더욱 크도다"라고 하였다. 히브리서 11:2에 "선진들이 이로써[믿음으로써] 증거를 얻었느니라"라고 하였는데, 이 증인들은 믿음으로 영적 체험을 하였고 그 영적 체험을 우리에게 전달한다. 또한 이런 증인들을 가리켜 "우리에게 구름 같이 둘러싼 허다한 증인들"이라고 하였다(히 12:1).

2) 본문 2절에 "내게(사도에게) 들은 바"라는 말이 있는데, 디모데가 들었던 것을 증인들도 뒷받침한다. 디모데가 들었던 것은 이처럼 확실한 진리다. 이러한 들음은 믿음을 가져다준다. 로마서 10:17은 말하기를 "믿음은 들음에서 나며 들음은 그리스도의 말씀으로 말미암았느니라"라고 하였다. 말씀 교육은 듣는 자들에게 믿음을 가져다줄 만큼 확신 있게 시행되어야 한다. 헤르만 바빙크(Herman Bavinck)는 말하기를 "신학자는 하나님에게서 받은 것을 하나님을 통하여 말하기 때문에 하나님에 관하여 담대히 말한다"라고 하였다. 그는 임종 시에 말하기를 "지금은 나의 학문이 내게 할 일이 없다. 나의 교의학도 마찬가지다. 나를 구원하는 것은 오직 나의 믿음뿐이다"라고 하였다.

3. 진실한 제자들을 육성함으로써 실현된다.

본문 2절에서 말하기를, "충성된 사람들에게 부탁하라"라고 하였다. "충성되다"라는 말은 "진실함"을 가리킨다. 복음 전도자의 기본 자격은 진실성이다. 진실성이 없다면 아무리 많은 지식과 재능을 가지고 있다 해도 교회에는 해를 끼친다. 진실은 왜 중요한가?

1) 진실한 자는 부탁 받은 대로 지켜 실행하기 때문이다. 교역자는 하나님이 부탁하신 말씀대로 이행하는 자다(참조. 고전 4:2).

2) 진실한 자가 승리하기 때문이다. 그는 하나님의 말씀만 증거하므로 그의 사역은 결국 승리하게 된다. 요한계시록 12:11은 말하기를 "우리 형제들이···자기들이 증언하는 말씀으로써 그를 이겼으니"라고 하였다. 하나님의 말씀은 실패하는 법이 없다.

3 너는 그리스도 예수의 좋은 병사로 나와 함께 고난을 받으라. 본 절부터 6절까지는 교역자가 주님을 위하여 고난을 받아야 할 것을 가르친다. 그는 사사로운 일에 매이지 않고 전쟁에 임하는 군사처럼 고난을 감수해야 한다. 군인은 공익을 위하여 고난(κακοπαθέω)을 당한다. 수난이라는 것은 수동적으로 해를 당하는 것을 가리킨다. 이것은 주로 대적하는 자들로 말미암아 치명적인 고난에 빠지는 것을 의미한다. 참된 교역자는 진리를 위하여 굳건하게 자리를 지키기 때문에 대적들로부터 고난을 받는다. 타협주의, 회피주의, 대세주의는 예수의 제자가 따를 길이 아니다.

고난이 공로는 아니지만, ① 인간은 고난을 받아야 겸손해진다. 사람은 우선 겸손해야 진리를 깨닫는다. 무디는 말하기를, 천국은 높은 곳에 있으나 내려 가면서만 배울 수 있는 것이라고 하였다. ② 고난을 받아야 그의 신앙 인격이 연단을 받는다. 연단이 없는 자는 믿음도 없고 소망도 없다. 연단이 소망을 이룬다(롬 5:4). ③ 교역자가 고난을 받지 않고는 교회를 보호하지 못한다. 교회는 계속 대적하는 자들로부터 침해를 받는다. 군인이 국방을 담당하는 것처럼 교역자는 교회를 보호하기 위하여 모든 위험을 앞장서서 막아야 한다.

4 **병사로 복무하는 자는 자기 생활에 얽매이는 자가 하나도 없나니 이는 병사로 모집한 자를 기쁘게 하려 함이라.** 군인은 의무적으로 국방을 위하여 고난을 받는다. 이것은 국가에 대한 책임감으로 실행되는 것이다. 이것은 개인적인 삶의 영역에서 "자기 일은 자신이 해야 한다"라는 책임 의식과 다르다. 이것은 연대책임으로 성립된다. 연대책임이란 공동체 의식을 통해 실행되는 것이니, 어떤 경우에는 그 책임자가 생명까지 희생할 각오를 한다. 지금부터 100여 년 전에 영국 해군의 호레이쇼 넬슨(Horatio Nelson) 제독은 장애인이었다. 그는 팔이 하나 없고 눈이 하나뿐이었다. 그는 항해할 때 멀미를 심하게 했다고 한다. 그러나 그는 책임감이 강한 지도자였다. 그는 트라팔가르 해전의 날 군함 빅토리아호에서 "영국은 우리 각자가 맡은 책임을 다할 것으로 믿는다"[129]라는 신호기를 내걸었다. 그는 전쟁을 지휘하다가 적탄에 맞아 쓰러졌으나 누워서도 전쟁에 대하여 마음을 놓지 않고 "전황은 어떤가?"라고 물었다. 그는 고통을 견디면서 다시 묻기를, "전황은?"이라고 하였다. 그때 부하들이 "승전은 확실합니다"라고 대답하니, 그는 미소를 띠면서 "나는 지금 만족합니다. 하나님"이라고 말한 뒤에 고요히 눈을 감았다. 군인의 책임감은 국가의 명령을 지키고자 하는 마음가짐에서 생겨난다. "군대의 명령은 태산과도 같다"(軍令如山)라는 말도 있는데 군인은 그런 군법을 의식하고 고난의 길을 간다. 이처럼 교역자는 천지가 없어져도 소멸하지 않는 그리스도의 말씀을 지킴으로써 그리스도를 기쁘시게 하는 것을 그의 삶의 목적으로 삼는다.

5 **경기하는 자가 법대로 경기하지 아니하면 승리자의 관을 얻지 못할 것이며.** 본 절에서는 교역자를 "경기하는 자"에 비유한다. "법대로 경기한다"라는 말은 무슨 의미인가? 칼빈의 해석에 따르면 여기서 "법대로"라는 말은 경기자가 지정

---

129) England expects that every man will do his duty.

된 시간의 마지막까지 고생하며 노력함을 의미한다고 한다. 이것은 결국 경기자의 수난을 가리킨다.

6 **수고하는 농부가 곡식을 먼저 받는 것이 마땅하니라.** 본 절에서는 다시 교역자를 "농부"에 비유한다. 여기서는 "수고"라는 말이 핵심이다. 수고는 수난과는 다르다. 수난은 수동적이고 수고는 능동적이다. "수고"라고 번역된 헬라어 "코피아오"(κοπιάω)는 "심히 고생함"을 의미한다. 농부는 곡식을 심는 수고, 기다리는 수고, 거두어들이는 수고를 한다. 교역자가 수고하지 않을 수 없는 이유는 ① 항상 기도하되 그것도 힘써 기도해야 하기 때문이다(눅 18:1; 살전 5:17; 골 4:2). ② 항상 긴장을 늦추지 않고 많은 교회 사역의 다방면에 신경을 기울여야 하기 때문이다. 항상 기뻐하고 범사에 감사하는 일이 저절로 이루어지는 것은 아니다(살전 5:16, 18). ③ 말씀을 전하고 가르치는 사역에 수고해야 하기 때문이다(딤전 5:17). 하나님의 말씀은 저절로 깨달아지는 것이 아니고 주야로 묵상하며 연구해야 한다(시 1:2). 깨달은 내용을 효과적으로 가르치는 일도 결코 쉬운 것이 아니다. 이 일은 진리가 사람들의 마음에 뿌리내리게 하는 일이니 무척 어려운 과업이다. 내가 먼저 말씀대로 살지 않고서는 할 수 없는 일이다. 하나님의 말씀대로 순종하는 일은 얼마나 어려운가? ④ 교회에서 진행하는 다양한 사역과 활동들이 어려운 일이기 때문이다. 심방, 다스림, 가르침, 전도와 같은 일들은 나의 명예를 위한 활동이 아니고 다른 사람들을 섬기는 활동이다. 교역자는 일꾼이다. 주님의 교회를 위하여 일하다가 굶주림과 헐벗음과 자지 못함과 그 밖에 여러 가지 고생을 당할 각오를 해야 한다(참조. 고후 11:27-29). 바울은 고백하기를, "수고하며 애쓰고 여러 번 자지 못하고 주리며 목마르고 여러 번 굶고 춥고 헐벗었노라 이 외의 일은 고사하고 아직도 날마다 내 속에 눌리는 일이 있으니 곧 모든 교회를 위하여 염려하는 것이라 누가 약하면 내가 약하지 아니하며 누가 실족하게 되면 내가 애타지 아니하더냐"라고 하였다.

7 내가 말하는 것을 생각해 보라 주께서 범사에 네게 총명을 주시리라. 본절은 3-6절에 대한 디모데의 이해를 촉구하는 말씀이다. 이런 부탁은 예수님께서 씨뿌리는 비유로 제자들을 가르치신 후 "들을 귀있는 자는 들으라"(막 4:9)고 하신 것과 같다(H. Ridderbos)(참조. 고전 10:15). 성령을 받은 자가 무엇을 생각하든지 하나님께서 깨달음을 주신다.

8-13절. 이 단락에서는 3-6절에서 그리스도의 복음을 위해 교역자가 수난당할 필요를 지적했던 말씀에 대한 결론을 제시한다. 교역자가 그리스도의 복음을 위하여 수난당할 용기는 다음과 같은 계기를 통해서 생겨난다. ① 복음의 영화로운 내용을 기억함으로써 용기를 얻고(8절), ② 복음을 위하여 감옥에 갇혔을 때도 복음은 매이지 않고 오히려 힘있게 전파되었다는 사실을 생각할 때 용기를 얻고(9절), ③ 복음으로 말미암아 만민이 구원과 영광을 얻는다는 사실을 생각할 때 용기가 솟아오르며(10절), ④ 복음을 전하는 자가 수난당하면 내세에 영광을 받고 주님을 배반하면 주님으로부터 버림받는다는 사실을 생각할 때 용기가 일어난다(11-13절).

8 내가 전한 복음대로 다윗의 씨로 죽은 자 가운데서 다시 살아나신 예수 그리스도를 기억하라. 여기서 "기억하라"라고 번역된 헬라어 동사(μνημόνευε)는 현재 시제로서 "계속 기억하라"라는 의미를 지닌다. 바울은 디모데가 복음의 놀라운 내용을 계속 기억하게 만듦으로써 복음으로 말미암아 수난당할 수 있는 용기를 얻도록 만들어 준다.

"내가 전한 복음"이라는 문구에서 그는 "내가"라는 말로써 복음에 대한 자신의 확신을 표현한다. "다윗의 씨"라는 문구는 예수님의 인성을 가리키는 동시에 그의 메시아 신분에 대한 증거다. 예수님이 "죽은 자 가운데서 다시 살아나신" 사실은 그가 하나님의 아들이심을 알려준다. 메시아(그리스도)의 죽으심과 부활은 복음의 놀라운 내용이다(참조. 롬 1:4).

9 복음으로 말미암아 내가 죄인과 같이 매이는 데까지 고난을 받았으나 하나님의 말씀은 매이지 아니하니라. 어떤 학설에 여기서 "하나님의 말씀은 매이지 아니하니라"라는 말씀은 바울이 그 당시 옥중에서도 쉬지 않고 전도하고 있었음을 염두에 둔 것이라고 한다(Schlatter). 그러나 그보다도 이 말씀의 뜻은 복음이 바울 자신에게 매이지도 않고 의존하지도 않는다는 뜻일 것이다. 왜냐하면 그것이 하나님의 말씀이기 때문이다(Dr. C. Bouma). 그것이 바울에게 의존하지 않기 때문에 그가 옥에 갇혔다고 해서 복음까지 매인 것은 아니다(참조. 빌 1:12-18).

10 그러므로 내가 택함 받은 자들을 위하여 모든 것을 참음은 그들도 그리스도 예수 안에 있는 구원을 영원한 영광과 함께 받게 하려 함이라. 이 말씀도 디모데가 복음을 위하여 수난당할 용기를 가지도록 만들어 준다. "택함을 받은 자들"(ἐκλεκτούς)이라는 표현은 바울 당시의 성도들만 아니라 이후의 모든 시대의 성도들까지 포함한다. 사도의 사역은 모든 시대 교회들에 대해서도 영구한 기초가 된다(엡 2:20). "그리스도 예수 안에 있는 구원"이라는 말은 최종적 구원과 그 구원에 이르게 하는 방편도 그리스도로 말미암아서만 얻어진다는 뜻이다(Dr. C. Bouma). "영원한 영광"은 "내세의 영광"을 가리킨다.

11 미쁘다 이 말이여 우리가 주와 함께 죽었으면 또한 함께 살 것이요. "미쁘다 이 말이여"라는 표현은 이어지는 말의 진실성을 강조한다.

"우리가 주와 함께 죽었으면 또한 함께 살 것이요." 이 말씀을 보면 우리 신자들의 부활은 그리스도의 부활에 의존하는 것임을 알 수 있다. "우리가 주와 함께 죽었으면"이라는 문구가 그러한 사실을 보여준다. ① "함께 죽었으면"이라고 번역된 헬라어 문구(εἰ συναπεθάνομεν)는 가상적인 조건이 아니라 사실성을 내포하는 조건을 의미한다. 헬라어 "에이"(εἰ)는 문법상으로 사실을 전제하는 조건문을 이끈다. 신자들은 믿음을 통해 골고다에서 십자가에 못 박혀 죽으신 그리스도의 죽음에 "실제로" 동참한다. 그것은 그가 신자들을 대신하여 죽으셨기 때문이다. ② "함께 죽었으면"이라는 조건문에 사용된 동사 "순아페타노멘"(συναπεθάνομεν)은 과거 시제로서 이미 지나간 일을 말하는 것이다. 이것이 신자들의 미래 순교를 가리킨다고 말한 부마(Bouma)의 해석은 오해에서 비롯된 것이다. 헤르만 리델보스는 말하기를 "'함께 죽었다'라는 과거 시제 동사가 이것을 신자들의 미래 순교로 보는 해석을 강력히 반박한다"[130]라고 하였다. 또한 그는 이 문구가 바울의 사상을 특징 짓는 표현으로서 로마서 6:8에서 유래된 것이라고 말한다.[131]

12 참으면 또한 함께 왕 노릇 할 것이요. "참으면"이라는 어구도 가정법을 이끄는 것이 아니라 아니고 현재의 사실을 있는 그대로 진술할 뿐이다. 다시 말해 "참는다"라는 표현은 신자들 가운데 어떤 특수한 인물들이 보여준 순교적 인내를 가리키지 않는다. 이것은 진정한 신자들이 믿음을 지키기 위해 보여주는 일반적인 인내를 염두에 둔 표현이다. 믿음은 소망(인내를 의미하는 다른 표현)과 함께하는데(고전 13:13), 소망이 없는 인내가 어디 있겠는가? 그러므로 데살로니가전서 1:3에서는 "소망의 인내"라는 표현을 사용하고 있다(참조. 롬 8:24-25). 이것은 "주와 함께 죽은" 자(11절)가 현재의 삶에서 보여주는 신앙 인격의 모습이라고도 할 수 있다. 그리고 함께 "왕 노릇 하는" 것도 "함께 사는" 것과 본질적으로 동일하다고 생각한다. 로마서 5:17에는 "한 분 예수 그리스도를 통하여 생명 안에서 왕 노릇 하리로다"라는 말씀도 있다. "생명 안에서 왕 노릇 하리로다"라는 표현은 구원받은 신자가 지닌 내세적 생명의 완전한 형태를 가리킨다. 그렇다면 신자가 내세에서 "산다"라는 말은 결국 "왕 노릇 한다"라는 말과 대동소이하다. 성경에서 "왕 노릇 한다"(롬 5:17)라고 번역된 헬라어 동사(βασιλεύω)는 "다스린다"(reign)라고도 번역된

---

130) Doch de aor. pleit hier krachtig tegen.

131) Commentaar op Het Nieuwe Testament, De Pastoral Brieven, 1967, 207.

다. "다스림"이나 "왕 노릇 함"은 결국 같은 의미다. 왕 노릇 하는 일이나 다스리는 일은 어디까지나 구원의 본질을 말하는 것이고 더 많이 가지는 것을 뜻하지 않는다. 타락한 인생은 다스린다는 말을 들을 때 인류를 대상으로 봉사하는(눅 22:25-26) 왕을 떠올리기보다는 막강한 권세를 가지고 세속적인 영광을 위해 자의적으로 지배하는 폭군을 떠올린다. 그러나 하나님께서 본래 인류에게 주신(창 1:28; 2:15) 다스림의 권세는 하나님 앞에서나 창조세계 앞에서도 부끄럽지 않은 신앙 인격을 통해 만물을 정복하고 성도들을 섬기기 위한 것이다(마 20:25-28). 신자에게 주어진 다스리는 권세는 내세에 가서 그리스도로 말미암아 완전해질 것이다(롬 16:20). 이것은 "세상의 상속자"(κληρονόμον κόσμου)가 되는 복이다(롬 4:13). 이것은 타락하기 이전 인류의 모습이며 그들의 본성에 속한 것이다. 하나님께서는 인류가 그 일을 할 수 있도록 아담을 지으셨는데, 그가 죄를 범한 이후 인류는 다스리는 복을 상실하였다(창 3:17). 그러나 만유의 상속자이신(히 1:2) 예수 그리스도께서 죽음을 이기시고 다시 사신 승리를 통하여 인류에게 다스리는 지위를 되찾아 주셨는데, 그것은 믿음으로 상속자가 되는 것이며, "그리스도와 함께 한 상속자"가 되는 것이다(롬 8:17), "그리스도와 함께 한 상속자"라는 말은 우리가 그리스도의 것이 됨으로써 만유를 소유하고 주관하게 되었음을 의미한다(고전 3:21-23). 이 점에 대해 세계적인 칼빈주의 신학자 필립 휴즈(Philip Hughes)도 같은 말을 한다.[132)] 칼빈도 "그리스도께서는 우리가 상실했던 상속권을 회복해 주시기 위하여 사람의 성품을 입으셨으며 또한 상속권을 취하셨다"라고 하였다.

그러므로 "다스림", 곧 왕권은 그리스도 안에 있는 자들이라면 누구든지 누리는 복이다. 이것은 구원의 본질이며 구원에 덧붙여지는 것이 아니다. 성

---

132) Commentary on the Epistle to the Hebrews, 1977, 39.

경은 일반 신자들이 함께 그리스도 안에서 왕권을 누릴 것이라고 말한다(딤후 2:11-12). 특히 요한계시록 5:9-10에 따르면 하나님께서 그리스도의 피로 사신 백성은 누구든지 왕권을 받는다고 하였다.

우리가 주를 부인하면 주도 우리를 부인하실 것이라. 여기서 "부인한다"라는 말은 베드로가 한때 주님을 모른다고 말한 것과 같은 일시적 부인을 가리키는 것이 아니고 영구한 배반을 가리킨다. 인간으로서는 누군가가 주님을 완전히 배반하였다고 단언하기는 어려우며, 한순간 주님을 떠났던 신자도 후일에 회개하고 돌아오는 일이 있기 때문이다. 이 말씀은 신자들이 핍박을 두려워하여 주님을 완전히 버리지 말아야 할 것을 가리킨다. 사람들이 박해에 직면하여 주님을 배반하고서는 그들의 연약성을 이유로 든다. 그러나 그것은 자기도 모르게 자신에게 아첨하는 것이다. 연약성 자체가 부패성이니 그것을 정당화할 수는 없다. 신자의 범죄는 어떤 경우에도 주님을 배반하는 죄악이다. 안개와 같은 이 세상에 속한 생명을 위하여 거룩하신 하나님의 아들과 영광의 내세를 어찌 포기하겠는가?(Calvin) 예수님은 말씀하시기를 "내가 또한 너희에게 말하노니 누구든지 사람 앞에서 나를 시인하면 인자도 하나님의 사자들 앞에서 그를 시인할 것이요 사람 앞에서 나를 부인하는 자는 하나님의 사자들 앞에서 부인을 당하리라"라고 하셨다(눅 12:8-9).

13 우리는 미쁨이 없을지라도 주는 항상 미쁘시니 자기를 부인하실 수 없으시리라. "우리는 미쁨이 없을지라도"라는 말은 바울 자신까지 포함하여 일반 사람들의 성품을 가리킨다. 예레미야 17:9에 말하기를, "만물보다 거짓되고 심히 부패한 것은 마음이라"라고 하였고, 로마서 3:4에 말하기를, "사람은 다 거짓되되 오직 하나님은 참되시다 할지어다"라고 하였다. 이 말씀은 신자 가운데 누구라도 주님을 부인할 가능성이 있다는 것이다. 그러나 바울은 성령의 도우심과 하나님의 은혜로 그들이 주님을 부인하지 않을 수 있다고 선언한다(롬 7:24-25; 고전 15:10, 57).

"주는 항상 미쁘시니." 이것은 인간과 차별화되는 주님의 신실하심에 대한 찬미다. 하나님과 예수님은 절대적으로 신실하시며 그의 말씀대로 만사를 성취해 가신다. 여기서 "자기를 부인하실 수 없으시리라"라는 말은 주님께서 자신의 말씀을 어기지 아니하신다는 뜻이다. 따라서 이 말은 주님을 부인하는 자를 주님도 부인하신다는 의미를 지닌다. 한편으로는 그런 자라 할지라도 회개하면 주님께서 그를 회복하시고 세워주시겠다고 하셨던 약속을 지키신다는 의미도 지니고 있다(참조. 눅 22:32; 계 3:19-20).

14　너는 그들로 이 일을 기억하게 하여 말다툼을 하지 말라고 하나님 앞에서 엄히 명하라 이는 유익이 하나도 없고 도리어 듣는 자들을 망하게 함이라. "이 일"이라는 말은 11-13절 말씀을 가리킨다. "말다툼"은 정당한 변증이 아니고 혈기와 악감정에서 비롯되는 언쟁을 말한다. 이런 언쟁은 서로 원수지간이라는 사실을 드러낼 뿐이다.

"이는 유익이 하나도 없고 도리어 듣는 자들을 망하게 함이라." 다시 말해 언쟁은 약한 신자들의 마음을 뒤숭숭하게 만들고 믿음을 잃게 한다는 것이다(Calvin).

15　너는 진리의 말씀을 옳게 분별하며 부끄러울 것이 없는 일꾼으로 인정된 자로 자신을 하나님 앞에 드리기를 힘쓰라. "옳게 분별하며"(ὀρθοτομοῦντα)라는 말은 "바로 벤다"라는 뜻이다. 이것은 진리의 내용을 제대로 깨닫고 분석하여 바로 가르치는 것을 의미한다.

"부끄러울 것이 없는 일꾼." 어떤 학설에 이것은 사람 앞에서 복음 전하기를 부끄러워하지 않는 일꾼을 가리킨다고 하였다. 그러나 그보다는 수치스러운 비행을 저지르지 않은 일꾼을 가리킨다는 해석이 보편적이다.

"인정된 자로 자신을 하나님 앞에 드리기를 힘쓰라." 여기서 "인정된 자"(δόκιμον)라는 말은 "시험을 통과한 자"(tested) 또는 "연단 받은 자"라는 뜻이다. 교역자는 신자의 모범이 되어야 하므로 시험에 쉽게 빠지는 미숙한 자는 이 일에 합당하지 않다. 누구나 신임할 수 있는 연단 받은 신앙 인격을 소유한 자가 목회 사역을 감당해야 한다. 하나님께 봉사하고 자신을 드리고자 하는 마음가짐은 누구에게나 귀하다. 그러나 만일 헌신자가 여러 번 시험에 넘어지고 죄를 범한다면 그는 하나님의 영광을 가리게 된다.

"자신을 하나님 앞에 드리기를 힘쓰라." 교역자가 행하는 일들은 하나님 앞까지 도달해야 한다. 그것이 교역자가 하는 모든 일의 목적이다. 교역자가 아무리 교회에서 환영을 받는다고 해도 그의 덕행이 하나님께 상달될 만큼 진실하고 신령하지 못하여서 사람들의 세계에만 머문다면 그는 교역자가 되기에 부족하다. 하나님께 상달되는 선한 삶은 신령해야 한다. 다시 말해 그의 덕행은 사람들이 보지 않는 곳에서도 진실해야 하며, 힘써 기도하는 삶을 통하여 하나님께 드려져야 한다.

설교 교역자가 힘써야 할 두 가지 일(15절)

1. 진리의 말씀을 옳게 분별하기를 힘쓰자.

진리의 말씀을 옳게 분별하려면 무엇보다도 성경 말씀을 깊이 깨달아야 한다.

1) 연구로 깨달음. 하나님의 말씀은 역사를 배경으로 기록되었으니 역사에 관한 연구 없이는 바로 깨달을 수 없다. 그런데 하나님의 말씀이 우리에게 전달되고 이해되기 위해서는 역사화하지 않을 수 없었다. 말씀이 역사화했다는 말은 영원에 속한 계시가 시공간의 제약을 받게 되었다는 뜻이다. 그러므로 말씀은 영원에 속하는 동시에 시공간에 속하는 것이니 그것을 후대에 전달하기 위해서는 기록화하지 않을 수 없다. 그러나 또한 그것은 영원에 속한 말씀이니 어느 시대에나 성령의 감동하심을 통해 영원성을 지니는 사역을 수행하게 된다. 만일 그 말씀이 영원한 것이 아니었다면 새로운 시

대가 도래할 때마다 계시의 역사화가 반복되어야 했을 것이지만, 그것은 영원한 말씀이기 때문에 단회적인 역사화로도 충분하다. 죄얀 키에르케고르(Sören Kierkegaard)는 신앙을 실존적 사색과 동일시하는 한편 역사적 연구는 신앙과 아무런 관계가 없는 것처럼 이야기했으나, 정통 신학자 스킬더(K. Schilder)는 "성경적 사색과 신앙이 서로 다른 것이지만 이 둘을 분리할 수는 없다"라고 하였다.[133] 바빙크도 이와 똑같이 생각하였다. 하나님의 말씀이 역사화 되었다는 점은 분명하며, 우리는 성경을 공부함으로써 그것을 바로 깨달을 수 있다.

2) 순종함을 배움. 무디(D. L. Moody)는 말하기를 "순종은 진리를 배우는 최고의 학교다"라고 하였다. 히브리서 기자는 예수님도 "순종함을 배워서" 우리의 구원을 완성하셨다고 하였는데(히 5:8), 우리는 그 말씀을 통해 순종이 얼마나 오묘한가를 알 수 있다.

3) 성령으로 배움. 우리는 성령의 은혜로만 성경이 약속한 구원의 은혜를 바로 깨닫는다. 사도행전 18:5에서는 바울이 말씀에 붙잡혔다고 하였고, 예레미야 23:29에서는 예레미야가 성령으로 말미암아 하나님의 말씀을 불과 같이 뜨겁게 느꼈고, 누가복음 24:32에서는 예수님이 성경을 풀어서 설명해 주실 때 엠마오로 가던 두 제자의 마음이 뜨거워졌다.

2. 부끄러울 것이 없는 일꾼이 되려고 힘쓰자.

1) 양심에 부끄러움이 없이 행해야 한다.

내가 믿지 않으면서 남에게 믿으라고 하는 것은 부끄러운 일이고, 내가 행하지 못하면서 남에게 행하라고 하는 것도 부끄러운 일이다. 양심에 부끄러운 일을 오랫동안 강행하면 나 자신이 망하고 만다. 양심이 망하면 영혼도

---

133) Wat is de Hemel, 201.

함께 망한다. 디모데전서 1:19에 말하기를, "믿음과 착한 양심을 가지라 어떤 이들은 이 양심을 버렸고 그 믿음에 관하여는 파선하였느니라"라고 하였다.

디모데전서 4:2에서는 "자기 양심이 화인 맞아서 외식함으로 거짓말하는 자들이라"라고 하였다.

2) 하나님 앞에 부끄러울 것이 없이 행해야 한다.

① 일반적으로 말해 우리가 주 안에 살지 못하는 것은 하나님 앞에서 부끄러운 일이다. 바울이 사용한 용어 가운데 "주 안에서"라는 말처럼 흔하게 쓰이는 것도 별로 없다. 바울의 인생관에 따르면 사람은 전적으로 부패하여 자신이 디모데에게 편지를 쓰고 있는 그 순간에도 그는 여전히 "죄인 중에···괴수"(딤전 1:15)라는 것이다. 그의 생활방식 중 하나는 그리스도를 옷 입듯 하는 것이었다(롬 13:14). 그리스도를 옷 입듯이 의지하지 않는 자의 생활은 하나님 앞에서 벌거벗은 수치다. 요한의 신학 역시 "주 안에서 살자"라는 것이다. 요한1서 2:28에 말하기를, "자녀들아 이제 그의 안에 거하라 이는 주께서 나타내신 바 되면 그가 강림하실 때에 우리로 담대함을 얻어 그 앞에서 부끄럽지 않게 하려 함이라"라고 하였다. 우리 인간은 부패성을 지니고 있어서 부끄럽기도 하지만, 그리스도를 진실하게 믿지 못하는 것이 더욱 부끄러운 일이다. 그리스도를 온전히 믿으면 하나님 앞에 당당히 나아갈 수 있다. 사람들은 흔히 두서너 가지 선을 행하는 것으로 하나님 앞에서 부끄러움을 면할 것이라고 믿는다. 그것은 교만이다. 사람의 죄악과 부패성을 두서너 가지 선행으로써 때울 수 없다. 사람의 죄악은 머리털보다 더 많다(시 40:12). 그런데 그보다도 사람의 마음속에는 무수한 죄들을 생산해낼 수 있는 부패성이 자리하고 있다. 그러므로 사람은 그리스도의 피로 의롭다 함을 얻고 나서야 하나님 앞에 설 수 있다.

② 우리가 주님을 위하여 살지 않는 것 역시 부끄러운 일이다. 사람이 창조된 것도 하나님을 위한 것이고 구원받은 것도 마찬가지다. 그러므로 성경

은 신본주의다. 우리는 하나님의 것이며 오직 그만을 섬기도록 만들어진 것이다. 주님을 위하여 살지 않고 자기 배를 하나님처럼 섬기는 삶이야말로 부끄러움을 영광으로 삼는 죄악이다(빌 3:19). 우리는 살아도 주님을 위하고 죽어도 주님을 위해야 하는 자들이다(롬 14:7-9). 스코틀랜드의 목사 로버트 맥체인(R. M'Cheyne)이 강단에 서기만 하면 회중이 울었다고 한다. 왜냐하면 그가 강단에 나올 때 회중들은 그가 하나님의 음성을 직접 듣고 나오는 것처럼 느꼈기 때문이다. 회중은 그의 모습만 보아도 마음이 겸손해졌다. 그만큼 맥체인은 오직 그리스도를 위해서만 설교하는 목사였다. 그의 일기 중에 "나는 오늘 그리스도의 말씀을 전할 기회에 전하지 못하여 섭섭하다. 주님께서는 내가 주님을 위하는 것을 아셨을 뿐 아니라 그 순간에 내가 자신의 영광을 위하여 말할 것을 아셨기 때문에 나의 입을 막으셨다. 사람이 그리스도만을 위하여 설교하게 되기까지는 충성된 사역자가 아니다"라고 하였다. 그는 오직 그리스도만 위하는 자세를 갖추지 못했을 때는 설교하려 해도 입이 막혔던 사람이었다.

16 망령되고 헛된 말을 버리라 그들은 경건하지 아니함에 점점 나아가나니. "망령되다"라는 말은 하나님께 속하지 않으므로 거룩하지 않다는 뜻이다. "헛된 말"은 증명할 수 없는 허무맹랑한 이야기를 뜻하는데, 특히 이 문구는 율법에 포함된 족보에 대해 인간의 모든 상상력을 동원하여 신화를 만들어내는 유대 랍비들의 헛된 교훈을 가리킨다(참조. 딤전 1:6 해석). "점점 나아감"(προκόψουσιν)은 개척하여 나아감을 의미한다. 비진리를 전파하는 허무맹랑한 이야기는 언제나 불경건의 길을 열어준다. 참된 교훈은 이와 대조된다(요이 1:9).

17 그들의 말은 악성 종양이 퍼져나감과 같은데. "악성 종양"(γάγγραινα)은 대단히 심각한 종기를 가리킨다. 악성 종양이 발생한 환자는 두어 시간 안에 사망하게 된다고 한다. 이단 사상은 이처럼 위험하며, 그것에 물든 자는 그 영

혼이 죽는 자리에 빠져들고 만다. 어떤 학설에 이 문구의 비유는 악성 종양이 신속하게 퍼지는 것과 마찬가지로 이단 사상도 빠르게 번져나간다는 사실을 가리킨다고 하였다.

그 중에 후메내오와 빌레도가 있느니라. 후메내오가 여전히 활동하고 있는 것처럼 말하는 이 문구를 근거로 마르틴 디벨리우스는 본서가 디모데전서보다 먼저 저술되었다고 주장한다. 그가 그렇게 주장하는 이유는, 디모데전서 1:20에서는 바울이 디모데전서를 집필할 당시 후메내오가 이미 사탄에게 내어줌이 되었다고 말하기 때문이다. 그러나 "후메내오와 빌레도가 있느니라"라는 문구에서 "있느니라"(ἐστιν)라는 현재 시제 동사가 문제 될 것은 없다. 과거의 사건을 기록하는 역사가도 현재 시제 동사를 사용하는 경우가 있다. 이단과 관련된 과거의 인물을 거론할 때도 과거 시제를 사용하지 않는 경우가 있다. 후메내오와 빌레도의 교훈은 위험하게 퍼지는 악독한 것이었으므로 바울은 그들을 지목하였다.

18 진리에 관하여는 그들이 그릇되었도다 부활이 이미 지나갔다 함으로 어떤 사람들의 믿음을 무너뜨리느니라. "부활이 이미 지나갔다"라는 이단 사상은 신자의 소망인 육체의 부활을 부인하고 부활을 단지 영적인 것으로만 설명하는 것이었다. 다시 말해 그들은 사람이 성령으로 말미암아 거듭나는 것을 부활이라고 가르쳤다(Dr. C. Bouma). 그런 의미에서 그들은 부활이 이미 지나간 것이니 미래에 일어날 것으로 고대하고 바라볼 대상은 아니라고 주장하였다. 이런 이단에 대하여 사도 시대 이후 교부였던 순교자 유스티누스도 반박하였고,[134] 리옹의 주교 이레나이우스도 비판했다.[135]

19 그러나 하나님의 견고한 터는 섰으니. 이 말은 하나님의 교회가 택하심의

---

134) Apol. 26. 4.

135) Adv. Haer., I,23, 5.

은혜로 말미암아 굳건하게 세워졌음을 의미한다. 이단으로 인하여 멸망하는 자들이 많으나, 하나님의 은혜로운 선택을 입은 진정한 성도들은 이미 구원에 참여하였으며 결코 구원에서 떨어지지 않는다.

인침이 있어 일렀으되 주께서 자기 백성을 아신다 하며 또 주의 이름을 부르는 자마다 불의에서 떠날지어다 하였느니라. 이 말씀은 민수기 16:5과 이사야 52:11에서 의미만 취하여 인용한 것이다. "인침"이라는 용어는 일반적으로 소유를 확증하는 것으로 해석된다. 그러나 칼빈은 이것이 하나님께서 홀로 아시고 보호하시기 위한 인장 반지 같은 표식을 가리킨다고 하였다. 하나님께서 "아신다"라는 말은 그가 택하신 백성을 영원히 버리지 않고 사랑하신다는 뜻이다. 다시 말해 이것은 하나님께서 역사적으로 그가 택하신 백성을 구원하여 주신 사실을 염두에 둔 말씀이다. 더불어 하나님은 그의 백성에게 "불의에서 떠날지어다" 하고 부탁하신 것이다.

20 큰 집에는 금 그릇과 은 그릇뿐 아니라 나무 그릇과 질그릇도 있어 귀하게 쓰는 것도 있고 천하게 쓰는 것도 있나니. "큰 집"은 하나님의 교회를 가리킨다(참조. 엡 2:21-22). "금 그릇과 은 그릇"은 많은 재능을 받은 신자들을 가리키고, "나무 그릇과 질그릇"은 받은 재능이 빈약한 신자들을 가리킨다. "귀하게 쓰는 것"은 성결한 인격으로 봉사하는 자를 가리키고, "천하게 쓰는 것"이라는 어구는 문자적으로 "부끄럽게 쓰이는 것"이라고 할 수 있는데, 이것은 거짓 스승을 가리킨다.

21 그러므로 누구든지 이런 것에서 자기를 깨끗하게 하면 귀히 쓰는 그릇이 되어 거룩하고 주인의 쓰심에 합당하며 모든 선한 일에 준비함이 되리라. 여기서 "이런 것"은 이단을 의미하는 듯하다. "자기를 깨끗하게" 한다(ἐκκαθάρῃ ἑαυτόν)라는 말은 헬라어 원문에서 강세를 지니는 표현으로서 크리소스토모스는 이것을 해석하여 말하기를 "자신을 완전히 정결하게 함"이라고 하였다.

"모든 선한 일에 준비함이 되리라." 다시 말해 성결한 신자는 선한 일을 행하기에 합당한 자라는 뜻이다.

22 **또한 너는 청년의 정욕을 피하고 주를 깨끗한 마음으로 부르는 자들과 함께 의와 믿음과 사랑과 화평을 따르라.** "청년의 정욕"(νεωτερικὰς ἐπιθυμίας)이란 말은 청년의 마음에 일어나기 쉬운 감정적 충동과 지나치게 뜨거운 열정을 가리키는 것이지 색욕을 말하는 것이 아니라는 해석이 있다. 이 같은 해석이 타당한 듯한 이유는 다음과 같다. 바울은 이어서 "깨끗한 마음"이라는 표현을 사용하였는데 그것은 21절 상반절에 나오는 "자기를 깨끗하게 하면"이라는 표현과 연관된 것이다. "자기를 깨끗하게" 한다는 말은 이단 사상에 물들지 않는 것을 의미한다. 그렇다면 이와 같은 문맥에서 청년 디모데의 "정욕"이라는 것은 이단과 싸우는 도중에 그의 마음에서 일어날 수도 있는 혈기나 말다툼의 감정적 충동을 의미하는 것으로 볼 수 있는데, 그러나 바울이 이전에도 디모데에게 성 윤리와 관련하여 권면한 적이 있는 것으로 볼 때(딤전 5:2하) 여기서 그런 요소가 완전히 배제되었다고 말할 수는 없다.

"주를 깨끗한 마음으로 부르는 자들"은 진리를 바로 지키면서 주님을 찾는 자들을 가리킨다.

"의와 믿음과 사랑과 화평을 따르라." 여기서 "의"는 바로 뒤에 나오는 "믿음과 사랑과 화평"을 아우르는 포괄적인 개념이다. "의"는 미신 종교나 이단 종파에서는 발견할 수 없는 덕목이다. 그것은 하나님께서 계시하신 진리를 따르는 행위다. 그러므로 진리가 없는 곳에는 의가 있을 수 없다. 그런데 진정한 의는 "믿음"에서 시작된다. 왜냐하면 진리는 계시된 것인 만큼 사람이 믿음으로만 그것을 받을 수 있기 때문이다. 또한 "사랑"은 참된 신앙으로부터 필연적으로 산출되는 열매이고, "화평"은 사랑의 열매다(참조. 갈 5:22-23).

"따르라"라는 말은 앞에 나오는 "피하라"라는 말과 대조된다. "의와 믿음과 사랑과 화평", 이 네 가지 덕목은 붙잡고 따르듯이 항상 긴장 가운데 추구하지 아니하면 이룰 수 없는 것들이다. 참된 신앙생활은 계속해서 힘쓰는 자의 것이다.

23-26절. 이 단락은 ① 하나님의 복음을 전하는 자가 언쟁을 피해야 하며, ② 온유해야 하며, ③ 잘 가르쳐야 하며, ④ 거역하는 자를 온유하게 훈계해야 한다는 것을 가르친다.

23 어리석고 무식한 변론을 버리라. 이런 변론은 이단자들이 사용하는 것이다. 그들은 무언가를 아는 듯이 교만하게 언쟁을 일삼는다. 그러나 그들이 유일한 진리인 복음에서 탈선하였으니 사실상 무지한 자들이다.

24 주의 종은 마땅히 다투지 아니하고. 이사야 42:1-4 말씀을 연상시킨다. 주의 종은 자기의 힘으로 일하지 않고 하나님을 신뢰함으로 모든 일에 대처하기 때문에 무언중에 주님을 바라보며 온유하게 처신한다.

가르치기를 잘하며. 복음을 맡은 교역자는 불가피하게 말을 많이 해야만 한다. 그러므로 그는 가르치는 일에 재능이 있어야 한다. 그러나 교역자는 자연은총을 따라 받은 일반적인 재능에 더하여 풍부한 성경 지식과 성령의 감화로 말미암은 은혜를 소유해야 한다. 하지만 이러한 재능을 소유한 자라도 덕을 세우는 인격을 겸비해야만 그가 가진 재능으로 하나님을 영화롭게 하며 교회에 유익을 줄 수 있다.

참으며. 이 말(ἀνεξίκακον)은 교역자를 대적하는 악한 자들을 잘 참아내는 것을 가리킨다. 인내는 다음 구절에 나오는 "거역하는 자를 온유함으로 훈계"하기 위해 목회자가 반드시 갖추어야 할 덕목이다.

25 거역하는 자를 온유함으로 훈계할지니 혹 하나님이 그들에게 회개함을 주사 진리를 알게 하실까 하며. 이 구절은 앞 절 마지막에 나오는 "참으며"라는 말에 연결되는 것으로서 "참음"으로써만 할 수 있는 일을 진술한다. 요컨대 거역하는 자들을 온유하게 훈계하는 일이다. "거역하는 자들"(ἀντιδιατιθεμένους)은

"반대되는 의견을 가진 자들"을 의미한다. 거역하는 자들이 이단자들을 가리킨다고 해석하는 학자들이 있는가 하면(Huther, Dr. C. Bouma), 아직 신앙사상이 미숙하여 바른 복음과 온전히 일치하지 못한 자들을 가리킨다고 해석하는 자들도 있다(Ellicott).

"하나님이 그들에게 회개함을 주사." 이 말씀은 주의 종이 거역하는 자들을 훈계할 때 "온유함으로" 해야 하는 이유를 밝혀준다. 악인을 회개시키는 일은 교회 지도자가 자기 힘으로 할 수 있는 것이 아니고 오직 하나님의 능력으로만 가능한 것이다. 그러므로 하나님의 종은 이 일을 하나님께 맡기고 마음을 편안하게 가져야 한다. 그러므로 그는 조급히 덤비거나 분노하지 말고 다만 온유하게 그들을 훈계해야 할 것이다.

"진리를 알게 하실까 하며." "진리를 알게 한다"라는 말은 복음을 알게 한다는 말과 같다. 이런 진리 지식은 위에서 말한 회개의 열매다. 회개하지 않은 심령은 어두워서 복음 진리의 사상 체계를 파악하지 못한다(참조. 3:7).

26 그들로 깨어 마귀의 올무에서 벗어나 하나님께 사로잡힌 바 되어 그 뜻을 따르게 하실까 함이라. 이 구절은 앞 절에 이어 회개의 열매 중에서 다른 세 가지를 진술한다. ① 마귀의 올무에서 벗어남. ② 하나님께 사로잡힌 바 됨. ③ 하나님의 뜻을 따르려고 힘씀이다.

"마귀의 올무에서 벗어남"은 진리를 거역하던 자들이 잘못을 깨닫고 어두움에서 벗어나는 것을 가리킨다. 인간이 회개하여 진리를 깨닫기 전에는 빛보다 어두움을 더 사랑하여(요 3:19) 그 가운데서 살기를 좋아한다. 이는 마귀의 올무에 걸려 그자의 종이 되는 불행한 일이다. 그러나 그가 회개하면 그는 진리를 아는 동시에 불행에서 떠나 하나님께 사로잡힌다. 결과적으로 그는 하나님의 종으로서 하나님의 뜻을 순종하는 행복에 이른다.

제 3 장

개요

1. 말세의 죄악들(1-5절). 이 단락에서 19종류의 죄악이 거론된다.
2. 이단의 죄악(6-9절)
   1) 은밀히 퍼짐
   2) 경박한 여자들을 방편으로 사용함
   3) 진리를 대적함
   4) 결국에는 실패함
3. 말세의 죄악과 이단을 이기는 비결(10-17절)

해석

1 **너는 이것을 알라 말세에 고통하는 때가 이르러.** "말세"는 "교회 시대"를 의미한다(행 2:17; 히 1:2). 말세의 끝에 주님께서 재림하신다. "고통하는 때"(καιροὶ χαλεποί)라고 번역된 문구를 영어 번역 성경에서는 "위태한 때"(perilous

times)"라고 했는데, 그 "위태함"은 다음 구절이 말하는 바와 같이 모든 죄악이 기승을 부리는 것을 가리킨다.

2-5절. 이 단락에 나열된 19가지 죄들을 분류하면 다음과 같다. ① 개인주의적 죄악인 자기 사랑, 돈 사랑, 자랑, 교만(1-2상)이 첫 번째 부류이고, ② 권위를 무시하는 죄악인 비방, 부모 거역, 감사하지 않음, 거룩하지 않음(2하)이 그다음이고, ③ 몰인정한 죄악인 무정, 불화, 모함(3상)이 그다음이고, ④ 패역한 성질을 발현하는 죄악인 무절제, 사나움, 선을 싫어함, 배신, 조급, 자만(2하-4상)이 그다음이고, ⑤ 종교적 죄악인 쾌락 사랑, 가식적인 경건(4하-5)이 그다음이다.

2 사람들이 자기를 사랑하며 돈을 사랑하며 자랑하며 교만하며 비방하며 부모를 거역하며 감사하지 아니하며 거룩하지 아니하며. "자기를 사랑"하는 것은 아래에 나열된 여러 가지 죄악들의 원천이다. 죄악은 언제나 자기 자신을 너무 사랑하는 데서 출발한다.

"돈을 사랑하며."(참조. 눅 16:14). 디모데전서 6:10을 보면, "돈을 사랑함이 일만 악의 뿌리"가 된다고 하였다.

"자랑하며." 이것은 남을 멸시하는 지경에까지는 이르지 않고 다만 자기 것을 자랑하는 태도를 가리킨다.

"교만하며." 이것은 남을 멸시하는 악행인데, 하나님께서 가장 미워하시는 죄악 중의 하나다(약 4:6).

"비방하며." 이것은 위에 기록된 "교만"의 결과로 나타나는 죄악인데, 윗사람의 권위를 무시하는 언사를 가리킨다. 권위를 무시하는 습관은 지극히 높으신 하나님을 무시하는 자리에까지 이르기 쉬운 것이다.

"부모를 거역하며."(참조. 롬 1:30). 유교에서는 "불효의 죄처럼 큰 죄가 없다"(罪莫大於不孝)라고 하였다. 그것은 인본주의적인 관점에서 부모를 최고로 존중하는 윤리의식이다. 그러나 그것도 일반은총의 영역에서 부족하나마 효도에 대해 깨달음을 얻은 것이라고 할 수 있다. 기독교는 신본주의적인 관점에서 부모를 존중한다. 그러므로 기독교에서는 부모보다 하나님을 더욱 높인다. 이처럼 하나님을 경외하는 마음에서 부모를 공경하는 것이 올바른 효도다.

"감사하지 아니하며." 이것은 하나님께 감사하지 아니하는 죄를 가리킨다(참조. 롬 1:21).

"거룩하지 아니하며." 이것은 말세에 인류 대다수가 하나님을 저버리고 하나님을 섬기지 않을 것을 예언한 말씀이다. 데살로니가후서 2:3에서는 말세를 예견하게 해주는 징조 가운데 하나가 배교라고 말씀한다.

3 무정하며 원통함을 풀지 아니하며 모함하며 절제하지 못하며 사나우며 선한 것을 좋아하지 아니하며. "무정하며"(ἄστοργοι)(참조. 롬 1:31). 이것은 혈육 간에 애정이 없음을 뜻한다. 짐승도 제 어미나 새끼를 사랑하는데, 혈육을 사랑하지 않는 사람은 짐승만도 못하다.

"원통함을 풀지 아니하며." 여기 사용된 헬라어(ἄσπονδοι)는 용서하지 않는 죄악을 가리킨다.

"모함하며." 여기 사용된 헬라어(διάβολοι)를 직역하면 "마귀들이며"라고 해야 한다. 마귀는 하나님 앞에서는 사람을 모함하고(욥 1:9), 사람 앞에서는 하나님을 모함한다(창 3:1-5). 그러므로 남을 모함하는 자는 마귀의 행동을 그대로 모방하는 자다.

"절제하지 못하며." 헬라어 원문에 사용된 단어(ἀκρατεῖς)는 "붙잡지 못함"을 의미하는데, 자신의 정욕이나 패역한 성질을 통제하지 못하는 것을 가리킨다. 자기를 다스리지 못하는 자는 당연히 남들도 다스릴 수 없다.

"사나우며." 여기 사용된 헬라어(ἀνήμεροι)는 남들에 대하여 포학하게 행하는 것을 가리킨다. 벵겔(Bengel)은 이 단어와 바로 앞에 나오는 "절제하지 못하며"라는 표현에 대하여 말하기를, "정욕에는 부드럽고 사람에게는 포학하니 그것은 반대로 되었다"라고 하였다. 우리는 정욕에 대해서는 강포와 압제를 가하고 사람에 대해서는 온유해야 한다.

"선한 것을 좋아하지 아니하며." 루터는 여기 사용된 헬라어 단어(ἀφιλάγαθοι)를 "불친절하며"라고 번역했으나, 후터(Huther)는 그것이 오역이라고 말하였다. 말세에는 죄악이 극도에 달하기 때문에 선을 행하지 않을 뿐 아니라 선을 생각하는 것조차도 싫어한다.

4 배신하며 조급하며 자만하며 쾌락을 사랑하기를 하나님 사랑하는 것보다 더하며. "배신하며." 이것은 행동으로 드러나는 배반을 가리키는데, 이것은 단체 생활에서 지켜야 할 상부상조의 원리를 깨뜨리는 죄악이다.

"조급하며." 헬라어 원어(προπετεῖς)는 부주의를 의미한다.

"자만하며." 여기 사용된 헬라어(τετυφωμένοι)는 "교만으로 어두워짐"을 의미한다. 디모데전서 3:6, 6:4에서는 동일한 단어가 교만이라는 뜻으로 사용되었다.

"쾌락 사랑하기를 하나님 사랑하는 것보다 더하며." 이것은 무의식중에 쾌락과 하나님을 비교하는 망령된 행위인데, 하나님을 대면하여 경멸하는 것과 같은 악행이다. 이에 대하여 벵겔은 말하기를, "쾌락은 하나님을 향한 감지력과 사랑을 파괴한다"라고 하였다. 어떤 학자는 쾌락에 대하여 말하기를, "안일함과 쾌락으로 말미암아 멸망하는 자들의 숫자는 고통과 재앙으로 멸망하는 자들의 숫자보다 많다"라고 하였다.

5 경건의 모양은 있으나 경건의 능력은 부인하니. 이 문구는 외식하는 종교인을 가리킨다. 그가 경건한 모양을 취하는 이유는 그것을 통해 이름을 내기 위해서고, 그가 경건의 능력을 거부하는 이유는 그 자신이 중생하지 못하여 경건의 능력을 믿지 못하기 때문이다.

이같은 자들에게서 네가 돌아서라. 여기서 "이같은 자들"이라고 번역된 헬라어 문구(καὶ τούτους)는 "또한 이같은 자들"이라고 번역되어야 한다. 여기서 "또한"(καί)이라는 접속사는 위에서 진술한 "경건의 능력을 부인하는 자"들과는 다른 부류의 사람들(6-10절에 진술된 자들)을 지적하기 위한 것이다.

6-17절. 이 단락에서는 이단자들에 대해 경고하고 그들을 이길 방침을 제시한다.

6 그들 중에 남의 집에 가만히 들어가 어리석은 여자를 유인하는 자들이 있으니. "어리석은 여자들"(γυναικάρια)이라는 헬라어 단어는 "작은 것"을 가리키는 지소사(diminutive)다. 여기서는 그 여자들의 경솔함과 어리석음을 경시하는 의미에서 지소사를 사용한 것이다. 여기서 우리는 이단자들이 어떤 식으로 교회에 침투하는지 관찰할 수 있다. 그들은 우선 여자들을 유인하는 데 주력하는데, 왜냐하면 어떤 여인들은 연약하여 남자들보다 쉽게 이단의 유혹에 빠지기 때문이다.

그 여자는 죄를 중히 지고 여러 가지 욕심에 끌린 바 되어. 죄를 많이 범한 자는 미신을 통해 죄에서 벗어나려고 몸부림친다. 올바른 복음에 기초한 신앙을 소유하지 못한 자는 누구라도 이단을 물리치지 못한다. "욕심에 끌린 바 되었다"라는 말은 잘못된 방법으로 정죄에서 벗어나려는 헛된 욕망에 끌리는 것을 말한다.

7 항상 배우나 끝내 진리의 지식에 이를 수 없느니라. 타락한 여자들은 호기심에 이끌려 새로운 것들을 배우는 데만 정신이 팔려있으니 어찌 진리를 깨우칠 수 있겠는가? 진리는 허욕과 호기심 앞에서는 자취를 감춘다.

8 얀네와 얌브레가 모세를 대적한 것 같이 그들도 진리를 대적하니 이 사람들은 그 마음이 부패한 자요 믿음에 관하여는 버림 받은 자들이라. "얀네와 얌브레." 출애굽기 7:11에는 이들의 이름은 나오지 않고 그저 "요술사들"이라고만 기록되어 있다. 그러나 구약성경의 아람어 번역인 타르굼 차명 요나단에는 얀네와 얌브

레 두 사람의 이름이 나온다. 그들의 이름은 올바르게 전승된 구전으로 내려오다가 요나단의 타르굼에 실리게 되었을 것이다.

"그들도 진리를 대적하니." 바울 당시에 활동했던 이단자들도 하나님의 복음을 대적하였다는 뜻이다.

9 그러나 그들이 더 나아가지 못할 것은…그들의 어리석음이 드러날 것임이라. 말하자면 그들의 이단 운동이 제지될 것이라는 말씀이다. 한동안 이단을 따르는 무리가 일어나지만, 머지않아 그 어리석음이 드러날 때는 따르던 자들이 흩어지고 만다.

10 나의 교훈과 행실과 의향과 믿음과 오래 참음과 사랑과 인내와. 여기서부터는 바울이 디모데에게 이단을 이길 수 있는 비결을 가르쳐준다. 디모데는 이단자들과는 다른 사도 바울의 행동 원리를 살펴보고 본받음으로써 이단을 이길 수 있다.

"교훈과 행실과 의향." 여기 열거된 세 가지는 사도의 전도 방법을 대표한다. "교훈"은 바울의 설교를 의미하고, "행실"은 그의 실제 삶이며, "의향"은 그가 복음 전파하는 일을 생의 목표로 삼았음을 가리킨다. 바울은 이와 같은 전도 생활을 위하여 다양한 고난에 직면했는데(11절), 그는 "믿음과 오래 참음과 사랑과 인내"로 이 모든 환난을 견뎌냈다.

11 박해를 받음과 고난과 또한 안디옥과 이고니온과 루스드라에서 당한 일과 어떠한 박해를 받은 것을 네가 과연 보고 알았거니와 주께서 이 모든 것 가운데서 나를 건지셨느니라. "박해를 받음과 고난." 이것은 뒤에 이어지는 "안디옥과 이고니온과 루스드라에서 당한 일"이라는 문구를 통해 다시 설명된다. 바울이 위의 장소들에서 극심한 박해를 받았다는 사실은 사도행전에 기록되어 있다(행 16-17장).

"네가 과연 보고 알았거니와." 여기서 사용된 헬라어 동사(παρηκολούθησας)는 "가까이 접근하여 따른다"라는 뜻을 지니고 있다. "보고 알았다"라는 우리말 성경의 표현은 문자적 번역이 아니라 의역이다. 디모데는 사도 바울을 시중들면서 그가 고난받는 정황을 살펴왔으며 익히 알고 있었다. 그러므로 디모데 자신도 옳은 복음을 위하여는 고난받을 것을 각오해야 한다.

"주께서 이 모든 것 가운데서 나를 건지셨느니라." 바울은 전도 여행 중에 위험한 일을 당했을 때마다 구원하시는 하나님의 손길을 체험했다. 하나님께서는 믿는 자를 구원해 주시겠다고 약속하셨으며 그가 하신 약속을 절대로 어기지 않으실 것이다. 바울에게 이루어진 하나님의 신실하신 구원은 그것을 목격한 디모데에게 고난을 대면할 용기와 인내심을 북돋아 주었을 것이다.

12 무릇 그리스도 예수 안에서 경건하게 살고자 하는 자는 박해를 받으리라(참조. 행 14:22). 죄악 세상은 복음과 반대되는 것이기 때문에 정절이 있는 신앙생활에는 언제나 박해가 뒤따른다. 그러므로 참신자는 박해받는 것을 자연스럽게 여길 것이고 놀랄 이유는 없다(참조. 마 10:22; 16:24; 살전 3:3).

13 악한 사람들과 속이는 자들은 더욱 악하여져서 속이기도 하고 속기도 하나니. 본절은 6-9절에 나오는 이단자들에 대한 기록에 이어서 다시 한번 이단과 타협해서는 안 되는 이유를 밝힌다. 바울은 이단들이 속이는 자들임을 지적하면서 디모데를 경계한다.

"속이기도 하고 속기도 하나니." 비진리를 진리라고 하며 남을 속이는 이단자들은 먼저 자기 자신이 속임에 빠진 것이다. 그들은 자신이 하는 일이 옳을 줄로 여기고 있으나 사실은 그른 것이니 그들 자신이 속고 있는 것이다.

14-17절. 이 단락에서는 디모데에게 그가 배운 성경 말씀에 근거하여 진리를 올바르게 파수하라고 권면한다.

14 그러나 너는 배우고 확신한 일에 거하라 너는 네가 누구에게서 배운 것을 알며. 디모데는 예전에 이미 진리를 배웠고 그에 대해 확신을 지니고 있었다. 따라서 이제 그에게 필요한 것은 그가 지녔던 확신을 버리지 않고 계속하여 그 가운

데 거하는 일이었다. 신자가 영적 확신을 체험하는 것은 감사한 일이다. 그처럼 보배로운 체험을 내버릴 이유가 어디 있겠는가? 하지만 우리의 나태함과 건망증은 종종 그런 보배로운 체험을 잃어버리게 만든다. 그러나 우리는 부지런히 기도하고 주의를 기울임으로써 그와 같은 손실을 막을 수 있다.

"그러나"(δέ)라는 접속사는 앞 절에 기록된 이단자들의 행위를 반대하는 의미로 사용되었다. 이단자들은 자신들이 속기도 하고 남들을 속이기도 하는 중이었다. 하지만 디모데는 그들과는 다르게 그가 일찍부터 배워왔던 진리에 대한 확신 가운데 계속 머물러 있어야 한다. 여기 "누구에게서"(παρὰ τίνος)라는 표현은 비교적 신뢰도가 낮은 사본들(Cc, D, W)에서 발견된다. 이것이 원문의 독법이라면, 이는 디모데가 바울에게서 배운 것을 의미하였을 것이다. 그러나 그보다 권위 있는 사본들(a, A, C, G, P)에는 "어떠한 것들에서"(παρὰ τίνων)라고 기록되어 있는데, 이것은 다음 구절에 나오는 "성경"(ἱερὰ γράμματα, "성경들")을 가리킨다. 바울은 여기서 성경의 특수한 권위를 존중하는 의미에서 디모데에게 "어떠한 것들에서" 네가 배웠는지 기억하라고 촉구한다.

15 또 어려서부터 성경을 알았나니. 디모데가 유년 시절부터 익혀왔던 성경지식은 성숙하고 뿌리 깊은 것이었다. 그러므로 그 지식이 이제는 삶으로 나타나야 할 것이다.

성경은 능히 너로 하여금 그리스도 예수 안에 있는 믿음으로 말미암아 구원에 이르는 지혜가 있게 하느니라. 이것은 그 당시에 사용되었던 성경인 구약의 효용성이 얼마나 큰지를 보여준다. 구약성경은 읽는 자들이 그리스도를 믿어 구원에 이르는 지혜를 얻도록 만들어 준다(참조. 롬 10:17). "그리스도 예수 안에 있는 믿음"은 그리스도 예수를 "믿는" 믿음이다. 구약은 장차 오실 메시아(그리스도)를 예언하는 책인데, 신약 시대에 예수님에게서 그 예언이 성취되었다. 이러한 사실을 깨닫는 독자는 예수님을 메시아로 믿게 된다.

설교 성경을 배우자(14-15절)

우리가 배워야 할 것이 많지만 무엇보다도 먼저 성경을 배워야 한다. 그래야만 구원을 얻는다. 그렇다면 우리는 성경을 어떤 방법으로 배워야 할까?

1. 학구적으로 배우자.

성경을 배우는 것은 결국 그 성경을 기록한 선지자들과 사도들에게서 배우는 것이다. ① 선지자들은 하나님의 말씀을 직접 들은 자들이다(히 1:1). 그들은 하나님의 말씀만 선포하였고 또 기록하였다(출 17:14; 24:4; 34:27; 신 4:2; 사 30:8; 렘 1:7, 17; 26:2; 30:2; 42:4; 암 3:8). ② 사도들은 예수님을 두 눈으로 보고 예수님의 말씀을 두 귀로 직접 듣고 증언하는 자들이다. 이 세상 법정에서도 증인이 직접 보고들은 내용을 가장 참된 증거로 인정한다. 또한 사도들은 사실을 친히 보고 듣는 것 이상으로 참된 증거를 받았는데, 그것이 바로 성령님의 증거다(행 1:8). 요한복음 14:26에 "보혜사 곧 아버지께서 내 이름으로 보내실 성령 그가 너희에게 모든 것을 가르치고 내가 너희에게 말한 모든 것을 생각나게 하리라"라고 하신 예수님의 약속이 그대로 이루어진 것이다(참조. 요 15:25-26; 행 1:8).

2. 시일을 두고 체험으로 배우자.

본문 15절에 "또 어려서부터 성경을 알았나니"라고 하였다. 우리가 성경의 진리를 하루아침에 다 깨달을 수는 없다. 그러나 오랜 기간 성경 말씀과 함께하다 보면 우주과학에 대한 심판도 성경 말씀이 내리고, 공산주의도 성경 말씀이 심판하고, 전 인류에 대한 심판도 성경 말씀이 내린다는 것을 깨닫게 될 것이다. 우리가 성경을 학문적으로도 배워야 하겠지만 꾸준히 성경 말씀대로 살아봄으로써 깨닫는 지식이 분명히 있다. 성경에 대한 경험적 지식이 없는 자들은 아직 단단한 음식은 못 먹고 젖만 먹는 자와 같다. 히브리서 5:13에 "이는 젖을 먹는 자마다 어린 아이니 의의 말씀을 경험하지 못한 자요"라고 하였다. 우리는 성경 말씀대로 실천하면서 말씀을 몸소 체험할 때 그 말씀의 단맛을 알게 된다. 우리는 성경이 참되므로 믿을 뿐 아니라, 그것이 맛있고 달기 때문에 믿기도 한다. 다윗은 하나님의 말씀을 체험한 성도로서 그 말씀이 "꿀과 송이꿀보다 더 달도다"라고 하였다(시 19:10).

16 모든 성경은 하나님의 감동으로 된 것. 헬라어 원문의 문구(πᾶσα γραφὴ θεόπνευστος)를 직역하면 "모든 성경은 하나님의 기운이 부어진 것이니"라고 해야 한다. 이 구절에 대해 벵겔은 말하기를, "성경은 기록되던 당시에도 하나님의 감동으로 된 것이지만, 그것을 읽을 때도 독자들에게 영감을 주신다"라고 하였다.

교훈과 책망과 바르게 함과 의로 교육하기에 유익하니. "교훈"은 진리 지식의 재료들을 공급하여 깨닫게 하는 것이고, "책망"은 잘못에 대한 반성을 불러일으키는 것이고, "바르게 함"은 허물을 고치게 만드는 것이고, "의로 교육함"은 의로워지도록 훈련하는 것을 가리킨다. 위의 네 가지 항목은 쉬운 데서 어려운 데로 향하여 단계적으로 이끌어 점층적 구조를 이룬다. 그러나 이처럼 어려운 일도 하나님의 감동으로 실현되는 것이므로 어떤 의미에서는 쉬운 것이다.

17 이는 하나님의 사람으로 온전하게 하며 모든 선한 일을 행할 능력을 갖추게 하려 함이라. "하나님의 사람", 다시 말해 복음 사역자는 성경을 가지고서만 완전한 목회를 수행할 수 있다.

"모든 선한 일을 행할 능력을 갖추게 하려 함이라." 이 문구는 바로 앞에 나오는 "하나님의 사람으로 온전하게" 한다는 말에 대한 해설이다. "하나님의 사람으로 온전하게" 함은 그가 모든 선한 사역을 할 수 있도록 자격을 구비시키는 것이다. 여기서 "온전하게 함"(ἐξηρτισμένος)은 자격을 구비시키는 것을 의미한다.

설교 성경과 나(14-17절)

"나"라는 말을 사용하는 이유는 하나님의 말씀이 공동체인 교회를 대상으로 임할 뿐 아니라 "나"라는 개인을 대상으로도 주어지기 때문이다. 무디(D. L. Moody)는 성경을 "내 성경"(My Bible)이라고 하였다.

1. 구원에 대한 확신이 성경에서 나온다.

확신은 우리가 소망을 품고 모든 일을 행할 수 있게 만들어 주는 중요한 것이다. 확신이 없는 사람은 삶에 목표가 없고 따라서 기쁨도 없다. 특히 구원에 대한 확신은 다른 어떤 확신보다 중요한 것이다. 그런데 구원에 대한 확신은 오직 성경에서만 나온다. 본문 15절 하반절에, "구원에 이르는 지혜가 있게 하느니라"라고 하였는데, 그것은 성경이 나에게 그런 지혜를 준다는 뜻이다. 이 지혜로 말미암아서 우리는 구원의 확신을 소유하게 된다. 오래전에 전에 부산 국제시장에 큰 화재가 있었는데 그 당시 상인들이 판매할 물품을 보관해 둔 창고 앞으로 달려와서 자기들이 맡긴 물건을 찾아가기 위해 창고 주인을 찾았다. 그러나 창고 주인은 끝까지 나타나지 않았다. 그래서 사람들은 창고를 부수려고 하였으나 워낙 견고하여 부술 수도 없었다. 하는 수 없이 상인들은 창고를 둘러싼 화염을 바라보면서 창고 주인을 원망했다. 며칠 후 진화 작업이 끝난 뒤에 창고 주인이 나타나서 창고 문을 열었을 때는 그 안에 보관해 둔 모든 물품이 전혀 상하지 않고 그대로 남아 있었다. 그제서야 상인들은 창고 주인이 열쇠를 가지고 도망했던 이유를 알게 되었다. 창고의 내화시설이 잘 되어 있다는 것을 알고 있던 창고 주인은 창고 안의 물품들이 안전할 것을 확신하였으므로 모든 사람의 원망이나 불평을 두려워하지 않고 화재가 진화되기를 기다렸다는 것이다.

이와 마찬가지로 우리도 구원의 확신이 있어야 마음의 동요가 없고 마침내 승리한다. 우리는 구원의 확신을 얻기까지 많이 배워야 한다는 것도 잊어서는 안 된다. 본문 14절에 나오는 "너는 배우고"라는 말씀이 이러한 사실을 알려준다. 그리고 "또 어려서부터 성경을 알았나니"(15절)라는 말씀은 디모데가 성경을 배우는 일에 상당한 시일이 필요했다는 사실을 가르쳐준다. 우리는 성경을 많이 알아야 하고 또한 바로 알아야 하는데, 이것은 끊임없는 연구를 통하여 이루어진다. 성경에 난제들이 많지만, 성경을 많이 알고 바로 아는 사람에게는 난제들도 문제가 되지 않는다.

2. 실행력도 성경에서 나온다.

우리에게는 확신만 필요한 것이 아니고 실행력도 그만큼 중요하다. 본문 17절에 "아르티오스"(ἄρτιος)라는 어근이 두 번 나오면서 한 번은 형용사로, 한 번은 수동분사로 사용되었는데, 그 의미는 "온전하다" 또는 "장비가 갖추어졌다"라는 것이다. 교역자는 모든 죄를 대적하고 선한 일을 실제로 실행할 힘을 갖추어야 한다. 실행력이 부족한 교역자는 별수 없이 겉모습을 꾸미게 되고, 거짓말도 하게 된다. 그런데 이런 실행력은 성경 말씀에서 오는 하나님의 영력이다. 본문 16절에 "모든 성경은 하나님의 감동으로 된 것"이라고 하였는데, 이 말은 하나님의 영력이 우리에게 실행력을 구비시켜 준다는 의미다. 헬라어 문법이 이 같은 해석을 확정한다. 사실상 하나님의 영력은 우리를 새롭게 하여 힘있게 만들어 준다. 그러므로 하나님의 말씀을 올바로 증언하는 설교를 들을 때 우리는 심령이 새로워지는 역사를 체험하게 된다.

리처드 백스터(R. Baxter)는 성경에 숙달하였으므로 사람들이 그를 가리켜 "걸어 다니는 성구 사전"이라고 하였다. 드와이트 무디(D. L. Moody)는 성경을 사랑하여 언제나 성경을 강해하는 설교를 하였는데, 그는 끊임없이 영력이 충만한 종으로 사역하였다. 한번은 무디가 무신론자 500명이 도전적으로 대화를 요청해왔을 때 그들 앞에서 설교하였는데 그들 중 다수가 회개하고 주님께로 돌아왔다고 한다.

설교 하나님의 교육방법(16-17절)

하나님의 교육 방법은 성경 말씀으로 가르치는 것이다. 16절에 "모든 성경은 하나님의 감동으로 된 것으로 교훈과 책망과 바르게 함과 의로 교육하기에 유익하니"라고 하였다. 성경이 교육에 유익한 이유는 그 말씀이 신령한 감동으로 사람들을 변화시키기 때문이다. 우리는 가정교육도 성경으로 선한 감동을 주면서 실행해야 한다. 가정교육의 목표는 아동의 인격을 변화시키는 것이다. 아동의 인격을 변화시키기 위해서는 그들의 의지를 변화시키는 일에 주력해야 한다. 유명한 교육가 헨리 트럼불(H. C. Trumbull)의 말을 길게 인용하면 다음과 같다.

"의지가 곧 인격인데 그것이 바로 서면 인격이 바로 선다. 따라서 부모는 아동의 의지를 파괴할 것이 아니라 그것을 바로 세워야 한다. 성경은 하나님이 인류를 교육하시는 대원리를 계시한다. 하나님은 성경을 통하여 인류의 의지를 돌이키시려고 힘쓰시고, 인류의 의지를 강제로 파괴하려 하시지 않는다. 그는 복을 받는 길과 재앙을 당하는 길을 인류 앞에 보여주시며 무엇을 선택할 것인지 물으실 뿐이다. 신명기 30:15에 '보라 내가 오늘 생명과 복과 사망과 화를 네 앞에 두었나니'라고 하였다. 하나님을 대리하는 자로서 부모와 기타 교육자들은 아동의 의지를 존중해야 한다. 빌립보서 2:13에도 말하기를, '너희 안에서 행하시는 이는 하나님이시니'라고 하였으니, 이 말씀을 보아도 하나님은 우리보다 높은 위치에서 강압적으로 명령만 하시는 분이 아니라 우리 '안에서' 권면하시며 감화하시는 분이심을 알 수 있다. 부모가 아동의 의지를 강제로 꺾으려 해서는 안 되고 선택의 여지를 허용해 주면서 그 선택의 결과가 어떻게 될지를 가르쳐주어야 한다. 예를 들면, 어머니가 아이에게 '문을 닫으라"라고 했을 때 그 아이가 순종하지 않는 경우에 강제로 문을 닫게 만들기 위해 아이를 때려서는 안 된다. 그것은 그 아이의 의지를 완전히 파괴하는 행위다. 그러므로 그 어머니는 계속하여 아이에게 '문을 닫으라'라고 권면해야 한다. 그래도 끝까지 순종하지 않을 때는 아이에게 경고하기를 '끝까지 순종하지 않으면 채찍을 들 것이다'라고 해야 한다. 그렇게 해서 아이가 자신의 의지로 순종하도록 달랠 것이다."[136]

트럼불은 또한 개를 훈련할 때도 개의 의지를 강제적으로 파괴해서는 안 된다고 충고하면서, 개를 훈련하는 지침을 담은 하몬드(S. T. Hamond)의 저서에서 다음과 같은 구절을 소개하였다. "개를 훈련하는 자는 언제나 개를 향하여 친절히 말하라."

위에서 말한 바와 같이 아동 교육은 감화를 통해 그들의 인격을 변화시키는 것을 목표로 삼아야 한다. 그것이 성경적인 방법이다. 모든 성경은 하나님의 감동으로 되었다고 하였다. 또한 아이들이 주일을 지키는 문제에서도 성경적 방법으로 그들을 감화시킴으로써 주일을 잘 지키도록 만들어야 한다. 실제로 적용할 수 있는 방법으로는, 주일에 다른 날보다 더 맛있는 음식을 주거나 좋은 옷을 입히는 것도 효과적이다. 감화를 목표로 하는 성경적 교육 방법의 예는 이 밖에도 많다. 부모가 자녀들을 가르칠 때 분노와 혈기로 하는 것은 언제나 금물이다. 자녀들에게 벌을 주는 것도 일종의 법을 적용하는 일인데, 남을 벌하는 자로서 감정을 조절하지 못하거나 혈기를 부린다면 벌써 자기 자신을 통제하지 못하는 셈이니 그런 상태로 어떻게 남을 통

---

136) Hints on Child Training, 37-49.

제할 수 있겠는가? 그뿐 아니라 부모가 자녀를 혈기로 꾸짖는 것은 교육적으로도 효과를 거두지 못한다고 한다. 혈기로 꾸짖는 일 자체가 과격한 행위라는 점에서 이미 다스림의 정신을 상실한 것이다.

성경적으로 아이들을 다스리는 또 한 가지 방법은 부모가 그들과 조용히 대화를 나누는 것이다. 이것은 사랑의 교제를 나누는 기회다. 그때 부모는 자녀들이 영원히 잊지 못할 귀한 교훈을 그들의 가슴에 새겨줄 수 있다.

제 4 장

⚘ 개요

1. 교역자의 책임을 온전히 행하라고 함(1-8절)
   1) 복음을 전함
   2) 경계함
   3) 깨어 있으면서 고난을 받음
   4) 사도를 모범으로 삼음
2. 여러 가지 부탁(9-22절)
   1) 속히 오라고 함
   2) 사도의 인물 평가
   3) 겉옷을 가지고 오라 함. 사람들은 사도를 버리되 예수님은 함께 하심
   4) 문안

⚜ 해석

1-8절. 하나님의 말씀을 전하라는 권면

1 하나님 앞과 살아 있는 자와 죽은 자를 심판하실 그리스도 예수 앞에서 그가 나타나실 것과 그의 나라를 두고 엄히 명하노니. 바울은 여기서 지극히 높으신 하나님과 최후의 심판장이신 그리스도의 권위를 배경으로 중대한 권고를 한다. 막중한 사명을 부탁할 때는 중대한 권위를 배경으로 할 필요가 있기 때문이다. 그리스도가 "나타나실 것"은 그의 재림을 가리키며, "그의 나라"는 그의 영광의 나라를 가리키는데, 사도가 여기서 이 두 가지를 거론한 이유는 그 두 가지가 그의 소망이며 그가 지금도 복음을 전하는 이유이기 때문이다.

2 너는 말씀을 전파하라 때를 얻든지 못 얻든지 항상 힘쓰라. 이 말씀은 좋은 시기를 얻든지 못 얻든지 계속하여 복음을 전파하라는 뜻이다. "항상 힘쓰라"(ἐπίστηθι)라는 동사는 "즉시 응답하라"(be at hand)라는 뜻이다. 이처럼 때를 얻든지 못 얻든지 힘써야 할 이유는 무엇인가? ① 하나님의 말씀은 무효가 되지 않으므로 말씀 전파에 힘써야 한다(사 55:11). 세상 사업은 시기를 잘 만나느냐에 따라 이익을 얻을 수도 있고 손해를 볼 수도 있다. 그러나 복음 전파의 성과는 시기에 의존하지 않는다. 복음이 환영받는 시기에는 전도자가 많은 신자를 열매로 얻게 되는가 하면, 복음이 배척당하는 때에는 주님을 위한 수난과 순교의 영광을 거두게 된다. ② 세상 모든 사람이 위기에 처해 있으므로 복음 전파에 힘써야 한다(벧후 3:10). 사람들은 모두 죄인이며 마치 소경이 절벽 끝에 서서 지팡이를 떨어뜨리고 그것을 찾기 위해 몸을 앞으로 굽히는 것처럼 위태한 지경에 처해 있다. 바울 사도는 이처럼 위기에 처해 있는 사람들을 대상으로 때를 얻든지 못 얻든지 말씀 전파에 항상 힘쓰라고 말한다. ③ 그 효과가 말씀의 능력에 달린 것이지 시대가 좋고 나쁨에 달려 있지 않으므로 복음 전파에 힘써야 한다. ④ 어두운 시대에 말씀의 사명

이 더욱 크므로 복음 전파에 힘써야 한다. 장미꽃의 향기는 밤중에 더욱 진동한다. ⑤ 듣든지 아니 듣든지 모든 신자는 전도할 책임을 안고 있기 때문이다. 에스겔 2:7에 말하기를 “그들이 듣든지 아니 듣든지 너는 내 말로 고할지어다”라고 하였다.

범사에 오래 참음과 가르침으로 경책하며 경계하며 권하라. “오래 참음과 가르침”은 바로 뒤에 이어지는 “경책함”, “경계함”, “권함”의 방법이다. 불의한 자를 다스림(경책함, 경계함, 권함)에 있어서 “오래 참음”의 미덕이 없으면 상대방의 감정에 상처를 주어 그의 마음을 잃기 쉽고, “가르침”, 다시 말해 진리 지식의 내용이 없으면 말씀 전파가 효과를 내지 못한다. “경책함”(ἔλεγξον)은 범죄자가 자기의 죄를 확인할 수 있도록 일러주는 일이고, “경계함”(ἐπιτίμησον)은 한 단계 더 나아가 그를 꾸짖는 일이고, “권함”(παρακάλεσον)은 꾸지람 당한 자가 이제부터는 허물을 고치도록 말로 설득하는 것이다.

3-4절. 이 구절들은 디모데가 교회에서 잘못하는 자들을 “경책, 경계, 권고”해야 할 이유를 보여준다.

3 때가 이르리니 사람이 바른 교훈을 받지 아니하며. 헬라어 원문은 본 절 첫머리에 이유 접속사(γάρ)가 있으므로 본 절이 앞 절의 이유인 것은 분명하다. “바른 교훈을 받지 아니하며”라는 말은 “건전한 교훈(τῆς ὑγιαινούσης διδασκαλίας)을 견디지 못한다(οὐκ ἀνέξονται)”라는 뜻이다. “건전한 교훈”이라는 표현에 대해서는 디모데전서 6:3의 해석을 참조하라. 진리의 말씀으로 중생하지 못한 자들은 호기심과 허망한 충동으로 종교적 공허함을 채워보려고 한다. 따라서 그들은 바른 진리의 말씀을 달가워하지 않고, 그 말씀이 그들의 마음에 합당하지도 않다.

귀가 가려워서. 이 말은 비유적 표현인데, 거짓 스승들의 교훈을 듣지 않고서는 만족할 줄 모르는 심리 상태를 비하하는 표현이다.

자기의 사욕을 따를 스승을 많이 두고. 그들은 육체를 즐겁게 하는 거짓말을 노래처럼 여기고 듣기 좋아한다(겔 33:32). 거짓말은 우리 귀에 그럴듯하게 들린다. 그것은 가려운 데를 긁어서 일시적으로 시원하게 해 주는 것과 비슷하다. 그러나 잠깐 후에 그러한 처방은 쓸모없는 것으로 드러나고 가려움의 근원은 여전히 해결되지 않은 채로 남아 있는 법이다. 그러므로 거짓 스승을 따르는 자들은 스승을 "많이" 두고서도 여전히 불만족할 수밖에 없다.

4 또 그 귀를 진리에서 돌이켜 허탄한 이야기를 따르리라. 거짓 스승들의 교훈은 거짓이기 때문에 그것을 따르는 자들은 결국 복음 진리에서 완전히 떠나고 만다.

5 그러나 너는 모든 일에 신중하여 고난을 받으며 전도자의 일을 하며 네 직무를 다하라. "신중하여"(νῆφε)라는 말은 영적으로 깨어서 세상에 취하지 않고 모든 맡은 일에 충성하는 것을 가리킨다.

"고난을 받으며." 이것은 디모데가 거짓 스승들과 그들의 추종자들 때문에 당하게 될 고난을 가리킨다. 진리의 종은 거짓 스승들과 타협하지 않기 때문에 고난을 받는다.

"전도자의 일을 하며." 이것은 불신자들에게 전도하기를 힘쓰라는 부탁이다. 교역자는 교회 안에서 잘못을 범하는 자들을 훈계하고 이단 사상을 방어해야 한다(3-5상). 그러나 그는 이처럼 소극적인 사역으로 만족할 것은 아니다. 그는 불신자들을 주님께로 인도하는 적극적인 사역에도 힘써야 한다.

"네 직무를 다하라." "직무"(διακονία)라는 표현은 여기서 감독의 직분을 가리키는 것이 아니고 "복음 전도의 직무"를 가리킨다. "다하라"(πληροφόρησον)라는 말은 확실한 성취를 염두에 둔 표현이다. 전도자가 그의 직임을 확실하게 성취하려면 위의 모든 구절(2-5절)에서 말한 것과 같이 다양한 각도에서 책임을 감당해야 한다.

6-8절. 이 단락에서는 바울이 앞서 디모데에게 사명을 완수하라고 부탁한 이유를 진술하는데, 그 이유는 자신이 머지않은 장래에 별세할 것을 예감했기 때문이라고 한다.

6 전제와 같이 내가 벌써 부어지고 나의 떠날 시각이 가까웠도다. 본 절 첫머리에 이유 접속사 "가르"(γάρ)가 있으므로 본 절은 앞 절의 이유를 설명한다. 여기서 "내가"(ϵγώ)라는 인칭대명사가 헬라어 원문에서는 접속사보다 앞에 위치함으로써 앞 절 첫머리의 "너는"(σύ)이라는 인칭대명사와 서로 대조 관계에 있음을 보여준다. 여기서 대조 관계를 구체적으로 표현하면 다음과 같다. "너는 너의 직무를 완수하여라, 나는 전제처럼 부어져서 이 세상을 떠나갈 것이기 때문이다."

"전제와 같이 내가 벌써 부어지고." 바울은 이 표현으로 자신의 순교가 확정적임을 암시한다. "전제"(σπένδομαι, "관제"라고도 함)라는 것은 드린 제물 위에 술을 붓는 것을 가리킨다(민 15:5; 28:7). 제물에 술을 붓는 것은 제사를 마감하는 순서다. 바울은 자기가 순교할 날이 머지않다는 사실을 이 말로써 암시한다. 말하자면 그가 피를 흘리는 것이 제사를 마감하는 전제처럼 되리라는 뜻이다. 그는 이처럼 마지막 순간까지 하나님께 완전히 바쳐지기를 원하였다(참조. 롬 12:1).

"나의 떠날 시각이 가까웠도다." 바울은 자기 죽음을 일종의 이별로 보았다. 그는 죽음에 대하여 비관한 것이 아니고, 도리어 그리스도와 함께 거하게 될 의미 있는 영광스러운 이동으로 생각하였다(빌 1:23; 참조. 고후 5:8).

7 나는 선한 싸움을 싸우고 나의 달려갈 길을 마치고 믿음을 지켰으니. 바울은 여기서 자신의 복음 사역의 완성을 하나의 모범으로 제시하면서 디모데를 격려한다. 이것은 자랑하고자 하는 마음에서 하는 말이 아니고, 자식같이 사랑하는 후임자에게 감추는 것 없이 흉금을 털어놓은 유언과도 같다. 그는 디모데에게 복음 사역을 물려주면서 하나님의 은혜로 이루어진 자신의 신앙생

활에 주의를 환기한다. 여기서 바울의 모든 발언은 하나님의 은혜를 찬송하는 간증으로 여겨져야 한다.

"선한 싸움." 여기서 "싸움"(ἀγωνία)은 경주를 의미한다(참조. 딤전 6:12). 성도의 신앙생활을 경주에 비유한 이유는, 그것이 죄악과 마귀를 대항하는 것이기 때문이다(마 10:34-39; 참조. 롬 12:21; 엡 6:10-20).

"달려갈 길을 마치고." 바울은 여기서 그의 복음 사역을 달리기로도 비유한다(고전 9:24, 26; 갈 2:2; 빌 2:16; 참조. 행 13:25; 20:24; 히 12:1-2).

"믿음을 지켰으니" 여기서 "믿음"(πίστιν)이라는 표현을 그리스도를 향한 "충성"의 의미로 이해하는 학자들도 있다(Dibelius, Jeremias, Lock). 그러나 이것은 우리말 번역 성경과 같이 예수 그리스도를 향한 바울의 "신뢰"(혹은 확신)를 의미한다고 해석하는 것이 옳다(Bouma)(참조. 1:12).

우리의 신앙은 끊임없이 세상에서 시련을 만난다. 믿음은 시련 가운데서 귀중한 연단을 받는다(벧전 1:7). 그러나 시련 중에서 견디지 못하는 자는 믿음의 생명력을 상실한다. 바울은 한평생 시련 중에도 믿음을 지켰다.

8 이제 후로는 나를 위하여 의의 면류관이 예비되었으므로 주 곧 의로우신 재판장이 그 날에 내게 주실 것이며 내게만 아니라 주의 나타나심을 사모하는 모든 자에게도니라. 여기서 "이제 후로는"이라고 번역된 헬라어 단어(λοιπόν)는 문자적으로 "남은 것"을 의미한다. 그렇다면 이제 바울 앞에 남아 있는 것은 그가 하나님으로부터 상 받을 일밖에 없다는 말이다. 그는 이러한 사실을 명확히 내다보고 있었다. 그가 그의 앞에 놓인 소망에 대하여 이처럼 명확한 지식을 가지게 된 것은 그가 세상에서 거룩한 사명을 완수한 결과다. 현세에서 신앙을 어떻게 지켰는지에 따라 내세에 대한 영적 전망이 밝아지는 법이다(참조. 롬 5:3-5).

"의의 면류관"은 신자가 믿음으로 받을 의가 내세에 완성됨으로써 그가 주님과 함께 다스릴 것을 상징한다(참조. 2:12 해석). 신자에게 약속된 "면류관"은 그가 받을 "왕관"을 의미한다. 그러나 신자가 받는 왕관은 문자적으로 머리에 쓰는 관을 가리키는 것이 아니고 그가 주님과 함께 다스릴 것을 상징적으로 가리킨다. 신약성경에 "면류관"을 내포하는 어구가 몇 차례 더 나오는데, "생명의 면류관"(약 1:12; 계 2:10), "썩지 아니할 것"(고전 9:25), "시들지 아니하는 영광의 관"(벧전 5:4) 등이다.

9-18절. 이 단락에서는 여러 인물에 대한 평가와 부탁, 그리고 전망에 대해 말한다. 인물들에 대한 바울의 평가는 주님을 중심으로 한 것이다. 그러므로 그것은 독자들에게 큰 교훈을 준다. 또한 부탁과 전망도 모두 뜻깊은 영적 교훈을 안겨준다.

9 너는 어서 속히 내게로 오라. 바울은 제자 디모데에게 그가 머물러 있던 곳에서 "속히 내게로 오라"고 부탁한다. 이 부탁은 개인의 사욕을 채우기 위한 명령이 아니고 교회에 유익을 끼치는 상담을 목적으로 한 것이었다. 또한 디모데의 방문은 바울의 옥중생활에 위로와 활력을 가져다주기 위해서도 필요한 것이었다. 우리가 이 점에 대해 기억할 것은, 바울이 사도로서 받는 위안 역시 교회의 유익을 위한 것이라는 점이다(고후 1:3, 6).

10 데마는 이 세상을 사랑하여 나를 버리고 데살로니가로 갔고 그레스게는 갈라디아로, 디도는 달마디아로 갔고. 헬라어 원문에는 본 절 첫머리에 "왜냐하면"(γάρ)이라는 이유 접속사가 있다. 그것을 보면 본 절은 앞 절의 이유를 말해준다는 점을 알 수 있다. 바울이 디모데에게 급히 오라고 요구한 이유는, 그와 함께 했던 자들이 대부분 그의 곁을 떠나버렸기 때문이다. "데마"는 바울의 동역자였으나(몬 1:24), 고난이 닥쳐오자 세상의 평안을 구하여 바울을 배신하였다. 여기서 "버리고"라는 문구가 그의 배교를 의미한다고까지 해석하기는 어렵다(Calvin). 주후 2세기 후반의 작품인 "바울 행전"에서는 데마를 가리켜 "바울의 원수"라고 표현했다. 그러나 이 문서에 기록된 말을 사실로 보기는 어렵다.

"그레스게"의 행적에 대해서는 더 알 길이 없는데, 그가 갈라디아로 간 이유도 알 수 없다. "디도"가 무엇 때문에 달마디아로 갔는지도 우리는 알 수 없다. "달마디아"는 아드리아해 동쪽에 있는 곳이다. 위의 두 사람이 바울을 떠난 이유에 대해 본문이 침묵하는 것으로 미루어 볼 때 그들이 불의한 이유로 바울을 떠난 것은 아닐 듯하다.

11 누가만 나와 함께 있느니라(참조. 골 4:14; 몬 1:24). "누가"라는 인물은 바울과 깊은 인연이 있다. 그는 바울의 제2차 전도여행에도 동반하였고(행 16:10), 그 후에 바울과 함께 아시아를 방문했으며(행 20:6), 또한 예루살렘에도 함께 갔다(행 21:15). 그 후에 바울이 가이사랴 감옥에 갇혔을 때와 로마 감옥에 갇혔을 때도 누가는 바울과 함께 있었다(행 24:23; 28:16)(Ellicott).

네가 올 때에 마가를 데리고 오라 그가 나의 일에 유익하니라. "마가"는 바울의 제1차 전도여행에 동반하였었으나 신용 없이 도중에 집으로 돌아갔던 인물이다(행 13:13; 15:37-38). 그러나 그도 회개하고 이제는 바울에게 유익한 조력자가 되었다. 한때 잘못했던 사람이라도 후에 회개하기만 하면 얼마든지 다시 등용되는 것이 기독교의 원리다.

12 두기고는 에베소로 보내었노라. 사도행전 20:4, 에베소서 6:21, 골로새서 4:7, 디도서 3:12을 보면, "두기고"는 바울이 사랑했던 또 한 명의 조력자였다. 이번에 그를 에베소에 보낸 이유는, 디모데가 로마로 오기로 되어 있었으니(9, 21절), 두기고에게 교회의 제반 업무를 대신 맡기기 위해서였던 듯하다(Calvin).

13 네가 올 때에 내가 드로아 가보의 집에 둔 겉옷을 가지고 오고 또 책은 특별히 가죽 종이에 쓴 것을 가져오라. 여기서 "겉옷"이라고 번역된 헬라어(φαιλόνη)가 "책 상자"를 의미한다고 해석하는 학자들도 있다(Calvin, Sizoo). "가죽 종이에 쓴 것"은 구약을 필사한 양피지 사본을 가리킨다. 바울은 옥중에서도 하나님 말씀을 가까이하기를 게을리하지 않았다.

14 구리 세공업자 알렉산더가 내게 해를 많이 입혔으매 주께서 그 행한 대로 그에게 갚으시리니(참조. 딤전 1:20). "알렉산더"는 처음에 그리스도를 위하다가 후에 배교한 인물이다. 이 사람이 사도행전 19:33에 기록된 자인지 확실히 알 수는 없다. 이런 배교자로 말미암아 교회가 받은 손해는 무엇보다 큰 것이다. "내게 해를 많이 입혔"다는 바울의 말은 여기서 바울 자신의 개인적인 피해보다는 복음을 위한 그의 사역에 입은 손해를 염두에 둔 것이다. 바울은 배교자가 받을 천벌이 얼마나 심한 것인지에 대해서도 여기 첨가하여 말한다.

15 너도 그를 주의하라 그가 우리 말을 심히 대적하였느니라. 본 절에서는 바울이 알렉산더를 경계하는 이유를 좀 더 명백히 지적하였는데, 한마디로 "그가 우리 말을 심히 대적하였"다는 것이다. 바울은 자기 개인에게 해를 끼치는 자보다는 그가 전하는 하나님의 말씀을 대적하는 자를 더욱 문제시한다. 그에게는 하나님의 친구가 그의 진정한 친구이며 하나님의 원수가 그의 진짜 원수였다.

16 내가 처음 변명할 때에 나와 함께 한 자가 하나도 없고 다 나를 버렸으나 그들에게 허물을 돌리지 않기를 원하노라. 이 구절과 다음 구절에서 바울은 그가 처음 감옥에 갇혀서 전도할 때 주님이 그와 함께하셨고, 마침내 주님이 권능으로 역사하셔서 감옥에서 석방된 일도 있었음을 회상한다. 그리하여 그는 이번에도 주님이 베푸시는 구원의 손길이 나타날 것을 확신한다(18절). 그러나 이번에 말하는 구원은 영원한 천국에 들어가는 것을 뜻한다.

"처음 변명"(τῇ πρώτῃ…ἀπολογίᾳ)이라는 표현은 바울이 피고로서 법정에서 했던 첫 번째 변론을 뜻하는 것이 아니다. 이것은 바울이 처음 감옥에 갇혔을 때 복음을 변증했던 일을 가리킨다. 바울이 옥중에서 복음을 변론할 때 그를 돕는 자가 하나도 없었다. 모든 동료가 겁을 먹고서 그를 떠나버렸다. 그러나 바울은 그들이 하나님 앞에서 용서받기를 기원하였다. 왜냐하면 그들은 복음을 대적하는 완악한 원수들이 아니고 다만 신자로서 믿음이 연약할 뿐이기 때문이다.

17 주께서 내 곁에 서서 나에게 힘을 주심은 나로 말미암아 선포된 말씀이 온전히 전파되어 모든 이방인이 듣게 하려 하심이니 내가 사자의 입에서 건짐을 받았느니라. 이 구절의 헬라어 원문은 "그러나"(δε)라는 접속사로 시작한다. 이것 역시 앞 절과의 대조를 가리키는 표현이다. 한마디로 모든 인간 친구들은 바울을 떠났으나(16절), 주님만은 그와 함께하셨다는 대조적 사건을 소개하는 것이다. 천하 모든 사람을 친구로 둔 자라 해도 하나님이 그의 원수시라면 그가 받을 화는 여전히 큰 것이다. 그러나 하나님께서 함께하시는 신자는 천하 모든 사람이 그의 원수라 해도 그 자신은 복된 사람이다. 바울에게는 주님이 주신 전도의 사명이 있었고, 주님은 그와 함께하셨다. 주님께서 사람을 그의 종으로 택하셔서 복음을 전하라고 명하시면, 그는 그 종을 절대로 버리지 않으신다(참조. 마 28:20). 바울이 옥중에서 전도할 때도(16절), 주님은 그의 곁에 계셔서 기필코 이방인들에게 복음이 힘있게 전파되도록 하신 것이다.

"내가 사자의 입에서 건짐을 받았느니라." 이것은 바울이 처음 갇혔던 감옥에서 풀려 나와 죽음을 면하게 된 사실을 염두에 둔 말이다. 만일 그때 그가 풀려 나오지 못하였더라면 그는 원형극장에서 사자들에게 던져 죽이는 처참한 형벌을 받았을 것이다. 어떤 학설에 여기서 "사자의 입"이라는 문구는 네로 황제나 로마 정권, 혹은 마귀를 가리키는 것이라고 한다.

18 주께서 나를 모든 악한 일에서 건져내시고 또 그의 천국에 들어가도록 구원하시리니 그에게 영광이 세세무궁토록 있을지어다 아멘. 바울은 그가 첫 번째 투옥된 감옥에서 하나님의 권능의 손길로 풀려났던 체험에 의지하여 이번에는 드디어 천국에 들어가도록 하나님의 구원 역사가 나타날 것으로 확신한다.

19-22절. 문안, 부탁, 축도

19 브리스가와 아굴라와 및 오네시보로의 집에 문안하라. "브리스가와 아굴라"

두 사람은 부부다(참조. 행 18:2; 롬 16:3; 고전 16:19).

"오네시보로." 디모데후서 1:16을 참조하라.

20 에라스도는 고린도에 머물러 있고 드로비모는 병들어서 밀레도에 두었노니. "에라스도"는 고린도 교회의 집사였다(롬 16:23). "드로비모"는 바울의 제3차 전도 여행 시에 드로아에서부터 동행하여 밀레도, 수리아, 예루살렘에까지 이르렀던 신자다(행 20:4; 21:29). 위의 두 사람은 해당 지방의 교회를 돕기 위하여 파송되었을 것이다.

21 너는 겨울 전에 어서 오라 으불로와 부데와 리노와 글라우디아와 모든 형제가 다 네게 문안하느니라. 바울이 디모데에게 "겨울 전에" 오라고 부탁한 이유는, 겨울이 되면 항해하기가 곤란했기 때문일 것이다. "으불로, 부데, 리노, 글라우디아"는 어떤 사람들인지 알 수 없으나 로마에 있는 교회의 신자들인 듯하다.

22 나는 주께서 네 심령에 함께 계시기를 바라노니 은혜가 너희와 함께 있을지어다(참조. 갈 6:18; 빌 4:23의 해석). "심령"은 우리 인격의 중심이니, 우리의 심령이 하나님의 수중에 붙잡혀 있지 않으면 우리는 닻도 없고 키도 없는 배와 같아서 모든 위태로운 곳으로 표류하게 될 것이다. 그뿐 아니라 우리의 심령은 우리 힘으로 통제할 수 없으니(잠 16:32; 렘 17:9), 그것이 전능자이신 하나님의 품에서 변화와 감화와 인도와 보호를 받아야만 우리의 구원이 확실하게 될 것이다.

설교 바울이 옥중에서 받은 위로(9-18절)

1. 성도의 교통(9-11절)

바울 사도는 옥중에서 배신을 당한 일도 있었으며(참조. 10절에 기록된 데마의 행위), 그가 사랑했던 동료들은 교회의 일로 말미암아 그를 떠나갔다. 그처럼 고독한 시기에 그는 디모데를 향하여 "어서 오라"고 부탁하였고, 누가가 함께한다는 사실로 말미암아 기뻐하였고, 또한 디모데에게는 마가를 데리고 오라고 하였다. 시편 16:3에서 다윗은 말하기를, "땅에 있는 성도들은 존귀한 자들이니 나의 모든 즐거움이 그들에게 있도다"라고 하였다. 우리가 외로울 때 성도를 만나고자 하는 이유는 사람을 반갑게 여기기 때문이라기보다는 주님으로 말미암아 즐거워하기 때문이다. 이처럼 성도는 하나님을 보여주는 빛과 같다. 다니엘에게도 세 친구가 있어서 어려운 때 서로를 위해 합심하여 기도했다(단 2:17-18).

2. 겉옷과 성경(13절)

그는 디모데에게 겉옷과 가죽 종이에 쓴 구약성경을 필사본을 가져오라고 하였다(13절). 그가 물질이나 자연을 무시하지는 않았으나 최소한의 물품으로 만족하였다. 그는 하나님의 말씀에서 격려와 위안을 받고자 하였다. 그는 평소에도 성경을 사랑하였으나 고난 중에는 더욱 그리하였다. 그는 성경이 하나님의 사람을 온전케 한다고 믿었다(딤후 3:17). 영국 사람 윌리엄 틴데일은 주후 1525년에 성경을 번역하다가 박해를 받아 옥에 갇혀 있을 때 자신이 입던 겉옷과 성경을 가져다 달라고 청하였다고 한다. 그의 몸을 위해 요구한 것은 겉옷이었고, 그의 영을 위해 요구한 두루마리 성경이었다.

3. 주님의 위로(17-18절)

바울이 사람들로부터 버림당한 그때 주님은 그의 곁에서 그를 위로하셨다(14-17절). 우리도 의를 행하는 중에 고립될 때가 있다. 그럴 때 우리도 그러한 난관으로부터 구출 받는 체험을 종종 하게 된다. 바울은 이런 체험의 결과로 사망도 그를 없애지 못하고 결국 그를 천국으로 인도할 것을 내다보았다(18절).

신약주석

디도서

디도서 주석

목차

본문주석

설교

제 1 장

⚜ 개요

1. 사도직의 근거(1-3절)
2. 문안(4절)
3. 각 성에 장로를 세우라고 함(5-9절)
4. 유대주의자들과 그레데 사람을 경계하라고 함(10-16절)

⚜ 해석

1-3절. 이 단락에서는 바울이 사도가 된 이유와 근거를 말해준다.

1-2상 하나님의 종이요 예수 그리스도의 사도인 나 바울이 사도 된 것은. "하나님의 종." 이 명칭은 일반 신자에 대해서도 사용하는 것인데(벧전 2:16), 여기서는 교역자로서의 사도 바울을 가리킨다. "사도"(ἀπόστολος)라는 용어는 "보냄을 받은 자"라는 뜻이다. 사도직은 기독교가 태동하던 시기에만 있었던 특수직이다(엡 2:20; 계 21:14; 참조. 갈 1:1 해석).

하나님이 택하신 자들의 믿음과 경건함에 속한 진리의 지식과 영생의 소망을 위함이라. 이 문구의 헬라어 원문(κατὰ πίστιν ἐκλεκτῶν θεοῦ καὶ ἐπίγνωσιν ἀληθείας τῆς κατ' εὐσέβειαν ἐπ' ἐλπίδι ζωῆς αἰωνίου)을 좀 더 알기 쉽게 번역하면 다음과 같다. "하나님이 택하신 자들의 믿음과 경건을 위한 진리 지식을 위함이고, 영생의 소망을 위해서다." 요컨대 바울이 사도가 된 것은 ① 택함을 받은 백성에게 믿음을 전하기 위함이며, ② 그들이 경건에 이르는 진리 지식을 알도록 하기 위함이며, ③ 그들의 영생의 소망을 위함이다.

2하-3 이 영생은 거짓이 없으신 하나님이 영원 전부터 약속하신 것인데 자기 때에 자기의 말씀을 전도로 나타내셨으니. "이 영생"의 소망은 참으로 견고한 것이다. 왜냐하면 ① "거짓이 없으신 하나님이" 주신 것이기 때문이다. ② 그 하나님이 "영원 전부터 약속하신" 대로 정확히 제때 친히 그의 말씀으로 나타내셔서 이루셨기 때문이다. 영원 전에 약속하신 대로 이루어졌다는 사실은 우리가 전 인격을 바쳐 믿을 수 있는 든든한 근거가 된다. ③ "이 영생"의 소망에 대한 전도의 사명이 하나님으로부터 바울에게 직접 위임되었기 때문이다.

사도의 직분이 바울의 요청이나 능력으로 말미암아 주어진 것이라면 그것은 견고한 것으로 여겨질 수 없을 것이다. 그러나 사도직은 하나님의 직접적인 명령으로 주어진 것이므로 절대 동요하지 않는 든든한 것이다. 바울은 이처럼 확고한 사명감으로 복음을 전하였다. 따라서 그는 ① 하나님을 신뢰하고 순종하는 삶에 철저하였으며, ② 복음을 위하여 사역하는 중에 어떠한 역경이 찾아와도 두려움 없이 전진할 수 있었다.

4 같은 믿음을 따라 나의 참 아들 된 디도. "참 아들"이라는 표현에 대해서는 디모데전서 1:2 해석을 참조하라. "디도"는 어떤 사람이었는가? 그는 에바브로디도와 동일 인물은 아니다. "에바브로디도"는 빌립보 교회와 관련된 사람이었다(빌 2:25-30; 4:18). 그러나 디도는 바울의 선교여행에 여러 차례 동행한 인물로서 고린도 교회와 관련되었으며(고후 2:13; 7:6, 13; 8:6, 16, 23; 갈 2:3; 딤

후 4:10), 나중에는 그레데 교회와도 관련되었다(딛 1:5).

5-9절. 이 단락에서는 장로의 자격에 대해 설명한다. 장로와 감독은 동일한 직분이다(참조. 딤전 3:1).

5 내가 너를 그레데에 남겨 둔 이유는 남은 일을 정리하고. "그레데"는 지중해에 있는 섬인데, 그리스의 동남쪽에 위치해 있고 한때는 칸디아(Candia)라고 불렸다. 그 섬은 길이가 260킬로나 되고, 너비는 12킬로에서 60킬로 사이다. 섬 가운데로 산맥이 가로지르고 있는데, 가장 높은 봉우리는 해발 2400미터가 넘는다. 이 섬에는 여러 민족이 거주하고 있었는데 유대인들도 많았다고 한다.[137] 바울이 로마로 압송될 때 그곳을 경유한 사건이 사도행전 27:7-21에 기록되었다. 그리고 거기 살던 경건한 유대인들이 오순절에 사도들의 전도를 들었다는 기록(행 2:11)이 있다. 바울이 친히 그곳에 교회를 세웠는지 우리로서는 알 길이 없다.

"남은 일을 정리하고." 이 말은 아직 마무리하지 못한 일들을 완수하겠다는 뜻이다. 여기서 마무리하지 못한 일 중 하나가 그곳 교회에 "장로들을 세우는" 일이었다.

내가 명한 대로 각 성에 장로들을 세우게 하려 함이니. 이 구절을 보면 바울이 그곳에 디도와 함께 있다가 떠나면서 디도는 거기에 남도록 한 것 같다. 그를 남겨둔 이유는 "각 성에 장로들을 세우게 하려 함"이었다. 여기 "각 성"이라고 번역된 헬라어 문구(κατὰ πόλιν)는 "각 도시"라고 번역되어야 한다. 고대 역사 기록에 따르면 그레데 섬에 도시가 백여 개가 있었다고 한다.[138]

6 장로직은 구약 시대에도 존재했으며, 하나님의 뜻에 따라 신약 시대에

---

137) I Macc., 15:19-23.

138) Iliad, 11, 649.

도 장로 직분이 세워졌다(참조. 출 3:16; 4:29; 12:21; 18:12; 민 11:16, 25; 신 5:23; 시 107:32; 행 14:23; 15:6; 20:17; 딤전 3:1; 5:17, 19; 딛 1:5; 약 5:14; 벧전 5:1, 5). 교회 정치학자 보우만(H. Bouwman)은 말하기를 "기독교의 장로제도가 유대교나 이방의 전례(voorbeeld)로부터 영향을 받았다는 학설이 있으나, 우리는 이 제도가 거기서 유래한 것이 아니라고 생각한다"라고 하였다.[139] 보우만의 말은 신약의 장로직이 어디까지나 신약 시대 계시의 산물임을 강조한다.

책망할 것이 없고 한 아내의 남편이며 방탕하다는 비난을 받거나 불순종하는 일이 없는 믿는 자녀를 둔 자라야 할지라. "책망할 것이 없고." 이 말은 사회 통념상 도덕적으로나 법률상으로 흠 잡힐 일이 없음을 가리킨다.

"한 아내의 남편이며." 이에 대해서는 디모데전서 3:2 해석을 참조하라.

"방탕하다는 비난을 받거나 불순종하는 일이 없는 믿는 자녀를 둔 자라야 할지니라." 이 문구에 대해서는 디모데전서 3:4-5 해석을 참조하라.

7 감독은 하나님의 청지기로서 책망할 것이 없고 제 고집대로 하지 아니하며 급히 분내지 아니하며 술을 즐기지 아니하며 구타하지 아니하며 더러운 이득을 탐하지 아니하며. 이 구절에서는 "장로직"과는 다른 "감독"이라는 별개의 직분에 대하여 말하는 것처럼 보이기도 한다. 그러나 헬라어 원문에서 본 절이 "왜냐하면"(γάρ)이라는 이유 접속사로 시작하는 것을 보면, 이 구절 역시 동일한 "장로" 직분에 대해 계속해서 설명하는 것이라고 할 수 있다. 그러므로 감독직은 장로직과 다를 것이 없다. "장로"(감독)라는 호칭은 여기서 치리 장로만 가리키는 것이 아니라 교훈 장로(목사)를 가리키기도 한다. 칼빈의 디모데전서 3:1 해석을 참조하라(참조. 딤전 5:17).

"청지기"(οἰκονόμος)는 한 가정의 제반 사무를 맡아서 주인의 뜻대로 관리해주는 자를 가리킨다.

---

139) Gereformeerde Kerkrecht, I, 1926, 528.

"제 고집대로 하지 아니하며." 이 말은 하나님의 말씀도 아니고 하나님의 뜻도 아닌 자기 개인의 주장은 양보할 줄 알아야 한다는 것이다. 칼빈(Calvin)은 자기 고집대로만 하려고 하는 자를 가리켜 "광신자"라고 하였다. 이것은 물론 명백히 드러난 진리의 말씀을 파수하기 위하여 끝까지 양보하지 않는 신자의 태도를 비난하거나 금지하는 것이 아니다. 선한 장로는 배우고자 하는 마음이 강하며, 따라서 가르치는 일에도 합당한 능력을 갖추게 된다. 선한 지도자는 지도받는 자들의 선한 소원과 목적을 잘 분별하고 그것을 성취하게 해주는 자다. 남북전쟁의 승리를 기념하는 연회에 수많은 사람이 참석하였는데, 그 가운데 프랑스에서 온 손님이 조지 워싱턴의 모친에게 묻기를, "여사님은 어떻게 저런 아들을 길러내셨습니까?" 하고 물었더니 모친이 대답하기를, "나는 그에게 순종을 가르쳤습니다"라고 대답하였다.

"급히 분내지 아니하며." 이것은 쉽게 분내지 않는 태도를 가리킨다. 잠언 16:32에 말하기를 "노하기를 더디하는 자는 용사보다 낫고 자기의 마음을 다스리는 자는 성을 빼앗는 자보다 나으니라"라고 하였다.

"술을 즐기지 아니하며." 이것은 술에 중독되지 않는 것을 가리킨다. 사람이 술에 중독되면 적어도 두 가지 커다란 위험에 노출된다. ① 술은 사람을 취하게 하여 도덕적으로나 신앙적으로 많은 실수를 저지르게 만든다(참조. 잠 23:29-35). ② 술을 즐기는 것은 그 자체가 쾌락을 추구하는 일이라는 점에서도 잘못된 것이다. 사람이 쾌락을 아주 멀리할 수는 없으나, 쾌락주의는 쾌락을 우상으로 삼는 것이다. 그러므로 쾌락주의에 빠진 자는 하나님보다 쾌락을 더 사랑하는 죄에 빠진 것이다(참조. 딤후 3:4).

"구타하지 아니하며." 크리소스토모스는 이것이 말로써 남을 때리는 것을 가리킨다고 하였다. 그러나 이 말은 본래 혈기를 이기지 못하여 남을 때리는 악행을 가리킨다. 교역자는 하나님의 능력과 말씀으로 죄를 징계하는 자다. 그러나 혈기는 죄를 징계하기는커녕 도리어 죄악에 힘을 더해줄 뿐이다.

교역자가 그의 눈빛이나 안색으로 남을 구타할 듯한 기미를 보이는 것도 이미 커다란 잘못을 범하는 일이다. 이로 말미암아 그는 상대방의 마음을 영원히 잃게 된다.

"더러운 이득을 탐하지 아니하며." 헬라어 원문에 사용된 단어(αἰσχροκερδῆ)는 "부끄럽게 이익을 취하지 말라"라는 뜻이다. 부끄럽게라도 이익을 취하는 이유는 물질이나 권세나 영예에 대한 탐심 때문이다. 성경은 이것을 가리켜 "우상숭배"라고 규정한다(골 3:5). 이 점에 있어서 교역자는 특히 금전 문제로 인하여 직분을 수행하는 일에 지장을 받지 않도록 자신을 철저히 살펴야 한다. 교역자는 신령한 일에만 전력하고(행 6:4), 교회의 공금을 다루는 일이나 구제에 관한 문제는 집사들이 처리하게 하는 것이 성경적이다(행 6:1-3).

8 오직 나그네를 대접하며 선행을 좋아하며. 이것은 후덕함과 친절한 태도를 가리킨다. "나그네를 대접"한다고 하였는데, 이는 사랑하는 형제만 아니라 낯선 사람도 대접한다는 뜻이다. "선행을 좋아한다"라는 말은 "친절에 애착을 보인다"라는 뜻이다. 우리가 남을 대접하거나 친절을 베풀 때 자칫하면 사람을 차별하기 쉽다. 그렇게 하는 것은 선행을 좋아하는 자세는 아니다. 아브라함은 손님 대접하기를 좋아하다가 천사를 대접하였다(히 13:2).

신중하며. 헬라어 원문에 사용된 단어(σώφρον)는 마음의 욕심을 절제하며 깨어 있음을 가리킨다. 교역자가 외형적인 향락은 절제하면서도 마음속의 정욕을 억제하지 못한다면, 그는 위선자와 같아서 그의 삶 가운데 영적 은혜가 없으며, 그의 마음은 자갈밭과 같아서 신앙이 성장하지 못한다.

의로우며. 이것은 사람들을 향해 정당하게 행동해야 함을 가리킨다.

거룩하며(ὅσιον). 이것은 하나님과의 관계에서 더러움이 없어야 함을 의미한다.

절제하며(ἐγκρατῆ). 이것은 "자신을 극복함"을 의미한다(참조. 고전 9:27; 잠 16:32).

9 미쁜 말씀의 가르침을 그대로 지켜야 하리니 이는 능히 바른 교훈으로 권면하고 거슬러 말하는 자들을 책망하게 하려 함이라. 여기서 말하는 "미쁜 말씀의 가르침"은 주님께서 계시하신 모든 교훈을 가리킨다.

"지켜야 하리니"(ἀντεχόμενος). 이 말은 반대자를 배척하는 동시에 지켜야 할 것을 방어하는 적극적인 파수 행위를 의미한다. 칼빈은 말하기를 "잘못 가르치는 자들을 온유한 방법으로 막을 수 있다면 가장 좋을 것이다. 그러나 그들이 끝까지 회개하지 아니하면, 우리는 그들을 지목하여 그들의 잘못을 폭로해야 한다. 어찌하여 하나님의 교회를 이리 떼에게 넘겨주려 하는가?"라고 하였다.[140]

설교 장로 사역의 지침(5-9절)

"장로"(πρεσβύτερος)는 헬라어로 "노인"이라는 뜻이다. 이것은 신체의 나이를 가리키지 않고 신앙과 지혜의 연륜을 가리킨다. 여기서 "장로"는 가르치는 장로, 다시 말해 교역자를 뜻한다(9절; 딤전 5:17). 신령한 지혜에 원숙한 사람이라야 하나님이 주신 지혜로 교회를 잘 다스릴 수 있고, 주님의 뜻을 받드는 청지기의 정신(7-8절)으로 하나님의 백성을 섬길 수 있고, 자기 자신이 먼저 하나님의 말씀대로 살면서 남들을 교육할 수 있다.

1. 청지기로 봉사함

"청지기"가 주인의 뜻을 받들어 주인의 가족들을 섬기는 것과 같이 교역자는 "하나님의 청지기"로서 하나님의 자녀들을 섬긴다(벧전 4:10). 교역자는 섬기는 자(minister), 곧 그리스도와 그의 교회의 종이다. 이것이 사도 바

140) Commentary on Pastoral Epistles, 298-299. foot note.

울의 정신이다. 그는 말하기를, "우리는 우리를 전파하는 것이 아니라 오직 그리스도 예수의 주 되신 것과 또 예수를 위하여 우리가 너희의 종 된 것을 전파함이라"라고 하였다(고후 4:5; 참조. 고전 4:1). 예수님도 제자들의 발을 씻으셨는데 교역자가 교인들을 위해 더욱 낮은 자리에서 그들을 섬기지 못하겠는가? 그런데도 교역자들 가운데 지위와 영광을 탐하다가 깊이 타락하는 자들이 있다. 장로나 목사가 성도들을 제 뜻대로 이끌어간다면 그것은 하나님에 대한 도둑 행위다. 어찌하여 믿음이 없는 관리처럼 하나님의 것을 "내 것"인 듯이 맘대로 이용하는가? 성도들에게 유익을 끼치지 못하면서 그들에게서 물질도 받고 그들에게서 영광도 거둔다면 어찌 되겠는가? 주님의 교회에 유익을 끼치지 못한다고 판단될 때는 언제든지 시무하던 교회에서 사임하는 자가 참된 하나님의 종이다.

교회는 오로지 섬기는 단체다. 예수님 자신이 세상에 오신 목적이 섬기기 위한 것이었는데(마 9:13), 교역자들은 두말할 것도 없다. 섬기지 않으려는 것은 마귀의 태도이자 마음가짐이다. 마귀는 천국에서 종이 되기보다 지옥에서 왕이 되기를 선택한 셈이다. 그자는 자기 지위를 지키지 않고 자기 처소를 떠났으므로 흑암에 갇히게 되었다(유 1:6). 중세 교회의 타락이 이런 것이었다. 5세기에서 8세기에 사이에는 "대장로"(ἀρχιπρεσβύτεροι, 가장 높은 장로)나 "시골 장로"(ἐπιχώριοι, 일반 장로보다 낮음), 혹은 "수석 장로"(cardinal presbyter, 대장로와 거의 동등) 같은 차별적인 직제들이 생기기도 하였다.[141] 이처럼 계급의 차별을 가진 직제는 성경적이 아니다. 이런 계급제도는 모두 높아지고자 하는 인간의 악한 심리에서 생겨난 것이다.

성직자의 화려한 가운도 이 같은 허영심에서 비롯된 것이다. 신약성경이나 초대교회 문헌에 교역자의 의복을 규정하는 특별한 지침은 없었다. 그런

---

141) Coleman, Ancient Christianity Exemplified, 1856, 160-161.

데 4세기에 로마의 콘스탄티누스 대제가 예루살렘의 감독에게 금실로 짠 화려한 가운을 선사했다.[142] 이것이 오늘날 교역자들이 입는 가운의 기원이다. 6세기에 이르러서는 교역자가 가운을 입는 것이 정례화되었다. 나중에는 가운의 종류와 색상도 다양해졌다. 고대 교회 역사가 라이먼 콜맨(Lyman Coleman)은 말하기를, 이런 제도는 "교역자와 신도들 사이에 위계질서를 세우기 위해 고안된 것"(fiction of hierarchy)이라고 하였다.[143] 교역자의 부정 축재와 교권주의도 여기서 시작되었다.

4세기에 콘스탄티누스 대제는 교역자들이 재산을 축적할 수 있는 계기를 만들어주었다. 황제는 이단이나 이교도들의 재산을 교회에 귀속시켰는데, 사망한 교역자들의 재산도 마찬가지였다. 이처럼 교회가 막대한 부를 축적하게 되면서 교역자들은 교회 재산의 일부를 사유화하는 폐단이 생겨났다. 이때부터 교회의 감독은 교회 재산에 대해 전권을 행사했고, 그의 통제하에 있는 일반 교역자들은 감독의 허락 없이는 생활비도 쓰지 못하던 시절도 있었다. 그 결과 교회의 감독들은 많은 재산을 모을 수 있었다고 한다. 6세기 말에 이런 상황을 지켜본 프랑스 왕은 말하기를, "우리 재산이 교회로 돌아갔구나! 교회의 감독들 말고는 잘 사는 사람이 없구나!"라고 하였다.[144] 또한 감독들은 타락할 대로 타락하여 아무리 많은 악을 행해도 처벌받지 않도록 법으로 보호받고 있었는데, 이는 콘스탄티노플 공의회(AD 351)의 결정에 따른 것이었다.[145]

---

142) Theodoret Lib., C. 27.

143) Ancient Christianity Exemplified, 1856, 124.

144) Bömer, Alterthums, I, 311.

145) Coleman, Ancient Christianity Exemplified, 1856, 225-231.

2. 하나님의 말씀으로 사역함

교역자는 신자들을 신령한 양식으로 양육하는 자다. 사람의 육신은 밥을 먹고 살지만, 그의 영혼은 하나님의 말씀을 먹고 산다. 베드로전서 2:2에서는 하나님의 말씀을 "신령한 젖"이라고 하였고, 히브리서 5:11-14에서는 신자가 "단단한 음식"과 같은 어려운 진리도 섭취해야 한다고 하였다. 그러므로 교역자는 성경을 깊이 연구하여 일반 신자들이 깨닫도록 설교해야 한다.

영국의 로버트 홀(Robert Hall)은 1764년 5월 2일에 태어났다. 그는 일곱 살도 되기 전에 찬송가를 작사하기 시작했는데 16세부터는 설교를 하였다. 모든 교역자가 이런 수준의 자격을 갖추어야 한다는 말은 아니다. 그러나 교역자는 반드시 가르치는 은사가 있어야 한다. 재능은 천부적인 자질이지만 은사는 하나님이 주시는 선물이다. 또한 잘 가르치는 일은 배움으로도 얼마든지 가능하다. 신자가 성경을 깊이 바로 배우면 "이것이 하나님의 말씀이다!"라는 확신이 생긴다. 이러한 확신으로 가르치면 그의 교훈은 효과를 거둘 수 있다.

구체적으로 말해서 교역자가 설교를 효과 있게 해야 하는데, 이를 위해서는 다음과 같은 점들을 주의해야 한다. ① 본문 선택. 기도하면서 본문을 선정해야 하는데, 때로는 회중의 형편을 살핌으로써 본문이 정해지기도 한다. ② 설교의 영적 감동. 성경의 문자적 의미에만 집중하지 말고 표면에 나타나지 않은 신령한 뜻을 건전하게 찾아서 전해야 한다. 조심할 점은 억지로 신령한 뜻을 찾으려 해서는 안 된다는 것이다. ③ 음성 조절. 거룩한 분위기를 연출하기 위해 자연스럽지 않은 목소리를 내서는 안 되며, 필요 이상으로 큰 소리를 사용하지 않아야 한다. ④ 회중의 주의를 환기시키는 방법. 준비를 철저히 하여 회중이 집중하여 들을 수 있는 내용을 전해야 하고, 너무 길게 하지 말 것이며 똑같은 말을 반복하지 않도록 주의해야 한다.

10-16절. 이 단락에서는 거짓 스승들에 대해 경계해야 할 것을 지적한다. 당시 거짓 스승들은 율법주의자들이다. 그레데 지방에서 유대인들이 그릇된 교훈을 퍼뜨린 일이 있었다. 그들은 아직도 레위기 10장의 율법에 근거하여 음식물 가운데도 종교적으로 정결하거나 불결한 종류가 있다고 주장한 것이다. 복음 시대에 그리스도를 믿는 모든 자는 이미 정결함을 입은 자들이므로(행 11:9), 음식과 같은 어떤 물질이 그들을 종교적으로 불결하게 만들지 못한다(15절).

우리는 이 부분에서 성경이 거짓 스승들을 엄히 경계하고 있음을 알 수 있는데, "그들의 입을 막을 것이라"(11절) 하였고, "엄히 꾸짖으라"(13절) 하였다. 칼빈은 11절을 해석하면서 말하기를, "선한 목자는 악하고 위험한 교훈이 교회에 가만히 들어오는 것을 허락하지 않는다"라고 하였고, "우리는 마음이 완악한 자와 마음이 온유하여 가르침을 받고자 하는 자를 동일하게 취급해서는 안 된다. 온유하여 가르침 받기를 원하는 자에게는 온유하게 훈계하는 것이 바람직하나, 완악하고 고집스러운 자는 엄히 다루어야 한다"라고 하였다. 속담에 이르기를, "굳은 옹이에는 날카로운 도끼가 필요하다"라고 하였다.

10 불순종하고 헛된 말을 하며 속이는 자가 많은 중 할례파 가운데 특히 그러하니. "불순종한다"라는 말은 건전한 복음 진리를 따르지 않고 다른 교훈을 주장한다는 뜻이다. 복음은 유일한 진리이므로 그것을 저버리는 자는 당연히 "헛된 말"로 남들을 속이는 자다. 본래 하나님을 섬긴다고 스스로 여기는 유대인들이 잘못된 복음을 전하니 그 해악은 더욱 크다. 그러므로 바울은 여기서 그들을 지목하여 신자들을 주의시킨다. "할례파"는 그리스도인도 할례를 받아야 한다고 주장하여 구원의 도리를 흐리게 하는 유대인들을 가리킨다.

11 그들의 입을 막을 것이라 이런 자들이 더러운 이득을 취하려고 마땅하지 아니한 것을 가르쳐 가정들을 온통 무너뜨리는도다. "입을 막을 것이라." 이 말은 가르칠 권한

을 주지 말라는 뜻이다. 그런 자들이 징계를 받을 때는 더욱 맹렬하게 악한 교훈을 선전한다. 그러나 그들이 참된 교회 앞에서 징계를 받은 것이므로, 양식 있는 교인들을 그들을 멀리하게 될 것이었다.

"가정들을 온통 무너뜨리는도다." 이단자들이 사용하는 상투적인 수단은 가가호호를 방문하여 거짓 교훈을 퍼뜨리는 것이다(참조. 딤후 3:6).

12 그레데인 중의 어떤 선지자가 말하되 그레데인들은 항상 거짓말쟁이며 악한 짐승이며 배만 위하는 게으름뱅이라 하니. 본 절 하반절은 그레데의 시인 에피메니데스(Epimenides)의 글에서 인용한 것이다. 그를 가리켜 "선지자"라고 부른 것은 헬라의 전통에서 "선생"을 의미할 뿐이다. 플라톤의 『공화국』(Republic) 제2권에서도 시인들을 가리켜 선지자들이라고 하였다(Calvin). 바울은 여기서 그와 같은 풍속을 따라서 표현한 것뿐이고, 에피메니데스를 하나님의 선지자와 동등하게 여긴 것은 아니다. 철학자의 가르침이 인류의 구원 문제를 해결하지는 못한다. 그러나 일반 상식의 차원에서는 그들도 단편적으로 바른 말을 하기도 한다. 그렇다면 그것 역시 하나님의 일반은총으로 말미암은 것이니 성경 저자가 그것을 인용할 수도 있는 것이다(Calvin).

"거짓말쟁이며 악한 짐승이며 배만 위하는 게으름뱅이라." 그레데 사람들이 "거짓말쟁이"였다는 사실은 고대 세계에 잘 알려져 있었다. 그리하여 헬라어에서 "거짓말하다"라는 뜻을 가진 동사인 "크레티제인"(κρητίζειν)이 "그레데"(크레타)라는 지명에서 유래한 것이다. 요컨대 문자적으로 "크레타 사람 노릇 하다"라는 뜻을 지닌 "크레티제인"이라는 동사가 내용상으로는 "거짓말하다"라는 의미로 받아들여졌다. "악한 짐승"이라는 말은 "악한 맹수"라는 뜻으로서 남을 해롭게 하는 잔악무도한 자를 비유한다. "배만 위한다"라는 말은 "먹는 일에만 집중한다"라는 뜻이다. 방탕하고 음식을 탐하는 자들은 일하기 싫어한다.

13 이 증언이 참되도다 그러므로 네가 그들을 엄히 꾸짖으라 이는 그들로 하여금 믿음

을 온전하게 하고. 이 말은 거짓 스승을 받아들일 위험성 있는 그레데 교인들을 잘 단속하라는 뜻이다. 거짓되고 게으른 자들(참조. 12절)은 진리를 파수하지 못하고 거짓 스승들에게 쉽게 끌려간다. 그러므로 이런 자들에게는 엄한 훈계와 책망이 필요하다.

"믿음을 온전하게 하고." 여기서 "온전하게 한다"라고 번역된 헬라어 단어(ὑγιαίνωσιν)는 문자적으로 "건전하게 한다"라는 뜻이다. 이 말은 이단과 반대되는 참된 교훈에 대하여 사용되는 표현이다.

14 유대인의 허탄한 이야기와 진리를 배반하는 사람들의 명령을 따르지 않게 하려 함이라. 본 절은 앞 절에서 이어지는 말씀으로, 디도가 그레데 교인들을 꾸짖어야 하는 또 다른 이유를 밝혀준다. "유대인의 허탄한 이야기"라는 표현에 대해서는 디모데전서 1:4 해석을 참조하라. "진리를 배반하는 사람들의 명령"이 무엇인지는 이어지는 구절들에서 밝혀진다.

15 깨끗한 자들에게는 모든 것이 깨끗하나 더럽고 믿지 아니하는 자들에게는 아무 것도 깨끗한 것이 없고 오직 그들의 마음과 양심이 더러운지라. 유대인들은 종교 문제에 있어서 옳지 않은 금욕주의를 가르쳤다. 그들은 어떤 음식물은 그 자체가 불결한 것이어서 신자가 먹을 수 없다고 하였다. 그러나 그것은 영적 무지에서 비롯된 주장이다. 하나님이 지으신 후에 좋다고 말씀하신 만물에 대해 사람이 더럽다고 판단할 권리가 없다. 다만 인생이 그리스도로 말미암은 속죄의 은총을 입기 전에는 음식물과 인간의 관계가 불결성을 띨 수도 있다. 왜냐하면 사람 자체가 속죄받기 전에는 하나님 앞에 불결하기 때문이다.

"깨끗한 자"라는 말은 죄 사함을 받은 신자를 가리킨다. 신자들에게는 "모든 것이 깨끗하다"라는 말은 다음과 같이 설명할 수 있다. 만물은 하나님이 지으신 것이므로 깨끗하며, 하나님께서 예수 그리스도로 말미암아 신자를 깨끗하게 하셨으니 신자 자신도 깨끗하다. 따라서 신자와 만물의 관계는 불결하지 않다(행 11:8-9; 참조. 딤전 4:3-5). 그러나 불신자는 하나님께 반역한 죄를 그대로 짊어지고 있으니만큼, 그가 회개하고 그리스도를 영접하지 않는 한에는 하나님 앞에서 불결하다. 그는 하나님께서 지으신 만물을 사용할 때도 그것이 하나님의 소유인 줄 모르고 사용하면서 감사하지 않으니, 그것은 불의한 행동이며 따라서 불결하다.

16 **그들이 하나님을 시인하나 행위로는 부인하니 가증한 자요 복종하지 아니하는 자요 모든 선한 일을 버리는 자니라.** 다시 말해 불신 유대인들이 조상들의 유전대로 하나님을 섬긴다고 자처하나 하나님께서 보내신 그리스도 예수를 영접하지 않으니, 그것은 결국 참되신 하나님을 부인하는 행동이다. 그러한 불신자는 하나님 앞에서 다만 가증스러울 뿐이다. 왜냐하면 그는 하나님 앞에서 속죄함을 받지 못하였고 하나님께 반역하는 자이기 때문이다. 따라서 그가 하는 모든 행위는 선하지 않은 것이라고 규정할 수 있다. 그가 스스로 자랑하는 선행도 하나님 앞에서는 악한 행동이다. 하나님께 반역하는 자가 행하는 모든 일은 그가 회개하지 않는 한 모두 다 하나님 앞에 가증스럽다. 비유하자면, 한 나라를 해치려 하는 역적들이 서로 아무리 사랑하고 단합한다 해도 그들의 사랑과 단합이 그 나라에 대해서는 적대행위인 것과 마찬가지다.

제 2 장

개요

1. 늙은 남자에게 주는 교훈(1-2절)
2. 늙은 여자에게 주는 교훈(3절)
3. 젊은 여자에게 주는 교훈(4-5절)
4. 젊은 남자에게 주는 교훈(6-8절)
5. 종들에게 주는 교훈(9-10절)
6. 구원과 의로운 생활(11-14절)
7. 결론(15절)

해석

1 **오직 너는 바른 교훈에 합당한 것을 말하여.** 칼빈은 여기서 "바른"(ὑγιαινούσῃ)이라고 번역된 단어가 "건전한"이라는 뜻을 지닌다고 말한다. 그리고 그는 계속하여 말하기를, "건전하다 함은 영양분과 치료를 제공하는 특징을

가지고 있다. 하나님의 말씀은 죄로 인하여 죽은 자를 치료하여 살려내며 또한 그에게 영적 양식이 된다"라고 하였다. 전도자는 자기의 지혜를 전하지 말고 하나님이 뜻하신 바에 일치하는 말씀을 전해야 한다. 전도자가 설교하는 태도는 주린 자에게 음식을 주는 친절한 마음이어야 하고, 병자에게 약을 처방하는 의사의 애정 어린 마음이어야 한다. 사람들이 목회자의 자세만 보고서도 그들의 마음이 기쁘게 되어야 한다.

2 늙은 남자로는 절제하며 경건하며 신중하며. 여기서 "절제함"(νηφαλίους)은 "세상의 유혹을 거절함"을 뜻하는데 이 말은 특히 외향적으로 방종한 습성을 잘 단속하는 일을 가리키는 데 사용된다. "경건하며"(σεμνούς)라는 말은 "존경스러우며"라고 수정되어야 한다. 이것은 교리와 삶에 엄격성을 유지하는 일만을 뜻하는 것이 아니라 성결의 의미도 지닌다. 이것은 남들보다 자기 자신을 다스림으로써 이루어진다.

하루는 드와이트 무디(D. L. Moody) 선생이 이발관에 들어갔는데, 그때까지 잡담하던 사람들은 그가 이발을 마칠 때까지 침묵을 지켰다고 한다. 존경스럽다는 말은 이때 무디 선생이 보여준 것과 같은 모습을 가리킨다. "신중함"(σώφρονας)이라는 말은 마음속의 생각을 조절하거나 통제하여 건전하게 유지하는 것을 뜻한다.

믿음과 사랑과 인내함에 온전하게 하고. 여기서 "온전하게 하고"(ὑγιαίνοντας)라는 표현은 "건전성"을 의미한다. 사람들이 믿음, 사랑, 인내함을 건전하게 유지하기 위해서는 균형이 필요하다. 우리는 어느 한 가지에만 치중하다가 불건전해지기 쉽다. 예를 들면, ① 믿음, 소망, 사랑이 항상 함께 있어야 하는데 우리가 만일 사랑만 강조하고 신앙을 무시하면 이는 불건전한 것이며, ② 세례받는 일보다 믿음이 중요한데, 믿음의 유무는 무시하고 성례를 중시하는 일도 불건전한 것이며, ③ 율법은 믿음으로 의롭다 함을 얻은 우리를 주장하지 못하고(롬 6:15) 다만 초등교사의 역할을 할 뿐인데(갈 3:24), 율법을 은혜

만큼, 혹은 그보다 더욱 중시하여 신자를 다시 율법 아래에 두려고 하는 유대주의도 불건전한 것이다.

3 늙은 여자로는 이와 같이 행실이 거룩하며. "이와 같이"라는 표현을 사용한 이유는 앞에서 늙은 남자들을 권면했던 것과 마찬가지로 늙은 여자들에게도 가르칠 교훈이 있음을 지적하려는 것이다. "행실이 거룩하며"(ἐν καταστήματι ἱεροπρεπεῖς)라는 표현에 대해 부마(Bouma)는 이것이 교회 봉사에 거룩히 종사하라는 의미라고 해석하였다.[146] 이 해석은 우리가 받아들일 만하다.

모함하지 말며. 이것은 형제들 사이를 멀어지게 만드는 말을 지어내기를 좋아하지 말라는 경고다. 모함하는 일은 마귀의 특징이므로(계 12:10), 여기서 "모함"하는 일을 가리키기 위해 "마귀"를 뜻하는 헬라어 단어(διαβόλους)를 사용하였다.

많은 술의 종이 되지 아니하며. 이것은 술을 전혀 사용하지 말라는 뜻은 아니다. 술을 약으로 조금씩 사용하는 것은 허용된다(딤전 5:23). "많은 술의 종"이 된다는 말은 술에 취한다는 뜻이다. 그것은 쾌락을 추구하는 일이며, 따라서 "쾌락을 사랑하기를 하나님 사랑하는 것보다 더 하"는 죄악이다(딤후 3:4).

선한 것을 가르치는 자들이 되고. 이것은 늙은 여자들이 그들의 삶으로써 선한 일에 본이 되도록 하라는 뜻이다(H. Ridderbos).

4 그들로 젊은 여자들을 교훈하되 그 남편과 자녀를 사랑하며. 바울은 여기서 젊은 여자들을 개별적으로 지도하는 일을 젊은 교역자 디도가 친히 하도록 허락하지 않고 늙은 여자들을 시켜서 하도록 당부하였다. 이것을 보면 오늘날 여전도사 제도가 바람직하다고 볼 수 있다. "그 남편과 자녀를 사랑하며"라

146) Kommentaar op Het Nieuwe Testament, XI. 410.

는 말은 그 당시 이방 종교에 물든 세계에 참다운 가정적 사랑의 모범이 필요함을 함을 보여준다(참조. 벧전 3:1).

5 신중하며 순전하며 집안 일을 하며 선하며 자기 남편에게 복종하게 하라. "신중함"(σώφρονας)은 "생각이 단정함"을 의미하고, "순전함"(ἁγνάς)은 "외형적으로 흠이 없음"을 의미한다.

"집안 일을 하며." 잠언 31:10-31을 참조하라.

"선하며"(ἀγαθάς)라는 말은 친절함을 의미한다. 어떤 학자들은 "집안 일"이라는 단어와 "선하며"라는 단어를 연결하여(οἰκουργοὺς ἀγαθάς) "집에서 선한 일을 하며"라고 번역한다(Hofmann, Wohlenberg, Riggenbach). 이렇게 번역할 때 이것은 가정에서 일꾼들에게 친절을 베푸는 것을 가리킨다.

"남편에게 복종하게 하라." 에베소서 5:22-24을 참조하라.

6-7상 너는 이와 같이 젊은 남자들을 신중하도록 권면하되 범사에 네 자신이 선한 일의 본을 보이며. 젊은 남자들에게 주는 권면은 ① 그들이 "신중하도록 권면하는" 것이다. 청년들은 정욕에 끌려 죄를 저지르기 쉬우니(딤후 2:22), 마음속에서 사상적 순결("신중함"이라는 헬라어 원어의 문자적 의미)을 지키기를 힘써야 한다. 그러므로 전도서 12:1에서는 "청년의 때"에 여호와를 기억하라고 말씀한다. ② 디도 자신이 그들에게 "본을 보이는" 삶을 살아야 한다. 종교 윤리를 효과적으로 교육하는 방법은 말에 있지 않고 지도자의 모범에 있다(참조. 딤전 4:12).

7하-8 교훈에 부패하지 아니함과 단정함과 책망할 것이 없는 바른 말을 하게 하라. 이 문구는 다음과 같이 번역되어야 한다. "(너의) 가르침에 있어서는 부패가 없고 엄정하며 흠 잡힐 것이 없는 건전한 말을 하라." 가르침에 있어서 부패가 없게 하는 것은 하나님의 말씀을 증언하는 설교에 인간의 말을 혼합하지 않는 것을 의미한다(참조. 고후 2:17).

"단정함"(σεμνότητα)이라는 말은 "무거움" 혹은 "경건함"을 의미한다. 설교자는 하나님의 중대한 진리를 전하는 자이므로 무게 있게 말해야 한다. "무게 있다"라는 말은 진실성과 신중성을 의미한다. 기독교 역사에서 참된 설교자들은 진실하고 정중하게 말하는 자들이었다. 무디 선생은 설교할 때 어떤 모습도 흉내 내지 않았고, 손짓도 많이 하지 않았으며, 큰소리도 많이 내지 않았다. 그는 깊은 경건 생활과 성경 지식에 뿌리를 두고 진실하게 말하는 것만으로 사람들을 감화시켰다고 한다.

설교자들이 종종 예의 없는 허무한 말쟁이로 전락한다. 우리가 강단에서 진리를 분별하도록 가르치는 것은 옳으나, 청중들이 어떤 사람을 미워하도록 만든다면, 그것은 강단을 불경하게 만드는 일이 된다.

경건한 설교의 원리에 대하여 찰스 스펄전 목사는 다음과 같이 말하였다. ① 먼저 설교자 자신이 하나님께서 쓰실 만한 좋은 도구가 되어야 한다. 한마디로 설교자 자신이 평소에 경건한 신자가 되어야 한다. 하나님을 강단에서만 섬기는 "목사 노릇"(Ministerialism)에 빠지면 안 된다. ② 교훈의 내용이 있는 설교를 해야 한다. 강단에서 말하기 위한 설교가 아니고 청중에게 영적 양식이 될 만한 것을 주려고 힘써야 한다. ③ 조직화된 설교를 해야 한다. ④ 그리스도가 중심이 되는 설교를 해야 한다. 다시 말해 설교의 목표가 청중들을 그리스도께로 인도하여 그분을 믿게 하려는 것이어야 한다. ⑤ 단조로운 음성이나 다른 사람을 모방하는 음성, 같은 말의 반복, 번잡한 손짓과 동작도 피해야 한다. ⑥ 진리에 대한 확신을 가지고 설교해야 한다. ⑦ 말은 부드러우면서도 힘있게 하고, 무례하거나 무법한 인신공격을 하지 않아야 한다.

9-10 종들은 자기 상전들에게 범사에 순종하여 기쁘게 하고 거슬러 말하지 말며. "종들"에 대하여 사도 바울은 해방운동의 필요성을 말하지 않고 다만 그들에게 "순종"을 권한다. 이것은 인권 문제에 무관심한 말같이 보인다. 그러나 신약의 구원 운동은 사회 정의를 위한 혁명운동이 아님을 우리가 기억해야 한다.

복음은 그 시대의 사회 정황이라는 배경하에(고전 7:20) 그 시대 사람들의 심령을 개조하는 일에 집중한다. 사회적으로는 종의 신분을 가진 자라 할지라도 복음을 받은 자라면 그는 영적으로 자유인이다(고전 7:22).

훔치지 말고 오히려 모든 참된 신실성을 나타내게 하라 이는 범사에 우리 구주 하나님의 교훈을 빛나게 하려 함이라. 다시 말해 남의 종이 된 그리스도인들은 상전에게 신실함을 보임으로써 "하나님의 교훈을 빛나게" 하라고 한다. 하나님의 교훈이 빛난다는 말은 무슨 뜻인가? 그것은 그리스도를 믿지 않는 상전이라도 그의 종의 "충성심"을 보고 그가 믿는 하나님께 영광 돌리는 것을 가리킨다(참조. 마 5:16). 우리가 하나님의 말씀을 실행에 옮길 때 비로소 하나님 말씀의 빛이 드러난다. 바울 당시에 종들은 천대받는 자들이었지만 그들도 하나님의 말씀대로 순종하기만 하면 빛나는 영적 지위를 누릴 수 있었다.

11-13절. 이 단락에서는 신자들이 2-10절의 교훈을 실천해야 할 동기를 말해준다. 11절 첫머리에 "왜냐하면"(γάρ)이라는 이유 접속사가 있어서 이와 같은 문맥상의 연관관계를 보여준다. 말하자면 하나님의 구원하시는 은총이 나타났으니 우리는 이처럼 올바로(9-10절) 살아야 한다는 것이다. 구속의 은혜를 받은 자는 이 세상에서도 신중함과 의로움과 경건함으로 바르게 살아가고, 내세를 소망하면서 그리스도의 재림을 기다리게 되었다. 우리가 이생과 내세를 아우르는 하나님의 은혜를 생각할 때 마음속은 기쁨과 소망으로 뛰며 감사가 넘친다. 그리스도의 사랑이 우리를 강권하신다(눅 1:74-75; 고후 5:14).

11 모든 사람에게 구원을 주시는 하나님의 은혜가 나타나. 여기서 "모든 사람"이라는 표현은 인종 차별이나 계급 차별이 없이 누구나 그리스도를 믿으면 구원받을 수 있음을 암시한다. 이것은 그 당시 천대받던 노예들도 이 같은 구원에 넉넉히 참여할 수 있음을 암시한다. "하나님의 은혜가 나타나"라는 말은

그리스도께서 이 세상에 초림하신 사실을 가리킨다(요 1:16-17).

12 우리를 양육하시되 경건하지 않은 것과 이 세상 정욕을 다 버리고 신중함과 의로움과 경건함으로 이 세상에 살고. "양육한다"(παιδεύω)라는 말은 "훈련시킨다"라는 뜻을 지니고 있다. 신자들은 구원의 은혜를 받은 후에도 이 세상에서 계속하여 훈련을 받는데, 이 훈련은 ①소극적으로는 죄악을 버리는 훈련이고, ② 적극적으로는 경건하게 살아가는 훈련이며, ③ 내세의 복된 소망인 그리스도의 재림을 기다리는 훈련이다(13절).

"경건하지 않은 것"은 올바른 종교를 버리고서 우상을 섬기는 것을 가리키며, "이 세상 정욕"은 참되지 않은 종교를 추종하는 자들에게서 목격할 수 있는 모든 부패한 육체적 욕구를 가리킨다. "신중함"(σωφρόνως)은 영적으로 깨어 있어서 사상과 감정이 잘 조절되는 상태를 가리킨다.[147] "의로움"은 사람들에 대하여 바르게 행하는 것이고 "경건함"(εὐσεβῶς)은 하나님을 향해 단정히 행하는 것이다.

13 복스러운 소망과 우리의 크신 하나님 구주 예수 그리스도의 영광이 나타나심을 기다리게 하셨으니. 본 절은 "하나님의 은혜가 나타"난(11절) 또 한 가지 목적을 진술한다. 위의 12절에서도 그 목적 가운데 하나가 기록되었다. 거기서는 현세에 관련된 목적을 진술했던 반면, 본 절에서는 내세에 관한 목적을 진술한다. "복스러운 소망"은 신자가 받을 내세의 축복을 일반적으로 총칭한 것이고, "크신 하나님 구주 예수 그리스도의 영광이 나타나심"은 개별적으로 그리스도의 재림사건 그 자체를 가리킨다.

14 그가 우리를 대신하여 자신을 주심은 모든 불법에서 우리를 속량하시고 우리를 깨끗하게 하사 선한 일을 열심히 하는 자기 백성이 되게 하려 하심이라. 본 절은 재림하실 그리스도께서 일찍이 십자가에 못 박혀 죽으신 목적을 보여준다. 그가 죽으

---

147) Ellicotton, I Tim. 2:9.

신 목적도 신자들을 선한 백성으로 만드시려는 것이었다. 은혜를 주신 하나님 아버지의 목적도 신자들을 선한 사람으로 만드시려는 것이지만(12절), 우리를 속량하신 예수 그리스도의 목적도 똑같다. 그런데 우리는 이 점에 대해 오해하지 않아야 한다. 한마디로 하나님이 우리에게 은혜를 베푸시는 목적과 그리스도가 우리를 속량하신 목적이 단지 우리를 도덕적으로 선한 사람으로 만드시는 데만 있는 것처럼 오해하지 않아야 한다(참조. 위의 13절 해석). "우리를 대신하여 자신을 주심"에 대해서는 고린도후서 5:14-15을 참조하라.

"불법"은 "죄악"을 의미하는데, 여기서 "우리를 속량하신다"라는 표현은 불법과 죄악이 마치 우리를 노예화하는 세력과 같은 것임을 보여주기 위해 사용된 것이다(요 8:34). 죄악은 우리를 멸망으로 사로잡아 가는 무서운 세력이다. "속량하시고"(λυτρώσηται)라는 말은 주인에게 값을 치르고 종을 풀어주는 것을 의미한다.

"우리를 깨끗하게 하사." 그리스도는 우리를 죄악의 세력에서 풀어주셨을 뿐 아니라 우리를 깨끗하게 만들어주신다. 이것은 그가 성령으로 말미암아 우리가 점점 거룩함을 이루어 가게 하심을 의미한다.

"선한 일을 열심히 하는 자기 백성." 이 말에 대해서는 빌립보서 2:13과 베드로전서 3:13 해석을 참조하라.

설교 선한 일에 열중하자(11-14절)

우리가 선한 일에 힘써야 할 이유가 여러 가지겠지만 특히 이 부분에서 보여주는 세 가지 이유가 중요하다.

1. 하나님께서 우리를 은혜로 양육하시기 때문이다(11-12절).

여기서 "양육하다"(παιδεύω)라는 동사는 훈련시킨다는 뜻이다. 신앙생활은 진정한 의미에서 사람의 가르침으로 이루어지는 것이 아니다. 누군가가 나에게 예수를 잘 믿으라고 권면한다고 해서 나의 신앙생활이 진보하는 것은 아니다. 성도의 신앙생활은 하나님의 양육하심(훈련)을 통해서만 제대로 성장한다. "마치 독수리가 자기의 보금자리를 어지럽게 하며 자기의 새끼 위에 너풀거리며 그의 날개를 펴서 새끼를 받으며 그의 날개 위에 그것을 업는 것 같이"(신 32:11) 하나님께서 친히 교회를 단련시키시며 양육하신다. 요한계시록 12:14에도 이와 유사한 말씀이 있는데, 거기서는 "그 여자[교회]가 큰 독수리의 두 날개를 받아 광야 자기 곳으로 날아가 거기서···양육 받으매"라고 하였다. 독수리의 새끼는 높은 바위 위에 만들어진 둥지에서 부화한 후에 얼마간 둥지를 의지하고 자라다가, 마지막에는 발붙일 곳이 없는 허공에서 날기를 배운다고 한다. 어미 독수리가 새끼들을 둥지에서 떨어뜨리면 새끼 독수리들은 있는 힘을 다해 날개를 퍼덕이다가 기진맥진하여 밑으로 떨어지는데, 그때 어미 독수리가 잽싸게 내려가서 그의 날개로 새끼를 받은 다음에 다시 높이 올라가서 떨어뜨린다고 한다. 이처럼 하나님께서도 신자들을 시험과 환난 가운데 두시고 그들에게 신앙 연단의 기회를 주신다. 신앙의 연단은 평안한 처지에서는 이루어지지 않는다. 아씨시의 성 프란치스코(Francis)나 종교개혁가 테오도르 베자(Beza)는 죽을 뻔한 질병 가운데서 위대한 신앙인이 되었다. 하나님께서 신자들을 이렇게 양육하시는 목적은 그들이 신중하고 의롭고 경건한 자가 되게 하기 위한 것이다.

2. 복스러운 소망을 가지기 때문이다(13상).

"복스러운 소망"은 그리스도의 재림을 가리킨다. 그리스도의 재림은 말할 수 없이 복스러운 사건이다. 그것이 그렇게 복스럽다는 의미에서 "크신 하나님", "구주", "영광"이라는 표현이 사용되었다. 우리가 선한 일에 열중하게 되려면 재림을 기다리는 소망을 지니고 살아야 한다. 사람은 기대하는 대로 행동하는 법이다. 농부는 추수 때를 바라보고서 봄에는 씨를 뿌리고 여름에는 그 곡식을 돌본다. 요한1서 3:3에 말하기를, "주를 향하여 이 소망을 가진 자마다 그의 깨끗하심과 같이 자기를 깨끗하게 하느니라"라고 하였다. 모든 경건한 성도들은 주님의 재림을 믿는다. 재림을 믿는다는 말은 재림 교리를 인정하는 정도의 지식을 가리키는 것이 아니라, 그가 다시 오실 날을 날마다 기다리는 신앙과 삶을 뜻한다. 초대교회의 신자들은 그런 재림 신앙을 소유하고 있었으며 바울은 그런 신앙을 칭찬하였다(살전 1:10). 영국의 유명한 설교자 캠벨 모건(Campbell Morgan)은 말하기를 "나는 평생 베개를 베고 누울 때마다 마음속으로 '아마 날이 밝기 전에 주님께서 오실 것이다'라고 생각하였다"라고 고백했다. 우리가 현재 그리스도를 믿고 있다면 어찌 그의 재림을 기다리지 않겠는가! 우리가 그리스도를 사랑한다면 어찌 그가 다시 오실 날을 고대하지 않겠는가? 믿음과 소망과 사랑은 항상 함께한다고 성경은 말한다(고전 13:13). 주님의 재림을 고대하는 소망이 희미한 신자는 그 믿음도 연약할 것이다. 신자들이 그리스도의 재림에 소망을 두지 않는다면, 그것은 쾌락 사랑하기를 하나님 사랑하는 것보다 더하는 것이다. 그런 이유에서 하나님은 때때로 인간들의 쾌락 시설과 분위기를 흩어버리신다. 세상에는 비극이 가득하다. 그러므로 그가 언제 오실지 알 수 없지만 우리는 그를 날마다 기다려야 한다. 목마른 자가 어찌 물을 기다리지 않겠는가? 그리스도를 기다리는 마음가짐은 진리에 합당한 것이다. 만물도 그의 재림을 기다린다고 하였는데 사람으로서 그의 재림을 기다리지 않을 수 있겠는가! 로마서 8:19에 말하기를 "피조물이 고대하는 바는 하나님의 아들들이 나타나는 것이니"(신자들이 주님의 재림 때 부활한다는 의미)라고 하였다. 이렇게 영광스러운 소망을 가진 우리는 하나님의 선하신 뜻에 순종해야 하고, 소망 없는 낙오자처럼 행동해서는 안 된다.

3. 그리스도께서 우리를 대신하여 죽으셨기 때문이다(14상).

그가 우리 죄를 담당하시기 위하여 죽으셨는데 우리가 어찌 죄를 범할 마음을 품을 수 있겠는가!(참조. 롬 6:1-2) 그리스도의 대속을 믿는 자는 죄를 멀리하며, 그리스도를 옷 입듯이 그 안에 숨는다(롬 13:13; 히 6:18), 그는 그리스도 밖에는 구원이 없는 줄 알기 때문에 생명을 걸고 그 안에 머문다.

15 너는 이것을 말하고 권면하며 모든 권위로 책망하여 누구에게서든지 업신여김을 받지 말라. 이것은 디도에게 위의 모든 교훈을 바탕으로 교회를 권면하라고 부탁하는 말씀이다. 하나님의 말씀대로만 가르치는 자에게는 권위가 함께한다. 하나님의 말씀이 유일한 권위이므로 바울은 여기서 "모든 권위로"라는 말을 사용한다. 하나님의 말씀을 강력히 믿고 있는 그대로 가르치는 자는 업신여김을 받지 않는다.

제 3 장

⚜ 개요

1. 신자들에게 정권에 복종하도록 권고하라고 함(1절)
2. 세속 사회에서 투쟁하지 말고 관용을 보이라고 함(2-7절)
3. 어리석은 변론과 이단을 피할 것(8-11절)
4. 인사, 문안, 축도(12-15절)

⚜ 해석

1 너는 그들로 하여금 통치자들과 권세 잡은 자들에게 복종하며 순종하며 모든 선한 일 행하기를 준비하게 하며. 여기서 "그들"은 "신자들"을 의미한다.

"권세 잡은 자들에게 복종하며 순종하며." 신자가 정권에 순종해야 한다는 점에 대해서는 로마서 13장에서도 가르친다. 흔히 신자들은 하나님의 다스리심을 받기 때문에 집권자들의 다스림을 받을 필요는 없다고 잘못 생각하기 쉽다. 그러나 우리는 이 세상 정치가 우리의 육신 생활의 영역을 통제하기 위해 하나님이 세우신 것임을 알아야 한다(롬 13:1-7). 다만 정부가 하나님을 경배하는 일과 반대되는 것을 강요할 때 신자는 이에 대해 복종할 수 없다. 성경은 그것까지 복종하라고 가르치지는 않는다(행 4:19; 5:29).

"모든 선한 일 행하기를 준비하게 하며." 이 말은 정권에 대한 복종과는 무관하며 다음 구절에 연결되는 말씀이다. 이것은 일반적으로 이웃을 향한 신자들의 행동 원리를 지시해준다. "준비하게 하며"(ἑτοίμους εἶναι)라는 말은 그리스도인으로서 사회 윤리의 실천에 언제나 솔선수범해야 함을 가리킨다. 그리스도인들은 이미 거듭났으므로 종이 아니라 "빛의 자녀"들이며(엡 5:8), 그에 걸맞은 빛나는 행실("선한 일")을 보여주어야 한다.

2 아무도 비방하지 말며 다투지 말며 관용하며 범사에 온유함을 모든 사람에게 나타낼 것을 기억하게 하라. 본 절에서는 신자가 불신자를 어떻게 대할 것인가 하는 사회윤리적 문제를 다룬다. 신자들은 교회 안에서 같은 믿음을 가진 신자들에 대해서는 올바로 행동하기를 힘쓰면서도, 교회 밖에서 살아가는 불신자들에 대하여는 부주의하기 쉽다. 우리는 불신자들이 복음 진리를 모른다고 그들을 멸시하거나 비방해서는 안 된다. 그들이 먼저 혈기를 부리면서 도발해오는 때도 신자는 그들처럼 악독과 혈기로 대하지 말고 오직 관용과 온유한 마음으로 그들을 대할 뿐이다. 하늘을 나는 학은 참새와 다투지 않는다. 우리는 진리를 모르는 자들을 업신여기지 말고, 우리 자신도 과거에 그런 시절이 있었음을 떠올리며 너그러운 마음을 품어야 한다.

3 우리도 전에는 어리석은 자요 순종하지 아니한 자요 속은 자요 여러 가지 정욕과 행락에 종 노릇 한 자요 악독과 투기를 일삼은 자요 가증스러운 자요 피차 미워한 자였으나. 이 구절의 헬라어 원문은 "왜냐하면"(γάρ)이라는 이유 접속사로 시작한다. 신자가 불신자들을 너그럽게 용납해야 하는 이유는, 자기도 과거에 불신자였을 때 그들처럼 죄를 범했던 사실을 기억하기 때문이다. 칼빈은 말하기를 "하나님에 대해 열심을 가진 자들이 종종 불신자들에 대하여 냉정한 태도를 보인다. 그러나 만일 그들이 자기 자신에 대한 비판에서 출발한다면, 그들에게는

불신자들을 동정하는 마음이 생긴다"라고 하였다.

본 절에 기록된 죄목들은 십계명을 범하는 죄악들을 간추린 것이다. "어리석음"과 "순종하지 아니함"과 "속임수"는 종교적으로 잘못된 일들(제1계명 ~ 제4계명 위반)을 가리킨다. 우상숭배가 여기 포함되는 대표적인 죄악이다. "정욕과 행락에 종노릇 함"은 일종의 음행(제7계명 위반)이고, "악독과 투기"는 일종의 살인(제6계명 위반)이다(참조. 요일 3:15). 이렇게 죄를 범한 자들은 윤리적으로 불결한 사람들, 다시 말해 "가증스러운 자들"이다. 그래서 그들은 자기들끼리도 미워한다.

4-7절. 이 단락에서는 신자들이 불신자의 비행에 대하여 관용해야 하는 또 한 가지 이유를 밝힌다. 말하자면 그들이 지금 올바로 행동하게 된 원인이 자신에게 있지 않고 오직 그리스도의 은혜에 있다는 점이다. 남의 것을 빌어먹는 걸인이 빌어먹지 못하는 다른 걸인을 업신여길 이유는 없다. 그는 오히려 먹지 못하는 다른 걸인 앞에서 죄송스러운 생각을 가지고 더욱 겸손해져야 한다.

4-7 우리 구주 하나님의 자비와 사람 사랑하심이 나타날 때에 우리를 구원하시되 우리가 행한 바 의로운 행위로 말미암지 아니하고 오직 그의 긍휼하심을 따라 중생의 씻음과…우리로 그의 은혜를 힘입어 의롭다 하심을 얻어 영생의 소망을 따라 상속자가 되게 하려 하심이라. 헬라어 원문에는 4절 첫머리에 "그러나"(δέ)라는 접속사가 있어서 위의 말씀과 어떻게 연결되는지를 보여준다. 위의 말씀에 따르면, 이 편지(디도서)를 읽게 될 신자들도 믿기 전에는 악하였고 가증스러웠다. 그런데도(δέ) 하나님은 그들을 사랑하셨다는 것이다. "사람 사랑하심이 나타났다"라는 말씀은 이러한 사실을 표현한다는 점에서 중요한 것이다. 이 사랑은 다음과 같은 내용을 가진 것이다. ① 하나님이 그들을 "사랑하신" 동기는 그들에게 "의"가 있어서가 아니고 전적으로 그의 "긍휼"로 말미암은 것이다(5상). 그들에

게는 의가 없고 오직 죄악만 있었다(3절). ② 하나님이 사람을 사랑하신 결과는 그들의 "중생"(5하), "의롭다 하심"(7상), "영생의 소망"(7하) 등이다. 그들이 이렇게 된 것은 오직 하나님의 "은혜" 때문이었다. 어느 것 하나 인간 자신의 공로나 업적으로 이루어진 것은 없다.

8-11절. 이 단락에서는 교회의 평화를 위하여 힘쓸 일에 대해서 말한다.

8-9 이 말이 미쁘도다 원하건대 너는 이 여러 것에 대하여 굳세게 말하라 이는 하나님을 믿는 자들로 하여금 조심하여 선한 일을 힘쓰게 하려 함이라 이것은 아름다우며 사람들에게 유익하니라 그러나 어리석은 변론과 족보 이야기와 분쟁과 율법에 대한 다툼은 피하라 이것은 무익한 것이요 헛된 것이니라. 여기서 "이 여러 것"이라는 말은 위의 4-7절에서 말한 복음의 근본적 사실들, 말하자면 하나님의 자비로 말미암은 중생, 칭의, 영생의 소망 등이다. 교역자가 위와 같은 복음의 내용을 바로 가르치면 그것은 하나님 앞에 아름다운 것이며(καλά) 또 사람들에게도 영적으로 유익을 끼친다. 이것은 8절에서 지적하는 "어리석은" 변론과 대조된다.

여기서 바울이 말씀하는 것처럼 복음의 내용을 가르치는 일이 사람들에게 유익하다고 할 때(8하) 과연 어느 정도로 유익하다는 말인가? 그것은 디모데전서 4:8의 말씀과 같이 "금생과 내생"에 유익하다는 의미가 아닐 수 없다(참조. 딤전 4:6-8). 반면에 변론은 무익하다고 할 때(딛 3:9) 과연 어느 정도 무익하다는 말인가? 그것은 두말할 것도 없이 "듣는 자들을 망하게"하는 정도로 해로운 것이다(딤후 2:14).

"어리석은 변론과 족보 이야기." 디모데전서 1:4에 대한 해석을 참조하라.

10 이단에 속한 사람을 한두 번 훈계한 후에 멀리하라. 교회가 이단을 물리치지 않으면 평화가 파괴된다. 이단을 용납하는 것이 일시적으로는 평화를 지키는 일 같으나 결국 그것이 화근이 된다. 그러므로 히브리서 12:15에 말하기를, "쓴 뿌리가 나서 괴롭게 하여 많은 사람이 이로 말미암아 더럽게 되지 않

게 하며"라고 하였다. 이와 관련하여 주의할 것은, 아무 증거 없이 누군가를 이단자로 속단하지 않아야 한다는 점이다. 신중히 알아보고 법적으로 심사하여 확실히 이단자임이 밝혀진 후에 그렇다고 공언해야 할 것이다. 그뿐 아니라, 교회는 이단자를 법적으로 훈계하여 회개할 기회를 주어야 한다. 그런 이후에도 그가 회개하지 않으면 교회는 그를 징계해야 한다.

"이단에 속한 사람"(αἱρετικὸν ἄνθρωπον). 이것은 올바른 진리의 말씀에 일치하지 않는 다른 의견을 택하여 "작당하는 사람"을 의미한다. 사람이 바로 알지 못하여 일시적으로 올바르지 않은 주장을 펼쳤더라도 교회의 권면을 듣고 회개하면 그는 진리의 말씀으로 돌아올 소망이 있다. 그러나 회개하지 않고 끝까지 잘못된 주장을 고집하는 자는 이단자다. 이단자를 이렇게 규정한 인물은 바로 아우구스티누스(Augustine)다. 그는 말하기를, "이단자는 자신의 이단적인 주장을 회개하지 않는 자다. 나도 이단적인 이론을 마음에 품을 수 있다. 그러나 나는 그것이 그릇된 것임을 깨달을 때 회개한다. 그러므로 나는 이단자가 아니다"라고 하였다.

"한두 번 훈계한 후에 멀리하라." 이 말은 이단자에 대하여 교회가 적법하게 대응해야 할 것을 가르친다. 어떤 사람이 신앙에서 탈선한 것처럼 보인다고 해서 즉시 그를 이단자로 정죄하여 축출하는 것은 교회로서 할 일이 아니다. 교회는 그를 회개시키기 위해 온유하게 가르쳐야 할 것이다. 그러나 교회가 권면해도 듣지 않고 이단 사상을 고집하는 자를 포용하는 것은 교회가 할 일이 아니다.

11 이러한 사람은 네가 아는 바와 같이 부패하여 스스로 정죄한 자로서 죄를 짓느니라.
"부패하여." 이것은 그의 인격이 생명 없는 나무가 썩어가는 것처럼 타락한 것을 의미한다. "썩은 나무는 조각할 수 없다"(朽木不可彫)라는 옛말처럼 그런 사람은 회개하기 어렵다.

"스스로 정죄한 자로서 죄를 짓느니라." 이 말씀은 그가 진리를 고의로 거역하면서 죄를 범하는 것을 가리키는데, 자기가 자기 죄를 정함과 같다는 뜻이다.

12 내가 아데마나 두기고를 네게 보내리니 그 때에 네가 급히 니고볼리로 내게 오라 내가 거기서 겨울을 지내기로 작정하였노라. "아데마"라는 사람의 행적에 대하여는 자세히 알 길이 없다. 그가 디도의 동역자라는 사실도 오로지 이 구절에 기록되었을 뿐이다.

"두기고"에 대해서는 사도행전 20:4. 에베소서 6:21, 골로새서 4:7을 참조하라.

"니고볼리"라는 이름을 지닌 도시는 길리기아에도 하나 있고,[148] 마게도냐의 트라키아(Thrace)에도 있고, 에피로스(Epirus)에도 있다. 12절 본문에서는 마게도냐의 트라키아에 있는 니고볼리를 가리킨 듯하다(Ellicott).

13 율법교사 세나와 및 아볼로를 급히 먼저 보내어 그들로 부족함이 없게 하고. "율법교사 세나"는 구약 해석에 능한 학자인 듯하고, "아볼로" 역시 성경에 능한 사람이었다(행 18:24, 27; 고전 16:12). 바울이 디도에게 보내는 이 서신을 그들이 그레데로 가져간 듯하다. 그러므로 바울은 디도에게 부탁하기를, 이들에게 물질적 대우를 후하게 하여 먼저 자기에게 보내라고 한다. 여기서 "보내어"라고 번역된 헬라어 동사(πρόπεμψον)는 물질적인 원조와 함께 파송하는 것을 가리킨다.[149] "그들로 부족함이 없게 하고"라는 문구가 이와 같은 뜻을 지지해준다.

14 또 우리 사람들도 열매 없는 자가 되지 않게 하기 위하여 필요한 것을 준비하는 좋은 일에 힘 쓰기를 배우게 하라. 이 말은 그레데 교회의 형제자매들이 세나와 아볼로 같은 이들을 물질적으로 도와줌으로써 하나님의 축복을 받아 풍성한 열

---

148) Strabo 14, 676.

149) H. N. Ridderbos, Commentaar op Het Nieuwe Testament, Pastorale Breven, 1967, 302.

매를 거두는 자들이 되라는 뜻이다. 물질을 가진 자가 그것으로 남을 도와 주면 하나님의 축복을 받아 더욱 풍성하여진다(참조. 잠 11:25; 19:17; 22:9; 행 20:35).

"필요한 것을 준비하는 좋은 일"이라는 말은 여행자들, 특히 교역자들을 돕기 위한 재정적인 준비를 가리킨다(참조. 고후 9:10; 빌 4:17).

15 나와 함께 있는 자가 다 네게 문안하니 믿음 안에서 우리를 사랑하는 자들에게 너도 문안하라 은혜가 너희 무리에게 있을지어다. "나와 함께 있는 자"라는 말은 바울의 동역자들을 가리킨다. "믿음 안에서 우리를 사랑하는 자들에게 너도 문안하라." 이 문안은 얼핏 보면 바울이 모든 신자 가운데 특별히 그와 개인적으로 친한 자들에게만 문안을 전하라는 말처럼 여겨진다. 그러나 실상은 그런 것이 아니다. 이 문구는 모든 신자를 가리킨다(C. Bouma).

"문안하라." 바울은 교회들에 편지를 보낼 때마다 신자들 사이에서의 문안과 인사를 중요하게 여겼다. 성도는 서로 뜨거운 정을 나누어야 하고 서로 인사를 나누는 일도 꼼꼼하게 챙겨야 한다.

"은혜가 너희 무리에게 있을지어다." 문안과 축복은 허례허식이 아니고 성도들 사이에 존재하는 사랑에 근거한 것이다. 특히 사도의 축복은 더욱 그러하다(마 10:12-13).

신약주석
빌레몬서

서론

I. 빌레몬서 저자

본서가 정경이라는 점과 사도 바울의 저술이라는 점은 다음 몇 가지 증거들로 확실하다. 사도 시대 이후의 교부였던 이그나티오스(Ignatinus)가 본서의 말씀을 다루었고,[150] 2세기 말에 테르툴리아누스(Tertullian)는 본서를 사도의 저작으로 인정하였으며,[151] 에우세비오스(Eusebius)도 본서를 정경 가운데 하나로 받아들였다.[152]

그뿐 아니라 서신의 내용도 본서가 바울의 저작임을 증거한다. ① 골로새서가 바울의 저작이라는 점은 우리가 이미 잘 알고 있는데, 골로새서의 자료들이 본서에 많이 나와 있다. 예컨대 골로새서에 거론된 인명들인 에바브라, 마가, 아리스다고, 누가, 데마, 아킵보 등이 본서에도 나와 있다(비교. 몬 1:2,

---

150) Eph., II; Mog., XII; Polyc., VI.

151) Adv. Marc., V, 42,

152) H. E., III, 25.

23-24과 골 4:10, 12, 14, 17). 그리고 특별히 언급할 만한 것으로, 본서를 기록한 목적이 오네시모를 위한 것인데 그의 이름이 골로새서에도 나온다는 점이다(골 4:9). 그러므로 골로새서를 기록한 바울이 본서를 기록했다는 점은 분명하다. ② 본서에는 "나 바울"이라는 표현이 두 번(9, 19절) 나오는데, 그것 역시 본서가 바울의 저술임을 밝혀준다.

II. 빌레몬서 저작 시기와 장소

본서와 골로새서 사이의 유사점들을 근거로 본서의 저작 시기와 장소를 추정할 수 있다. ① 본서도 골로새서와 마찬가지로 두기고가 전달하였고(골 4:7-9), ② 두 편지에 등장하는 같은 이름들 가운데 특히 아킵보의 이름이 있고(골 4:17; 몬 1:2), ③ 두 편지 모두 바울과 디모데가 함께 있으면서 보낸 글이요, 바울이 옥중에서 쓴 것이다(골 4:18; 몬 1:1). 그러므로 본서도 골로새서와 마찬가지로 주후 61년 혹은 62년에 로마 감옥에서 기록된 것이다.

III. 빌레몬서의 내용

본서는 바울이 그의 친한 벗인 빌레몬에게 보내는 서신으로서, 귀한 개종자 오네시모를 그에게 위탁하는 글이다. 오네시모는 본래 빌레몬의 종이었는데, 그의 집을 탈출하여 로마에 왔다가 바울의 전도로 말미암아 주님을 믿게 되었다.

참고문헌

Calvin's Commentaries, Pastoral Epistles.

Lightfoot's Commentaries, Colossians and Philemon.

Müller, Jac., The New International Commentary, Philippians and Philemon.

Scroggie, A Note to a Friend, Paul to Philemon.

Thomas, G., Studies in Colossians and Philemon.

Vincent, M, R., The Epistles to The Philippians and to Philemon.

제 1 장

해석

1 **그리스도 예수를 위하여 갇힌 자 된 바울.** 이러한 표현은 에베소서 3:1, 4:1과 디모데후서 1:8에도 있으니 "예수를 위하여 갇힌 자 된" 것은 교역자에게 있어서 무엇보다 영광스러운 자격이다.

우리의 사랑을 받는 자요 동역자인 빌레몬. 칼빈은 이 문구로 보아서 빌레몬은 교역자였고 일반 신자는 아니었다고 말한다. 하지만 빌레몬이 노예를 소유한 것으로 보아 칼빈의 해석은 옳지 않다. 교역자라면 어떻게 노예를 소유했겠는가?

2 **자매 압비아와 우리와 함께 병사 된 아킵보와 네 집에 있는 교회에 편지하노니.** 여기서 "압비아"는 빌레몬의 아내다. 그녀가 이 편지의 수신자로 기록된 사실을 보면 복음을 위한 그녀의 충성심이 무언중에 인정된다.

"우리와 함께 병사 된 아킵보"(참조. 골 4:17). "병사 된" 자라는 말은 주님을 위하여 고난받은 사실이 있음을 지적한다(딤후 2:3).

"네 집에 있는 교회." 사도 시대의 교회는 신자들의 영적 성장에 중점을 두었으며 외형적인 건물과 시설을 그리 중요시하지 않았다. 양적 성장과 화려한 건물에 치중하는 현대의 교회는 성결보다는 세속화의 경향을 보인다. 가정에서 모이는 교회에 대해서는 성경 다른 부분에도 많이 언급되었다(참조. 롬 16:5; 고전 16:19, 골 4:15).

3 **하나님 우리 아버지와 주 예수 그리스도로부터 은혜와 평강이 너희에게 있을지어다.** "은혜와 평강"은 서로 원인 결과의 관계를 지닌다. 하나님의 무조건적 호의, 다시 말해 "은혜"로 말미암아 구원의 문이 열렸으므로 그리스도가 주시는 "평강"이 성도들에게 임한 것이다. 그리스도가 주시는 평강은 일시적인 것이 아니고 영원한 것이며, 성령으로 말미암아 우리 심령에 점점 풍성해지게 된다. 그러므로 사도는 이것을 위하여 기도한 것이다(참조. 빌 4:7).

4 **내가 항상 내 하나님께 감사하고 기도할 때에 너를 말함은.** 바울은 그의 모든 서신에서 먼저 "감사"와 "기도"에 대하여 말한다. 이것은 그가 개인적인 삶에서 감사를 우선시하면서 항상 기도해왔다는 증표다. 우리가 마땅히 감사해야 할 일이 있을 때도 감사하지 못하는 이유는 그 일에 대하여 감사를 느끼지 못하기 때문이다. 감사의 감정은 비교를 통하여 일어난다. 예를 들자면 전도자가 복음을 받아들이지 않는 완악한 지방에서 새 신자를 얻었을 때 그는 얼마나 감사하겠는가! 박해자 중에서 회개하고 주님께로 돌아온 사람이 있다면 우리는 얼마나 충격적으로 감사를 느끼겠는가!

5 **주 예수와 및 모든 성도에 대한 네 사랑과 믿음이 있음을 들음이니.** 이 말씀은 바울이 빌레몬 때문에 하나님께 감사하는 이유를 보여준다. 말하자면 그 감사는 빌레몬의 믿음과 사랑으로 말미암은 것이었다. 여기에 사랑과 믿음이 함께 기록되었는데, 이 둘은 서로 갈라질 수 없는 일체다. 진정한 신앙의 소유자는 반드시 진정한 사랑을 낳는다(참조. 고전 13:13).

6 **이로써 네 믿음의 교제가 우리 가운데 있는 선을 알게 하고 그리스도께 이르도록 역사하느니라.** 이 말씀은 하나님이 주신 모든 좋은 것(지혜와 지식과 생명과 구원 등)을 빌레몬이 깨닫고 남들을 돕는 일에 열매가 있기를 바란다는 뜻이다.

여기서 빌레몬이 돕는 일은 물론 그리스도를 위한 것이다.

7 **형제여 성도들의 마음이 너로 말미암아 평안함을 얻었으니 내가 너의 사랑으로 많은 기쁨과 위로를 받았노라.** 이것은 빌레몬이 빈곤한 성도들을 구제했으므로 그들이 생활고를 면하고 마음에 안정을 되찾았다는 뜻이다. 바울은 성도들이 이렇게 생활의 안정을 얻게 되었다는 사실로 말미암아 기뻐하며 위로를 얻었다. 그의 기쁨과 위로는 빌레몬의 힘 있는 신앙 때문이다. 우리는 나 자신의 신앙 때문에 힘을 얻을 뿐 아니라 다른 사람의 신앙 때문에도 그렇게 되어야 한다. 다른 성도의 신앙도 하나님이 살아 계심을 보여주지 않는가?

8-9상 **이러므로 내가 그리스도 안에서 아주 담대하게 네게 마땅한 일로 명할 수도 있으나 도리어 사랑으로써 간구하노라.** 바울은 여기서 빌레몬이 위대한 사랑으로 봉사하는 신앙의 인물이었기 때문에 그가 빌레몬에게 명령하기보다는 애정으로 부탁하겠노라고 말한다. "그리스도 안에서 아주 담대하다"라는 말은 그가 빌레몬과 마찬가지로 한 분 그리스도 안에 있음을 느끼기 때문에 무엇을 명령할 용기를 얻는다는 뜻이다. 빌레몬의 실제 삶의 모습이 그리스도인답지 못했다면 바울은 이런 용기를 얻지 못했을 것이다. 그러나 빌레몬의 삶은 사랑을 실천하는 삶이었다.

"네게 마땅한 일"이라는 말은 빌레몬이 수행해야 할 책임을 가리킨다. 다시 말해 빌레몬이 그리스도인으로서 자기 종(오네시모)이 회개하는 행위를 인정해주지 않을 수 없다는 것이다. 그런데도 바울은 명령조로 말하지 않고 간청하는 말로 빌레몬에게 탄원하였다. 그는 법과 권위보다는 사랑을 택한 것이다. 이것은 모든 목회자에게 좋은 본보기다.

9하 **나이가 많은 나 바울은 지금 또 예수 그리스도를 위하여 갇힌 자 되어.** 스데반이 순교할 때 바울은 청년이었으나(행 7:58), 이 편지를 쓰던 당시에는 50-60대였을 것이다(Marvin Vincent).

10 **갇힌 중에서 낳은 아들 오네시모를 위하여 네게 간구하노라.** 바울의 간곡한 부

탁의 말을 읽을 때 빌레몬의 마음속에는 긍휼과 자비가 끓어올라 견딜 수 없었을 것이다. 연로한 바울이 옥중에서 영적으로 "낳은 아들"인 오네시모에 대해 생각만 해도 긍휼과 애정이 용솟음쳤을 것이었다.

11 **그가 전에는 네게 무익하였으나 이제는 나와 네게 유익하므로.** 이 말은 과거에 오네시모가 그의 주인 빌레몬에게 신실하지 못하게 행동하였던 것을 염두에 둔 것이다. 그가 신앙이 없던 시절에는 무익하였으나 이제 그리스도를 믿는 그는 유익을 끼치는 자다.

12 **네게 그를 돌려 보내노니 그는 내 심복이라.** 여기서 "심복"이라고 번역된 헬라어 단어(σπλάγχνα)는 인체 내장의 윗부분, 예컨대 간, 허파, 심장 등을 가리킨다. 이 표현은 바울이 오네시모를 얼마나 뜨겁게 신임하고 사랑했는지를 나타낸다.

13 **그를 내게 머물러 있게 하여 내 복음을 위하여 갇힌 중에서 네 대신 나를 섬기게 하고자 하나.** 바울은 복음을 위하여 옥고를 당하고 있었으므로 많은 신자의 봉사를 받을 만하였다. 왜냐하면 전도는 특정한 개인들에게만 맡겨진 일이 아니고 모든 신자가 공동으로 책임져야 할 일이기 때문이다(Calvin), 복음을 위하여 수고하는 자는 모든 신자가 해야 할 일을 위하여 수고하는 자다. 이런 의미에서 바울은 오네시모가 자신을 시중들도록 머물게 할 만한 이유가 있었다. 그러나 그는 그렇게 하지 않고 겸손하게 희생정신을 보여주었다.

14 **다만 네 승낙이 없이는 내가 아무 것도 하기를 원하지 아니하노니.** 사도 바울이 본 절에서 드러낸 사상은 인권에 대한 기독교의 견해를 보여준다. 그는 아무리 선한 일이라도, 그리고 아무리 수하에 있는 사람에게라도 강요하지 아니하였다. 그의 이와 같은 처신은 노예들에 대한 그 당시 사람들의 태도를 무언중에 정죄한다.

15 **아마 그가 잠시 떠나게 된 것은 너로 하여금 그를 영원히 두게 함이리니.** 다시 말해 바울은 "그가 잠시" 그의 주인 빌레몬을 떠나 탈출하게 된 것이 결국 하나님

의 섭리였다고 선하게 해석한다. 오네시모가 그렇게 함으로써 바울을 만나 복음을 믿게 되었고, 따라서 영원히 천국에 함께 있게 되었다.

16 이 후로는 종과 같이 대하지 아니하고 종 이상으로 곧 사랑 받는 형제로 둘 자라 내게 특별히 그러하거든 하물며 육신과 주 안에서 상관된 네게랴. 여기 "육신과 주 안에서 상관된"이라는 말은, ① 육신적인 관계로 말하면 빌레몬이 오네시모의 상전이었고, ② "주 안에서" 맺어진 관계로 말하면 그 두 사람이 함께 주님을 믿는 자들임을 말한다.

17 그러므로 네가 나를 동역자로 알진대 그를 영접하기를 내게 하듯 하고. 사도 바울은 여기서 자신의 인정적인 융통성을 강하게 드러낸다. 그는 빌레몬이 자기 후배이며 수종자였는데도 그를 자기 동료로 추대한다. 사람의 심령을 움직일 수 있는 위대한 인물은 자신과 타인 사이에 아무런 장벽도 두지 않는다.

18 그가 만일 네게 불의를 하였거나 네게 빚진 것이 있으면 그것을 내 앞으로 계산하라. 사도 바울은 남을 돕는 일에 이론만 내세우지 않았다. 그는 감상만으로 만족하는 자가 아니었다. 그는 마음으로나 물질로나 오네시모에게 뜨거운 사랑을 베푼 그리스도의 종이었다.

19 나 바울이 친필로 쓰노니 내가 갚으려니와 네가 이 외에 네 자신이 내게 빚진 것은 내가 말하지 아니하노라. 빌레몬은 바울의 전도로 말미암아 그리스도를 믿게 되었으나, 그것은 비교할 수 없는 보배를 얻은 것이다. 이는 빌레몬이 바울에게 무한한 빚을 진 것과도 같다. 그렇다면 그 부채의 크기를 얼마라고 할 수 있을까? 그것은 말로 표현하기 어려우므로 바울은 그것에 대하여 "말하지 아니하노라"라고 하였다.

20 오 형제여 나로 주 안에서 너로 말미암아 기쁨을 얻게 하고 내 마음이 그리스도 안에서 평안하게 하라. 여기서 "오 형제여"라고 번역된 헬라어 원문(ναί, ἀδελφέ)을 직역하면 "형제여, 참으로"라는 뜻이다. 사도 바울은 빌레몬이 그의 부탁을 실행한다면 자신이 "주 안에서···기쁨을" 얻고, 또한 "그리스도 안에서 평안"

을 얻겠다고 말한다. 그만큼 그는 오네시모를 사랑하였다.

21 나는 네가 순종할 것을 확신하므로 네게 썼노니 네가 내가 말한 것보다 더 행할 줄을 아노라. 바울은 자신이 부탁한 것을 빌레몬이 그대로 순종할 것을 확신하고 이 편지를 쓴다고 말한다. 그는 성도에게 폐를 끼치지 않기 위하여 백방으로 노력하는 지도자였다(고후 11:9). 그러므로 그는 수하에 있는 사람에게도 이행하기 곤란한 것은 요구하지 않는다. 그런 태도 역시 모든 교역자가 본받아야 할 덕목이다.

바울은 자기가 부탁하는 말 이상으로 빌레몬이 순종할 것을 알았다. 여기서 우리는 빌레몬의 신앙 인격이 어떠한지도 알 수 있다. 그는 신앙의 지도자에게 기쁨으로 순종하는 귀한 성도다. 윗사람의 지시에 순종하되 성심껏, 그리고 부탁받은 것보다 넘치게 순종하는 것은 신임을 얻고 열매를 맺는 모든 참된 일꾼들의 행동 원리다. 훌륭한 지도자들은 잘 순종했던 사람들이다.

22 오직 너는 나를 위하여 숙소를 마련하라 너희 기도로 내가 너희에게 나아갈 수 있기를 바라노라. 바울은 자기가 감옥에서 풀려날 것을 주 안에서 희망하고, 그가 출옥한 뒤에 머물 처소를 물색하였다. 그러나 그것은 그가 하나님을 전적으로 의뢰하는 신앙에서 주님의 뜻대로, 그리고 주님의 권능으로만 이루어지기를 바란 것뿐이며 사사로운 욕심은 없었다. 따라서 바울은 그 일도 빌레몬과 다른 성도들의 기도로만 이루어지기를 원한다고 하였다. 무슨 일이 기도로 이루어지기를 원한다는 것은, ① 그것이 하나님의 뜻일 경우에 이루어지기를 원한다는 것이며, ② 또한 그것이 하나님의 능력으로만 이루어지기를 원한다는 것이다. 기도로 만사가 이루어지기를 기대하고 신뢰하는 성도는 행복하다. 그는 오직 하나님의 뜻만이 전적으로 선하고 복된 줄로 아는 자이며, 염려와 괴로움을 가져오는 사욕과는 관계없는 사람이다. 그러므로 그는 역경과 난관 가운데서도 염려하지 않는다.

23-24절. 문안을 전함

23 그리스도 예수 안에서 나와 함께 갇힌 자 에바브라. "에바브라"는 골로새서 1:7-8에 소개된 대로 신실한 전도자이며 골로새 사람이었다. 그는 에바브로디도와 동일 인물이 아니라고 한다(Jac. Müller).

24 또한 나의 동역자 마가, 아리스다고, 데마, 누가가 문안하느니라. "마가"에 대해서는 사도행전 12:25, 15:37과 골로새서 골 4:10을 참조하라. "아리스다고"에 대해서는 사도행전 27:2과 골로새서 4:10을 참조하라. "데마"에 대해서는 디모데후서 4:10을 참조하라. "누가"에 대해서는 사도행전 16:10, 20:5-6, 21:14을 참조하라.

"문안하느니라." 바울은 모든 서신에 수신자들에 관한 자세한 문안과 인사를 싣고 있다. 이것도 그의 신앙생활이 지니는 한 가지 중요한 모습을 보여준다.

25 우리 주 예수 그리스도의 은혜가 너희 심령과 함께 있을지어다. "심령"은 인격의 중심이므로 그곳에 그리스도의 은혜가 있으면 신자의 전 인격과 행동에까지 영향을 미친다(참조. 빌 4:23 해석).